BARRON'S

501

SPANISH VERBS

TENTH EDITION

FULLY CONJUGATED IN ALL THE TENSES IN AN ALPHABETICALLY ARRANGED, EASY-TO-LEARN FORMAT BY

Christopher Kendris

B.S., M.S., Columbia University
M.A., Ph.D., Northwestern University
Diplômé, Faculté des Lettres, Sorbonne

Former Chairman,
Department of Foreign Languages
Farmingdale High School,
Farmingdale, New York

and

Theodore Kendris

Ph.D., Université Laval, Québec, Canada

Former Instructor
Commonwealth University of Pennsylvania

*To St. Sophia Greek Orthodox Church
of Albany, New York, our parish
and
to the memory of
Christopher and Yolanda Kendris*

With love

Published by Kaplan North America, LLC d/b/a Barron's Educational Series
1515 West Cypress Creek Road
Fort Lauderdale, Florida 33309
www.barronseduc.com

ISBN: 978-1-5062-9356-1

10 9 8 7 6 5 4 3 2 1

Kaplan North America, LLC d/b/a Barron's Educational Series print books are
available at special quantity discounts to use for sales promotions, employee
premiums, or educational purposes. For more information or to purchase books,
please call the Simon & Schuster special sales department at 866-506-1949.

Contents

About the Authors

Dr. Christopher Kendris worked as interpreter and translator of French for the U.S. State Department at the American Embassy in Paris. He earned his B.S. and M.S. degrees at Columbia University in the City of New York, where he held a New York State Scholarship, and his M.A. and Ph.D. degrees at Northwestern University in Evanston, Illinois, where he held a Teaching Assistantship and Tutorial Fellowship for four years. He also earned two diplomas with *Mention très Honorable* at the Université de Paris (en Sorbonne), Faculté des Lettres, École Supérieure de Préparation et de Perfectionnement des Professeurs de Français à l'Étranger, and at the Institut de Phonétique, Paris. In 1986, he was one of 95 teachers in the United States who was awarded a Rockefeller Foundation Fellowship for Teachers of Foreign Languages in American High Schools. He taught French at the College of The University of Chicago as visiting summer lecturer, at Colby College, Duke University, Rutgers—The State University of New Jersey, and the State University of New York at Albany. He was Chairman of the Department of Foreign Languages and Supervisor of 16 foreign language teachers on the secondary level at Farmingdale High School, Farmingdale, New York, where he was also a teacher of all levels of French and Spanish, and prepared students for the New York State French and Spanish Regents, SAT exams, and AP tests. Dr. Kendris was the author of 22 high school and college books, workbooks, and other language guides of French and Spanish. He was listed in *Contemporary Authors* and *Directory of American Scholars.*

Dr. Theodore Kendris earned his B.A. degree in Modern Languages at Union College, Schenectady, New York, where he received the Thomas J. Judson Memorial Book Prize for modern language study. He went on to earn his M.A. degree in French Language and Literature at Northwestern University, Evanston, Illinois, where he held a Teaching Assistantship. He earned his Ph.D. degree in French Literature at Université Laval in Quebec City, where he studied the Middle Ages and Renaissance. While at Université Laval, he taught French writing skills as a *chargé de cours* in the French as a Second Language program and, in 1997, he was awarded a doctoral scholarship by the *Fondation de l'Université Laval.* Dr. Kendris is the author of *Inglés completo: Repaso integral de gramática inglesa para hispanohablantes, Segunda edición* published by Barron's in 2018. He is the coauthor of *Pocket Spanish Grammar, Fourth Edition* and *Spanish Verbs, Third Edition,* as well as several other titles published by Barron's. He has also taught in the Department of English and Foreign Languages at the University of St. Francis in Joliet, Illinois, as well as at the Hazleton Campus of Penn State University. He has most recently been an instructor at the Bloomsburg and Lock Haven campuses of the Commonwealth University of Pennsylvania.

How to Use This Book

Verbs are where the action is! This self-teaching book of 501 commonly used Spanish verbs for students and travelers gives you easy access to correct verb forms. You will master Spanish verb forms if you study this book for a few minutes each day, especially the pages in the front section of the book—before the alphabetical listing of 501 verbs.

Reference Tips

Alphabetical Listing The 501 verbs included here are arranged alphabetically by infinitive at the top of each page.

Verb numbers Verb numbers can be found at the top of each page. Remember to refer to these verb numbers, not page numbers, when you use the indexes at the back of the book.

Synonyms and Antonyms At the bottom of each verb page, you will find synonyms and antonyms along with verb numbers to help you find a model verb that is conjugated in the same way.

Spanish-English Index with Over 2,300 More Verbs At the end of the book, beginning on page 661, you will find a list of over 2,300 Spanish verbs that are conjugated like model verbs in the main list. Just use the verb number (in parentheses) to find a model verb that is conjugated in the same way as the verb that you want to use.

English-Spanish Index In the back pages of the book, beginning on page 635, there is a list of English verbs. If you can't remember the Spanish verb that you need, use this list to find it. Then use the verb number (in parentheses) to find a model verb that is conjugated the same way. If there is no verb number, it means that the Spanish verb you need is in the main listing.

Defective and Impersonal Verbs Some verbs, such as **llover** (to rain) are not used in all the persons (I, you, we, etc.). You can find these verbs in a separate section immediately after the main listing, beginning on page 617. In other words, there are more than 501 fully conjugated verbs in this book!

Study Tips

The front section of *501 Spanish Verbs* has a wealth of information to help you study the formation and usage of Spanish verbs. If you have a particular need, you can, of course, find the topic in the Table of Contents.

Here are a few of the most common sections that students use:

- **Summary of all fourteen tenses in Spanish with English equivalents** (§6.1 and §6.2) In this section, we assign a number to each tense to help you compare the forms and find them in the main listing. For example, Tense Number 2 is the Imperfect Indicative (el imperfecto de indicativo).

- **Definitions of Basic Grammatical Terms with Examples** (§10) Many students who study a foreign language have problems because they do not understand certain terms that are used by their instructors or in reference books. This section will help you to navigate these terms.
- **Sample English Verb Conjugation** (§5) Study this section and you will have a clearer idea of the equivalent tense that you need in Spanish.
- **Formation of Present Participles** (§1) This section will help you to learn the formation of both regular (§1.1) and irregular (§1.2) present participles.
- **Formation of Past Participles** Review this section to learn how to form both regular (§1.5) and irregular (§1.6) past participles.
- *Haber* **in the simple tenses** Once you are comfortable with conjugating *haber* (verb 257) in the simple tenses, you will be able to form any compound tense simply by adding the past participle. For example, **he** + **hablado** (the past participle of **hablar**) = **he hablado**/I have spoken.
- **Imperative** The Imperative, or command form, is explained in §6.3.

We encourage you to use *501 Spanish Verbs*, not only as a reference, but as a learning tool to help you gain better fluency in Spanish. We sincerely hope that this new edition will set you on the path toward that goal.

Guide to Using Model Verbs

Model Verb

Verb Number

Present Participle/Gerund See §1.1 - §1.3, especially note on *Gerundio* in §1.1.

Past Participle See §1.5 - §1.7.

convenir (144)
to agree, to convene, to be fitting

Gerundio **conviniendo**   Part. pas. **convenido**
Irregular verb

English Translation

Conjugation Pattern (Includes tips on spelling changes)

Left side of page has the seven simple tenses. See §6.1.

Right side of page has the seven compound tenses. See §6.2.

Tense Number See §9.

The Seven Simple Tenses		The Seven Compound Tenses	
Singular	**Plural**	**Singular**	**Plural**
1 presente de indicativo		**8 perfecto de indicativo**	
convengo	convenimos	he convenido	hemos convenido
convienes	convenís	has convenido	habéis convenido
conviene	convienen	ha convenido	han convenido
2 imperfecto de indicativo		**9 pluscuamperfecto de indicativo**	
convenía	conveníamos	había convenido	habíamos convenido
convenías	conveníais	habías convenido	habíais convenido
convenía	convenían	había convenido	habían convenido
3 pretérito		**10 pretérito anterior**	
convine	convinimos	hube convenido	hubimos convenido
conviniste	convinisteis	hubiste convenido	hubisteis convenido
convino	convinieron	hubo convenido	hubieron convenido
4 futuro		**11 futuro perfecto**	
convendré	convendremos	habré convenido	habremos convenido
convendrás	convendréis	habrás convenido	habréis convenido
convendrá	convendrán	habrá convenido	habrán convenido
5 potencial simple		**12 potencial compuesto**	
convendría	convendríamos	habría convenido	habríamos convenido
convendrías	convendríais	habrías convenido	habríais convenido
convendría	convendrían	habría convenido	habrían convenido
6 presente de subjuntivo		**13 perfecto de subjuntivo**	
convenga	convengamos	haya convenido	hayamos convenido
convengas	convengáis	hayas convenido	hayáis convenido
convenga	convengan	haya convenido	hayan convenido
7 imperfecto de subjuntivo		**14 pluscuamperfecto de subjuntivo**	
conviniera	conviniéramos	hubiera convenido	hubiéramos convenido
convinieras	convinierais	hubieras convenido	hubierais convenido
conviniera	convinieran	hubiera convenido	hubieran convenido
OR		OR	
conviniese	conviniésemos	hubiese convenido	hubiésemos convenido
convinieses	convinieseis	hubieses convenido	hubieseis convenido
conviniese	conviniesen	hubiese convenido	hubiesen convenido

imperativo		
—		convengamos
conven; no convengas		convenid; no convengáis
convenga		convengan

Words, expressions, and sample sentences related to the model verb.

Imperative Mood See §6.3 for meanings and uses of the imperative.

convenir + inf.   to be important + inf.   **el convenio**   agreement
convenir en + inf.   to agree + inf.   **conveniente**   convenient
convenido, convenida   agreed   **la convención**   convention
For other words and expressions related to this verb, see **venir.**

Syn.: **acordar** to agree (upon); **citar** to make an appointment, to summon; **corresponder** to correspond (413)   Ant.: **desconvenir** to disagree, to differ (144)

218

Note: Some pages include a helpful note or tip at the bottom of the page. Others refer you to a verb with the same root.

Page Number

Synonyms and Antonyms related to the model verb. A number in parentheses refers you to the model verb that is conjugated like the synonym or antonym. This is a verb number, not a page number. If there is no verb number, the synonym or antonym is a model verb (such as convenir) in the list of 501 verbs.

Subject pronouns have been omitted to focus on the form.

singular	plural
yo	nosotros (nosotras)
tú	vosotros (vosotras)
Ud. (él, ella)	Uds. (ellos, ellas)

§1 Formation of the Present and Past Participles in Spanish

§1.1 Formation of the present participle in Spanish

A present participle is a verb form which, in English, ends in *-ing*; for example, *singing, eating, receiving*. In Spanish, a present participle is regularly formed as follows:

drop the **ar** of an **-ar** ending verb, like **cantar,** and add **ando: cantando**/singing

drop the **er** of an **-er** ending verb, like **comer,** and add **iendo: comiendo**/eating

drop the **ir** of an **-ir** ending verb, like **recibir,** and add **iendo: recibiendo**/receiving

Be careful to make the correct distinction between the Spanish *gerundio* and the English gerund and present participle. In English, a gerund also ends in **-ing**, but there is a distinct difference in use between a gerund and a present participle in English. In brief, it is this: in English, when a present participle is used as a noun it is called a gerund; for example, *Reading is good.* As a present participle in English, it would be used as follows: *While reading,* the boy fell asleep.

In the first example (*Reading is good*), *reading* is a gerund because it is the subject of the verb *is.* In Spanish, however, we do not use the present participle form as a noun to serve as a subject; we use the infinitive form of the verb: *Leer es bueno.* For more information about the gerund, see §10 in the Definitions of basic grammatical terms with examples.

§1.2 Common irregular present participles

INFINITIVE	PRESENT PARTICIPLE
caer to fall	**cayendo** falling
conseguir to attain, to achieve	**consiguiendo** attaining, achieving
construir to construct	**construyendo** constructing
corregir to correct	**corrigiendo** correcting
creer to believe	**creyendo** believing
decir to say, to tell	**diciendo** saying, telling
despedirse to say good-bye	**despidiéndose** saying good-bye
destruir to destroy	**destruyendo** destroying
divertirse to enjoy oneself	**divirtiéndose** enjoying oneself
dormir to sleep	**durmiendo** sleeping
huir to flee	**huyendo** fleeing
ir to go	**yendo** going
leer to read	**leyendo** reading
mentir to lie (tell a falsehood)	**mintiendo** lying
morir to die	**muriendo** dying
oír to hear	**oyendo** hearing
pedir to ask (for), to request	**pidiendo** asking (for), requesting
poder to be able	**pudiendo** being able
reír to laugh	**riendo** laughing
repetir to repeat	**repitiendo** repeating
seguir to follow	**siguiendo** following

§1.2 Common irregular present participles (continued)

INFINITIVE		PRESENT PARTICIPLE	
sentir	to feel	**sintiendo**	feeling
servir	to serve	**sirviendo**	serving
traer	to bring	**trayendo**	bringing
venir	to come	**viniendo**	coming
vestir	to dress	**vistiendo**	dressing
vestirse	to dress oneself	**vistiéndose**	dressing oneself

§1.3 Uses of the present participle

1. To form the progressive tenses: **The Progressive Present** is formed by using *estar* in the present tense plus the present participle of the main verb you are using. **The Progressive Past** is formed by using *estar* in the imperfect indicative plus the present participle of the main verb you are using. (See below in §1.4 for a complete description of the uses and formation of the progressive tenses with examples.)

2. To express vividly an action that occurred (preterit + present participle): *El niño entró llorando en la casa*/ The little boy came into the house crying.

3. To express the English use of *by* + present participle in Spanish, we use the gerund form, which has the same ending as a present participle explained above: *Trabajando, se gana dinero*/By working, one earns (a person earns) money; *Estudiando mucho, Pepe recibió buenas notas*/By studying hard, Joe received good grades.

   Note that no preposition is used in front of the present participle (the Spanish gerund) even though it is expressed in English as *by* + present participle.

   Note, too, that in Spanish we use **al** + inf. (not + present part.) to express *on* or *upon* + present part. in English: *Al entrar en la casa, el niño comenzó a llorar*/Upon entering the house, the little boy began to cry.

4. To form the Perfect Participle: *habiendo hablado*/having talked.

§1.4 The progressive forms of tenses

(1) In Spanish, there are progressive forms of tenses. They are the Progressive Present and the Progressive Past.

(2) The **Progressive Present** is formed by using *estar* in the present tense plus the present participle of your main verb; e.g., *Estoy hablando*/I am talking, i.e., I am (in the act of) talking (right now). Here is how you would form the progressive present of *hablar* (to talk) using *estar* in the present tense plus the present participle of *hablar*:

estoy hablando	estamos hablando
estás hablando	estáis hablando
está hablando	están hablando

(3) The **Progressive Past** is formed by using *estar* in the imperfect indicative plus the present participle of your main verb; e.g., ***Estaba hablando***/I was talking, i.e., I was (in the act of) talking (right then). Here is how you would form the progressive past of ***hablar*** (to talk) using *estar* in the imperfect indicative plus the present participle of ***hablar***:

estaba hablando   estábamos hablando
estabas hablando   estabais hablando
estaba hablando   estaban hablando

(4) The progressive forms are generally used when you want to emphasize or intensify an action; if you don't want to do that, then simply use the present or imperfect; e.g., say ***Hablo***, not ***Estoy hablando***; or ***Hablaba***, not ***Estaba hablando***.

(5) Sometimes *ir* is used instead of *estar* to form the progressive tenses; e.g., ***Va hablando***/He (she) keeps right on talking, ***Iba hablando***/He (she) kept right on talking. Note that they do not have the exact same meaning as ***Está hablando*** and ***Estaba hablando***. See (2) and (3) above.

(6) Also, at times ***andar, continuar, seguir***, and ***venir*** are used as helping verbs in the present or imperfect indicative tenses plus the present participle to express the progressive forms: ***Los muchachos andaban cantando***/The boys were walking along singing; ***La maestra seguía leyendo a la clase***/The teacher kept right on reading to the class.

§1.5 Formation of the past participle in Spanish

A past participle is a verb form which, in English, usually ends in -ed: for example, *worked, talked, arrived,* as in *I have worked, I have talked, I have arrived.* There are many irregular past participles in English; for example, *gone, sung,* as in *She has gone, We have sung.* In Spanish, a past participle is regularly formed as follows:

drop the **ar** of an **-ar** ending verb, like **cantar,** and add **ado: cantado**/sung

drop the **er** of an **-er** ending verb, like **comer,** and add **ido: comido**/eaten

drop the **ir** of an **-ir** ending verb, like **recibir,** and add **ido: recibido**/received

§1.6 Common irregular past participles

INFINITIVE	PAST PARTICIPLE
abrir to open	**abierto** opened
caer to fall	**caído** fallen
creer to believe	**creído** believed
cubrir to cover	**cubierto** covered
decir to say, to tell	**dicho** said, told
descubrir to discover	**descubierto** discovered
deshacer to undo	**deshecho** undone
devolver to return (something)	**devuelto** returned (something)
escribir to write	**escrito** written
hacer to do, to make	**hecho** done, made
imponer to impose	**impuesto** imposed
imprimir to print	**impreso** printed
ir to go	**ido** gone
leer to read	**leído** read
morir to die	**muerto** died
oír to hear	**oído** heard
poner to put	**puesto** put
poseer to possess	**poseído** possessed
rehacer to redo, to remake	**rehecho** redone, remade
reír to laugh	**reído** laughed
resolver to resolve, to solve	**resuelto** resolved, solved
romper to break	**roto** broken
sonreír to smile	**sonreído** smiled
traer to bring	**traído** brought
ver to see	**visto** seen
volver to return	**vuelto** returned

§1.7 Uses of the past participle

1. To form the seven compound tenses

2. To form the Perfect Infinitive: *haber hablado*/to have spoken.

3. To form the Perfect Participle: *habiendo hablado*/having spoken.

4. To serve as an adjective, which must agree in gender and number with the noun it modifies: *El señor Molina es muy respetado por todos los alumnos*/ Mr. Molina is very respected by all the students; *La señora González es muy conocida*/Mrs. González is very well known.

5. To express the result of an action with **estar** and sometimes with **quedar** or **quedarse**: *La puerta está abierta*/ The door is open; *Las cartas están escritas*/ The letters are written; *Los niños se quedaron asustados*/ The children remained frightened.

6. To express the passive voice with **ser**: *La ventana fue abierta por el ladrón*/ The window was opened by the robber.

§2 Passive Voice and Active Voice

Passive voice means that the action of the verb falls on the subject; in other words, the subject receives the action: *La ventana fue abierta por el ladrón*/The window was opened by the robber. Note that *abierta* (really a form of the past part. *abrir/abierto*) is used as an adjective and it must agree in gender and number with the subject that it describes.

Active voice means that the subject performs the action and the subject is always stated: *El ladrón abrió la ventana*/The robber opened the window.

To form the true passive, use **ser** + the past part. of the verb you have in mind; the past part. then serves as an adjective and it must agree in gender and number with the subject that it describes. In the true passive, the agent (the doer) is always expressed with the prep. **por** in front of it. The formula for the true passive construction is: subject + tense of **ser** + *past part.* + *por* + *the agent (the doer): Estas composiciones fueron escritas por Juan*/These compositions were written by John.

The reflexive pronoun **se** may be used to substitute for the true passive voice construction. When you use the **se** construction, the subject is a thing (not a person) and the doer (agent) is not stated: *Aquí se habla español*/Spanish is spoken here; *Aquí se hablan español e inglés*/Spanish and English are spoken here; *Se venden libros en esta tienda*/Books are sold in this store.

There are a few standard idiomatic expressions that are commonly used with the pronoun **se**. These expressions are not truly passive, the pronoun **se** is not truly a reflexive pronoun, and the verb form is in the 3rd pers. sing. only. In this construction, there is no subject expressed; the subject is contained in the use of **se** + *the 3rd pers. sing. of the verb* at all times and the common translations into English are: it is…, people…, they…, one …

Se cree que…It is believed that…, people believe that…, they believe that…, one believes that …

Se cree que este criminal es culpable. It is believed that this criminal is guilty.

Se dice que…It is said that…, people say that…, they say that…, one says that…, you say …

Se dice que va a nevar esta noche. They say that it's going to snow tonight. *¿Cómo se dice en español "ice cream"?* How do you say *ice cream* in Spanish?

Se sabe que…It is known that…, people know that…, they know that…, one knows that …

Se sabe que María va a casarse con Juan./People know that Mary is going to marry John.

The **se** reflexive pronoun construction is avoided if the subject is a person because there can be ambiguity in meaning. For example, how would you translate the following into English? **Se da un regalo.** Which of the following two meanings is intended? She (he) is being given a present, *or* She (he) is giving a present to himself (to herself). In correct Spanish, you would have to say: **Le da (a María, a Juan, etc.) un regalo**/He (she) is giving a present to Mary (to John, etc.). Avoid using the **se** construction in the passive when the subject is a person; change your sentence around and state it in the active voice to make the meaning clear. Otherwise, the pronoun **se** seems to go with the verb, as if the verb is reflexive, which gives an entirely different meaning. Another example: **Se miró** would mean *He (she) looked at himself (herself),* not *He (she) was looked at!* If you mean to say *He (she) looked at her,* say: **La miró** or, if in the plural, say: **La miraron**/They looked at her.

§3 The Spanish Infinitive and Its Principal Uses

An infinitive is a verb that is not inflected; in other words, it does not change in form by inflection. In grammar, inflection takes place when a verb changes in form according to whether the subject of the sentence is singular in the 1st **(yo),** 2nd **(tú),** or 3rd **(Ud., él, ella)** person, or plural **(nosotros,** etc.), and according to the conjugated form of the verb in a particular tense, such as the present, preterit, imperfect, future, etc. An infinitive is generally considered to be a mood and it does not refer to a particular person, number, or tense. It is indeterminate and general. It is not conjugated in the tenses. The verb, however, is inflected because it is conjugated in the various tenses and changes in form. An infinitive remains in the same form: **hablar, comer, vivir.** In English, an infinitive is recognized by the preposition *to* in front of it, as in *to speak, to eat, to live.* When conjugated, *to speak* changes to *he, she speaks, I spoke, we have spoken,* etc. The change in the verb form is called inflection. The form of an infinitive is always the same because it is not conjugated and it is not inflected.

Here are three principal uses of the Spanish infinitive. For more examples in Spanish and English, please turn to §13 where you will find an outline of what preposition (if any) goes with what verb plus an infinitive.

1. An infinitive can be used as a noun and it is masculine in gender. In English we use the present participle of a verb to function as a noun, in which case, we call it a *gerund.* In Spanish, however, the infinitive form of a verb is used. Examples:
   Leer es bueno/El leer es bueno/Reading is good.
   Fumar no es bueno para la salud/Smoking is not good for one's health.

2. An infinitive is used with some finite verbs (those that are conjugated in the various tenses) when affirmation or belief is conveyed. Examples:
   María siempre cree tener razón/Mary always believes she is right.
   Nosotros podemos venir a tu casa esta noche/We can come to your house tonight (this evening).

3. An infinitive can be used with idiomatic expressions that contain **que** or **de.** Examples:
   Tengo mucho que hacer esta mañana/I have a lot to do this morning.
   Mis amigos acaban de llegar/My friends have just arrived.

§4 Principal Parts of Some Important Spanish Verbs

INFINITIVE	(GERUNDIO*) PRESENT PARTICIPLE	PAST PARTICIPLE	PRESENT INDICATIVE	PRETERIT
abrir	abriendo	abierto	abro	abrí
andar	andando	andado	ando	anduve
caber	cabiendo	cabido	quepo	cupe
caer	cayendo	caído	caigo	caí
conseguir	consiguiendo	conseguido	consigo	conseguí
construir	construyendo	construido	construyo	construí
corregir	corrigiendo	corregido	corrijo	corregí
creer	creyendo	creído	creo	creí
cubrir	cubriendo	cubierto	cubro	cubrí
dar	dando	dado	doy	di
decir	diciendo	dicho	digo	dije
descubrir	descubriendo	descubierto	descubro	descubrí
deshacer	deshaciendo	deshecho	deshago	deshice
despedirse	despidiéndose	despedido	me despido	me despedí
destruir	destruyendo	destruido	destruyo	destruí
devolver	devolviendo	devuelto	devuelvo	devolví
divertirse	divirtiéndose	divertido	me divierto	me divertí
dormir	durmiendo	dormido	duermo	dormí
escribir	escribiendo	escrito	escribo	escribí
estar	estando	estado	estoy	estuve
haber	habiendo	habido	he	hube
hacer	haciendo	hecho	hago	hice
huir	huyendo	huido	huyo	huí
ir	yendo	ido	voy	fui
irse	yéndose	ido	me voy	me fui
leer	leyendo	leído	leo	leí
mentir	mintiendo	mentido	miento	mentí
morir	muriendo	muerto	muero	morí
oír	oyendo	oído	oigo	oí
oler	oliendo	olido	huelo	olí
pedir	pidiendo	pedido	pido	pedí
poder	pudiendo	podido	puedo	pude
poner	poniendo	puesto	pongo	puse
querer	queriendo	querido	quiero	quise
reír	riendo	reído	río	reí
repetir	repitiendo	repetido	repito	repetí
resolver	resolviendo	resuelto	resuelvo	resolví
romper	rompiendo	roto	rompo	rompí

*Be careful not to confuse the English gerund and the Spanish *gerundio*. See §1.1 and §10.

INFINITIVE	(GERUNDIO*) PRESENT PARTICIPLE	PAST PARTICIPLE	PRESENT INDICATIVE	PRETERIT
saber	sabiendo	sabido	sé	supe
salir	saliendo	salido	salgo	salí
seguir	siguiendo	seguido	sigo	seguí
sentir	sintiendo	sentido	siento	sentí
ser	siendo	sido	soy	fui
servir	sirviendo	servido	sirvo	serví
tener	teniendo	tenido	tengo	tuve
traer	trayendo	traído	traigo	traje
venir	viniendo	venido	vengo	vine
ver	viendo	visto	veo	vi
vestir	vistiendo	vestido	visto	vestí
volver	volviendo	vuelto	vuelvo	volví

*Be careful not to confuse the English gerund and the Spanish *gerundio*. See §1.1 and §10.

TIP

In the present indicative and the preterit columns above, only the 1st person singular (**yo**) forms are given to get you started. If you cannot recall the remaining verb forms in the present indicative and the preterit tenses of the verbs listed above in the first column under **infinitive**, please practice them by looking them up in this book, where the infinitive form of the verb is listed alphabetically at the top of each model verb from 1 to 501. When you find them, say them aloud at the same time you practice writing them in Spanish. For pronunciation tips, please see §11.

§5 Sample English Verb Conjugation

INFINITIVE   **to eat**
PRESENT PARTICIPLE   **eating**   *PAST PARTICIPLE*   **eaten**

Tense no.	The seven simple tenses
1 *Present Indicative*	I eat, you eat, he (she, it) eats; we eat, you eat, they eat
	or: I do eat, you do eat, he (she, it) does eat; we do eat, you do eat, they do eat
	or: I am eating, you are eating, he (she, it) is eating; we are eating, you are eating, they are eating
2 *Imperfect Indicative*	I was eating, you were eating, he (she, it) was eating; we were eating, you were eating, they were eating
	or: I ate, you ate, he (she, it) ate; we ate, you ate, they ate
	or: I used to eat, you used to eat, he (she, it) used to eat: we used to eat, you used to eat, they used to eat
3 *Preterit*	I ate, you ate, he (she, it) ate; we ate, you ate, they ate
	or: I did eat, you did eat, he (she, it) did eat; we did eat, you did eat, they did eat
4 *Future*	I shall eat, you will eat, he (she, it) will eat; we shall eat, you will eat, they will eat
5 *Conditional*	I would eat, you would eat, he (she, it) would eat; we would eat, you would eat, they would eat
6 *Present Subjunctive*	that I may eat, that you may eat, that he (she, it) may eat; that we may eat, that you may eat, that they may eat
7 *Imperfect or Past Subjunctive*	that I might eat, that you might eat, that he (she, it) might eat; that we might eat, that you might eat, that they might eat

Tense no.	The seven compound tenses
8 *Present Perfect*	I have eaten, you have eaten, he (she, it) has eaten; we have eaten, you have eaten, they have eaten
9 *Pluperfect Indic. or Past Perfect*	I had eaten, you had eaten, he (she, it) had eaten; we had eaten, you had eaten, they had eaten
10 *Past Anterior or Preterit Perfect*	I had eaten, you had eaten, he (she, it) had eaten; we had eaten, you had eaten, they had eaten
11 *Future Perfect or Future Anterior*	I shall have eaten, you will have eaten, he (she, it) will have eaten; we shall have eaten, you will have eaten, they will have eaten
12 *Conditional Perfect*	I would have eaten, you would have eaten, he (she, it) would have eaten; we would have eaten, you would have eaten, they would have eaten
13 *Present Perfect or Past Subjunctive*	that I may have eaten, that you may have eaten, that he (she, it) may have eaten; that we may have eaten, that you may have eaten that they may have eaten
14 *Pluperfect or Past Perfect Subjunctive*	that I might have eaten, that you might have eaten, that he (she, it) might have eaten; that we might have eaten, that you might have eaten, that they might have eaten
Imperative or Command	—— eat, let him (her) eat; let us eat, eat, let them eat

§6 A Summary of Meanings and Uses of Spanish Verb Tenses and Moods as Related to English Verb Tenses and Moods

A verb is where the action is! A verb is a word that expresses an action (like *go, eat, write*) or a state of being (like *think, believe, be*). Tense means time. Spanish and English verb tenses are divided into three main groups of time: past, present, and future. A verb tense shows if an action or state of being took place, is taking place, or will take place.

Spanish and English verbs are also used in moods, or modes. Mood has to do with the *way* a person regards an action or a state of being that he express-es. For example, a person may merely make a statement or ask a question— this is the Indicative Mood, which we use most of the time in Spanish and English. A person may say that he *would do* something if something else were possible or that he *would have* done something if something else had been pos-sible—this is the Conditional. A person may use a verb *in such a way* that he indicates a wish, a fear, a regret, a joy, a request, a supposition, or something of this sort—this is the Subjunctive Mood. The Subjunctive Mood is used in Spanish much more than in English. Finally, a person may command someone to do something or demand that something be done—this is the Imperative Mood. English Conditional is not a mood. (There is also the Infinitive Mood, but we are not concerned with that here.)

There are six tenses in English: Present, Past, Future, Present Perfect, Past Perfect, and Future Perfect. The first three are simple tenses. The other three are compound tenses and are based on the simple tenses. In Spanish, however, there are fourteen tenses, seven of which are simple and seven of which are compound. The seven compound tenses are based on the seven simple tenses. In Spanish and English, a verb tense is simple if it consists of one verb form, e.g., *estudio*. A verb tense is compound if it consists of two parts—the auxiliary (or helping) verb plus the past participle, e.g., *he estudiado*. See the Summary of verb tenses and moods in Spanish with English equivalents in §9. We have numbered each tense name for easy reference and recognition.

In Spanish, there is also another tense that is used to express an action in the present. It is called the Progressive Present. It is used only if an action is actually in progress at the time; for example, *Estoy leyendo*/I am reading (right now). It is formed by using the Present Indicative of *estar* plus the present participle of the verb. There is still another tense in Spanish that is used to express an action that was taking place in the past. It is called the Progressive Past. It is used if an action was actually in progress at a certain moment in the past; for example, *Estaba leyendo cuando mi hermano entró*/I was reading when my brother came in. The Progressive Past is formed by using the Imperfect Indicative of *estar* plus the present participle of the verb. See §1.4 for more on the Progressive forms.

In the pages that follow, the tenses and moods are given in Spanish, and the equivalent name or names in English are given in parentheses. Although some of the names given in English are not considered to be tenses (there are only six), they are given for the purpose of identification as they are related to the Spanish names. The comparison includes only the essential points you need to know about the meanings and uses of Spanish verb tenses and moods as related to English usage. We shall use examples to illustrate their meanings and uses. This is not intended to be a detailed treatise. It is merely a summary. We hope you find it helpful.

§6.1 The seven simple tenses

Tense No. 1   Presente de Indicativo
             (Present Indicative)

This tense is used most of the time in Spanish and English. It indicates:

(a) An action or a state of being at the present time.
     EXAMPLES:
     1. *Hablo* **español.** *I speak* Spanish.
                          I am speaking Spanish.
                          I do speak Spanish.
     2. **Creo en Dios.** *I believe* in God.

(b) Habitual action.
     EXAMPLE:
     Voy **a la biblioteca todos los días.**
     I go to the library every day.
     I do go to the library every day.

(c) A general truth, something which is permanently true.
     EXAMPLES:
     1. **Seis menos dos** *son* **cuatro.**
        Six minus two *are* four.
     2. **El ejercicio** *hace* **maestro al novicio.**
        Practice *makes* perfect.

(d) Vividness when talking or writing about past events.
     EXAMPLE:
     El asesino se *pone* **pálido.** *Tiene* **miedo.** *Sale* **de la casa y** *corre* **a lo largo del río.**
     The murderer *turns* pale. *He is* afraid. *He goes out* of the house and *runs*
     along the river.

(e) A near future.
     EXAMPLES:
     1. **Mi hermano** *llega* **mañana.**
        My brother *arrives* tomorrow.
     2. **¿***Escuchamos* **un disco ahora?**
        Shall we *listen* to a record now?

(f) An action or state of being that occurred in the past and *continues up to the
     present.* In Spanish, this is an idiomatic use of the present tense of a verb
     with **hace,** which is also in the present.
     EXAMPLE:
     Hace **tres horas que** *miro* **la televisión.**
     I have been watching television for three hours.

(g) The meaning of *almost* or *nearly* when used with **por poco.**
     EXAMPLE:
     Por poco me *matan.*
     They almost *killed* me.

This tense is regularly formed as follows:

Drop the **-ar** ending of an infinitive, like **hablar,** and add the following endings: **o, as, a; amos, áis, an.**
You then get: **hablo, hablas, habla;**
    hablamos, habláis, hablan

Drop the **-er** ending of an infinitive, like **beber,** and add the following endings: **o, es, e; emos, éis, en.**
You then get: **bebo, bebes, bebe;**
    bebemos, bebéis, beben

Drop the **-ir** ending of an infinitive, like **recibir,** and add the following endings: **o, es, e; imos, ís, en.**
You then get: **recibo, recibes, recibe;**
    recibimos, recibís, reciben

Tense No. 2   Imperfecto de Indicativo
(Imperfect Indicative)

This is a past tense. Imperfect suggests incomplete. The imperfect tense expresses an action or a state of being that was continuous in the past and its completion is not indicated. This tense is used, therefore, to express:

(a) An action that was going on in the past at the same time as another action.
EXAMPLE:
Mi hermano *leía* y mi padre *hablaba*.
My brother *was reading* and my father *was talking*.

(b) An action that was going on in the past when another action occurred.
EXAMPLE:
Mi hermana *cantaba* cuando yo entré.
My sister *was singing* when I came in.

(c) A habitual action in the past.
EXAMPLES:
1. **Cuando *estábamos* en Nueva York, *íbamos* al cine todos los sábados.**
   When *we were* in New York, *we went* to the movies every Saturday.
   When *we were* in New York, *we used to go* to the movies every Saturday.
2. **Cuando *vivíamos* en California, *íbamos* a la playa todos los días.**
   When *we used to live* in California, *we would go* to the beach every day.
NOTE: In this last example, *we would go* looks like the conditional, but it is not. It is the imperfect tense in this sentence because habitual action in the past is expressed.

(d) A description of a mental, emotional, or physical condition in the past.
EXAMPLES:
1. (mental condition)   ***Quería* ir al cine.**
        I *wanted* to go to the movies.
   Common verbs in this use are *creer, desear, pensar, poder, preferir, querer, saber, sentir*.
2. (emotional condition)   ***Estaba* contento de verlo.**
        I *was* happy to see him.
3. (physical condition)   **Mi madre *era* hermosa cuando *era* pequeña.**
        My mother *was* beautiful when she *was* young.

(e) The time of day in the past.
   EXAMPLES:
   1. **¿Qué hora *era*?**
      What time *was* it?
   2. ***Eran* las tres.**
      It *was* three o'clock.

(f) An action or state of being that occurred in the past and *lasted for a certain length of time* prior to another past action. In English it is usually translated as a pluperfect tense and is formed with *had been* plus the present participle of the verb you are using. It is like the special use of the **presente de indicativo** explained in tense no. 1 in paragraph (f), except that the action or state of being no longer exists at present. This is an idiomatic use of the imperfect tense of a verb with *hacía,* which is also in the imperfect.
   EXAMPLE:
   ***Hacía* tres horas que *miraba* la televisión cuando mi hermano entró.**
   I had been watching television for three hours when my brother came in.

(g) An indirect quotation in the past.
   EXAMPLE:
   Present: **Dice que *quiere* venir a mi casa.**
              He says *he wants* to come to my house.
   Past: **Dijo que *quería* venir a mi casa.**
              He said *he wanted* to come to my house.

This tense is regularly formed as follows:

Drop the *-ar* ending of an infinitive, like *hablar,* and add the following endings: *aba, abas, aba; ábamos, abais, aban.*
You then get: *hablaba, hablabas, hablaba;*
                hablábamos, hablabais, hablaban

The usual equivalent in English is: I was talking OR I used to talk OR I talked; you were talking OR you used to talk OR you talked, etc.

Drop the *-er* ending of an infinitive, like *beber,* or the *-ir* ending of an infinitive, like *recibir,* and add the following endings: *ía, ías, ía; íamos, íais, ían.*
You then get: *bebía, bebías, bebía;*
                bebíamos, bebíais, bebían

                recibía, recibías, recibía;
                recibíamos, recibíais, recibían

The usual equivalent in English is: I was drinking OR I used to drink OR I drank; you were drinking OR you used to drink OR you drank, etc.; I was receiving OR I used to receive OR I received; you were receiving OR you used to receive OR you received, etc.

Verbs irregular in the imperfect indicative:

ir/to go   *iba, ibas, iba;* (I was going, I used to go, etc.)
                   íbamos, ibais, iban
ser/to be   *era, eras, era;* (I was, I used to be, etc.)
                   éramos, erais, eran
ver/to see   *veía, veías, veía;* (I was seeing, I used to see, etc.)
                   veíamos, veíais, veían

Tense No. 3 Pretérito
(Preterit)

This tense expresses an action that was completed at some time in the past.

EXAMPLES:
1. **Mi padre *llegó* ayer.**
   My father *arrived* yesterday.
   My father *did arrive* yesterday.
2. **María *fue* a la iglesia esta mañana.**
   Mary *went* to church this morning.
   Mary *did go* to church this morning.
3. **¿Qué *pasó*?**
   What *happened*?
   What *did happen*?
4. ***Tomé* el desayuno a las siete.**
   I *had* breakfast at seven o'clock.
   I *did have* breakfast at seven o'clock.
5. ***Salí* de casa, *tomé* el autobús y *llegué* a la escuela a las ocho.**
   I *left* the house, I *took* the bus, and I *arrived* at school at eight o'clock.

In Spanish, some verbs that express a mental state have a different meaning when used in the preterit.

EXAMPLES:
1. **La *conocí* la semana pasada en el baile.**
   I *met* her last week at the dance.
   (*Conocer,* which means *to know* or *be acquainted with*, means *met*, that is, introduced to for the first time, in the preterit.)
2. ***Pude* hacerlo.**
   I *succeeded* in doing it.
   (*Poder,* which means *to be able*, means *succeeded* in the preterit.)
3. ***No pude* hacerlo.**
   I *failed* to do it.
   (*Poder,* when used in the negative in the preterit, means *failed* or *did not succeed*.)
4. ***Quise* llamarle.**
   I *tried* to call you.
   (*Querer,* which means *to wish* or *want,* means *tried* in the preterit.)
5. ***No quise* hacerlo.**
   I *refused* to do it.
   (*Querer,* when used in the negative in the preterit, means *refused*.)
6. ***Supe* la verdad.**
   I *found out* the truth.
   (*Saber,* which means *to know*, means *found out* in the preterit.)
7. ***Tuve* una carta de mi amigo Roberto.**
   I *received* a letter from my friend Robert.
   (*Tener,* which means *to have*, means *received* in the preterit.)

This tense is regularly formed as follows:

Drop the *-ar* ending of an infinitive, like *hablar,* and add the following endings: *é, aste, ó; amos, asteis, aron.*
You then get: *hablé, hablaste, habló;*
                 hablamos, hablasteis, hablaron

The usual equivalent in English is: I talked OR I did talk; you talked OR you did talk, etc. OR I spoke OR I did speak; you spoke OR you did speak, etc.

Drop the **-er** ending of an infinitive, like **beber,** or the **-ir** ending of an infinitive, like **recibir,** and add the following endings: **í, iste, ió; imos, isteis, ieron.**

You then get: **bebí, bebiste, bebió;**
bebimos, bebisteis, bebieron

recibí, recibiste, recibió;
recibimos, recibisteis, recibieron

The usual equivalent in English is: I drank OR I did drink; you drank OR you did drink, etc.; I received OR I did receive, etc.

Tense No. 4   Futuro
            (Future)

In Spanish and English, the future tense is used to express an action or a state of being that will take place at some time in the future.

> EXAMPLES:
> 1. **Lo** *haré.*
>   *I shall do* it.
>   *I will do* it.
> 2. *Iremos* **al campo la semana que viene.**
>   *We shall go* to the country next week.
>   *We will go* to the country next week.

Also, in Spanish the future tense is used to indicate:

(a) Conjecture regarding the present.
> EXAMPLES:
> 1. **¿Qué hora** *será?*
>   *I wonder* what time it is.
> 2. **¿Quién** *será* **a la puerta?**
>   *Who can that be* at the door?
>   *I wonder who is* at the door.

(b) Probability regarding the present.
> EXAMPLES:
> 1. *Serán* **las cinco.**
>   *It is probably* five o'clock.
>   *It must be* five o'clock.
> 2. *Tendrá* **muchos amigos.**
>   *He probably has* many friends.
>   *He must have* many friends.
> 3. **María** *estará* **enferma.**
>   Mary *is probably* sick.
>   Mary *must be* sick.

(c) An indirect quotation.
> EXAMPLE:
> **María dice que** *vendrá* **mañana.**
> Mary says that she *will come* tomorrow.

Finally, remember that the future is never used in Spanish after *si* when *si* means *if.*

This tense is regularly formed as follows:

Add the following endings to the whole infinitive: *é, ás, á; emos, éis, án.*

Note that these Future endings happen to be the endings of *haber* in the present indicative: *he, has, ha; hemos, habéis, han.* Also note the accent marks on the Future endings, except for *emos.*

You then get: *hablaré, hablarás, hablará;*
                    hablaremos, hablaréis, hablarán

                    beberé, beberás, beberá;
                    beberemos, beberéis, beberán

                    recibiré, recibirás, recibirá;
                    recibiremos, recibiréis, recibirán

Tense No. 5   Potencial Simple
                  (Conditional)

The conditional is used in Spanish and in English to express:

(a) An action that you *would do* if something else were possible.
EXAMPLE:
Iría a España si tuviera dinero.
I would go to Spain if I had money.

(b) A conditional desire. This is a conditional of courtesy.
EXAMPLE:
Me *gustaría* tomar una limonada.
I would like (I should like) to have a lemonade...(if you are willing to let me have it).

(c) An indirect quotation.
EXAMPLES:
1. **María *dijo* que *vendría* mañana.**
Mary *said* that she *would come* tomorrow.
2. **María *decía* que *vendría* mañana.**
Mary *was saying* that she *would come* tomorrow.
3. **María *había dicho* que *vendría* mañana.**
Mary *had said* that she *would come* tomorrow.

(d) Conjecture regarding the past.
EXAMPLE:
¿Quién *sería*?
I wonder who that was.

(e) Probability regarding the past.
EXAMPLE:
Serían las cinco cuando salieron.
It was probably five o'clock when they went out.

This tense is regularly formed as follows:

Add the following endings to the whole infinitive:

   ía, ías, ía; íamos, íais, ían

Note that these conditional endings are the same endings of the imperfect indicative for *-er* and *-ir* verbs.

You then get: *hablaría, hablarías, hablaría;*
      hablaríamos, hablaríais, hablarían

      bebería, beberías, bebería;
      beberíamos, beberíais, beberían

      recibiría, recibirías, recibiría;
      recibiríamos, recibiríais, recibirían

The usual translation in English is: I would talk, you would talk, etc.; I would drink, you would drink, etc.; I would receive, you would receive, etc.

Tense No. 6 Presente de Subjuntivo
      (Present Subjunctive)

The subjunctive mood is used in Spanish much more than in English. In Spanish, the present subjunctive is used:

(a) To express a command in the *usted* or *ustedes* form, either in the affirmative or negative.
  EXAMPLES:
  1. *Siéntese* Ud. *Sit down.*
  2. *No se siente* Ud. *Don't sit down.*
  3. *Cierren* Uds. la puerta. *Close the door.*
  4. *No cierren* Uds. la puerta. *Don't close the door.*
  5. *Dígame* Ud. la verdad. *Tell me the truth.*

(b) To express a negative command in the familiar form *(tú)*.
  EXAMPLES:
  1. *No te sientes. Don't sit down.* 3. *No duermas. Don't sleep.*
  2. *No entres. Don't come in.*   4. *No lo hagas. Don't do it.*

(c) To express a negative command in the second person plural *(vosotros)*.
  EXAMPLES:
  1. *No os sentéis. Don't sit down.* 3. *No durmáis. Don't sleep.*
  2. *No entréis. Don't come in.*   4. *No lo hagáis. Don't do it.*

(d) To express a command in the first person plural, either in the affirmative or negative *(nosotros)*.
  EXAMPLES:
  1. *Sentémonos. Let's sit down.*
  2. *No entremos. Let's not go in.*

See also **Imperativo** (Imperative) farther on.

(e) After a verb that expresses some kind of wish, insistence, preference, suggestion, or request.
  EXAMPLES:
  1. **Quiero que María lo *haga*.**
   I want Mary to do it.
   NOTE: In this example, English uses the infinitive form, *to do*. In Spanish, however, a new clause is needed introduced by *que* because there is a new subject, María. The present subjunctive of *hacer* is used *(haga)* because the main verb is *Quiero,* which indicates a wish. If there were no change in subject, Spanish would use the infinitive form, as we do in English, for example, *Quiero hacerlo*/I want to do it.

18 §6 Meanings and Uses of Tenses

2. **Insisto en que María lo *haga*.**
   I insist that Mary *do* it.
3. **Prefiero que María lo *haga*.**
   I prefer that Mary *do* it.
4. **Pido que María lo *haga*.**
   I ask that Mary *do* it.

NOTE: In examples 2, 3, and 4 here, English also uses the subjunctive form *do*. Not so in example 1, however.

(f)   After a verb that expresses doubt, fear, joy, hope, sorrow, or some other emotion. Notice in the following examples, however, that the subjunctive is not used in English.
EXAMPLES:
1. **Dudo que María lo *haga*.**
   I doubt that Mary *is doing* it.
   I doubt that Mary *will do* it.
2. **No creo que María *venga*.**
   I don't believe (I doubt) that Mary *is coming*.
   I don't believe (I doubt) that Mary *will come*.
3. **Temo que María *esté* enferma.**
   I fear that Mary *is* ill.
4. **Me alegro de que *venga* María.**
   I'm glad that Mary *is coming*.
   I'm glad that Mary *will come*.
5. **Espero que María no *esté* enferma.**
   I hope that Mary *is* not ill.

(g)   After certain impersonal expressions that show necessity, doubt, regret, importance, urgency, or possibility. Notice, however, that the subjunctive is not used in English in some of the following examples.
EXAMPLES:
1. **Es necesario que María lo *haga*.**
   It is necessary for Mary to do it.
   It is necessary that Mary *do* it.
2. **No es cierto que María *venga*.**
   It is doubtful (not certain) that Mary *is coming*.
   It is doubtful (not certain) that Mary *will come*.
3. **Es lástima que María no *venga*.**
   It's too bad (a pity) that Mary *isn't coming*.
4. **Es importante que María *venga*.**
   It is important for Mary to come.
   It is important that Mary *come*.
5. **Es preciso que María *venga*.**
   It is necessary for Mary to come.
   It is necessary that Mary *come*.
6. **Es urgente que María *venga*.**
   It is urgent for Mary to come.
   It is urgent that Mary *come*.

(h)   After certain conjunctions of time, such as, ***antes (de) que, cuando, en cuanto, después (de) que, hasta que, mientras,*** and the like. The subjunctive form of the verb is used when introduced by any of these time conjunctions if the time referred to is either indefinite or is expected to take place in the future. However, if the action was completed in the past, the indicative mood is used.

EXAMPLES:
1. **Le hablaré a María cuando *venga*.**
   I shall talk to Mary when she *comes*.
2. **Vámonos antes (de) que *llueva*.**
   Let's go before *it rains*.
3. **En cuanto la *vea* yo, le hablaré.**
   As soon as *I see her*, I shall talk to her.
4. **Me quedo aquí hasta que *vuelva*.**
   I'm staying here until *he returns*.
   NOTE: In the above examples, the subjunctive is not used in English.

(i) After certain conjunctions that express a condition, negation, purpose, such
     as *a menos que, con tal que, para que, a fin de que, sin que, en caso (de) que,*
     and the like. Notice, however, that the subjunctive is not used in English in
     the following examples.
     EXAMPLES:
     1. **Démelo con tal que *sea* bueno.**
        Give it to me provided that *it is* good.
     2. **Me voy a menos que *venga*.**
        I'm leaving unless *he comes*.

(j) After certain adverbs, such as *acaso, quizá,* and *tal vez.*
     EXAMPLE:
     Acaso *venga* mañana.
     Perhaps *he will come* tomorrow.
     Perhaps *he is coming* tomorrow.

(k) After *aunque* if the action has not yet occurred.
     EXAMPLE:
     Aunque María *venga* esta noche, no me quedo.
     Although Mary *may come* tonight, I'm not staying.
     Although Mary *is coming* tonight, I'm not staying.

(l) In an adjectival clause if the antecedent is something or someone that is
     indefinite, negative, vague, or nonexistent.
     EXAMPLES:
     1. **Busco un libro que *sea* interesante.**
        I'm looking for a book that *is* interesting.
        NOTE: In this example, *que* (which is the relative pronoun) refers to *un
        libro* (which is the antecedent). Since *un libro* is indefinite, the verb in the
        following clause must be in the subjunctive *(sea)*. Notice, however, that the
        subjunctive is not used in English.
     2. **¿Hay alguien aquí que *hable* francés?**
        Is there anyone here who *speaks* French?
        NOTE: In this example, *que* (which is the relative pronoun) refers to *alguien*
        (which is the antecedent). Since *alguien* is indefinite and somewhat vague—
        we do not know who this anyone might be—the verb in the following
        clause must be in the subjunctive *(hable)*. Notice, however, that the sub-
        junctive is not used in English.
     3. **No hay nadie que *pueda* hacerlo.**
        There is no one who *can* do it.
        NOTE: In this example, *que* (which is the relative pronoun) refers to *nadie*
        (which is the antecedent). Since *nadie* is nonexistent, the verb in the follow-
        ing clause must be in the subjunctive *(pueda)*. Notice, however, that the
        subjunctive is not used in English.

(m) After *por más que* or *por mucho que.*

EXAMPLES:

1. *Por más que hable usted,* **no quiero escuchar.**
   No matter how much you talk, I don't want to listen.
2. *Por mucho que se alegre,* **no me importa.**
   No matter how glad he is, I don't care.

(n) After the expression *ojalá (que),* which expresses a great desire. This interjection means *would to God!* or *may God grant!* ...It is derived from the Arabic, *ya Allah!* (Oh, God!)

EXAMPLE:

¡Ojalá que vengan **mañana!**
Would to God that they come tomorrow!
May God grant that they come tomorrow!
How I wish that they would come tomorrow!
If only they would come tomorrow!

Finally, remember that the present subjunctive is never used in Spanish after *si* when *si* means *if.*

The present subjunctive of regular verbs and many irregular verbs is normally formed as follows:

Go to the present indicative, 1st pers. sing., of the verb you have in mind, drop the ending *o,* and

for an *-ar* ending type, add: *e, es, e; emos, éis, en*
for an *-er* or *-ir* ending type, add: *a, as, a; amos, áis, an*

As you can see, the characteristic vowel in the present subjunctive endings for an *-ar* type verb is *e* in the six persons.

As you can see, the characteristic vowel in the present subjunctive endings for an *-er* or *-ir* type verb is *a* in the six persons.

Since the present subjunctive of some irregular verbs is not normally formed as stated above (e.g., *dar, dormir, haber, ir, secar, sentir, ser, tocar*), you must look up the verb you have in mind in the alphabetical listing in this book.

Tense No. 7 Imperfecto de Subjuntivo
         (Imperfect Subjunctive)

This past tense is used for the same reasons as the **presente de subjuntivo**—that is, after certain verbs, conjunctions, impersonal expressions, etc., which were explained and illustrated above in tense no. 6. The main difference between these two tenses is the time of the action.

If the verb in the main clause is in the present indicative or future or present perfect indicative or imperative, the *present subjunctive* or the *present perfect subjunctive* is used in the dependent clause—provided, of course, that there is some element that requires the use of the subjunctive.

However, if the verb in the main clause is in the imperfect indicative, preterit, conditional, or pluperfect indicative, the *imperfect subjunctive* (this tense) or *pluperfect subjunctive* is ordinarily used in the dependent clause—provided, of course, that there is some element that requires the use of the subjunctive.

EXAMPLES:

1. **Insistí en que María lo** *hiciera.*
   I insisted that Mary *do* it.
2. **Se lo explicaba a María** *para que lo comprendiera.*
   I was explaining it to Mary *so that she might understand it.*

Note that the imperfect subjunctive is used after *como si* to express a condition contrary to fact.

> EXAMPLE:
> **Me habla como si *fuera* un niño.**
> He speaks to me as if *I were* a child.
> NOTE: In this last example, the subjunctive is used in English also for the same reason.

Finally, note that *quisiera* (the imperfect subjunctive of *querer*) can be used to express politely a wish or desire, as in *I should like: **Quisiera hablar ahora**/*I should like to speak now.

The imperfect subjunctive is regularly formed as follows:

For all verbs, drop the *ron* ending of the 3rd pers. pl. of the preterit and add the following endings:

> *ra, ras, ra;*   OR   *se, ses, se;*
> *ramos, rais, ran*   *semos, seis, sen*

The only accent mark on the forms of the imperfect subjunctive is on the 1st pers. pl. form *(nosotros)* and it is placed on the vowel that is right in front of the ending *ramos* or *semos*.

§6.2 The seven compound tenses

Tense No. 8   Perfecto de Indicativo
                (Present Perfect Indicative)

This is the first of the seven compound tenses that follow here. This tense expresses an action that took place at no definite time in the past. It is a compound tense because it is formed with the present indicative of *haber* (the auxiliary or helping verb) plus the past participle of your main verb. Note the translation into English in the examples that follow. Then compare this tense with the *perfecto de subjuntivo,* which is tense no. 13. For the seven simple tenses of *haber* (which you need to know to form these seven compound tenses), see *haber* listed alphabetically among the 501 verbs in this book.

> EXAMPLES:
> 1. **(Yo) *he hablado.***
>   *I have spoken.*
> 2. **(Tú) no *has venido* a verme.**
>   *You have not come* to see me.
> 3. **Elena *ha ganado* el premio.**
>   Helen *has won* the prize.

Tense No. 9   Pluscuamperfecto de Indicativo
                (Pluperfect *or* Past Perfect Indicative)

This is the second of the compound tenses. In Spanish and English, this past tense is used to express an action that happened in the past *before* another past action. Since it is used in relation to another past action, the other past action is ordinarily expressed in the preterit. However, it is not always necessary to have the other past action expressed, as in example 2 on the following page.

In English, this tense is formed with the past tense of *to have* (had) plus the past participle of your main verb. In Spanish, this tense is formed with the imperfect indicative of *haber* plus the past participle of the verb you have in mind. Note the translation into English in the examples that follow. Then compare this tense with the *pluscuamperfecto de subjuntivo,* which is tense no. 14. For the seven simple tenses of *haber* (which you need to know to form these seven compound tenses), see *haber* listed alphabetically among the 501 verbs in this book.

EXAMPLES:
1. **Cuando** *llegué a casa, mi hermano había salido.*
   When I *arrived* home, my brother *had gone out.*
   NOTE: *First,* my brother went out; *then,* I arrived home. Both actions happened in the past. The action that occurred in the past *before* the other past action is in the pluperfect, and, in this example, it is *my brother had gone out (mi hermano había salido).*
   NOTE also that *llegué* (*I arrived*) is in the preterit because it is an action that happened in the past and it was completed.
2. **Juan lo** *había perdido* **en la calle.**
   John *had lost* it in the street.
   NOTE: In this example, the pluperfect indicative is used even though no other past action is expressed. It is assumed that John *had lost* something *before* some other past action.

Tense No. 10   Pretérito Anterior or Pretérito Perfecto
(Past Anterior *or* Preterit Perfect)

This is the third of the compound tenses. This past tense is compound because it is formed with the preterit of *haber* plus the past participle of the verb you are using. It is translated into English like the pluperfect indicative, which is tense no. 9. This tense is not used much in spoken Spanish. Ordinarily, the pluperfect indicative is used in spoken Spanish (and sometimes even the simple preterit) in place of the past anterior.

This tense is ordinarily used in formal writing, such as history and literature. It is normally used after certain conjunctions of time, e.g., *después que, cuando, apenas, luego que, en cuanto.*

EXAMPLE:
Después que *hubo hablado,* **salió.**
After *he had spoken*, he left.

Tense No. 11   Futuro Perfecto
(Future Perfect *or* Future Anterior)

This is the fourth of the compound tenses. This compound tense is formed with the future of *haber* plus the past participle of the verb you have in mind. In Spanish and in English, this tense is used to express an action that will happen in the future *before* another future action. In English, this tense is formed by using *shall have* or *will have* plus the past participle of the verb you have in mind.

EXAMPLE:
María llegará mañana y *habré terminado* **mi trabajo.**
Mary will arrive tomorrow and *I shall have finished* my work.

NOTE: *First*, I shall finish my work; *then*, Mary will arrive. The action that will occur in the future *before* the other future action is in the *Futuro perfecto,* and in this example it is **(yo) habré terminado mi trabajo.**

Also, in Spanish, the future perfect is used to indicate conjecture or probability regarding recent past time.

EXAMPLES:

1. **María *se habrá acostado.***
   Mary *has probably gone to bed.*
   Mary *must have gone to bed.*
2. **José *habrá llegado.***
   Joseph *has probably arrived.*
   Joseph *must have arrived.*

Tense No. 12   Potencial Compuesto
(Conditional Perfect)

This is the fifth of the compound tenses. It is formed with the conditional of *haber* plus the past participle of your main verb. It is used in Spanish and English to express an action that you *would have done* if something else had been possible; that is, you would have done something *on condition* that something else had been possible.

In English, it is formed by using *would have* plus the past participle of the verb you have in mind. Observe the difference between the following example and the one given for the use of the **potencial simple.**

EXAMPLE:

Habría ido **a España si hubiera tenido dinero.**
I would have gone to Spain if I had had money.

Also, in Spanish, the conditional perfect is used to indicate probability or conjecture in the past.

EXAMPLES:

1. *Habrían sido* **las cinco cuando salieron.**
   It must have been five o'clock when they went out.
   (Compare this with the example given for the simple conditional.)
2. **¿Quién *habría sido*?**
   Who *could that have been*? (*or* I wonder *who that could have been.*)
   (Compare this with the example given for the simple conditional.)

Tense No. 13   Perfecto de Subjuntivo
(Present Perfect *or* Past Subjunctive)

This is the sixth of the compound tenses. It is formed by using the present subjunctive of *haber* as the helping verb plus the past participle of the verb you have in mind.

If the verb in the main clause is in the present indicative, future, or present perfect tense, the present subjunctive is used *or* this tense is used in the dependent clause—provided, of course, that there is some element that requires the use of the subjunctive.

The present subjunctive is used if the action is not past. However, if the action is past, this tense (present perfect subjunctive) is used, as in the examples given below.

EXAMPLES:
1. **María duda que yo le *haya hablado* al profesor.**
   Mary doubts that *I have spoken* to the professor.
2. **Siento que tú no *hayas venido* a verme.**
   I am sorry that you *have not come* to see me.
3. **Me alegro de que Elena *haya ganado* el premio.**
   I am glad that Helen *has won* the prize.

In these three examples, the auxiliary verb *haber* is used in the present subjunctive because the main verb in the clause that precedes is one that requires the subjunctive mood of the verb in the dependent clause.

Tense No. 14   Pluscuamperfecto de Subjuntivo
(Pluperfect *or* Past Perfect Subjunctive)

This is the seventh of the compound tenses. It is formed by using the imperfect subjunctive of *haber* as the helping verb plus the past participle of your main verb.

The translation of this tense into English is often like the pluperfect indicative.

If the verb in the main clause is in a past tense, this tense is used in the dependent clause—provided, of course, that there is some element that requires the use of the subjunctive.

EXAMPLES:
1. **Sentí mucho que *no hubiera venido* María.**
   I was very sorry that Mary *had not come*.
2. **Me alegraba de que *hubiera venido* María.**
   I was glad that Mary *had come*.
3. **No creía que María *hubiera llegado*.**
   I did not believe that Mary *had arrived*.

So much for the seven simple tenses and the seven compound tenses. Now, let's look at the Imperative Mood.

---

§6.3 Imperativo (Imperative or Command)

The imperative mood is used in Spanish and in English to express a command. We saw earlier that the subjunctive mood is used to express commands in the *Ud.* and *Uds.* forms, in addition to other uses of the subjunctive mood.

Here are other points you ought to know about the imperative.

(a) An indirect command or deep desire expressed in the third pers. sing. or pl. is in the subjunctive. Notice the use of *Let* or *May* in the English translations. *Que* introduces this kind of command.

EXAMPLES:
1. **¡Que lo *haga* Jorge!**
   Let George do it!
2. **¡Que Dios se lo *pague*!**
   May God reward you!
3. **¡Que *vengan* pronto!**
   Let them come quickly!
4. **¡Que *entre* Roberto!**
   Let Robert enter!
5. **¡Que *salgan*!**
   Let them leave!
6. **¡Que *entren* las muchachas!**
   Let the girls come in!

(b) In some indirect commands, *que* is omitted. Here, too, the subjunctive is used.
EXAMPLE:
¡*Viva* el presidente!
Long live the president!

(c) The verb form of the affirmative sing. familiar *(tú)* is the same as the 3rd pers. sing. of the present indicative when expressing a command.
EXAMPLES:
1. **¡*Entra* pronto!**
   Come in quickly!
2. **¡*Sigue* leyendo!**
   Keep on reading!
   Continue reading!

(d) There are some exceptions, however, to (c) above. The following verb forms are irregular in the affirmative sing. imperative (*tú* form only).
di (decir)	*sal* (salir)	*val* (valer)
haz (hacer)	*sé* (ser)	*ve* (ir)
hé (haber)	*ten* (tener)	*ven* (venir)
pon (poner)		

(e) In the affirmative command, 1st pers. pl., instead of using the present subjunctive hortatory command, *vamos a* (*Let's* or *Let us*) + *inf.* may be used.
EXAMPLES:
1. *Vamos a* **comer**/Let's eat.
   or: *Comamos* (1st pers. pl., present subj., hortatory command)
2. *Vamos a* **cantar**/Let's sing.
   or: *Cantemos* (1st pers. pl., present subj., hortatory command)

(f) In the affirmative command, 1st pers. pl., *vamos* may be used to mean *Let's go*: *Vamos* **al cine**/Let's go to the movies.

(g) However, if in the negative (*Let's not go*), the present subjunctive of *ir* must be used: *No vayamos* **al cine**/Let's not go to the movies.

(h) Note that *vámonos* (1st pers. pl. of *irse,* imperative) means *Let's go*, or *Let's go away*, or *Let's leave*. See (m) on the next page.

(i) Also note that *no nos vayamos* (1st pers. pl. of *irse,* present subjunctive) means *Let's not go*, or *Let's not go away*, or *Let's not leave.*

(j) The imperative in the affirmative familiar plural *(vosotros, vosotras)* is formed by dropping the final *r* of the inf. and adding *d.*
EXAMPLES:
1. *¡Hablad!*/Speak!   3. *¡Id!*/Go!
2. *¡Comed!*/Eat!   4. *¡Venid!*/Come!

(k) When forming the affirmative familiar plural *(vosotros, vosotras)* imperative of a reflexive verb, the final *d* on the inf. must be dropped before the reflexive pronoun *os* is added, and both elements are joined to make one word.
EXAMPLES:
1. *¡Levantaos!*/Get up!   2. *¡Sentaos!*/Sit down!

(l) Referring to (k) on the previous page, when the final *d* is dropped in a reflexive verb ending in *-ir,* an accent mark must be written on the *i.*
EXAMPLES:
1. *¡Vestíos!*/Get dressed!   **2.** *¡Divertíos!*/Have a good time!

(m) When forming the 1st pers. pl. affirmative imperative of a reflexive verb, final *s* must drop before the reflexive pronoun *os* is added, and both elements are joined to make one word. This requires an accent mark on the vowel of the syllable that was stressed before *os* was added.
EXAMPLE:
Vamos + nos changes to: *¡Vámonos!*/Let's go! or Let's go away! or Let's leave! See (h) on the previous page.

(n) All negative imperatives in the familiar 2nd pers. sing. *(tú)* and plural *(vosotros, vosotras)* are expressed in the present subjunctive.
EXAMPLES:
1. *¡No corras (tú)!*/Don't run!
2. *¡No corráis (vosotros* or *vosotras)!*/Don't run!
3. *¡No vengas (tú)!*/Don't come!
4. *¡No vengáis (vosotros* or *vosotras)!*/Don't come!

(o) Object pronouns (direct, indirect, or reflexive) with an imperative verb form in the **affirmative** are attached to the verb form.
EXAMPLES:
1. *¡Hágalo (Ud.)!*/Do it!
2. *¡Díganoslo (Ud.)!*/Tell it to us!
3. *¡Dímelo (tú)!*/Tell it to me!
4. *¡Levántate (tú)!*/Get up!
5. *¡Siéntese (Ud.)!*/Sit down!
6. *¡Hacedlo (vosotros, vosotras)!*/Do it!
7. *¡Démelo (Ud.)!*/Give it to me!

(p) Object pronouns (direct, indirect, or reflexive) with an imperative verb form in the **negative** are placed in front of the verb form. Compare the following examples with those given in (o) above:
EXAMPLES:
1. *¡No lo haga (Ud.)!*/Don't do it!
2. *¡No nos lo diga (Ud.)!*/Don't tell it to us!
3. *¡No me lo digas (tú)!*/Don't tell it to me!
4. *¡No te levantes (tú)!*/Don't get up!
5. *¡No se siente (Ud.)!*/Don't sit down!
6. *¡No lo hagáis (vosotros, vosotras)!*/Don't do it!
7. *¡No me lo dé (Ud.)!*/Don't give it to me!

(q) Note that in some Latin American countries, the 2nd pers. pl. familiar *(vosotros, vosotras)* forms are avoided. In place of them, the 3rd pers. pl. *Uds.* forms are customarily used.

§7 Reflexive Verbs and Reciprocal Verbs in Spanish

§7.1 Reflexive Verbs in Spanish

In English, a reflexive pronoun is a personal pronoun that contains *self* or *selves*. In Spanish, a reflexive verb contains a reflexive pronoun, and the action of the verb falls on the subject and its reflexive pronoun either directly or indirectly. For that reason, the reflexive pronoun must agree with the subject: **yo me…, tú te…, Ud. se…, él se…, ella se…, nosotros nos…, vosotros os…, Uds. se…, ellos se…, ellas se…**

A reflexive pronoun is ordinarily placed in front of the verb form, as you can see in the examples below:

SINGULAR

EXAMPLES

me/myself
te/yourself
se/yourself, himself, herself, itself

Me **lavo.**/I wash *myself.*
Te **lavas.**/You wash *yourself.*
Ud. *se* **lava.**/You wash *yourself.*
Pablo *se* **lava.**/Pablo washes *himself*, etc.

PLURAL

EXAMPLES

nos/ourselves

Nosotros (-as) *nos* **lavamos.**/We wash *ourselves.*

os/yourselves

Vosotros (-as) *os* **laváis.**/You wash *yourselves.*

se/yourselves, themselves

Uds. *se* **lavan.**/You wash *yourselves.*
Ellos (Ellas) *se* **lavan.**/They wash *themselves.*

To make these sentences negative, place **no** in front of the reflexive pronoun: **Yo no me lavo, Tú no te lavas, Ud. no se lava,** etc.

Note that **me, te, nos,** and **os** are not only reflexive pronouns, but they are also direct object pronouns and indirect object pronouns.

A reflexive verb in Spanish is not always reflexive in English:

SPANISH

ENGLISH

levantarse
sentarse

to get up
to sit down

There are some Spanish reflexive verbs that are also reflexive in English:

SPANISH

ENGLISH

bañarse
lavarse

to bathe oneself
to wash oneself

Note how the meaning of a verb changes when it is used reflexively:

Miguel lavó su coche. Miguel *washed his car.* **Miguel se lavó las manos después de sacar la basura.** Miguel *washed his hands* after taking out the trash. (Also note that you say **las manos** in Spanish and not **sus manos**.)

Review and practice the reflexive verbs **irse** (verb 281), **lavarse** (verb 289), and **llamarse** (verb 296) among the 501 verbs in this book to become familiar with the reflexive pronouns that go with the reflexive verbs.

§7.2 Reciprocal Verbs in Spanish

The following reflexive pronouns are also used as reciprocal pronouns, meaning "each other" or "to each other": **se, nos, os.**

Ayer por la noche, María y yo nos vimos en el cine./ Yesterday evening, Maria and I *saw each other* at the movies.

Roberto y Teresa se envían mensajes de texto todos los días./ Roberto and Teresa *send each other* texts every day.

If the meaning of these three reflexive pronouns (**se, nos, os**) is not clear when they are used in a reciprocal sense, any of the following may be added to express the idea of "each other" or "to each other": **uno a otro, una a otra, unos a otros,** etc.

§8 The Future Subjunctive and the Future Perfect Subjunctive: A Note

The future subjunctive and the future perfect subjunctive exist in Spanish, but they are rarely used. Nowadays, instead of using the future subjunctive, one uses the present subjunctive or the present indicative. Instead of using the future perfect subjunctive, one uses the future perfect indicative or the present perfect subjunctive. However, if you are curious to know how to form the future subjunctive and the future perfect subjunctive in Spanish, the following is offered:

(1) To form the future subjunctive, take the third person plural of the preterit of any Spanish verb and change the ending *-ron* to *re, res, re; remos, reis, ren.* An accent mark is needed as shown below on the first person plural form to preserve the stress.
   EXAMPLES:

amar	*amare, amares, amare;* *amáremos, amareis, amaren*
comer	*comiere, comieres, comiere;* *comiéremos, comiereis, comieren*
dar	*diere, dieres, diere;* *diéremos, diereis, dieren*
haber	*hubiere, hubieres, hubiere;* *hubiéremos, hubiereis, hubieren*
hablar	*hablare, hablares, hablare;* *habláremos, hablareis, hablaren*
ir or *ser*	*fuere, fueres, fuere;* *fuéremos, fuereis, fueren*

(2) Let's look at the forms of **amar** above to see what the English translation is of this tense:

(que) yo amare, (that) I love ...
(que) tú amares, (that) you love ...
(que) Ud. (él, ella) amare, (that) you (he, she) love ...
(que) nosotros (-tras) amáremos, (that) we love ...
(que) vosotros (-tras) amareis, (that) you love ...
(que) Uds. (ellos, ellas) amaren, (that) you (they) love ...

(3) To form the future perfect subjunctive, use the future subjunctive form of **haber** (shown above) as your auxiliary plus the past participle of the verb you have in mind.
EXAMPLES:
(que) hubiere amado, hubieres amado, hubiere amado;
(que) hubiéremos amado, hubiereis amado, hubieren amado

English translation:
(that) I have *or* I shall have loved, (that) you have *or* will have loved, etc.

§9 Summary of Verb Tenses and Moods in Spanish with English Equivalents

Los siete tiempos simples *The seven simple tenses*		**Los siete tiempos compuestos** *The seven compound tenses*	
Tense No.	Tense Name	Tense No.	Tense Name
1	**Presente de indicativo** *Present indicative*	8	**Perfecto de indicativo** *Present perfect indicative*
2	**Imperfecto de indicativo** *Imperfect indicative*	9	**Pluscuamperfecto de indicativo** *Pluperfect or Past perfect indicative*
3	**Pretérito** *Preterit*	10	**Pretérito anterior (Pret. perfecto)** *Past anterior or Preterit perfect*
4	**Futuro** *Future*	11	**Futuro perfecto** *Future perfect or Future anterior*
5	**Potencial simple** *Conditional*	12	**Potencial compuesto** *Conditional perfect*
6	**Presente de subjuntivo** *Present subjunctive*	13	**Perfecto de subjuntivo** *Present perfect or Past subjunctive*
7	**Imperfecto de subjuntivo** *Imperfect subjunctive*	14	**Pluscuamperfecto de subjuntivo** *Pluperfect or Past perfect subjunctive*

The imperative is not a tense; it is a mood.

In Spanish, there are 7 simple tenses and 7 compound tenses. A simple tense means that the verb form consists of one word. A compound tense means that the verb form consists of two words (the auxiliary verb and the past participle). The auxiliary verb is also called a helping verb and in Spanish, as you know, it is any of the 7 simple tenses of **haber** (*to have*).

TIP

Each compound tense is based on each simple tense. The 14 tenses given on the previous page are arranged in the following logical order:

Tense no. 8 is based on tense no. 1 of **haber**; in other words, you form the **Perfecto de indicativo** by using the auxiliary **haber** in the **Presente de indicativo** plus the past participle of the verb you are dealing with.

Tense no. 9 is based on tense no. 2 of **haber**; in other words, you form the **Pluscuamperfecto de indicativo** by using the auxiliary **haber** in the **Imperfecto de indicativo** plus the past participle of the verb you are dealing with.

Tense no. 10 is based on tense no. 3 of **haber**; in other words, you form the **Pretérito anterior** by using the auxiliary **haber** in the **Pretérito** plus the past participle of the verb you are dealing with.

Tense no. 11 is based on tense no. 4 of **haber**; in other words, you form the **Futuro perfecto** by using the auxiliary **haber** in the **Futuro** plus the past participle of the verb you are dealing with.

Tense no. 12 is based on tense no. 5 of **haber**; in other words, you form the **Potencial compuesto** by using the auxiliary **haber** in the **Potencial simple** plus the past participle of the verb you are dealing with.

Tense no. 13 is based on tense no. 6 of **haber**; in other words, you form the **Perfecto de subjuntivo** by using the auxiliary **haber** in the **Presente de subjuntivo** plus the past participle of the verb you are dealing with.

Tense no. 14 is based on tense no. 7 of **haber**; in other words, you form the **Pluscuamperfecto de subjuntivo** by using the auxiliary **haber** in the **Imperfecto de subjuntivo** plus the past participle of the verb you are dealing with.

What does all the above mean? This: If you ever expect to know or even recognize the meaning of any of the 7 compound tenses, you certainly have to know **haber** in the 7 simple tenses. If you do not, you cannot form the 7 compound tenses. This is one perfect example to illustrate that learning Spanish verb forms is a cumulative experience. Look up **haber** where it is listed alphabetically among the 501 verbs in this book and study the 7 simple tenses.

§10 Definitions of Basic Grammatical Terms with Examples

active voice   When we speak or write in the active voice, the subject of the verb performs the action. The action falls on the direct object.

*The robber opened the window/**El ladrón abrió la ventana.***

The subject is *the robber.* The verb is *opened.* The direct object is *the window. See also passive voice* in this list. Compare the above sentence with the example in the passive voice. Review the section on passive voice and active voice in §2. *See also* §1.7, example 6.

adjective   An adjective is a word that modifies a noun or a pronoun. In grammar, to modify a word means to describe, limit, expand, or make the meaning particular.

*a beautiful garden/**un jardín hermoso**; she is pretty/**ella es bonita***

The adjective *beautiful/**hermoso*** modifies the noun *garden/**jardín.*** The adjective *pretty/**bonita*** modifies the pronoun *she/**ella.*** In Spanish, there are different kinds of adjectives. *See also* comparative adjective, demonstrative adjective, descriptive adjective, interrogative adjective, limiting adjective, possessive adjective, superlative adjective.

adverb   An adverb is a word that modifies a verb, an adjective, or another adverb. An adverb says something about how, when, where, to what extent, or in what way.

*Mary runs swiftly/**María corre rápidamente.***

The adverb *swiftly/**rápidamente*** modifies the verb *runs/**corre.*** The adverb shows *how* she runs.

*John is very handsome/**Juan es muy guapo.***

The adverb *very/**muy*** modifies the adjective *handsome/**guapo.*** The adverb shows *how handsome* he is.

*The boy is talking very fast now/**El muchacho habla muy rápidamente ahora.***

The adverb *very/**muy*** modifies the adverb *fast/**rápidamente.*** The adverb shows *to what extent* he is talking *fast.* The adverb *now/**ahora*** tells us *when.*

*The post office is there/**La oficina de correos está allá.***

The adverb *there/**allá*** modifies the verb *is/**está.*** It tells us *where* the post office is.

*Mary writes meticulously/**María escribe meticulosamente.***

The adverb *meticulously/**meticulosamente*** modifies the verb *writes/**escribe.*** It tells us *in what way* she writes

affirmative statement, negative statement   A statement in the affirmative is the opposite of a statement in the negative. To negate an affirmative statement is to make it negative.

Affirmative: *I like ice cream/**Me gusta el helado.***

Negative: *I do not like ice cream/**No me gusta el helado.***

Review **gustar**.

agreement of adjective with noun   Agreement is made on the adjective with the noun it modifies in gender (masculine or feminine) and number (singular or plural).

*a white house/**una casa blanca**.*

The adjective **blanca** is feminine singular because the noun **una casa** is feminine singular

*many white houses/**muchas casas blancas**.*

The adjective **blancas** is feminine plural because the noun **casas** is feminine plural.

agreement of verb with its subject   A verb agrees in person (1st, 2nd, or 3rd) and in number (singular or plural) with its subject.

*Paul tells the truth/**Pablo dice la verdad.***

The verb **dice** (of **decir**) is 3rd person singular because the subject **Pablo**/*Paul* is 3rd person singular.

*Where are the tourists going?/**¿Adónde van los turistas?***

The verb **van** (of **ir**) is 3rd person plural because the subject **los turistas**/*the tourists* is 3rd person plural. For subject pronouns in the singular and plural, review §15.

antecedent   An antecedent is a word to which a relative pronoun refers. It comes *before* the pronoun.

The girl who is laughing loudly is my sister/
La muchacha que está riendo a carcajadas es mi hermana.

The antecedent is *girl/**la muchacha.*** The relative pronoun *who/**que*** refers to the girl.

The car that I bought is very expensive/
El carro que yo compré es muy costoso.

The antecedent is *car/**el carro.*** The relative pronoun *that/**que*** refers to the car. Review **comprar** and **reír** among the 501 verbs in this book. Note that **está riendo** is the progressive present. Review example 1 in §1.3 ("Uses of the present participle") as well as examples 1 and 2 in §1.4 ("The progressive forms of tenses"). *See also* relative pronoun.

auxiliary verb   An auxiliary verb is a helping verb. In English grammar it is *to have*. In Spanish grammar it is **haber**/*to have*. An auxiliary verb is used to help form the compound tenses.

*I have eaten/**(Yo) he comido.***

Review the forms of **haber** (verb 257) in the seven simple tenses. You need to know them to form the seven compound tenses. Also, review **comer** among the 501 verbs in this book.

cardinal number   A cardinal number is a number that expresses an amount, such as *one, two, three,* and so on. *See also* ordinal number.

clause   A clause is a group of words that contains a subject and a predicate. A predicate may contain more than one word. A conjugated verb form is revealed in the predicate.

Mrs. Gómez lives in a large apartment/
La señora Gómez vive en un gran apartamento.

The subject is *Mrs. Gómez/**la señora Gómez.*** The predicate is *lives in a large apartment/**vive en un gran apartamento.*** The verb is *lives/**vive.*** Review **vivir** among the 501 verbs in this book. *See also* dependent clause, independent clause, predicate.

comparative adjective   When making a comparison between two persons or things, an adjective is used to express the degree of comparison in the following ways. Same degree of comparison:

*Helen is as tall as Mary/**Elena es tan alta como María.***

Lesser degree of comparison:

*Jane is less intelligent than Eva/**Juana es menos inteligente que Eva.***

Higher degree of comparison:

*This apple is more delicious than that one/**Esta manzana es más deliciosa que ésa.***
See also superlative adjective.

comparative adverb An adverb is compared in the same way as an adjective is compared. *See* comparative adjective above.

Same degree of comparison:

Mr. Robles speaks as well as Mr. Vega/
El señor Robles habla tan bien como el señor Vega.

Lesser degree of comparison:

Alice studies less diligently than her sister/
Alicia estudia menos diligentemente que su hermana.

Higher degree of comparison:

Albert works more slowly than his brother/
Alberto trabaja más lentamente que su hermano.

See also superlative adverb.

complex sentence A complex sentence contains one independent clause and one or more dependent clauses.

One independent clause and one dependent clause:

Joseph works but his brother doesn't/
José trabaja pero su hermano no trabaja.

The independent clause is *Joseph works.* It makes sense when it stands alone because it expresses a complete thought. The dependent clause is *but his brother doesn't.* The dependent clause, which is introduced by the conjunction *but/pero*, does not make complete sense when it stands alone because it *depends* on the thought expressed in the independent clause.

One independent clause and two dependent clauses:

Anna is a good student because she studies but her sister never studies/
Ana es una buena alumna porque estudia pero su hermana nunca estudia.

The independent clause is *Anna is a good student.* It makes sense when it stands alone because it expresses a complete thought. The first dependent clause is *because she studies.* The dependent clause, which is introduced by the conjunction *because/porque*, does not make complete sense when it stands alone because it *depends* on the thought expressed in the independent clause. The second dependent clause is *but her sister never studies.* That dependent clause, which is introduced by the conjunction *but/pero*, does not make complete sense, either, when it stands alone because it *depends* on the thought expressed in the independent clause. *See also* dependent clause, independent clause.

compound sentence A compound sentence contains two or more independent clauses.

Mrs. Fuentes went to the supermarket, she bought a few
things, and then she went home/
La señora Fuentes fue al supermercado, compró
algunas cosas, y entonces fue a casa.

This compound sentence contains three independent clauses. They are independent because they make sense when they stand alone. Review the explanation, uses, and examples of the **pretérito** (tense no. 3) on pages 15 and 16. Review **comprar** and **ir** among the 501 verbs in this book. *See also* independent clause.

conditional perfect tense In Spanish grammar, the conditional **(el potencial)** is considered a mood. This tense is defined with examples on pages 24 and 25.

conditional present tense In Spanish grammar, the conditional **(el potencial)** is considered a mood. This tense is defined with examples on pages 17 and 18.

conjugation   The conjugation of a verb is the fixed order of all its forms showing their inflections (changes) in the three persons of the singular and plural in a particular tense. *See also* number and person (1st, 2nd, 3rd).

conjunction   A conjunction is a word that connects words or groups of words.

and/y, or/o, but/pero, because/porque

Charles and Charlotte/Carlos y Carlota

You can stay home or you can come with me/

(Tú) puedes quedarte en casa o venir conmigo.

contrary to fact   This term refers to an "if" clause. *See* if **(si)** clause.

declarative sentence   A declarative sentence makes a statement.

Review the **perfecto de indicativo** (tense no. 8) on page 22 and **terminar** among the 501 verbs in this book.

definite article   The definite article in Spanish has four forms and they all mean *the.* They are **el, la, los, las.**

el libro/the book, la casa/the house,

los libros/the books, las casas/the houses.

The definite articles **la, los, las** are also used as direct object pronouns. *See* direct object pronoun.

demonstrative adjective   A demonstrative adjective is an adjective that points out. It is placed in front of a noun.

this book/este libro; these books/estos libros;

this cup/esta taza; these flowers/estas flores.

demonstrative pronoun   A demonstrative pronoun is a pronoun that points out. It takes the place of a noun. It agrees in gender and number with the noun it replaces.

I have two oranges; do you prefer this one or that one?/

Tengo dos naranjas; ¿prefiere usted ésta o ésa?

I prefer those [over there]/Prefiero aquéllas.

For demonstrative pronouns that are neuter, *see* neuter.

dependent clause   A dependent clause is a group of words that contains a subject and a predicate. It does not express a complete thought when it stands alone. It is called *dependent* because it depends on the independent clause for a complete meaning. Subordinate clause is another term for dependent clause.

Edward is absent today because he is sick/

Eduardo está ausente hoy porque está enfermo.

The independent clause is *Edward is absent today.* The dependent clause is *because he is sick. See also* clause, independent clause.

descriptive adjective   A descriptive adjective is an adjective that describes a person, place, or thing.

a pretty girl/una muchacha bonita; a big house/una casa grande;

an expensive car/un carro costoso.

See also adjective.

direct object noun   A direct object noun receives the action of the verb *directly.* That is why it is called a direct object, as opposed to an indirect object. A direct object noun is normally placed *after* the verb.

I am writing a letter/Escribo una carta.

The direct object is the noun *letter/una carta. See also* direct object pronoun.

direct object pronoun A direct object pronoun receives the action of the verb *directly.* It takes the place of a direct object noun. In Spanish, a pronoun that is a direct object of a verb is ordinarily placed *in front of* the verb.

I am writing it [the letter]/La escribo.

In the *affirmative imperative,* a direct object pronoun is placed *after* the verb and is joined to it, resulting in one word.

Write it [the letter] now!/¡Escríbala [Ud.] ahora!

An accent mark is added on the vowel **i** [**í**] in order to keep the emphasis on that vowel as it was in **escriba** before the direct object pronoun **la** was added to the verb form. Review point (o) in §6.3 ("Imperativo").

disjunctive pronoun A disjunctive pronoun is a pronoun that is stressed; in other words, emphasis is placed on it. It is usually an object of a preposition. In Spanish usage, prepositional pronoun is another term for disjunctive pronoun.

for me/para mí; for you (fam.)/para ti;
con usted/with you; con él/with him; con ella/with her

Note the following exceptions with **con**:

conmigo/with me; contigo/with you (fam.);
consigo/with yourself (yourselves, himself, herself, themselves)

ending of a verb In Spanish grammar, the ending of a verb form changes according to the person and number of the subject and the tense of the verb.

To form the present indicative tense of a regular **-ar** type verb like **hablar**, drop **ar** of the infinitive and add the following endings; **-o, -as, -a** for the 1st, 2nd, and 3rd persons of the singular; **-amos, -áis, -an** for the 1st, 2nd, and 3rd persons of the plural. You then get: **hablo, hablas, habla; hablamos, habláis, hablan.** Review at the top of page 13. *See also* stem of a verb.

feminine In Spanish grammar, the gender of a noun, pronoun, or adjective is feminine or masculine, not male or female.

Masculine			Feminine		
noun	*pronoun*	*adjective*	*noun*	*pronoun*	*adjective*
el hombre	**él**	**guapo**	**la mujer**	**ella**	**hermosa**
the man	he	handsome	the woman	she	beautiful

See also gender.

future perfect tense This tense is defined with examples on pages 23 and 24. It is also called the future anterior.

future tense This tense is defined with examples on pages 16 and 17.

gender Gender means masculine or feminine.

Masculine: *the boy/el muchacho; the book/el libro*
Feminine: *the girl/la muchacha; the house/la casa*

gerund In English grammar, a gerund is a word formed from a verb. It ends in *ing.* Actually, it is the present participle of a verb. However, it is not used as a verb. It is used as a noun.

Seeing is believing/Ver es creer/[to see is to believe].

However, in Spanish grammar, the infinitive form of the verb is used, as in the above example, when the verb is used as a noun.

The Spanish gerund is also a word formed from a verb. It is the present participle of a verb. The Spanish gerund [**el gerundio**] regularly ends in **ando** for **ar** type verbs (of the 1st conjugation), in **iendo** for **er** type verbs (of the 2nd conjugation), and **iendo** for **ir** type verbs (of the 3rd conjugation). There are also irregular present participles that end in **yendo**.

hablando/talking *comiendo*/eating *viviendo*/living

See also present participle.

if (si) clause   An "if" clause is defined with an example at the top of page 22, where **como si** (as if) is used. Another term for an "if" clause is contrary to fact, as in English, if I were king . . . , if I were rich . . .

Si yo tuviera bastante dinreo, iría a España/
If I had enough money, I would go to Spain.

Review the **imperfecto de subjuntivo** (tense no. 7) of **tener** (verb 468) and the **potencial simple** (tense no. 5) of **ir** (verb 280). *See also* clause.

imperative   The imperative is a mood, not a tense. It is used to express a command. In Spanish it is used in the 2nd person of the singular (**tú**), the 3rd person of the singular (**usted**), the 1st person of the plural (**nosotros, nosotras**), the 2nd person of the plural (**vosotros, vosotras**), and in the 3rd person of the plural (**ustedes**). As an example, review the **imperativo** of **comer** among the 501 verbs in this book. Review the explanation of the **imperativo** with examples in §6.3. *See also* person (1st, 2nd, 3rd).

imperfect indicative tense   This tense is defined with examples on pages 13 and 14.

imperfect subjunctive tense   This tense is defined with examples on pages 21 and 22.

indefinite article   In English, the indefinite articles are *a, an,* as in *a book, an apple.* They are indefinite because they do not refer to any definite or particular noun. In Spanish, there are two indefinite articles in the singular: one in the masculine form (**un**) and one in the feminine form (**una**).

Masculine singular: *un libro*/a book
Feminine singular: *una manzana*/an apple

In the plural they change to **unos** and **unas**.

unos libros/some books; *unas manzanas*/some apples

See also definite article.

indefinite pronoun   An indefinite pronoun is a pronoun that does not refer to any definite or particular noun.

something/*algo*; *someone, somebody*/*alguien*

independent clause   An independent clause is a group of words that contains a subject and a predicate. It expresses a complete thought when it stands alone.

The cat is sleeping on the bed/**El gato está durmiendo sobre la cama.**

See also clause, dependent clause, predicate.

indicative mood   The indicative mood is used in sentences that make a statement or ask a question. The indicative mood is used most of the time when we speak or write in English or Spanish.

I am going to the movies now/**Voy al cine ahora.**
Where are you going?/*¿Adónde vas?*

indirect object noun   An indirect object noun receives the action of the verb *indirectly.*

I am writing a letter to Christine or *I am writing Christine a letter*/
Estoy escribiendo una carta a Cristina.

The verb is *am writing*/*estoy escribiendo.* The direct object noun is *a letter*/*una carta.* The indirect object noun is *Cristina*/*Christine. See also* indirect object pronoun.

indirect object pronoun   An indirect object pronoun takes the place of an indirect object noun. It receives the action of the verb *indirectly.*

I am writing a letter to her or *I am writing her a letter/*
Le escribo una carta (a ella).

The indirect object pronoun is *(to) her/le. See also* indirect object noun.

infinitive   An infinitive is a verb form. In English, it is normally stated with the preposition *to,* as in *to talk, to drink, to receive.* In Spanish, the infinitive form of a verb consists of three major types: those of the 1st conjugation that end in **-ar,** the 2nd conjugation that end in **-er,** and the 3rd conjugation that end in **-ir.** In Spanish grammar, the infinitive **(el infinitivo)** is considered a mood.

hablar/to talk, to speak; beber/to drink; recibir/to receive

All the verbs in this book on pages 63 to 614 are given in the infinitive form at the top of each page where they are arranged alphabetically.

interjection   An interjection is a word that expresses emotion, a feeling of joy, of sadness, an exclamation of surprise, and other exclamations consisting of one or two words.

Ah!/¡Ah! Ouch!/¡Ay! Darn it!/¡Caramba!/My God!/¡Dios mío!

interrogative adjective   In Spanish, an interrogative adjective is an adjective that is used in a question. As an adjective, it is placed in front of a noun.

What book do you want?/¿Qué libro desea usted?
What time is it?/¿Qué hora es?

interrogative adverb   In Spanish, an interrogative adverb is an adverb that introduces a question. As an adverb, it modifies the verb.

How are you?/¿Cómo está usted?
How much does this book cost?/¿Cuánto cuesta este libro?
When will you arrive?/¿Cuándo llegará usted?

interrogative pronoun   An interrogative pronoun is a pronoun that asks a question. There are interrogative pronouns that refer to persons and those that refer to things.

Who is it?/¿Quién es?
What are you saying?/¿Qué dice usted?

interrogative sentence   An interrogative sentence asks a question.

What are you doing?/¿Qué hace usted?

intransitive verb   An intransitive verb is a verb that does not take a direct object.

The professor is talking/El profesor habla.

An intransitive verb takes an indirect object.

The professor is talking to us/El profesor nos habla.

See also direct object pronoun, indirect object pronoun, transitive verb.

irregular verb   An irregular verb is a verb that does not follow a fixed pattern in its conjugation in the various verb tenses. Basic irregular verbs in Spanish:

estar/to be   hacer/to do, to make   ir/to go   ser/to be

See also conjugation, regular verb.

limiting adjective   A limiting adjective is an adjective that limits a quantity.

three lemons/tres limones; a few candies/algunos dulces

main clause   Main clause is another term for independent clause. *See* independent clause.

masculine   In Spanish grammar, the gender of a noun, pronoun, or adjective is masculine or feminine, not male or female. *See also* feminine, gender.

mood of verbs   Some grammarians use the term *the mode* instead of *the mood* of a verb. Either term means *the manner or way* a verb is expressed. In English and Spanish grammar, a verb expresses an action or state of being in a particular mood. In Spanish grammar, there are five moods **(modos)**; the infinitive **(el infinitivo)**, the indicative **(el indicativo)**, the imperative **(el imperativo)**, the conditional **(el potencial)**, and the subjunctive **(el subjuntivo)**. In English grammar, there are three moods: the indicative mood, the imperative mood, and the subjunctive mood. Most of the time, in English and Spanish, we speak and write in the indicative mood.

negative statement, affirmative statement
  See affirmative statement, negative statement.

neuter   A word that is neuter is neither masculine nor feminine. Common neuter demonstrative pronouns in Spanish are *esto*/*this, eso*/*that, aquello*/*that* [farther away].

What's this?/*¿Qué es esto? What's that?*/*¿Qué es eso?*

For demonstrative pronouns that are not neuter, *see* demonstrative pronoun. There is also the neuter pronoun **lo.** It usually refers to an idea or statement. It is not normally translated into English but often the translation is *so.*

¿Estás enferma, María?/*Are you sick, Mary? Sí, lo estoy*/*Yes, I am.*

No lo creo/*I don't think so.*

Lo parece/*It seems so.*

noun   A noun is a word that names a person, animal, place, thing, condition or state, or quality.

the man/*el hombre, the woman*/*la mujer, the horse*/*el caballo,*

the house/*la casa, the pencil*/*el lápiz,*

happiness/*la felicidad, excellence*/*la excelencia*

In Spanish the noun **el nombre** is the word for name and noun. Another word for noun in Spanish is *el sustantivo*/*substantive.*

number   In English and Spanish grammar, number means singular or plural.
  Masc. sing.:

the boy/*el muchacho; the pencil*/*el lápiz; the eye*/*el ojo*

  Masc. pl.:

the boys/*los muchachos; the pencils*/*los lápices; the eyes*/*los ojos*

  Fem. sing.:

the girl/*la muchacha; the house*/*la casa; the cow*/*la vaca*

  Fem. pl.:

the girls/*las muchachas; the houses*/*las casas; the cows*/*las vacas*

ordinal number   An ordinal number is a number that expresses position in a series, such as *first, second, third,* and so on. In English and Spanish grammar we talk about 1st person, 2nd person, 3rd person singular or plural regarding subjects and verbs. *See also* cardinal number and person (1st, 2nd, 3rd).

orthographical changes in verb forms   An orthographical change in a verb form is a change in spelling.
  The verb *conocer*/*to know, to be acquainted with* changes in spelling in the 1st person singular of the present indicative. The letter **z** is inserted in front of the second **c.** When formed regularly, the ending **er** of the infinitive drops and **o** is added for the 1st person singular form of the present indicative. That would result in **conoco,** a peculiar sound to the Spanish ear for a verb form of **conocer.** The letter **z** is added to keep the sound of **s** as it is in the infinitive

conocer. Therefore, the spelling changes and the form is **yo conozco**. In other forms of **conocer** in the present indicative, **z** is not inserted because the sound of **s** is retained.

There are many verb forms in Spanish that contain orthographical changes. Review the verb **conocer** in the present indicative tense among the 501 verbs.

passive voice   When we speak or write in the active voice and change to the passive voice, the direct object becomes the subject, the subject becomes the object of a preposition, and the verb becomes *to be* plus the past participle of the active verb. The past participle functions as an adjective.

*The window was opened by the robber/**La ventana fue abierta por el ladrón.***
The subject is *la ventana*. The verb is *fue*. The word *abierta* is a feminine adjective agreeing with *la ventana*. Actually, it is the past participle of *abrir/to open* but here it serves as an adjective. The object of the preposition *by/por* is the *robber/ el ladrón. See also* active voice in this list. Compare the above sentence with the examples in the active voice. Review the section on passive voice and active voice in §2. *See also* page 4, example 6.

past anterior tense   This tense is defined with examples on page 23. It is also called the *preterit perfect.*

past participle   A past participle is derived from a verb. It is used to form the compound tenses. Its auxiliary verb in English is *to have*. In Spanish, the auxiliary verb is *haber/to have.* It is part of the verb tense.

hablar/to speak, to talk	*I have spoken/**he hablado***
comer/to eat	*I have eaten/**he comido***
recibir/to receive	*I have received/**he recibido***

Review pages 3 and 4 for the regular formation of a past participle and a list of common irregular past participles. *See also* auxiliary verb.

past perfect tense   This tense is defined with examples on pages 22 and 23. It is also called the pluperfect indicative tense.

past subjunctive tense   This tense is defined with examples on pages 24 and 25. It is also called the present perfect subjunctive.

person (1st, 2nd, 3rd)   Verb forms in a particular tense are learned systematically according to person (1st, 2nd, 3rd) and number (singular, plural). Example, showing the present indicative tense of the verb **ir**/to go:

Singular	Plural
1st person: *(yo) voy*	1st person: *(nosotros, nosotras) vamos*
2nd person: *(tú) vas*	2nd person: *(vosotros, vosotras) vais*
3rd person: *(Ud., él, ella) va*	3rd person: *(Uds., ellos, ellas) van*

personal pronoun   A personal pronoun is a pronoun that refers to a person. Review the subject pronouns on page 57. For examples of other types of pronouns, *see also* demonstrative pronoun, direct object pronoun, disjunctive pronoun, indefinite pronoun, indirect object pronoun, interrogative pronoun, possessive pronoun, reflexive pronoun, relative pronoun.

pluperfect indicative tense   This tense is defined with examples on pages 22 and 23. It is also called the past perfect indicative tense.

pluperfect subjunctive tense   This tense is defined with examples on page 25. It is also called the past perfect subjunctive tense.

plural   Plural means more than one. *See also* person (1st, 2nd, 3rd) and singular.

possessive adjective   A possessive adjective is an adjective that is placed in front of a noun to show possession.

*my book/**mi libro** my friend/**mis amigos** our school/**nuestra escuela***

possessive pronoun   A possessive pronoun is a pronoun that shows possession. It takes the place of a possessive adjective with the noun. Its form agrees in gender (masculine or feminine) and number (singular or plural) with what it is replacing.
English:

mine, yours, his, hers, its, ours, theirs

Spanish:

Possessive Adjective	Possessive Pronoun
*my book/**mi libro***	*mine/**el mío***
*my house/**mi casa***	*mine/**la mía***
*my shoes/**mis zapatos***	*mine/**los míos***

predicate   The predicate is that part of the sentence that tells us something about the subject. The main word of the predicate is the verb.

Today the tourists are going to the Prado Museum/
Hoy los turistas van al Museo del Prado.

The subject is the *tourists/**los turistas***. The predicate is *are going to the Prado Museum/ **van al Museo del Prado***. The verb is *are going/**van***.

preposition   A preposition is a word that establishes a rapport between words.

with, without, to, at, between

*with her/**con ella** without money/**sin dinero** to Spain/**a España***
*at six o'clock/**a las seis** between you and me/**entre tú y yo***

Review verbs with prepositions in §13.

prepositional pronoun   A prepositional pronoun is a pronoun that is an object of a preposition. The term disjunctive pronoun is also used. For examples, *see* disjunctive pronoun.

present indicative tense   This tense is defined with examples on pages 12 and 13.

present participle   A present participle is derived from a verb form. In English a present participle ends in *ing.* In Spanish a present participle is called **un gerundio**.

*cantando/singing **comiendo**/eating **yendo**/going*

Review pages 1 and 2 for regular and irregular present participles and their uses.
See also gerund.

present perfect indicative tense   This tense is defined with examples on page 22.

present subjunctive tense   This tense is defined with examples on pages 18 to 21.

preterit tense   This tense is defined with examples on pages 15 and 16.

preterit perfect tense   This tense is defined with examples on page 23. It is also called the past anterior.

pronoun   A pronoun is a word that takes the place of a noun.

el hombre/él** **la mujer/ella
the man/he   the woman/she

reflexive pronoun and reflexive verb   In English, a reflexive pronoun is a personal pronoun that contains *self* or *selves.*
In Spanish, the reflexive infinitive can be recognized by the *se* added to the end of the verb: ***lavar** to wash / **lavarse** to wash oneself.*
For a detailed explanation of reflexive verbs, see §7.

regular verb   A regular verb is a verb that is conjugated in the various tenses according to a fixed pattern. For examples, please review the top of page 13. *See also*
conjugation, irregular verb.

relative pronoun   A relative pronoun is a pronoun that refers to its antecedent.

The girl who is talking with John is my sister/
La muchacha que está hablando con Juan es mi hermana.

The antecedent is *girl/la muchacha.* The relative pronoun *who/que* refers to the girl.
See also antecedent.

sentence   A sentence is a group of words that contains a subject and a predicate.
The verb is contained in the predicate. A sentence expresses a complete thought.

The train leaves at two o'clock in the afternoon/
El tren sale a las dos de la tarde.

The subject is *train/el tren.* The predicate is *leaves at two o'clock in the afternoon/*
sale a las dos de la tarde. The verb is *leaves/sale. See also* complex sentence, compound sentence, simple sentence.

simple sentence   A simple sentence is a sentence that contains one subject and one
predicate. The verb is the core of the predicate. The verb is the most important
word in a sentence because it tells us what the subject is doing.

Mary is eating an apple from her garden/
María está comiendo una manzana de su huerta.

The subject is *Mary/María.* The predicate is *is eating an apple from her garden/está*
comiendo una manzana de su huerta. The verb is *is eating/está comiendo.* The
direct object is *an apple/una manzana. From her garden/de su huerta* is an adverbial phrase. It tells you from where the apple came. *See also* complex sentence,
compound sentence.

singular   Singular means one. *See also* plural.

stem of a verb   The stem of a verb is what is left after we drop the ending of its
infinitive form. It is needed to add to it the required endings of a regular verb in a
particular verb tense.

Infinitive	Stem	Ending of infinitive
hablar/to talk	**habl**	*ar*
comer/to eat	**com**	*er*
escribir/to write	**escrib**	*ir*

See also ending of a verb.

stem-changing verb   In Spanish, there are many verb forms that change in the stem.
The verb *dormir/to sleep* changes the vowel **o** in the stem to **ue** when the stress
(emphasis, accent) falls on that **o**; for example, **(yo) duermo**. When the stress does
not fall on that **o**, it does not change; for example, **(nosotros) dormimos**. Here, the
stress is on the vowel **i**.
Review the present indicative tense of **dormir** among the 501 verbs.

subject   A subject is that part of a sentence that is related to its verb. The verb says
something about the subject.

*Clara and Isabel are beautiful/***Clara e Isabel son hermosas.**

subjunctive mood   The subjunctive mood is the mood of a verb that is used in specific cases, e.g., after certain verbs expressing a wish, doubt, emotion, fear, joy, uncertainty, an indefinite expression, an indefinite antecedent, certain conjunctions, and others. The subjunctive mood is used more frequently in Spanish than in English. Review the uses of the subjunctive mood with examples on pages 18 to 22, pages 24 to 25, and pages 29 to 30. *See also* mood of verbs.

subordinate clause   Subordinate clause is another term for dependent clause. *See* dependent clause.

superlative adjective   A superlative adjective is an adjective that expresses the highest degree when making a comparison of more than two persons or things.

Adjective	Comparative	Superlative
bueno/good	*mejor*/better	*el mejor*/best
alto/tall	*más alto*/taller	*el más alto*/tallest

See also comparative adjective.

superlative adverb   A superlative adverb is an adverb that expresses the highest degree when making a comparison of more than two persons or things.

Adjective	Comparative	Superlative
lentamente	*más lentamente*	*lo más lentamente*
slowly	more slowly	most slowly

See also comparative adverb.

tense of verb   In English and Spanish grammar, tense means time. The tense of the verb indicates the time of the action or state of being. The three major segments of time are past, present, and future. In Spanish, there are fourteen major verb tenses, of which seven are simple tenses and seven are compound. Review §9 and §14 for the names of the fourteen tenses in Spanish and English.

transitive verb   A transitive verb is a verb that takes a direct object.

> *I am closing the window/Cierro la ventana.*

The subject is *I/(Yo)*. The verb is *am closing/cierro*. The direct object is *the window/la ventana. See also* intransitive verb.

verb   A verb is a word that expresses action or a state of being.
Action:

> *Los pájaros están volando/The birds are flying.*

The verb is *éstan volando/are flying.*
State of being:

> *La señora López está contenta/Mrs. López is happy.*

The verb is *está/is.*

§11 Basic Guide to Spanish Pronunciation

The purpose of this guide is to help you pronounce Spanish words as correctly as possible so you can communicate effectively. It is not intended to perfect your pronunciation of Spanish; that is accomplished by imitating correct spoken Spanish, which you must hear from persons who pronounce Spanish accurately.

Latin American pronunciation is generally the same as you will hear in many regions of Spain, but there are some areas where Castilian pronunciation is dominant. For example, the letter **c** before **e** or **i** and the letter **z** are pronounced *th*, as in the English word *thin*, and the double (**ll**) is similar to the sound in the English word *million*. This is something you should be aware of in case you are visiting those areas of Spain where you will hear those sounds.

The simple rule of stressed vowel sounds in Spanish is as follows:

1. When a word ends in a vowel, **n,** or **s,** you must stress the vowel that *precedes* the last vowel or final syllable. For example, you should stress the first syllable in **casa** and **comen,** but you should stress the second syllable (**-me-**) in **comemos** because the word ends in the letter **s** and **-me-** is the next to last syllable.
2. When a word ends in a consonant other than **n** or **s,** you must stress the last vowel in the word. For example, you should stress **-lor** in **calor, -bril** in **abril, -roz** in **arroz,** and **-lud** in **salud.**
3. When the pronunciation of a word does not follow the above two rules, you must write an accent mark over the vowel that is stressed. The only way to know this is to hear the word pronounced accurately so you will know whether or not an accent mark is needed. For example, the last syllable of **jabón** is stressed, even though you would expect the stress to fall on the vowel that precedes it. That is why there is an accent on **-bón.** The word **árbol** has an accent over the **a** in the first syllable because normally one would stress the vowel in the last syllable. However, the stress falls on **ár-** instead of **-bol.**

An accent mark is written over a vowel at times to distinguish the meaning between two words that are spelled identically. Examples:

sí (yes)	**él** (he)	**ése** (that one)
si (if)	**el** (the)	**ese libro** (that book)

In some Spanish-speaking countries, the simple vowel **e** is at times pronounced open or closed and it can sound like *ay* in the English word *say* or *eh* as in the English word *egg.* In other countries, the final **s** in a word is not pronounced. This does not mean that one pronunciation is wrong and the other is correct. These are simply regional differences that have come about over decades and centuries of change. In fact, the meaning of a particular word may sometimes vary from place to place.

Now, become familiar with the following pronunciation guide. Remember that the approximate pronunciations in English serve only as a guide to pronouncing the Spanish.

Basic Guide to Spanish Pronunciation

Approximate Pronunciation

Sound	Spanish Word	English Word (Approximate sound)
Vowel, semivowel, and diphthong sounds		
a	l*a*	f*a*ther
ai	b*ai*le	*eye*
ay	h*ay*	*eye*
au	*au*la	c*ow*
e	l*e*	l*e*t
ei	r*ei*no	th*ey*
ey	l*ey*	th*ey*
i	t*i*	s*ee*
o	y*o*	*o*rder
oi	*oi*go	t*oy*
oy	est*oy*	t*oy*
u	t*u*	t*oo*
ya	env*ia*r	*y*ard
ya	*ya*	*y*ard
ye	t*ie*ne	*y*es
ye	*ye*ndo	*y*es
yo	*io*do	*y*ore
yo	*yo*do	*y*ore
yu	v*iu*da	*you*
yu	*yu*go	*you*
wa	c*ua*ndo	w*a*nt
we	b*ue*no	*wa*y
wi	s*ui*zo	*wee*k
wo	c*uo*ta	*wo*ke

Sound	Spanish Word	English Word (Approximate sound)
Other sounds		
h	*j*usto	*h*elp
h	*g*eneral	*h*elp
h	*g*igante	*h*elp

Note: The letter *h* in a Spanish word is not pronounced.

y	*yo*	*y*es
y	*ll*ave	*y*es

Basic Guide to Spanish Pronunciation (continued)

Approximate Pronunciation

Sound	Spanish Word	English Word (Approximate sound)
Consonant sounds		
b	*b*ien	*b*oy
b	*v*a	*b*oy
d	*d*ar	*th*is
f	*f*alda	*f*an
g	*g*ato	*g*ap
g	*g*oma	*g*ap
g	*g*usto	*g*ap
k	*c*asa	*c*ap
k	*c*ulpa	*c*ap
k	*q*ue	*c*ap
k	*q*uito	*c*ap
l	*l*a	*l*ard
m	*m*e	*m*ay
n	*n*o	*n*o
ñ	ni*ñ*o	ca*ny*on
p	*p*apá	*p*apa
r	pe*r*o	Ap*r*il
rr	pe*rr*o	bu*rr*, g*r-r-r*
s	*s*opa	*s*oft
s	*c*ero	*s*oft
s	*c*ita	*s*oft
s	*z*umo	*s*oft
t	*t*u	si*t*
ch	mu*ch*o	*ch*ur*ch*

Sound	Spanish Word	English Word (Approximate sound)
Triphthong sounds		
yai	envi*ái*s	*yi*pe
yau	m*iau*	m*eow*
yei	envi*éi*s	*yea*
wai	gua*i*na	*wi*se
wai	Urug*uay*	*wi*se
wau	g*uau*	*wow*
wei	contin*uéi*s	*wa*it
wei	b*uey*	*wa*it

§12 Weather Expressions Using Verbs

Weather expressions using *hacer* and *hay*

¿Qué tiempo hace?   What is the weather like?

Hace buen tiempo.   The weather is good.

Hace calor.   It is warm (hot).

Hace fresco hoy.   It is cool today.

Hace frío.   It is cold.

Hace mal tiempo.   The weather is bad.

Hace sol.   It is sunny.

Hace viento.   It is windy.

¿Qué tiempo hacía cuando usted salió esta mañana?   What was the weather like when you went out this morning?

Hacía mucho frío ayer por la noche.   It was very cold yesterday evening.

Hacía mucho viento.   It was very windy.

¿Qué tiempo hará mañana?   What will the weather be like tomorrow?

Se dice que hará mucho calor.   They say it will be very hot.

Hay lodo.   It is muddy.   **Había lodo.**   It was muddy.

Hay luna.   The moon is shining *or* There is moonlight.   **Había luna ayer por la noche.**   There was moonlight yesterday evening.

¿Hay mucha nieve aquí en el invierno?   Is there much snow here in winter?

Hay neblina.   It is foggy.   **Había mucha neblina.**   It was very foggy.

Hay polvo.   It is dusty.   **Había mucho polvo.**   It was very dusty.

Other weather expressions using other verbs

Está lloviendo ahora.   It is raining now.

Está nevando.   It is snowing.

Esta mañana llovía cuando tomé el autobús.   This morning it was raining when I took the bus.

Estaba lloviendo cuando tomé el autobús.   It was raining when I took the bus.

Estaba nevando cuando me desperté.   It was snowing when I woke up.

¿Nieva mucho aquí en el invierno?   Does it snow much here in winter?

Las estrellas brillan.   The stars are shining.

¿Le gusta a usted la lluvia?   Do you like rain?

¿Le gusta a usted la nieve?   Do you like snow?

Sí. Me gusta la lluvia y me gusta la nieve.   Yes, I like rain and I like snow.

Pero no me gustan los días ventosos.   But I don't like windy days.

El viento sopla.   The wind blows.

El cielo está cubierto hoy.   The sky is overcast today.

§13 Verbs with Prepositions

Spanish verbs are used with certain prepositions or no preposition at all. At times, the preposition used with a particular verb changes the meaning entirely, e.g., **contar** means *to count, to relate,* or *to tell;* **contar con** means *to rely on, to count on.*

When you look up a verb among the 501 to find its verb forms (or in the section of "Over 2,300 Spanish Verbs Conjugated Like Model Verbs"), also consult all the categories given below so that you will learn what preposition that verb requires, if any.

The following are used frequently in Spanish readings and in conversation.

§13.1 Verbs of motion take the prep. a + inf.

apresurarse a   to hasten to, to hurry to
dirigirse a   to go to, to go toward
ir a   to go to
regresar a   to return to
salir a   to go out to
venir a   to come to
volver a   to return to

> Examples:
> *Me apresuré a tomar el tren.*   I hurried to take the train.
> *El profesor se dirigió a abrir la puerta.*   The teacher went to open the door.
> *María fue a comer.*   Mary went to eat.

§13.2 The following verbs take the prep. a + inf.

acertar a   to happen to
acostumbrarse a   to become used to, to become accustomed to
aficionarse a hacer algo   to become fond of doing something
alcanzar a   to succeed in (doing something)
aprender a   to learn to, to learn how to
aspirar a   to aspire to
atreverse a   to dare to
ayudar a (hacer algo)   to help to
comenzar a   to begin to
condenar a   to condemn to
convidar a   to invite to
decidirse a   to decide to
dedicarse a   to devote oneself to
detenerse a   to pause to, to stop to
disponerse a   to get ready to
echarse a   to begin to, to start to

empezar a   to begin to, to start to
enseñar a   to teach to
exponerse a   to run the risk of
invitar a   to invite to
negarse a   to refuse to
obligar a   to oblige to, to obligate to
ponerse a   to begin to, to start to
prepararse a   to prepare (oneself) to
principiar a   to begin to, to start to
resignarse a   to resign oneself to
resolverse a   to make up one's mind to
someter a   to submit to, to subdue to
venir a   to end up by
volver a   to (do something) again

Examples:
Me acostumbré a estudiar mis lecciones todas las noches.   I became used
   to studying my lessons every evening.
No me atreví a responder.   I did not dare to answer.
El hombre comenzó a llorar.   The man began to cry.
Me dispuse a salir.   I got ready to go out.
Me eché a llorar.   I began to cry.
El señor Gómez se negó a ir.   Mr. Gómez refused to go.
Juana se puso a correr.   Jane began to run.
El muchacho volvió a jugar.   The boy played again.

§13.3 The following verbs take the prep. a + noun (or pronoun if that is the required dependent element)

acercarse a   to approach
acostumbrarse a   to become accustomed to, to become used to
aficionarse a   to become fond of
asemejarse a   to resemble, to look like
asistir a   to attend, to be present at
asomarse a   to appear at
cuidar a alguien   to take care of someone
dar a   to face, to overlook, to look out upon, to look out over
dedicarse a   to devote oneself to
echar una carta al correo   to mail, to post a letter
echar la culpa a alguien   to blame someone, to put the blame on someone
jugar a   to play (a game, sport, cards)
llegar a ser   to become
llevar a cabo   to carry out, to accomplish
oler a   to smell of, to smell like
parecerse a   to resemble, to look like
querer a   to love

saber a   to taste of, to taste like, to have the flavor of

ser aficionado a   to be fond of, to be a fan of

sonar a   to sound like

subir a   to get on, to get into (a bus, a train, a vehicle)

tocarle a una persona   to be a person's turn

> Examples:
>
> *Nos acercamos a la ciudad.*   We are approaching the city.
>
> *Una muchacha bonita se asomó a la puerta.*   A pretty girl appeared at the door.
>
> *Mi cuarto da al jardín.*   My room faces the garden.
>
> *Me dedico a mis estudios.*   I devote myself to my studies.
>
> *Enrique llegó a ser profesor de matemáticas.*   Henry became a mathematics teacher.
>
> *Jorge llevó a cabo sus responsabilidades.*   George carried out his responsibilities.
>
> *Mi hermano se parece a mi padre y yo me parezco a mi madre.*   My brother resembles my father and I resemble my mother.
>
> *Quiero a mi patria.*   I love my country.
>
> *Soy aficionado a los deportes.*   I am fond of sports.
>
> *Subí al tren.*   I got on the train.
>
> *Le toca a Juan.*   It is John's turn.

§13.4 The following verbs take the prep. con + inf.

amenazar con   to threaten to

contar con   to count on, to rely on

contentarse con   to be satisfied with

soñar con   to dream of, to dream about

> Examples:
>
> *Cuento con tener éxito.*   I am counting on being successful.
>
> *Me contento con quedarme en casa.*   I am satisfied with staying at home.
>
> *Sueño con ir a Chile.*   I dream of going to Chile.

§13.5 The following verbs take the prep. con + noun (or pronoun if that is the required dependent element)

acabar con   to finish, to put an end to, to make an end of, to finish off

casarse con   to marry, to get married to

conformarse con   to put up with

contar con   to count on, to rely on

contentarse con   to be satisfied with

cumplir con   to fulfill

dar con   to meet, to find, to come upon

encontrarse con   to run into, to meet by chance

entenderse con   to come to an understanding with

meterse con   to pick a quarrel with

quedarse con   to keep, to hold on to
soñar con   to dream of, to dream about
tropezar con   to come upon, to run across unexpectedly, to run into

Examples:
José se casó con Ana.   Joseph married Anna.
Me conformo con tus ideas.   I put up with your ideas.
Contamos con nuestros padres.   We count on our parents.
Me contento con poco dinero.   I am satisfied with little money.
Siempre cumplo con mi promesa.   I always fulfill my promise.
Anoche di con mis amigos en el cine.   Last night I met my friends at the movies.
Ayer por la tarde me encontré con un amigo mío.   Yesterday afternoon I ran into a friend of mine.
Me quedo con el dinero.   I am keeping the money; I am holding on to the money.
Sueño con un verano agradable.   I am dreaming of a pleasant summer.

§13.6 The following verbs take the prep. de + inf.

acabar de   to have just
acordarse de   to remember to
alegrarse de   to be glad to
arrepentirse de   to repent
cansarse de   to become tired of
cesar de   to cease, to stop
dejar de   to stop, to fail to
encargarse de   to take charge of
haber de   *see* verb 257.
ocuparse de   to be busy with, to attend to
olvidarse de   to forget to
tratar de   to try to
tratarse de   to be a question of

Examples:
Guillermo acaba de llegar.   William has just arrived.
Felipe acababa de partir.   Philip had just left.
Me alegro de hablarle.   I am glad to talk to you.
Me canso de esperar el autobús.   I'm getting tired of waiting for the bus.
Cesó de llover.   It stopped raining.
Jaime dejó de escribir la redacción.   James failed to write the composition.
Mi padre se ocupa de preparar la comida. My father is busy preparing the meal.
Andrés se olvidó de estudiar.   Andrew forgot to study.
Siempre trato de hacer un buen trabajo.   I always try to do a good job.
Se trata de abstenerse.   It is a question of abstaining.

§13.7 The following verbs take the prep. de + noun (or pronoun if that is the required dependent element)

abusar de   to abuse, to overindulge in

acordarse de   to remember

alejarse de   to go away from

apartarse de   to keep away from

apoderarse de   to take possession of

aprovecharse de   to take advantage of

bajar de   to get out of, to descend from, to get off

burlarse de   to make fun of

cambiar de   to change (trains, buses, clothes, etc.)

cansarse de   to become tired of

carecer de   to lack

compadecerse de   to feel sorry for, to pity, to sympathize with

constar de   to consist of

cuidar de algo   to take care of something

depender de   to depend on

despedirse de   to say good-bye to, to take leave of

despojarse de   to take off (clothing)

disfrutar de   to enjoy

enamorarse de   to fall in love with

encogerse de hombros   to shrug one's shoulders

enterarse de   to find out about

fiarse de alguien   to trust someone

gozar de algo   to enjoy something

ocuparse de   to be busy with, to attend to

oír hablar de   to hear of, to hear about

olvidarse de   to forget

pensar de   to think of (**pensar de** is used when asking for an opinion)

perder de vista   to lose sight of

ponerse de acuerdo   to come to an agreement

preocuparse de   to worry about, to be concerned about

quejarse de   to complain about

reírse de   to laugh at

saber de memoria   to know by heart, to memorize

salir de   to go out of, to leave from

servir de   to serve as

servirse de   to make use of, to use

tratarse de   to be a question of, to deal with

Examples:
Me acuerdo de aquel hombre.   I remember that man.
Vamos a aprovecharnos de esta oportunidad.   Let's take advantage of this opportunity.

Después de bajar del tren, fui a comer. After getting off the train, I went to eat.

Todos los días cambio de ropa. Every day I change my clothes.

Me canso de este trabajo. I am getting tired of this work.

Esta composición carece de calidad. This composition lacks quality.

Me compadezco de ese pobre hombre. I pity that poor man.

Ahora tengo que despedirme de usted. Now I have to say good-bye.

Eduardo se enamoró de Carmen. Edward fell in love with Carmen.

Mi madre se ocupa de mi padre que está enfermo. My mother is busy with my father who is sick.

Oí hablar de la boda de Anita. I heard about Anita's wedding.

Carlos se olvidó del aniversario de sus padres. Charles forgot about his parents' anniversary.

¿Qué piensa Ud. de nuestro profesor de español? What do you think of our Spanish teacher?

¡Mira! ¡El mono se ríe de nosotros! Look! The monkey is laughing at us.

Siempre salgo de casa a las ocho de la mañana. I always leave (from, go out of) the house at eight in the morning.

En nuestro club, Cristóbal sirve de presidente. In our club, Christopher serves as president.

§13.8 The following verbs generally take the prep. en + inf.

acabar en   to end in

complacerse en   to be pleased to, to delight in

consentir en   to consent to

convenir en   to agree to, to agree on

empeñarse en   to persist in, to insist on

esforzarse en   to strive for, to force onself to, to try hard to

insistir en   to insist on

quedar en   to agree to, to agree on

tardar en   to be late (to delay) in

Examples:

La señora Pardo consintió en asistir a la conferencia. Mrs. Pardo consented to attending the meeting.

El muchacho se empeñó en salir. The boy insisted on going out.

Mis amigos insistieron en venir a verme. My friends insisted on coming to see me.

El avión tardó en llegar. The plane was late in arriving.

§13.9 The following verbs generally take the prep. en + noun (or pronoun if that is the required dependent element)

apoyarse en   to lean against, to lean on

confiar en   to rely on, to trust in

consistir en   to consist of

convertirse en   to become, to convert to

entrar en   to enter (into), to go into

fijarse en   to stare at, to notice, to take notice, to observe

meterse en   to get involved in, to plunge into

pensar en   to think of, to think about [**pensar en** is used when asking or when stating what or whom a person is thinking of]

ponerse en camino   to set out, to start out

reparar en   to notice, to observe

volver en sí   to regain consciousness, to be oneself again

Examples:
Me apoyé en la puerta.   I leaned against the door.
Entré en el restaurante.   I entered (I went into) the restaurant.
¿En qué piensa Ud.?   What are you thinking of?
Pienso en mi trabajo.   I am thinking of my work.
¿En quién piensa Ud.?   Whom are you thinking of?
Pienso en mi madre.   I am thinking of my mother.
¿En quiénes piensa Ud.?   Whom are you thinking of?
Pienso en mis padres.   I am thinking of my parents.

§13.10 The following verbs generally take the prep. por + inf., noun, pronoun, adj., if that is the required dependent element

acabar por   to end up by

dar por   to consider, to regard as

darse por   to pretend (to be something), to think oneself (to be something)

estar por   to be in favor of

interesarse por   to take an interest in

pasar por   to be considered as

preguntar por   to ask for, to inquire about

tener por   to consider something, to have an opinion on something

tomar por   to take someone for

Examples:
Domingo acabó por casarse con Elena.   Dominic finally ended up by marrying Helen.
¿Mi libro de español? Lo doy por perdido.   My Spanish book? I consider it lost.
La señorita López se da por actriz.   Miss López pretends to be an actress.
Estamos por quedarnos en casa esta noche.   We are in favor of staying at home this evening.
El señor Pizarro pasa por experto.   Mr. Pizarro is considered an expert.
Pregunto por el señor Pardo. ¿Está en casa?   I am asking for Mr. Pardo. Is he at home?

§13.11 Verb + NO PREPOSITION + inf. The following verbs do not ordinarily take a preposition when followed by an infinitive

deber + inf.   must, ought to
Debo hacer mis lecciones.   I must (ought to) do my lessons.

dejar + inf.   to allow to, to let
Mi madre me dejó salir.   My mother allowed me to go out.
Dejé caer mi libro.   I dropped my book (I let my book fall).

desear + inf.   to desire to, to wish to
Deseo tomar un café.   I wish to have a cup of coffee.

esperar + inf.   to expect to, to hope to
Espero ir a la América del Sur este invierno.   I expect to go to South America this winter.

hacer + inf.   to do, to make, to have something made or done
Tú me haces llorar.   You make me cry.
Mi padre hace construir una casita.   My father is having a small house built [by someone].

> Note that the use of *hacer* + *inf.* can be described as the "causative (causal)" use of *hacer* when there is an inf. directly after. it. The construction *hacer* + *inf.* indicates that something is being made or being done by someone. Further examples: *hacer firmar*/to have (something) signed (by someone); *hacer confesar*/to have (someone) confess or to make (someone) confess. This causative use of *hacer* is used in a verb tense that is needed + inf. form of the verb that tells what action is being done or being made: *Mi padre hizo construir una casita*/My father had a little house built; *Le haré confesar*/I shall make him confess; *El señor López lo hizo firmar la carta*/Mr. López made him sign the letter.

necesitar + inf.   to need
Necesito pasar una hora en la biblioteca.   I need to spend an hour in the library.

oír + inf.   to hear
Le oí entrar por la ventana.   I heard him enter through the window.
He oído hablar de su buena fortuna.   I have heard (talk) about your good fortune.
He oído decir que la señora Sierra está enferma.   I have heard (tell) that Mrs. Sierra is sick.

pensar + inf.   to intend to, to plan to
Pienso hacer un viaje a México.   I plan to take a trip to Mexico.

poder + inf.   to be able to, can
Puedo venir a verle a la una.   I can come to see you at one o'clock.

preferir + inf.   to prefer
Prefiero quedarme en casa esta noche.   I prefer to stay at home this evening.

prometer + inf.   to promise
Prometo venir a verle a las ocho.   I promise to come to see you at eight o'clock.

querer + inf.   to want to, to wish to
Quiero comer ahora.   I want to eat now.
¿Qué quiere decir este muchacho?   What does this boy mean?

saber + inf.   to know how to
¿Sabe Ud. nadar?   Do you know how to swim?
Sí, yo sé nadar.   Yes, I know how to swim.

ver + inf.   to see
Veo venir el tren.   I see the train coming.

§13.12 The following verbs do not ordinarily require a preposition, whereas in English a preposition is used

agradecer   to thank for, to be thankful (to someone) for (something)
Le agradecí su paciencia.   I thanked him for his patience.

aprovechar   to take advantage of
¿No quiere Ud. aprovechar la oportunidad?   Don't you want to take advantage of the opportunity?

buscar   to look for, to search for
Busco mi libro.   I am looking for my book.

escuchar   to listen to
Escucho la música.   I am listening to the music.

esperar   to wait for
Espero el autobús.   I am waiting for the bus.

guardar cama   to stay in bed
La semana pasada guardé cama.   Last week I stayed in bed.

lograr   to succeed in
El alumno logró hacerlo.   The pupil succeeded in doing it.

mirar   to look at
Miro el cielo.   I am looking at the sky.

pagar   to pay for
Pagué los billetes.   I paid for the tickets.

pedir   to ask for
Pido un libro.   I am asking for a book.

soler + inf.   to be accustomed to, to be in the habit of
(Yo) suelo acompañar a mis amigos en el autobús.   I am in the habit of accompanying my friends on the bus.

§14 An Easy Way to Form the Seven Compound Tenses in Spanish

haber in the following + PLUS the = EQUALS the following
simple tenses | past participle | compound tenses
| of the verb |
| you have |
| in mind* |

1. Presente de indicativo
2. Imperfecto de indicativo
3. Pretérito
4. Futuro
5. Potencial simple
6. Presente de subjuntivo
7. Imperfecto de subjuntivo

8. Perfecto de indicativo
9. Pluscuamperfecto de indicativo
10. Pretérito anterior (Pret. perfecto)
11. Futuro perfecto
12. Potencial compuesto
13. Perfecto de subjuntivo
14. Pluscuamperfecto de subjuntivo

*To know how to form a past participle, see §1.5.

§15 Subject Pronouns

(a) The subject pronouns for all verb forms on the following pages have been omitted in order to emphasize the verb forms, which is what this book is all about.

(b) The subject pronouns that have been omitted are, as follows:

singular	*plural*
yo	nosotros (nosotras)
tú	vosotros (vosotras)
Ud. (él, ella)	Uds. (ellos, ellas)

For easy reference, a subject pronoun chart can be found on page viii.

§16 The Spanish Alphabet and the New System of Alphabetizing

The Association of Spanish Language Academies met in Madrid for its 10th Annual Congress on April 27, 1994 and voted to eliminate **CH** and **LL** as separate letters of the Spanish alphabet.

Words beginning with **CH** will be listed alphabetically under the letter **C.** Words beginning with **LL** will be listed alphabetically under the letter **L.** The two separate letters historically have had separate headings in dictionaries and alphabetized word lists. Spanish words that contain the letter **ñ** are now alphabetized accordingly with words that do not contain the tilde over the **n.** For example, the Spanish system of alphabetizing used to place the word **andar** before **añadir** because the **ñ** would fall in after all words containing **n.** According to the new system, **añadir** is placed before **andar** because alphabetizing is now done letter by letter. The same applies to words containing **rr.**

The move was taken to simplify dictionaries, to make Spanish more compatible with English, and to aid translation and computer standardization. The vote was 17 in favor, 1 opposed, and 3 abstentions. Ecuador voted "no" and Panama, Nicaragua, and Uruguay abstained. (*The New York Times,* International Section, May 1, 1994, p. 16).

Essential 55 Verb List

Beginning students should pay careful attention to the 55 verbs in this list. We have chosen them because they are useful for learning essential conjugations, tricky spelling changes, and common usage. We have also highlighted certain pairs of verbs to help you understand the difference between a reflexive and a nonreflexive verb. If you study the verbs on this list, you will be able to conjugate just about any verb you come across and you will be able to express yourself in correct idiomatic Spanish.

acabar

andar

aprender

caer/caerse
  (Verb Pair)

cantar

comenzar

comer

comprar

conducir

conocer

construir

contar

creer

dar

deber

decir

dormir

entrar

escribir

estar

estudiar

gustar
  (See Defective and
  Impersonal Verbs)

haber

hablar

hacer

ir/irse
  (Verb Pair)

leer

llamar/llamarse
  (Verb Pair)

llevar

mirar/mirarse
  (Verb Pair)

oír

pagar

pensar

perder

poder

poner/ponerse
  (Verb Pair)

quedarse

querer

saber

salir

sentir/sentirse
  (Verb Pair)

ser

tener

tomar

traer

venir

ver

vivir

volver

Alphabetical Listing of 501 Spanish Verbs Fully Conjugated in All the Tenses and Moods

Subject Pronouns

singular	plural
yo	nosotros (nosotras)
tú	vosotros (vosotras)
Ud. (él, ella)	Uds. (ellos, ellas)

Abbreviations

adj. **adjetivo** (adjective)

ant. **anterior**

comp. **compuesto** (compound, perfect)

e.g. for example

fut. **futuro** (future)

i.e. that is, that is to say

imp. **imperfecto** (imperfect)

ind. **indicativo** (indicative)

inf. **infinitivo** (infinitive)

p. **página** (page)

part. **participio** (participle)

part. pas. **participio de pasado, participio pasivo** (past participle)

part. pr. **participio de presente, participio activo, gerundio** (present participle)

pas. **pasado, pasivo** (past, passive)

perf. **perfecto** (perfect)

perf. ind. **perfecto de indicativo** (present perfect indicative)

perf. subj. **perfecto de subjuntivo** (present perfect or past subjunctive)

plpf. **pluscuamperfecto** (pluperfect)

pot. **potencial** (conditional)

pot. comp. **potencial compuesto** (conditional perfect)

pr. or *pres.* **presente** (present)

prep. **preposición** (preposition)

pres. or *pr.* **presente** (present)

pret. **pretérito** (preterit)

subj. **subjuntivo** (subjunctive)

abatir (1)

to knock down, to overthrow, to throw down

The Seven Simple Tenses		The Seven Compound Tenses	
Singular	Plural	Singular	Plural
1 presente de indicativo		**8 perfecto de indicativo**	
abato	abatimos	he abatido	hemos abatido
abates	abatís	has abatido	habéis abatido
abate	abaten	ha abatido	han abatido
2 imperfecto de indicativo		**9 pluscuamperfecto de indicativo**	
abatía	abatíamos	había abatido	habíamos abatido
abatías	abatíais	habías abatido	habíais abatido
abatía	abatían	había abatido	habían abatido
3 pretérito		**10 pretérito anterior**	
abatí	abatimos	hube abatido	hubimos abatido
abatiste	abatisteis	hubiste abatido	hubisteis abatido
abatió	abatieron	hubo abatido	hubieron abatido
4 futuro		**11 futuro perfecto**	
abatiré	abatiremos	habré abatido	habremos abatido
abatirás	abatiréis	habrás abatido	habréis abatido
abatirá	abatirán	habrá abatido	habrán abatido
5 potencial simple		**12 potencial compuesto**	
abatiría	abatiríamos	habría abatido	habríamos abatido
abatirías	abatiríais	habrías abatido	habríais abatido
abatiría	abatirían	habría abatido	habrían abatido
6 presente de subjuntivo		**13 perfecto de subjuntivo**	
abata	abatamos	haya abatido	hayamos abatido
abatas	abatáis	hayas abatido	hayáis abatido
abata	abatan	haya abatido	hayan abatido
7 imperfecto de subjuntivo		**14 pluscuamperfecto de subjuntivo**	
abatiera	abatiéramos	hubiera abatido	hubiéramos abatido
abatieras	abatierais	hubieras abatido	hubierais abatido
abatiera	abatieran	hubiera abatido	hubieran abatido
OR		OR	
abatiese	abatiésemos	hubiese abatido	hubiésemos abatido
abatieses	abatieseis	hubieses abatido	hubieseis abatido
abatiese	abatiesen	hubiese abatido	hubiesen abatido

imperativo	
—	abatamos
abate; no abatas	abatid; no abatáis
abata	abatan

abatidamente	dejectedly	**batir**	to beat, strike
el abatimiento	abasement, depression, discouragement	**batir palmas**	to applaud, clap
abatir el ánimo	to feel discouraged, low in spirit	**abatido, abatida**	dejected

Syn.: **deshacer** to destroy; **derribar** to knock down; **tumbar** to knock down (9)

abrasar (2)

to burn, to set on fire

Gerundio **abrasando**   Part. pas. **abrasado**

Regular **-ar** verb

The Seven Simple Tenses		The Seven Compound Tenses	
Singular	**Plural**	**Singular**	**Plural**
1 presente de indicativo		**8 perfecto de indicativo**	
abraso	abrasamos	he abrasado	hemos abrasado
abrasas	abrasáis	has abrasado	habéis abrasado
abrasa	abrasan	ha abrasado	han abrasado
2 imperfecto de indicativo		**9 pluscuamperfecto de indicativo**	
abrasaba	abrasábamos	había abrasado	habíamos abrasado
abrasabas	abrasabais	habías abrasado	habíais abrasado
abrasaba	abrasaban	había abrasado	habían abrasado
3 pretérito		**10 pretérito anterior**	
abrasé	abrasamos	hube abrasado	hubimos abrasado
abrasaste	abrasasteis	hubiste abrasado	hubisteis abrasado
abrasó	abrasaron	hubo abrasado	hubieron abrasado
4 futuro		**11 futuro perfecto**	
abrasaré	abrasaremos	habré abrasado	habremos abrasado
abrasarás	abrasaréis	habrás abrasado	habréis abrasado
abrasará	abrasarán	habrá abrasado	habrán abrasado
5 potencial simple		**12 potencial compuesto**	
abrasaría	abrasaríamos	habría abrasado	habríamos abrasado
abrasarías	abrasaríais	habrías abrasado	habríais abrasado
abrasaría	abrasarían	habría abrasado	habrían abrasado
6 presente de subjuntivo		**13 perfecto de subjuntivo**	
abrase	abrasemos	haya abrasado	hayamos abrasado
abrases	abraséis	hayas abrasado	hayáis abrasado
abrase	abrasen	haya abrasado	hayan abrasado
7 imperfecto de subjuntivo		**14 pluscuamperfecto de subjuntivo**	
abrasara	abrasáramos	hubiera abrasado	hubiéramos abrasado
abrasaras	abrasarais	hubieras abrasado	hubierais abrasado
abrasara	abrasaran	hubiera abrasado	hubieran abrasado
OR		OR	
abrasase	abrasásemos	hubiese abrasado	hubiésemos abrasado
abrasases	abrasaseis	hubieses abrasado	hubieseis abrasado
abrasase	abrasasen	hubiese abrasado	hubiesen abrasado

imperativo	
—	abrasemos
abrasa; no abrases	abrasad; no abraséis
abrase	abrasen

abrasadamente   ardently, fervently

abrasado, abrasada   burning; flushed with anger

el abrasamiento   burning, excessive passion

abrasarse vivo   to burn with passion

abrasarse de amor   to be passionately in love

abrasarse en deseos   to become full of desire

Syn.: **encender** to inflame; **quemar** to burn   Ant.: **apagar** to put out, extinguish; **extinguir** to extinguish (193)

abrazar (3)

to embrace, to hug; to clamp

Regular **-ar** verb endings with spelling change:
z becomes **c** before **e**

The Seven Simple Tenses		The Seven Compound Tenses	
Singular	Plural	Singular	Plural
1 presente de indicativo		**8 perfecto de indicativo**	
abrazo	abrazamos	he abrazado	hemos abrazado
abrazas	abrazáis	has abrazado	habéis abrazado
abraza	abrazan	ha abrazado	han abrazado
2 imperfecto de indicativo		**9 pluscuamperfecto de indicativo**	
abrazaba	abrazábamos	había abrazado	habíamos abrazado
abrazabas	abrazabais	habías abrazado	habíais abrazado
abrazaba	abrazaban	había abrazado	habían abrazado
3 pretérito		**10 pretérito anterior**	
abracé	abrazamos	hube abrazado	hubimos abrazado
abrazaste	abrazasteis	hubiste abrazado	hubisteis abrazado
abrazó	abrazaron	hubo abrazado	hubieron abrazado
4 futuro		**11 futuro perfecto**	
abrazaré	abrazaremos	habré abrazado	habremos abrazado
abrazarás	abrazaréis	habrás abrazado	habréis abrazado
abrazará	abrazarán	habrá abrazado	habrán abrazado
5 potencial simple		**12 potencial compuesto**	
abrazaría	abrazaríamos	habría abrazado	habríamos abrazado
abrazarías	abrazaríais	habrías abrazado	habríais abrazado
abrazaría	abrazarían	habría abrazado	habrían abrazado
6 presente de subjuntivo		**13 perfecto de subjuntivo**	
abrace	abracemos	haya abrazado	hayamos abrazado
abraces	abracéis	hayas abrazado	hayáis abrazado
abrace	abracen	haya abrazado	hayan abrazado
7 imperfecto de subjuntivo		**14 pluscuamperfecto de subjuntivo**	
abrazara	abrazáramos	hubiera abrazado	hubiéramos abrazado
abrazaras	abrazarais	hubieras abrazado	hubierais abrazado
abrazara	abrazaran	hubiera abrazado	hubieran abrazado
OR		OR	
abrazase	abrazásemos	hubiese abrazado	hubiésemos abrazado
abrazases	abrazaseis	hubieses abrazado	hubieseis abrazado
abrazase	abrazasen	hubiese abrazado	hubiesen abrazado

imperativo	
—	abracemos
abraza; no abraces	abrazad; no abracéis
abrace	abracen

un abrazo embrace, hug
el abrazamiento embracing
un abrazo de Juanita Love, Juanita

una abrazada embrace
una abrazadera clamp, clasp

Syn.: **enlazar** to tie together (3); **encerrar** to enclose

abrir (4)
to open

Gerundio **abriendo**   Part. pas. **abierto**
Regular **-ir** verb endings with spelling change:
irregular past participle

The Seven Simple Tenses		The Seven Compound Tenses	
Singular	**Plural**	**Singular**	**Plural**
1 presente de indicativo		**8 perfecto de indicativo**	
abro	abrimos	he abierto	hemos abierto
abres	abrís	has abierto	habéis abierto
abre	abren	ha abierto	han abierto
2 imperfecto de indicativo		**9 pluscuamperfecto de indicativo**	
abría	abríamos	había abierto	habíamos abierto
abrías	abríais	habías abierto	habíais abierto
abría	abrían	había abierto	habían abierto
3 pretérito		**10 pretérito anterior**	
abrí	abrimos	hube abierto	hubimos abierto
abriste	abristeis	hubiste abierto	hubisteis abierto
abrió	abrieron	hubo abierto	hubieron abierto
4 futuro		**11 futuro perfecto**	
abriré	abriremos	habré abierto	habremos abierto
abrirás	abriréis	habrás abierto	habréis abierto
abrirá	abrirán	habrá abierto	habrán abierto
5 potencial simple		**12 potencial compuesto**	
abriría	abriríamos	habría abierto	habríamos abierto
abrirías	abriríais	habrías abierto	habríais abierto
abriría	abrirían	habría abierto	habrían abierto
6 presente de subjuntivo		**13 perfecto de subjuntivo**	
abra	abramos	haya abierto	hayamos abierto
abras	abráis	hayas abierto	hayáis abierto
abra	abran	haya abierto	hayan abierto
7 imperfecto de subjuntivo		**14 pluscuamperfecto de subjuntivo**	
abriera	abriéramos	hubiera abierto	hubiéramos abierto
abrieras	abrierais	hubieras abierto	hubierais abierto
abriera	abrieran	hubiera abierto	hubieran abierto
OR		OR	
abriese	abriésemos	hubiese abierto	hubiésemos abierto
abrieses	abrieseis	hubieses abierto	hubieseis abierto
abriese	abriesen	hubiese abierto	hubiesen abierto

imperativo

—	abramos
abre; no abras	abrid; no abráis
abra	abran

— **Abrid los libros en la página diez, por favor.**   "Open your books to page ten, please."
Todos los alumnos abrieron los libros en la página diez y Pablo comenzó a leer.
All the students opened their books to page ten, and Paul began to read.

un abrimiento opening		**La puerta está abierta.** The door is open.	
abrir paso to make way		**en un abrir y cerrar de ojos** in a wink	

Ant.: **cerrar** to close; **clausurar** to shut (409)

Part. pas. **absuelto**   Gerundio **absolviendo**
Regular **-er** verb endings with spelling change: irregular
past participle; stem change: Tenses 1, 6, Imperative

absolver (5)
to absolve, to acquit

The Seven Simple Tenses		The Seven Compound Tenses	
Singular	Plural	Singular	Plural
1 presente de indicativo		**8 perfecto de indicativo**	
absuelvo	absolvemos	he absuelto	hemos absuelto
absuelves	absolvéis	has absuelto	habéis absuelto
absuelve	absuelven	ha absuelto	han absuelto
2 imperfecto de indicativo		**9 pluscuamperfecto de indicativo**	
absolvía	absolvíamos	había absuelto	habíamos absuelto
absolvías	absolvíais	habías absuelto	habíais absuelto
absolvía	absolvían	había absuelto	habían absuelto
3 pretérito		**10 pretérito anterior**	
absolví	absolvimos	hube absuelto	hubimos absuclto
absolviste	absolvisteis	hubiste absuelto	hubisteis absuelto
absolvió	absolvieron	hubo absuelto	hubieron absuelto
4 futuro		**11 futuro perfecto**	
absolveré	absolveremos	habré absuelto	habremos absuelto
absolverás	absolveréis	habrás absuelto	habréis absuelto
absolverá	absolverán	habrá absuelto	habrán absuelto
5 potencial simple		**12 potencial compuesto**	
absolvería	absolveríamos	habría absuelto	habríamos absuelto
absolverías	absolveríais	habrías absuelto	habríais absuelto
absolvería	absolverían	habría absuelto	habrían absuelto
6 presente de subjuntivo		**13 perfecto de subjuntivo**	
absuelva	absolvamos	haya absuelto	hayamos absuelto
absuelvas	absolváis	hayas absuelto	hayáis absuelto
absuelva	absuelvan	haya absuelto	hayan absuelto
7 imperfecto de subjuntivo		**14 pluscuamperfecto de subjuntivo**	
absolviera	absolviéramos	hubiera absuelto	hubiéramos absuelto
absolvieras	absolvierais	hubieras absuelto	hubierais absuelto
absolviera	absolvieran	hubiera absuelto	hubieran absuelto
OR		OR	
absolviese	absolviésemos	hubiese absuelto	hubiésemos absuelto
absolvieses	absolvieseis	hubieses absuelto	hubieseis absuelto
absolviese	absolviesen	hubiese absuelto	hubiesen absuelto

imperativo

—	absolvamos
absuelve; no absuelvas	absolved; no absolváis
absuelva	absuelvan

la absolución absolution, acquittal, pardon
absolutamente absolutely
absoluto, absoluta absolute, unconditional
en absoluto absolutely

el absolutismo absolutism, despotism
la absolución libre not guilty verdict
salir absuelto to come out clear of any charges
nada en absoluto nothing at all

Syn.: **dispensar** to excuse; **disculpar** to excuse (332); **exculpar** to exculpate (332);
perdonar to pardon   Ant.: **acusar** to accuse

abstenerse (6)
to abstain

Gerundio **absteniéndose**   Part. pas. **abstenido**
Reflexive irregular verb

The Seven Simple Tenses		The Seven Compound Tenses	
Singular	Plural	Singular	Plural
1 presente de indicativo		**8 perfecto de indicativo**	
me abstengo	nos abstenemos	me he abstenido	nos hemos abstenido
te abstienes	os abstenéis	te has abstenido	os habéis abstenido
se abstiene	se abstienen	se ha abstenido	se han abstenido
2 imperfecto de indicativo		**9 pluscuamperfecto de indicativo**	
me abstenía	nos absteníamos	me había abstenido	nos habíamos abstenido
te abstenías	os absteníais	te habías abstenido	os habíais abstenido
se abstenía	se abstenían	se había abstenido	se habían abstenido
3 pretérito		**10 pretérito anterior**	
me abstuve	nos abstuvimos	me hube abstenido	nos hubimos abstenido
te abstuviste	os abstuvisteis	te hubiste abstenido	os hubisteis abstenido
se abstuvo	se abstuvieron	se hubo abstenido	se hubieron abstenido
4 futuro		**11 futuro perfecto**	
me abstendré	nos abstendremos	me habré abstenido	nos habremos abstenido
te abstendrás	os abstendréis	te habrás abstenido	os habréis abstenido
se abstendrá	se abstendrán	se habrá abstenido	se habrán abstenido
5 potencial simple		**12 potencial compuesto**	
me abstendría	nos abstendríamos	me habría abstenido	nos habríamos abstenido
te abstendrías	os abstendríais	te habrías abstenido	os habríais abstenido
se abstendría	se abstendrían	se habría abstenido	se habrían abstenido
6 presente de subjuntivo		**13 perfecto de subjuntivo**	
me abstenga	nos abstengamos	me haya abstenido	nos hayamos abstenido
te abstengas	os abstengáis	te hayas abstenido	os hayáis abstenido
se abstenga	se abstengan	se haya abstenido	se hayan abstenido
7 imperfecto de subjuntivo		**14 pluscuamperfecto de subjuntivo**	
me abstuviera	nos abstuviéramos	me hubiera abstenido	nos hubiéramos abstenido
te abstuvieras	os abstuvierais	te hubieras abstenido	os hubierais abstenido
se abstuviera	se abstuvieran	se hubiera abstenido	se hubieran abstenido
OR		OR	
me abstuviese	nos abstuviésemos	me hubiese abstenido	nos hubiésemos abstenido
te abstuvieses	os abstuvieseis	te hubieses abstenido	os hubieseis abstenido
se abstuviese	se abstuviesen	se hubiese abstenido	se hubiesen abstenido

imperativo	
—	abstengámonos
abstente; no te abstengas	absteneos; no os abstengáis
absténgase	absténganse

la abstención	abstention, forbearance	**el, la abstencionista**	abstentionist
abstenerse de	to abstain from, to refrain from	**el abstencionismo**	abstentionism
la abstinencia	abstinence, fasting	**el día de abstinencia**	day of fasting
hacer abstinencia	to fast		

Syn.: **privarse** to deprive oneself (289)   Ant.: **alumbrarse** to get tipsy

aburrir (7)

to annoy, to bore, to vex

A

The Seven Simple Tenses		The Seven Compound Tenses	
Singular	Plural	Singular	Plural
1 presente de indicativo		**8 perfecto de indicativo**	
aburro	aburrimos	he aburrido	hemos aburrido
aburres	aburrís	has aburrido	habéis aburrido
aburre	aburren	ha aburrido	han aburrido
2 imperfecto de indicativo		**9 pluscuamperfecto de indicativo**	
aburría	aburríamos	había aburrido	habíamos aburrido
aburrías	aburríais	habías aburrido	habíais aburrido
aburría	aburrían	había aburrido	habían aburrido
3 pretérito		**10 pretérito anterior**	
aburrí	aburrimos	hube aburrido	hubimos aburrido
aburriste	aburristeis	hubiste aburrido	hubisteis aburrido
aburrió	aburrieron	hubo aburrido	hubieron aburrido
4 futuro		**11 futuro perfecto**	
aburriré	aburriremos	habré aburrido	habremos aburrido
aburrirás	aburriréis	habrás aburrido	habréis aburrido
aburrirá	aburrirán	habrá aburrido	habrán aburrido
5 potencial simple		**12 potencial compuesto**	
aburriría	aburriríamos	habría aburrido	habríamos aburrido
aburrirías	aburriríais	habrías aburrido	habríais aburrido
aburriría	aburrirían	habría aburrido	habrían aburrido
6 presente de subjuntivo		**13 perfecto de subjuntivo**	
aburra	aburramos	haya aburrido	hayamos aburrido
aburras	aburráis	hayas aburrido	hayáis aburrido
aburra	aburran	haya aburrido	hayan aburrido
7 imperfecto de subjuntivo		**14 pluscuamperfecto de subjuntivo**	
aburriera	aburriéramos	hubiera aburrido	hubiéramos aburrido
aburrieras	aburrierais	hubieras aburrido	hubierais aburrido
aburriera	aburrieran	hubiera aburrido	hubieran aburrido
OR		OR	
aburriese	aburriésemos	hubiese aburrido	hubiésemos aburrido
aburrieses	aburrieseis	hubieses aburrido	hubieseis aburrido
aburriese	aburriesen	hubiese aburrido	hubiesen aburrido

imperativo	
—	aburramos
aburre; no aburras	aburrid; no aburráis
aburra	aburran

Los amigos de mi hermano me aburren.   My brother's friends bore me.

aburrido, aburrida bored
el aburrimiento boredom, weariness
un aburridor, una aburridora boring person

una cara de aburrimiento a bored look
la aburrición annoyance, ennui
¡Qué aburrimiento! What a bore!

See also **aburrirse.**

Syn.: **cansar** to tire (172)   Ant.: **divertir** to entertain (370)

aburrirse (8)
to be bored, to grow tired, to grow weary

Gerundio **aburriéndose**   Part. pas. **aburrido**
Reflexive regular **-ir** verb

The Seven Simple Tenses		The Seven Compound Tenses	
Singular	**Plural**	**Singular**	**Plural**
1 presente de indicativo		**8 perfecto de indicativo**	
me aburro	nos aburrimos	me he aburrido	nos hemos aburrido
te aburres	os aburrís	te has aburrido	os habéis aburrido
se aburre	se aburren	se ha aburrido	se han aburrido
2 imperfecto de indicativo		**9 pluscuamperfecto de indicativo**	
me aburría	nos aburríamos	me había aburrido	nos habíamos aburrido
te aburrías	os aburríais	te habías aburrido	os habíais aburrido
se aburría	se aburrían	se había aburrido	se habían aburrido
3 pretérito		**10 pretérito anterior**	
me aburrí	nos aburrimos	me hube aburrido	nos hubimos aburrido
te aburriste	os aburristeis	te hubiste aburrido	os hubisteis aburrido
se aburrió	se aburrieron	se hubo aburrido	se hubieron aburrido
4 futuro		**11 futuro perfecto**	
me aburriré	nos aburriremos	me habré aburrido	nos habremos aburrido
te aburrirás	os aburriréis	te habrás aburrido	os habréis aburrido
se aburrirá	se aburrirán	se habrá aburrido	se habrán aburrido
5 potencial simple		**12 potencial compuesto**	
me aburriría	nos aburriríamos	me habría aburrido	nos habríamos aburrido
te aburrirías	os aburriríais	te habrías aburrido	os habríais aburrido
se aburriría	se aburrirían	se habría aburrido	se habrían aburrido
6 presente de subjuntivo		**13 perfecto de subjuntivo**	
me aburra	nos aburramos	me haya aburrido	nos hayamos aburrido
te aburras	os aburráis	te hayas aburrido	os hayáis aburrido
se aburra	se aburran	se haya aburrido	se hayan aburrido
7 imperfecto de subjuntivo		**14 pluscuamperfecto de subjuntivo**	
me aburriera	nos aburriéramos	me hubiera aburrido	nos hubiéramos aburrido
te aburrieras	os aburrierais	te hubieras aburrido	os hubierais aburrido
se aburriera	se aburrieran	se hubiera aburrido	se hubieran aburrido
OR		OR	
me aburriese	nos aburriésemos	me hubiese aburrido	nos hubiésemos aburrido
te aburrieses	os aburrieseis	te hubieses aburrido	os hubieseis aburrido
se aburriese	se aburriesen	se hubiese aburrido	se hubiesen aburrido

imperativo	
—	aburrámonos
abúrrete; no te aburras	aburríos; no os aburráis
abúrrase	abúrranse

Aquí tienes mi teléfono celular. Puedes entretenerte con una aplicación para no aburrirte.
Here's my cell phone. You can keep yourself amused with an app so you won't be bored.

el aburrimiento   boredom, weariness
aburridamente   tediously
See also **aburrir.**

aburrirse como una ostra   to be bored stiff
   (like an oyster)
Me aburro como una ostra.   I'm bored stiff.

Syn.: **cansarse** to become tired   Ant.: **divertirse** to enjoy oneself

Acabar

Acabar is an important verb to learn because it is a regular **-ar** verb and because there are many everyday expressions related to it.

The Spanish idiomatic expression **acabar de + inf.** is expressed in English as *to have just* + past participle.

Present Indicative:
When you use **acabar** in the present tense, it indicates that the action of the main verb (+ inf.) has just occurred now in the present. In English, we express this by using *have just* + the past participle of the main verb.

Examples:
María acaba de llegar.
Mary has just arrived.

Acabo de comer.
I have just eaten.

Acabamos de terminar la lección.
We have just finished the lesson.

Imperfect Indicative:
When you use **acabar** in the imperfect indicative, it indicates that the action of the main verb (+ inf.) had occurred at some time in the past when another action occurred in the past. In English, we express this by using *had just* + the past participle of the main verb.

María acababa de llegar.
Mary had just arrived.

Yo acababa de comer.
I had just eaten.

Acabábamos de terminar la lección.
We had just finished the lesson.

Words and expressions related to this verb

el acabamiento completion

acabar con to put an end to

acabar en to end in

acabar por to end by, to ... finally

acabado, acabada finished

Note: When **acabar** is used in the imperfect indicative + inf. (of the main verb being expressed), the verb in the other clause is usually in the preterit.

Example:
Acabábamos de entrar cuando el teléfono sonó.
We had just entered the house when the telephone rang.

Proverb

Bien está lo que bien acaba.
  All's well that ends well.

Syn.: **concluir** to conclude (268); **terminar** to end   Ant.: **comenzar** to begin; **empezar** to begin

**AN ESSENTIAL
55 Verb**

acabar (9)
to finish, to end, to complete

The Seven Simple Tenses		The Seven Compound Tenses	
Singular	Plural	Singular	Plural
1 presente de indicativo		**8 perfecto de indicativo**	
acabo	acabamos	he acabado	hemos acabado
acabas	acabáis	has acabado	habéis acabado
acaba	acaban	ha acabado	han acabado
2 imperfecto de indicativo		**9 pluscuamperfecto de indicativo**	
acababa	acabábamos	había acabado	habíamos acabado
acababas	acababais	habías acabado	habíais acabado
acababa	acababan	había acabado	habían acabado
3 pretérito		**10 pretérito anterior**	
acabé	acabamos	hube acabado	hubimos acabado
acabaste	acabasteis	hubiste acabado	hubisteis acabado
acabó	acabaron	hubo acabado	hubieron acabado
4 futuro		**11 futuro perfecto**	
acabaré	acabaremos	habré acabado	habremos acabado
acabarás	acabaréis	habrás acabado	habréis acabado
acabará	acabarán	habrá acabado	habrán acabado
5 potencial simple		**12 potencial compuesto**	
acabaría	acabaríamos	habría acabado	habríamos acabado
acabarías	acabaríais	habrías acabado	habríais acabado
acabaría	acabarían	habría acabado	habrían acabado
6 presente de subjuntivo		**13 perfecto de subjuntivo**	
acabe	acabemos	haya acabado	hayamos acabado
acabes	acabéis	hayas acabado	hayáis acabado
acabe	acaben	haya acabado	hayan acabado
7 imperfecto de subjuntivo		**14 pluscuamperfecto de subjuntivo**	
acabara	acabáramos	hubiera acabado	hubiéramos acabado
acabaras	acabarais	hubieras acabado	hubierais acabado
acabara	acabaran	hubiera acabado	hubieran acabado
OR		OR	
acabase	acabásemos	hubiese acabado	hubiésemos acabado
acabases	acabaseis	hubieses acabado	hubieseis acabado
acabase	acabasen	hubiese acabado	hubiesen acabado

imperativo	
—	acabemos
acaba; no acabes	acabad; no acabéis
acabe	acaben

AN ESSENTIAL
55 Verb

Part. pas. **acelerado**   Gerundio **acelerando**
Regular **-ar** verb

acelerar (10)
to accelerate, to speed, to hasten, to hurry

The Seven Simple Tenses		The Seven Compound Tenses	
Singular	Plural	Singular	Plural
1 presente de indicativo		**8 perfecto de indicativo**	
acelero	aceleramos	he acelerado	hemos acelerado
aceleras	aceleráis	has acelerado	habéis acelerado
acelera	aceleran	ha acelerado	han acelerado
2 imperfecto de indicativo		**9 pluscuamperfecto de indicativo**	
aceleraba	acelerábamos	había acelerado	habíamos acelerado
acelerabas	acelerabais	habías acelerado	habíais acelerado
aceleraba	aceleraban	había acelerado	habían acelerado
3 pretérito		**10 pretérito anterior**	
aceleré	aceleramos	hube acelerado	hubimos acelerado
aceleraste	acelerasteis	hubiste acelerado	hubisteis acelerado
aceleró	aceleraron	hubo acelerado	hubieron acelerado
4 futuro		**11 futuro perfecto**	
aceleraré	aceleraremos	habré acelerado	habremos acelerado
acelerarás	aceleraréis	habrás acelerado	habréis acelerado
acelerará	acelerarán	habrá acelerado	habrán acelerado
5 potencial simple		**12 potencial compuesto**	
aceleraría	aceleraríamos	habría acelerado	habríamos acelerado
acelerarías	aceleraríais	habrías acelerado	habríais acelerado
aceleraría	acelerarían	habría acelerado	habrían acelerado
6 presente de subjuntivo		**13 perfecto de subjuntivo**	
acelere	aceleremos	haya acelerado	hayamos acelerado
aceleres	aceleréis	hayas acelerado	hayáis acelerado
acelere	aceleren	haya acelerado	hayan acelerado
7 imperfecto de subjuntivo		**14 pluscuamperfecto de subjuntivo**	
acelerara	aceleráramos	hubiera acelerado	hubiéramos acelerado
aceleraras	acelerarais	hubieras acelerado	hubierais acelerado
acelerara	aceleraran	hubiera acelerado	hubieran acelerado
OR		OR	
acelerase	acelerásemos	hubiese acelerado	hubiésemos acelerado
acelerases	aceleraseis	hubieses acelerado	hubieseis acelerado
acelerase	acelerasen	hubiese acelerado	hubiesen acelerado

imperativo	
—	aceleremos
acelera; no aceleres	acelerad; no aceleréis
acelere	aceleren

No aceleres cuando el semáforo cambia a rojo. ¡Es muy peligroso!
Do not accelerate when the traffic light changes to red. It is very dangerous!

aceleradamente hastily, quickly, speedily
la aceleración haste, acceleration
el acelerador de partículas particle accelerator

el acelerante, el acelerador accelerant (chemical)
el aceleramiento acceleration
el pedal del acelerador accelerator pedal

Syn.: **apresurarse** to hasten, hurry   Ant.: **detener** to stop, detain; **retardar** to slow down (199)

aceptar (11)
to accept

The Seven Simple Tenses		The Seven Compound Tenses	
Singular	Plural	Singular	Plural
1 presente de indicativo		**8 perfecto de indicativo**	
acepto	aceptamos	he aceptado	hemos aceptado
aceptas	aceptáis	has aceptado	habéis aceptado
acepta	aceptan	ha aceptado	han aceptado
2 imperfecto de indicativo		**9 pluscuamperfecto de indicativo**	
aceptaba	aceptábamos	había aceptado	habíamos aceptado
aceptabas	aceptabais	habías aceptado	habíais aceptado
aceptaba	aceptaban	había aceptado	habían aceptado
3 pretérito		**10 pretérito anterior**	
acepté	aceptamos	hube aceptado	hubimos aceptado
aceptaste	aceptasteis	hubiste aceptado	hubisteis aceptado
aceptó	aceptaron	hubo aceptado	hubieron aceptado
4 futuro		**11 futuro perfecto**	
aceptaré	aceptaremos	habré aceptado	habremos aceptado
aceptarás	aceptaréis	habrás aceptado	habréis aceptado
aceptará	aceptarán	habrá aceptado	habrán aceptado
5 potencial simple		**12 potencial compuesto**	
aceptaría	aceptaríamos	habría aceptado	habríamos aceptado
aceptarías	aceptaríais	habrías aceptado	habríais aceptado
aceptaría	aceptarían	habría aceptado	habrían aceptado
6 presente de subjuntivo		**13 perfecto de subjuntivo**	
acepte	aceptemos	haya aceptado	hayamos aceptado
aceptes	aceptéis	hayas aceptado	hayáis aceptado
acepte	acepten	haya aceptado	hayan aceptado
7 imperfecto de subjuntivo		**14 pluscuamperfecto de subjuntivo**	
aceptara	aceptáramos	hubiera aceptado	hubiéramos aceptado
aceptaras	aceptarais	hubieras aceptado	hubierais aceptado
aceptara	aceptaran	hubiera aceptado	hubieran aceptado
OR		OR	
aceptase	aceptásemos	hubiese aceptado	hubiésemos aceptado
aceptases	aceptaseis	hubieses aceptado	hubieseis aceptado
aceptase	aceptasen	hubiese aceptado	hubiesen aceptado

imperativo	
—	aceptemos
acepta; no aceptes	aceptad; no aceptéis
acepte	acepten

aceptable   acceptable
el aceptador, la aceptadora   acceptor
el aceptante, la aceptante   accepter
la aceptación   acceptance
la acepción   acceptation, meaning (of a word)

aceptar + inf.   to agree + inf.
aceptar empleo   to take a job
acepto, acepta   acceptable
aceptar o rechazar una oferta
    to accept or reject an offer

Syn.: **aprobar** to approve   Ant.: **negar** to deny, refuse; **rechazar** to reject (81)

Part. pas. **acercado**   Gerundio **acercando**
Regular **-ar** verb endings with spelling
change: **c** becomes **qu** before **e**

acercar (12)
to bring near, to place near

The Seven Simple Tenses		The Seven Compound Tenses	
Singular	Plural	Singular	Plural
1 presente de indicativo		**8 perfecto de indicativo**	
acerco	acercamos	he acercado	hemos acercado
acercas	acercáis	has acercado	habéis acercado
acerca	acercan	ha acercado	han acercado
2 imperfecto de indicativo		**9 pluscuamperfecto de indicativo**	
acercaba	acercábamos	había acercado	habíamos acercado
acercabas	acercabais	habías acercado	habíais acercado
acercaba	acercaban	había acercado	habían acercado
3 pretérito		**10 pretérito anterior**	
acerqué	acercamos	hube acercado	hubimos acercado
acercaste	acercasteis	hubiste acercado	hubisteis acercado
acercó	acercaron	hubo acercado	hubieron acercado
4 futuro		**11 futuro perfecto**	
acercaré	acercaremos	habré acercado	habremos acercado
acercarás	acercaréis	habrás acercado	habréis acercado
acercará	acercarán	habrá acercado	habrán acercado
5 potencial simple		**12 potencial compuesto**	
acercaría	acercaríamos	habría acercado	habríamos acercado
acercarías	acercaríais	habrías acercado	habríais acercado
acercaría	acercarían	habría acercado	habrían acercado
6 presente de subjuntivo		**13 perfecto de subjuntivo**	
acerque	acerquemos	haya acercado	hayamos acercado
acerques	acerquéis	hayas acercado	hayáis acercado
acerque	acerquen	haya acercado	hayan acercado
7 imperfecto de subjuntivo		**14 pluscuamperfecto de subjuntivo**	
acercara	acercáramos	hubiera acercado	hubiéramos acercado
acercaras	acercarais	hubieras acercado	hubierais acercado
acercara	acercaran	hubiera acercado	hubieran acercado
OR		OR	
acercase	acercásemos	hubiese acercado	hubiésemos acercado
acercases	acercaseis	hubieses acercado	hubieseis acercado
acercase	acercasen	hubiese acercado	hubiesen acercado

imperativo	
—	acerquemos
acerca; no acerques	acercad; no acerquéis
acerque	acerquen

acerca de   about, regarding, with regard to
el acercamiento   approaching, approximation
cerca de   near

de cerca   close at hand, closely
acerca de esto   hereof, about this
mis parientes cercanos   my close relatives

See also **acercarse**.

Syn.: **aproximar** to bring close (107); **traer** to bring   Ant.: **alejar** to move away from (86)

acercarse (13)

to approach, to draw near

Gerundio **acercándose**   Part. pas. **acercado**
Reflexive verb; regular **-ar** verb endings with
spelling change: **c** becomes **qu** before **e**

The Seven Simple Tenses		The Seven Compound Tenses	
Singular	**Plural**	**Singular**	**Plural**
1 presente de indicativo		**8 perfecto de indicativo**	
me acerco	nos acercamos	me he acercado	nos hemos acercado
te acercas	os acercáis	te has acercado	os habéis acercado
se acerca	se acercan	se ha acercado	se han acercado
2 imperfecto de indicativo		**9 pluscuamperfecto de indicativo**	
me acercaba	nos acercábamos	me había acercado	nos habíamos acercado
te acercabas	os acercabais	te habías acercado	os habíais acercado
se acercaba	se acercaban	se había acercado	se habían acercado
3 pretérito		**10 pretérito anterior**	
me acerqué	nos acercamos	me hube acercado	nos hubimos acercado
te acercaste	os acercasteis	te hubiste acercado	os hubisteis acercado
se acercó	se acercaron	se hubo acercado	se hubieron acercado
4 futuro		**11 futuro perfecto**	
me acercaré	nos acercaremos	me habré acercado	nos habremos acercado
te acercarás	os acercaréis	te habrás acercado	os habréis acercado
se acercará	se acercarán	se habrá acercado	se habrán acercado
5 potencial simple		**12 potencial compuesto**	
me acercaría	nos acercaríamos	me habría acercado	nos habríamos acercado
te acercarías	os acercaríais	te habrías acercado	os habríais acercado
se acercaría	se acercarían	se habría acercado	se habrían acercado
6 presente de subjuntivo		**13 perfecto de subjuntivo**	
me acerque	nos acerquemos	me haya acercado	nos hayamos acercado
te acerques	os acerquéis	te hayas acercado	os hayáis acercado
se acerque	se acerquen	se haya acercado	se hayan acercado
7 imperfecto de subjuntivo		**14 pluscuamperfecto de subjuntivo**	
me acercara	nos acercáramos	me hubiera acercado	nos hubiéramos acercado
te acercaras	os acercarais	te hubieras acercado	os hubierais acercado
se acercara	se acercaran	se hubiera acercado	se hubieran acercado
OR		OR	
me acercase	nos acercásemos	me hubiese acercado	nos hubiésemos acercado
te acercases	os acercaseis	te hubieses acercado	os hubieseis acercado
se acercase	se acercasen	se hubiese acercado	se hubiesen acercado

imperativo	
—	acerquémonos
acércate; no te acerques	acercaos; no os acerquéis
acérquese	acérquense

cerca de   near
de cerca   close at hand, closely
cercanamente   soon, shortly

cercano, cercana   near, close
cercar   to enclose, fence in
las cercanías   neighborhood, suburbs

See also **acercar**.

Ant.: **alejarse** (de) to get away from (86, 289)

Regular **-ar** verb endings with stem
change: Tenses 1, 6, Imperative

acertar (14)

to hit the mark, to hit upon, to do
(something) right, to succeed in, to guess right

The Seven Simple Tenses		The Seven Compound Tenses	
Singular	Plural	Singular	Plural
1 presente de indicativo		**8 perfecto de indicativo**	
acierto	acertamos	he acertado	hemos acertado
aciertas	acertáis	has acertado	habéis acertado
acierta	aciertan	ha acertado	han acertado
2 imperfecto de indicativo		**9 pluscuamperfecto de indicativo**	
acertaba	acertábamos	había acertado	habíamos acertado
acertabas	acertabais	habías acertado	habíais acertado
acertaba	acertaban	había acertado	habían acertado
3 pretérito		**10 pretérito anterior**	
acerté	acertamos	hube acertado	hubimos acertado
acertaste	acertasteis	hubiste acertado	hubisteis acertado
acertó	acertaron	hubo acertado	hubieron acertado
4 futuro		**11 futuro perfecto**	
acertaré	acertaremos	habré acertado	habremos acertado
acertarás	acertaréis	habrás acertado	habréis acertado
acertará	acertarán	habrá acertado	habrán acertado
5 potencial simple		**12 potencial compuesto**	
acertaría	acertaríamos	habría acertado	habríamos acertado
acertarías	acertaríais	habrías acertado	habríais acertado
acertaría	acertarían	habría acertado	habrían acertado
6 presente de subjuntivo		**13 perfecto de subjuntivo**	
acierte	acertemos	haya acertado	hayamos acertado
aciertes	acertéis	hayas acertado	hayáis acertado
acierte	acierten	haya acertado	hayan acertado
7 imperfecto de subjuntivo		**14 pluscuamperfecto de subjuntivo**	
acertara	acertáramos	hubiera acertado	hubiéramos acertado
acertaras	acertarais	hubieras acertado	hubierais acertado
acertara	acertaran	hubiera acertado	hubieran acertado
OR		OR	
acertase	acertásemos	hubiese acertado	hubiésemos acertado
acertases	acertaseis	hubieses acertado	hubieseis acertado
acertase	acertasen	hubiese acertado	hubiesen acertado

imperativo	
—	acertemos
acierta; no aciertes	acertad; no acertéis
acierte	acierten

acertado, acertada proper, fit, sensible
el acertador, la acertadora good guesser
acertar a to happen to + inf.
acertar con to come across, to find

el acertijo riddle
acertadamente opportunely, correctly
ciertamente certainly
Es cierto. It's certain/sure.

Ant.: **equivocarse** to make a mistake; **errar** to err

aclamar (15)
to acclaim, to applaud, to shout, to hail

Gerundio **aclamando**   Part. pas. **aclamado**

Regular **-ar** verb

The Seven Simple Tenses		The Seven Compound Tenses	
Singular	Plural	Singular	Plural
1 presente de indicativo		**8 perfecto de indicativo**	
aclamo	aclamamos	he aclamado	hemos aclamado
aclamas	aclamáis	has aclamado	habéis aclamado
aclama	aclaman	ha aclamado	han aclamado
2 imperfecto de indicativo		**9 pluscuamperfecto de indicativo**	
aclamaba	aclamábamos	había aclamado	habíamos aclamado
aclamabas	aclamabais	habías aclamado	habíais aclamado
aclamaba	aclamaban	había aclamado	habían aclamado
3 pretérito		**10 pretérito anterior**	
aclamé	aclamamos	hube aclamado	hubimos aclamado
aclamaste	aclamasteis	hubiste aclamado	hubisteis aclamado
aclamó	aclamaron	hubo aclamado	hubieron aclamado
4 futuro		**11 futuro perfecto**	
aclamaré	aclamaremos	habré aclamado	habremos aclamado
aclamarás	aclamaréis	habrás aclamado	habréis aclamado
aclamará	aclamarán	habrá aclamado	habrán aclamado
5 potencial simple		**12 potencial compuesto**	
aclamaría	aclamaríamos	habría aclamado	habríamos aclamado
aclamarías	aclamaríais	habrías aclamado	habríais aclamado
aclamaría	aclamarían	habría aclamado	habrían aclamado
6 presente de subjuntivo		**13 perfecto de subjuntivo**	
aclame	aclamemos	haya aclamado	hayamos aclamado
aclames	aclaméis	hayas aclamado	hayáis aclamado
aclame	aclamen	haya aclamado	hayan aclamado
7 imperfecto de subjuntivo		**14 pluscuamperfecto de subjuntivo**	
aclamara	aclamáramos	hubiera aclamado	hubiéramos aclamado
aclamaras	aclamarais	hubieras aclamado	hubierais aclamado
aclamara	aclamaran	hubiera aclamado	hubieran aclamado
OR		OR	
aclamase	aclamásemos	hubiese aclamado	hubiésemos aclamado
aclamases	aclamaseis	hubieses aclamado	hubieseis aclamado
aclamase	aclamasen	hubiese aclamado	hubiesen aclamado

imperativo	
—	aclamemos
aclama; no aclames	aclamad; no aclaméis
aclame	aclamen

aclamado, aclamada acclaimed
la aclamación acclaim, acclamation
la reclamación claim, demand
reclamar en juicio to sue

aclamable laudable
por aclamación unanimously
reclamar to claim, to demand, to reclaim
reclamar por daños to claim damages

Syn.: **aplaudir** to applaud   Ant.: **abuchear** to boo (175)

aclarar (16)

to explain, to clarify, to make clear,
to rinse, to clear

The Seven Simple Tenses		The Seven Compound Tenses	
Singular	Plural	Singular	Plural
1 presente de indicativo		**8 perfecto de indicativo**	
aclaro	aclaramos	he aclarado	hemos aclarado
aclaras	aclaráis	has aclarado	habéis aclarado
aclara	aclaran	ha aclarado	han aclarado
2 imperfecto de indicativo		**9 pluscuamperfecto de indicativo**	
aclaraba	aclarábamos	había aclarado	habíamos aclarado
aclarabas	aclarabais	habías aclarado	habíais aclarado
aclaraba	aclaraban	había aclarado	habían aclarado
3 pretérito		**10 pretérito anterior**	
aclaré	aclaramos	hube aclarado	hubimos aclarado
aclaraste	aclarasteis	hubiste aclarado	hubisteis aclarado
aclaró	aclararon	hubo aclarado	hubieron aclarado
4 futuro		**11 futuro perfecto**	
aclararé	aclararemos	habré aclarado	habremos aclarado
aclararás	aclararéis	habrás aclarado	habréis aclarado
aclarará	aclararán	habrá aclarado	habrán aclarado
5 potencial simple		**12 potencial compuesto**	
aclararía	aclararíamos	habría aclarado	habríamos aclarado
aclararías	aclararíais	habrías aclarado	habríais aclarado
aclararía	aclararían	habría aclarado	habrían aclarado
6 presente de subjuntivo		**13 perfecto de subjuntivo**	
aclare	aclaremos	haya aclarado	hayamos aclarado
aclares	aclaréis	hayas aclarado	hayáis aclarado
aclare	aclaren	haya aclarado	hayan aclarado
7 imperfecto de subjuntivo		**14 pluscuamperfecto de subjuntivo**	
aclarara	aclaráramos	hubiera aclarado	hubiéramos aclarado
aclararas	aclararais	hubieras aclarado	hubierais aclarado
aclarara	aclararan	hubiera aclarado	hubieran aclarado
OR		OR	
aclarase	aclarásemos	hubiese aclarado	hubiésemos aclarado
aclarases	aclaraseis	hubieses aclarado	hubieseis aclarado
aclarase	aclarasen	hubiese aclarado	hubiesen aclarado

imperativo	
—	aclaremos
aclara; no aclares	aclarad; no aclaréis
aclare	aclaren

una aclaración   explanation
aclarado, aclarada   cleared, made clear; rinsed
aclarar la voz   to clear one's throat
poner en claro   to clarify

¡Claro que sí!   Of course!
¡Claro que no!   Of course not!
¿Está claro?   Is that clear?

Syn.: **esclarecer** to make clear (344); **explicar** to explain   Ant.: **complicar** to complicate (76)

acompañar (17)

to accompany, to escort, to go with, to keep company

Gerundio **acompañando**   Part. pas. **acompañado**

Regular **-ar** verb

The Seven Simple Tenses		The Seven Compound Tenses	
Singular	Plural	Singular	Plural
1 presente de indicativo		**8 perfecto de indicativo**	
acompaño	acompañamos	he acompañado	hemos acompañado
acompañas	acompañáis	has acompañado	habéis acompañado
acompaña	acompañan	ha acompañado	han acompañado
2 imperfecto de indicativo		**9 pluscuamperfecto de indicativo**	
acompañaba	acompañábamos	había acompañado	habíamos acompañado
acompañabas	acompañabais	habías acompañado	habíais acompañado
acompañaba	acompañaban	había acompañado	habían acompañado
3 pretérito		**10 pretérito anterior**	
acompañé	acompañamos	hube acompañado	hubimos acompañado
acompañaste	acompañasteis	hubiste acompañado	hubisteis acompañado
acompañó	acompañaron	hubo acompañado	hubieron acompañado
4 futuro		**11 futuro perfecto**	
acompañaré	acompañaremos	habré acompañado	habremos acompañado
acompañarás	acompañaréis	habrás acompañado	habréis acompañado
acompañará	acompañarán	habrá acompañado	habrán acompañado
5 potencial simple		**12 potencial compuesto**	
acompañaría	acompañaríamos	habría acompañado	habríamos acompañado
acompañarías	acompañaríais	habrías acompañado	habríais acompañado
acompañaría	acompañarían	habría acompañado	habrían acompañado
6 presente de subjuntivo		**13 perfecto de subjuntivo**	
acompañe	acompañemos	haya acompañado	hayamos acompañado
acompañes	acompañéis	hayas acompañado	hayáis acompañado
acompañe	acompañen	haya acompañado	hayan acompañado
7 imperfecto de subjuntivo		**14 pluscuamperfecto de subjuntivo**	
acompañara	acompañáramos	hubiera acompañado	hubiéramos acompañado
acompañaras	acompañarais	hubieras acompañado	hubierais acompañado
acompañara	acompañaran	hubiera acompañado	hubieran acompañado
OR		OR	
acompañase	acompañásemos	hubiese acompañado	hubiésemos acompañado
acompañases	acompañaseis	hubieses acompañado	hubieseis acompañado
acompañase	acompañasen	hubiese acompañado	hubiesen acompañado

imperativo	
—	acompañemos
acompaña; no acompañes	acompañad; no acompañéis
acompañe	acompañen

el acompañador, la acompañadora companion, chaperon, accompanist
el acompañamiento accompaniment
el acompañado, la acompañada assistant
un compañero, una compañera friend, mate, companion; **compañero de cuarto** roommate

Ant.: **abandonar** to abandon (473)

80

The Seven Simple Tenses		The Seven Compound Tenses	
Singular	Plural	Singular	Plural

1 presente de indicativo

aconsejo	aconsejamos		
aconsejas	aconsejáis		
aconseja	aconsejan		

8 perfecto de indicativo

he aconsejado	hemos aconsejado
has aconsejado	habéis aconsejado
ha aconsejado	han aconsejado

2 imperfecto de indicativo

aconsejaba	aconsejábamos
aconsejabas	aconsejabais
aconsejaba	aconsejaban

9 pluscuamperfecto de indicativo

había aconsejado	habíamos aconsejado
habías aconsejado	habíais aconsejado
había aconsejado	habían aconsejado

3 pretérito

aconsejé	aconsejamos
aconsejaste	aconsejasteis
aconsejó	aconsejaron

10 pretérito anterior

hube aconsejado	hubimos aconsejado
hubiste aconsejado	hubisteis aconsejado
hubo aconsejado	hubieron aconsejado

4 futuro

aconsejaré	aconsejaremos
aconsejarás	aconsejaréis
aconsejará	aconsejarán

11 futuro perfecto

habré aconsejado	habremos aconsejado
habrás aconsejado	habréis aconsejado
habrá aconsejado	habrán aconsejado

5 potencial simple

aconsejaría	aconsejaríamos
aconsejarías	aconsejaríais
aconsejaría	aconsejarían

12 potencial compuesto

habría aconsejado	habríamos aconsejado
habrías aconsejado	habríais aconsejado
habría aconsejado	habrían aconsejado

6 presente de subjuntivo

aconseje	aconsejemos
aconsejes	aconsejéis
aconseje	aconsejen

13 perfecto de subjuntivo

haya aconsejado	hayamos aconsejado
hayas aconsejado	hayáis aconsejado
haya aconsejado	hayan aconsejado

7 imperfecto de subjuntivo

aconsejara	aconsejáramos
aconsejaras	aconsejarais
aconsejara	aconsejaran
OR	
aconsejase	aconsejásemos
aconsejases	aconsejaseis
aconsejase	aconsejasen

14 pluscuamperfecto de subjuntivo

hubiera aconsejado	hubiéramos aconsejado
hubieras aconsejado	hubierais aconsejado
hubiera aconsejado	hubieran aconsejado
OR	
hubiese aconsejado	hubiésemos aconsejado
hubieses aconsejado	hubieseis aconsejado
hubiese aconsejado	hubiesen aconsejado

imperativo

—	aconsejemos
aconseja; no aconsejes	aconsejad; aconsejéis
aconseje	aconsejen

el aconsejador, la aconsejadora adviser, counselor	**aconsejarse** to seek advice
aconsejar con to consult	**aconsejarse de** to consult with
el consejo advice, counsel	**el aconsejamiento** counselling
El tiempo da buen consejo. Time will tell.	**mal aconsejado, mal aconsejada** ill-advised

Syn.: **recomendar** to recommend; **sugerir** to suggest   Ant.: **desaconsejar** to advise against (18)

acordar (19)
to agree (upon), to tune

Gerundio **acordando**   Part. pas. **acordado**
Regular **-ar** verb endings with stem
change: Tenses 1, 6, Imperative

The Seven Simple Tenses		The Seven Compound Tenses	
Singular	**Plural**	**Singular**	**Plural**
1 presente de indicativo		**8 perfecto de indicativo**	
acuerdo	acordamos	he acordado	hemos acordado
acuerdas	acordáis	has acordado	habéis acordado
acuerda	acuerdan	ha acordado	han acordado
2 imperfecto de indicativo		**9 pluscuamperfecto de indicativo**	
acordaba	acordábamos	había acordado	habíamos acordado
acordabas	acordabais	habías acordado	habíais acordado
acordaba	acordaban	había acordado	habían acordado
3 pretérito		**10 pretérito anterior**	
acordé	acordamos	hube acordado	hubimos acordado
acordaste	acordasteis	hubiste acordado	hubisteis acordado
acordó	acordaron	hubo acordado	hubieron acordado
4 futuro		**11 futuro perfecto**	
acordaré	acordaremos	habré acordado	habremos acordado
acordarás	acordaréis	habrás acordado	habréis acordado
acordará	acordarán	habrá acordado	habrán acordado
5 potencial simple		**12 potencial compuesto**	
acordaría	acordaríamos	habría acordado	habríamos acordado
acordarías	acordaríais	habrías acordado	habríais acordado
acordaría	acordarían	habría acordado	habrían acordado
6 presente de subjuntivo		**13 perfecto de subjuntivo**	
acuerde	acordemos	haya acordado	hayamos acordado
acuerdes	acordéis	hayas acordado	hayáis acordado
acuerde	acuerden	haya acordado	hayan acordado
7 imperfecto de subjuntivo		**14 pluscuamperfecto de subjuntivo**	
acordara	acordáramos	hubiera acordado	hubiéramos acordado
acordaras	acordarais	hubieras acordado	hubierais acordado
acordara	acordaran	hubiera acordado	hubieran acordado
OR		OR	
acordase	acordásemos	hubiese acordado	hubiésemos acordado
acordases	acordaseis	hubieses acordado	hubieseis acordado
acordase	acordasen	hubiese acordado	hubiesen acordado

imperativo	
—	acordemos
acuerda; no acuerdes	acordad; no acordéis
acuerde	acuerden

la acordada   decision, resolution
acordadamente   jointly, by common consent
un acuerdo   agreement
de acuerdo   in agreement
de común acuerdo   unanimously,
  by mutual agreement

desacordar   to put out of tune
desacordado, desacordada   out of tune (music)
estar de acuerdo con   to be in agreement with

See also **acordarse.**

Syn.: **estar de acuerdo con** to be in agreement with   Ant.: **desacordar** to put out of tune

Part. pas. **acordado**   Gerundio **acordándose**
Reflexive verb; regular **-ar** verb endings with
stem change: Tenses 1, 6, Imperative

acordarse (20)
to remember, to agree

The Seven Simple Tenses		The Seven Compound Tenses	
Singular	Plural	Singular	Plural
1 presente de indicativo		**8 perfecto de indicativo**	
me acuerdo	nos acordamos	me he acordado	nos hemos acordado
te acuerdas	os acordáis	te has acordado	os habéis acordado
se acuerda	se acuerdan	se ha acordado	se han acordado
2 imperfecto de indicativo		**9 pluscuamperfecto de indicativo**	
me acordaba	nos acordábamos	me había acordado	nos habíamos acordado
te acordabas	os acordabais	te habías acordado	os habíais acordado
se acordaba	se acordaban	se había acordado	se habían acordado
3 pretérito		**10 pretérito anterior**	
me acordé	nos acordamos	me hube acordado	nos hubimos acordado
te acordaste	os acordasteis	te hubiste acordado	os hubisteis acordado
se acordó	se acordaron	se hubo acordado	se hubieron acordado
4 futuro		**11 futuro perfecto**	
me acordaré	nos acordaremos	me habré acordado	nos habremos acordado
te acordarás	os acordaréis	te habrás acordado	os habréis acordado
se acordará	se acordarán	se habrá acordado	se habrán acordado
5 potencial simple		**12 potencial compuesto**	
me acordaría	nos acordaríamos	me habría acordado	nos habríamos acordado
te acordarías	os acordaríais	te habrías acordado	os habríais acordado
se acordaría	se acordarían	se habría acordado	se habrían acordado
6 presente de subjuntivo		**13 perfecto de subjuntivo**	
me acuerde	nos acordemos	me haya acordado	nos hayamos acordado
te acuerdes	os acordéis	te hayas acordado	os hayáis acordado
se acuerde	se acuerden	se haya acordado	se hayan acordado
7 imperfecto de subjuntivo		**14 pluscuamperfecto de subjuntivo**	
me acordara	nos acordáramos	me hubiera acordado	nos hubiéramos acordado
te acordaras	os acordarais	te hubieras acordado	os hubierais acordado
se acordara	se acordaran	se hubiera acordado	se hubieran acordado
OR		OR	
me acordase	nos acordásemos	me hubiese acordado	nos hubiésemos acordado
te acordases	os acordaseis	te hubieses acordado	os hubieseis acordado
se acordase	se acordasen	se hubiese acordado	se hubiesen acordado

imperativo	
—	acordémonos
acuérdate; no te acuerdes	acordaos; no os acordéis
acuérdese	acuérdense

si mal no me acuerdo   if I remember correctly, if my memory does not fail me
Lo siento, pero no me acuerdo de su nombre.
I'm sorry, but I don't remember your name.

See also **acordar.**

Syn.: **recordar** to remember; **rememorar** to remember (32)   Ant.: **olvidar** to forget

acostarse (21)
to go to bed, to lie down

Gerundio **acostándose**   Part. pas. **acostado**
Reflexive verb; regular **-ar** verb endings with
stem change: Tenses 1, 6, Imperative

The Seven Simple Tenses		The Seven Compound Tenses	
Singular	**Plural**	**Singular**	**Plural**
1 presente de indicativo		**8 perfecto de indicativo**	
me acuesto	nos acostamos	me he acostado	nos hemos acostado
te acuestas	os acostáis	te has acostado	os habéis acostado
se acuesta	se acuestan	se ha acostado	se han acostado
2 imperfecto de indicativo		**9 pluscuamperfecto de indicativo**	
me acostaba	nos acostábamos	me había acostado	nos habíamos acostado
te acostabas	os acostabais	te habías acostado	os habíais acostado
se acostaba	se acostaban	se había acostado	se habían acostado
3 pretérito		**10 pretérito anterior**	
me acosté	nos acostamos	me hube acostado	nos hubimos acostado
te acostaste	os acostasteis	te hubiste acostado	os hubisteis acostado
se acostó	se acostaron	se hubo acostado	se hubieron acostado
4 futuro		**11 futuro perfecto**	
me acostaré	nos acostaremos	me habré acostado	nos habremos acostado
te acostarás	os acostaréis	te habrás acostado	os habréis acostado
se acostará	se acostarán	se habrá acostado	se habrán acostado
5 potencial simple		**12 potencial compuesto**	
me acostaría	nos acostaríamos	me habría acostado	nos habríamos acostado
te acostarías	os acostaríais	te habrías acostado	os habríais acostado
se acostaría	se acostarían	se habría acostado	se habrían acostado
6 presente de subjuntivo		**13 perfecto de subjuntivo**	
me acueste	nos acostemos	me haya acostado	nos hayamos acostado
te acuestes	os acostéis	te hayas acostado	os hayáis acostado
se acueste	se acuesten	se haya acostado	se hayan acostado
7 imperfecto de subjuntivo		**14 pluscuamperfecto de subjuntivo**	
me acostara	nos acostáramos	me hubiera acostado	nos hubiéramos acostado
te acostaras	os acostarais	te hubieras acostado	os hubierais acostado
se acostara	se acostaran	se hubiera acostado	se hubieran acostado
OR		OR	
me acostase	nos acostásemos	me hubiese acostado	nos hubiésemos acostado
te acostases	os acostaseis	te hubieses acostado	os hubieseis acostado
se acostase	se acostasen	se hubiese acostado	se hubiesen acostado

imperativo		
—	acostémonos; no nos acostemos
acuéstate; no te acuestes	acostaos; no os acostéis
acuéstese; no se acueste	acuéstense; no se acuesten

Todas las noches me acuesto a las diez y mi hermanito se acuesta a las ocho.
Every night, I go to bed at ten and my little brother goes to bed at eight.

el acostamiento   lying down
acostado, acostada   in bed, lying down
acostarse con las gallinas   to go to bed very
early (with the hens/chickens)

acostar   to put to bed
Note: Do not use **acostar** (to put to bed) to
express *to accost*; use **abordar (54)**.

Ant.: **levantarse** to get up

to be accustomed, to be in the habit of

The Seven Simple Tenses		The Seven Compound Tenses	
Singular	Plural	Singular	Plural
1 presente de indicativo		**8 perfecto de indicativo**	
acostumbro	acostumbramos	he acostumbrado	hemos acostumbrado
acostumbras	acostumbráis	has acostumbrado	habéis acostumbrado
acostumbra	acostumbran	ha acostumbrado	han acostumbrado
2 imperfecto de indicativo		**9 pluscuamperfecto de indicativo**	
acostumbraba	acostumbrábamos	había acostumbrado	habíamos acostumbrado
acostumbrabas	acostumbrabais	habías acostumbrado	habíais acostumbrado
acostumbraba	acostumbraban	había acostumbrado	habían acostumbrado
3 pretérito		**10 pretérito anterior**	
acostumbré	acostumbramos	hube acostumbrado	hubimos acostumbrado
acostumbraste	acostumbrasteis	hubiste acostumbrado	hubisteis acostumbrado
acostumbró	acostumbraron	hubo acostumbrado	hubieron acostumbrado
4 futuro		**11 futuro perfecto**	
acostumbraré	acostumbraremos	habré acostumbrado	habremos acostumbrado
acostumbrarás	acostumbraréis	habrás acostumbrado	habréis acostumbrado
acostumbrará	acostumbrarán	habrá acostumbrado	habrán acostumbrado
5 potencial simple		**12 potencial compuesto**	
acostumbraría	acostumbraríamos	habría acostumbrado	habríamos acostumbrado
acostumbrarías	acostumbraríais	habrías acostumbrado	habríais acostumbrado
acostumbraría	acostumbrarían	habría acostumbrado	habrían acostumbrado
6 presente de subjuntivo		**13 perfecto de subjuntivo**	
acostumbre	acostumbremos	haya acostumbrado	hayamos acostumbrado
acostumbres	acostumbréis	hayas acostumbrado	hayáis acostumbrado
acostumbre	acostumbren	haya acostumbrado	hayan acostumbrado
7 imperfecto de subjuntivo		**14 pluscuamperfecto de subjuntivo**	
acostumbrara	acostumbráramos	hubiera acostumbrado	hubiéramos acostumbrado
acostumbraras	acostumbrarais	hubieras acostumbrado	hubierais acostumbrado
acostumbrara	acostumbraran	hubiera acostumbrado	hubieran acostumbrado
OR		OR	
acostumbrase	acostumbrásemos	hubiese acostumbrado	hubiésemos acostumbrado
acostumbrases	acostumbraseis	hubieses acostumbrado	hubieseis acostumbrado
acostumbrase	acostumbrasen	hubiese acostumbrado	hubiesen acostumbrado

imperativo

—	acostumbremos
acostumbra; no acostumbres	acostumbrad; no acostumbréis
acostumbre	acostumbren

acostumbradamente   customarily
la costumbre   custom, habit
de costumbre   customary, usual
tener por costumbre   to be in the habit of

acostumbrado, acostumbrada   accustomed
acostumbrarse (a algo)   to become accustomed,
   to get used to (something)

Syn.: **soler** to be accustomed (Def. and Imp.)

acuchillar (23)
to knife, to cut, to slash, to cut open

Gerundio **acuchillando**   Part. pas. **acuchillado**
Regular **-ar** verb

The Seven Simple Tenses		The Seven Compound Tenses	
Singular	**Plural**	**Singular**	**Plural**
1 presente de indicativo		**8 perfecto de indicativo**	
acuchillo	acuchillamos	he acuchillado	hemos acuchillado
acuchillas	acuchilláis	has acuchillado	habéis acuchillado
acuchilla	acuchillan	ha acuchillado	han acuchillado
2 imperfecto de indicativo		**9 pluscuamperfecto de indicativo**	
acuchillaba	acuchillábamos	había acuchillado	habíamos acuchillado
acuchillabas	acuchillabais	habías acuchillado	habíais acuchillado
acuchillaba	acuchillaban	había acuchillado	habían acuchillado
3 pretérito		**10 pretérito anterior**	
acuchillé	acuchillamos	hube acuchillado	hubimos acuchillado
acuchillaste	acuchillasteis	hubiste acuchillado	hubisteis acuchillado
acuchilló	acuchillaron	hubo acuchillado	hubieron acuchillado
4 futuro		**11 futuro perfecto**	
acuchillaré	acuchillaremos	habré acuchillado	habremos acuchillado
acuchillarás	acuchillaréis	habrás acuchillado	habréis acuchillado
acuchillará	acuchillarán	habrá acuchillado	habrán acuchillado
5 potencial simple		**12 potencial compuesto**	
acuchillaría	acuchillaríamos	habría acuchillado	habríamos acuchillado
acuchillarías	acuchillaríais	habrías acuchillado	habríais acuchillado
acuchillaría	acuchillarían	habría acuchillado	habrían acuchillado
6 presente de subjuntivo		**13 perfecto de subjuntivo**	
acuchille	acuchillemos	haya acuchillado	hayamos acuchillado
acuchilles	acuchilléis	hayas acuchillado	hayáis acuchillado
acuchille	acuchillen	haya acuchillado	hayan acuchillado
7 imperfecto de subjuntivo		**14 pluscuamperfecto de subjuntivo**	
acuchillara	acuchilláramos	hubiera acuchillado	hubiéramos acuchillado
acuchillaras	acuchillarais	hubieras acuchillado	hubierais acuchillado
acuchillara	acuchillaran	hubiera acuchillado	hubieran acuchillado
OR		OR	
acuchillase	acuchillásemos	hubiese acuchillado	hubiésemos acuchillado
acuchillases	acuchillaseis	hubieses acuchillado	hubieseis acuchillado
acuchillase	acuchillasen	hubiese acuchillado	hubiesen acuchillado

imperativo	
—	acuchillemos
acuchilla; no acuchilles	acuchillad; no acuchilléis
acuchille	acuchillen

un cuchillo knife		**acuchillado, acuchillada** knifed, slashed	
un cuchillo de monte hunting knife		**las mangas acuchilladas** slashed sleeves	
un cuchillo de cocina kitchen knife		(fashion, style)	

Syn.: **apuñalar** to stab (259); **herir** to wound

acudir (24)

to attend, to be present frequently, to respond
(to a call), to come to the rescue

The Seven Simple Tenses		The Seven Compound Tenses	
Singular	Plural	Singular	Plural
1 presente de indicativo		**8 perfecto de indicativo**	
acudo	acudimos	he acudido	hemos acudido
acudes	acudís	has acudido	habéis acudido
acude	acuden	ha acudido	han acudido
2 imperfecto de indicativo		**9 pluscuamperfecto de indicativo**	
acudía	acudíamos	había acudido	habíamos acudido
acudías	acudíais	habías acudido	habíais acudido
acudía	acudían	había acudido	habían acudido
3 pretérito		**10 pretérito anterior**	
acudí	acudimos	hube acudido	hubimos acudido
acudiste	acudisteis	hubiste acudido	hubisteis acudido
acudió	acudieron	hubo acudido	hubieron acudido
4 futuro		**11 futuro perfecto**	
acudiré	acudiremos	habré acudido	habremos acudido
acudirás	acudiréis	habrás acudido	habréis acudido
acudirá	acudirán	habrá acudido	habrán acudido
5 potencial simple		**12 potencial compuesto**	
acudiría	acudiríamos	habría acudido	habríamos acudido
acudirías	acudiríais	habrías acudido	habríais acudido
acudiría	acudirían	habría acudido	habrían acudido
6 presente de subjuntivo		**13 perfecto de subjuntivo**	
acuda	acudamos	haya acudido	hayamos acudido
acudas	acudáis	hayas acudido	hayáis acudido
acuda	acudan	haya acudido	hayan acudido
7 imperfecto de subjuntivo		**14 pluscuamperfecto de subjuntivo**	
acudiera	acudiéramos	hubiera acudido	hubiéramos acudido
acudieras	acudierais	hubieras acudido	hubierais acudido
acudiera	acudieran	hubiera acudido	hubieran acudido
OR		OR	
acudiese	acudiésemos	hubiese acudido	hubiésemos acudido
acudieses	acudieseis	hubieses acudido	hubieseis acudido
acudiese	acudiesen	hubiese acudido	hubiesen acudido

imperativo	
—	acudamos
acude; no acudas	acudid; no acudáis
acuda	acudan

acudir en socorro de   to go to help
acudir con el remedio   to get there with the
  remedy
acudir a los tribunales   to go to court (law)
acudir a una cita   to keep an appointment

acudir a un examen   to take an exam
acudir a alguien   to give help to someone
acudir en ayuda de alguien   to come to
  someone's rescue

Syn.: **asistir** to assist, attend; **auxiliar** to help (106); **ayudar** to help; **socorrer** to help

acusar (25)
to accuse

The Seven Simple Tenses		The Seven Compound Tenses	
Singular	**Plural**	**Singular**	**Plural**
1 presente de indicativo		**8 perfecto de indicativo**	
acuso	acusamos	he acusado	hemos acusado
acusas	acusáis	has acusado	habéis acusado
acusa	acusan	ha acusado	han acusado
2 imperfecto de indicativo		**9 pluscuamperfecto de indicativo**	
acusaba	acusábamos	había acusado	habíamos acusado
acusabas	acusabais	habías acusado	habíais acusado
acusaba	acusaban	había acusado	habían acusado
3 pretérito		**10 pretérito anterior**	
acusé	acusamos	hube acusado	hubimos acusado
acusaste	acusasteis	hubiste acusado	hubisteis acusado
acusó	acusaron	hubo acusado	hubieron acusado
4 futuro		**11 futuro perfecto**	
acusaré	acusaremos	habré acusado	habremos acusado
acusarás	acusaréis	habrás acusado	habréis acusado
acusará	acusarán	habrá acusado	habrán acusado
5 potencial simple		**12 potencial compuesto**	
acusaría	acusaríamos	habría acusado	habríamos acusado
acusarías	acusaríais	habrías acusado	habríais acusado
acusaría	acusarían	habría acusado	habrían acusado
6 presente de subjuntivo		**13 perfecto de subjuntivo**	
acuse	acusemos	haya acusado	hayamos acusado
acuses	acuséis	hayas acusado	hayáis acusado
acuse	acusen	haya acusado	hayan acusado
7 imperfecto de subjuntivo		**14 pluscuamperfecto de subjuntivo**	
acusara	acusáramos	hubiera acusado	hubiéramos acusado
acusaras	acusarais	hubieras acusado	hubierais acusado
acusara	acusaran	hubiera acusado	hubieran acusado
OR		OR	
acusase	acusásemos	hubiese acusado	hubiésemos acusado
acusases	acusaseis	hubieses acusado	hubieseis acusado
acusase	acusasen	hubiese acusado	hubiesen acusado

imperativo	
—	acusemos
acusa; no acuses	acusad; no acuséis
acuse	acusen

Tenemos derecho de encontrarnos cara a cara con una persona que nos acusa de un crimen.
We have the right to face a person who accuses us of a crime.

La propia conciencia acusa.
One's own conscience accuses. (A guilty conscience needs no accuser.)

el acusado, la acusada defendant, accused
la acusación accusation
el acusador, la acusadora accuser

acusar de robo to accuse of robbery
acusar recibo de una cosa to acknowledge
  receipt of something
acusarse de un pecado to confess a sin

Syn.: **denunciar** to denounce Ant.: **absolver** to absolve; **defender** to defend; **perdonar** to pardon

The Seven Simple Tenses		The Seven Compound Tenses	
Singular	Plural	Singular	Plural
1 presente de indicativo		**8 perfecto de indicativo**	
adelanto	adlenatamos	he adelantado	hemos adelantado
adelantas	adelantáis	has adelantado	habéis adelantado
adelanta	adelantan	ha adelantado	han adelantado
2 imperfecto de indicativo		**9 pluscuamperfecto de indicativo**	
adelantaba	adelantábamos	había adelantado	habíamos adelantado
adelantabas	adelantabais	habías adelantado	habíais adelantado
adelantaba	adelantaban	había adelantado	habían adelantado
3 pretérito		**10 pretérito anterior**	
adelanté	adelantamos	hube adelantado	hubimos adelantado
adelantaste	adelantasteis	hubiste adelantado	hubisteis adelantado
adelantó	adelantaron	hubo adelantado	hubieron adelantado
4 futuro		**11 futuro perfecto**	
adelantaré	adelantaremos	habré adelantado	habremos adelantado
adelantarás	adelantaréis	habrás adelantado	habréis adelantado
adelantará	adelantarán	habrá adelantado	habrán adelantado
5 potencial simple		**12 potencial compuesto**	
adelantaría	adelantaríamos	habría adelantado	habríamos adelantado
adelantarías	adelantaríais	habrías adelantado	habríais adelantado
adelantaría	adelantarían	habría adelantado	habrían adelantado
6 presente de subjuntivo		**13 perfecto de subjuntivo**	
adelante	adelantemos	haya adelantado	hayamos adelantado
adelantes	adelantéis	hayas adelantado	hayáis adelantado
adelante	adelanten	haya adelantado	hayan adelantado
7 imperfecto de subjuntivo		**14 pluscuamperfecto de subjuntivo**	
adelantara	adelantáramos	hubiera adelantado	hubiéramos adelantado
adelantaras	adelantarais	hubieras adelantado	hubierais adelantado
adelantara	adelantaran	hubiera adelantado	hubieran adelantado
OR		OR	
adelantase	adelantasemos	hubiese adelantado	hubiésemos adelantado
adelantases	adelantaseis	hubieses adelantado	hubieseis adelantado
adelantase	adelantasen	hubiese adelantado	hubiesen adelantado

imperativo

—	adelantemos
adelanta; no adelantes	adelantad; no adelantéis
adelante	adelanten

el adelantamiento   advance, growth, increase, progress
adelante   ahead, forward; **¡Adelante!**   Come in! Go ahead!
adelantar dinero   to advance money; **un adelanto**   advance payment
en lo adelante   in the future; **los adelantos tecnológicos**   technological advances, progress
de aquí en adelante   henceforth; **de hoy en adelante**   from now on

See **adelantarse.**

Syn.: **avanzar** to advance; **progresar** to progress (235)   Ant.: **atrasar** to retard, to delay (2); **retrasar** to delay, to postpone

adelantarse (27)
to go forward, to go ahead,
to move ahead, to take the lead

Gerundio **adelantándose**   Part. pas. **adelantado**
Reflexive regular **-ar** verb

The Seven Simple Tenses		The Seven Compound Tenses	
Singular	Plural	Singular	Plural
1 presente de indicativo		**8 perfecto de indicativo**	
me adelanto	nos adelantamos	me he adelantado	nos hemos adelantado
te adelantas	os adelantáis	te has adelantado	os habéis adelantado
se adelanta	se adelantan	se ha adelantado	se han adelantado
2 imperfecto de indicativo		**9 pluscuamperfecto de indicativo**	
me adelantaba	nos adelantábamos	me había adelantado	nos habíamos adelantado
te adelantabas	os adelantabais	te habías adelantado	os habíais adelantado
se adelantaba	se adelantaban	se había adelantado	se habían adelantado
3 pretérito		**10 pretérito anterior**	
me adelanté	nos adelantamos	me hube adelantado	nos hubimos adelantado
te adelantaste	os adelantasteis	te hubiste adelantado	os hubisteis adelantado
se adelantó	se adelantaron	se hubo adelantado	se hubieron adelantado
4 futuro		**11 futuro perfecto**	
me adelantaré	nos adelantaremos	me habré adelantado	nos habremos adelantado
te adelantarás	os adelantaréis	te habrás adelantado	os habréis adelantado
se adelantará	se adelantarán	se habrá adelantado	se habrán adelantado
5 potencial simple		**12 potencial compuesto**	
me adelantaría	nos adelantaríamos	me habría adelantado	nos habríamos adelantado
te adelantarías	os adelantaríais	te habrías adelantado	os habríais adelantado
se adelantaría	se adelantarían	se habría adelantado	se habrían adelantado
6 presente de subjuntivo		**13 perfecto de subjuntivo**	
me adelante	nos adelantemos	me haya adelantado	nos hayamos adelantado
te adelantes	os adelantéis	te hayas adelantado	os hayáis adelantado
se adelante	se adelanten	se haya adelantado	se hayan adelantado
7 imperfecto de subjuntivo		**14 pluscuamperfecto de subjuntivo**	
me adelantara	nos adelantáramos	me hubiera adelantado	nos hubiéramos adelantado
te adelantaras	os adelantarais	te hubieras adelantado	os hubierais adelantado
se adelantara	se adelantaran	se hubiera adelantado	se hubieran adelantado
OR		OR	
me adelantase	nos adelantásemos	me hubiese adelantado	nos hubiésemos adelantado
te adelantases	os adelantaseis	te hubieses adelantado	os hubieseis adelantado
se adelantase	se adelantasen	se hubiese adelantado	se hubiesen adelantado

imperativo	
—	adelantémonos
adelántate; no te adelantes	adelantaos; no os adelantéis
adelántese	adelántense

adelantado, adelantada   bold; anticipated; fast (watch or clock)
adelantadamente   in anticipation, beforehand
más adelante   later on; farther on
llevar adelante   to carry on, to go ahead

For other words and expressions related to this verb, see **adelantar**.

Syn.: **avanzar** to advance   Ant.: **retirarse** to move back, to withdraw (414, 64); **retrasarse** to be delayed, to be late (415, 64)

adivinar (28)

to divine, to foretell, to guess, to solve

The Seven Simple Tenses		The Seven Compound Tenses	
Singular	Plural	Singular	Plural

1 presente de indicativo

		8 perfecto de indicativo	
adivino	adivinamos	he adivinado	hemos adivinado
adivinas	adivináis	has adivinado	habéis adivinado
adivina	adivinan	ha adivinado	han adivinado

2 imperfecto de indicativo

		9 pluscuamperfecto de indicativo	
adivinaba	adivinábamos	había adivinado	habíamos adivinado
adivinabas	adivinabais	habías adivinado	habíais adivinado
adivinaba	adivinaban	había adivinado	habían adivinado

3 pretérito

		10 pretérito anterior	
adiviné	adivinamos	hube adivinado	hubimos adivinado
adivinaste	adivinasteis	hubiste adivinado	hubisteis adivinado
adivinó	adivinaron	hubo adivinado	hubieron adivinado

4 futuro

		11 futuro perfecto	
adivinaré	adivinaremos	habré adivinado	habremos adivinado
adivinarás	adivinaréis	habrás adivinado	habréis adivinado
adivinará	adivinarán	habrá adivinado	habrán adivinado

5 potencial simple

		12 potencial compuesto	
adivinaría	adivinaríamos	habría adivinado	habríamos adivinado
adivinarías	adivinaríais	habrías adivinado	habríais adivinado
adivinaría	adivinarían	habría adivinado	habrían adivinado

6 presente de subjuntivo

		13 perfecto de subjuntivo	
adivine	adivinemos	haya adivinado	hayamos adivinado
adivines	adivinéis	hayas adivinado	hayáis adivinado
adivine	adivinen	haya adivinado	hayan adivinado

7 imperfecto de subjuntivo

		14 pluscuamperfecto de subjuntivo	
adivinara	adivináramos	hubiera adivinado	hubiéramos adivinado
adivinaras	adivinarais	hubieras adivinado	hubierais adivinado
adivinara	adivinaran	hubiera adivinado	hubieran adivinado
OR		OR	
adivinase	adivinásemos	hubiese adivinado	hubiésemos adivinado
adivinases	adivinaseis	hubieses adivinado	hubieseis adivinado
adivinase	adivinasen	hubiese adivinado	hubiesen adivinado

imperativo

—	adivinemos
adivina; no adivines	adivinad; no adivinéis
adivine	adivinen

un adivino, una adivina prophet; fortune
  teller; guesser

la adivinación fortune telling
¡Adivine quién soy! Guess who (I am)!

una adivinanza prophecy, prediction; enigma, riddle, puzzle
adivinar el pensamiento de alguien to read a person's mind

Syn.: **predecir** to predict; **pronosticar** to forecast, foretell (424)

admirar (29)
to admire

The Seven Simple Tenses		The Seven Compound Tenses	
Singular	**Plural**	**Singular**	**Plural**
1 presente de indicativo		**8 perfecto de indicativo**	
admiro	admiramos	he admirado	hemos admirado
admiras	admiráis	has admirado	habéis admirado
admira	admiran	ha admirado	han admirado
2 imperfecto de indicativo		**9 pluscuamperfecto de indicativo**	
admiraba	admirábamos	había admirado	habíamos admirado
admirabas	admirabais	habías admirado	habíais admirado
admiraba	admiraban	había admirado	habían admirado
3 pretérito		**10 pretérito anterior**	
admiré	admiramos	hube admirado	hubimos admirado
admiraste	admirasteis	hubiste admirado	hubisteis admirado
admiró	admiraron	hubo admirado	hubieron admirado
4 futuro		**11 futuro perfecto**	
admiraré	admiraremos	habré admirado	habremos admirado
admirarás	admiraréis	habrás admirado	habréis admirado
admirará	admirarán	habrá admirado	habrán admirado
5 potencial simple		**12 potencial compuesto**	
admiraría	admiraríamos	habría admirado	habríamos admirado
admirarías	admiraríais	habrías admirado	habríais admirado
admiraría	admirarían	habría admirado	habrían admirado
6 presente de subjuntivo		**13 perfecto de subjuntivo**	
admire	admiremos	haya admirado	hayamos admirado
admires	admiréis	hayas admirado	hayáis admirado
admire	admiren	haya admirado	hayan admirado
7 imperfecto de subjuntivo		**14 pluscuamperfecto de subjuntivo**	
admirara	admiráramos	hubiera admirado	hubiéramos admirado
admiraras	admirarais	hubieras admirado	hubierais admirado
admirara	admiraran	hubiera admirado	hubieran admirado
OR		OR	
admirase	admirásemos	hubiese admirado	hubiésemos admirado
admirases	admiraseis	hubieses admirado	hubieseis admirado
admirase	admirasen	hubiese admirado	hubiesen admirado

imperativo	
—	admiremos
admira; no admires	admirad; no admiréis
admire	admiren

el admirador, la admiradora admirer
la admiración admiration
admirable admirable
admirablemente admirably
admirativamente admiringly, with admiration

sentir admiración por alguien to feel admiration for someone
hablar en tono admirativo to speak in an admiring tone
causar admiración to inspire admiration

Ant.: **despreciar** to despise, to scorn (57)

admitir (30)
to admit, to grant, to permit

A

The Seven Simple Tenses		The Seven Compound Tenses	
Singular	Plural	Singular	Plural
1 presente de indicativo		**8 perfecto de indicativo**	
admito	admitimos	he admitido	hemos admitido
admites	admitís	has admitido	habéis admitido
admite	admiten	ha admitido	han admitido
2 imperfecto de indicativo		**9 pluscuamperfecto de indicativo**	
admitía	admitíamos	había admitido	habíamos admitido
admitías	admitíais	habías admitido	habíais admitido
admitía	admitían	había admitido	habían admitido
3 pretérito		**10 pretérito anterior**	
admití	admitimos	hube admitido	hubimos admitido
admitiste	admitisteis	hubiste admitido	hubisteis admitido
admitió	admitieron	hubo admitido	hubieron admitido
4 futuro		**11 futuro perfecto**	
admitiré	admitiremos	habré admitido	habremos admitido
admitirás	admitiréis	habrás admitido	habréis admitido
admitirá	admitirán	habrá admitido	habrán admitido
5 potencial simple		**12 potencial compuesto**	
admitiría	admitiríamos	habría admitido	habríamos admitido
admitirías	admitiríais	habrías admitido	habríais admitido
admitiría	admitirían	habría admitido	habrían admitido
6 presente de subjuntivo		**13 perfecto de subjuntivo**	
admita	admitamos	haya admitido	hayamos admitido
admitas	admitáis	hayas admitido	hayáis admitido
admita	admitan	haya admitido	hayan admitido
7 imperfecto de subjuntivo		**14 pluscuamperfecto de subjuntivo**	
admitiera	admitiéramos	hubiera admitido	hubiéramos admitido
admitieras	admitierais	hubieras admitido	hubierais admitido
admitiera	admitieran	hubiera admitido	hubieran admitido
OR		OR	
admitiese	admitiésemos	hubiese admitido	hubiésemos admitido
admitieses	admitieseis	hubieses admitido	hubieseis admitido
admitiese	admitiesen	hubiese admitido	hubiesen admitido

imperativo

—	admitamos
admite; no admitas	admitid; no admitáis
admita	admitan

la admisión   acceptance, admission
admisible   admissible

admitir una aclamación   to accept a claim
el examen de admisión   entrance exam

Syn.: **permitir** to permit   Ant.: **rechazar** to reject (81); **rehusar** to refuse (481)

adoptar (31)
to adopt

The Seven Simple Tenses		The Seven Compound Tenses	
Singular	Plural	Singular	Plural
1 presente de indicativo		**8 perfecto de indicativo**	
adopto	adoptamos	he adoptado	hemos adoptado
adoptas	adoptáis	has adoptado	habéis adoptado
adopta	adoptan	ha adoptado	han adoptado
2 imperfecto de indicativo		**9 pluscuamperfecto de indicativo**	
adoptaba	adoptábamos	había adoptado	habíamos adoptado
adoptabas	adoptabais	habías adoptado	habíais adoptado
adaptaba	adoptaban	había adoptado	habían adoptado
3 pretérito		**10 pretérito anterior**	
adopté	adoptamos	hube adoptado	hubimos adoptado
adoptaste	adoptasteis	hubiste adoptado	hubisteis adoptado
adoptó	adoptaron	hubo adoptado	hubieron adoptado
4 futuro		**11 futuro perfecto**	
adoptaré	adoptaremos	habré adoptado	habremos adoptado
adoptarás	adoptaréis	habrás adoptado	habréis adoptado
adoptará	adoptarán	habrá adoptado	habrán adoptado
5 potencial simple		**12 potencial compuesto**	
adoptaría	adoptaríamos	habría adoptado	habríamos adoptado
adoptarías	adoptaríais	habrías adoptado	habríais adoptado
adoptaría	adoptarían	habría adoptado	habrían adoptado
6 presente de subjuntivo		**13 perfecto de subjuntivo**	
adopte	adoptemos	haya adoptado	hayamos adoptado
adoptes	adoptéis	hayas adoptado	hayáis adoptado
adopte	adopten	haya adoptado	hayan adoptado
7 imperfecto de subjuntivo		**14 pluscuamperfecto de subjuntivo**	
adoptara	adoptáramos	hubiera adoptado	hubiéramos adoptado
adoptaras	adoptarais	hubieras adoptado	hubierais adoptado
adoptara	adoptaran	hubiera adoptado	hubieran adoptado
OR		OR	
adoptase	adoptásemos	hubiese adoptado	hubiésemos adoptado
adoptases	adoptaseis	hubieses adoptado	hubieseis adoptado
adoptase	adoptasen	hubiese adoptado	hubiesen adoptado

imperativo	
—	adoptemos
adopta; no adoptes	adoptad; no adoptéis
adopte	adopten

El Congreso adoptó una nueva ley para proteger a los consumidores.
Congress adopted a new law to protect consumers.

la adopción adoption	**adoptable** adoptable
el adopcionismo adoptionism	**adoptado, adoptada** adopted

Ant.: **abandonar** to abandon (473)

adorar (32)
to adore, to worship

A

The Seven Simple Tenses		The Seven Compound Tenses	
Singular	Plural	Singular	Plural
1 presente de indicativo		**8 perfecto de indicativo**	
adoro	adoramos	he adorado	hemos adorado
adoras	adoráis	has adorado	habéis adorado
adora	adoran	ha adorado	han adorado
2 imperfecto de indicativo		**9 pluscuamperfecto de indicativo**	
adoraba	adorábamos	había adorado	habíamos adorado
adorabas	adorabais	habías adorado	habíais adorado
adoraba	adoraban	había adorado	habían adorado
3 pretérito		**10 pretérito anterior**	
adoré	adoramos	hube adorado	hubimos adorado
adoraste	adorasteis	hubiste adorado	hubisteis adorado
adoró	adoraron	hubo adorado	hubieron adorado
4 futuro		**11 futuro perfecto**	
adoraré	adoraremos	habré adorado	habremos adorado
adorarás	adoraréis	habrás adorado	habréis adorado
adorará	adorarán	habrá adorado	habrán adorado
5 potencial simple		**12 potencial compuesto**	
adoraría	adoraríamos	habría adorado	habríamos adorado
adorarías	adoraríais	habrías adorado	habríais adorado
adoraría	adorarían	habría adorado	habrían adorado
6 presente de subjuntivo		**13 perfecto de subjuntivo**	
adore	adoremos	haya adorado	hayamos adorado
adores	adoréis	hayas adorado	hayáis adorado
adore	adoren	haya adorado	hayan adorado
7 imperfecto de subjuntivo		**14 pluscuamperfecto de subjuntivo**	
adorara	adoráramos	hubiera adorado	hubiéramos adorado
adoraras	adorarais	hubieras adorado	hubierais adorado
adorara	adoraran	hubiera adorado	hubieran adorado
OR		OR	
adorase	adorásemos	hubiese adorado	hubiésemos adorado
adorases	adoraseis	hubieses adorado	hubieseis adorado
adorase	adorasen	hubiese adorado	hubiesen adorado

imperativo	
—	adoremos
adora; no adores	adorad; no adoréis
adore	adoren

el adorador, la adoradora adorer, worshipper   **adorablemente** adorably, adoringly
adorable adorable   **adorado, adorada** adored
la adoración adoration, worship, veneration

Syn.: **amar** to love; **venerar** to venerate (409)   Ant.: **despreciar** to despise (57); **odiar** to hate (232)

adquirir (33)
to acquire, to get, to obtain

Regular **-ir** verb endings with stem
change: Tenses 1, 6, Imperative

The Seven Simple Tenses		The Seven Compound Tenses	
Singular	Plural	Singular	Plural
1 presente de indicativo		**8 perfecto de indicativo**	
adquiero	adquirimos	he adquirido	hemos adquirido
adquieres	adquirís	has adquirido	habéis adquirido
adquiere	adquieren	ha adquirido	han adquirido
2 imperfecto de indicativo		**9 pluscuamperfecto de indicativo**	
adquiría	adquiríamos	había adquirido	habíamos adquirido
adquirías	adquiríais	habías adquirido	habíais adquirido
adquiría	adquirían	había adquirido	habían adquirido
3 pretérito		**10 pretérito anterior**	
adquirí	adquirimos	hube adquirido	hubimos adquirido
adquiriste	adquiristeis	hubiste adquirido	hubisteis adquirido
adquirió	adquirieron	hubo adquirido	hubieron adquirido
4 futuro		**11 futuro perfecto**	
adquiriré	adquiriremos	habré adquirido	habremos adquirido
adquirirás	adquiriréis	habrás adquirido	habréis adquirido
adquirirá	adquirirán	habrá adquirido	habrán adquirido
5 potencial simple		**12 potencial compuesto**	
adquiriría	adquiriríamos	habría adquirido	habríamos adquirido
adquirirías	adquiriríais	habrías adquirido	habríais adquirido
adquiriría	adquirirían	habría adquirido	habrían adquirido
6 presente de subjuntivo		**13 perfecto de subjuntivo**	
adquiera	adquiramos	haya adquirido	hayamos adquirido
adquieras	adquiráis	hayas adquirido	hayáis adquirido
adquiera	adquieran	haya adquirido	hayan adquirido
7 imperfecto de subjuntivo		**14 pluscuamperfecto de subjuntivo**	
adquiriera	adquiriéramos	hubiera adquirido	hubiéramos adquirido
adquirieras	adquirierais	hubieras adquirido	hubierais adquirido
adquiriera	adquirieran	hubiera adquirido	hubieran adquirido
OR		OR	
adquiriese	adquiriésemos	hubiese adquirido	hubiésemos adquirido
adquirieses	adquirieseis	hubieses adquirido	hubieseis adquirido
adquiriese	adquiriesen	hubiese adquirido	hubiesen adquirido

imperativo

—	adquiramos
adquiere; no adquieras	adquirid; no adquiráis
adquiera	adquieran

el adquiridor, la adquiridora   acquirer
el (la) adquirente   acquirer, purchaser
la adquisición   acquisition, attainment

los bienes adquiridos   acquired wealth
adquirible   obtainable
adquirir un hábito   to acquire a habit

Syn.: **comprar** to buy; **obtener** to obtain; **recibir** to receive, get   Ant.: **dar** to give;
perder to lose

advertir (34)

to advise, to give notice, to give warning,
to take notice of, to warn

The Seven Simple Tenses		The Seven Compound Tenses	
Singular	Plural	Singular	Plural
1 presente de indicativo		**8 perfecto de indicativo**	
advierto	advertimos	he advertido	hemos advertido
adviertes	advertís	has advertido	habéis advertido
advierte	advierten	ha advertido	han advertido
2 imperfecto de indicativo		**9 pluscuamperfecto de indicativo**	
advertía	advertíamos	había advertido	habíamos advertido
advertías	advertíais	habías advertido	habíais advertido
advertía	advertían	había advertido	habían advertido
3 pretérito		**10 pretérito anterior**	
advertí	advertimos	hube advertido	hubimos advertido
advertiste	advertisteis	hubiste advertido	hubisteis advertido
advirtió	advirtieron	hubo advertido	hubieron advertido
4 futuro		**11 futuro perfecto**	
advertiré	advertiremos	habré advertido	habremos advertido
advertirás	advertiréis	habrás advertido	habréis advertido
advertirá	advertirán	habrá advertido	habrán advertido
5 potencial simple		**12 potencial compuesto**	
advertiría	advertiríamos	habría advertido	habríamos advertido
advertirías	advertiríais	habrías advertido	habríais advertido
advertiría	advertirían	habría advertido	habrían advertido
6 presente de subjuntivo		**13 perfecto de subjuntivo**	
advierta	advirtamos	haya advertido	hayamos advertido
adviertas	advirtáis	hayas advertido	hayáis advertido
advierta	adviertan	haya advertido	hayan advertido
7 imperfecto de subjuntivo		**14 pluscuamperfecto de subjuntivo**	
advirtiera	advirtiéramos	hubiera advertido	hubiéramos advertido
advirtieras	advirtierais	hubieras advertido	hubierais advertido
advirtiera	advirtieran	hubiera advertido	hubieran advertido
OR		OR	
advirtiese	advirtiésemos	hubiese advertido	hubiésemos advertido
advirtieses	advirtieseis	hubieses advertido	hubieseis advertido
advirtiese	advirtiesen	hubiese advertido	hubiesen advertido

imperativo	
—	advirtamos
advierte; no adviertas	advertid; no advirtáis
advierta	adviertan

advertido, advertida skillful, clever	**después de repetidas advertencias**
la advertencia warning, notice, foreword	after repeated warnings
advertidamente advisedly	**hacer una advertencia a un niño**
un advertimiento notice, warning	to correct a child's inappropriate behavior

Syn.: **aconsejar** to advise; **avisar** to advise (340)

afeitarse (35)
to shave oneself

Gerundio **afeitándose**   Part. pas. **afeitado**
Reflexive regular **-ar** verb

The Seven Simple Tenses		The Seven Compound Tenses	
Singular	**Plural**	**Singular**	**Plural**
1 presente de indicativo		**8 perfecto de indicativo**	
me afeito	nos afeitamos	me he afeitado	nos hemos afeitado
te afeitas	os afeitáis	te has afeitado	os habéis afeitado
se afeita	se afeitan	se ha afeitado	se han afeitado
2 imperfecto de indicativo		**9 pluscuamperfecto de indicativo**	
me afeitaba	nos afeitábamos	me había afeitado	nos habíamos afeitado
te afeitabas	os afeitabais	te habías afeitado	os habíais afeitado
se afeitaba	se afeitaban	se había afeitado	se habían afeitado
3 pretérito		**10 pretérito anterior**	
me afeité	nos afeitamos	me hube afeitado	nos hubimos afeitado
te afeitaste	os afeitasteis	te hubiste afeitado	os hubisteis afeitado
se afeitó	se afeitaron	se hubo afeitado	se hubieron afeitado
4 futuro		**11 futuro perfecto**	
me afeitaré	nos afeitaremos	me habré afeitado	nos habremos afeitado
te afeitarás	os afeitaréis	te habrás afeitado	os habréis afeitado
se afeitará	se afeitarán	se habrá afeitado	se habrán afeitado
5 potencial simple		**12 potencial compuesto**	
me afeitaría	nos afeitaríamos	me habría afeitado	nos habríamos afeitado
te afeitarías	os afeitaríais	te habrías afeitado	os habríais afeitado
se afeitaría	se afeitarían	se habría afeitado	se habrían afeitado
6 presente de subjuntivo		**13 perfecto de subjuntivo**	
me afeite	nos afeitemos	me haya afeitado	nos hayamos afeitado
te afeites	os afeitéis	te hayas afeitado	os hayáis afeitado
se afeite	se afeiten	se haya afeitado	se hayan afeitado
7 imperfecto de subjuntivo		**14 pluscuamperfecto de subjuntivo**	
me afeitara	nos afeitáramos	me hubiera afeitado	nos hubiéramos afeitado
te afeitaras	os afeitarais	te hubieras afeitado	os hubierais afeitado
se afeitara	se afeitaran	se hubiera afeitado	se hubieran afeitado
OR		OR	
me afeitase	nos afeitásemos	me hubiese afeitado	nos hubiésemos afeitado
te afeitases	os afeitaseis	te hubieses afeitado	os hubieseis afeitado
se afeitase	se afeitasen	se hubiese afeitado	se hubiesen afeitado

imperativo	
—	afeitémonos
aféitate; no te afeites	afeitaos; no os afeitéis
aféitese	aféitense

---

afeitar to shave
un afeitado a shave
el afeite cosmetic, makeup

una afeitadora shaving machine, shaver
la maquinilla (de afeitar) eléctrica
  electric shaver, razor

Esta mañana, me levanté, me afeité y me fui al trabajo.
This morning I got up, shaved, and went to work.

Syn.: **rasurarse** to shave (one's beard) (292)

agarrar (36)
*to grasp, to obtain, to seize,
to catch, to clutch, to come upon*

The Seven Simple Tenses		The Seven Compound Tenses	
Singular	**Plural**	**Singular**	**Plural**

1 presente de indicativo		**8 perfecto de indicativo**	
agarro	agarramos	he agarrado	hemos agarrado
agarras	agarráis	has agarrado	habéis agarrado
agarra	agarran	ha agarrado	han agarrado
2 imperfecto de indicativo		**9 pluscuamperfecto de indicativo**	
agarraba	agarrábamos	había agarrado	habíamos agarrado
agarrabas	agarrabais	habías agarrado	habíais agarrado
agarraba	agarraban	había agarrado	habían agarrado
3 pretérito		**10 pretérito anterior**	
agarré	agarramos	hube agarrado	hubimos agarrado
agarraste	agarrasteis	hubiste agarrado	hubisteis agarrado
agarró	agarraron	hubo agarrado	hubieron agarrado
4 futuro		**11 futuro perfecto**	
agarraré	agarraremos	habré agarrado	habremos agarrado
agarrarás	agarraréis	habrás agarrado	habréis agarrado
agarrará	agarrarán	habrá agarrado	habrán agarrado
5 potencial simple		**12 potencial compuesto**	
agarraría	agarraríamos	habría agarrado	habríamos agarrado
agarrarías	agarraríais	habrías agarrado	habríais agarrado
agarraría	agarrarían	habría agarrado	habrían agarrado
6 presente de subjuntivo		**13 perfecto de subjuntivo**	
agarre	agarremos	haya agarrado	hayamos agarrado
agarres	agarréis	hayas agarrado	hayáis agarrado
agarre	agarren	haya agarrado	hayan agarrado
7 imperfecto de subjuntivo		**14 pluscuamperfecto de subjuntivo**	
agarrara	agarráramos	hubiera agarrado	hubiéramos agarrado
agarraras	agarrarais	hubieras agarrado	hubierais agarrado
agarrara	agarraran	hubiera agarrado	hubieran agarrado
OR		OR	
agarrase	agarrásemos	hubiese agarrado	hubiésemos agarrado
agarrases	agarraseis	hubieses agarrado	hubieseis agarrado
agarrase	agarrasen	hubiese agarrado	hubiesen agarrado

imperativo	
—	agarremos
agarra; no agarres	agarrad; no agarréis
agarre	agarren

Me agarré bien al paraguas, pero hacía demasiado viento.
I held onto my umbrella tightly, but it was too windy.

el agarro grasp
la agarrada quarrel, scrap

agarrarse a *or* **de** to seize, to hold on
agarrarse una fiebre to catch a fever

Syn.: **asir** to seize, grasp; **coger** to seize, grasp (Spain: see note in **coger**); **tomar** to take
Ant.: **soltar** to let go (138); **liberar** to release (409)

agitar (37)
to agitate, to wave, to shake up, to stir

Gerundio **agitando** Part. pas. **agitado**
Regular **-ar** verb

The Seven Simple Tenses		The Seven Compound Tenses	
Singular	Plural	Singular	Plural
1 presente de indicativo		**8 perfecto de indicativo**	
agito	agitamos	he agitado	hemos agitado
agitas	agitáis	has agitado	habéis agitado
agita	agitan	ha agitado	han agitado
2 imperfecto de indicativo		**9 pluscuamperfecto de indicativo**	
agitaba	agitábamos	había agitado	habíamos agitado
agitabas	agitabais	habías agitado	habíais agitado
agitaba	agitaban	había agitado	habían agitado
3 pretérito		**10 pretérito anterior**	
agité	agitamos	hube agitado	hubimos agitado
agitaste	agitasteis	hubiste agitado	hubisteis agitado
agitó	agitaron	hubo agitado	hubieron agitado
4 futuro		**11 futuro perfecto**	
agitaré	agitaremos	habré agitado	habremos agitado
agitarás	agitaréis	habrás agitado	habréis agitado
agitará	agitarán	habrá agitado	habrán agitado
5 potencial simple		**12 potencial compuesto**	
agitaría	agitaríamos	habría agitado	habríamos agitado
agitarías	agitaríais	habrías agitado	habríais agitado
agitaría	agitarían	habría agitado	habrían agitado
6 presente de subjuntivo		**13 perfecto de subjuntivo**	
agite	agitemos	haya agitado	hayamos agitado
agites	agitéis	hayas agitado	hayáis agitado
agite	agiten	haya agitado	hayan agitado
7 imperfecto de subjuntivo		**14 pluscuamperfecto de subjuntivo**	
agitara	agitáramos	hubiera agitado	hubiéramos agitado
agitaras	agitarais	hubieras agitado	hubierais agitado
agitara	agitaran	hubiera agitado	hubieran agitado
OR		OR	
agitase	agitásemos	hubiese agitado	hubiésemos agitado
agitases	agitaseis	hubieses agitado	hubieseis agitado
agitase	agitasen	hubiese agitado	hubiesen agitado

imperativo	
—	agitemos
agita; no agites	agitad; no agitéis
agite	agiten

la agitación agitation, excitement
agitado, agitada agitated, excited

agitarse to fidget, to become agitated
un agitador, una agitadora agitator, shaker

Syn.: **mover** to move; **sacudir** to shake, jolt Ant.: **aquietar** to calm down (11); **calmar** to calm (54)

agotar (38)
to exhaust, to use up

The Seven Simple Tenses		The Seven Compound Tenses	
Singular	Plural	Singular	Plural
1 presente de indicativo		**8 perfecto de indicativo**	
agoto	agotamos	he agotado	hemos agotado
agotas	agotáis	has agotado	habéis agotado
agota	agotan	ha agotado	han agotado
2 imperfecto de indicativo		**9 pluscuamperfecto de indicativo**	
agotaba	agotábamos	había agotado	habíamos agotado
agotabas	agotabais	habías agotado	habíais agotado
agotaba	agotaban	había agotado	habían agotado
3 pretérito		**10 pretérito anterior**	
agoté	agotamos	hube agotado	hubimos agotado
agotaste	agotasteis	hubiste agotado	hubisteis agotado
agotó	agotaron	hubo agotado	hubieron agotado
4 futuro		**11 futuro perfecto**	
agotaré	agotaremos	habré agotado	habremos agotado
agotarás	agotaréis	habrás agotado	habréis agotado
agotará	agotarán	habrá agotado	habrán agotado
5 potencial simple		**12 potencial compuesto**	
agotaría	agotaríamos	habría agotado	habríamos agotado
agotarías	agotaríais	habrías agotado	habríais agotado
agotaría	agotarían	habría agotado	habrían agotado
6 presente de subjuntivo		**13 perfecto de subjuntivo**	
agote	agotemos	haya agotado	hayamos agotado
agotes	agotéis	hayas agotado	hayáis agotado
agote	agoten	haya agotado	hayan agotado
7 imperfecto de subjuntivo		**14 pluscuamperfecto de subjuntivo**	
agotara	agotáramos	hubiera agotado	hubiéramos agotado
agotaras	agotarais	hubieras agotado	hubierais agotado
agotara	agotaran	hubiera agotado	hubieran agotado
OR		OR	
agotase	agotásemos	hubiese agotado	hubiésemos agotado
agotases	agotaseis	hubieses agotado	hubieseis agotado
agotase	agotasen	hubiese agotado	hubiesen agotado

imperativo	
—	agotemos
agota; no agotes	agotad; no agotéis
agote	agoten

agotador, agotadora exhausting
el agotamiento exhaustion
agotarse to become exhausted

agotable exhaustible
agotado, agotada exhausted; out of print, out of stock, sold out

Syn.: **cansar** to tire (172); **gastar** to wear out, waste

agradar (39)
to please, to be pleasing

The Seven Simple Tenses		The Seven Compound Tenses	
Singular	Plural	Singular	Plural
1 presente de indicativo		**8 perfecto de indicativo**	
agrado	agradamos	he agradado	hemos agradado
agradas	agradáis	has agradado	habéis agradado
agrada	agradan	ha agradado	han agradado
2 imperfecto de indicativo		**9 pluscuamperfecto de indicativo**	
agradaba	agradábamos	había agradado	habíamos agradado
agradabas	agradabais	habías agradado	habíais agradado
agradaba	agradaban	había agradado	habían agradado
3 pretérito		**10 pretérito anterior**	
agradé	agradamos	hube agradado	hubimos agradado
agradaste	agradasteis	hubiste agradado	hubisteis agradado
agradó	agradaron	hubo agradado	hubieron agradado
4 futuro		**11 futuro perfecto**	
agradaré	agradaremos	habré agradado	habremos agradado
agradarás	agradaréis	habrás agradado	habréis agradado
agradará	agradarán	habrá agradado	habrán agradado
5 potencial simple		**12 potencial compuesto**	
agradaría	agradaríamos	habría agradado	habríamos agradado
agradarías	agradaríais	habrías agradado	habríais agradado
agradaría	agradarían	habría agradado	habrían agradado
6 presente de subjuntivo		**13 perfecto de subjuntivo**	
agrade	agrademos	haya agradado	hayamos agradado
agrades	agradéis	hayas agradado	hayáis agradado
agrade	agraden	haya agradado	hayan agradado
7 imperfecto de subjuntivo		**14 pluscuamperfecto de subjuntivo**	
agradara	agradáramos	hubiera agradado	hubiéramos agradado
agradaras	agradarais	hubieras agradado	hubierais agradado
agradara	agradaran	hubiera agradado	hubieran agradado
OR		OR	
agradase	agradásemos	hubiese agradado	hubiésemos agradado
agradases	agradaseis	hubieses agradado	hubieseis agradado
agradase	agradasen	hubiese agradado	hubiesen agradado

imperativo	
—	agrademos
agrada; no agrades	agradad; no agradéis
agrade	agraden

agradable   pleasing, pleasant, agreeable
agradablemente   agreeably, pleasantly
el agrado   pleasure, liking
Es de mi agrado.   It's to my liking.

de su agrado   to one's liking
ser del agrado de uno   to be to one's taste
   (liking)
desagradable   unpleasant, disagreeable

Syn.: **gustar** (Def. and Imp.); **satisfacer** to satisfy   Ant.: **desagradar** to be unpleasant (39)

Part. pas. **agradecido**   Gerundio **agradeciendo**

Regular **-er** verb endings with spelling change: **c** becomes **zc** before **a** or **o**

agradecer (40)

to thank, to be thankful, grateful for

The Seven Simple Tenses		The Seven Compound Tenses	
Singular	Plural	Singular	Plural
1 presente de indicativo		**8 perfecto de indicativo**	
agradezco	agradecemos	he agradecido	hemos agradecido
agradeces	agradecéis	has agradecido	habéis agradecido
agradece	agradecen	ha agradecido	han agradecido
2 imperfecto de indicativo		**9 pluscuamperfecto de indicativo**	
agradecía	agradecíamos	había agradecido	habíamos agradecido
agradecías	agradecíais	habías agradecido	habíais agradecido
agradecía	agradecían	había agradecido	habían agradecido
3 pretérito		**10 pretérito anterior**	
agradecí	agradecimos	hube agradecido	hubimos agradecido
agradeciste	agradecisteis	hubiste agradecido	hubisteis agradecido
agradeció	agradecieron	hubo agradecido	hubieron agradecido
4 futuro		**11 futuro perfecto**	
agradeceré	agradeceremos	habré agradecido	habremos agradecido
agradecerás	agradeceréis	habrás agradecido	habréis agradecido
agradecerá	agradecerán	habrá agradecido	habrán agradecido
5 potencial simple		**12 potencial compuesto**	
agradecería	agradeceríamos	habría agradecido	habríamos agradecido
agradecerías	agradeceríais	habrías agradecido	habríais agradecido
agradecería	agradecerían	habría agradecido	habrían agradecido
6 presente de subjuntivo		**13 perfecto de subjuntivo**	
agradezca	agradezcamos	haya agradecido	hayamos agradecido
agradezcas	agradezcáis	hayas agradecido	hayáis agradecido
agradezca	agradezcan	haya agradecido	hayan agradecido
7 imperfecto de subjuntivo		**14 pluscuamperfecto de subjuntivo**	
agradeciera	agradeciéramos	hubiera agradecido	hubiéramos agradecido
agradecieras	agradecierais	hubieras agradecido	hubierais agradecido
agradeciera	agradecieran	hubiera agradecido	hubieran agradecido
OR		OR	
agradeciese	agradeciésemos	hubiese agradecido	hubiésemos agradecido
agradecieses	agradecieseis	hubieses agradecido	hubieseis agradecido
agradeciese	agradeciesen	hubiese agradecido	hubiesen agradecido

imperativo	
—	agradezcamos
agradece; no agradezcas	agradeced; no agradezcáis
agradezca	agradezcan

agradecido, agradecida   thankful, grateful
el agradecimiento   gratitude, gratefulness
muy agradecido   much obliged

Yo le agradezco el regalo.   I am grateful for the gift.
desagradecidamente   ungratefully

Syn.: **dar las gracias a** to thank; **reconocer** to be grateful for   Ant.: **desagradecer** to be ungrateful (40)

agrandar (41)

to enlarge, to grow larger, to increase, to exaggerate

Gerundio **agrandando** Part. pas. **agrandado**
Regular **-ar** verb

The Seven Simple Tenses		The Seven Compound Tenses	
Singular	**Plural**	**Singular**	**Plural**
1 presente de indicativo		**8 perfecto de indicativo**	
agrando	agrandamos	he agrandado	hemos agrandado
agrandas	agrandáis	has agrandado	habéis agrandado
agranda	agrandan	ha agrandado	han agrandado
2 imperfecto de indicativo		**9 pluscuamperfecto de indicativo**	
agrandaba	agrandábamos	había agrandado	habíamos agrandado
agrandabas	agrandabais	habías agrandado	habíais agrandado
agrandaba	agrandaban	había agrandado	habían agrandado
3 pretérito		**10 pretérito anterior**	
agrandé	agrandamos	hube agrandado	hubimos agrandado
agrandaste	agrandasteis	hubiste agrandado	hubisteis agrandado
agrandó	agrandaron	hubo agrandado	hubieron agrandado
4 futuro		**11 futuro perfecto**	
agrandaré	agrandaremos	habré agrandado	habremos agrandado
agrandarás	agrandaréis	habrás agrandado	habréis agrandado
agrandará	agrandarán	habrá agrandado	habrán agrandado
5 potencial simple		**12 potencial compuesto**	
agrandaría	agrandaríamos	habría agrandado	habríamos agrandado
agrandarías	agrandaríais	habrías agrandado	habríais agrandado
agrandaría	agrandarían	habría agrandado	habrían agrandado
6 presente de subjuntivo		**13 perfecto de subjuntivo**	
agrande	agrandemos	haya agrandado	hayamos agrandado
agrandes	agrandéis	hayas agrandado	hayáis agrandado
agrande	agranden	haya agrandado	hayan agrandado
7 imperfecto de subjuntivo		**14 pluscuamperfecto de subjuntivo**	
agrandara	agrandáramos	hubiera agrandado	hubiéramos agrandado
agrandaras	agrandarais	hubieras agrandado	hubierais agrandado
agrandara	agrandaran	hubiera agrandado	hubieran agrandado
OR		OR	
agrandase	agrandásemos	hubiese agrandado	hubiésemos agrandado
agrandases	agrandaseis	hubieses agrandado	hubieseis agrandado
agrandase	agrandasen	hubiese agrandado	hubiesen agrandado

imperativo	
—	agrandemos
agranda; no agrandes	agrandad; no agrandéis
agrande	agranden

Un agujero negro se agranda al agarrar los objetos que pasan de cerca.
A black hole grows by grabbing objects that pass nearby.

el agrandamiento aggrandizement, increase
en grande in a grand way
grandemente greatly

grande great, big, large, grand, huge
la grandeza greatness, size

Syn.: **añadir** to add; **crecer** to grow; **incrementar** to augment, increase (11) Ant.: **disminuir** to diminish (271); **reducir** to reduce

agravar (42)
to aggravate, to make worse

The Seven Simple Tenses		The Seven Compound Tenses	
Singular	Plural	Singular	Plural
1 presente de indicativo		**8 perfecto de indicativo**	
agravo	agravamos	he agravado	hemos agravado
agravas	agraváis	has agravado	habéis agravado
agrava	agravan	ha agravado	han agravado
2 imperfecto de indicativo		**9 pluscuamperfecto de indicativo**	
agravaba	agravábamos	había agravado	habíamos agravado
agravabas	agravabais	habías agravado	habíais agravado
agravaba	agravaban	había agravado	habían agravado
3 pretérito		**10 pretérito anterior**	
agravé	agravamos	hube agravado	hubimos agravado
agravaste	agravasteis	hubiste agravado	hubisteis agravado
agravó	agravaron	hubo agravado	hubieron agravado
4 futuro		**11 futuro perfecto**	
agravaré	agravaremos	habré agravado	habremos agravado
agravarás	agravaréis	habrás agravado	habréis agravado
agravará	agravarán	habrá agravado	habrán agravado
5 potencial simple		**12 potencial compuesto**	
agravaría	agravaríamos	habría agravado	habríamos agravado
agravarías	agravaríais	habrías agravado	habríais agravado
agravaría	agravarían	habría agravado	habrían agravado
6 presente de subjuntivo		**13 perfecto de subjuntivo**	
agrave	agravemos	haya agravado	hayamos agravado
agraves	agravéis	hayas agravado	hayáis agravado
agrave	agraven	haya agravado	hayan agravado
7 imperfecto de subjuntivo		**14 pluscuamperfecto de subjuntivo**	
agravara	agraváramos	hubiera agravado	hubiéramos agravado
agravaras	agravarais	hubieras agravado	hubierais agravado
agravara	agravaran	hubiera agravado	hubieran agravado
OR		OR	
agravase	agravásemos	hubiese agravado	hubiésemos agravado
agravases	agravaseis	hubieses agravado	hubieseis agravado
agravase	agravasen	hubiese agravado	hubiesen agravado

imperativo

—	agravemos
agrava; no agraves	agravad; no agravéis
agrave	agraven

agraviadamente offensively
agraviador, agraviadora insulting
el agraviamiento offense, wrongful injury

agravante aggravating
una agravación, un agravamiento aggravation

Syn.: **empeorar** to make worse (409)   Ant.: **mejorar** to improve

agregar (43)

to add, to collect, to gather,
to aggregate, to collate

Regular **-ar** verb endings with spelling
change: **g** becomes **gu** before **e**

The Seven Simple Tenses		The Seven Compound Tenses	
Singular	Plural	Singular	Plural
1 presente de indicativo		**8 perfecto de indicativo**	
agrego	agregamos	he agregado	hemos agregado
agregas	agregáis	has agregado	habéis agregado
agrega	agregan	ha agregado	han agregado
2 imperfecto de indicativo		**9 pluscuamperfecto de indicativo**	
agregaba	agregábamos	había agregado	habíamos agregado
agregabas	agregabais	habías agregado	habíais agregado
agregaba	agregaban	había agregado	habían agregado
3 pretérito		**10 pretérito anterior**	
agregué	agregamos	hube agregado	hubimos agregado
agregaste	agregasteis	hubiste agregado	hubisteis agregado
agregó	agregaron	hubo agregado	hubieron agregado
4 futuro		**11 futuro perfecto**	
agregaré	agregaremos	habré agregado	habremos agregado
agregarás	agregaréis	habrás agregado	habréis agregado
agregará	agregarán	habrá agregado	habrán agregado
5 potencial simple		**12 potencial compuesto**	
agregaría	agregaríamos	habría agregado	habríamos agregado
agregarías	agregaríais	habrías agregado	habríais agregado
agregaría	agregarían	habría agregado	habrían agregado
6 presente de subjuntivo		**13 perfecto de subjuntivo**	
agregue	agreguemos	haya agregado	hayamos agregado
agregues	agreguéis	hayas agregado	hayáis agregado
agregue	agreguen	haya agregado	hayan agregado
7 imperfecto de subjuntivo		**14 pluscuamperfecto de subjuntivo**	
agregara	agregáramos	hubiera agregado	hubiéramos agregado
agregaras	agregarais	hubieras agregado	hubierais agregado
agregara	agregaran	hubiera agregado	hubieran agregado
OR		OR	
agregase	agregásemos	hubiese agregado	hubiésemos agregado
agregases	agregaseis	hubieses agregado	hubieseis agregado
agregase	agregasen	hubiese agregado	hubiesen agregado

imperativo

—	agreguemos
agrega; no agregues	agregad; no agreguéis
agregue	agreguen

agregarse a   to join
un agregado comercial   commercial attaché
desagregar   to disintegrate, to separate
un agregado cultural, una agregada cultural   cultural attaché
una agregación   aggregation

agregar dos a cinco   to add two to five

Syn.: **añadir** to add; **colegir** to collect; **recoger** to gather, collect   Ant.: **segregar** to segregate (421); **sustraer** to subtract, take away (477)

Part. pas. **agrupado**   Gerundio **agrupando**

agrupar (44)
to group

The Seven Simple Tenses

Singular	Plural
1 presente de indicativo	
agrupo	agrupamos
agrupas	agrupáis
agrupa	agrupan
2 imperfecto de indicativo	
agrupaba	agrupábamos
agrupabas	agrupabais
agrupaba	agrupaban
3 pretérito	
agrupé	agrupamos
agrupaste	agrupasteis
agrupó	agruparon
4 futuro	
agruparé	agruparemos
agruparás	agruparéis
agrupará	agruparán
5 potencial simple	
agruparía	agruparíamos
agruparías	agruparíais
agruparía	agruparían
6 presente de subjuntivo	
agrupe	agrupemos
agrupes	agrupéis
agrupe	agrupen
7 imperfecto de subjuntivo	
agrupara	agrupáramos
agruparas	agruparais
agrupara	agruparan
OR	
agrupase	agrupásemos
agrupases	agrupaseis
agrupase	agrupasen

The Seven Compound Tenses

Singular	Plural
8 perfecto de indicativo	
he agrupado	hemos agrupado
has agrupado	habéis agrupado
ha agrupado	han agrupado
9 pluscuamperfecto de indicativo	
había agrupado	habíamos agrupado
habías agrupado	habíais agrupado
había agrupado	habían agrupado
10 pretérito anterior	
hube agrupado	hubimos agrupado
hubiste agrupado	hubisteis agrupado
hubo agrupado	hubieron agrupado
11 futuro perfecto	
habré agrupado	habremos agrupado
habrás agrupado	habréis agrupado
habrá agrupado	habrán agrupado
12 potencial compuesto	
habría agrupado	habríamos agrupado
habrías agrupado	habríais agrupado
habría agrupado	habrían agrupado
13 perfecto de subjuntivo	
haya agrupado	hayamos agrupado
hayas agrupado	hayáis agrupado
haya agrupado	hayan agrupado
14 pluscuamperfecto de subjuntivo	
hubiera agrupado	hubiéramos agrupado
hubieras agrupado	hubierais agrupado
hubiera agrupado	hubieran agrupado
OR	
hubiese agrupado	hubiésemos agrupado
hubieses agrupado	hubieseis agrupado
hubiese agrupado	hubiesen agrupado

imperativo

—	agrupemos
agrupa; no agrupes	agrupad; no agrupéis
agrupe	agrupen

una agrupación, un agrupamiento group (cluster)
agrupado, agrupada grouped
agruparse to form a group

un grupo group
una agrupación coral choral group

Syn.: **unir** to unite, join   Ant.: **separar** to separate, set apart

aguardar (45)
to expect, to wait for

Gerundio **aguardando** Part. pas. **aguardado**
Regular **-ar** verb

The Seven Simple Tenses		The Seven Compound Tenses	
Singular	Plural	Singular	Plural
1 presente de indicativo		**8 perfecto de indicativo**	
aguardo	aguardamos	he aguardado	hemos aguardado
aguardas	aguardáis	has aguardado	habéis aguardado
aguarda	aguardan	ha aguardado	han aguardado
2 imperfecto de indicativo		**9 pluscuamperfecto de indicativo**	
aguardaba	aguardábamos	había aguardado	habíamos aguardado
aguardabas	aguardabais	habías aguardado	habíais aguardado
aguardaba	aguardaban	había aguardado	habían aguardado
3 pretérito		**10 pretérito anterior**	
aguardé	aguardamos	hube aguardado	hubimos aguardado
aguardaste	aguardasteis	hubiste aguardado	hubisteis aguardado
aguardó	aguardaron	hubo aguardado	hubieron aguardado
4 futuro		**11 futuro perfecto**	
aguardaré	aguardaremos	habré aguardado	habremos aguardado
aguardarás	aguardaréis	habrás aguardado	habréis aguardado
aguardará	aguardarán	habrá aguardado	habrán aguardado
5 potencial simple		**12 potencial compuesto**	
aguardaría	aguardaríamos	habría aguardado	habríamos aguardado
aguardarías	aguardaríais	habrías aguardado	habríais aguardado
aguardaría	aguardarían	habría aguardado	habrían aguardado
6 presente de subjuntivo		**13 perfecto de subjuntivo**	
aguarde	aguardemos	haya aguardado	hayamos aguardado
aguardes	aguardéis	hayas aguardado	hayáis aguardado
aguarde	aguarden	haya aguardado	hayan aguardado
7 imperfecto de subjuntivo		**14 pluscuamperfecto de subjuntivo**	
aguardara	aguardáramos	hubiera aguardado	hubiéramos aguardado
aguardaras	aguardarais	hubieras aguardado	hubierais aguardado
aguardara	aguardaran	hubiera aguardado	hubieran aguardado
OR		OR	
aguardase	aguardásemos	hubiese aguardado	hubiésemos aguardado
aguardases	aguardaseis	hubieses aguardado	hubieseis aguardado
aguardase	aguardasen	hubiese aguardado	hubiesen aguardado

imperativo	
—	aguardemos
aguarda; no aguardes	aguardad; no aguardéis
aguarde	aguarden

Aguardamos con inquietud los resultados de las elecciones presidenciales.
We are waiting anxiously for the results of the presidential elections.

la aguardada   expecting, waiting
guardar   to guard, to watch (over)

guardar silencio   to keep silent
¡Dios guarde al Rey!   God save the King!

Syn.: **esperar** to wait for, to hope

ahorrar (46)
to economize, to save

A

The Seven Simple Tenses		The Seven Compound Tenses	
Singular	Plural	Singular	Plural
1 presente de indicativo		**8 perfecto de indicativo**	
ahorro	ahorramos	he ahorrado	hemos ahorrado
ahorras	ahorráis	has ahorrado	habéis ahorrado
ahorra	ahorran	ha ahorrado	han ahorrado
2 imperfecto de indicativo		**9 pluscuamperfecto de indicativo**	
ahorraba	ahorrábamos	había ahorrado	habíamos ahorrado
ahorrabas	ahorrabais	habías ahorrado	habíais ahorrado
ahorraba	ahorraban	había ahorrado	habían ahorrado
3 pretérito		**10 pretérito anterior**	
ahorré	ahorramos	hube ahorrado	hubimos ahorrado
ahorraste	ahorrasteis	hubiste ahorrado	hubisteis ahorrado
ahorró	ahorraron	hubo ahorrado	hubieron ahorrado
4 futuro		**11 futuro perfecto**	
ahorraré	ahorraremos	habré ahorrado	habremos ahorrado
ahorrarás	ahorraréis	habrás ahorrado	habréis ahorrado
ahorrará	ahorrarán	habrá ahorrado	habrán ahorrado
5 potencial simple		**12 potencial compuesto**	
ahorraría	ahorraríamos	habría ahorrado	habríamos ahorrado
ahorrarías	ahorraríais	habrías ahorrado	habríais ahorrado
ahorraría	ahorrarían	habría ahorrado	habrían ahorrado
6 presente de subjuntivo		**13 perfecto de subjuntivo**	
ahorre	ahorremos	haya ahorrado	hayamos ahorrado
ahorres	ahorréis	hayas ahorrado	hayáis ahorrado
ahorre	ahorren	haya ahorrado	hayan ahorrado
7 imperfecto de subjuntivo		**14 pluscuamperfecto de subjuntivo**	
ahorrara	ahorráramos	hubiera ahorrado	hubiéramos ahorrado
ahorraras	ahorrarais	hubieras ahorrado	hubierais ahorrado
ahorrara	ahorraran	hubiera ahorrado	hubieran ahorrado
OR		OR	
ahorrase	ahorrásemos	hubiese ahorrado	hubiésemos ahorrado
ahorrases	ahorraseis	hubieses ahorrado	hubieseis ahorrado
ahorrase	ahorrasen	hubiese ahorrado	hubiesen ahorrado

imperativo

—	ahorremos
ahorra; no ahorres	ahorrad; no ahorréis
ahorre	ahorren

un ahorrador de tiempo time saver
ahorrador, ahorradora thrifty (person)
los ahorros savings
el ahorramiento saving, economy

Syn.: **economizar** to economize on (339)   Ant.: **gastar** to waste; **despilfarrar** to squander, to waste (46)

alcanzar (47)
to reach, to overtake

Gerundio **alcanzando**   Part. pas. **alcanzado**
Regular **-ar** verb endings with spelling
change: **z** becomes **c** before **e**

The Seven Simple Tenses		The Seven Compound Tenses	
Singular	**Plural**	**Singular**	**Plural**
1 presente de indicativo		**8 perfecto de indicativo**	
alcanzo	alcanzamos	he alcanzado	hemos alcanzado
alcanzas	alcanzáis	has alcanzado	habéis alcanzado
alcanza	alcanzan	ha alcanzado	han alcanzado
2 imperfecto de indicativo		**9 pluscuamperfecto de indicativo**	
alcanzaba	alcanzábamos	había alcanzado	habíamos alcanzado
alcanzabas	alcanzabais	habías alcanzado	habíais alcanzado
alcanzaba	alcanzaban	había alcanzado	habían alcanzado
3 pretérito		**10 pretérito anterior**	
alcancé	alcanzamos	hube alcanzado	hubimos alcanzado
alcanzaste	alcanzasteis	hubiste alcanzado	hubisteis alcanzado
alcanzó	alcanzaron	hubo alcanzado	hubieron alcanzado
4 futuro		**11 futuro perfecto**	
alcanzaré	alcanzaremos	habré alcanzado	habremos alcanzado
alcanzarás	alcanzaréis	habrás alcanzado	habréis alcanzado
alcanzará	alcanzarán	habrá alcanzado	habrán alcanzado
5 potencial simple		**12 potencial compuesto**	
alcanzaría	alcanzaríamos	habría alcanzado	habríamos alcanzado
alcanzarías	alcanzaríais	habrías alcanzado	habríais alcanzado
alcanzaría	alcanzarían	habría alcanzado	habrían alcanzado
6 presente de subjuntivo		**13 perfecto de subjuntivo**	
alcance	alcancemos	haya alcanzado	hayamos alcanzado
alcances	alcancéis	hayas alcanzado	hayáis alcanzado
alcance	alcancen	haya alcanzado	hayan alcanzado
7 imperfecto de subjuntivo		**14 pluscuamperfecto de subjuntivo**	
alcanzara	alcanzáramos	hubiera alcanzado	hubiéramos alcanzado
alcanzaras	alcanzarais	hubieras alcanzado	hubierais alcanzado
alcanzara	alcanzaran	hubiera alcanzado	hubieran alcanzado
OR		OR	
alcanzase	alcanzásemos	hubiese alcanzado	hubiésemos alcanzado
alcanzases	alcanzaseis	hubieses alcanzado	hubieseis alcanzado
alcanzase	alcanzasen	hubiese alcanzado	hubiesen alcanzado

imperativo

—	alcancemos
alcanza; no alcances	alcanzad; no alcancéis
alcance	alcancen

Afortunadamente, la estropeada barca de remos alcanzó la orilla antes de hundirse.
Fortunately, the damaged rowboat reached the shore before sinking.

el alcance   overtaking, reach
al alcance de   within reach of
dar alcance a   to overtake

al alcance del oído   within earshot
alcanzable   attainable, reachable
el alcanzador, la alcanzadora   pursuer

Syn.: **conseguir** to attain; **lograr** to attain (29); **obtener** to obtain   Ant.: **perder** to lose

alegrarse (48)

to be glad, to rejoice, to be happy

The Seven Simple Tenses		The Seven Compound Tenses	
Singular	**Plural**	**Singular**	**Plural**
1 presente de indicativo		**8 perfecto de indicativo**	
me alegro	nos alegramos	me he alegrado	nos hemos alegrado
te alegras	os alegráis	te has alegrado	os habéis alegrado
se alegra	se alegran	se ha alegrado	se han alegrado
2 imperfecto de indicativo		**9 pluscuamperfecto de indicativo**	
me alegraba	nos alegrábamos	me había alegrado	nos habíamos alegrado
te alegrabas	os alegrabais	te habías alegrado	os habíais alegrado
se alegraba	se alegraban	se había alegrado	se habían alegrado
3 pretérito		**10 pretérito anterior**	
me alegré	nos alegramos	me hube alegrado	nos hubimos alegrado
te alegraste	os alegrasteis	te hubiste alegrado	os hubisteis alegrado
se alegró	se alegraron	se hubo alegrado	se hubieron alegrado
4 futuro		**11 futuro perfecto**	
me alegraré	nos alegraremos	me habré alegrado	nos habremos alegrado
te alegrarás	os alegraréis	te habrás alegrado	os habréis alegrado
se alegrará	se alegrarán	se habrá alegrado	se habrán alegrado
5 potencial simple		**12 potencial compuesto**	
me alegraría	nos alegraríamos	me habría alegrado	nos habríamos alegrado
te alegrarías	os alegraríais	te habrías alegrado	os habríais alegrado
se alegraría	se alegrarían	se habría alegrado	se habrían alegrado
6 presente de subjuntivo		**13 perfecto de subjuntivo**	
me alegre	nos alegremos	me haya alegrado	nos hayamos alegrado
te alegres	os alegréis	te hayas alegrado	os hayáis alegrado
se alegre	se alegren	se haya alegrado	se hayan alegrado
7 imperfecto de subjuntivo		**14 pluscuamperfecto de subjuntivo**	
me alegrara	nos alegráramos	me hubiera alegrado	nos hubiéramos alegrado
te alegraras	os alegrarais	te hubieras alegrado	os hubierais alegrado
se alegrara	se alegraran	se hubiera alegrado	se hubieran alegrado
OR		OR	
me alegrase	nos alegrásemos	me hubiese alegrado	nos hubiésemos alegrado
te alegrases	os alegraseis	te hubieses alegrado	os hubieseis alegrado
se alegrase	se alegrasen	se hubiese alegrado	se hubiesen alegrado

imperativo	
—	alegrémonos
alégrate; no te alegres	alegraos; no os alegréis
alégrese	alégrense

la alegría joy, rejoicing, mirth	**alegremente** gladly, cheerfully
alegro allegro (music)	**alegre** happy, joyful, merry, bright (color)
tener mucha alegría to be very glad	**alegrar la fiesta** to liven up the party
¡Qué alegría! What joy!	**saltar de alegría** to jump for joy

Syn.: **disfrutar** to enjoy; **divertirse** to have a good time; **gozar** to enjoy   Ant.: **entristecerse** to become sad (345)

almorzar (49)
to lunch, to have lunch

Regular **-ar** verb endings with stem change: Tenses 1, 6, Imperative; spelling change: **z** becomes **c** before **e**

The Seven Simple Tenses		The Seven Compound Tenses	
Singular	Plural	Singular	Plural
1 presente de indicativo		**8 perfecto de indicativo**	
almuerzo	almorzamos	he almorzado	hemos almorzado
almuerzas	almorzáis	has almorzado	habéis almorzado
almuerza	almuerzan	ha almorzado	han almorzado
2 imperfecto de indicativo		**9 pluscuamperfecto de indicativo**	
almorzaba	almorzábamos	había almorzado	habíamos almorzado
almorzabas	almorzabais	habías almorzado	habíais almorzado
almorzaba	almorzaban	había almorzado	habían almorzado
3 pretérito		**10 pretérito anterior**	
almorcé	almorzamos	hube almorzado	hubimos almorzado
almorzaste	almorzasteis	hubiste almorzado	hubisteis almorzado
almorzó	almorzaron	hubo almorzado	hubieron almorzado
4 futuro		**11 futuro perfecto**	
almorzaré	almorzaremos	habré almorzado	habremos almorzado
almorzarás	almorzaréis	habrás almorzado	habréis almorzado
almorzará	almorzarán	habrá almorzado	habrán almorzado
5 potencial simple		**12 potencial compuesto**	
almorzaría	almorzaríamos	habría almorzado	habríamos almorzado
almorzarías	almorzaríais	habrías almorzado	habríais almorzado
almorzaría	almorzarían	habría almorzado	habrían almorzado
6 presente de subjuntivo		**13 perfecto de subjuntivo**	
almuerce	almorcemos	haya almorzado	hayamos almorzado
almuerces	almorcéis	hayas almorzado	hayáis almorzado
almuerce	almuercen	haya almorzado	hayan almorzado
7 imperfecto de subjuntivo		**14 pluscuamperfecto de subjuntivo**	
almorzara	almorzáramos	hubiera almorzado	hubiéramos almorzado
almorzaras	almorzarais	hubieras almorzado	hubierais almorzado
almorzara	almorzaran	hubiera almorzado	hubieran almorzado
OR		OR	
almorzase	almorzásemos	hubiese almorzado	hubiésemos almorzado
almorzases	almorzaseis	hubieses almorzado	hubieseis almorzado
almorzase	almorzasen	hubiese almorzado	hubiesen almorzado

imperativo	
—	almorcemos
almuerza; no almuerces	almorzad; no almorcéis
almuerce	almuercen

Todos los días desayuno en casa, almuerzo en la escuela y ceno con mi familia.
Every day I breakfast at home, lunch at school, and have dinner with my family.

el desayuno	breakfast	**cenar**	to have dinner, supper
el almuerzo	lunch	**una almorzada**	handful
la cena	dinner, supper	**desayunarse**	to have breakfast

Syn.: **comer** to eat; **tomar el almuerzo** to have lunch

alquilar (50)
to hire, to rent

The Seven Simple Tenses		The Seven Compound Tenses	
Singular	Plural	Singular	Plural
1 presente de indicativo		**8 perfecto de indicativo**	
alquilo	alquilamos	he alquilado	hemos alquilado
alquilas	alquiláis	has alquilado	habéis alquilado
alquila	alquilan	ha alquilado	han alquilado
2 imperfecto de indicativo		**9 pluscuamperfecto de indicativo**	
alquilaba	alquilábamos	había alquilado	habíamos alquilado
alquilabas	alquilabais	habías alquilado	habíais alquilado
alquilaba	alquilaban	había alquilado	habían alquilado
3 pretérito		**10 pretérito anterior**	
alquilé	alquilamos	hube alquilado	hubimos alquilado
alquilaste	alquilasteis	hubiste alquilado	hubisteis alquilado
alquiló	alquilaron	hubo alquilado	hubieron alquilado
4 futuro		**11 futuro perfecto**	
alquilaré	alquilaremos	habré alquilado	habremos alquilado
alquilarás	alquilaréis	habrás alquilado	habréis alquilado
alquilará	alquilarán	habrá alquilado	habrán alquilado
5 potencial simple		**12 potencial compuesto**	
alquilaría	alquilaríamos	habría alquilado	habríamos alquilado
alquilarías	alquilaríais	habrías alquilado	habríais alquilado
alquilaría	alquilarían	habría alquilado	habrían alquilado
6 presente de subjuntivo		**13 perfecto de subjuntivo**	
alquile	alquilemos	haya alquilado	hayamos alquilado
alquiles	alquiléis	hayas alquilado	hayáis alquilado
alquile	alquilen	haya alquilado	hayan alquilado
7 imperfecto de subjuntivo		**14 pluscuamperfecto de subjuntivo**	
alquilara	alquiláramos	hubiera alquilado	hubiéramos alquilado
alquilaras	alquilarais	hubieras alquilado	hubierais alquilado
alquilara	alquilaran	hubiera alquilado	hubieran alquilado
OR		OR	
alquilase	alquilásemos	hubiese alquilado	hubiésemos alquilado
alquilases	alquilaseis	hubieses alquilado	hubieseis alquilado
alquilase	alquilasen	hubiese alquilado	hubiesen alquilado

imperativo	
—	alquilemos
alquila; no alquiles	alquilad; no alquiléis
alquile	alquilen

El verano pasado, alquilamos una cabaña en la playa, cerca de Cancún.
Last summer, we rented a hut at the beach, near Cancún.

alquilable rentable
SE ALQUILA FOR RENT
ALQUILA AVAILABLE

desalquilarse to become vacant, unrented
desalquilado, desalquilada unrented, unlet, vacant

Syn.: **arrendar** to rent (352)   Ant.: **desalquilar** to vacate, to stop renting (50)

alumbrar (51)
to illuminate, to light, to enlighten

The Seven Simple Tenses		The Seven Compound Tenses	
Singular	Plural	Singular	Plural
1 presente de indicativo		**8 perfecto de indicativo**	
alumbro	alumbramos	he alumbrado	hemos alumbrado
alumbras	alumbráis	has alumbrado	habéis alumbrado
alumbra	alumbran	ha alumbrado	han alumbrado
2 imperfecto de indicativo		**9 pluscuamperfecto de indicativo**	
alumbraba	alumbrábamos	había alumbrado	habíamos alumbrado
alumbrabas	alumbrabais	habías alumbrado	habíais alumbrado
alumbraba	alumbraban	había alumbrado	habían alumbrado
3 pretérito		**10 pretérito anterior**	
alumbré	alumbramos	hube alumbrado	hubimos alumbrado
alumbraste	alumbrasteis	hubiste alumbrado	hubisteis alumbrado
alumbró	alumbraron	hubo alumbrado	hubieron alumbrado
4 futuro		**11 futuro perfecto**	
alumbraré	alumbraremos	habré alumbrado	habremos alumbrado
alumbrarás	alumbraréis	habrás alumbrado	habréis alumbrado
alumbrará	alumbrarán	habrá alumbrado	habrán alumbrado
5 potencial simple		**12 potencial compuesto**	
alumbraría	alumbraríamos	habría alumbrado	habríamos alumbrado
alumbrarías	alumbraríais	habrías alumbrado	habríais alumbrado
alumbraría	alumbrarían	habría alumbrado	habrían alumbrado
6 presente de subjuntivo		**13 perfecto de subjuntivo**	
alumbre	alumbremos	haya alumbrado	hayamos alumbrado
alumbres	alumbréis	hayas alumbrado	hayáis alumbrado
alumbre	alumbren	haya alumbrado	hayan alumbrado
7 imperfecto de subjuntivo		**14 pluscuamperfecto de subjuntivo**	
alumbrara	alumbráramos	hubiera alumbrado	hubiéramos alumbrado
alumbraras	alumbrarais	hubieras alumbrado	hubierais alumbrado
alumbrara	alumbraran	hubiera alumbrado	hubieran alumbrado
OR		OR	
alumbrase	alumbrásemos	hubiese alumbrado	hubiésemos alumbrado
alumbrases	alumbraseis	hubieses alumbrado	hubieseis alumbrado
alumbrase	alumbrasen	hubiese alumbrado	hubiesen alumbrado

imperativo	
—	alumbremos
alumbra; no alumbres	alumbrad; no alumbréis
alumbre	alumbren

alumbrante   illuminating, enlightening
el alumbramiento   lighting
el alumbrado fluorescente   fluorescent lighting
el alumbrado indirecto   indirect lighting
la lumbre   fire, light; **calentarse a la lumbre**   to warm oneself by the fire

Syn.: **aclarar** to clarify; **iluminar** to illuminate (107)   Ant.: **apagar** to extinguish

alumbrarse (52)

*to be (get) high, to get tipsy,
to become lively (from liquor)*

The Seven Simple Tenses		The Seven Compound Tenses	
Singular	Plural	Singular	Plural
1 presente de indicativo		**8 perfecto de indicativo**	
me alumbro	nos alumbramos	me he alumbrado	nos hemos alumbrado
te alumbras	os alumbráis	te has alumbrado	os habéis alumbrado
se alumbra	se alumbran	se ha alumbrado	se han alumbrado
2 imperfecto de indicativo		**9 pluscuamperfecto de indicativo**	
me alumbraba	nos alumbrábamos	me había alumbrado	nos habíamos alumbrado
te alumbrabas	os alumbrabais	te habías alumbrado	os habíais alumbrado
se alumbraba	se alumbraban	se había alumbrado	se habían alumbrado
3 pretérito		**10 pretérito anterior**	
me alumbré	nos alumbramos	me hube alumbrado	nos hubimos alumbrado
te alumbraste	os alumbrasteis	te hubiste alumbrado	os hubisteis alumbrado
se alumbró	se alumbraron	se hubo alumbrado	se hubieron alumbrado
4 futuro		**11 futuro perfecto**	
me alumbraré	nos alumbraremos	me habré alumbrado	nos habremos alumbrado
te alumbrarás	os alumbraréis	te habrás alumbrado	os habréis alumbrado
se alumbrará	se alumbrarán	se habrá alumbrado	se habrán alumbrado
5 potencial simple		**12 potencial compuesto**	
me alumbraría	nos alumbraríamos	me habría alumbrado	nos habríamos alumbrado
te alumbrarías	os alumbraríais	te habrías alumbrado	os habríais alumbrado
se alumbraría	se alumbrarían	se habría alumbrado	se habrían alumbrado
6 presente de subjuntivo		**13 perfecto de subjuntivo**	
me alumbre	nos alumbremos	me haya alumbrado	nos hayamos alumbrado
te alumbres	os alumbréis	te hayas alumbrado	os hayáis alumbrado
se alumbre	se alumbren	se haya alumbrado	se hayan alumbrado
7 imperfecto de subjuntivo		**14 pluscuamperfecto de subjuntivo**	
me alumbrara	nos alumbráramos	me hubiera alumbrado	nos hubiéramos alumbrado
te alumbraras	os alumbrarais	te hubieras alumbrado	os hubierais alumbrado
se alumbrara	se alumbraran	se hubiera alumbrado	se hubieran alumbrado
OR		OR	
me alumbrase	nos alumbrásemos	me hubiese alumbrado	nos hubiésemos alumbrado
te alumbrases	os alumbraseis	te hubieses alumbrado	os hubieseis alumbrado
se alumbrase	se alumbrasen	se hubiese alumbrado	se hubiesen alumbrado

imperativo	
—	alumbrémonos
alúmbrate; no te alumbres	alumbraos, no os alumbréis
alúmbrese	alúmbrense

For words and expressions related to this verb, see **alumbrar**.

Mi tío se alumbró en la fiesta. Afortunadamente, él me había dado las llaves de su coche.
My uncle got tipsy at the party. Fortunately, he had given me his car keys.

Syn.: **alzar el codo** to drink to excess (lit.: to lift one's elbow) Ant.: **abstenerse del alcohol** to abstain from alcohol; **ser abstemio, abstemia** to be a teetotaller, to abstain

alzar (53)

to heave, to lift, to pick up,
to raise (prices)

Gerundio **alzando**   Part. pas. **alzado**
Regular **-ar** verb endings with spelling
change: **z** becomes **c** before **e**

The Seven Simple Tenses		The Seven Compound Tenses	
Singular	Plural	Singular	Plural
1 presente de indicativo		**8 perfecto de indicativo**	
alzo	alzamos	he alzado	hemos alzado
alzas	alzáis	has alzado	habéis alzado
alza	alzan	ha alzado	han alzado
2 imperfecto de indicativo		**9 pluscuamperfecto de indicativo**	
alzaba	alzábamos	había alzado	habíamos alzado
alzabas	alzabais	habías alzado	habíais alzado
alzaba	alzaban	había alzado	habían alzado
3 pretérito		**10 pretérito anterior**	
alcé	alzamos	hube alzado	hubimos alzado
alzaste	alzasteis	hubiste alzado	hubisteis alzado
alzó	alzaron	hubo alzado	hubieron alzado
4 futuro		**11 futuro perfecto**	
alzaré	alzaremos	habré alzado	habremos alzado
alzarás	alzaréis	habrás alzado	habréis alzado
alzará	alzarán	habrá alzado	habrán alzado
5 potencial simple		**12 potencial compuesto**	
alzaría	alzaríamos	habría alzado	habríamos alzado
alzarías	alzaríais	habrías alzado	habríais alzado
alzaría	alzarían	habría alzado	habrían alzado
6 presente de subjuntivo		**13 perfecto de subjuntivo**	
alce	alcemos	haya alzado	hayamos alzado
alces	alcéis	hayas alzado	hayáis alzado
alce	alcen	haya alzado	hayan alzado
7 imperfecto de subjuntivo		**14 pluscuamperfecto de subjuntivo**	
alzara	alzáramos	hubiera alzado	hubiéramos alzado
alzaras	alzarais	hubieras alzado	hubierais alzado
alzara	alzaran	hubiera alzado	hubieran alzado
OR		OR	
alzase	alzásemos	hubiese alzado	hubiésemos alzado
alzases	alzaseis	hubieses alzado	hubieseis alzado
alzase	alzasen	hubiese alzado	hubiesen alzado

imperativo	
—	alcemos
alza; no alces	alzad; no alcéis
alce	alcen

alzar velas   to set the sails, to hoist sail
alzar con   to run off with, to steal
la alza   rise, rising; **estar en alza**   to be on
   the rise
el alzamiento   raising, lifting

el alzo   robbery, theft
alzar la mano   to threaten, to raise one's hand
alzar la voz   to raise one's voice
alzar el codo   to drink to excess
   (to raise one's elbow)

Syn.: **subir** to go up, to rise; **elevar** to elevate (259); **levantar** to lift   Ant.: **bajar** to lower, descend

amar (54)
to love

A

The Seven Simple Tenses		The Seven Compound Tenses	
Singular	Plural	Singular	Plural
1 presente de indicativo		**8 perfecto de indicativo**	
amo	amamos	he amado	hemos amado
amas	amáis	has amado	habéis amado
ama	aman	ha amado	han amado
2 imperfecto de indicativo		**9 pluscuamperfecto de indicativo**	
amaba	amábamos	había amado	habíamos amado
amabas	amabais	habías amado	habíais amado
amaba	amaban	había amado	habían amado
3 pretérito		**10 pretérito anterior**	
amé	amamos	hube amado	hubimos amado
amaste	amasteis	hubiste amado	hubisteis amado
amó	amaron	hubo amado	hubieron amado
4 futuro		**11 futuro perfecto**	
amaré	amaremos	habré amado	habremos amado
amarás	amaréis	habrás amado	habréis amado
amará	amarán	habrá amado	habrán amado
5 potencial simple		**12 potencial compuesto**	
amaría	amaríamos	habría amado	habríamos amado
amarías	amaríais	habrías amado	habríais amado
amaría	amarían	habría amado	habrían amado
6 presente de subjuntivo		**13 perfecto de subjuntivo**	
ame	amemos	haya amado	hayamos amado
ames	améis	hayas amado	hayáis amado
ame	amen	haya amado	hayan amado
7 imperfecto de subjuntivo		**14 pluscuamperfecto de subjuntivo**	
amara	amáramos	hubiera amado	hubiéramos amado
amaras	amarais	hubieras amado	hubierais amado
amara	amaran	hubiera amado	hubieran amado
OR		OR	
amase	amásemos	hubiese amado	hubiésemos amado
amases	amaseis	hubieses amado	hubieseis amado
amase	amasen	hubiese amado	hubiesen amado

imperativo	
—	amemos
ama; no ames	amad; no améis
ame	amen

la amabilidad   amiability, kindness   **amablemente**   amiably, kindly;
amable   amiable, kind, affable   **el amor**   love; **amante**   lover

Note: When you want to say "to love" you should use **querer** or **gustar**. **Amar** is used in more poetic or religious statements. **También los pecadores aman a los que los aman.** Even sinners love those who love them. (Luke 6:32)

Syn.: **adorar** to adore; **querer bien a** to love   Ant.: **detestar** to detest (250); **odiar** to hate (232)

añadir (55)
to add

Gerundio **añadiendo**   Part. pas. **añadido**
Regular **-ir** verb

The Seven Simple Tenses		The Seven Compound Tenses	
Singular	Plural	Singular	Plural
1 presente de indicativo		**8 perfecto de indicativo**	
añado	añadimos	he añadido	hemos añadido
añades	añadís	has añadido	habéis añadido
añade	añaden	ha añadido	han añadido
2 imperfecto de indicativo		**9 pluscuamperfecto de indicativo**	
añadía	añadíamos	había añadido	habíamos añadido
añadías	añadíais	habías añadido	habíais añadido
añadía	añadían	había añadido	habían añadido
3 pretérito		**10 pretérito anterior**	
añadí	añadimos	hube añadido	hubimos añadido
añadiste	añadisteis	hubiste añadido	hubisteis añadido
añadió	añadieron	hubo añadido	hubieron añadido
4 futuro		**11 futuro perfecto**	
añadiré	añadiremos	habré añadido	habremos añadido
añadirás	añadiréis	habrás añadido	habréis añadido
añadirá	añadirán	habrá añadido	habrán añadido
5 potencial simple		**12 potencial compuesto**	
añadiría	añadiríamos	habría añadido	habríamos añadido
añadirías	añadiríais	habrías añadido	habríais añadido
añadiría	añadirían	habría añadido	habrían añadido
6 presente de subjuntivo		**13 perfecto de subjuntivo**	
añada	añadamos	haya añadido	hayamos añadido
añadas	añadáis	hayas añadido	hayáis añadido
añada	añadan	haya añadido	hayan añadido
7 imperfecto de subjuntivo		**14 pluscuamperfecto de subjuntivo**	
añadiera	añadiéramos	hubiera añadido	hubiéramos añadido
añadieras	añadierais	hubieras añadido	hubierais añadido
añadiera	añadieran	hubiera añadido	hubieran añadido
OR		OR	
añadiese	añadiésemos	hubiese añadido	hubiésemos añadido
añadieses	añadieseis	hubieses añadido	hubieseis añadido
añadiese	añadiesen	hubiese añadido	hubiesen añadido

imperativo

—	añadamos
añade; no añadas	añadid; no añadáis
añada	añadan

la añadidura increase, addition
por añadidura in addition, besides

de añadidura extra, for good measure
añadido, añadida added, additional

Syn.: **adicionar** to add (54); **agregar** to add, gather; **sumar** to add (54)   Ant.: **sustraer** to subtract (477)

118

Andar

Andar is a very useful verb for a beginning Spanish student. Pay special attention to the spelling change in Tenses 3 and 7.

Sentences using **andar** and related words

¿Cómo andan los negocios?
How's business?

Anda despacio que tengo prisa.
Make haste slowly.

Amadís de Gaula fue un caballero andante de la Edad Media.
Amadis of Gaul was a knight-errant of the Middle Ages.

¡Anda a pasear!
Take a walk! (Take a hike!)

¡A Magdalena le gusta andar a caballo! Anda a caballo tres veces por semana.
Madeleine loves horseback riding! She rides a horse three times a week.

Proverbs

Dime con quién andas y te diré quién eres.
Tell me who your friends are and I will tell you who you are.

Poco a poco se anda lejos.   One step at a time. (Little by little, one goes far away.)

Words and expressions related to this verb

andarse to go away

las andanzas events

buena andanza good fortune

mala andanza bad fortune

a todo andar at full speed

desandar to retrace one's steps

andante errant

un caballero andante knight-errant

Anda con Dios. Go with God.

andar con cien ojos to be cautious (to have eyes on the back of one's head)

el andar gait (way of walking)

andar a gatas to crawl, to walk/on all fours

andar a caballo to ride a horse

Syn.: **caminar** to walk; **ir** to go; **marchar** to walk, march   Ant.: **detenerse** to stop (oneself); **pararse** to stop (oneself)

Can't find the verb you're looking for?

Check the back pages of this book for a list of over 2,300 additional verbs!

AN ESSENTIAL
55 Verb

andar (56)

to walk

The Seven Simple Tenses		The Seven Compound Tenses	
Singular	Plural	Singular	Plural
1 presente de indicativo		**8 perfecto de indicativo**	
ando	andamos	he andado	hemos andado
andas	andáis	has andado	habéis andado
anda	andan	ha andado	han andado
2 imperfecto de indicativo		**9 pluscuamperfecto de indicativo**	
andaba	andábamos	había andado	habíamos andado
andabas	andabais	habías andado	habíais andado
andaba	andaban	había andado	habían andado
3 pretérito		**10 pretérito anterior**	
anduve	anduvimos	hube andado	hubimos andado
anduviste	anduvisteis	hubiste andado	hubisteis andado
anduvo	anduvieron	hubo andado	hubieron andado
4 futuro		**11 futuro perfecto**	
andaré	andaremos	habré andado	habremos andado
andarás	andaréis	habrás andado	habréis andado
andará	andarán	habrá andado	habrán andado
5 potencial simple		**12 potencial compuesto**	
andaría	andaríamos	habría andado	habríamos andado
andarías	andaríais	habrías andado	habríais andado
andaría	andarían	habría andado	habrían andado
6 presente de subjuntivo		**13 perfecto de subjuntivo**	
ande	andemos	haya andado	hayamos andado
andes	andéis	hayas andado	hayáis andado
ande	anden	haya andado	hayan andado
7 imperfecto de subjuntivo		**14 pluscuamperfecto de subjuntivo**	
anduviera	anduviéramos	hubiera andado	hubiéramos andado
anduvieras	anduvierais	hubieras andado	hubierais andado
anduviera	anduvieran	hubiera andado	hubieran andado
OR		OR	
anduviese	anduviésemos	hubiese andado	hubiésemos andado
anduvieses	anduvieseis	hubieses andado	hubieseis andado
anduviese	anduviesen	hubiese andado	hubiesen andado

imperativo	
—	andemos
anda; no andes	andad; no andéis
ande	anden

AN ESSENTIAL
55 Verb

anunciar (57)

Regular **-ar** verb

to announce, to foretell, to proclaim

The Seven Simple Tenses		The Seven Compound Tenses	
Singular	**Plural**	**Singular**	**Plural**
1 presente de indicativo		**8 perfecto de indicativo**	
anuncio	anunciamos	he anunciado	hemos anunciado
anuncias	anunciáis	has anunciado	habéis anunciado
anuncia	anuncian	ha anunciado	han anunciado
2 imperfecto de indicativo		**9 pluscuamperfecto de indicativo**	
anunciaba	anunciábamos	había anunciado	habíamos anunciado
anunciabas	anunciabais	habías anunciado	habíais anunciado
anunciaba	anunciaban	había anunciado	habían anunciado
3 pretérito		**10 pretérito anterior**	
anuncié	anunciamos	hube anunciado	hubimos anunciado
anunciaste	anunciasteis	hubiste anunciado	hubisteis anunciado
anunció	anunciaron	hubo anunciado	hubieron anunciado
4 futuro		**11 futuro perfecto**	
anunciaré	anunciaremos	habré anunciado	habremos anunciado
anunciarás	anunciaréis	habrás anunciado	habréis anunciado
anunciará	anunciarán	habrá anunciado	habrán anunciado
5 potencial simple		**12 potencial compuesto**	
anunciaría	anunciaríamos	habría anunciado	habríamos anunciado
anunciarías	anunciaríais	habrías anunciado	habríais anunciado
anunciaría	anunciarían	habría anunciado	habrían anunciado
6 presente de subjuntivo		**13 perfecto de subjuntivo**	
anuncie	anunciemos	haya anunciado	hayamos anunciado
anuncies	anunciéis	hayas anunciado	hayáis anunciado
anuncie	anuncien	haya anunciado	hayan anunciado
7 imperfecto de subjuntivo		**14 pluscuamperfecto de subjuntivo**	
anunciara	anunciáramos	hubiera anunciado	hubiéramos anunciado
anunciaras	anunciarais	hubieras anunciado	hubierais anunciado
anunciara	anunciaran	hubiera anunciado	hubieran anunciado
OR		OR	
anunciase	anunciásemos	hubiese anunciado	hubiésemos anunciado
anunciases	anunciaseis	hubieses anunciado	hubieseis anunciado
anunciase	anunciasen	hubiese anunciado	hubiesen anunciado

imperativo	
—	anunciemos
anuncia; no anuncies	anunciad; no anunciéis
anuncie	anuncien

el, la anunciante advertiser
la Anunciación Annunciation
el anunciador, la anunciadora advertiser, announcer

el anuncio advertisement, announcement
el cartel anunciador billboard
los anuncios por palabras classified advertisements

Syn.: **adivinar** to divine, foretell; **predecir** to predict, foretell; **proclamar** to proclaim
Ant.: **callarse** to be silent

apagar (58)

to put out (flame, fire), to extinguish, to turn off (flame, fire, light)

Gerundio **apagando**   Part. pas. **apagado**

Regular **-ar** verb endings with spelling change: **g** becomes **gu** before **e**

The Seven Simple Tenses		The Seven Compound Tenses	
Singular	Plural	Singular	Plural
1 presente de indicativo		**8 perfecto de indicativo**	
apago	apagamos	he apagado	hemos apagado
apagas	apagáis	has apagado	habéis apagado
apaga	apagan	ha apagado	han apagado
2 imperfecto de indicativo		**9 pluscuamperfecto de indicativo**	
apagaba	apagábamos	había apagado	habíamos apagado
apagabas	apagabais	habías apagado	habíais apagado
apagaba	apagaban	había apagado	habían apagado
3 pretérito		**10 pretérito anterior**	
apagué	apagamos	hube apagado	hubimos apagado
apagaste	apagasteis	hubiste apagado	hubisteis apagado
apagó	apagaron	hubo apagado	hubieron apagado
4 futuro		**11 futuro perfecto**	
apagaré	apagaremos	habré apagado	habremos apagado
apagarás	apagaréis	habrás apagado	habréis apagado
apagará	apagarán	habrá apagado	habrán apagado
5 potencial simple		**12 potencial compuesto**	
apagaría	apagaríamos	habría apagado	habríamos apagado
apagarías	apagaríais	habrías apagado	habríais apagado
apagaría	apagarían	habría apagado	habrían apagado
6 presente de subjuntivo		**13 perfecto de subjuntivo**	
apague	apaguemos	haya apagado	hayamos apagado
apagues	apaguéis	hayas apagado	hayáis apagado
apague	apaguen	haya apagado	hayan apagado
7 imperfecto de subjuntivo		**14 pluscuamperfecto de subjuntivo**	
apagara	apagáramos	hubiera apagado	hubiéramos apagado
apagaras	apagarais	hubieras apagado	hubierais apagado
apagara	apagaran	hubiera apagado	hubieran apagado
OR		OR	
apagase	apagásemos	hubiese apagado	hubiésemos apagado
apagases	apagaseis	hubieses apagado	hubieseis apagado
apagase	apagasen	hubiese apagado	hubiesen apagado

imperativo	
—	apaguemos
apaga; no apagues	apagad; no apaguéis
apague	apaguen

el apagador, el extintor fire extinguisher
apagadizo, apagadiza fire resistant
apagar la computadora to shut down the computer

el apagavelas candle extinguisher, snuffer
el apagón blackout (no electricity)

¡Apaga y vámonos! Let's end this and let's go! Let's put an end to all this!

Syn.: **extinguir** to extinguish (193)   Ant.: **encender** to light, turn on

Part. pas. **aparecido**   Gerundio **apareciendo**
Regular **-er** verb endings with spelling change: **c**
becomes **zc** before **a** or **o**

aparecer (59)
to appear, to show up

A

The Seven Simple Tenses		The Seven Compound Tenses	
Singular	Plural	Singular	Plural
1 presente de indicativo		**8 perfecto de indicativo**	
aparezco	aparecemos	he aparecido	hemos aparecido
apareces	aparecéis	has aparecido	habéis aparecido
aparece	aparecen	ha aparecido	han aparecido
2 imperfecto de indicativo		**9 pluscuamperfecto de indicativo**	
aparecía	aparecíamos	había aparecido	habíamos aparecido
aparecías	aparecíais	habías aparecido	habíais aparecido
aparecía	aparecían	había aparecido	habían aparecido
3 pretérito		**10 pretérito anterior**	
aparecí	aparecimos	hube aparccido	hubimos aparecido
apareciste	aparecisteis	hubiste aparecido	hubisteis aparecido
apareció	aparecieron	hubo aparecido	hubieron aparecido
4 futuro		**11 futuro perfecto**	
apareceré	apareceremos	habré aparecido	habremos aparecido
aparecerás	apareceréis	habrás aparecido	habréis aparecido
aparecerá	aparecerán	habrá aparecido	habrán aparecido
5 potencial simple		**12 potencial compuesto**	
aparecería	apareceríamos	habría aparecido	habríamos aparecido
aparecerías	apareceríais	habrías aparecido	habríais aparecido
aparecería	aparecerían	habría aparecido	habrían aparecido
6 presente de subjuntivo		**13 perfecto de subjuntivo**	
aparezca	aparezcamos	haya aparecido	hayamos aparecido
aparezcas	aparezcáis	hayas aparecido	hayáis aparecido
aparezca	aparezcan	haya aparecido	hayan aparecido
7 imperfecto de subjuntivo		**14 pluscuamperfecto de subjuntivo**	
apareciera	apareciéramos	hubiera aparecido	hubiéramos aparecido
aparecieras	aparecierais	hubieras aparecido	hubierais aparecido
apareciera	aparecieran	hubiera aparecido	hubieran aparecido
OR		OR	
apareciese	apareciésemos	hubiese aparecido	hubiésemos aparecido
aparecieses	aparecieseis	hubieses aparecido	hubieseis aparecido
apareciese	apareciesen	hubiese aparecido	hubiesen aparecido

imperativo	
—	aparezcamos
aparece; no aparezcas	apareced; no aparezcáis
aparezca	aparezcan

un aparecimiento apparition
un aparecido ghost
una aparición apparition, appearance
aparecerse en casa to arrive home
  unexpectedly

aparecerse entre sueños to see someone in
a dream
parecer to seem, to appear

See **parecerse**.

Syn.: **surgir** to arise, appear   Ant.: **desaparecer** to disappear (59)

aplaudir (60)
to applaud, to clap

Gerundio **aplaudiendo** Part. pas. **aplaudido**
Regular **-ir** verb

The Seven Simple Tenses	
Singular	Plural

The Seven Compound Tenses	
Singular	Plural

1 presente de indicativo

aplaudo	aplaudimos
aplaudes	aplaudís
aplaude	aplauden

8 perfecto de indicativo

he aplaudido	hemos aplaudido
has aplaudido	habéis aplaudido
ha aplaudido	han aplaudido

2 imperfecto de indicativo

aplaudía	aplaudíamos
aplaudías	aplaudíais
aplaudía	aplaudían

9 pluscuamperfecto de indicativo

había aplaudido	habíamos aplaudido
habías aplaudido	habíais aplaudido
había aplaudido	habían aplaudido

3 pretérito

aplaudí	aplaudimos
aplaudiste	aplaudisteis
aplaudió	aplaudieron

10 pretérito anterior

hube aplaudido	hubimos aplaudido
hubiste aplaudido	hubisteis aplaudido
hubo aplaudido	hubieron aplaudido

4 futuro

aplaudiré	aplaudiremos
aplaudirás	aplaudiréis
aplaudirá	aplaudirán

11 futuro perfecto

habré aplaudido	habremos aplaudido
habrás aplaudido	habréis aplaudido
habrá aplaudido	habrán aplaudido

5 potencial simple

aplaudiría	aplaudiríamos
aplaudirías	aplaudiríais
aplaudiría	aplaudirían

12 potencial compuesto

habría aplaudido	habríamos aplaudido
habrías aplaudido	habríais aplaudido
habría aplaudido	habrían aplaudido

6 presente de subjuntivo

aplauda	aplaudamos
aplaudas	aplaudáis
aplauda	aplaudan

13 perfecto de subjuntivo

haya aplaudido	hayamos aplaudido
hayas aplaudido	hayáis aplaudido
haya aplaudido	hayan aplaudido

7 imperfecto de subjuntivo

aplaudiera	aplaudiéramos
aplaudieras	aplaudierais
aplaudiera	aplaudieran
OR	
aplaudiese	aplaudiésemos
aplaudieses	aplaudieseis
aplaudiese	aplaudiesen

14 pluscuamperfecto de subjuntivo

hubiera aplaudido	hubiéramos aplaudido
hubieras aplaudido	hubierais aplaudido
hubiera aplaudido	hubieran aplaudido
OR	
hubiese aplaudido	hubiésemos aplaudido
hubieses aplaudido	hubieseis aplaudido
hubiese aplaudido	hubiesen aplaudido

imperativo

—	aplaudamos
aplaude; no aplaudas	aplaudid; no aplaudáis
aplauda	aplaudan

Al fin del espectáculo, el público aplaudió con entusiasmo.
At the end of the show, the audience applauded enthusiastically.

el aplauso applause
el aplaudidor, la aplaudidora applauder

con el aplauso de to the applause of
una salva de aplausos thunderous applause

Syn.: **aclamar** to acclaim, applaud; **felicitar** to congratulate; **palmear** to clap hands (206)
Ant.: **abuchear** to boo (175)

apoderarse (61)

to take power, to take possession

The Seven Simple Tenses		The Seven Compound Tenses	
Singular	Plural	Singular	Plural

1 presente de indicativo

me apodero	nos apoderamos		
te apoderas	os apoderáis		
se apodera	se apoderan		

8 perfecto de indicativo

me he apoderado	nos hemos apoderado
te has apoderado	os habéis apoderado
se ha apoderado	se han apoderado

2 imperfecto de indicativo

me apoderaba	nos apoderábamos
te apoderabas	os apoderabais
se apoderaba	se apoderaban

9 pluscuamperfecto de indicativo

me había apoderado	nos habíamos apoderado
te habías apoderado	os habíais apoderado
se había apoderado	se habían apoderado

3 pretérito

me apoderé	nos apoderamos
te apoderaste	os apoderasteis
se apoderó	se apoderaron

10 pretérito anterior

me hube apoderado	nos hubimos apoderado
te hubiste apoderado	os hubisteis apoderado
se hubo apoderado	se hubieron apoderado

4 futuro

me apoderaré	nos apoderaremos
te apoderarás	os apoderaréis
se apoderará	se apoderarán

11 futuro perfecto

me habré apoderado	nos habremos apoderado
te habrás apoderado	os habréis apoderado
se habrá apoderado	se habrán apoderado

5 potencial simple

me apoderaría	nos apoderaríamos
te apoderarías	os apoderaríais
se apoderaría	se apoderarían

12 potencial compuesto

me habría apoderado	nos habríamos apoderado
te habrías apoderado	os habríais apoderado
se habría apoderado	se habrían apoderado

6 presente de subjuntivo

me apodere	nos apoderemos
te apoderes	os apoderéis
se apodere	se apoderen

13 perfecto de subjuntivo

me haya apoderado	nos hayamos apoderado
te hayas apoderado	os hayáis apoderado
se haya apoderado	se hayan apoderado

7 imperfecto de subjuntivo

me apoderara	nos apoderáramos
te apoderaras	os apoderarais
se apoderara	se apoderaran
OR	
me apoderase	nos apoderásemos
te apoderases	os apoderaseis
se apoderase	se apoderasen

14 pluscuamperfecto de subjuntivo

me hubiera apoderado	nos hubiéramos apoderado
te hubieras apoderado	os hubierais apoderado
se hubiera apoderado	se hubieran apoderado
OR	
me hubiese apoderado	nos hubiésemos apoderado
te hubieses apoderado	os hubieseis apoderado
se hubiese apoderado	se hubiesen apoderado

imperativo

—	apoderémonos
apodérate; no te apoderes	apoderaos; no os apoderéis
apodérese	apodérense

El príncipe Luis se apoderó del trono después de la abdicación de su padre Felipe V.
Prince Louis took the throne after the abdication of his father, Phillip V.

poder to be able	**apoderarse de algo** to take possession of something
el poder power	**apoderado, apoderada** empowered
el apoderado proxy, representative	**apoderar** to empower, to authorize

Syn.: **apropiarse** to appropriate, take (106, 289)   Ant.: **dar** to give

125

apreciar (62)

to appreciate, to appraise, to esteem

Gerundio **apreciando**   Part. pas. **apreciado**

Regular **-ar** verb

The Seven Simple Tenses		The Seven Compound Tenses	
Singular	Plural	Singular	Plural
1 presente de indicativo		**8 perfecto de indicativo**	
aprecio	apreciamos	he apreciado	hemos apreciado
aprecias	apreciáis	has apreciado	habéis apreciado
aprecia	aprecian	ha apreciado	han apreciado
2 imperfecto de indicativo		**9 pluscuamperfecto de indicativo**	
apreciaba	apreciábamos	había apreciado	habíamos apreciado
apreciabas	apreciabais	habías apreciado	habíais apreciado
apreciaba	apreciaban	había apreciado	habían apreciado
3 pretérito		**10 pretérito anterior**	
aprecié	apreciamos	hube apreciado	hubimos apreciado
apreciaste	apreciasteis	hubiste apreciado	hubisteis apreciado
apreció	apreciaron	hubo apreciado	hubieron apreciado
4 futuro		**11 futuro perfecto**	
apreciaré	apreciaremos	habré apreciado	habremos apreciado
apreciarás	apreciaréis	habrás apreciado	habréis apreciado
apreciará	apreciarán	habrá apreciado	habrán apreciado
5 potencial simple		**12 potencial compuesto**	
apreciaría	apreciaríamos	habría apreciado	habríamos apreciado
apreciarías	apreciaríais	habrías apreciado	habríais apreciado
apreciaría	apreciarían	habría apreciado	habrían apreciado
6 presente de subjuntivo		**13 perfecto de subjuntivo**	
aprecie	apreciemos	haya apreciado	hayamos apreciado
aprecies	apreciéis	hayas apreciado	hayáis apreciado
aprecie	aprecien	haya apreciado	hayan apreciado
7 imperfecto de subjuntivo		**14 pluscuamperfecto de subjuntivo**	
apreciara	apreciáramos	hubiera apreciado	hubiéramos apreciado
apreciaras	apreciarais	hubieras apreciado	hubierais apreciado
apeciara	apreciaran	hubiera apreciado	hubieran apreciado
OR		OR	
apreciase	apreciásemos	hubiese apreciado	hubiésemos apreciado
apreciases	apreciaseis	hubieses apreciado	hubieseis apreciado
apreciase	apreciasen	hubiese apreciado	hubiesen apreciado

imperativo	
—	apreciemos
aprecia; no aprecies	apreciad; no apreciéis
aprecie	aprecien

el aprecio   appreciation, esteem
la apreciación   appreciation, estimation
apreciable   appreciable; worthy
la apreciabilidad   appreciability

preciar   to appraise, to estimate
el precio   price;
 no tener precio   to be priceless
un precio fijo   set price, fixed price

Syn.: **estimar** to estimate, esteem   Ant.: **despreciar** to despise, scorn (57)

Aprender

Aprender is an important verb to learn because it is a regular **-er** verb and because there are many everyday expressions related to it.

Sentences using **aprender** and related words

En la clase de español estamos aprendiendo a hablar, a leer, y a escribir en español.
In Spanish class we are learning to speak, to read, and to write in Spanish.

Machacando se aprende el oficio.
Practice makes perfect.

Mi abuela aprendió a navegar en Internet.
My grandmother learned to surf the Internet.

Estoy aprendiendo el diseño web para ser administrador de web.
I am learning web design to become a webmaster.

Words and expressions related to this verb

el aprendizaje apprenticeship

el aprendizaje en línea online learning, e-learning

el aprendiz, la aprendiza apprentice

aprender a + inf. to learn + inf.

aprender de memoria to memorize

aprender con to study with

desaprender to unlearn

aprendiz de todo (mucho), oficial de nada Jack of all trades, master of none

Proverbs

El que mucho duerme poco aprende.
Whoever sleeps a lot learns little.

Cada día se aprende algo nuevo.
You learn something new every day.

Syn.: **estudiar** to study; **instruirse** to learn (271, 289)   Ant.: **desaprender** to unlearn (63); **olvidar** to forget

AN ESSENTIAL
55 Verb

aprender (63)
to learn

The Seven Simple Tenses		The Seven Compound Tenses	
Singular	**Plural**	**Singular**	**Plural**
1 presente de indicativo		**8 perfecto de indicativo**	
aprendo	aprendemos	he aprendido	hemos aprendido
aprendes	aprendéis	has aprendido	habéis aprendido
aprende	aprenden	ha aprendido	han aprendido
2 imperfecto de indicativo		**9 pluscuamperfecto de indicativo**	
aprendía	aprendíamos	había aprendido	habíamos aprendido
aprendías	aprendíais	habías aprendido	habíais aprendido
aprendía	aprendían	había aprendido	habían aprendido
3 pretérito		**10 pretérito anterior**	
aprendí	aprendimos	hube aprendido	hubimos aprendido
aprendiste	aprendisteis	hubiste aprendido	hubisteis aprendido
aprendió	aprendieron	hubo aprendido	hubieron aprendido
4 futuro		**11 futuro perfecto**	
aprenderé	aprenderemos	habré aprendido	habremos aprendido
aprenderás	aprenderéis	habrás aprendido	habréis aprendido
aprenderá	aprenderán	habrá aprendido	habrán aprendido
5 potencial simple		**12 potencial compuesto**	
aprendería	aprenderíamos	habría aprendido	habríamos aprendido
aprenderías	aprenderíais	habrías aprendido	habríais aprendido
aprendería	aprenderían	habría aprendido	habrían aprendido
6 presente de subjuntivo		**13 perfecto de subjuntivo**	
aprenda	aprendamos	haya aprendido	hayamos aprendido
aprendas	aprendáis	hayas aprendido	hayáis aprendido
aprenda	aprendan	haya aprendido	hayan aprendido
7 imperfecto de subjuntivo		**14 pluscuamperfecto de subjuntivo**	
aprendiera	aprendiéramos	hubiera aprendido	hubiéramos aprendido
aprendieras	aprendierais	hubieras aprendido	hubierais aprendido
aprendiera	aprendieran	hubiera aprendido	hubieran aprendido
OR		OR	
aprendiese	aprendiésemos	hubiese aprendido	hubiésemos aprendido
aprendieses	aprendieseis	hubieses aprendido	hubieseis aprendido
aprendiese	aprendiesen	hubiese aprendido	hubiesen aprendido

imperativo	
—	aprendamos
aprende; no aprendas	aprended; no aprendáis
aprenda	aprendan

AN ESSENTIAL
55 Verb

apresurarse (64)
to hasten, to hurry, to rush

A

The Seven Simple Tenses		The Seven Compound Tenses	
Singular	Plural	Singular	Plural
1 presente de indicativo		**8 perfecto de indicativo**	
me apresuro	nos apresuramos	me he apresurado	nos hemos apresurado
te apresuras	os apresuráis	te has apresurado	os habéis apresurado
se apresura	se apresuran	se ha apresurado	se han apresurado
2 imperfecto de indicativo		**9 pluscuamperfecto de indicativo**	
me apresuraba	nos apresurábamos	me había apresurado	nos habíamos apresurado
te apresurabas	os apresurabais	te habías apresurado	os habíais apresurado
se apresuraba	se apresuraban	se había apresurado	se habían apresurado
3 pretérito		**10 pretérito anterior**	
me apresuré	nos apresuramos	mc hube apresurado	nos hubimos apresurado
te apresuraste	os apresurasteis	te hubiste apresurado	os hubisteis apresurado
se apresuró	se apresuraron	se hubo apresurado	se hubieron apresurado
4 futuro		**11 futuro perfecto**	
me apresuraré	nos apresuraremos	me habré apresurado	nos habremos apresurado
te apresurarás	os apresuraréis	te habrás apresurado	os habréis apresurado
se apresurará	se apresurarán	se habrá apresurado	se habrán apresurado
5 potencial simple		**12 potencial compuesto**	
me apresuraría	nos apresuraríamos	me habría apresurado	nos habríamos apresurado
te apresurarías	os apresuraríais	te habrías apresurado	os habríais apresurado
se apresuraría	se apresurarían	se habría apresurado	se habrían apresurado
6 presente de subjuntivo		**13 perfecto de subjuntivo**	
me apresure	nos apresuremos	me haya apresurado	nos hayamos apresurado
te apresures	os apresuréis	te hayas apresurado	os hayáis apresurado
se apresure	se apresuren	se haya apresurado	se hayan apresurado
7 imperfecto de subjuntivo		**14 pluscuamperfecto de subjuntivo**	
me apresurara	nos apresuráramos	me hubiera apresurado	nos hubiéramos apresurado
te apresuraras	os apresurarais	te hubieras apresurado	os hubierais apresurado
se apresurara	se apresuraran	se hubiera apresurado	se hubieran apresurado
OR		OR	
me apresurase	nos apresurásemos	me hubiese apresurado	nos hubiésemos apresurado
te apresurases	os apresuraseis	te hubieses apresurado	os hubieseis apresurado
se apresurase	se apresurasen	se hubiese apresurado	se hubiesen apresurado

imperativo

—	apresurémonos
apresúrate; no te apresures	apresuraos; no os apresuréis
apresúrese	apresúrense

Mateo se apresuró a la tienda de teléfonos celulares.
Matthew hurried to the cell phone store.

apresurado, apresurada hasty, quick
apresuradamente hastily
la prisa haste, hurry; **tener prisa** to be in a hurry

el apresuramiento hastiness
apresurar to accelerate, to rush
apresurarse a + inf. to hurry + inf.

Syn.: **acelerar** to accelerate, hasten; **tener prisa** to be in a hurry   Ant.: **detenerse** to stop (oneself); **pararse** to stop (oneself)

aprobar (65)

to approve, to pass a test

Gerundio **aprobando** Part. pas. **aprobado**

Regular **-ar** verb endings with stem
change: Tenses 1, 6, Imperative

The Seven Simple Tenses		The Seven Compound Tenses	
Singular	**Plural**	**Singular**	**Plural**
1 presente de indicativo		**8 perfecto de indicativo**	
apruebo	aprobamos	he aprobado	hemos aprobado
apruebas	aprobáis	has aprobado	habéis aprobado
aprueba	aprueban	ha aprobado	han aprobado
2 imperfecto de indicativo		**9 pluscuamperfecto de indicativo**	
aprobaba	aprobábamos	había aprobado	habíamos aprobado
aprobabas	aprobabais	habías aprobado	habíais aprobado
aprobaba	aprobaban	había aprobado	habían aprobado
3 pretérito		**10 pretérito anterior**	
aprobé	aprobamos	hube aprobado	hubimos aprobado
aprobaste	aprobasteis	hubiste aprobado	hubisteis aprobado
aprobó	aprobaron	hubo aprobado	hubieron aprobado
4 futuro		**11 futuro perfecto**	
aprobaré	aprobaremos	habré aprobado	habremos aprobado
aprobarás	aprobaréis	habrás aprobado	habréis aprobado
aprobará	aprobarán	habrá aprobado	habrán aprobado
5 potencial simple		**12 potencial compuesto**	
aprobaría	aprobaríamos	habría aprobado	habríamos aprobado
aprobarías	aprobaríais	habrías aprobado	habríais aprobado
aprobaía	aprobarían	habría aprobado	habrían aprobado
6 presente de subjuntivo		**13 perfecto de subjuntivo**	
apruebe	aprobemos	haya aprobado	hayamos aprobado
apruebes	aprobéis	hayas aprobado	hayáis aprobado
apruebe	aprueben	haya aprobado	hayan aprobado
7 imperfecto de subjuntivo		**14 pluscuamperfecto de subjuntivo**	
aprobara	aprobáramos	hubiera aprobado	hubiéramos aprobado
aprobaras	aprobarais	hubieras aprobado	hubierais aprobado
aprobara	aprobaran	hubiera aprobado	hubieran aprobado
OR		OR	
aprobase	aprobásemos	hubiese aprobado	hubiésemos aprobado
aprobases	aprobaseis	hubieses aprobado	hubieseis aprobado
aprobase	aprobasen	hubiese aprobado	hubiesen aprobado

imperativo	
—	aprobemos
aprueba; no apruebes	aprobad; no aprobéis
apruebe	aprueben

la aprobación approbation, approval, consent
la desaprobación disapproval
el aprobado passing grade in an exam
aprobado, aprobada accepted, admitted,
  approved, passed (in an exam)

aprobado por mayoría accepted by a
  majority
comprobar to verify, compare, check,
  prove

Syn.: **aceptar** to accept   Ant.: **negar** to deny; **desaprobar** to disapprove (65)

aprovechar (66)

to take advantage, to avail oneself, to use

The Seven Simple Tenses		The Seven Compound Tenses	
Singular	**Plural**	**Singular**	**Plural**
1 presente de indicativo		**8 perfecto de indicativo**	
aprovecho	aprovechamos	he aprovechado	hemos aprovechado
aprovechas	aprovecháis	has aprovechado	habéis aprovechado
aprovecha	aprovechan	ha aprovechado	han aprovechado
2 imperfecto de indicativo		**9 pluscuamperfecto de indicativo**	
aprovechaba	aprovechábamos	había aprovechado	habíamos aprovechado
aprovechabas	aprovechabais	habías aprovechado	habíais aprovechado
aprovechaba	aprovechaban	había aprovechado	habían aprovechado
3 pretérito		**10 pretérito anterior**	
aproveché	aprovechamos	hube aprovechado	hubimos aprovechado
aprovechaste	aprovechasteis	hubiste aprovechado	hubisteis aprovechado
aprovechó	aprovecharon	hubo aprovechado	hubieron aprovechado
4 futuro		**11 futuro perfecto**	
aprovecharé	aprovecharemos	habré aprovechado	habremos aprovechado
aprovecharás	aprovecharéis	habrás aprovechado	habréis aprovechado
aprovechará	aprovecharán	habrá aprovechado	habrán aprovechado
5 potencial simple		**12 potencial compuesto**	
aprovecharía	aprovecharíamos	habría aprovechado	habríamos aprovechado
aprovecharías	aprovecharíais	habrías aprovechado	habríais aprovechado
aprovecharía	aprovecharían	habría aprovechado	habrían aprovechado
6 presente de subjuntivo		**13 perfecto de subjuntivo**	
aproveche	aprovechemos	haya aprovechado	hayamos aprovechado
aproveches	aprovechéis	hayas aprovechado	hayáis aprovechado
aproveche	aprovechen	haya aprovechado	hayan aprovechado
7 imperfecto de subjuntivo		**14 pluscuamperfecto de subjuntivo**	
aprovechara	aprovecháramos	hubiera aprovechado	hubiéramos aprovechado
aprovecharas	aprovecharais	hubieras aprovechado	hubierais aprovechado
aprovechara	aprovecharan	hubiera aprovechado	hubieran aprovechado
OR		OR	
aprovechase	aprovechásemos	hubiese aprovechado	hubiésemos aprovechado
aprovechases	aprovechaseis	hubieses aprovechado	hubieseis aprovechado
aprovechase	aprovechasen	hubiese aprovechado	hubiesen aprovechado

imperativo	
—	aprovechemos
aprovecha; no aproveches	aprovechad; no aprovechéis
aproveche	aprovechen

aprovechado, aprovechada economical
aprovechable available, profitable
aprovechamiento use, utilization
aprovecharse de to take advantage of, to abuse

aprovechar to make use of
aprovechar la ocasión to take the opportunity
aprovechón, aprovechona opportunist

Syn.: **usar** to use; **utilizar** to utilize

apurarse (67)

to fret, to grieve, to worry

Gerundio **apurándose**   Part. pas. **apurado**

Reflexive regular **-ar** verb

The Seven Simple Tenses		The Seven Compound Tenses	
Singular	**Plural**	**Singular**	**Plural**
1 presente de indicativo		**8 perfecto de indicativo**	
me apuro	nos apuramos	me he apurado	nos hemos apurado
te apuras	os apuráis	te has apurado	os habéis apurado
se apura	se apuran	se ha apurado	se han apurado
2 imperfecto de indicativo		**9 pluscuamperfecto de indicativo**	
me apuraba	nos apurábamos	me había apurado	nos habíamos apurado
te apurabas	os apurabais	te habías apurado	os habíais apurado
se apuraba	se apuraban	se había apurado	se habían apurado
3 pretérito		**10 pretérito anterior**	
me apuré	nos apuramos	me hube apurado	nos hubimos apurado
te apuraste	os apurasteis	te hubiste apurado	os hubisteis apurado
se apuró	se apuraron	se hubo apurado	se hubieron apurado
4 futuro		**11 futuro perfecto**	
me apuraré	nos apuraremos	me habré apurado	nos habremos apurado
te apurarás	os apuraréis	te habrás apurado	os habréis apurado
se apurará	se apurarán	se habrá apurado	se habrán apurado
5 potencial simple		**12 potencial compuesto**	
me apuraría	nos apuraríamos	me habría apurado	nos habríamos apurado
te apurarías	os apuraríais	te habrías apurado	os habríais apurado
se apuraría	se apurarían	se habría apurado	se habrían apurado
6 presente de subjuntivo		**13 perfecto de subjuntivo**	
me apure	nos apuremos	me haya apurado	nos hayamos apurado
te apures	os apuréis	te hayas apurado	os hayáis apurado
se apure	se apuren	se haya apurado	se hayan apurado
7 imperfecto de subjuntivo		**14 pluscuamperfecto de subjuntivo**	
me apurara	nos apuráramos	me hubiera apurado	nos hubiéramos apurado
te apuraras	os apurarais	te hubieras apurado	os hubierais apurado
se apurara	se apuraran	se hubiera apurado	se hubieran apurado
OR		OR	
me apurase	nos apurásemos	me hubiese apurado	nos hubiésemos apurado
te apurases	os apuraseis	te hubieses apurado	os hubieseis apurado
se apurase	se apurasen	se hubiese apurado	se hubiesen apurado

imperativo	
—	apurémonos
apúrate; no te apures	apuraos; no os apuréis
apúrese	apúrense

No te apures. Me ocuparé de todo.   Don't worry. I'll take care of everything.

apurar   to purify; to exhaust, consume; to annoy, to tease
apurar todos los recursos   to exhaust every recourse, every means

apurar la paciencia de uno   to wear out one's patience
apurarse por poco   to worry over trivialities
el apuro   difficulty, trouble
estar en un apuro   to be in a fix

Syn.: **preocuparse** to worry, be concerned   Ant.: **despreocuparse** to stop worrying (372); **tranquilizarse** to calm down (339, 289)

Part. pas. **arrancado**   Gerundio **arrancando**   **arrancar** (68)

Regular **-ar** verb endings with spelling   *to root up (out), to pull up (out), to tear off (away),*
change: **c** becomes **qu** before **e**   *to snatch, to start (a motor), to boot up (a computer)*

The Seven Simple Tenses		The Seven Compound Tenses	
Singular	Plural	Singular	Plural

1 presente de indicativo

		8 perfecto de indicativo	
arranco	arrancamos	he arrancado	hemos arrancado
arrancas	arrancáis	has arrancado	habéis arrancado
arranca	arrancan	ha arrancado	han arrancado

2 imperfecto de indicativo

		9 pluscuamperfecto de indicativo	
arrancaba	arrancábamos	había arrancado	habíamos arrancado
arrancabas	arrancabais	habías arrancado	habíais arrancado
arrancaba	arrancaban	había arrancado	habían arrancado

3 pretérito

		10 pretérito anterior	
arranqué	arrancamos	hube arrancado	hubimos arrancado
arrancaste	arrancasteis	hubiste arrancado	hubisteis arrancado
arrancó	arrancaron	hubo arrancado	hubieron arrancado

4 futuro

		11 futuro perfecto	
arrancaré	arrancaremos	habré arrancado	habremos arrancado
arrancarás	arrancaréis	habrás arrancado	habréis arrancado
arrancará	arrancarán	habrá arrancado	habrán arrancado

5 potencial simple

		12 potencial compuesto	
arrancaría	arrancaríamos	habría arrancado	habríamos arrancado
arrancarías	arrancaríais	habrías arrancado	habríais arrancado
arrancaría	arrancarían	habría arrancado	habrían arrancado

6 presente de subjuntivo

		13 perfecto de subjuntivo	
arranque	arranquemos	haya arrancado	hayamos arrancado
arranques	arranquéis	hayas arrancado	hayáis arrancado
arranque	arranquen	haya arrancado	hayan arrancado

7 imperfecto de subjuntivo

		14 pluscuamperfecto de subjuntivo	
arrancara	arrancáramos	hubiera arrancado	hubiéramos arrancado
arrancaras	arrancarais	hubieras arrancado	hubierais arrancado
arrancara	arancaran	hubiera arrancado	hubieran arrancado
OR		OR	
arrancase	arrancásemos	hubiese arrancado	hubiésemos arrancado
arrancases	arrancaseis	hubieses arrancado	hubieseis arrancado
arrancase	arrancasen	hubiese arrancado	hubiesen arrancado

imperativo

—	arranquemos
arranca; no arranques	arrancad; no arranquéis
arranque	arranquen

Si tu computadora se bloquea, apágala y arráncala de nuevo.
If your computer freezes up, shut it down and boot it up again.

un arrancarraíces   tool to pull out roots   **la arrancadura**   extraction
arrancar a   to snatch away from   **el arranque**   starter (engine)
arrancar de raíz   to cut up, to pull out by the root
arrancar la computadora   to turn on (boot up) the computer

Syn.: **desarraigar** to uproot (341); **extirpar** to extirpate (332); **extraer** to extract (477)
Ant.: **apagar (un motor)** to shut down (an engine)

arreglar (69)

to fix, to arrange, to adjust, to regulate, to settle, to repair

Gerundio **arreglando** Part. pas. **arreglado**

Regular **-ar** verb

The Seven Simple Tenses		The Seven Compound Tenses	
Singular	Plural	Singular	Plural
1 presente de indicativo		**8 perfecto de indicativo**	
arreglo	arreglamos	he arreglado	hemos arreglado
arreglas	arregláis	has arreglado	habéis arreglado
arregla	arreglan	ha arreglado	han arreglado
2 imperfecto de indicativo		**9 pluscuamperfecto de indicativo**	
arreglaba	arreglábamos	había arreglado	habíamos arreglado
arreglabas	arreglabais	habías arreglado	habíais arreglado
arreglaba	arreglaban	había arreglado	habían arreglado
3 pretérito		**10 pretérito anterior**	
arreglé	arreglamos	hube arreglado	hubimos arreglado
arreglaste	arreglasteis	hubiste arreglado	hubisteis arreglado
arregló	arreglaron	hubo arreglado	hubieron arreglado
4 futuro		**11 futuro perfecto**	
arreglaré	arreglaremos	habré arreglado	habremos arreglado
arreglarás	arrelgaréis	habrás arreglado	habréis arreglado
arreglará	arreglarán	habrá arreglado	habrán arreglado
5 potencial simple		**12 potencial compuesto**	
arreglaría	arreglaríamos	habría arreglado	habríamos arreglado
arreglarías	arreglaríais	habrías arreglado	habríais arreglado
arreglaría	arreglarían	habría arreglado	habrían arreglado
6 presente de subjuntivo		**13 perfecto de subjuntivo**	
arregle	arreglemos	haya arreglado	hayamos arreglado
arregles	arregléis	hayas arreglado	hayáis arreglado
arregle	arreglen	haya arreglado	hayan arreglado
7 imperfecto de subjuntivo		**14 pluscuamperfecto de subjuntivo**	
arreglara	arregláramos	hubiera arreglado	hubiéramos arreglado
arreglaras	arreglarais	hubieras arreglado	hubierais arreglado
arreglara	arreglaran	hubiera arreglado	hubieran arreglado
OR		OR	
arreglase	arreglásemos	hubiese arreglado	hubiésemos arreglado
arreglases	arreglaseis	hubieses arreglado	hubieseis arreglado
arreglase	arreglasen	hubiese arreglado	hubiesen arreglado

imperativo	
—	arreglemos
arregla; no arregles	arreglad; no arregléis
arregle	arreglen

Es muy tarde. Arreglemos la factura y salgamos.   It's very late. Let's pay the bill and leave.

arregladamente   regularly
arreglarse con   to settle with, to reach an agreement with
arreglarse por las buenas   to settle a matter in a friendly way

arreglar una factura   to pay a bill
con arreglo a   according to
un reglamento   rule, regulation
un arreglo   agreement, solution
arreglado, arreglada   neat, orderly
arreglar una cuenta   to settle an account

Syn.: **ajustar** to adjust (259); **reparar** to repair   Ant.: **desarreglar** to make untidy, disarrange (69)

134

arrojar (70)
to fling, to hurl, to throw, to throw up

A

The Seven Simple Tenses		The Seven Compound Tenses	
Singular	**Plural**	**Singular**	**Plural**
1 presente de indicativo		**8 perfecto de indicativo**	
arrojo	arrojamos	he arrojado	hemos arrojado
arrojas	arrojáis	has arrojado	habéis arrojado
arroja	arrojan	ha arrojado	han arrojado
2 imperfecto de indicativo		**9 pluscuamperfecto de indicativo**	
arrojaba	arrojábamos	había arrojado	habíamos arrojado
arrojabas	arrojabais	habías arrojado	habíais arrojado
arrojaba	arrojaban	había arrojado	habían arrojado
3 pretérito		**10 pretérito anterior**	
arrojé	arrojamos	hube arrojado	hubimos arrojado
arrojaste	arrojasteis	hubiste arrojado	hubisteis arrojado
arrojó	arrojaron	hubo arrojado	hubieron arrojado
4 futuro		**11 futuro perfecto**	
arrojaré	arrojaremos	habré arrojado	habremos arrojado
arrojarás	arrojaréis	habrás arrojado	habréis arrojado
arrojará	arrojarán	habrá arrojado	habrán arrojado
5 potencial simple		**12 potencial compuesto**	
arrojaría	arrojaríamos	habría arrojado	habríamos arrojado
arrojarías	arrojaríais	habrías arrojado	habríais arrojado
arrojaría	arrojarían	habría arrojado	habrían arrojado
6 presente de subjuntivo		**13 perfecto de subjuntivo**	
arroje	arrojemos	haya arrojado	hayamos arrojado
arrojes	arrojéis	hayas arrojado	hayáis arrojado
arroje	arrojen	haya arrojado	hayan arrojado
7 imperfecto de subjuntivo		**14 pluscuamperfecto de subjuntivo**	
arrojara	arrojáramos	hubiera arrojado	hubiéramos arrojado
arrojaras	arrojarais	hubieras arrojado	hubierais arrojado
arrojara	arrojaran	hubiera arrojado	hubieran arrojado
OR		OR	
arrojase	arrojásemos	hubiese arrojado	hubiésemos arrojado
arrojases	arrojaseis	hubieses arrojado	hubieseis arrojado
arrojase	arrojasen	hubiese arrojado	hubiesen arrojado

imperativo	
—	arrojemos
arroja; no arrojes	arrojad; no arrojéis
arroje	arrojen

Un buen competidor no arroja nunca la esponja.
A good competitor never throws in the towel.

el arrojador, la arrojadora thrower
arrojado, arrojada fearless
el arrojo fearlessness

arrojar la esponja to throw in the towel
(sponge)

Syn.: **echar** to throw, cast; **lanzar** to throw; **tirar** to pitch (a ball), to throw   Ant.: **atrapar** to catch (332); **coger** to catch

articular (71)

to articulate, to pronounce distinctly

Gerundio **articulando** Part. pas. **articulado**

Regular **-ar** verb

The Seven Simple Tenses		The Seven Compound Tenses	
Singular	**Plural**	**Singular**	**Plural**
1 presente de indicativo		**8 perfecto de indicativo**	
articulo	articulamos	he articulado	hemos articulado
articulas	articuláis	has articulado	habéis articulado
articula	articulan	ha articulado	han articulado
2 imperfecto de indicativo		**9 pluscuamperfecto de indicativo**	
articulaba	articulábamos	había articulado	habíamos articulado
articulabas	articulabais	habías articulado	habíais articulado
articulaba	articulaban	había articulado	habían articulado
3 pretérito		**10 pretérito anterior**	
articulé	articulamos	hube articulado	hubimos articulado
articulaste	articulasteis	hubiste articulado	hubisteis articulado
articuló	articularon	hubo articulado	hubieron articulado
4 futuro		**11 futuro perfecto**	
articularé	articularemos	habré articulado	habremos articulado
articularás	articularéis	habrás articulado	habréis articulado
articulará	articularán	habrá articulado	habrán articulado
5 potencial simple		**12 potencial compuesto**	
articularía	artricularíamos	habría articulado	habríamos articulado
articularías	articularíais	habrías articulado	habríais articulado
articularía	articularían	habría articulado	habrían articulado
6 presente de subjuntivo		**13 perfecto de subjuntivo**	
articule	articulemos	haya articulado	hayamos articulado
articules	articuléis	hayas articulado	hayáis articulado
articule	articulen	haya articulado	hayan articulado
7 imperfecto de subjuntivo		**14 pluscuamperfecto de subjuntivo**	
articulara	articuláramos	hubiera articulado	hubiéramos articulado
articularas	articularais	hubieras articulado	hubierais articulado
articulara	articularan	hubiera articulado	hubieran articulado
OR		OR	
articulase	articulásemos	hubiese articulado	hubiésemos articulado
articulases	articulaseis	hubieses articulado	hubieseis articulado
articulase	articulasen	hubiese articulado	hubiesen articulado

imperativo	
—	articulemos
articula; no articules	articulad; no articuléis
articule	articulen

Cuando contestes una pregunta, primero piensa y luego articula claramente.
When you answer a question, first think and then articulate clearly.

articuladamente clearly, distinctly	**el, la articulista** someone who writes articles
la articulación articulation, pronunciation	**articular claramente** to articulate clearly

Syn.: **pronunciar** to pronounce   Ant.: **desarticular** to take apart (71)

asegurar (72)
to assure, to affirm, to assert, to insure

A

The Seven Simple Tenses		The Seven Compound Tenses	
Singular	Plural	Singular	Plural
1 presente de indicativo		**8 perfecto de indicativo**	
aseguro	aseguramos	he asegurado	hemos asegurado
aseguras	aseguráis	has asegurado	habéis asegurado
asegura	aseguran	ha asegurado	han asegurado
2 imperfecto de indicativo		**9 pluscuamperfecto de indicativo**	
aseguraba	asegurábamos	había asegurado	habíamos asegurado
asegurabas	asegurabais	habías asegurado	habíais asegurado
aseguraba	aseguraban	había asegurado	habían asegurado
3 pretérito		**10 pretérito anterior**	
aseguré	aseguramos	hube asegurado	hubimos asegurado
aseguraste	asegurasteis	hubiste asegurado	hubisteis asegurado
aseguró	aseguraron	hubo asegurado	hubieron asegurado
4 futuro		**11 futuro perfecto**	
aseguraré	aseguraremos	habré asegurado	habremos asegurado
asegurarás	aseguraréis	habrás asegurado	habréis asegurado
asegurará	asegurarán	habrá asegurado	habrán asegurado
5 potencial simple		**12 potencial compuesto**	
aseguraría	aseguraríamos	habría asegurado	habríamos asegurado
asegurarías	aseguraríais	habrías asegurado	habríais asegurado
aseguraría	asegurarían	habría asegurado	habrían asegurado
6 presente de subjuntivo		**13 perfecto de subjuntivo**	
asegure	aseguremos	haya asegurado	hayamos asegurado
asegures	aseguréis	hayas asegurado	hayáis asegurado
asegure	aseguren	haya asegurado	hayan asegurado
7 imperfecto de subjuntivo		**14 pluscuamperfecto de subjuntivo**	
asegurara	aseguráramos	hubiera asegurado	hubiéramos asegurado
aseguraras	asegurarais	hubieras asegurado	hubierais asegurado
asegurara	aseguraran	hubiera asegurado	hubieran asegurado
OR		OR	
asegurase	asegurásemos	hubiese asegurado	hubiésemos asegurado
asegurases	aseguraseis	hubieses asegurado	hubieseis asegurado
asegurase	asegurasen	hubiese asegurado	hubiesen asegurado

imperativo

—	aseguremos
asegura; no asegures	asegurad; no aseguréis
asegure	aseguren

el seguro insurance
asegurable insurable
el asegurado, la asegurada insured person
la seguridad security, surety

seguramente surely, securely
¡Ya puede usted asegurarlo! You can be sure of it!
tener por seguro to be sure, confident

Syn.: **afirmar** to affirm, assert (243); **asegurarse** to make sure (64); **certificar** to certify; **confirmar** to confirm (243)

137

asir (73)

to seize, to grasp, to grab

The Seven Simple Tenses		The Seven Compound Tenses	
Singular	Plural	Singular	Plural
1 presente de indicativo		**8 perfecto de indicativo**	
asgo	asimos	he asido	hemos asido
ases	asís	has asido	habéis asido
ase	asen	ha asido	han asido
2 imperfecto de indicativo		**9 pluscuamperfecto de indicativo**	
asía	asíamos	había asido	habíamos asido
asías	asíais	habías asido	habíais asido
asía	asían	había asido	habían asido
3 pretérito		**10 pretérito anterior**	
así	asimos	hube asido	hubimos asido
asiste	asisteis	hubiste asido	hubisteis asido
asió	asieron	hubo asido	hubieron asido
4 futuro		**11 futuro perfecto**	
asiré	asiremos	habré asido	habremos asido
asirás	asiréis	habrás asido	habréis asido
asirá	asirán	habrá asido	habrán asido
5 potencial simple		**12 potencial compuesto**	
asiría	asiríamos	habría asido	habríamos asido
asirías	asiríais	habrías asido	habríais asido
asiría	asirían	habría asido	habrían asido
6 presente de subjuntivo		**13 perfecto de subjuntivo**	
asga	asgamos	haya asido	hayamos asido
asgas	asgáis	hayas asido	hayáis asido
asga	asgan	haya asido	hayan asido
7 imperfecto de subjuntivo		**14 pluscuamperfecto de subjuntivo**	
asiera	asiéramos	hubiera asido	hubiéramos asido
asieras	asierais	hubieras asido	hubierais asido
asiera	asieran	hubiera asido	hubieran asido
OR		OR	
asiese	asiésemos	hubiese asido	hubiésemos asido
asieses	asieseis	hubieses asido	hubieseis asido
asiese	asiesen	hubiese asido	hubiesen asido

imperativo	
—	asgamos
ase; no asgas	asid; no asgáis
asga	asgan

Afortunadamente, el buen samaritano me asió del brazo para que no me cayera.
Fortunately, the Good Samaritan grabbed my arm so that I would not fall.

asir de los cabellos   to grab by the hair
asirse a (or de)   to take hold of, to seize, grab
asirse con   to grapple with
asirse   to quarrel with each other;
asirse (de)   to grab hold (of)
asir del brazo   to get hold of by the arm

Syn.: **agarrar** to grasp; **coger** to seize, grasp (Spain: see note in **coger**)   Ant.: **desasir** to undo (73); **soltar** to let go (138)

asistir (74)
to attend, to assist, to be present

A

The Seven Simple Tenses		The Seven Compound Tenses	
Singular	**Plural**	**Singular**	**Plural**
1 presente de indicativo		**8 perfecto de indicativo**	
asisto	asistimos	he asistido	hemos asistido
asistes	asistís	has asistido	habéis asistido
asiste	asisten	ha asistido	han asistido
2 imperfecto de indicativo		**9 pluscuamperfecto de indicativo**	
asistía	asistíamos	había asistido	habíamos asistido
asistías	asistíais	habías asistido	habíais asistido
asistía	asistían	había asistido	habían asistido
3 pretérito		**10 pretérito anterior**	
asistí	asistimos	hube asistido	hubimos asistido
asististe	asististeis	hubiste asistido	hubisteis asistido
asistió	asistieron	hubo asistido	hubieron asistido
4 futuro		**11 futuro perfecto**	
asistiré	asistiremos	habré asistido	habremos asistido
asistirás	asistiréis	habrás asistido	habréis asistido
asistirá	asistirán	habrá asistido	habrán asistido
5 potencial simple		**12 potencial compuesto**	
asistiría	asistiríamos	habría asistido	habríamos asistido
asistirías	asistiríais	habrías asistido	habríais asistido
asistiría	asistirían	habría asistido	habrían asistido
6 presente de subjuntivo		**13 perfecto de subjuntivo**	
asista	asistamos	haya asistido	hayamos asistido
asistas	asistáis	hayas asistido	hayáis asistido
asista	asistan	haya asistido	hayan asistido
7 imperfecto de subjuntivo		**14 pluscuamperfecto de subjuntivo**	
asistiera	asistiéramos	hubiera asistido	hubiéramos asistido
asistieras	asistierais	hubieras asistido	hubierais asistido
asistiera	asistieran	hubiera asistido	hubieran asistido
OR		OR	
asistiese	asistiésemos	hubiese asistido	hubiésemos asistido
asistieses	asistieseis	hubieses asistido	hubieseis asistido
asistiese	asistiesen	hubiese asistido	hubiesen asistido

imperativo	
—	asistamos
asiste; no asistas	asistid; no asistáis
asista	asistan

asistir a to attend, to be present at	**la asistencia social** social welfare
la asistencia attendance, presence	**la asistencia técnica** technical assistance, tech support

Habríamos asistido a la boda si hubiéramos estado invitados.
We would have attended the wedding if we had been invited.

Syn.: **acudir** to attend   Ant.: **faltar** to miss

asustarse (75)

to be frightened, to be scared

Gerundio **asustándose**   Part. pas. **asustado**

Reflexive regular **-ar** verb

The Seven Simple Tenses		The Seven Compound Tenses	
Singular	Plural	Singular	Plural
1 presente de indicativo		**8 perfecto de indicativo**	
me asusto	nos asustamos	me he asustado	nos hemos asustado
te asustas	os asustáis	te has asustado	os habéis asustado
se asusta	se asustan	se ha asustado	se han asustado
2 imperfecto de indicativo		**9 pluscuamperfecto de indicativo**	
me asustaba	nos asustábamos	me había asustado	nos habíamos asustado
te asustabas	os asustabais	te habías asustado	os habíais asustado
se asustaba	se asustaban	se había asustado	se habían asustado
3 pretérito		**10 pretérito anterior**	
me asusté	nos asustamos	me hube asustado	nos hubimos asustado
te asustaste	os asustasteis	te hubiste asustado	os hubisteis asustado
se asustó	se asustaron	se hubo asustado	se hubieron asustado
4 futuro		**11 futuro perfecto**	
me asustaré	nos asustaremos	me habré asustado	nos habremos asustado
te asustarás	os asustaréis	te habrás asustado	os habréis asustado
se asustará	se asustarán	se habrá asustado	se habrán asustado
5 potencial simple		**12 potencial compuesto**	
me asustaría	nos asustaríamos	me habría asustado	nos habríamos asustado
te asustarías	os asustaríais	te habrías asustado	os habríais asustado
se asustaría	se asustarían	se habría asustado	se habrían asustado
6 presente de subjuntivo		**13 perfecto de subjuntivo**	
me asuste	nos asustemos	me haya asustado	nos hayamos asustado
te asustes	os asustéis	te hayas asustado	os hayáis asustado
se asuste	se asusten	se haya asustado	se hayan asustado
7 imperfecto de subjuntivo		**14 pluscuamperfecto de subjuntivo**	
me asustara	nos asustáramos	me hubiera asustado	nos hubiéramos asustado
te asustaras	os asustarais	te hubieras asustado	os hubierais asustado
se asustara	se asustaran	se hubiera asustado	se hubieran asustado
OR		OR	
me asustase	nos asustásemos	me hubiese asustado	nos hubiésemos asustado
te asustases	os asustaseis	te hubieses asustado	os hubieseis asustado
se asustase	se asustasen	se hubiese asustado	se hubiesen asustado

imperativo		
—		asustémonos
asústate; no te asustes		asustaos; no os asustéis
asústese		asústense

asustado, asustada frightened, scared	**un susto** a fright, scare
asustadizo, asustadiza easily frightened, shy	**asustarse de + inf.** to be afraid + inf.
asustador, asustadora frightening	**asustarse por nada** to be frightened by the
asustar to frighten, to scare	slightest thing
Me asusto de pensarlo. It frightens me	
to think about it.	

Syn.: **espantarse** to be frightened (292)   Ant.: **tranquilizarse** to calm down (339, 289)

Part. pas. **atacado**   Gerundio **atacando**

Regular **-ar** verb endings with spelling
change: **c** becomes **qu** before **e**

atacar (76)
to attack

A

The Seven Simple Tenses

Singular	Plural
1 presente de indicativo	
ataco	atacamos
atacas	atacáis
ataca	atacan
2 imperfecto de indicativo	
atacaba	atacábamos
atacabas	atacabais
atacaba	atacaban
3 pretérito	
ataqué	atacamos
atacaste	atacasteis
atacó	atacaron
4 futuro	
atacaré	atacaremos
atacarás	atacaréis
atacará	atacarán
5 potencial simple	
atacaría	atacaríamos
atacarías	atacaríais
atacaría	atacarían
6 presente de subjuntivo	
ataque	ataquemos
ataques	ataquéis
ataque	ataquen
7 imperfecto de subjuntivo	
atacara	atacáramos
atacaras	atacarais
atacara	atacaran
OR	
atacase	atacásemos
atacases	atacaseis
atacase	atacasen

The Seven Compound Tenses

Singular	Plural
8 perfecto de indicativo	
he atacado	hemos atacado
has atacado	habéis atacado
ha atacado	han atacado
9 pluscuamperfecto de indicativo	
había atacado	habíamos atacado
habías atacado	habíais atacado
había atacado	habían atacado
10 pretérito anterior	
hube atacado	hubimos atacado
hubiste atacado	hubisteis atacado
hubo atacado	hubieron atacado
11 futuro perfecto	
habré atacado	habremos atacado
habrás atacado	habréis atacado
habrá atacado	habrán atacado
12 potencial compuesto	
habría atacado	habríamos atacado
habrías atacado	habríais atacado
habría atacado	habrían atacado
13 perfecto de subjuntivo	
haya atacado	hayamos atacado
hayas atacado	hayáis atacado
haya atacado	hayan atacado
14 pluscuamperfecto de subjuntivo	
hubiera atacado	hubiéramos atacado
hubieras atacado	hubierais atacado
hubiera atacado	hubieran atacado
OR	
hubiese atacado	hubiésemos atacado
hubieses atacado	hubieseis atacado
hubiese atacado	hubiesen atacado

imperativo

—	ataquemos
ataca; no ataques	atacad; no ataquéis
ataque	ataquen

Cuando Francesca tiene una dificultad, ella ataca el problema valientemente.
When Francesca has trouble, she attacks the problem bravely.

el ataque attack
atacado, atacada attacked
un ataque al corazón a heart attack

el, la atacante attacker
el atacador, la atacadora aggressor

Syn.: **asaltar** to assault, attack (427)   Ant.: **defender** to defend; **proteger** to protect

atenerse (77)

to rely on, to depend on, to keep to, to abide by

Gerundio **ateniéndose**   Part. pas. **atenido**

Reflexive irregular verb

The Seven Simple Tenses		The Seven Compound Tenses	
Singular	Plural	Singular	Plural
1 presente de indicativo		**8 perfecto de indicativo**	
me atengo	nos atenemos	me he atenido	nos hemos atenido
te atienes	os atenéis	te has atenido	os habéis atenido
se atiene	se atienen	se ha atenido	se han atenido
2 imperfecto de indicativo		**9 pluscuamperfecto de indicativo**	
me atenía	nos ateníamos	me había atenido	nos habíamos atenido
te atenías	os ateníais	te habías atenido	os habíais atenido
se atenía	se atenían	se había atenido	se habían atenido
3 pretérito		**10 pretérito anterior**	
me atuve	nos atuvimos	me hube atenido	nos hubimos atenido
te atuviste	os atuvisteis	te hubiste atenido	os hubisteis atenido
se atuvo	se atuvieron	se hubo atenido	se hubieron atenido
4 futuro		**11 futuro perfecto**	
me atendré	nos atendremos	me habré atenido	nos habremos atenido
te atendrás	os atendréis	te habrás atenido	os habréis atenido
se atendrá	se atendrán	se habrá atenido	se habrán atenido
5 potencial simple		**12 potencial compuesto**	
me atendría	nos atendríamos	me habría atenido	nos habríamos atenido
te atendrías	os atendríais	te habrías atenido	os habríais atenido
se atendría	se atendrían	se habría atenido	se habrían atenido
6 presente de subjuntivo		**13 perfecto de subjuntivo**	
me atenga	nos atengamos	me haya atenido	nos hayamos atenido
te antengas	os atengáis	te hayas atenido	os hayáis atenido
se atenga	se atengan	se haya atenido	se hayan atenido
7 imperfecto de subjuntivo		**14 pluscuamperfecto de subjuntivo**	
me atuviera	nos atuviéramos	me hubiera atenido	nos hubiéramos atenido
te atuvieras	os atuvierais	te hubieras atenido	os hubierais atenido
se atuviera	se atuvieran	se hubiera atenido	se hubieran atenido
OR		OR	
me atuviese	nos atuviésemos	me hubiese atenido	nos hubiésemos atenido
te atuvieses	os atuvieseis	te hubieses atenido	os hubieseis atenido
se atuviese	se atuviesen	se hubiese atenido	se hubiesen atenido

imperativo	
—	atengámonos
atente; no te atengas	ateneos; no os atengáis
aténgase	aténganse

mantener	to maintain	**atenerse al convenio**	to abide by the agreement
atenerse a	to depend on, to rely on	**atenerse a las reglas**	to abide by the rules

Syn.: **amoldarse** to adapt oneself, to conform (289); **obedecer** to obey

Part. pas. **atraído**   Gerundio **atrayendo**
Irregular verb

atraer (78)
to attract, to allure, to charm

The Seven Simple Tenses		The Seven Compound Tenses	
Singular	Plural	Singular	Plural
1 presente de indicativo		**8 perfecto de indicativo**	
atraigo	atraemos	he atraído	hemos atraído
atraes	atraéis	has atraído	habéis atraído
atrae	atraen	ha atraído	han atraído
2 imperfecto de indicativo		**9 pluscuamperfecto de indicativo**	
atraía	atraíamos	había atraído	habíamos atraído
atraías	atraíais	habías atraído	habíais atraído
atraía	atraían	había atraído	habían atraído
3 pretérito		**10 pretérito anterior**	
atraje	atrajimos	hube atraído	hubimos atraído
atrajiste	atrajisteis	hubiste atraído	hubisteis atraído
atrajo	atrajeron	hubo atraído	hubieron atraído
4 futuro		**11 futuro perfecto**	
atraeré	atraeremos	habré atraído	habremos atraído
atraerás	atraeréis	habrás atraído	habréis atraído
atraerá	atraerán	habrá atraído	habrán atraído
5 potencial simple		**12 potencial compuesto**	
atraería	atraeríamos	habría atraído	habríamos atraído
atraerías	atraeríais	habrías atraído	habríais atraído
atraería	atraerían	habría atraído	habrían atraído
6 presente de subjuntivo		**13 perfecto de subjuntivo**	
atraiga	atraigamos	haya atraído	hayamos atraído
atraigas	atraigáis	hayas atraído	hayáis atraído
atraiga	atraigan	haya atraído	hayan atraído
7 imperfecto de subjuntivo		**14 pluscuamperfecto de subjuntivo**	
atrajera	atrajéramos	hubiera atraído	hubiéramos atraído
atrajeras	atrajerais	hubieras atraído	hubierais atraído
atrajera	atrajeran	hubiera atraído	hubieran atraído
OR		OR	
atrajese	atrajésemos	hubiese atraído	hubiésemos atraído
atrajeses	atrajeseis	hubieses atraído	hubieseis atraído
atrajese	atrajesen	hubiese atraído	hubiesen atraído

imperativo	
—	atraigamos
atrae; no atraigas	atraed; no atraigáis
atraiga	atraigan

la atracción   attraction; atracción sexual
  sex appeal; **las atracciones**   entertainment
atractivamente   attractively
atractivo, atractiva   attractive

atrayentemente   attractively
atrayente   appealing, attractive
el parque de atracciones   amusement park
atraer las miradas   to attract attention

Syn.: **encantar** (Def. and Imp.); **seducir** to seduce (381)   Ant.: **rechazar** to repel (81);
repulsar to repulse (2)

atravesar (79)
to cross, to go through, to run through

Gerundio **atravesando**   Part. pas. **atravesado**
Regular **-ar** verb endings with stem
change: Tenses 1, 6, Imperative

The Seven Simple Tenses		The Seven Compound Tenses	
Singular	Plural	Singular	Plural
1 presente de indicativo		**8 perfecto de indicativo**	
atravieso	atravesamos	he atravesado	hemos atravesado
atraviesas	atravesáis	has atravesado	habéis atravesado
atraviesa	atraviesan	ha atravesado	han atravesado
2 imperfecto de indicativo		**9 pluscuamperfecto de indicativo**	
atravesaba	atravesábamos	había atravesado	habíamos atravesado
atravesabas	atravesabais	habías atravesado	habíais atravesado
atravesaba	atravesaban	había atravesado	habían atravesado
3 pretérito		**10 pretérito anterior**	
atravesé	atravesamos	hube atravesado	hubimos atravesado
atravesaste	atravesasteis	hubiste atravesado	hubisteis atravesado
atravesó	atravesaron	hubo atravesado	hubieron atravesado
4 futuro		**11 futuro perfecto**	
atravesaré	atravesaremos	habré atravesado	habremos atravesado
atravesarás	atravesaréis	habrás atravesado	habréis atravesado
atravesará	atravesarán	habrá atravesado	habrán atravesado
5 potencial simple		**12 potencial compuesto**	
atravesaría	atravesaríamos	habría atravesado	habríamos atravesado
atravesarías	atravesaríais	habrías atravesado	habríais atravesado
atravesaría	atravesarían	habría atravesado	habrían atravesado
6 presente de subjuntivo		**13 perfecto de subjuntivo**	
atraviese	atravesemos	haya atravesado	hayamos atravesado
atravieses	atraveséis	hayas atravesado	hayáis atravesado
atraviese	atraviesen	haya atravesado	hayan atravesado
7 imperfecto de subjuntivo		**14 pluscuamperfecto de subjuntivo**	
atravesara	atravesáramos	hubiera atravesado	hubiéramos atravesado
atravesaras	atravesarais	hubieras atravesado	hubierais atravesado
atravesara	atravesaran	hubiera atravesado	hubieran atravesado
OR		OR	
atravesase	atravesásemos	hubiese atravesado	hubiésemos atravesado
atravesases	atravesaseis	hubieses atravesado	hubieseis atravesado
atravesase	atravesasen	hubiese atravesado	hubiesen atravesado

imperativo	
—	atravesemos
atraviesa; no atravieses	atravesad; no atraveséis
atraviese	atraviesen

atravesar con to meet
travesar to cross
atravesar la calle to cross the street
la travesía crossing (sea), voyage

atravesado, atravesada cross-eyed, lying across
atravesable traversable
a través de across, through

Syn.: **cruzar** to cross; **pasar** to go over

Part. pas. **atrevido**   Gerundio **atreviéndose**
Reflexive regular **-er** verb

atreverse (80)
to dare, to venture

The Seven Simple Tenses

Singular	Plural
1 presente de indicativo	
me atrevo	nos atrevemos
te atreves	os atrevéis
se atreve	se atreven
2 imperfecto de indicativo	
me atrevía	nos atrevíamos
te atrevías	os atrevíais
se atrevía	se atrevían
3 pretérito	
me atreví	nos atrevimos
te atreviste	os atrevisteis
se atrevió	se atrevieron
4 futuro	
me atreveré	nos atreveremos
te atreverás	os atreveréis
se atreverá	se atreverán
5 potencial simple	
me atrevería	nos atreveríamos
te atreverías	os atreveríais
se atrevería	se atreverían
6 presente de subjuntivo	
me atreva	nos atrevamos
te atrevas	os atreváis
se atreva	se atrevan
7 imperfecto de subjuntivo	
me atreviera	nos atreviéramos
te atrevieras	os atrevierais
se atreviera	se atrevieran
OR	
me atreviese	nos atreviésemos
te atrevieses	os atrevieseis
se atreviese	se atreviesen

The Seven Compound Tenses

Singular	Plural
8 perfecto de indicativo	
me he atrevido	nos hemos atrevido
te has atrevido	os habéis atrevido
se ha atrevido	se han atrevido
9 pluscuamperfecto de indicativo	
me había atrevido	nos habíamos atrevido
te habías atrevido	os habíais atrevido
se había atrevido	se habían atrevido
10 pretérito anterior	
me hube atrevido	nos hubimos atrevido
te hubiste atrevido	os hubisteis atrevido
se hubo atrevido	se hubieron atrevido
11 futuro perfecto	
me habré atrevido	nos habremos atrevido
te habrás atrevido	os habréis atrevido
se habrá atrevido	se habrán atrevido
12 potencial compuesto	
me habría atrevido	nos habríamos atrevido
te habrías atrevido	os habríais atrevido
se habría atrevido	se habrían atrevido
13 perfecto de subjuntivo	
me haya atrevido	nos hayamos atrevido
te hayas atrevido	os hayáis atrevido
se haya atrevido	se hayan atrevido
14 pluscuamperfecto de subjuntivo	
me hubiera atrevido	nos hubiéramos atrevido
te hubieras atrevido	os hubierais atrevido
se hubiera atrevido	se hubieran atrevido
OR	
me hubiese atrevido	nos hubiésemos atrevido
te hubieses atrevido	os hubieseis atrevido
se hubiese atrevido	se hubiesen atrevido

imperativo

—	atrevámonos
atrévete; no te atrevas	atreveos; no os atreváis
atrévase	atrévanse

atrevido, atrevida daring, bold
el atrevimiento audacity, boldness
atrevidamente boldly, daringly
atreverse con or contra to be insolent to, to be offensive toward

¡Atrévete! You just dare!
Hazlo si te atreves. Do it if you dare.
atreverse a + inf. to dare to + inf.

Syn.: **osar** to dare, to venture   Ant.: **acobardarse** to turn cowardly (39, 289)

avanzar (81)

to advance

Gerundio **avanzando**   Part. pas. **avanzado**

Regular **-ar** verb endings with spelling
change: **z** becomes **c** before **e**

The Seven Simple Tenses		The Seven Compound Tenses	
Singular	Plural	Singular	Plural
1 presente de indicativo		**8 perfecto de indicativo**	
avanzo	avanzamos	he avanzado	hemos avanzado
avanzas	avanzáis	has avanzado	habéis avanzado
avanza	avanzan	ha avanzado	han avanzado
2 imperfecto de indicativo		**9 pluscuamperfecto de indicativo**	
avanzaba	avanzábamos	había avanzado	habíamos avanzado
avanzabas	avanzabais	habías avanzado	habíais avanzado
avanzaba	avanzaban	había avanzado	habían avanzado
3 pretérito		**10 pretérito anterior**	
avancé	avanzamos	hube avanzado	hubimos avanzado
avanzaste	avanzasteis	hubiste avanzado	hubisteis avanzado
avanzó	avanzaron	hubo avanzado	hubieron avanzado
4 futuro		**11 futuro perfecto**	
avanzaré	avanzaremos	habré avanzado	habremos avanzado
avanzarás	avanzaréis	habrás avanzado	habréis avanzado
avanzará	avanzarán	habrá avanzado	habrán avanzado
5 potencial simple		**12 potencial compuesto**	
avanzaría	avanzaríamos	habría avanzado	habríamos avanzado
avanzarías	avanzaríais	habrías avanzado	habríais avanzado
avanzaría	avanzarían	habría avanzado	habrían avanzado
6 presente de subjuntivo		**13 perfecto de subjuntivo**	
avance	avancemos	haya avanzado	hayamos avanzado
avances	avancéis	hayas avanzado	hayáis avanzado
avance	avancen	haya avanzado	hayan avanzado
7 imperfecto de subjuntivo		**14 pluscuamperfecto de subjuntivo**	
avanzara	avanzáramos	hubiera avanzado	hubiéramos avanzado
avanzaras	avanzarais	hubieras avanzado	hubierais avanzado
avanzara	avanzaran	hubiera avanzado	hubieran avanzado
OR		OR	
avanzase	avanzásemos	hubiese avanzado	hubiésemos avanzado
avanzases	avanzaseis	hubieses avanzado	hubieseis avanzado
avanzase	avanzasen	hubiese avanzado	hubiesen avanzado

imperativo	
—	avancemos
avanza; no avances	avanzad; no avancéis
avance	avancen

¿Puede usted avanzarme un poco de dinero?   Could you advance me a little money?

avanzado, avanzada advanced; **de edad avanzada** advanced in years
la avanzada advance guard; **los avances tecnológicos** technological advances
el avance advance
el avanzo balance (sheet)

Syn.: **adelantar** to advance; **progresar** to progress (235)   Ant.: **retrasar** to delay, to retard

146

Part. pas. **avergonzado**   Gerundio **avergonzando**
Regular **-ar** verb endings with spelling changes:
z becomes **c** before **e**; **go** becomes **gü** before **e**.

avergonzar (82)
to shame

The Seven Simple Tenses		The Seven Compound Tenses	
Singular	**Plural**	**Singular**	**Plural**
1 presente de indicativo		**8 perfecto de indicativo**	
avergüenzo	avergonzamos	he avergonzado	hemos avergonzado
avergüenzas	avergonzáis	has avergonzado	habéis avergonzado
avergüenza	avergüenzan	ha avergonzado	han avergonzado
2 imperfecto de indicativo		**9 pluscuamperfecto de indicativo**	
avergonzaba	avergonzábamos	había avergonzado	habíamos avergonzado
avergonzabas	avergonzabais	habías avergonzado	habíais avergonzado
avergonzaba	avergonzaban	había avergonzado	habían avergonzado
3 pretérito		**10 pretérito anterior**	
avergoncé	avergonzamos	hube avergonzado	hubimos avergonzado
avergonzaste	avergonzasteis	hubiste avergonzado	hubisteis avergonzado
avergonzó	avergonzaron	hubo avergonzado	hubieron avergonzado
4 futuro		**11 futuro perfecto**	
avergonzaré	avergonzaremos	habré avergonzado	habremos avergonzado
avergonzarás	avergonzaréis	habrás avergonzado	habréis avergonzado
avergonzará	avergonzarán	habrá avergonzado	habrán avergonzado
5 potencial simple		**12 potencial compuesto**	
avergonzaría	avergonzaríamos	habría avergonzado	habríamos avergonzado
avergonzarías	avergonzaríais	habrías avergonzado	habríais avergonzado
avergonzaría	avergonzarían	habría avergonzado	habrían avergonzado
6 presente de subjuntivo		**13 perfecto de subjuntivo**	
avergüence	avergoncemos	haya avergonzado	hayamos avergonzado
avergüences	avergoncéis	hayas avergonzado	hayáis avergonzado
avergüence	avergüencen	haya avergonzado	hayan avergonzado
7 imperfecto de subjuntivo		**14 pluscuamperfecto de subjuntivo**	
avergonzara	avergonzáramos	hubiera avergonzado	hubiéramos avergonzado
avergonzaras	avergonzarais	hubieras avergonzado	hubierais avergonzado
avergonzara	avergonzaran	hubiera avergonzado	hubieran avergonzado
OR		OR	
avergonzase	avergonzásemos	hubiese avergonzado	hubiésemos avergonzado
avergonzases	avergonzaseis	hubieses avergonzado	hubieseis avergonzado
avergonzase	avergonzasen	hubiese avergonzado	hubiesen avergonzado

imperativo

—	avergoncemos
avergüenza; no avergüences	avergonzad; no avergoncéis
avergüence	avergüencen

avergonzado, avergonzada ashamed
avergonzarse to be ashamed
la vergüenza shame, embarrassment
sin vergüenza shameless

tener vergüenza to be ashamed
la desvergüenza shamelessness
desvergonzado, desvergonzada shameless,
  unashamed

Syn.: **humillar** to humiliate (261)

averiguar (83)

to find out, to inquire, to investigate, to establish, to verify, to check

Gerundio **averiguando**   Part. pas. **averiguado**

Regular **-ar** verb endings with spelling change: **gu** becomes **gü** before **e**

The Seven Simple Tenses		The Seven Compound Tenses	
Singular	Plural	Singular	Plural
1 presente de indicativo		**8 perfecto de indicativo**	
averiguo	averiguamos	he averiguado	hemos averiguado
averiguas	averiguáis	has averiguado	habéis averiguado
averigua	averiguan	ha averiguado	han averiguado
2 imperfecto de indicativo		**9 pluscuamperfecto de indicativo**	
averiguaba	averiguábamos	había averiguado	habíamos averiguado
averiguabas	averiguabais	habías averiguado	habíais averiguado
averiguaba	averiguaban	había averiguado	habían averiguado
3 pretérito		**10 pretérito anterior**	
averigüé	averiguamos	hube averiguado	hubimos averiguado
averiguaste	averiguasteis	hubiste averiguado	hubisteis averiguado
averiguó	averiguaron	hubo averiguado	hubieron averiguado
4 futuro		**11 futuro perfecto**	
averiguaré	averiguaremos	habré averiguado	habremos averiguado
averiguarás	averiguaréis	habrás averiguado	habréis averiguado
averiguará	averiguarán	habrá averiguado	habrán averiguado
5 potencial simple		**12 potencial compuesto**	
averiguaría	averiguaríamos	habría averiguado	habríamos averiguado
averiguarías	averiguaríais	habrías averiguado	habríais averiguado
averiguaría	averiguarían	habría averiguado	habrían averiguado
6 presente de subjuntivo		**13 perfecto de subjuntivo**	
averigüe	averigüemos	haya averiguado	hayamos averiguado
averigües	averigüéis	hayas averiguado	hayáis averiguado
averigüe	averigüen	haya averiguado	hayan averiguado
7 imperfecto de subjuntivo		**14 pluscuamperfecto de subjuntivo**	
averiguara	averiguáramos	hubiera averiguado	hubiéramos averiguado
averiguaras	averiguarais	hubieras averiguado	hubierais averiguado
averiguara	averiguaran	hubiera averiguado	hubieran averiguado
OR		OR	
averiguase	averiguásemos	hubiese averiguado	hubiésemos averiguado
averiguases	averiguaseis	hubieses averiguado	hubieseis averiguado
averiguase	averiguasen	hubiese averiguado	hubiesen averiguado

imperativo	
—	averigüemos
averigua; no averigües	averiguad; no averigüéis
averigüe	averigüen

Antes de enviar un mensaje de texto, averiguo si hay faltas de ortografía.
Before sending a text, I find out (check) if there are any spelling errors.

el averiguador, la averiguadora investigator
la averiguación inquiry, investigation

averiguable investigable, verifiable
averiguadamente surely, certainly

Syn.: **inquirir** to inquire, investigate (33); **investigar** to investigate (421)

ayudar (84)

to help, to aid, to assist

A

The Seven Simple Tenses		The Seven Compound Tenses	
Singular	Plural	Singular	Plural

1 presente de indicativo		8 perfecto de indicativo	
ayudo	ayudamos	he ayudado	hemos ayudado
ayudas	ayudáis	has ayudado	habéis ayudado
ayuda	ayudan	ha ayudado	han ayudado

2 imperfecto de indicativo		9 pluscuamperfecto de indicativo	
ayudaba	ayudábamos	había ayudado	habíamos ayudado
ayudabas	ayudabais	habías ayudado	habíais ayudado
ayudaba	ayudaban	había ayudado	habían ayudado

3 pretérito		10 pretérito anterior	
ayudé	ayudamos	hube ayudado	hubimos ayudado
ayudaste	ayudasteis	hubiste ayudado	hubisteis ayudado
ayudó	ayudaron	hubo ayudado	hubieron ayudado

4 futuro		11 futuro perfecto	
ayudaré	ayudaremos	habré ayudado	habremos ayudado
ayudarás	ayudaréis	habrás ayudado	habréis ayudado
ayudará	ayudarán	habrá ayudado	habrán ayudado

5 potencial simple		12 potencial compuesto	
ayudaría	ayudaríamos	habría ayudado	habríamos ayudado
ayudarías	ayudaríais	habrías ayudado	habríais ayudado
ayudaría	ayudarían	habría ayudado	habrían ayudado

6 presente de subjuntivo		13 perfecto de subjuntivo	
ayude	ayudemos	haya ayudado	hayamos ayudado
ayudes	ayudéis	hayas ayudado	hayáis ayudado
ayude	ayuden	haya ayudado	hayan ayudado

7 imperfecto de subjuntivo		14 pluscuamperfecto de subjuntivo	
ayudara	ayudáramos	hubiera ayudado	hubiéramos ayudado
ayudaras	ayudarais	hubieras ayudado	hubierais ayudado
ayudara	ayudaran	hubiera ayudado	hubieran ayudado
OR		OR	
ayudase	ayudásemos	hubiese ayudado	hubiésemos ayudado
ayudases	ayudaseis	hubieses ayudado	hubieseis ayudado
ayudase	ayudasen	hubiese ayudado	hubiesen ayudado

imperativo	
—	ayudemos
ayuda; no ayudes	ayudad; no ayudéis
ayude	ayuden

la ayuda   aid, assistance, help
el ayuda de cámara   valet
un ayudador, una ayudadora   helper
ayudante   assistant
el menú de ayuda   help menu

la ayuda financiera   financial aid
A quien madruga, Dios le ayuda.
  The early bird catches the worm.
¡Ayúdame!   Help me!

Syn.: **asistir** to assist; **auxiliar** to help (106); **proteger** to protect; **socorrer** to help
Ant.: **abandonar** to abandon (473); **impedir** to hinder, impede

bailar (85)
to dance

The Seven Simple Tenses		The Seven Compound Tenses	
Singular	Plural	Singular	Plural
1 presente de indicativo		**8 perfecto de indicativo**	
bailo	bailamos	he bailado	hemos bailado
bailas	bailáis	has bailado	habéis bailado
baila	bailan	ha bailado	han bailado
2 imperfecto de indicativo		**9 pluscuamperfecto de indicativo**	
bailaba	bailábamos	había bailado	habíamos bailado
bailabas	bailabais	habías bailado	habíais bailado
bailaba	bailaban	había bailado	habían bailado
3 pretérito		**10 pretérito anterior**	
bailé	bailamos	hube bailado	hubimos bailado
bailaste	bailasteis	hubiste bailado	hubisteis bailado
bailó	bailaron	hubo bailado	hubieron bailado
4 futuro		**11 futuro perfecto**	
bailaré	bailaremos	habré bailado	habremos bailado
bailarás	bailaréis	habrás bailado	habréis bailado
bailará	bailarán	habrá bailado	habrán bailado
5 potencial simple		**12 potencial compuesto**	
bailaría	bailaríamos	habría bailado	habríamos bailado
bailarías	bailaríais	habrías bailado	habríais bailado
bailaría	bailarían	habría bailado	habrían bailado
6 presente de subjuntivo		**13 perfecto de subjuntivo**	
baile	bailemos	haya bailado	hayamos bailado
bailes	bailéis	hayas bailado	hayáis bailado
baile	bailen	haya bailado	hayan bailado
7 imperfecto de subjuntivo		**14 pluscuamperfecto de subjuntivo**	
bailara	bailáramos	hubiera bailado	hubiéramos bailado
bailaras	bailarais	hubieras bailado	hubierais bailado
bailara	bailaran	hubiera bailado	hubieran bailado
OR		OR	
bailase	bailásemos	hubiese bailado	hubiésemos bailado
bailases	bailaseis	hubieses bailado	hubieseis bailado
bailase	bailasen	hubiese bailado	hubiesen bailado

imperativo	
—	bailemos
baila; no bailes	bailad; no bailéis
baile	bailen

Cuando el gato va a sus devociones, bailan los ratones. When the cat is away, the mice will play. (Lit: When the cat goes to prayer, the mice dance.)
un baile dance; **un bailete** ballet

un bailarín, una bailarina dancer (professional)
un bailador, una bailadora dancer
la música bailable dance(able) music

Syn.: **danzar** to dance (81)

Regular **-ar** verb

bajar (86)

to lower, to let down, to come down, to go down,
to descend, to download (Internet)

The Seven Simple Tenses		The Seven Compound Tenses	
Singular	Plural	Singular	Plural
1 presente de indicativo		**8 perfecto de indicativo**	
bajo	bajamos	he bajado	hemos bajado
bajas	bajáis	has bajado	habéis bajado
baja	bajan	ha bajado	han bajado
2 imperfecto de indicativo		**9 pluscuamperfecto de indicativo**	
bajaba	bajábamos	había bajado	habíamos bajado
bajabas	bajabais	habías bajado	habíais bajado
bajaba	bajaban	había bajado	habían bajado
3 pretérito		**10 pretérito anterior**	
bajé	bajamos	hube bajado	hubimos bajado
bajaste	bajasteis	hubiste bajado	hubisteis bajado
bajó	bajaron	hubo bajado	hubieron bajado
4 futuro		**11 futuro perfecto**	
bajaré	bajaremos	habré bajado	habremos bajado
bajarás	bajaréis	habrás bajado	habréis bajado
bajará	bajarán	habrá bajado	habrán bajado
5 potencial simple		**12 potencial compuesto**	
bajaría	bajaríamos	habría bajado	habríamos bajado
bajarías	bajaríais	habrías bajado	habríais bajado
bajaría	bajarían	habría bajado	habrían bajado
6 presente de subjuntivo		**13 perfecto de subjuntivo**	
baje	bajemos	haya bajado	hayamos bajado
bajes	bajéis	hayas bajado	hayáis bajado
baje	bajen	haya bajado	hayan bajado
7 imperfecto de subjuntivo		**14 pluscuamperfecto de subjuntivo**	
bajara	bajáramos	hubiera bajado	hubiéramos bajado
bajaras	bajarais	hubieras bajado	hubierais bajado
bajara	bajaran	hubiera bajado	hubieran bajado
OR		OR	
bajase	bajásemos	hubiese bajado	hubiésemos bajado
bajases	bajaseis	hubieses bajado	hubieseis bajado
bajase	bajasen	hubiese bajado	hubiesen bajado

imperativo	
—	bajemos
baja; no bajes	bajad; no bajéis
baje	bajen

la baja   reduction (fall) in prices
la bajada   descent
en voz baja   in a low voice
bajar/bajarse el correo electrónico
   to download e-mail

rebajar   to reduce
bajar de   to get off
el piso bajo   ground floor
bajo   down, below
¿En qué estación debo bajar?
   At what station do I need to get off?

Syn.: **descender** to descend (354); **telecargar** to download (111); **descargar** to download (111)
Ant.: **levantar** to raise; **subir** to go up

balbucear (87)
to stammer, to hesitate (in speech)

Gerundio **balbuceando**   Part. pas. **balbuceado**

Regular **-ar** verb

The Seven Simple Tenses		The Seven Compound Tenses	
Singular	Plural	Singular	Plural
1 presente de indicativo		**8 perfecto de indicativo**	
balbuceo	balbuceamos	he balbuceado	hemos balbuceado
balbuceas	balbuceáis	has balbuceado	habéis balbuceado
balbucea	balbucean	ha balbuceado	han balbuceado
2 imperfecto de indicativo		**9 pluscuamperfecto de indicativo**	
balbuceaba	balbuceábamos	había balbuceado	habíamos balbuceado
balbuceabas	balbuceabais	habías balbuceado	habíais balbuceado
balbuceaba	balbuceaban	había balbuceado	habían balbuceado
3 pretérito		**10 pretérito anterior**	
balbuceé	balbuceamos	hube balbuceado	hubimos balbuceado
babluceaste	balbuceasteis	hubiste balbuceado	hubisteis balbuceado
balbuceó	balbucearon	hubo balbuceado	hubieron balbuceado
4 futuro		**11 futuro perfecto**	
balbucearé	balbucearemos	habré balbuceado	habremos balbuceado
balbucearás	balbucearéis	habrás balbuceado	habréis balbuceado
balbuceará	balbucerán	habrá balbuceado	habrán balbuceado
5 potencial simple		**12 potencial compuesto**	
balbucearía	balbucearíamos	habría balbuceado	habríamos balbuceado
balbucearías	balbucearíais	habrías balbuceado	habríais balbuceado
balbucearía	balbucearían	habría balbuceado	habrían balbuceado
6 presente de subjuntivo		**13 perfecto de subjuntivo**	
balbucee	balbuceemos	haya balbuceado	hayamos balbuceado
balbucees	balbuceéis	hayas balbuceado	hayáis balbuceado
balbucee	balbuceen	haya balbuceado	hayan balbuceado
7 imperfecto de subjuntivo		**14 pluscuamperfecto de subjuntivo**	
balbuceara	balbuceáramos	hubiera balbuceado	hubiéramos balbuceado
balbucearas	balbucearais	hubieras balbuceado	hubierais balbuceado
balbuceara	balbucearan	hubiera balbuceado	hubieran balbuceado
OR		OR	
balbucease	balbuceásemos	hubiese balbuceado	hubiésemos balbuceado
balbuceases	balbuceaseis	hubieses balbuceado	hubieseis balbuceado
balbucease	balbuceasen	hubiese balbuceado	hubiesen balbuceado

imperativo	
—	balbuceemos
balbucea; no balbucees	balbucead; no balbuceéis
balbucee	balbuceen

Cuando vi al ladrón en mi casa, balbuceé, "¿Qué quieres aquí?"
When I saw the burglar in my house, I stammered, "What do you want here?"

balbuciente   stammering, stuttering
el balbuceo, la balbucencia   stuttering, stammering

Syn.: **balbucir** to stammer (386); **tartamudear** to stammer (206)

bañarse (88)
to bathe oneself, to take a bath

B

The Seven Simple Tenses		The Seven Compound Tenses	
Singular	Plural	Singular	Plural

1 presente de indicativo

		8 perfecto de indicativo	
me baño	nos bañamos	me he bañado	nos hemos bañado
te bañas	os bañáis	te has bañado	os habéis bañado
se baña	se bañan	se ha bañado	se han bañado

2 imperfecto de indicativo

		9 pluscuamperfecto de indicativo	
me bañaba	nos bañábamos	me había bañado	nos habíamos bañado
te bañabas	os bañabais	te habías bañado	os habíais bañado
se bañaba	se bañaban	se había bañado	se habían bañado

3 pretérito

		10 pretérito anterior	
me bañé	nos bañamos	me hube bañado	nos hubimos bañado
te bañaste	os bañasteis	te hubiste bañado	os hubisteis bañado
se bañó	se bañaron	se hubo bañado	se hubieron bañado

4 futuro

		11 futuro perfecto	
me bañaré	nos bañaremos	me habré bañado	nos habremos bañado
te bañarás	os bañaréis	te habrás bañado	os habréis bañado
se bañará	se bañarán	se habrá bañado	se habrán bañado

5 potencial simple

		12 potencial compuesto	
me bañaría	nos bañaríamos	me habría bañado	nos habríamos bañado
te bañarías	os bañaríais	te habrías bañado	os habríais bañado
se bañaría	se bañarían	se habría bañado	se habrían bañado

6 presente de subjuntivo

		13 perfecto de subjuntivo	
me bañe	nos bañemos	me haya bañado	nos hayamos bañado
te bañes	os bañéis	te hayas bañado	os hayáis bañado
se bañe	se bañen	se haya bañado	se hayan bañado

7 imperfecto de subjuntivo

		14 pluscuamperfecto de subjuntivo	
me bañara	nos bañáramos	me hubiera bañado	nos hubiéramos bañado
te bañaras	os bañarais	te hubieras bañado	os hubierais bañado
se bañara	se bañaran	se hubiera bañado	se hubieran bañado
OR		OR	
me bañase	nos bañásemos	me hubiese bañado	nos hubiésemos bañado
te bañases	os bañaseis	te hubieses bañado	os hubieseis bañado
se bañase	se bañasen	se hubiese bañado	se hubiesen bañado

imperativo

—	bañémonos
báñate; no te bañes	bañaos; no os bañéis
báñese	báñense

Me baño antes de acostarme. Me ayuda a relajarme.
I take a bath before going to bed. It helps me to relax (sleep).

una bañera, una bañadera	bathtub	**un baño de vapor**	steam bath
un bañador, una bañadora	bather	**bañar a la luz**	to light up, to illuminate
un baño	bath, bathing	**bañar**	to bathe

Syn.: **ducharse** to take a shower; **lavarse** to wash oneself; **limpiarse** to clean oneself; **mojarse** to get wet   Ant.: **ensuciarse** to get dirty (195)

barrer (89)

to sweep, to whisk

The Seven Simple Tenses		The Seven Compound Tenses	
Singular	Plural	Singular	Plural
1 presente de indicativo		**8 perfecto de indicativo**	
barro	barremos	he barrido	hemos barrido
barres	barréis	has barrido	habéis barrido
barre	barren	ha barrido	han barrido
2 imperfecto de indicativo		**9 pluscuamperfecto de indicativo**	
barría	barríamos	había barrido	habíamos barrido
barrías	barríais	habías barrido	habíais barrido
barria	barrían	había barrido	habían barrido
3 pretérito		**10 pretérito anterior**	
barrí	barrimos	hube barrido	hubimos barrido
barriste	barristeis	hubiste barrido	hubisteis barrido
barrió	barrieron	hubo barrido	hubieron barrido
4 futuro		**11 futuro perfecto**	
barreré	barreremos	habré barrido	habremos barrido
barrerás	barreréis	habrás barrido	habréis barrido
barrerá	barrerán	habrá barrido	habrán barrido
5 potencial simple		**12 potencial compuesto**	
barrería	barreríamos	habría barrido	habríamos barrido
barrerías	barreríais	habrías barrido	habríais barrido
barrería	barrerían	habría barrido	habrían barrido
6 presente de subjuntivo		**13 perfecto de subjuntivo**	
barra	barramos	haya barrido	hayamos barrido
barras	barráis	hayas barrido	hayáis barrido
barra	barran	haya barrido	hayan barrido
7 imperfecto de subjuntivo		**14 pluscuamperfecto de subjuntivo**	
barriera	barriéramos	hubiera barrido	hubiéramos barrido
barrieras	barrierais	hubieras barrido	hubierais barrido
barriera	barrieran	hubiera barrido	hubieran barrido
OR		OR	
barriese	barriésemos	hubiese barrido	hubiésemos barrido
barrieses	barrieseis	hubieses barrido	hubieseis barrido
barriese	barriesen	hubiese barrido	hubiesen barrido

imperativo	
—	barramos
barre; no barras	barred; no barráis
barra	barran

Miguel, tráigame la escoba; barreremos la cocina antes de la fiesta.
Michael, bring me the broom; we'll sweep the kitchen before the party.

la barredora de calle   street sweeper
la barredura   sweeping

la barredora eléctrica (also **la aspiradora**)
vacuum cleaner

Syn.: **cepillar** to brush; **limpiar** to clean

Part. pas. **bautizado**   Gerundio **bautizando**
Regular **-ar** verb endings with spelling
change: **z** becomes **c** before **e**

bautizar (90)
to baptize, to christen

The Seven Simple Tenses		The Seven Compound Tenses	
Singular	**Plural**	**Singular**	**Plural**
1 presente de indicativo		**8 perfecto de indicativo**	
bautizo	bautizamos	he bautizado	hemos bautizado
bautizas	bautizáis	has bautizado	habéis bautizado
bautiza	bautizan	ha bautizado	han bautizado
2 imperfecto de indicativo		**9 pluscuamperfecto de indicativo**	
bautizaba	bautizábamos	había bautizado	habíamos bautizado
bautizabas	bautizabais	habías bautizado	habíais bautizado
bautizaba	bautizaban	había bautizado	habían bautizado
3 pretérito		**10 pretérito anterior**	
bauticé	bautizamos	hube bautizado	hubimos bautizado
bautizaste	bautizasteis	hubiste bautizado	hubisteis bautizado
bautizó	bautizaron	hubo bautizado	hubieron bautizado
4 futuro		**11 futuro perfecto**	
bautizaré	bautizaremos	habré bautizado	habremos bautizado
bautizarás	bautizaréis	habrás bautizado	habréis bautizado
bautizará	bautizarán	habrá bautizado	habrán bautizado
5 potencial simple		**12 potencial compuesto**	
bautizaría	bautizaríamos	habría bautizado	habríamos bautizado
bautizarías	bautizaríais	habrías bautizado	habríais bautizado
bautizaría	bautizarían	habría bautizado	habrían bautizado
6 presente de subjuntivo		**13 perfecto de subjuntivo**	
bautice	bauticemos	haya bautizado	hayamos bautizado
bautices	bauticéis	hayas bautizado	hayáis bautizado
bautice	bauticen	haya bautizado	hayan bautizado
7 imperfecto de subjuntivo		**14 pluscuamperfecto de subjuntivo**	
bautizara	bautizáramos	hubiera bautizado	hubiéramos bautizado
bautizaras	bautizarais	hubieras bautizado	hubierais bautizado
bautizara	bautizaran	hubiera bautizado	hubieran bautizado
OR		OR	
bautizase	bautizásemos	hubiese bautizado	hubiésemos bautizado
bautizases	bautizaseis	hubieses bautizado	hubieseis bautizado
bautizase	bautizasen	hubiese bautizado	hubiesen bautizado

imperativo	
—	bauticemos
bautiza; no bautices	bautizad; no bauticéis
bautice	bauticen

Un buque argentino fue bautizado Francisco en 2013 en honor al Papa Francisco.
An Argentine vessel was christened *Francis* in 2013 in honor of Pope Francis.

el bautisterio baptistery
el bautismo baptism, christening
bautismal baptismal

el, la Bautista Baptist
bautizar una calle to name a street

Syn.: **cristianar** to baptize, to christen (249)

beber (91)
to drink

The Seven Simple Tenses		The Seven Compound Tenses	
Singular	**Plural**	**Singular**	**Plural**
1 presente de indicativo		**8 perfecto de indicativo**	
bebo	bebemos	he bebido	hemos bebido
bebes	bebéis	has bebido	habéis bebido
bebe	beben	ha bebido	han bebido
2 imperfecto de indicativo		**9 pluscuamperfecto de indicativo**	
bebía	bebíamos	había bebido	habíamos bebido
bebías	bebíais	habías bebido	habíais bebido
bebía	bebían	había bebido	habían bebido
3 pretérito		**10 pretérito anterior**	
bebí	bebimos	hube bebido	hubimos bebido
bebiste	bebisteis	hubiste bebido	hubisteis bebido
bebió	bebieron	hubo bebido	hubieron bebido
4 futuro		**11 futuro perfecto**	
beberé	beberemos	habré bebido	habremos bebido
beberás	beberéis	habrás bebido	habréis bebido
beberá	beberán	habrá bebido	habrán bebido
5 potencial simple		**12 potencial compuesto**	
bebería	beberíamos	habría bebido	habríamos bebido
beberías	beberíais	habrías bebido	habríais bebido
bebería	beberían	habría bebido	habrían bebido
6 presente de subjuntivo		**13 perfecto de subjuntivo**	
beba	bebamos	haya bebido	hayamos bebido
bebas	bebáis	hayas bebido	hayáis bebido
beba	beban	haya bebido	hayan bebido
7 imperfecto de subjuntivo		**14 pluscuamperfecto de subjuntivo**	
bebiera	bebiéramos	hubiera bebido	hubiéramos bebido
bebieras	bebierais	hubieras bebido	hubierais bebido
bebiera	bebieran	hubiera bebido	hubieran bebido
OR		OR	
bebiese	bebiésemos	hubiese bebido	hubiésemos bebido
bebieses	bebieseis	hubieses bebido	hubieseis bebido
bebiese	bebiesen	hubiese bebido	hubiesen bebido

imperativo	
—	bebamos
bebe; no bebas	bebed; no bebáis
beba	beban

una bebida   drink, beverage
beber de   to drink from
beber a la salud   to drink to health
embeber   to soak in, soak up, imbibe
embeberse en   to absorb onself, to immerse oneself in

embebedor, embebedora   absorbent
beber como una esponja   to drink like a
  fish (sponge)

Syn.: **tomar (una bebida)** to take a drink, to drink

Part. pas. **bendecido (bendito,** Gerundio **bendiciendo**
when used as an adj. with **estar)**
Irregular verb

bendecir (92)
to bless, to consecrate

B

The Seven Simple Tenses		The Seven Compound Tenses	
Singular	Plural	Singular	Plural
1 presente de indicativo		**8 perfecto de indicativo**	
bendigo	bendecimos	he bendecido	hemos bendecido
bendices	bendecís	has bendecido	habéis bendecido
bendice	bendicen	ha bendecido	han bendecido
2 imperfecto de indicativo		**9 pluscuamperfecto de indicativo**	
bendecía	bendecíamos	había bendecido	habíamos bendecido
bendecías	bendecíais	habías bendecido	habíais bendecido
bendecía	bendecían	había bendecido	habían bendecido
3 pretérito		**10 pretérito anterior**	
bendije	bendijimos	hube bendecido	hubimos bendecido
bendijiste	bendijisteis	hubiste bendecido	hubisteis bendecido
bendijo	bendijeron	hubo bendecido	hubieron bendecido
4 futuro		**11 futuro perfecto**	
bendeciré	bendeciremos	habré bendecido	habremos bendecido
bendecirás	bendeciréis	habrás bendecido	habréis bendecido
bendecirá	bendecirán	habrá bendecido	habrán bendecido
5 potencial simple		**12 potencial compuesto**	
bendeciría	bendeciríamos	habría bendecido	habríamos bendecido
bendecirías	bendeciríais	habrías bendecido	habríais bendecido
bendeciría	bendecirían	habría bendecido	habrían bendecido
6 presente de subjuntivo		**13 perfecto de subjuntivo**	
bendiga	bendigamos	haya bendecido	hayamos bendecido
bendigas	bendigáis	hayas bendecido	hayáis bendecido
bendiga	bendigan	haya bendecido	hayan bendecido
7 imperfecto de subjuntivo		**14 pluscuamperfecto de subjuntivo**	
bendijera	bendijéramos	hubiera bendecido	hubiéramos bendecido
bendijeras	bendijerais	hubieras bendecido	hubierais bendecido
bendijera	bendijeran	hubiera bendecido	hubieran bendecido
OR		OR	
bendijese	bendijésemos	hubiese bendecido	hubiésemos bendecido
bendijeses	bendijeseis	hubieses bendecido	hubieseis bendecido
bendijese	bendijesen	hubiese bendecido	hubiesen bendecido

imperativo

—	bendigamos
bendice; no bendigas	bendecid; no bendigáis
bendiga	bendigan

la bendición benediction, blessing
las bendiciones nupciales marriage
Dormí como un bendito I slept like a baby/
like a log.

el pan bendito communion bread (blessed)
See also **maldecir**. See also the note on the
bottom of verb 368.

Syn.: **consagrar** to consecrate (259)   Ant.: **maldecir** to curse

borrar (93)

to erase, to cross out

Gerundio **borrando** Part. pas. **borrado**

Regular **-ar** verb

The Seven Simple Tenses		The Seven Compound Tenses	
Singular	**Plural**	**Singular**	**Plural**
1 presente de indicativo		**8 perfecto de indicativo**	
borro	borramos	he borrado	hemos borrado
borras	borráis	has borrado	habéis borrado
borra	borran	ha borrado	han borrado
2 imperfecto de indicativo		**9 pluscuamperfecto de indicativo**	
borraba	borrábamos	había borrado	habíamos borrado
borrabas	borrabais	habías borrado	habíais borrado
borraba	borraban	había borrado	habían borrado
3 pretérito		**10 pretérito anterior**	
borré	borramos	hube borrado	hubimos borrado
borraste	borrasteis	hubiste borrado	hubisteis borrado
borró	borraron	hubo borrado	hubieron borrado
4 futuro		**11 futuro perfecto**	
borraré	borraremos	habré borrado	habremos borrado
borrarás	borraréis	habrás borrado	habréis borrado
borrará	borrarán	habrá borrado	habrán borrado
5 potencial simple		**12 potencial compuesto**	
borraría	borraríamos	habría borrado	habríamos borrado
borrarías	borraríais	habrías borrado	habríais borrado
borraría	borrarían	habría borrado	habrían borrado
6 presente de subjuntivo		**13 perfecto de subjuntivo**	
borre	borremos	haya borrado	hayamos borrado
borres	borréis	hayas borrado	hayáis borrado
borre	borren	haya borrado	hayan borrado
7 imperfecto de subjuntivo		**14 pluscuamperfecto de subjuntivo**	
borrara	borráramos	hubiera borrado	hubiéramos borrado
borraras	borrarais	hubieras borrado	hubierais borrado
borrara	borraran	hubiera borrado	hubieran borrado
OR		OR	
borrase	borrásemos	hubiese borrado	hubiésemos borrado
borrases	borraseis	hubieses borrado	hubieseis borrado
borrase	borrasen	hubiese borrado	hubiesen borrado

imperativo	
—	borremos
borra; no borres	borrad; no borréis
borre	borren

Yo lo borré todo y recomencé el trabajo.   I erased everything and started the job again.

la goma de borrar   rubber eraser
la borradura   erasure
el borrador   eraser (chalk), rough draft
la tecla de borrado   delete key (computer)

desborrar   to burl (to clean off the knots from cloth)
emborrar   to pad, to stuff, to wad; to gulp down food

Syn.: **eliminar** to eliminate (107); **obliterar** to erase, obliterate (227); **suprimir** to delete, suppress

Part. pas. **bostezado**   Gerundio **bostezando**
Regular **-ar** verb endings with spelling
change: **z** becomes **c** before **e**

bostezar (94)
to yawn, to gape

The Seven Simple Tenses		The Seven Compound Tenses	
Singular	**Plural**	**Singular**	**Plural**
1 presente de indicativo		**8 perfecto de indicativo**	
bostezo	bostezamos	he bostezado	hemos bostezado
bostezas	bostezáis	has bostezado	habéis bostezado
bosteza	bostezan	ha bostezado	han bostezado
2 imperfecto de indicativo		**9 pluscuamperfecto de indicativo**	
bostezaba	bostezábamos	había bostezado	habíamos bostezado
bostezabas	bostezabais	habías bostezado	habíais bostezado
bostezaba	bostezeban	había bostezado	habían bostezado
3 pretérito		**10 pretérito anterior**	
bostecé	bostezamos	hube bostezado	hubimos bostezado
bostezaste	bostezasteis	hubiste bostezado	hubisteis bostezado
bostezó	bostezaron	hubo bostezado	hubieron bostezado
4 futuro		**11 futuro perfecto**	
bostezaré	bostezaremos	habré bostezado	habremos bostezado
bostezarás	bostezaréis	habrás bostezado	habréis bostezado
bostezará	bostezarán	habrá bostezado	habrán bostezado
5 potencial simple		**12 potencial compuesto**	
bostezaría	bostezaríamos	habría bostezado	habríamos bostezado
bostezarías	bostezaríais	habrías bostezado	habríais bostezado
bostezaría	bostezarían	habría bostezado	habrían bostezado
6 presente de subjuntivo		**13 perfecto de subjuntivo**	
bostece	bostecemos	haya bostezado	hayamos bostezado
bosteces	bostecéis	hayas bostezado	hayáis bostezado
bostece	bostecen	haya bostezado	hayan bostezado
7 imperfecto de subjuntivo		**14 pluscuamperfecto de subjuntivo**	
bostezara	bostezáramos	hubiera bostezado	hubiéramos bostezado
bostezaras	bostezarais	hubieras bostezado	hubierais bostezado
bostezara	bostezaran	hubiera bostezado	hubieran bostezado
OR		OR	
bostezase	bostezásemos	hubiese bostezado	hubiésemos bostezado
bostezases	bostezaseis	hubieses bostezado	hubieseis bostezado
bostezase	bostezasen	hubiese bostezado	hubiesen bostezado

imperativo

—	bostecemos
bosteza; no bosteces	bostezad; no bostecéis
bostece	bostecen

¡Qué película tan aburrida! Bostezamos de principio a fin.
What a boring movie! We yawned from beginning to end.

un bostezo yawn   **bostezante** yawning, gaping

Syn.: **aburrirse** to be bored

botar (95)

to fling, to cast (away), to throw (away), to launch, to jump

Gerundio **botando**   Part. pas. **botado**

Regular **-ar** verb

The Seven Simple Tenses		The Seven Compound Tenses	
Singular	**Plural**	**Singular**	**Plural**
1 presente de indicativo		**8 perfecto de indicativo**	
boto	botamos	he botado	hemos botado
botas	botáis	has botado	habéis botado
bota	botan	ha botado	han botado
2 imperfecto de indicativo		**9 pluscuamperfecto de indicativo**	
botaba	botábamos	había botado	habíamos botado
botabas	botabais	habías botado	habíais botado
botaba	botaban	había botado	habían botado
3 pretérito		**10 pretérito anterior**	
boté	botamos	hube botado	hubimos botado
botaste	botasteis	hubiste botado	hubisteis botado
botó	botaron	hubo botado	hubieron botado
4 futuro		**11 futuro perfecto**	
botaré	botaremos	habré botado	habremos botado
botarás	botaréis	habrás botado	habréis botado
botará	botarán	habrá botado	habrán botado
5 potencial simple		**12 potencial compuesto**	
botaría	botaríamos	habría botado	habríamos botado
botarías	botaríais	habrías botado	habríais botado
botaría	botarían	habría botado	habrían botado
6 presente de subjuntivo		**13 perfecto de subjuntivo**	
bote	botemos	haya botado	hayamos botado
botes	botéis	hayas botado	hayáis botado
bote	boten	haya botado	hayan botado
7 imperfecto de subjuntivo		**14 pluscuamperfecto de subjuntivo**	
botara	botáramos	hubiera botado	hubiéramos botado
botaras	botarais	hubieras botado	hubierais botado
botara	botaran	hubiera botado	hubieran botado
OR		OR	
botase	botásemos	hubiese botado	hubiésemos botado
botases	botaseis	hubieses botado	hubieseis botado
botase	botasen	hubiese botado	hubiesen botado

imperativo	
—	botemos
bota; no botes	botad; no botéis
bote	boten

Al escuchar las buenas noticias, Alejandro botó de alegría.
Upon hearing the good news, Alexander jumped for joy.

un bote   thrust, blow, jump, leap
rebotar   to bend back; to repel; to bounce back, rebound
un rebote   bounce, rebound; **de rebote**   indirectly

la botadura   launching

Syn.: **lanzar** to throw, launch; **tirar** to throw

160

broncear (96)
to bronze, to tan

The Seven Simple Tenses		The Seven Compound Tenses	
Singular	Plural	Singular	Plural
1 presente de indicativo		**8 perfecto de indicativo**	
bronceo	bronceamos	he bronceado	hemos bronceado
bronceas	bronceáis	has bronceado	habéis bronceado
broncea	broncean	ha bronceado	han bronceado
2 imperfecto de indicativo		**9 pluscuamperfecto de indicativo**	
bronceaba	bronceábamos	había bronceado	habíamos bronceado
bronceabas	bronceabais	habías bronceado	habíais bronceado
bronceaba	bronceaban	había bronceado	habían bronceado
3 pretérito		**10 pretérito anterior**	
bronceé	bronceamos	hube bronceado	hubimos bronceado
bronceaste	bronceasteis	hubiste bronceado	hubisteis bronceado
bronceó	broncearon	hubo bronceado	hubieron bronceado
4 futuro		**11 futuro perfecto**	
broncearé	broncearemos	habré bronceado	habremos bronceado
broncearás	broncearéis	habrás bronceado	habréis bronceado
bronceará	broncearán	habrá bronceado	habrán bronceado
5 potencial simple		**12 potencial compuesto**	
broncearía	broncearíamos	habría bronceado	habríamos bronceado
broncearías	broncearíais	habrías bronceado	habríais bronceado
broncearía	broncearían	habría bronceado	habrían bronceado
6 presente de subjuntivo		**13 perfecto de subjuntivo**	
broncee	bronceemos	haya bronceado	hayamos bronceado
broncees	bronceéis	hayas bronceado	hayáis bronceado
broncee	bronceen	haya bronceado	hayan bronceado
7 imperfecto de subjuntivo		**14 pluscuamperfecto de subjuntivo**	
bronceara	bronceáramos	hubiera bronceado	hubiéramos bronceado
broncearas	broncearais	hubieras bronceado	hubierais bronceado
bronceara	broncearan	hubiera bronceado	hubieran bronceado
OR		OR	
broncease	bronceásemos	hubiese bronceado	hubiésemos bronceado
bronceases	bronceaseis	hubieses bronceado	hubieseis bronceado
broncease	bronceasen	hubiese bronceado	hubiesen bronceado

imperativo	
—	bronceemos
broncea; no broncees	broncead; no bronceéis
broncee	bronceen

el bronce   bronze
bronceado, bronceada   bronze colored, sunburned, tanned
broncearse   to tan, bronze oneself (skin) (Syn.: **tostarse** to tan, to turn brown)
el bronceador   suntan lotion
la bronceadura   bronzing
broncíneo, broncínea   bronze

Syn.: **tostar** to tan, toast   Ant.: **palidecer** to turn pale (344)

bullir (97)

to boil, to bustle, to hustle, to stir

Gerundio **bullendo**   Part. pas. **bullido**
Irregular verb (Tenses 3 and 7)

The Seven Simple Tenses		The Seven Compound Tenses	
Singular	**Plural**	**Singular**	**Plural**
1 presente de indicativo		**8 perfecto de indicativo**	
bullo	bullimos	he bullido	hemos bullido
bulles	bullís	has bullido	habéis bullido
bulle	bullen	ha bullido	han bullido
2 imperfecto de indicativo		**9 pluscuamperfecto de indicativo**	
bullía	bullíamos	había bullido	habíamos bullido
bullías	bullíais	habías bullido	habíais bullido
bullía	bullían	había bullido	habían bullido
3 pretérito		**10 pretérito anterior**	
bullí	bullimos	hube bullido	hubimos bullido
bulliste	bullisteis	hubiste bullido	hubisteis bullido
bulló	bulleron	hubo bullido	hubieron bullido
4 futuro		**11 futuro perfecto**	
bulliré	bulliremos	habré bullido	habremos bullido
bullirás	bulliréis	habrás bullido	habréis bullido
bullirá	bullirán	habrá bullido	habrán bullido
5 potencial simple		**12 potencial compuesto**	
bulliría	bulliríamos	habría bullido	habríamos bullido
bullirías	bulliríais	habrías bullido	habríais bullido
bulliría	bullirían	habría bullido	habrían bullido
6 presente de subjuntivo		**13 perfecto de subjuntivo**	
bulla	bullamos	haya bullido	hayamos bullido
bullas	bulláis	hayas bullido	hayáis bullido
bulla	bullan	haya bullido	hayan bullido
7 imperfecto de subjuntivo		**14 pluscuamperfecto de subjuntivo**	
bullera	bulléramos	hubiera bullido	hubiéramos bullido
bulleras	bullerais	hubieras bullido	hubierais bullido
bullera	bulleran	hubiera bullido	hubieran bullido
OR		OR	
bullese	bullésemos	hubiese bullido	hubiésemos bullido
bulleses	bulleseis	hubieses bullido	hubieseis bullido
bullese	bullesen	hubiese bullido	hubiesen bullido

imperativo	
—	bullamos
bulle; no bullas	bullid; no bulláis
bulla	bullan

Me gusta la ciudad de Quito, en Ecuador; es un lugar que bulle de actividad.
I like the city of Quito, in Ecuador; it's a place that is bustling with activity.

el bullicio   noise, bustle
bulliciosamente   noisily
la ebullición   boiling; **el punto de**
  ebullición   boiling point

bullente   bubbling
la bulla   bustle, noise; mob
un bullaje   noisy crowd

Syn.: **burbujear** to bubble (54); **hervir** to boil (370)

burlarse (98)

to make fun of, to poke fun at, to ridicule

B

The Seven Simple Tenses		The Seven Compound Tenses	
Singular	Plural	Singular	Plural
1 presente de indicativo		**8 perfecto de indicativo**	
me burlo	nos burlamos	me he burlado	nos hemos burlado
te burlas	os burláis	te has burlado	os habéis burlado
se burla	se burlan	se ha burlado	se han burlado
2 imperfecto de indicativo		**9 pluscuamperfecto de indicativo**	
me burlaba	nos burlábamos	me había burlado	nos habíamos burlado
te burlabas	os burlabais	te habías burlado	os habíais burlado
se burlaba	se burlaban	se había burlado	se habían burlado
3 pretérito		**10 pretérito anterior**	
me burlé	nos burlamos	me hube burlado	nos hubimos burlado
te burlaste	os burlasteis	te hubiste burlado	os hubisteis burlado
se burló	se burlaron	se hubo burlado	se hubieron burlado
4 futuro		**11 futuro perfecto**	
me burlaré	nos burlaremos	me habré burlado	nos habremos burlado
te burlarás	os burlaréis	te habrás burlado	os habréis burlado
se burlará	se burlarán	se habrá burlado	se habrán burlado
5 potencial simple		**12 potencial compuesto**	
me burlaría	nos burlaríamos	me habría burlado	nos habríamos burlado
te burlarías	os burlaríais	te habrías burlado	os habríais burlado
se burlaría	se burlarían	se habría burlado	se habrían burlado
6 presente de subjuntivo		**13 perfecto de subjuntivo**	
me burle	nos burlemos	me haya burlado	nos hayamos burlado
te burles	os burléis	te hayas burlado	os hayáis burlado
se burle	se burlen	se haya burlado	se hayan burlado
7 imperfecto de subjuntivo		**14 pluscuamperfecto de subjuntivo**	
me burlara	nos burláramos	me hubiera burlado	nos hubiéramos burlado
te burlaras	os burlarais	te hubieras burlado	os hubierais burlado
se burlara	se burlaran	se hubiera burlado	se hubieran burlado
OR		OR	
me burlase	nos burlásemos	me hubiese burlado	nos hubiésemos burlado
te burlases	os burlaseis	te hubieses burlado	os hubieseis burlado
se burlase	se burlasen	se hubiese burlado	se hubiesen burlado

imperativo	
—	burlémonos
búrlate; no te burles	burlaos; no os burléis
búrlese	búrlense

el burlador, la burladora   practical joker, jester, wag
de burlas   for fun
la burlería   trick, mockery
burlesco, burlesca   burlesque

burlarase de alguien   to make fun of someone
burlar a alguien   to deceive someone
hacer burla de   to make fun of
una burla   jeer

Syn.: **escarnecer** to ridicule (344); **reírse** to laugh   Ant.: **respetar** to respect (54)

buscar (99)

to look for, to seek

Gerundio **buscando**   Part. pas. **buscado**
Regular **-ar** verb endings with spelling
change: **c** becomes **qu** before **e**

The Seven Simple Tenses		The Seven Compound Tenses	
Singular	Plural	Singular	Plural
1 presente de indicativo		**8 perfecto de indicativo**	
busco	buscamos	he buscado	hemos buscado
buscas	buscáis	has buscado	habéis buscado
busca	buscan	ha buscado	han buscado
2 imperfecto de indicativo		**9 pluscuamperfecto de indicativo**	
buscaba	buscábamos	había buscado	habíamos buscado
buscabas	buscabais	habías buscado	habíais buscado
buscaba	buscaban	había buscado	habían buscado
3 pretérito		**10 pretérito anterior**	
busqué	buscamos	hube buscado	hubimos buscado
buscaste	buscasteis	hubiste buscado	hubisteis buscado
buscó	buscaron	hubo buscado	hubieron buscado
4 futuro		**11 futuro perfecto**	
buscaré	buscaremos	habré buscado	habremos buscado
buscarás	buscaréis	habrás buscado	habréis buscado
buscará	buscarán	habrá buscado	habrán buscado
5 potencial simple		**12 potencial compuesto**	
buscaría	buscaríamos	habría buscado	habríamos buscado
buscarías	buscaríais	habrías buscado	habríais buscado
buscaría	buscarían	habría buscado	habrían buscado
6 presente de subjuntivo		**13 perfecto de subjuntivo**	
busque	busquemos	haya buscado	hayamos buscado
busques	busquéis	hayas buscado	hayáis buscado
busque	busquen	haya buscado	hayan buscado
7 imperfecto de subjuntivo		**14 pluscuamperfecto de subjuntivo**	
buscara	buscáramos	hubiera buscado	hubiéramos buscado
buscaras	buscarais	hubieras buscado	hubierais buscado
buscara	buscaran	hubiera buscado	hubieran buscado
OR		OR	
buscase	buscásemos	hubiese buscado	hubiésemos buscado
buscases	buscaseis	hubieses buscado	hubieseis buscado
buscase	buscasen	hubiese buscado	hubiesen buscado

imperativo	
—	busquemos
busca; no busques	buscad; no busquéis
busque	busquen

¿Qué busca Ud.? What are you looking for?
Busco mis libros. I'm looking for my books.
Busco a mi padre. I'm looking for my father.
 (Don't forget the **a personal** before a person.)
la busca, la buscada research, search

la búsqueda search
rebuscar to search into meticulously
el rebuscamiento meticulous searching
un buscador search engine (Internet)

Syn.: **explorar** to explore (32)   Ant.: **descubrir** to discover; **encontrar** to find; **hallar** to find;
perder to lose

caber (100)

to be contained, to fit into

C

The Seven Simple Tenses		The Seven Compound Tenses	
Singular	**Plural**	**Singular**	**Plural**
1 presente de indicativo		**8 perfecto de indicativo**	
quepo	cabemos	he cabido	hemos cabido
cabes	cabéis	has cabido	habéis cabido
cabe	caben	ha cabido	han cabido
2 imperfecto de indicativo		**9 pluscuamperfecto de indicativo**	
cabía	cabíamos	había cabido	habíamos cabido
cabías	cabíais	habías cabido	habíais cabido
cabía	cabían	había cabido	habían cabido
3 pretérito		**10 pretérito anterior**	
cupe	cupimos	hube cabido	hubimos cabido
cupiste	cupisteis	hubiste cabido	hubisteis cabido
cupo	cupieron	hubo cabido	hubieron cabido
4 futuro		**11 futuro perfecto**	
cabré	cabremos	habré cabido	habremos cabido
cabrás	cabréis	habrás cabido	habréis cabido
cabrá	cabrán	habrá cabido	habrán cabido
5 potencial simple		**12 potencial compuesto**	
cabría	cabríamos	habría cabido	habríamos cabido
cabrías	cabríais	habrías cabido	habríais cabido
cabría	cabrían	habría cabido	habrían cabido
6 presente de subjuntivo		**13 perfecto de subjuntivo**	
quepa	quepamos	haya cabido	hayamos cabido
quepas	quepáis	hayas cabido	hayáis cabido
quepa	quepan	haya cabido	hayan cabido
7 imperfecto de subjuntivo		**14 pluscuamperfecto de subjuntivo**	
cupiera	cupiéramos	hubiera cabido	hubiéramos cabido
cupieras	cupierais	hubieras cabido	hubierais cabido
cupiera	cupieran	hubiera cabido	hubieran cabido
OR		OR	
cupiese	cupiésemos	hubiese cabido	hubiésemos cabido
cupieses	cupieseis	hubieses cabido	hubieseis cabido
cupiese	cupiesen	hubiese cabido	hubiesen cabido

imperativo	
—	quepamos
cabe; no quepas	cabed; no quepáis
quepa	quepan

Mi padre compró un SUV muy grande que no cabe en nuestro pequeño garaje.
My father bought a very large SUV that doesn't fit in our little garage.

Pablo no cabe en sí.   Paul has a swelled head.
No quepo aquí.   I don't have enough room here.
No cabe duda de que . . .   There is no doubt
that . . .

No me cabe en la cabeza.   I don't get
(understand) it. (I can't wrap my head
around it.)

Todo cabe.   All is possible. (It all fits.)

Syn.: **contener** to contain   Ant.: **sobrepasar** to exceed (2)

Caer/Caerse

Caer and caerse are an important pair of verbs for a beginning student. Both verbs are irregular and they are very useful in many everyday situations and expressions. Pay special attention when you use caer reflexively (caerse).

Sentences using caer, caerse, and related words

Mi madre cayó enferma en octubre.
My mother fell ill in October.

Yo me caí por la ventana. Por suerte, estuve en la planta baja.
I fell out of the window. Luckily, I was on the first floor.

El hombre que se levanta aún es más grande que el que no ha caído. (Concepción Arenal)
The man who gets up is even greater than the one who hasn't fallen.

If you can conjugate caer, you can also conjugate these verbs:

decaer to decay, decline

recaer to relapse, fall back

Proverb

Caen las hojas y caerán los árboles.
All in good time. (Lit.: Leaves fall and trees will fall.)

Words and expressions related to this verb

la caída the fall

a la caída del sol at sunset

a la caída de la tarde at the end of the afternoon

caer enfermo (enferma) to fall sick

dejar caer to drop

dejar caer la voz to drop one's voice

caer de espaldas to fall backwards

caer con to come down with

caer de lo alto to fall from above

caer de plano to fall flat

caer en la cuenta to catch on, to realize, to get the point

caerse a pedazos to fall to pieces

caerse de risa to roll (on the floor) with laughter

hacer caer to knock over

---

caer
Syn.: **bajar** to lower, to go down
Ant.: **levantar** to lift, to raise

caerse
Syn.: **descender** to descend, to go down (354)
Ant.: **levantarse** to get up, to rise; **subir** to go up, to rise

---

AN ESSENTIAL
55 Verb

Can't find the verb you're looking for?

Check the back pages of this book for a list of over 2,300 additional verbs!

caer (101)

to fall

C

The Seven Simple Tenses		The Seven Compound Tenses	
Singular	**Plural**	**Singular**	**Plural**
1 presente de indicativo		**8 perfecto de indicativo**	
caigo	caemos	he caído	hemos caído
caes	caéis	has caído	habéis caído
cae	caen	ha caído	han caído
2 imperfecto de indicativo		**9 pluscuamperfecto de indicativo**	
caía	caíamos	había caído	habíamos caído
caías	caíais	habías caído	habíais caído
caía	caían	había caído	habían caído
3 pretérito		**10 pretérito anterior**	
caí	caímos	hube caído	hubimos caído
caíste	caísteis	hubiste caído	hubisteis caído
cayó	cayeron	hubo caído	hubieron caído
4 futuro		**11 futuro perfecto**	
caeré	caeremos	habré caído	habremos caído
caerás	caeréis	habrás caído	habréis caído
caerá	caerán	habrá caído	habrán caído
5 potencial simple		**12 potencial compuesto**	
caería	caeríamos	habría caído	habríamos caído
caerías	caeríais	habrías caído	habríais caído
caería	caerían	habría caído	habrían caído
6 presente de subjuntivo		**13 perfecto de subjuntivo**	
caiga	caigamos	haya caído	hayamos caído
caigas	caigáis	hayas caído	hayáis caído
caiga	caigan	haya caído	hayan caído
7 imperfecto de subjuntivo		**14 pluscuamperfecto de subjuntivo**	
cayera	cayéramos	hubiera caído	hubiéramos caído
cayeras	cayerais	hubieras caído	hubierais caído
cayera	cayeran	hubiera caído	hubieran caído
OR		OR	
cayese	cayésemos	hubiese caído	hubiésemos caído
cayeses	cayeseis	hubieses caído	hubieseis caído
cayese	cayesen	hubiese caído	hubiesen caído

imperativo	
—	caigamos
cae; no caigas	caed; no caigáis
caiga	caigan

AN ESSENTIAL
55 Verb

caerse (102)
to fall, to fall down, to tumble

Gerundio **cayéndose**   Part. pas. **caído**
Reflexive irregular verb

The Seven Simple Tenses		The Seven Compound Tenses	
Singular	**Plural**	**Singular**	**Plural**
1 presente de indicativo		**8 perfecto de indicativo**	
me caigo	nos caemos	me he caído	nos hemos caído
te caes	os caéis	te has caído	os habéis caído
se cae	se caen	se ha caído	se han caído
2 imperfecto de indicativo		**9 pluscuamperfecto de indicativo**	
me caía	nos caíamos	me había caído	nos habíamos caído
te caías	os caíais	te habías caído	os habíais caído
se caía	se caían	se había caído	se habían caído
3 pretérito		**10 pretérito anterior**	
me caí	nos caímos	me hube caído	nos hubimos caído
te caíste	os caísteis	te hubiste caído	os hubisteis caído
se cayó	se cayeron	se hubo caído	se hubieron caído
4 futuro		**11 futuro perfecto**	
me caeré	nos caeremos	me habré caído	nos habremos caído
te caerás	os caeréis	te habrás caído	os habréis caído
se caerá	se caerán	se habrá caído	se habrán caído
5 potencial simple		**12 potencial compuesto**	
me caería	nos caeríamos	me habría caído	nos habríamos caído
te caerías	os caeríais	te habrías caído	os habríais caído
se caería	se caerían	se habría caído	se habrían caído
6 presente de subjuntivo		**13 perfecto de subjuntivo**	
me caiga	nos caigamos	me haya caído	nos hayamos caído
te caigas	os caigáis	te hayas caído	os hayáis caído
se caiga	se caigan	se haya caído	se hayan caído
7 imperfecto de subjuntivo		**14 pluscuamperfecto de subjuntivo**	
me cayera	nos cayéramos	me hubiera caído	nos hubiéramos caído
te cayeras	os cayerais	te hubieras caído	os hubierais caído
se cayera	se cayeran	se hubiera caído	se hubieran caído
OR		OR	
me cayese	nos cayésemos	me hubiese caído	nos hubiésemos caído
te cayeses	os cayeseis	te hubieses caído	os hubieseis caído
se cayese	se cayesen	se hubiese caído	se hubiesen caído

imperativo	
—	caigámonos
cáete; no te caigas	caeos; no os caigáis
cáigase	cáiganse

AN ESSENTIAL
55 Verb

Part. pas. **calentado**   Gerundio **calentando**
Regular **-ar** verb endings with stem change:
Tenses 1, 6, Imperative

calentar (103)
to heat (up), to warm (up)

The Seven Simple Tenses		The Seven Compound Tenses	
Singular	**Plural**	**Singular**	**Plural**
1 presente de indicativo		**8 perfecto de indicativo**	
caliento	calentamos	he calentado	hemos calentado
calientas	calentáis	has calentado	habéis calentado
calienta	calientan	ha calentado	han calentado
2 imperfecto de indicativo		**9 pluscuamperfecto de indicativo**	
calentaba	calentábamos	había calentado	habíamos calentado
calentabas	calentabais	habías calentado	habíais calentado
calentaba	calentaban	había calentado	habían calentado
3 pretérito		**10 pretérito anterior**	
calenté	calcntamos	hube calentado	hubimos calentado
calentaste	calentasteis	hubiste calentado	hubisteis calentado
calentó	calentaron	hubo calentado	hubieron calentado
4 futuro		**11 futuro perfecto**	
calentaré	calentaremos	habré calentado	habremos calentado
calentarás	calentaréis	habrás calentado	habréis calentado
calentará	calentarán	habrá calentado	habrán calentado
5 potencial simple		**12 potencial compuesto**	
calentaría	calentaríamos	habría calentado	habríamos calentado
calentarías	calentaríais	habrías calentado	habríais calentado
calentaría	calentarían	habría calentado	habrían calentado
6 presente de subjuntivo		**13 perfecto de subjuntivo**	
caliente	calentemos	haya calentado	hayamos calentado
calientes	calentéis	hayas calentado	hayáis calentado
caliente	calienten	haya calentado	hayan calentado
7 imperfecto de subjuntivo		**14 pluscuamperfecto de subjuntivo**	
calentara	calentáramos	hubiera calentado	hubiéramos calentado
calentaras	calentarais	hubieras calentado	hubierais calentado
calentara	calentaran	hubiera calentado	hubieran calentado
OR		OR	
calentase	calentásemos	hubiese calentado	hubiésemos calentado
calentases	calentaseis	hubieses calentado	hubieseis calentado
calentase	calentasen	hubiese calentado	hubiesen calentado

imperativo	
—	calentemos
calienta; no calientes	calentad; no calentéis
caliente	calienten

calentar a uno las orejas   to reprimand (scold) a person
calentarse   to warm oneself
calentarse a la lumbre   to warm oneself by the fire

el calor   heat; **Hace calor esta noche.**   It is warm this evening.
el calor específico   specific heat
recalentar   to warm over, reheat
caliente   hot

Syn.: **caldear** to warm (175)   Ant.: **congelar** to freeze (259); **enfriar** to cool (218)

callarse (104)

to be silent, to keep quiet

Gerundio **callándose**   Part. pas. **callado**

Reflexive regular **-ar** verb

The Seven Simple Tenses		The Seven Compound Tenses	
Singular	**Plural**	**Singular**	**Plural**
1 presente de indicativo		**8 perfecto de indicativo**	
me callo	nos callamos	me he callado	nos hemos callado
te callas	os calláis	te has callado	os habéis callado
se calla	se callan	se ha callado	se han callado
2 imperfecto de indicativo		**9 pluscuamperfecto de indicativo**	
me callaba	nos callábamos	me había callado	nos habíamos callado
te callabas	os callabais	te habías callado	os habíais callado
se callaba	se callaban	se había callado	se habían callado
3 pretérito		**10 pretérito anterior**	
me callé	nos callamos	me hube callado	nos hubimos callado
te callaste	os callasteis	te hubiste callado	os hubisteis callado
se calló	se callaron	se hubo callado	se hubieron callado
4 futuro		**11 futuro perfecto**	
me callaré	nos callaremos	me habré callado	nos habremos callado
te callarás	os callaréis	te habrás callado	os habréis callado
se callará	se callarán	se habrá callado	se habrán callado
5 potencial simple		**12 potencial compuesto**	
me callaría	nos callaríamos	me habría callado	nos habríamos callado
te callarías	os callaríais	te habrías callado	os habríais callado
se callaría	se callarían	se habría callado	se habrían callado
6 presente de subjuntivo		**13 perfecto de subjuntivo**	
me calle	nos callemos	me haya callado	nos hayamos callado
te calles	os calléis	te hayas callado	os hayáis callado
se calle	se callen	se haya callado	se hayan callado
7 imperfecto de subjuntivo		**14 pluscuamperfecto de subjuntivo**	
me callara	nos calláramos	me hubiera callado	nos hubiéramos callado
te callaras	os callarais	te hubieras callado	os hubierais callado
se callara	se callaran	se hubiera callado	se hubieran callado
OR		OR	
me callase	nos callásemos	me hubiese callado	nos hubiésemos callado
te callases	os callaseis	te hubieses callado	os hubieseis callado
se callase	se callasen	se hubiese callado	se hubiesen callado

---

imperativo

—	callémonos
cállate; no te calles	callaos; no os calléis
cállese	cállense

Quien calla, otorga.   Silence means consent.
  (**otorgar**/to grant, to consent)
¡Cállese Ud.!   Keep quiet!

¡Cállate la boca!   Shut your mouth!
callarse la boca   to shut one's mouth
callar   to silence (261)

Syn.: **silenciarse** to keep silent (195)   Ant.: **hablar** to speak, to talk; **platicar** to chat

Part. pas. **calzado**   Gerundio **calzando**
Regular **-ar** verb endings with spelling
change: **z** becomes **c** before **e**

to shoe, to wear (shoes),
to put on (shoes)

The Seven Simple Tenses		The Seven Compound Tenses	
Singular	Plural	Singular	Plural

1 presente de indicativo

		8 perfecto de indicativo	
calzo	calzamos	he calzado	hemos calzado
calzas	calzáis	has calzado	habéis calzado
calza	calzan	ha calzado	han calzado

2 imperfecto de indicativo | | **9 pluscuamperfecto de indicativo** |

calzaba	calzábamos	había calzado	habíamos calzado
calzabas	calzabais	habías calzado	habíais calzado
calzaba	calzaban	había calzado	habían calzado

3 pretérito | | **10 pretérito anterior** |

calcé	calzamos	hube calzado	hubimos calzado
calzaste	calzasteis	hubiste calzado	hubisteis calzado
calzó	calzaron	hubo calzado	hubieron calzado

4 futuro | | **11 futuro perfecto** |

calzaré	calzaremos	habré calzado	habremos calzado
calzarás	calzaréis	habrás calzado	habréis calzado
calzará	calzarán	habrá calzado	habrán calzado

5 potencial simple | | **12 potencial compuesto** |

calzaría	calzaríamos	habría calzado	habríamos calzado
calzarías	calzaríais	habrías calzado	habríais calzado
calzaría	calzarían	habría calzado	habrían calzado

6 presente de subjuntivo | | **13 perfecto de subjuntivo** |

calce	calcemos	haya calzado	hayamos calzado
calces	calcéis	hayas calzado	hayáis calzado
calce	calcen	haya calzado	hayan calzado

7 imperfecto de subjuntivo | | **14 pluscuamperfecto de subjuntivo** |

calzara	calzáramos	hubiera calzado	hubiéramos calzado
calzaras	calzarais	hubieras calzado	hubierais calzado
calzara	calzaran	hubiera calzado	hubieran calzado
OR		OR	
calzase	calzásemos	hubiese calzado	hubiésemos calzado
calzases	calzaseis	hubieses calzado	hubieseis calzado
calzase	calzasen	hubiese calzado	hubiesen calzado

imperativo

—	calcemos
calza; no calces	calzad; no calcéis
calce	calcen

la calza stocking		**medias calzas** knee high stockings	
un calzador shoehorn		**calcetar** to knit stockings, socks	
un calcetín sock		**hacer calceta** to knit	
la calceta stocking		**calzarse** to put on one's shoes	

Syn: **herrar** to shoe (a horse) (116)   Ant.: **descalzar** to take off shoes

cambiar (106)

to change, to exchange

The Seven Simple Tenses		The Seven Compound Tenses	
Singular	**Plural**	**Singular**	**Plural**
1 presente de indicativo		**8 perfecto de indicativo**	
cambio	cambiamos	he cambiado	hemos cambiado
cambias	cambiáis	has cambiado	habéis cambiado
cambia	cambian	ha cambiado	han cambiado
2 imperfecto de indicativo		**9 pluscuamperfecto de indicativo**	
cambiaba	cambiábamos	había cambiado	habíamos cambiado
cambiabas	cambiabais	habías cambiado	habíais cambiado
cambiaba	cambiaban	había cambiado	habían cambiado
3 pretérito		**10 pretérito anterior**	
cambié	cambiamos	hube cambiado	hubimos cambiado
cambiaste	cambiasteis	hubiste cambiado	hubisteis cambiado
cambió	cambiaron	hubo cambiado	hubieron cambiado
4 futuro		**11 futuro perfecto**	
cambiaré	cambiaremos	habré cambiado	habremos cambiado
cambiarás	cambiaréis	habrás cambiado	habréis cambiado
cambiará	cambiarán	habrá cambiado	habrán cambiado
5 potencial simple		**12 potencial compuesto**	
cambiaría	cambiaríamos	habría cambiado	habríamos cambiado
cambiarías	cambiaríais	habrías cambiado	habríais cambiado
cambiaría	cambiarían	habría cambiado	habrían cambiado
6 presente de subjuntivo		**13 perfecto de subjuntivo**	
cambie	cambiemos	haya cambiado	hayamos cambiado
cambies	cambiéis	hayas cambiado	hayáis cambiado
cambie	cambien	haya cambiado	hayan cambiado
7 imperfecto de subjuntivo		**14 pluscuamperfecto de subjuntivo**	
cambiara	cambiáramos	hubiera cambiado	hubiéramos cambiado
cambiaras	cambiarais	hubieras cambiado	hubierais cambiado
cambiara	cambiaran	hubiera cambiado	hubieran cambiado
OR		OR	
cambiase	cambiásemos	hubiese cambiado	hubiésemos cambiado
cambiases	cambiaseis	hubieses cambiado	hubieseis cambiado
cambiase	cambiasen	hubiese cambiado	hubiesen cambiado

imperativo	
—	cambiemos
cambia; no cambies	cambiad; no cambiéis
cambie	cambien

Cambié cuarenta dólares por euros para almorzar en la feria.
I changed forty dollars into euros to have lunch at the street fair.

cambiar de ropa   to change one's clothing
cambiar de opinión   to change one's mind
el cambio   exchange, change
el cambio de voz   change of voice

cambiar una rueda   to change a wheel
cambiar de costumbres   to change one's habits
cambiar de idea   to change one's mind
cambiar el horario   to change the timetable

Syn.: **convertir** to convert; **transformar** to transform (244)

caminar (107)

to walk, to move along

The Seven Simple Tenses		The Seven Compound Tenses	
Singular	Plural	Singular	Plural
1 presente de indicativo		**8 perfecto de indicativo**	
camino	caminamos	he caminado	hemos caminado
caminas	camináis	has caminado	habéis caminado
camina	caminan	ha caminado	han caminado
2 imperfecto de indicativo		**9 pluscuamperfecto de indicativo**	
caminaba	caminábamos	había caminado	habíamos caminado
caminabas	caminabais	habías caminado	habíais caminado
caminaba	caminaban	había caminado	habían caminado
3 pretérito		**10 pretérito anterior**	
caminé	caminamos	hube caminado	hubimos caminado
caminaste	caminasteis	hubiste caminado	hubisteis caminado
caminó	caminaron	hubo caminado	hubieron caminado
4 futuro		**11 futuro perfecto**	
caminaré	caminaremos	habré caminado	habremos caminado
caminarás	caminaréis	habrás caminado	habréis caminado
caminará	caminarán	habrá caminado	habrán caminado
5 potencial simple		**12 potencial compuesto**	
caminaría	caminaríamos	habría caminado	habríamos caminado
caminarías	caminaríais	habrías caminado	habríais caminado
caminaría	caminarían	habría caminado	habrían caminado
6 presente de subjuntivo		**13 perfecto de subjuntivo**	
camine	caminemos	haya caminado	hayamos caminado
camines	caminéis	hayas caminado	hayáis caminado
camine	caminen	haya caminado	hayan caminado
7 imperfecto de subjuntivo		**14 pluscuamperfecto de subjuntivo**	
caminara	camináramos	hubiera caminado	hubiéramos caminado
caminaras	caminarais	hubieras caminado	hubierais caminado
caminara	caminaran	hubiera caminado	hubieran caminado
OR		OR	
caminase	caminásemos	hubiese caminado	hubiésemos caminado
caminases	caminaseis	hubieses caminado	hubieseis caminado
caminase	caminasen	hubiese caminado	hubiesen caminado

imperativo	
—	caminemos
camina; no camines	caminad; no caminéis
camine	caminen

el camino   road, highway
el camino de hierro   railroad
en camino de   on the way to
una caminata   a long walk
el camino real   highway, high road

estar en camino   to be on one's way
quedarse a medio camino   to stop halfway
por (el) buen camino   on (the right) track
un camión   truck

Syn.: **andar** to walk; **ir** to go; **marchar** to walk; **pasearse** to take a walk
Ant.: **detenerse** to stop (oneself); **pararse** to stop (oneself)

cansarse (108)

to become tired, to become weary, to get tired

Gerundio **cansándose**   Part. pas. **cansado**

Reflexive regular **-ar** verb

The Seven Simple Tenses		The Seven Compound Tenses	
Singular	Plural	Singular	Plural
1 presente de indicativo		**8 perfecto de indicativo**	
me canso	nos cansamos	me he cansado	nos hemos cansado
te cansas	os cansáis	te has cansado	os habéis cansado
se cansa	se cansan	se ha cansado	se han cansado
2 imperfecto de indicativo		**9 pluscuamperfecto de indicativo**	
me cansaba	nos cansábamos	me había cansado	nos habíamos cansado
te cansabas	os cansabais	te habías cansado	os habíais cansado
se cansaba	se cansaban	se había cansado	se habían cansado
3 pretérito		**10 pretérito anterior**	
me cansé	nos cansamos	me hube cansado	nos hubimos cansado
te cansaste	os cansasteis	te hubiste cansado	os hubisteis cansado
se cansó	se cansaron	se hubo cansado	se hubieron cansado
4 futuro		**11 futuro perfecto**	
me cansaré	nos cansaremos	me habré cansado	nos habremos cansado
te cansarás	os cansaréis	te habrás cansado	os habréis cansado
se cansará	se cansarán	se habrá cansado	se habrán cansado
5 potencial simple		**12 potencial compuesto**	
me cansaría	nos cansaríamos	me habría cansado	nos habríamos cansado
te cansarías	os cansaríais	te habrías cansado	os habríais cansado
se cansaría	se cansarían	se habría cansado	se habrían cansado
6 presente de subjuntivo		**13 perfecto de subjuntivo**	
me canse	nos cansemos	me haya cansado	nos hayamos cansado
te canses	os canséis	te hayas cansado	os hayáis cansado
se canse	se cansen	se haya cansado	se hayan cansado
7 imperfecto de subjuntivo		**14 pluscuamperfecto de subjuntivo**	
me cansara	nos cansáramos	me hubiera cansado	nos hubiéramos cansado
te cansaras	os cansarais	te hubieras cansado	os hubierais cansado
se cansara	se cansaran	se hubiera cansado	se hubieran cansado
OR		OR	
me cansase	nos cansásemos	me hubiese cansado	nos hubiésemos cansado
te cansases	os cansaseis	te hubieses cansado	os hubieseis cansado
se cansase	se cansasen	se hubiese cansado	se hubiesen cansado

imperativo	
—	cansémonos
cánsate; no te canses	cansaos; no os canséis
cánsese	cánsense

María se cansa, Pedro se cansa y yo me canso. Nosotros nos cansamos.
Maria is getting tired, Peter is getting tired, and I am getting tired. We are all getting tired.

el cansancio fatigue, weariness
cansar to fatigue, to tire, to weary
el descanso rest, relief

cansarse de esperar to get tired of waiting
cansado, cansada tired, exhausted
María está cansada. Mary is tired.
cansarse fácilmente to get tired easily

Syn.: **fatigarse** to get tired (421, 289)   Ant.: **descansar** to rest; **relajarse** to relax (86, 289)

Cantar

Cantar is a very important regular **-ar** verb that is used in numerous everyday expressions and situations.

Sentences using **cantar** and related words

Mi hermana canta muy bien.
My sister sings very well.

De vez en cuando, canto en la ducha.
Occasionally, I sing in the shower.

Fuimos a una ópera en el Palacio de Bellas Artes. La cantante era estupenda y cantó maravillosamente.
We went to an opera at the Palace of Fine Arts. The opera singer was marvelous and she sang wonderfully.

Words and expressions related to this verb

una canción song; *dos canciones* two songs

una cantata cantata (music)

encantar to enchant, delight

cantador, cantadora singer

una cantante de ópera opera singer

cantor, cantora, cantante singer

encantado, encantada enchanted

un canto song

el chantaje blackmail

hacer chantaje to blackmail

Éso es otro cantar. / Ésa es otra canción.
That's another story.

Proverbs

Quien canta su mal espanta.
When you sing, you drive away your grief.

El que mal canta, bien le suena.
He who sings badly likes what he hears.

Syn.: **solfear** to sol-fa (to practice notes while singing) (175)

Can't find the verb you're looking for?

Check the back pages of this book for a list of over 2,300 additional verbs!

AN ESSENTIAL
55 Verb

cantar (109)

to sing

Gerundio **cantando**   Part. pas. **cantado**

Regular **-ar** verb

The Seven Simple Tenses		The Seven Compound Tenses	
Singular	Plural	Singular	Plural
1 presente de indicativo		**8 perfecto de indicativo**	
canto	cantamos	he cantado	hemos cantado
cantas	cantáis	has cantado	habéis cantado
canta	cantan	ha cantado	han cantado
2 imperfecto de indicativo		**9 pluscuamperfecto de indicativo**	
cantaba	cantábamos	había cantado	habíamos cantado
cantabas	cantabais	habías cantado	habíais cantado
cantaba	cantaban	había cantado	habían cantado
3 pretérito		**10 pretérito anterior**	
canté	cantamos	hube cantado	hubimos cantado
cantaste	cantasteis	hubiste cantado	hubisteis cantado
cantó	cantaron	hubo cantado	hubieron cantado
4 futuro		**11 futuro perfecto**	
cantaré	cantaremos	habré cantado	habremos cantado
cantarás	cantaréis	habrás cantado	habréis cantado
cantará	cantarán	habrá cantado	habrán cantado
5 potencial simple		**12 potencial compuesto**	
cantaría	cantaríamos	habría cantado	habríamos cantado
cantarías	cantaríais	habrías cantado	habríais cantado
cantaría	cantarían	habría cantado	habrían cantado
6 presente de subjuntivo		**13 perfecto de subjuntivo**	
cante	cantemos	haya cantado	hayamos cantado
cantes	cantéis	hayas cantado	hayáis cantado
cante	canten	haya cantado	hayan cantado
7 imperfecto de subjuntivo		**14 pluscuamperfecto de subjuntivo**	
cantara	cantáramos	hubiera cantado	hubiéramos cantado
cantaras	cantarais	hubieras cantado	hubierais cantado
cantara	cantaran	hubiera cantado	hubieran cantado
OR		OR	
cantase	cantásemos	hubiese cantado	hubiésemos cantado
cantases	cantaseis	hubieses cantado	hubieseis cantado
cantase	cantasen	hubiese cantado	hubiesen cantado

imperativo	
—	cantemos
canta; no cantes	cantad; no cantéis
cante	canten

AN ESSENTIAL
55 Verb

176

Part. pas. **caracterizado**   Gerundio **caracterizando**

Regular **-ar** verb endings with spelling change: **z** becomes **c** before **e**

caracterizar (110)
to characterize, to distinguish

The Seven Simple Tenses		The Seven Compound Tenses	
Singular	Plural	Singular	Plural
1 presente de indicativo		**8 perfecto de indicativo**	
caracterizo	caracterizamos	he caracterizado	hemos caracterizado
caracterizas	caracterizáis	has caracterizado	habéis caracterizado
caracteriza	caracterizan	ha caracterizado	han caracterizado
2 imperfecto de indicativo		**9 pluscuamperfecto de indicativo**	
caracterizaba	caracterizábamos	había caracterizado	habíamos caracterizado
caracterizabas	caracterizabais	habías caracterizado	habíais caracterizado
caracterizaba	caracterizaban	había caracterizado	habían caracterizado
3 pretérito		**10 pretérito anterior**	
caractericé	caracterizamos	hube caracterizado	hubimos caracterizado
caracterizaste	caracterizasteis	hubiste caracterizado	hubisteis caracterizado
caracterizó	caracterizaron	hubo caracterizado	hubieron caracterizado
4 futuro		**11 futuro perfecto**	
caracterizaré	caracterizaremos	habré caracterizado	habremos caracterizado
caracterizarás	caracterizaréis	habrás caracterizado	habréis caracterizado
caracterizará	caracterizarán	habrá caracterizado	habrán caracterizado
5 potencial simple		**12 potencial compuesto**	
caracterizaría	caracterizaríamos	habría caracterizado	habríamos caracterizado
caracterizarías	caracterizaríais	habrías caracterizado	habríais caracterizado
caracterizaría	caracterizarían	habría caracterizado	habrían caracterizado
6 presente de subjuntivo		**13 perfecto de subjuntivo**	
caracterice	caractericemos	haya caracterizado	hayamos caracterizado
caracterices	caractericéis	hayas caracterizado	hayáis caracterizado
caracterice	caractericen	haya caracterizado	hayan caracterizado
7 imperfecto de subjuntivo		**14 pluscuamperfecto de subjuntivo**	
caracterizara	caracterizáramos	hubiera caracterizado	hubiéramos caracterizado
caracterizaras	caracterizarais	hubieras caracterizado	hubierais caracterizado
caracterizara	caracterizaran	hubiera caracterizado	hubieran caracterizado
OR		OR	
caracterizase	caracterizásemos	hubiese caracterizado	hubiésemos caracterizado
caracterizases	caracterizaseis	hubieses caracterizado	hubieseis caracterizado
caracterizase	caracterizasen	hubiese caracterizado	hubiesen caracterizado

imperativo	
—	caractericemos
caracteriza; no caracterices	caracterizad; no caractericéis
caracterice	caractericen

el carácter   character (of a person); do not confuse with **personaje**   character (in a play)
característico, característica   characteristic; **tener buen (mal) carácter**
  to be good- (bad-) natured
característicamente   characteristically
la caracterización   characterization

Syn.: **describir** to describe; **distinguir** to distinguish; **representar** to represent (375)

177

cargar (111)

to load, to burden, to charge (a battery)
to upload (Internet)

Gerundio **cargando** Part. pas. **cargado**
Regular **-ar** verb endings with spelling
change: **g** becomes **gu** before **e**

The Seven Simple Tenses		The Seven Compound Tenses	
Singular	Plural	Singular	Plural
1 presente de indicativo		**8 perfecto de indicativo**	
cargo	cargamos	he cargado	hemos cargado
cargas	cargáis	has cargado	habéis cargado
carga	cargan	ha cargado	han cargado
2 imperfecto de indicativo		**9 pluscuamperfecto de indicativo**	
cargaba	cargábamos	había cargado	habíamos cargado
cargabas	cargabais	habías cargado	habíais cargado
cargaba	cargaban	había cargado	habían cargado
3 pretérito		**10 pretérito anterior**	
cargué	cargamos	hube cargado	hubimos cargado
cargaste	cargasteis	hubiste cargado	hubisteis cargado
cargó	cargaron	hubo cargado	hubieron cargado
4 futuro		**11 futuro perfecto**	
cargaré	cargaremos	habré cargado	habremos cargado
cargarás	cargaréis	habrás cargado	habréis cargado
cargará	cargarán	habrá cargado	habrán cargado
5 potencial simple		**12 potencial compuesto**	
cargaría	cargaríamos	habría cargado	habríamos cargado
cargarías	cargaríais	habrías cargado	habríais cargado
cargaría	cargarían	habría cargado	habrían cargado
6 presente de subjuntivo		**13 perfecto de subjuntivo**	
cargue	carguemos	haya cargado	hayamos cargado
cargues	carguéis	hayas cargado	hayáis cargado
cargue	carguen	haya cargado	hayan cargado
7 imperfecto de subjuntivo		**14 pluscuamperfecto de subjuntivo**	
cargara	cargáramos	hubiera cargado	hubiéramos cargado
cargaras	cargarais	hubieras cargado	hubierais cargado
cargara	cargaran	hubiera cargado	hubieran cargado
OR		OR	
cargase	cargásemos	hubiese cargado	hubiésemos cargado
cargases	cargaseis	hubieses cargado	hubieseis cargado
cargase	cargasen	hubiese cargado	hubiesen cargado

imperativo	
—	carguemos
carga; no cargues	cargad; no carguéis
cargue	carguen

cargoso, cargosa burdensome
la cargazón cargo
el cargamento shipment
una carga load, responsibility

la descarga download (computer)
el cargador shipper, charger
telecargar to download (Internet)

Syn.: **llenar** to fill Ant.: **descargar** to unload, to download (Internet)

casarse (112)
to get married, to marry

C

The Seven Simple Tenses		The Seven Compound Tenses	
Singular	Plural	Singular	Plural

1 presente de indicativo		**8 perfecto de indicativo**	
me caso	nos casamos	me he casado	nos hemos casado
te casas	os casáis	te has casado	os habéis casado
se casa	se casan	se ha casado	se han casado

2 imperfecto de indicativo		**9 pluscuamperfecto de indicativo**	
me casaba	nos casábamos	me había casado	nos habíamos casado
te casabas	os casabais	te habías casado	os habíais casado
se casaba	se casaban	se había casado	se habían casado

3 pretérito		**10 pretérito anterior**	
me casé	nos casamos	me hube casado	nos hubimos casado
te casaste	os casasteis	te hubiste casado	os hubisteis casado
se casó	se casaron	se hubo casado	se hubieron casado

4 futuro		**11 futuro perfecto**	
me casaré	nos casaremos	me habré casado	nos habremos casado
te casarás	os casaréis	te habrás casado	os habréis casado
se casará	se casarán	se habrá casado	se habrán casado

5 potencial simple		**12 potencial compuesto**	
me casaría	nos casaríamos	me habría casado	nos habríamos casado
te casarías	os casaríais	te habrías casado	os habríais casado
se casaría	se casarían	se habría casado	se habrían casado

6 presente de subjuntivo		**13 perfecto de subjuntivo**	
me case	nos casemos	me haya casado	nos hayamos casado
te cases	os caséis	te hayas casado	os hayáis casado
se case	se casen	se haya casado	se hayan casado

7 imperfecto de subjuntivo		**14 pluscuamperfecto de subjuntivo**	
me casara	nos casáramos	me hubiera casado	nos hubiéramos casado
te casaras	os casarais	te hubieras casado	os hubierais casado
se casara	se casaran	se hubiera casado	se hubieran casado
OR		OR	
me casase	nos casásemos	me hubiese casado	nos hubiésemos casado
te casases	os casaseis	te hubieses casado	os hubieseis casado
se casase	se casasen	se hubiese casado	se hubiesen casado

imperativo	
—	casémonos
cásate; no te cases	casaos; no os caséis
cásese	cásense

Antes que te cases, mira lo que haces.   Look before you leap. (Before you get married, look
 at what you're doing); **un casamiento por amor**   a love marriage
un casamiento ventajoso   a marriage of convenience
casarse con alguien   to marry someone
casarse por amor   to marry for love
los recién casados   newlyweds

Syn.: **unirse** to get married, to be united (480, 289)   Ant.: **divorciarse** to be (get) divorced

celebrar (113)

to celebrate, to praise

Gerundio **celebrando**   Part. pas. **celebrado**

Regular **-ar** verb

The Seven Simple Tenses		The Seven Compound Tenses	
Singular	**Plural**	**Singular**	**Plural**
1 presente de indicativo		**8 perfecto de indicativo**	
celebro	celebramos	he celebrado	hemos celebrado
celebras	celebráis	has celebrado	habéis celebrado
celebra	celebran	ha celebrado	han celebrado
2 imperfecto de indicativo		**9 pluscuamperfecto de indicativo**	
celebraba	celebrábamos	había celebrado	habíamos celebrado
celebrabas	celebrabais	habías celebrado	habíais celebrado
celebraba	celebraban	había celebrado	habían celebrado
3 pretérito		**10 pretérito anterior**	
celebré	celebramos	hube celebrado	hubimos celebrado
celebraste	celebrasteis	hubiste celebrado	hubisteis celebrado
celebró	celebraron	hubo celebrado	hubieron celebrado
4 futuro		**11 futuro perfecto**	
celebraré	celebraremos	habré celebrado	habremos celebrado
celebrarás	celebraréis	habrás celebrado	habréis celebrado
celebrará	celebrarán	habrá celebrado	habrán celebrado
5 potencial simple		**12 potencial compuesto**	
celebraría	celebraríamos	habría celebrado	habríamos celebrado
celebrarías	celebraríais	habrías celebrado	habríais celebrado
celebraría	celebrarían	habría celebrado	habrían celebrado
6 presente de subjuntivo		**13 perfecto de subjuntivo**	
celebre	celebremos	haya celebrado	hayamos celebrado
celebres	celebréis	hayas celebrado	hayáis celebrado
celebre	celebren	haya celebrado	hayan celebrado
7 imperfecto de subjuntivo		**14 pluscuamperfecto de subjuntivo**	
celebrara	celebráramos	hubiera celebrado	hubiéramos celebrado
celebraras	celebrarais	hubieras celebrado	hubierais celebrado
celebrara	celebraran	hubiera celebrado	hubieran celebrado
OR		OR	
celebrase	celebrásemos	hubiese celebrado	hubiésemos celebrado
celebrases	celebraseis	hubieses celebrado	hubieseis celebrado
celebrase	celebrasen	hubiese celebrado	hubiesen celebrado

imperativo	
—	celebremos
celebra; no celebres	celebrad; no celebréis
celebre	celebren

Sofía celebrará su quinceañera con una gran fiesta en julio.
Sophia will celebrate her fifteenth birthday with a big party in July.

célebre famous, celebrated, renowned
la celebridad fame, celebrity
la celebración celebration

celebrado, celebrada popular, celebrated
ganar celebridad to win fame
una persona célebre a celebrity, a famous person

Syn.: **conmemorar** to commemorate, celebrate (409); **festejar** to feast, celebrate
Ant.: **entristecerse** to become sad (345); **llorar** to cry

180

Part. pas. **cenado**   Gerundio **cenando**
Regular **-ar** verb

cenar (114)

to have supper, to eat supper, to dine, to have dinner

The Seven Simple Tenses		The Seven Compound Tenses	
Singular	**Plural**	**Singular**	**Plural**
1 presente de indicativo		**8 perfecto de indicativo**	
ceno	cenamos	he cenado	hemos cenado
cenas	cenáis	has cenado	habéis cenado
cena	cenan	ha cenado	han cenado
2 imperfecto de indicativo		**9 pluscuamperfecto de indicativo**	
cenaba	cenábamos	había cenado	habíamos cenado
cenabas	cenabais	habías cenado	habíais cenado
cenaba	cenaban	había cenado	habían cenado
3 pretérito		**10 pretérito anterior**	
cené	cenamos	hube cenado	hubimos cenado
cenaste	cenasteis	hubiste cenado	hubisteis cenado
cenó	cenaron	hubo cenado	hubieron cenado
4 futuro		**11 futuro perfecto**	
cenaré	cenaremos	habré cenado	habremos cenado
cenarás	cenaréis	habrás cenado	habréis cenado
cenará	cenarán	habrá cenado	habrán cenado
5 potencial simple		**12 potencial compuesto**	
cenaría	cenaríamos	habría cenado	habríamos cenado
cenarías	cenaríais	habrías cenado	habríais cenado
cenaría	cenarían	habría cenado	habrían cenado
6 presente de subjuntivo		**13 perfecto de subjuntivo**	
cene	cenemos	haya cenado	hayamos cenado
cenes	cenéis	hayas cenado	hayáis cenado
cene	cenen	haya cenado	hayan cenado
7 imperfecto de subjuntivo		**14 pluscuamperfecto de subjuntivo**	
cenara	cenáramos	hubiera cenado	hubiéramos cenado
cenaras	cenarais	hubieras cenado	hubierais cenado
cenara	cenaran	hubiera cenado	hubieran cenado
OR		OR	
cenase	cenásemos	hubiese cenado	hubiésemos cenado
cenases	cenaseis	hubieses cenado	hubieseis cenado
cenase	cenasen	hubiese cenado	hubiesen cenado

imperativo	
—	cenemos
cena; no cenes	cenad; no cenéis
cene	cenen

—**Carlos, ¿A qué hora cenas?**
—**Ceno a las ocho con mi familia en casa.**

—Carlos, at what time do you have dinner?
—I have dinner at eight with my family at home.

la cena   supper (dinner); **quedarse sin cenar**   to go (remain) without dinner
La última cena   (*The Last Supper,* fresco by Leonardo da Vinci)
la hora de cenar   dinnertime; suppertime; **una cena de despedida**   farewell dinner

Syn.: **comer** to eat   Ant.: **ayunar** to fast (171, 249)

181

cepillar (115)
to brush

Gerundio **cepillando**   Part. pas. **cepillado**
Regular **-ar** verb

The Seven Simple Tenses		The Seven Compound Tenses	
Singular	**Plural**	**Singular**	**Plural**

1 presente de indicativo		**8 perfecto de indicativo**	
cepillo	cepillamos	he cepillado	hemos cepillado
capillas	cepilláis	has cepillado	habéis cepillado
capilla	cepillan	ha cepillado	han cepillado

2 imperfecto de indicativo		**9 pluscuamperfecto de indicativo**	
cepillaba	cepillábamos	había cepillado	habíamos cepillado
cepillabas	cepillabais	habías cepillado	habíais cepillado
cepillaba	cepillaban	había cepillado	habían cepillado

3 pretérito		**10 pretérito anterior**	
cepillé	cepillamos	hube cepillado	hubimos cepillado
cepillaste	cepillasteis	hubiste cepillado	hubisteis cepillado
cepilló	cepillaron	hubo cepillado	hubieron cepillado

4 futuro		**11 futuro perfecto**	
cepillaré	cepillaremos	habré cepillado	habremos cepillado
cepillarás	cepillaréis	habrás cepillado	habréis cepillado
cepillará	cepillarán	habrá cepillado	habrán cepillado

5 potencial simple		**12 potencial compuesto**	
cepillaría	cepillaríamos	habría cepillado	habríamos cepillado
cepillarías	cepillaríais	habrías cepillado	habríais cepillado
cepillaría	cepillarían	habría cepillado	habrían cepillado

6 presente de subjuntivo		**13 perfecto de subjuntivo**	
cepille	cepillemos	haya cepillado	hayamos cepillado
cepilles	cepilléis	hayas cepillado	hayáis cepillado
cepille	cepillen	haya cepillado	hayan cepillado

7 imperfecto de subjuntivo		**14 pluscuamperfecto de subjuntivo**	
cepillara	cepilláramos	hubiera cepillado	hubiéramos cepillado
cepillaras	cepillarais	hubieras cepillado	hubierais cepillado
cepillara	cepillaran	hubiera cepillado	hubieran cepillado
OR		OR	
cepillase	cepillásemos	hubiese cepillado	hubiésemos cepillado
cepillases	cepillaseis	hubieses cepillado	hubieseis cepillado
cepillase	cepillasen	hubiese cepillado	hubiesen cepillado

imperativo	
—	cepillemos
cepilla; no cepilles	cepillad; no cepilléis
cepille	cepillen

un cepillo brush
un cepillo para el cabello hairbrush;
  un cepillo de cabeza hairbrush
un buen cepillado a good brushing
cepillarse to brush oneself
Juanito, cepíllate los dientes. Johnny, brush your teeth.

un cepillo de dientes toothbrush
un cepillo para la ropa clothesbrush;
  un cepillo de ropa clothesbrush
Me cepillé el pelo. I brushed my hair.

Syn.: **peinarse** to comb one's hair; **barrer** to sweep, to whisk

Regular -**ar** verb endings with stem
change: Tenses 1, 6, Imperative

cerrar (116)

to close, to shut, to turn off

The Seven Simple Tenses		The Seven Compound Tenses	
Singular	Plural	Singular	Plural
1 presente de indicativo		**8 perfecto de indicativo**	
cierro	cerramos	he cerrado	hemos cerrado
cierras	cerráis	has cerrado	habéis cerrado
cierra	cierran	ha cerrado	han cerrado
2 imperfecto de indicativo		**9 pluscuamperfecto de indicativo**	
cerraba	cerrábamos	había cerrado	habíamos cerrado
cerrabas	cerrabais	habías cerrado	habíais cerrado
cerraba	cerraban	había cerrado	habían cerrado
3 pretérito		**10 pretérito anterior**	
cerré	cerramos	hube cerrado	hubimos cerrado
cerraste	cerrasteis	hubiste cerrado	hubisteis cerrado
cerró	cerraron	hubo cerrado	hubieron cerrado
4 futuro		**11 futuro perfecto**	
cerraré	cerraremos	habré cerrado	habremos cerrado
cerrarás	cerraréis	habrás cerrado	habréis cerrado
cerrará	cerrarán	habrá cerrado	habrán cerrado
5 potencial simple		**12 potencial compuesto**	
cerraría	cerraríamos	habría cerrado	habríamos cerrado
cerrarías	cerraríais	habrías cerrado	habríais cerrado
cerraría	cerrarían	habría cerrado	habrían cerrado
6 presente de subjuntivo		**13 perfecto de subjuntivo**	
cierre	cerremos	haya cerrado	hayamos cerrado
cierres	cerréis	hayas cerrado	hayáis cerrado
cierre	cierren	haya cerrado	hayan cerrado
7 imperfecto de subjuntivo		**14 pluscuamperfecto de subjuntivo**	
cerrara	cerráramos	hubiera cerrado	hubiéramos cerrado
cerraras	cerrarais	hubieras cerrado	hubierais cerrado
cerrara	cerraran	hubiera cerrado	hubieran cerrado
OR		OR	
cerrase	cerrásemos	hubiese cerrado	hubiésemos cerrado
cerrases	cerraseis	hubieses cerrado	hubieseis cerrado
cerrase	cerrasen	hubiese cerrado	hubiesen cerrado

imperativo

—	cerremos
cierra; no cierres	cerrad; no cerréis
cierre	cierren

¡Apresúrate! ¡La farmacia cierra en veinte minutos!
Hurry up! The drugstore closes in twenty minutes!

cerrar los ojos   to close one's eyes
cerrar la boca   to shut up, to keep silent
la cerradura   lock
La puerta está cerrada.   The door is closed.

encerrar   to lock up, to confine
encerrarse   to live in seclusion, to retire
cerrar con llave   to lock up (to close with a key)
cerrar una cuenta   to close an account

Syn.: **clausurar** to shut (409)   Ant.: **abrir** to open

certificar (117)
to certify, to register (a letter), to attest

Regular **-ar** verb endings with spelling
change: **c** becomes **qu** before **e**

The Seven Simple Tenses		The Seven Compound Tenses	
Singular	Plural	Singular	Plural
1 presente de indicativo		**8 perfecto de indicativo**	
certifico	certificamos	he certificado	hemos certificado
certificas	certificáis	has certificado	habéis certificado
certifica	certifican	ha certificado	han certificado
2 imperfecto de indicativo		**9 pluscuamperfecto de indicativo**	
certificaba	certificábamos	había certificado	habíamos certificado
certificabas	certificabais	habías certificado	habíais certificado
certificaba	certificaban	había certificado	habían certificado
3 pretérito		**10 pretérito anterior**	
certifiqué	certificamos	hube certificado	hubimos certificado
certificaste	certificasteis	hubiste certificado	hubisteis certificado
certificó	certificaron	hubo certificado	hubieron certificado
4 futuro		**11 futuro perfecto**	
certificaré	certificaremos	habré certificado	habremos certificado
certificarás	certificaréis	habrás certificado	habréis certificado
certificará	certificarán	habrá certificado	habrán certificado
5 potencial simple		**12 potencial compuesto**	
certificaría	certificaríamos	habría certificado	habríamos certificado
certificarías	certificaríais	habrías certificado	habríais certificado
certificaría	certificarían	habría certificado	habrían certificado
6 presente de subjuntivo		**13 perfecto de subjuntivo**	
certifique	certifiquemos	haya certificado	hayamos certificado
certifiques	certifiquéis	hayas certificado	hayáis certificado
certifique	certifiquen	haya certificado	hayan certificado
7 imperfecto de subjuntivo		**14 pluscuamperfecto de subjuntivo**	
certificara	certificáramos	hubiera certificado	hubiéramos certificado
certificaras	certificarais	hubieras certificado	hubierais certificado
certificara	certificaran	hubiera certificado	hubieran certificado
OR		OR	
certificase	certificásemos	hubiese certificado	hubiésemos certificado
certificases	certificaseis	hubieses certificado	hubieseis certificado
certificase	certificasen	hubiese certificado	hubiesen certificado

imperativo	
—	certifiquemos
certifica; no certifiques	certificad; no certifiquéis
certifique	certifiquen

la certificación certificate, certification	**certificador, certificadora** certifier
certificado certified	**la certidumbre** certainty
el certificado de seguridad security certificate (Internet)	**la certeza** certainty
	tener la certeza de que . . . to be sure that . . .

Syn.: **asegurar** to assure; **atestiguar** to attest (83); **garantizar** to guarantee (339)

Part. pas. **charlado**   Gerundio **charlando**
Regular **-ar** verb

charlar (118)
to chat, to prattle

C

The Seven Simple Tenses		The Seven Compound Tenses	
Singular	Plural	Singular	Plural
1 presente de indicativo		**8 perfecto de indicativo**	
charlo	charlamos	he charlado	hemos charlado
charlas	charláis	has charlado	habéis charlado
charla	charlan	ha charlado	han charlado
2 imperfecto de indicativo		**9 pluscuamperfecto de indicativo**	
charlaba	charlábamos	había charlado	habíamos charlado
charlabas	charlabais	habías charlado	habíais charlado
charlaba	charlaban	había charlado	habían charlado
3 pretérito		**10 pretérito anterior**	
charlé	charlamos	hube charlado	hubimos charlado
charlaste	charlasteis	hubiste charlado	hubisteis charlado
charló	charlaron	hubo charlado	hubieron charlado
4 futuro		**11 futuro perfecto**	
charlaré	charlaremos	habré charlado	habremos charlado
charlarás	charlaréis	habrás charlado	habréis charlado
charlará	charlarán	habrá charlado	habrán charlado
5 potencial simple		**12 potencial compuesto**	
charlaría	charlaríamos	habría charlado	habríamos charlado
charlarías	charlaríais	habrías charlado	habríais charlado
charlaría	charlarían	habría charlado	habrían charlado
6 presente de subjuntivo		**13 perfecto de subjuntivo**	
charle	charlemos	haya charlado	hayamos charlado
charles	charléis	hayas charlado	hayáis charlado
charle	charlen	haya charlado	hayan charlado
7 imperfecto de subjuntivo		**14 pluscuamperfecto de subjuntivo**	
charlara	charláramos	hubiera charlado	hubiéramos charlado
charlaras	charlarais	hubieras charlado	hubierais charlado
charlara	charlaran	hubiera charlado	hubieran charlado
OR		OR	
charlase	charlásemos	hubiese charlado	hubiésemos charlado
charlases	charlaseis	hubieses charlado	hubieseis charlado
charlase	charlasen	hubiese charlado	hubiesen charlado

imperativo	
—	charlemos
charla; no charles	charlad; no charléis
charle	charlen

charlar por los codos   to talk one's head off;
  una charla   a talk, chat
la charladuría   chitchat, gossip, idle talk
un charlatán, una charlatana   chatterbox,
  charlatan, quack, talkative, gossip

charlatanear   to gossip; **charlador,
  charladora**   talkative, chatterbox
charlar en línea   to chat online; **una charla
  en línea**   an online chat

Syn.: **conversar** to converse (340); **hablar** to talk, speak; **platicar** to chat   Ant.: **callarse** to
be silent, to keep quiet

185

chistar (119)
to mumble, to mutter

Gerundio **chistando**   Part. pas. **chistado**
Regular **-ar** verb

The Seven Simple Tenses		The Seven Compound Tenses	
Singular	Plural	Singular	Plural
1 presente de indicativo		**8 perfecto de indicativo**	
chisto	chistamos	he chistado	hemos chistado
chistas	chistáis	has chistado	habéis chistado
chista	chistan	ha chistado	han chistado
2 imperfecto de indicativo		**9 pluscuamperfecto de indicativo**	
chistaba	chistábamos	había chistado	habíamos chistado
chistabas	chistabais	habías chistado	habíais chistado
chistaba	chistaban	había chistado	habían chistado
3 pretérito		**10 pretérito anterior**	
chisté	chistamos	hube chistado	hubimos chistado
chistaste	chistasteis	hubiste chistado	hubisteis chistado
chistó	chistaron	hubo chistado	hubieron chistado
4 futuro		**11 futuro perfecto**	
chistaré	chistaremos	habré chistado	habremos chistado
chistarás	chistaréis	habrás chistado	habréis chistado
chistará	chistarán	habrá chistado	habrán chistado
5 potencial simple		**12 potencial compuesto**	
chistaría	chistaríamos	habría chistado	habríamos chistado
chistarías	chistaríais	habrías chistado	habríais chistado
chistaría	chistarían	habría chistado	habrían chistado
6 presente de subjuntivo		**13 perfecto de subjuntivo**	
chiste	chistemos	haya chistado	hayamos chistado
chistes	chistéis	hayas chistado	hayáis chistado
chiste	chisten	haya chistado	hayan chistado
7 imperfecto de subjuntivo		**14 pluscuamperfecto de subjuntivo**	
chistara	chistáramos	hubiera chistado	hubiéramos chistado
chistaras	chistarais	hubieras chistado	hubierais chistado
chistara	chistaran	hubiera chistado	hubieran chistado
OR		OR	
chistase	chistásemos	hubiese chistado	hubiésemos chistado
chistases	chistaseis	hubieses chistado	hubieseis chistado
chistase	chistasen	hubiese chistado	hubiesen chistado

imperativo	
—	chistemos
chista; no chistes	chistad; no chistéis
chiste	chisten

no chistar   to remain silent, not to say a word
un chiste   joke, witty saying
contar un chiste   to tell a joke
chistoso, chistosa   funny, witty

hacer chiste de una cosa   to make a joke of something
sin chistar ni mistar   without saying a word
caer en el chiste   to get the joke

Syn.: **murmurar** to mutter (72)   Ant.: **articular** to articulate, pronounce distinctly; **callarse** to be silent; **pronunciar** to pronounce

Part. pas. **chupado**   Gerundio **chupando**
Regular **-ar** verb

chupar (120)
to suck

C

The Seven Simple Tenses		The Seven Compound Tenses	
Singular	Plural	Singular	Plural
1 presente de indicativo		**8 perfecto de indicativo**	
chupo	chupamos	he chupado	hemos chupado
chupas	chupáis	has chupado	habéis chupado
chupa	chupan	ha chupado	han chupado
2 imperfecto de indicativo		**9 pluscuamperfecto de indicativo**	
chupaba	chupábamos	había chupado	habíamos chupado
chupabas	chupabais	habías chupado	habíais chupado
chupaba	chupaban	había chupado	habían chupado
3 pretérito		**10 pretérito anterior**	
chupé	chupamos	hube chupado	hubimos chupado
chupaste	chupasteis	hubiste chupado	hubisteis chupado
chupó	chuparon	hubo chupado	hubieron chupado
4 futuro		**11 futuro perfecto**	
chuparé	chuparemos	habré chupado	habremos chupado
chuparás	chuparéis	habrás chupado	habréis chupado
chupará	chuparán	habrá chupado	habrán chupado
5 potencial simple		**12 potencial compuesto**	
chuparía	chuparíamos	habría chupado	habríamos chupado
chuparías	chuparíais	habrías chupado	habríais chupado
chuparía	chuparían	habría chupado	habrían chupado
6 presente de subjuntivo		**13 perfecto de subjuntivo**	
chupe	chupemos	haya chupado	hayamos chupado
chupes	chupéis	hayas chupado	hayáis chupado
chupe	chupen	haya chupado	hayan chupado
7 imperfecto de subjuntivo		**14 pluscuamperfecto de subjuntivo**	
chupara	chupáramos	hubiera chupado	hubiéramos chupado
chuparas	chuparais	hubieras chupado	hubierais chupado
chupara	chuparan	hubiera chupado	hubieran chupado
OR		OR	
chupase	chupásemos	hubiese chupado	hubiésemos chupado
chupases	chupaseis	hubieses chupado	hubieseis chupado
chupase	chupasen	hubiese chupado	hubiesen chupado

imperativo

—	chupemos
chupa; no chupes	chupad; no chupéis
chupe	chupen

un chupadero, un chupaderito   teething ring
andarse en chupaderitos   to use ineffective
  means for a task
chuparse los dedos   to lick (suck) one's fingers

las mejillas chupadas   hollow cheeks
está chupado   it's as easy as ABC
chupar un limón   to suck a lemon

Syn.: **aspirar** to inhale (29); **succionar** to suck (248)

187

citar (121)

to make an appointment, to cite, to quote, to summon

Gerundio **citando**   Part. pas. **citado**
Regular **-ar** verb

The Seven Simple Tenses		The Seven Compound Tenses	
Singular	Plural	Singular	Plural
1 presente de indicativo		**8 perfecto de indicativo**	
cito	citamos	he citado	hemos citado
citas	citáis	has citado	habéis citado
cita	citan	ha citado	han citado
2 imperfecto de indicativo		**9 pluscuamperfecto de indicativo**	
citaba	citábamos	había citado	habíamos citado
citabas	citabais	habías citado	habíais citado
citaba	citaban	había citado	habían citado
3 pretérito		**10 pretérito anterior**	
cité	citamos	hube citado	hubimos citado
citaste	citasteis	hubiste citado	hubisteis citado
citó	citaron	hubo citado	hubieron citado
4 futuro		**11 futuro perfecto**	
citaré	citaremos	habré citado	habremos citado
citarás	citaréis	habrás citado	habréis citado
citará	citarán	habrá citado	habrán citado
5 potencial simple		**12 potencial compuesto**	
citaría	citaríamos	habría citado	habríamos citado
citarías	citaríais	habrías citado	habríais citado
citaría	citarían	habría citado	habrían citado
6 presente de subjuntivo		**13 perfecto de subjuntivo**	
cite	citemos	haya citado	hayamos citado
cites	citéis	hayas citado	hayáis citado
cite	citen	haya citado	hayan citado
7 imperfecto de subjuntivo		**14 pluscuamperfecto de subjuntivo**	
citara	citáramos	hubiera citado	hubiéramos citado
citaras	citarais	hubieras citado	hubierais citado
citara	citaran	hubiera citado	hubieran citado
OR		OR	
citase	citásemos	hubiese citado	hubiésemos citado
citases	citaseis	hubieses citado	hubieseis citado
citase	citasen	hubiese citado	hubiesen citado

imperativo

—	citemos
cita; no cites	citad; no citéis
cite	citen

Mi patrona me citó para el mediodía.   My boss gave me an appointment at noon.
Un buen científico cita buenos estudios publicados.   A good scientist cites good published studies.

una cita   appointment
tener cita (con)   to have an appointment (with)

una citación   quotation, citation
una cita textual   a direct quote

Syn.: **convenir** to convene; **convocar** to call together; **hacer mención de** to make mention of; **mencionar** to mention

cocinar (122)
to cook

C

The Seven Simple Tenses		The Seven Compound Tenses	
Singular	**Plural**	**Singular**	**Plural**
1 presente de indicativo		**8 perfecto de indicativo**	
cocino	cocinamos	he cocinado	hemos cocinado
cocinas	cocináis	has cocinado	habéis cocinado
cocina	cocinan	ha cocinado	han cocinado
2 imperfecto de indicativo		**9 pluscuamperfecto de indicativo**	
cocinaba	cocinábamos	había cocinado	habíamos cocinado
cocinabas	cocinabais	habías cocinado	habíais cocinado
cocinaba	cocinaban	había cocinado	habían cocinado
3 pretérito		**10 pretérito anterior**	
cociné	cocinamos	hube cocinado	hubimos cocinado
cocinaste	cocinasteis	hubiste cocinado	hubisteis cocinado
cocinó	cocinaron	hubo cocinado	hubieron cocinado
4 futuro		**11 futuro perfecto**	
cocinaré	cocinaremos	habré cocinado	habremos cocinado
cocinarás	cocinaréis	habrás cocinado	habréis cocinado
cocinará	cocinarán	habrá cocinado	habrán cocinado
5 potencial simple		**12 potencial compuesto**	
cocinaría	cocinaríamos	habría cocinado	habríamos cocinado
cocinarías	cocinaríais	habrías cocinado	habríais cocinado
cocinaría	cocinarían	habría cocinado	habrían cocinado
6 presente de subjuntivo		**13 perfecto de subjuntivo**	
cocine	cocinemos	haya cocinado	hayamos cocinado
cocines	cocinéis	hayas cocinado	hayáis cocinado
cocine	cocinen	haya cocinado	hayan cocinado
7 imperfecto de subjuntivo		**14 pluscuamperfecto de subjuntivo**	
cocinara	cocináramos	hubiera cocinado	hubiéramos cocinado
cocinaras	cocinarais	hubieras cocinado	hubierais cocinado
cocinara	cocinaran	hubiera cocinado	hubieran cocinado
OR		OR	
cocinase	cocinásemos	hubiese cocinado	hubiésemos cocinado
cocinases	cocinaseis	hubieses cocinado	hubieseis cocinado
cocinase	cocinasen	hubiese cocinado	hubiesen cocinado

imperativo	
—	cocinemos
cocina; no cocines	cocinad; no cocinéis
cocine	cocinen

la cocina   kitchen; cooking, cuisine
cocer   to cook, to bake, to boil
el cocinero, la cocinera   cook, kitchen chef
la cocinilla   portable stove
el cocimiento   cooking

el cocido   plate of boiled meat and vegetables; stew
hacer la cocina   to cook, do the cooking
un libro de cocina   a cookbook

Syn.: **asar** to roast (2), **cocer** to cook (321, 486); **freír** to fry; **guisar** to cook (25); **hornear** to bake (206)

coger (123)

to seize, to take, to grasp, to grab,
to catch, to get (understand)

Gerundio **cogiendo**   Part. pas. **cogido**
Regular **-er** verb endings with spelling
change: **g** becomes **j** before **a** or **o**

> **Caution:** This verb has sexual connotations outside of Spain, in particular in Latin America. Use **agarrar** or **tomar** instead.

The Seven Simple Tenses		The Seven Compound Tenses	
Singular	**Plural**	**Singular**	**Plural**
1 presente de indicativo		**8 perfecto de indicativo**	
cojo	cogemos	he cogido	hemos cogido
coges	cogéis	has cogido	habéis cogido
coge	cogen	ha cogido	han cogido
2 imperfecto de indicativo		**9 pluscuamperfecto de indicativo**	
cogía	cogíamos	había cogido	habíamos cogido
cogías	cogíais	habías cogido	habíais cogido
cogía	cogían	había cogido	habían cogido
3 pretérito		**10 pretérito anterior**	
cogí	cogimos	hube cogido	hubimos cogido
cogiste	cogisteis	hubiste cogido	hubisteis cogido
cogió	cogieron	hubo cogido	hubieron cogido
4 futuro		**11 futuro perfecto**	
cogeré	cogeremos	habré cogido	habremos cogido
cogerás	cogeréis	habrás cogido	habréis cogido
cogerá	cogerán	habrá cogido	habrán cogido
5 potencial simple		**12 potencial compuesto**	
cogería	cogeríamos	habría cogido	habríamos cogido
cogerías	cogeríais	habrías cogido	habríais cogido
cogería	cogerían	habría cogido	habrían cogido
6 presente de subjuntivo		**13 perfecto de subjuntivo**	
coja	cojamos	haya cogido	hayamos cogido
cojas	cojáis	hayas cogido	hayáis cogido
coja	cojan	haya cogido	hayan cogido
7 imperfecto de subjuntivo		**14 pluscuamperfecto de subjuntivo**	
cogiera	cogiéramos	hubiera cogido	hubiéramos cogido
cogieras	cogierais	hubieras cogido	hubierais cogido
cogiera	cogieran	hubiera cogido	hubieran cogido
OR		OR	
cogiese	cogiésemos	hubiese cogido	hubiésemos cogido
cogieses	cogieseis	hubieses cogido	hubieseis cogido
cogiese	cogiesen	hubiese cogido	hubiesen cogido

imperativo	
—	cojamos
coge; no cojas	coged; no cojáis
coja	cojan

la cogida gathering of fruits, a catch		**recoger** to pick (up), to gather, to reap	
escoger to choose, to select		**encoger** to shorten, to shrink	
coger un catarro (o un resfriado) to catch cold		**descoger** to expand, to extend	

> Syn.: **agarrar** to grasp, to seize; **asir** to seize; **atrapar** to catch (332); **tomar** to take
> Ant.: **liberar** to liberate, release (409); **soltar** to release (138)

Part. pas. **colegido**   Gerundio **coligiendo**

Regular **-ir** verb endings with stem change: Tenses 1, 6, 7, Imperative, Gerundio; spelling change: **g** becomes **j** before **a** or **o**

colegir (124)

to collect, to infer, to gather

The Seven Simple Tenses		The Seven Compound Tenses	
Singular	Plural	Singular	Plural
1 presente de indicativo		**8 perfecto de indicativo**	
colijo	colegimos	he colegido	hemos colegido
coliges	colegís	has colegido	habéis colegido
colige	coligen	ha colegido	han colegido
2 imperfecto de indicativo		**9 pluscuamperfecto de indicativo**	
colegía	colegíamos	había colegido	habíamos colegido
colegías	colegíais	habías colegido	habíais colegido
colegía	colegían	había colegido	habían colegido
3 pretérito		**10 pretérito anterior**	
colegí	colegimos	hube colegido	hubimos colegido
colegiste	colegisteis	hubiste colegido	hubisteis colegido
coligió	coligieron	hubo colegido	hubieron colegido
4 futuro		**11 futuro perfecto**	
colegiré	colegiremos	habré colegido	habremos colegido
colegirás	colegiréis	habrás colegido	habréis colegido
colegirá	colegirán	habrá colegido	habrán colegido
5 potencial simple		**12 potencial compuesto**	
colegiría	colegiríamos	habría colegido	habríamos colegido
colegirías	colegiríais	habrías colegido	habríais colegido
colegiría	colegirían	habría colegido	habrían colegido
6 presente de subjuntivo		**13 perfecto de subjuntivo**	
colija	colijamos	haya colegido	hayamos colegido
colijas	colijáis	hayas colegido	hayáis colegido
colija	colijan	haya colegido	hayan colegido
7 imperfecto de subjuntivo		**14 pluscuamperfecto de subjuntivo**	
coligiera	coligiéramos	hubiera colegido	hubiéramos colegido
coligieras	coligierais	hubieras colegido	hubierais colegido
coligiera	coligieran	hubiera colegido	hubieran colegido
OR		OR	
coligiese	coligiésemos	hubiese colegido	hubiésemos colegido
coligieses	coligieseis	hubieses colegido	hubieseis colegido
coligiese	coligiesen	hubiese colegido	hubiesen colegido

imperativo	
—	colijamos
colige; no colijas	colegid; no colijáis
colija	colijan

Según tu reacción, colijo que estás contento.
By your reaction, I gather that you are pleased.

el colegio college, school	**colectivo, colectiva** collective
la colección collection	**el colegio electoral** electoral college
colegial collegiate	

Syn.: **agregar** to collect, to gather; **inferir** to infer (400); **recoger** to gather, collect
Ant.: **separar** to separate

colgar (125)

to hang (up)

Gerundio **colgando** Part. pas. **colgado**

Regular **-ar** verb endings with spelling change: **g** becomes **gu** before **e**; stem change: Tenses 1, 6, Imperative

The Seven Simple Tenses		The Seven Compound Tenses	
Singular	Plural	Singular	Plural
1 presente de indicativo		**8 perfecto de indicativo**	
cuelgo	colgamos	he colgado	hemos colgado
cuelgas	colgáis	has colgado	habéis colgado
cuelga	cuelgan	ha colgado	han colgado
2 imperfecto de indicativo		**9 pluscuamperfecto de indicativo**	
colgaba	colgábamos	había colgado	habíamos colgado
colgabas	colgabais	habías colgado	habíais colgado
colgaba	colgaban	había colgado	habían colgado
3 pretérito		**10 pretérito anterior**	
colgué	colgamos	hube colgado	hubimos colgado
colgaste	colgasteis	hubiste colgado	hubisteis colgado
colgó	colgaron	hubo colgado	hubieron colgado
4 futuro		**11 futuro perfecto**	
colgaré	colgaremos	habré colgado	habremos colgado
colgarás	colgaréis	habrás colgado	habréis colgado
colgará	colgarán	habrá colgado	habrán colgado
5 potencial simple		**12 potencial compuesto**	
colgaría	colgaríamos	habría colgado	habríamos colgado
colgarías	colgaríais	habrías colgado	habríais colgado
colgaría	colgarían	habría colgado	habrían colgado
6 presente de subjuntivo		**13 perfecto de subjuntivo**	
cuelgue	colguemos	haya colgado	hayamos colgado
cuelgues	colguéis	hayas colgado	hayáis colgado
cuelgue	cuelguen	haya colgado	hayan colgado
7 imperfecto de subjuntivo		**14 pluscuamperfecto de subjuntivo**	
colgara	colgáramos	hubiera colgado	hubiéramos colgado
colgaras	colgarais	hubieras colgado	hubierais colgado
colgara	colgaran	hubiera colgado	hubieran colgado
OR		OR	
colgase	colgásemos	hubiese colgado	hubiésemos colgado
colgases	colgaseis	hubieses colgado	hubieseis colgado
colgase	colgasen	hubiese colgado	hubiesen colgado

imperativo	
—	colguemos
cuelga; no cuelgues	colgad; no colguéis
cuelgue	cuelguen

el colgadero hanger, hook on which to hang things	**colgar la ropa** to hang up the clothes
dejar colgado (colgada) to leave (someone) disappointed, to leave hanging	**¡Cuelgue!** Hang up!
el puente colgante suspension bridge	**descolgar** to take down, to pick up (a telephone receiver)
la colgadura drapery, tapestry, wall hanging	**¡Descuelgue!** Pick up (the telephone receiver)!
	colgar el teléfono to hang up the telephone

Syn.: **pender** to hang (63)   Ant.: **descolgar** to take down, to pick up (telephone receiver) (125)

Part. pas. **colocado**   Gerundio **colocando**
Regular **-ar** verb endings with spelling change:
c becomes **qu** before **e**

colocar (126)
to put, to place

C

The Seven Simple Tenses		The Seven Compound Tenses	
Singular	Plural	Singular	Plural
1 presente de indicativo		**8 perfecto de indicativo**	
coloco	colocamos	he colocado	hemos colocado
colocas	colocáis	has colocado	habéis colocado
coloca	colocan	ha colocado	han colocado
2 imperfecto de indicativo		**9 pluscuamperfecto de indicativo**	
colocaba	colocábamos	había colocado	habíamos colocado
colocabas	colocabais	habías colocado	habíais colocado
colocaba	colocaban	había colocado	habían colocado
3 pretérito		**10 pretérito anterior**	
coloqué	colocamos	hube colocado	hubimos colocado
colocaste	colocasteis	hubiste colocado	hubisteis colocado
colocó	colocaron	hubo colocado	hubieron colocado
4 futuro		**11 futuro perfecto**	
colocaré	colocaremos	habré colocado	habremos colocado
colocarás	colocaréis	habrás colocado	habréis colocado
colocará	colocarán	habrá colocado	habrán colocado
5 potencial simple		**12 potencial compuesto**	
colocaría	colocaríamos	habría colocado	habríamos colocado
colocarías	colocaríais	habrías colocado	habríais colocado
colocaría	colocarían	habría colocado	habrían colocado
6 presente de subjuntivo		**13 perfecto de subjuntivo**	
coloque	coloquemos	haya colocado	hayamos colocado
coloques	coloquéis	hayas colocado	hayáis colocado
coloque	coloquen	haya colocado	hayan colocado
7 imperfecto de subjuntivo		**14 pluscuamperfecto de subjuntivo**	
colocara	colocáramos	hubiera colocado	hubiéramos colocado
colocaras	colocarais	hubieras colocado	hubierais colocado
colocara	colocaran	hubiera colocado	hubieran colocado
OR		OR	
colocase	colocásemos	hubiese colocado	hubiésemos colocado
colocases	colocaseis	hubieses colocado	hubieseis colocado
colocase	colocasen	hubiese colocado	hubiesen colocado

imperativo	
—	coloquemos
coloca; no coloques	colocad; no coloquéis
coloque	coloquen

Coloquemos el cuadro en la pared, encima del sofá.
Let's hang the painting on the wall, above the sofa.

la colocación job, employment, position, placement
colocar dinero to invest money

colocar un pedido to place an order
la agencia de colocaciones job placement agency

Syn.: **poner** to put, place   Ant.: **descolocar** to misplace (126)

193

Comenzar

Comenzar is a useful verb for beginning Spanish students because it has an important stem change (in the imperative and in Tenses 1 and 6) and a spelling change from **z** to **c** before the letter **e**. It is also used in numerous everyday expressions and situations.

Sentences using **comenzar** and related words

–¿Qué tiempo hace?
—What is the weather like?

–Comienza a llover.
—It's starting to rain.

–Quiero comenzar al comienzo.
—I'd like to begin at the beginning.

–¡Comienza!
—Begin!

Words and expressions related to this verb

el comienzo the beginning

Note: **la ceremonia de graduación** (school) commencement

al comienzo at the beginning, at first

comenzar a + inf. to begin + inf.

comenzar por + inf. to begin by + pres. part.

comenzar por el principio to begin at the beginning

recomenzar to begin again

Proverb

Lo que mal comienza, mal acaba.
  What starts badly ends badly.

Syn.: **empezar** to begin, to start; **iniciar** to begin, to initiate (383); **principiar** to begin
Ant.: **acabar** to finish; **completar** to complete (308); **concluir** to conclude (268); **terminar** to end, to terminate

AN ESSENTIAL 55 Verb

Can't remember the Spanish verb you need?

Check the back pages of this book for the English-Spanish verb index!

comenzar (127)

to begin, to start,
to commence

Regular **-ar** verb endings with spelling change: **z** becomes
c before **e**; stem change: Tenses 1, 6, Imperative

The Seven Simple Tenses		The Seven Compound Tenses	
Singular	**Plural**	**Singular**	**Plural**
1 presente de indicativo		**8 perfecto de indicativo**	
comienzo	comenzamos	he comenzado	hemos comenzado
comienzas	comenzáis	has comenzado	habéis comenzado
comienza	comienzan	ha comenzado	han comenzado
2 imperfecto de indicativo		**9 pluscuamperfecto de indicativo**	
comenzaba	comenzábamos	había comenzado	habíamos comenzado
comenzabas	comenzabais	habías comenzado	habíais comenzado
comenzaba	comenzaban	había comenzado	habían comenzado
3 pretérito		**10 pretérito anterior**	
comencé	comenzamos	hube comenzado	hubimos comenzado
comenzaste	comenzasteis	hubiste comenzado	hubisteis comenzado
comenzó	comenzaron	hubo comenzado	hubieron comenzado
4 futuro		**11 futuro perfecto**	
comenzaré	comenzaremos	habré comenzado	habremos comenzado
comenzarás	comenzaréis	habrás comenzado	habréis comenzado
comenzará	comenzarán	habrá comenzado	habrán comenzado
5 potencial simple		**12 potencial compuesto**	
comenzaría	comenzaríamos	habría comenzado	habríamos comenzado
comenzarías	comenzaríais	habrías comenzado	habríais comenzado
comenzaría	comenzarían	habría comenzado	habrían comenzado
6 presente de subjuntivo		**13 perfecto de subjuntivo**	
comience	comencemos	haya comenzado	hayamos comenzado
comiences	comencéis	hayas comenzado	hayáis comenzado
comience	comiencen	haya comenzado	hayan comenzado
7 imperfecto de subjuntivo		**14 pluscuamperfecto de subjuntivo**	
comenzara	comenzáramos	hubiera comenzado	hubiéramos comenzado
comenzaras	comenzarais	hubieras comenzado	hubierais comenzado
comenzara	comenzaran	hubiera comenzado	hubieran comenzado
OR		OR	
comenzase	comenzásemos	hubiese comenzado	hubiésemos comenzado
comenzases	comenzaseis	hubieses comenzado	hubieseis comenzado
comenzase	comenzasen	hubiese comenzado	hubiesen comenzado

imperativo	
—	comencemos
comienza; no comiences	comenzad; no comencéis
comience	comiencen

AN ESSENTIAL
55 Verb

Comer

Comer is a useful verb for you to know because it is a regular -er verb and because it is used in numerous everyday expressions and situations.

Sentences using **comer** and related words

Yo no quiero cocinar. Prefiero comer fuera de casa.
I don't want to cook. I'd rather eat out.

–¿Dónde está Miguel?
–Está en el comedor. Está comiendo su comida.
–Where is Michael?
–He's in the dining room. He's eating his meal.

¡A comer!
Come and get it!

Los jóvenes comen todo el tiempo la comida basura.
Youths eat junk food all the time.

Proverb

Dime qué comes y te diré quien eres.
Tell me what you eat and I'll tell you who you are.

Comer para vivir y no vivir para comer.
One should eat to live and not live to eat.

Words and expressions related to this verb

ganar de comer to earn a living

la comida meal

la comida basura junk food

el comedor dining room

cama y comida bed and board, room and board

comer fuera (de casa) to eat out; dine out

dar de comer a los niños to feed the children

comer con gana to eat heartily

comer con muchas ganas to eat very heartily

comer a todo correr to eat quickly, wolf down

comerse to eat up

comerse la risa to stifle/hold back a laugh

comer de todo to eat everything

comer para vivir to eat to live

comer como un pajarito to eat like a little bird

Syn.: **almorzar** to have lunch; **cenar** to have supper; **desayunarse** to have breakfast; **ingerir** to ingest (435); **tomar** to have something to eat or drink
Ant.: **abstenerse** to abstain; **ayunar** to fast, to go without food (171, 249)

AN ESSENTIAL
55 Verb

Don't forget to study the section on defective and impersonal verbs. It's right after this main list.

The Seven Simple Tenses		The Seven Compound Tenses	
Singular	Plural	Singular	Plural
1 presente de indicativo		**8 perfecto de indicativo**	
como	comemos	he comido	hemos comido
comes	coméis	has comido	habéis comido
come	comen	ha comido	han comido
2 imperfecto de indicativo		**9 pluscuamperfecto de indicativo**	
comía	comíamos	había comido	habíamos comido
comías	comíais	habías comido	habíais comido
comía	comían	había comido	habían comido
3 pretérito		**10 pretérito anterior**	
comí	comimos	hube comido	hubimos comido
comiste	comisteis	hubiste comido	hubisteis comido
comió	comieron	hubo comido	hubieron comido
4 futuro		**11 futuro perfecto**	
comeré	comeremos	habré comido	habremos comido
comerás	comeréis	habrás comido	habréis comido
comerá	comerán	habrá comido	habrán comido
5 potencial simple		**12 potencial compuesto**	
comería	comeríamos	habría comido	habríamos comido
comerías	comeríais	habrías comido	habríais comido
comería	comerían	habría comido	habrían comido
6 presente de subjuntivo		**13 perfecto de subjuntivo**	
coma	comamos	haya comido	hayamos comido
comas	comáis	hayas comido	hayáis comido
coma	coman	haya comido	hayan comido
7 imperfecto de subjuntivo		**14 pluscuamperfecto de subjuntivo**	
comiera	comiéramos	hubiera comido	hubiéramos comido
comieras	comierais	hubieras comido	hubierais comido
comiera	comieran	hubiera comido	hubieran comido
OR		OR	
comiese	comiésemos	hubiese comido	hubiésemos comido
comieses	comieseis	hubieses comido	hubieseis comido
comiese	comiesen	hubiese comido	hubiesen comido

imperativo

—	comamos
come; no comas	comed; no comáis
coma	coman

AN ESSENTIAL
55 Verb

componer (129)
to compose, to repair

The Seven Simple Tenses		The Seven Compound Tenses	
Singular	Plural	Singular	Plural
1 presente de indicativo		**8 perfecto de indicativo**	
compongo	componemos	he compuesto	hemos compuesto
compones	componéis	has compuesto	habéis compuesto
compone	componen	ha compuesto	han compuesto
2 imperfecto de indicativo		**9 pluscuamperfecto de indicativo**	
componía	componíamos	había compuesto	habíamos compuesto
componías	componíais	habías compuesto	habíais compuesto
componía	componían	había compuesto	habían compuesto
3 pretérito		**10 pretérito anterior**	
compuse	compusimos	hube compuesto	hubimos compuesto
compusiste	compusisteis	hubiste compuesto	hubisteis compuesto
compuso	compusieron	hubo compuesto	hubieron compuesto
4 futuro		**11 futuro perfecto**	
compondré	compondremos	habré compuesto	habremos compuesto
compondrás	compondréis	habrás compuesto	habréis compuesto
compondrá	compondrán	habrá compuesto	habrán compuesto
5 potencial simple		**12 potencial compuesto**	
compondría	compondríamos	habría compuesto	habríamos compuesto
compondrías	compondríais	habrías compuesto	habríais compuesto
compondría	compondrían	habría compuesto	habrían compuesto
6 presente de subjuntivo		**13 perfecto de subjuntivo**	
componga	compongamos	haya compuesto	hayamos compuesto
compongas	compongáis	hayas compuesto	hayáis compuesto
componga	compongan	haya compuesto	hayan compuesto
7 imperfecto de subjuntivo		**14 pluscuamperfecto de subjuntivo**	
compusiera	compusiéramos	hubiera compuesto	hubiéramos compuesto
compusieras	compusierais	hubieras compuesto	hubierais compuesto
compusiera	compusieran	hubiera compuesto	hubieran compuesto
OR		OR	
ompusiese	compusiésemos	hubiese compuesto	hubiésemos compuesto
compusieses	compusieseis	hubieses compuesto	hubieseis compuesto
compusiese	compusiesen	hubiese compuesto	hubiesen compuesto

imperativo

—	compongamos
compón; no compongas	componed; no compongáis
componga	compongan

el compuesto   compound, mixture
compuestamente   neatly, orderly
deponer   to depose
imponer   to impose
la composición   composition

el compositor, la compositora   composer (music)
exponer   to expose, to exhibit
indisponer   to indispose

Syn.: **arreglar** to repair; **constituir** to constitute, to make up   Ant.: **descomponer** to decompose, to disrupt (129)

Comprar

Comprar is a useful verb for beginning students because it is a regular **-ar** verb. **Comprar** is used in numerous everyday expressions and situations, especially when you travel.

Sentences using **comprar** and related words

¿Dónde está la juguetería? Quisiera comprar juguetes.
Where is the toy store? I would like to buy some toys.

¡Cómprate un calvo y péinalo!
Beat it! (Literally: Buy a bald man and comb his hair.)

¿Qué piensas de mis zapatos? Yo los compré en el centro comercial.
What do you think of my shoes? I bought them at the shopping center.

Ten cuidado cuando compres algo en línea.
Be careful when you buy something online.

Words and expressions related to this verb

la compra purchase

hacer compras to shop

ir de compras to go shopping

un comprador, una compradora shopper, buyer

comprar al contado to buy for cash, to pay cash

comprar al fiado, comprar a crédito to buy on credit

comprar con rebaja to buy at a discount

las compras en línea online shopping

comprar en línea to shop online

Proverb

La amistad no se compra.
Friendship cannot be bought (has no price).

Syn.: **adquirir** to acquire   Ant.: **vender** to sell

Can't find the verb you're looking for?

Check the back pages of this book for a list of over 2,300 additional verbs!

AN ESSENTIAL
55 Verb

comprar (130)
to buy, to purchase

The Seven Simple Tenses		The Seven Compound Tenses	
Singular	Plural	Singular	Plural
1 presente de indicativo		**8 perfecto de indicativo**	
compro	compramos	he comprado	hemos comprado
compras	compráis	has comprado	habéis comprado
compra	compran	ha comprado	han comprado
2 imperfecto de indicativo		**9 pluscuamperfecto de indicativo**	
compraba	comprábamos	había comprado	habíamos comprado
comprabas	comprabais	habías comprado	habíais comprado
compraba	compraban	había comprado	habían comprado
3 pretérito		**10 pretérito anterior**	
compré	compramos	hube comprado	hubimos comprado
compraste	comprasteis	hubiste comprado	hubisteis comprado
compró	compraron	hubo comprado	hubieron comprado
4 futuro		**11 futuro perfecto**	
compraré	compraremos	habré comprado	habremos comprado
comprarás	compraréis	habrás comprado	habréis comprado
comprará	comprarán	habrá comprado	habrán comprado
5 potencial simple		**12 potencial compuesto**	
compraría	compraríamos	habría comprado	habríamos comprado
comprarías	compraríais	habrías comprado	habríais comprado
compraría	comprarían	habría comprado	habrían comprado
6 presente de subjuntivo		**13 perfecto de subjuntivo**	
compre	compremos	haya comprado	hayamos comprado
compres	compréis	hayas comprado	hayáis comprado
compre	compren	haya comprado	hayan comprado
7 imperfecto de subjuntivo		**14 pluscuamperfecto de subjuntivo**	
comprara	compráramos	hubiera comprado	hubiéramos comprado
compraras	comprarais	hubieras comprado	hubierais comprado
comprara	compraran	hubiera comprado	hubieran comprado
OR		OR	
comprase	comprásemos	hubiese comprado	hubiésemos comprado
comprases	compraseis	hubieses comprado	hubieseis comprado
comprase	comprasen	hubiese comprado	hubiesen comprado

imperativo

—	compremos
compra; no compres	comprad; no compréis
compre	compren

AN ESSENTIAL
55 Verb

Part. pas. **comprendido**   Gerundio **comprendiendo**   **comprender** (131)
Regular **-er** verb
to understand, to comprise

The Seven Simple Tenses		The Seven Compound Tenses	
Singular	**Plural**	**Singular**	**Plural**

1 presente de indicativo

comprendo	comprendemos
comprendes	comprendéis
comprende	comprenden

8 perfecto de indicativo

he comprendido	hemos comprendido
has comprendido	habéis comprendido
ha comprendido	han comprendido

2 imperfecto de indicativo

comprendía	comprendíamos
comprendías	comprendíais
comprendía	comprendían

9 pluscuamperfecto de indicativo

había comprendido	habíamos comprendido
habías comprendido	habíais comprendido
había comprendido	habían comprendido

3 pretérito

comprendí	comprendimos
comprendiste	comprendisteis
comprendió	comprendieron

10 pretérito anterior

hube comprendido	hubimos comprendido
hubiste comprendido	hubisteis comprendido
hubo comprendido	hubieron comprendido

4 futuro

comprenderé	comprenderemos
comprenderás	comprenderéis
comprenderá	comprenderán

11 futuro perfecto

habré comprendido	habremos comprendido
habrás comprendido	habréis comprendido
habrá comprendido	habrán comprendido

5 potencial simple

comprendería	comprenderíamos
comprenderías	comprenderíais
comprendería	comprenderían

12 potencial compuesto

habría comprendido	habríamos comprendido
habrías comprendido	habríais comprendido
habría comprendido	habrían comprendido

6 presente de subjuntivo

comprenda	comprendamos
comprendas	comprendáis
comprenda	comprendan

13 perfecto de subjuntivo

haya comprendido	hayamos comprendido
hayas comprendido	hayáis comprendido
haya comprendido	hayan comprendido

7 imperfecto de subjuntivo

comprendiera	comprendiéramos
comprendieras	comprendierais
comprendiera	comprendieran
OR	
comprendiese	comprendiésemos
comprendieses	comprendieseis
comprendiese	comprendiesen

14 pluscuamperfecto de subjuntivo

hubiera comprendido	hubiéramos comprendido
hubieras comprendido	hubierais comprendido
hubiera comprendido	hubieran comprendido
OR	
hubiese comprendido	hubiésemos comprendido
hubieses comprendido	hubieseis comprendido
hubiese comprendido	hubiesen comprendido

imperativo

—	comprendamos
comprende; no comprendas	comprended; no comprendáis
comprenda	comprendan

la comprensión comprehension, understanding
la comprensibilidad comprehensibility, intelligibility

comprensivo, comprensiva comprehensive
comprensible comprehensible, understandable
comprenderse to understand one another
No comprendo. I don't understand.
Sí, comprendo. Yes, I understand.

Syn.: **aprehender** to apprehend (63); **entender** to understand; **incluir** to include
Ant.: **ignorar** to be ignorant of, not to know

Conducir

Conducir is an important verb for a beginning student to know because it has tricky spelling changes. Several other verbs are conjugated in the same way as **conducir**. This verb is also useful in numerous everyday expressions and situations.

Sentences using **conducir** and related words

¿Sabe Ud. conducir?
Do you know how to drive?

Sí, conduzco todos los días.
Yes, I drive every day.

¿Cómo te conduces en público?
How do you behave in public?

Words and expressions related to this verb

el conductor, la conductora driver, conductor

el conducto conduit, duct

la conducta conduct, behavior

conducente conducive

la conducción driving

un permiso de conducir, un carnet de conducir driver's license

un permiso de conducción driver's license

conducir de prisa to drive fast

dar un paseo en coche to go for a drive

conducirse to behave

If you can conjugate **conducir**, you can also conjugate the following verbs:

abducir to abduct	**producir** to produce
inducir to induce, lead	**reducir** to reduce
introducir to introduce	**traducir** to translate

Syn.: **dirigir** to direct; **guiar** to guide, to lead; **manejar** to drive, to operate a vehicle; **pilotar**, **pilotear** to pilot (54)   Ant.: **desorientar** to confuse, to mislead (11); **desviar** to deviate (218)

AN ESSENTIAL
55 Verb

Part. pas. **conducido**   Gerundio **conduciendo**
Irregular in Tenses 3 and 7, regular **-ir** endings in all
others; spelling change: **c** becomes **zc** before **a** or **o**

conducir (132)
to lead, to conduct, to drive

The Seven Simple Tenses		The Seven Compound Tenses	
Singular	**Plural**	**Singular**	**Plural**
1 presente de indicativo		**8 perfecto de indicativo**	
conduzco	conducimos	he conducido	hemos conducido
conduces	conducís	has conducido	habéis conducido
conduce	conducen	ha conducido	han conducido
2 imperfecto de indicativo		**9 pluscuamperfecto de indicativo**	
conducía	conducíamos	había conducido	habíamos conducido
conducías	conducíais	habías conducido	habíais conducido
conducía	conducían	había conducido	habían conducido
3 pretérito		**10 pretérito anterior**	
conduje	condujimos	hube conducido	hubimos conducido
condujiste	condujisteis	hubiste conducido	hubisteis conducido
condujo	condujeron	hubo conducido	hubieron conducido
4 futuro		**11 futuro perfecto**	
conduciré	conduciremos	habré conducido	habremos conducido
conducirás	conduciréis	habrás conducido	habréis conducido
conducirá	conducirán	habrá conducido	habrán conducido
5 potencial simple		**12 potencial compuesto**	
conduciría	conduciríamos	habría conducido	habríamos conducido
conducirías	conduciríais	habrías conducido	habríais conducido
conduciría	conducirían	habría conducido	habrían conducido
6 presente de subjuntivo		**13 perfecto de subjuntivo**	
conduzca	conduzcamos	haya conducido	hayamos conducido
conduzcas	conduzcáis	hayas conducido	hayáis conducido
conduzca	conduzcan	haya conducido	hayan conducido
7 imperfecto de subjuntivo		**14 pluscuamperfecto de subjuntivo**	
condujera	condujéramos	hubiera conducido	hubiéramos conducido
condujeras	condujerais	hubieras conducido	hubierais conducido
condujera	condujeran	hubiera conducido	hubieran conducido
OR		OR	
condujese	condujésemos	hubiese conducido	hubiésemos conducido
condujeses	condujeseis	hubieses conducido	hubieseis conducido
condujese	condujesen	hubiese conducido	hubiesen conducido

imperativo

—	conduzcamos
conduce; no conduzcas	conducid; no conduzcáis
conduzca	conduzcan

**AN ESSENTIAL
55 Verb**

confesar (133)
to confess

Gerundio **confesando**   Part. pas. **confesado**
Regular **-ar** verb endings with stem
change: Tenses 1, 6, Imperative

The Seven Simple Tenses		The Seven Compound Tenses	
Singular	**Plural**	**Singular**	**Plural**
1 presente de indicativo		**8 perfecto de indicativo**	
confieso	confesamos	he confesado	hemos confesado
confiesas	confesáis	has confesado	habéis confesado
confiesa	confiesan	ha confesado	han confesado
2 imperfecto de indicativo		**9 pluscuamperfecto de indicativo**	
confesaba	confesábamos	había confesado	habíamos confesado
confesabas	confesabais	habías confesado	habíais confesado
confesaba	confesaban	había confesado	habían confesado
3 pretérito		**10 pretérito anterior**	
confesé	confesamos	hube confesado	hubimos confesado
confesaste	confesasteis	hubiste confesado	hubisteis confesado
confesó	confesaron	hubo confesado	hubieron confesado
4 futuro		**11 futuro perfecto**	
confesaré	confesaremos	habré confesado	habremos confesado
confesarás	confesaréis	habrás confesado	habréis confesado
confesará	confesarán	habrá confesado	habrán confesado
5 potencial simple		**12 potencial compuesto**	
confesaría	confesaríamos	habría confesado	habríamos confesado
confesarías	confesaríais	habrías confesado	habríais confesado
confesaría	confesarían	habría confesado	habrían confesado
6 presente de subjuntivo		**13 perfecto de subjuntivo**	
confiese	confesemos	haya confesado	hayamos confesado
confieses	confeséis	hayas confesado	hayáis confesado
confiese	confiesen	haya confesado	hayan confesado
7 imperfecto de subjuntivo		**14 pluscuamperfecto de subjuntivo**	
confesara	confesáramos	hubiera confesado	hubiéramos confesado
confesaras	confesarais	hubieras confesado	hubierais confesado
confesara	confesaran	hubiera confesado	hubieran confesado
OR		OR	
confesase	confesásemos	hubiese confesado	hubiésemos confesado
confesases	confesaseis	hubieses confesado	hubieseis confesado
confesase	confesasen	hubiese confesado	hubiesen confesado

imperativo

—	confesemos
confiesa; no confieses	confesad; no confeséis
confiese	confiesen

la confesión confession
el confesionario confessional (box)
el confesor confessor

confesar de plano to confess openly
un, una confesante penitent
confesarse a Dios to confess to God

Syn.: **admitir** to admit; **reconocer** to acknowledge   Ant.: **callarse** to be silent; **negar** to deny

Conocer

Conocer is a verb that you should know! Pay special attention to the spelling change from **c** to **zc** before **a** or **o**. **Conocer** is useful in numerous everyday expressions and situations.

Be careful when choosing between **conocer** and **saber**, which also means *to know*.
(a) Generally speaking, **conocer** means to know in the sense of *being acquainted* with a person, a place, or a thing:

¿Conoce Ud. a María?
Do you know Mary?
¿Conoce Ud. bien los Estados Unidos?
Do you know the United States well?
¿Conoce Ud. este libro?
Do you know this book? (Are you acquainted with this book?)

In the preterit tense, **conocer** means *met* in the sense of *first met, first became acquainted with someone:*

¿Conoce Ud. a Elena?
Do you know Helen?
Sí, (yo) la conocí anoche en casa de un amigo mío.
Yes, I met her (for the first time) last night at the home of one of my friends.

Generally speaking, **saber** means to know a fact, to know something thoroughly: **¿Sabe Ud. qué hora es?** Do you know what time it is? (See **saber** for further examples.)

Sentences using **conocer** and related words

El árbol se conoce por su fruta.
The tree is known by its fruit. (You will be judged by your actions; the apple doesn't fall far from the tree.)

–¿Conoce Ud. a esa mujer?
–Sí, la conozco.
–Do you know that woman?
–Yes, I know her.

Estoy encantado/encantada de conocerle.
I'm pleased to meet you.

Words and expressions related to this verb

un conocido, una conocida an acquaintance

conocido, conocida known

conocidamente obviously

desconocido, desconocida unknown

un desconocido, una desconocida stranger, someone you don't know

un conocedor, una conocedora an expert

el conocimiento knowledge

el desconocimiento ignorance

poner en conocimiento de to inform (about)

muy conocido very well-known

reconocible recognizable

reconocido, reconocida grateful

If you can conjugate **conocer**, you can also conjugate the following verbs:

reconocer to recognize, to admit

desconocer to be ignorant of

Ant.: **desconocer** to be ignorant of, not to know (134); **ignorar** not to know

AN ESSENTIAL
55 Verb

conocer (134)

to know, to be acquainted with

Gerundio **conociendo**   Part. pas. **conocido**

Regular **-er** verb endings with spelling change:
c becomes **zc** before **a** or **o**

The Seven Simple Tenses		The Seven Compound Tenses	
Singular	**Plural**	**Singular**	**Plural**
1 presente de indicativo		**8 perfecto de indicativo**	
conozco	conocemos	he conocido	hemos conocido
conoces	conocéis	has conocido	habéis conocido
conoce	conocen	ha conocido	han conocido
2 imperfecto de indicativo		**9 pluscuamperfecto de indicativo**	
conocía	conocíamos	había conocido	habíamos conocido
conocías	conocíais	habías conocido	habíais conocido
conocía	conocían	había conocido	habían conocido
3 pretérito		**10 pretérito anterior**	
conocí	conocimos	hube conocido	hubimos conocido
conociste	conocisteis	hubiste conocido	hubisteis conocido
conoció	conocieron	hubo conocido	hubieron conocido
4 futuro		**11 futuro perfecto**	
conoceré	conoceremos	habré conocido	habremos conocido
conocerás	conoceréis	habrás conocido	habréis conocido
conocerá	conocerán	habrá conocido	habrán conocido
5 potencial simple		**12 potencial compuesto**	
conocería	conoceríamos	habría conocido	habríamos conocido
conocerías	conoceríais	habrías conocido	habríais conocido
conocería	conocerían	habría conocido	habrían conocido
6 presente de subjuntivo		**13 perfecto de subjuntivo**	
conozca	conozcamos	haya conocido	hayamos conocido
conozcas	conozcáis	hayas conocido	hayáis conocido
conozca	conozcan	haya conocido	hayan conocido
7 imperfecto de subjuntivo		**14 pluscuamperfecto de subjuntivo**	
conociera	conociéramos	hubiera conocido	hubiéramos conocido
conocieras	conocierais	hubieras conocido	hubierais conocido
conociera	conocieran	hubiera conocido	hubieran conocido
OR		OR	
conociese	conociésemos	hubiese conocido	hubiésemos conocido
conocieses	conocieseis	hubieses conocido	hubieseis conocido
conociese	conociesen	hubiese conocido	hubiesen conocido

imperativo	
—	conozcamos
conoce; no conozcas	conoced; no conozcáis
conozca	conozcan

AN ESSENTIAL
55 Verb

Part. pas. **conseguido**   Gerundio **consiguiendo**

Regular **-ir** verb endings with spelling change: **gu** becomes **g** before **a** or **o**; stem change: Tenses 1, 6, Imperative, Gerundio

conseguir (135)

to to attain, to get, to obtain

C

The Seven Simple Tenses		The Seven Compound Tenses	
Singular	Plural	Singular	Plural
1 presente de indicativo		**8 perfecto de indicativo**	
consigo	conseguimos	he conseguido	hemos conseguido
consigues	conseguís	has conseguido	habéis conseguido
consigue	consiguen	ha conseguido	han conseguido
2 imperfecto de indicativo		**9 pluscuamperfecto de indicativo**	
conseguía	conseguíamos	había conseguido	habíamos conseguido
conseguías	conseguíais	habías conseguido	habíais conseguido
conseguía	conseguían	había conseguido	habían conseguido
3 pretérito		**10 pretérito anterior**	
conseguí	conseguimos	hube conseguido	hubimos conseguido
conseguiste	conseguisteis	hubiste conseguido	hubisteis conseguido
consiguió	consiguieron	hubo conseguido	hubieron conseguido
4 futuro		**11 futuro perfecto**	
conseguiré	conseguiremos	habré conseguido	habremos conseguido
conseguirás	conseguiréis	habrás conseguido	habréis conseguido
conseguirá	conseguirán	habrá conseguido	habrán conseguido
5 potencial simple		**12 potencial compuesto**	
conseguiría	conseguiríamos	habría conseguido	habríamos conseguido
conseguirías	conseguiríais	habrías conseguido	habríais conseguido
conseguiría	conseguirían	habría conseguido	habrían conseguido
6 presente de subjuntivo		**13 perfecto de subjuntivo**	
consiga	consigamos	haya conseguido	hayamos conseguido
consigas	consigáis	hayas conseguido	hayáis conseguido
consiga	consigan	haya conseguido	hayan conseguido
7 imperfecto de subjuntivo		**14 pluscuamperfecto de subjuntivo**	
consiguiera	consiguiéramos	hubiera conseguido	hubiéramos conseguido
consiguieras	consiguierais	hubieras conseguido	hubierais conseguido
consiguiera	consiguieran	hubiera conseguido	hubieran conseguido
OR		OR	
consiguiese	consiguiésemos	hubiese conseguido	hubiésemos conseguido
consiguieses	consiguieseis	hubieses conseguido	hubieseis conseguido
consiguiese	consiguiesen	hubiese conseguido	hubiesen conseguido

imperativo	
—	consigamos
consigue; no consigas	conseguid; no consigáis
consiga	consigan

el consiguiente   consequent (syllogism)
de consiguiente, por consiguiente   consequently
consiguientemente   consequently

See also **seguir**.

dar por conseguido   to take for granted
conseguir un permiso   to get a permit
conseguir billetes   to get tickets
conseguir una buena colocación   to get a
   good job

Syn.: **adquirir** to acquire, to get; **alcanzar** to reach; **lograr** to achieve, to attain (29); **obtener** to obtain   Ant.: **perder** to lose

constituir (136)

to constitute, to make up

Gerundio **constituyendo**   Part. pas. **constituido**
Regular **-ir** verb endings with spelling
change: add **y** before **a**, **e**, or **o**

The Seven Simple Tenses		The Seven Compound Tenses	
Singular	Plural	Singular	Plural

1 presente de indicativo		**8 perfecto de indicativo**	
constituyo	constituimos	he constituido	hemos constituido
constituyes	constituís	has constituido	habéis constituido
constituye	constituyen	ha constituido	han constituido

2 imperfecto de indicativo		**9 pluscuamperfecto de indicativo**	
constituía	constituíamos	había constituido	habíamos constituido
constituías	constituíais	habías constituido	habíais constituido
constituía	constituían	había constituido	habían constituido

3 pretérito		**10 pretérito anterior**	
constituí	constituimos	hube constituido	hubimos constituido
constituiste	constituisteis	hubiste constituido	hubisteis constituido
constituyó	constituyeron	hubo constituido	hubieron constituido

4 futuro		**11 futuro perfecto**	
constituiré	constituiremos	habré constituido	habremos constituido
constituirás	constituiréis	habrás constituido	habréis constituido
constituirá	constituirán	habrá constituido	habrán constituido

5 potencial simple		**12 potencial compuesto**	
constituiría	constituiríamos	habría constituido	habríamos constituido
constituirías	constituiríais	habrías constituido	habríais constituido
constituiría	constituirían	habría constituido	habrían constituido

6 presente de subjuntivo		**13 perfecto de subjuntivo**	
constituya	constituyamos	haya constituido	hayamos constituido
constituyas	constituyáis	hayas constituido	hayáis constituido
constituya	constituyan	haya constituido	hayan constituido

7 imperfecto de subjuntivo		**14 pluscuamperfecto de subjuntivo**	
constituyera	constituyéramos	hubiera constituido	hubiéramos constituido
constituyeras	constituyerais	hubieras constituido	hubierais constituido
constituyera	constituyeran	hubiera constituido	hubieran constituido
OR		OR	
constituyese	constituyésemos	hubiese constituido	hubiésemos constituido
constituyeses	constituyeseis	hubieses constituido	hubieseis constituido
constituyese	constituyesen	hubiese constituido	hubiesen constituido

imperativo	
—	constituyamos
constituye; no constituyas	constituid; no constituyáis
constituya	constituyan

El pirateo constituye un grave problema en el Internet.
Computer hacking constitutes a serious problem on the Internet.

constitutivo, constitutiva constitutive, essential   **constituyente** constituent
la constitución constitution   **instituir** to institute, to instruct, to teach
el constitucionalismo constitutionalism   **restituir** to restore, to give back

Syn.: **componer** to compose; **formar** to make up

Construir

Construir is a useful verb, whether you're beginning to study Spanish or simply reviewing the language. Pay special attention to the added **y** before endings beginning with **a, e,** or **o**. Construir is used in numerous everyday expressions and situations.

Sentences using **construir** and related words

En la clase de carpintería, estoy construyendo una casita para pajaritos.
In woodworking class, I'm building a birdhouse.

Mi casa fue construida en 1889.
My house was built in 1889.

El diseñador de páginas web que construyó mi sitio web hizo un buen trabajo.
The web designer who built my website did a good job.

Words and expressions related to this verb

la construcción construction

el constructor, la constructora builder

la construcción naval shipbuilding

el edificio en construcción building under construction

constructivo, constructiva constructive

la crítica constructiva constructive criticism

reconstruir to reconstruct, rebuild

la reconstrucción reconstruction

reconstructivo, reconstructiva reconstructive

deconstruir to deconstruct (analytical term)

la deconstrucción deconstruction (analytical term)

Syn.: **edificar** to build (424); **erigir** to erect, to build (188); **hacer** to make   Ant.: **abatir** to knock down; **deconstruir** to deconstruct (137); **derribar** to knock down; **deshacer** to destroy; **destruir** to destroy

---

Can't remember the Spanish verb you need?

Check the back pages of this book for the English-Spanish verb index!

AN ESSENTIAL
55 Verb

construir (137)
to construct, to build

Gerundio **construyendo**   Part. pas. **construido**
Regular **-ir** verb endings with spelling
change: add **y** before **a**, **e**, or **o**

The Seven Simple Tenses		The Seven Compound Tenses	
Singular	Plural	Singular	Plural
1 presente de indicativo		**8 perfecto de indicativo**	
construyo	construimos	he construido	hemos construido
construyes	construís	has construido	habéis construido
construye	construyen	ha construido	han construido
2 imperfecto de indicativo		**9 pluscuamperfecto de indicativo**	
construía	construíamos	había construido	habíamos construido
construías	construíais	habías construido	habíais construido
construía	construían	había construido	habían construido
3 pretérito		**10 pretérito anterior**	
construí	construimos	hube construido	hubimos construido
construiste	construisteis	hubiste construido	hubisteis construido
construyó	construyeron	hubo construido	hubieron construido
4 futuro		**11 futuro perfecto**	
construiré	construiremos	habré construido	habremos construido
construirás	construiréis	habrás construido	habréis construido
construirá	construirán	habrá construido	habrán construido
5 potencial simple		**12 potencial compuesto**	
construiría	construiríamos	habría construido	habríamos construido
construirías	construiríais	habrías construido	habríais construido
construiría	construirían	habría construido	habrían construido
6 presente de subjuntivo		**13 perfecto de subjuntivo**	
construya	construyamos	haya construido	hayamos construido
construyas	construyáis	hayas construido	hayáis construido
construya	construyan	haya construido	hayan construido
7 imperfecto de subjuntivo		**14 pluscuamperfecto de subjuntivo**	
construyera	construyéramos	hubiera construido	hubiéramos construido
construyeras	construyerais	hubieras construido	hubierais construido
construyera	construyeran	hubiera construido	hubieran construido
OR		OR	
construyese	construyésemos	hubiese construido	hubiésemos construido
construyeses	construyeseis	hubieses construido	hubieseis construido
construyese	construyesen	hubiese construido	hubiesen construido

imperativo	
—	construyamos
construye; no construyas	construid; no construyáis
construya	construyan

AN ESSENTIAL
55 Verb

Contar

Contar is a useful verb because it has an important stem change in Tenses 1 and 6, as well as in the imperative. It is helpful in a great number of everyday expressions and situations.

Sentences using **contar** and related words

Siéntate. Te contaré una historia maravillosa.
Sit down. I'll tell you a marvelous story.

Cuenta conmigo.
(You can) count on me.

¡Cuéntaselo a tu abuela!
I don't believe you! or You're pulling my leg!
(Literally: Tell it to your grandmother!)

¿Qué cuentas?
How's it going?

Words and expressions related to this verb

un cuento story, tale

un cuentista, una cuentista storyteller

estar en el cuento to be informed

contar con to depend on, to count on, to rely on

el contador, la contadora bookkeeper

contado, contada counted, told

un contable, una contable accountant, bookkeeper

la cuenta bill, check

tomar en cuenta to take into account

una cuenta bancaria bank account

recontar to recount, retell

descontar to discount, to deduct

dar por descontado to take for granted

contarse to be said

Syn.: **narrar** to narrate (215); **numerar** to number (227); **relatar** to narrate, to relate (308)
Ant.: **descontar** to discount, to deduct

Can't find the verb you're looking for?

Check the back pages of this book for a list of over 2,300 additional verbs!

AN ESSENTIAL
55 Verb

contar (138)
to count, to relate, to tell

Gerundio **contando**   Part. pas. **contado**
Regular **-ar** verb endings with stem
change: Tenses 1, 6, Imperative

The Seven Simple Tenses		The Seven Compound Tenses	
Singular	**Plural**	**Singular**	**Plural**
1 presente de indicativo		**8 perfecto de indicativo**	
cuento	contamos	he contado	hemos contado
cuentas	contáis	has contado	habéis contado
cuenta	cuentan	ha contado	han contado
2 imperfecto de indicativo		**9 pluscuamperfecto de indicativo**	
contaba	contábamos	había contado	habíamos contado
contabas	contabais	habías contado	habíais contado
contaba	contaban	había contado	habían contado
3 pretérito		**10 pretérito anterior**	
conté	contamos	hube contado	hubimos contado
contaste	contasteis	hubiste contado	hubisteis contado
contó	contaron	hubo contado	hubieron contado
4 futuro		**11 futuro perfecto**	
contaré	contaremos	habré contado	habremos contado
contarás	contaréis	habrás contado	habréis contado
contará	contarán	habrá contado	habrán contado
5 potencial simple		**12 potencial compuesto**	
contaría	contaríamos	habría contado	habríamos contado
contarías	contaríais	habrías contado	habríais contado
contaría	contarían	habría contado	habrían contado
6 presente de subjuntivo		**13 perfecto de subjuntivo**	
cuente	contemos	haya contado	hayamos contado
cuentes	contéis	hayas contado	hayáis contado
cuente	cuenten	haya contado	hayan contado
7 imperfecto de subjuntivo		**14 pluscuamperfecto de subjuntivo**	
contara	contáramos	hubiera contado	hubiéramos contado
contaras	contarais	hubieras contado	hubierais contado
contara	contaran	hubiera contado	hubieran contado
OR		OR	
contase	contásemos	hubiese contado	hubiésemos contado
contases	contaseis	hubieses contado	hubieseis contado
contase	contasen	hubiese contado	hubiesen contado

imperativo	
—	contemos
cuenta; no cuentes	contad; no contéis
cuente	cuenten

**AN ESSENTIAL
55 Verb**

contener (139)
to contain, to hold, to restrain

C

The Seven Simple Tenses		The Seven Compound Tenses	
Singular	Plural	Singular	Plural
1 presente de indicativo		**8 perfecto de indicativo**	
contengo	contenemos	he contenido	hemos contenido
contienes	contenéis	has contenido	habéis contenido
contiene	contienen	ha contenido	han contenido
2 imperfecto de indicativo		**9 pluscuamperfecto de indicativo**	
contenía	conteníamos	había contenido	habíamos contenido
contenías	conteníais	habías contenido	habíais contenido
contenía	contenían	había contenido	habían contenido
3 pretérito		**10 pretérito anterior**	
contuve	contuvimos	hube contenido	hubimos contenido
contuviste	contuvisteis	hubiste contenido	hubisteis contenido
contuvo	contuvieron	hubo contenido	hubieron contenido
4 futuro		**11 futuro perfecto**	
contendré	contendremos	habré contenido	habremos contenido
contendrás	contendréis	habrás contenido	habréis contenido
contendrá	contendrán	habrá contenido	habrán contenido
5 potencial simple		**12 potencial compuesto**	
contendría	contendríamos	habría contenido	habríamos contenido
contendrías	contendríais	habrías contenido	habríais contenido
contendría	contendrían	habría contenido	habrían contenido
6 presente de subjuntivo		**13 perfecto de subjuntivo**	
contenga	contengamos	haya contenido	hayamos contenido
contengas	contegáis	hayas contenido	hayáis contenido
contenga	contengan	haya contenido	hayan contenido
7 imperfecto de subjuntivo		**14 pluscuamperfecto de subjuntivo**	
contuviera	contuviéramos	hubiera contenido	hubiéramos contenido
contuvieras	contuvierais	hubieras contenido	hubierais contenido
contuviera	contuvieran	hubiera contenido	hubieran contenido
OR		OR	
contuviese	contuviésemos	hubiese contenido	hubiésemos contenido
contuvieses	contuvieseis	hubieses contenido	hubieseis contenido
contuviese	contuviesen	hubiese contenido	hubiesen contenido

imperativo	
—	contengamos
conten; no contengas	contened; no contegáis
contenga	contengan

el contenido   content, contents
contenido, contenida   contained
el contenedor   container

See also **tener.**

contenerse   to contain oneself
contenible   containable
contener la risa   to keep a straight face
(to contain laughter)

Syn.: **caber** to be contained; **incluir** to include, enclose   Ant.: **excluir** to exclude (268)

213

contestar (140)

to answer, to reply (to)

Gerundio **contestando** Part. pas. **contestado**

Regular **-ar** verb

The Seven Simple Tenses		The Seven Compound Tenses	
Singular	**Plural**	**Singular**	**Plural**
1 presente de indicativo		**8 perfecto de indicativo**	
contesto	contestamos	he contestado	hemos contestado
contestas	contestáis	has contestado	habéis contestado
contesta	contestan	ha contestado	han contestado
2 imperfecto de indicativo		**9 pluscuamperfecto de indicativo**	
contestaba	contestábamos	había contestado	habíamos contestado
contestabas	contestabais	habías contestado	habíais contestado
contestaba	contestaban	había contestado	habían contestado
3 pretérito		**10 pretérito anterior**	
contesté	contestamos	hube contestado	hubimos contestado
contestaste	contestasteis	hubiste contestado	hubisteis contestado
contestó	contestaron	hubo contestado	hubieron contestado
4 futuro		**11 futuro perfecto**	
contestaré	contestaremos	habré contestado	habremos contestado
contestarás	contestaréis	habrás contestado	habréis contestado
contestará	contestarán	habrá contestado	habrán contestado
5 potencial simple		**12 potencial compuesto**	
contestaría	contestaríamos	habría contestado	habríamos contestado
contestarías	contestaríais	habrías contestado	habríais contestado
contestaría	contestarían	habría contestado	habrían contestado
6 presente de subjuntivo		**13 perfecto de subjuntivo**	
conteste	contestemos	haya contestado	hayamos contestado
contestes	contestéis	hayas contestado	hayáis contestado
conteste	contesten	haya contestado	hayan contestado
7 imperfecto de subjuntivo		**14 pluscuamperfecto de subjuntivo**	
contestara	contestáramos	hubiera contestado	hubiéramos contestado
contestaras	contestarais	hubieras contestado	hubierais contestado
contestara	contestaran	hubiera contestado	hubieran contestado
OR		OR	
contestase	contestásemos	hubiese contestado	hubiésemos contestado
contestases	contestaseis	hubieses contestado	hubieseis contestado
contestase	contestasen	hubiese contestado	hubiesen contestado

imperativo	
—	contestemos
contesta; no contestes	contestad; no contestéis
conteste	contesten

la contestación answer, reply
contestable contestable
protestar to protest
contestar el teléfono to answer the telephone

un contestador automático an answering machine
contestar una pregunta to answer a question

Syn.: **replicar** to reply (99); **responder** to answer, to reply
Ant.: **inquirir** to inquire, to investigate (33); **preguntar** to ask, to inquire

Part. pas. **continuado**   Gerundio **continuando**
Regular **-ar** verb endings with spelling change: **u** becomes
ú on stressed syllable (Tenses 1 and 6, Imperative)

continuar (141)

to continue

The Seven Simple Tenses		The Seven Compound Tenses	
Singular	Plural	Singular	Plural
1 presente de indicativo		**8 perfecto de indicativo**	
continúo	continuamos	he continuado	hemos continuado
continúas	continuáis	has continuado	habéis continuado
continúa	continúan	ha continuado	han continuado
2 imperfecto de indicativo		**9 pluscuamperfecto de indicativo**	
continuaba	continuábamos	había continuado	habíamos continuado
continuabas	continuabais	habías continuado	habíais continuado
continuaba	continuaban	había continuado	habían continuado
3 pretérito		**10 pretérito anterior**	
continué	continuamos	hube continuado	hubimos continuado
continuaste	continuasteis	hubiste continuado	hubisteis continuado
continuó	continuaron	hubo continuado	hubieron continuado
4 futuro		**11 futuro perfecto**	
continuaré	continuaremos	habré continuado	habremos continuado
continuarás	continuaréis	habrás continuado	habréis continuado
continuará	continuarán	habrá continuado	habrán continuado
5 potencial simple		**12 potencial compuesto**	
continuaría	continuaríamos	habría continuado	habríamos continuado
continuarías	continuaríais	habrías continuado	habríais continuado
continuaría	continuarían	habría continuado	habrían continuado
6 presente de subjuntivo		**13 perfecto de subjuntivo**	
continúe	continuemos	haya continuado	hayamos continuado
continúes	continuéis	hayas continuado	hayáis continuado
continúe	continúen	haya continuado	hayan continuado
7 imperfecto de subjuntivo		**14 pluscuamperfecto de subjuntivo**	
continuara	continuáramos	hubiera continuado	hubiéramos continuado
continuaras	continuarais	hubieras continuado	hubierais continuado
continuara	continuaran	hubiera continuado	hubieran continuado
OR		OR	
continuase	continuásemos	hubiese continuado	hubiésemos continuado
continusases	continuaseis	hubieses continuado	hubieseis continuado
continuase	continuasen	hubiese continuado	hubiesen continuado

imperativo	
—	continuemos
continúa; no continúes	continuad; no continuéis
continúe	continúen

la continuación	continuation	**la descontinuación**	discontinuation
continuamente	continually	**continuo, continua**	continuous
a continuación	following, next	**la continuidad**	continuity
descontinuar	to discontinue		

Syn.: **seguir** to follow, to continue; **proseguir** to continue (432)
Ant.: **acabar** to finish; **descontinuar** to discontinue (141)

contribuir (142)

to contribute, to pay taxes

Gerundio **contribuyendo**   Part. pas. **contribuido**

Regular **-ir** verb endings with spelling
change: add **y** before **a**, **e**, or **o**

The Seven Simple Tenses		The Seven Compound Tenses	
Singular	Plural	Singular	Plural
1 presente de indicativo		**8 perfecto de indicativo**	
contribuyo	contribuimos	he contribuido	hemos contribuido
contribuyes	contribuís	has contribuido	habéis contribuido
contribuye	contribuyen	ha contribuido	han contribuido
2 imperfecto de indicativo		**9 pluscuamperfecto de indicativo**	
contribuía	contribuíamos	había contribuido	habíamos contribuido
contribuías	contribuíais	habías contribuido	habíais contribuido
contribuía	contribuían	había contribuido	habían contribuido
3 pretérito		**10 pretérito anterior**	
contribuí	contribuimos	hube contribuido	hubimos contribuido
contribuiste	contribuisteis	hubiste contribuido	hubisteis contribuido
contribuyó	contribuyeron	hubo contribuido	hubieron contribuido
4 futuro		**11 futuro perfecto**	
contribuiré	contribuiremos	habré contribuido	habremos contribuido
contribuirás	contribuiréis	habrás contribuido	habréis contribuido
contribuirá	contribuirán	habrá contribuido	habrán contribuido
5 potencial simple		**12 potencial compuesto**	
contribuiría	contribuiríamos	habría contribuido	habríamos contribuido
contribuirías	contribuiríais	habrías contribuido	habríais contribuido
contribuiría	contribuirían	habría contribuido	habrían contribuido
6 presente de subjuntivo		**13 perfecto de subjuntivo**	
contribuya	contribuyamos	haya contribuido	hayamos contribuido
contribuyas	contribuyáis	hayas contribuido	hayáis contribuido
contribuya	contribuyan	haya contribuido	hayan contribuido
7 imperfecto de subjuntivo		**14 pluscuamperfecto de subjuntivo**	
contribuyera	contribuyéramos	hubiera contribuido	hubiéramos contribuido
contribuyeras	contribuyerais	hubieras contribuido	hubierais contribuido
contribuyera	contribuyeran	hubiera contribuido	hubieran contribuido
OR		OR	
contribuyese	contribuyésemos	hubiese contribuido	hubiésemos contribuido
contribuyeses	contribuyeseis	hubieses contribuido	hubieseis contribuido
contribuyese	contribuyesen	hubiese contribuido	hubiesen contribuido

imperativo	
—	contribuyamos
contribuye; no contribuyas	contribuid; no contribuyáis
contribuya	contribuyan

Cada año, contribuimos con mil dólares para obras benéficas.
Every year, we contribute one thousand dollars to charity.

contribuidor, contribuidora contributor
la contribución contribution, tax
contributario, contribuyente taxpayer

la contribución directa direct tax, direct
contribution
la contribución de guerra war tax (levy)

Syn.: **colaborar** to collaborate, to contribute (409)

Part. pas. **convencido**   Gerundio **convenciendo**

Regular **-er** verb endings with spelling change: **c** becomes **z** before **a** or **o**

convencer (143)

to convince

C

The Seven Simple Tenses		The Seven Compound Tenses	
Singular	Plural	Singular	Plural
1 presente de indicativo		**8 perfecto de indicativo**	
convenzo	convencemos	he convencido	hemos convencido
convences	convencéis	has convencido	habéis convencido
convence	convencen	ha convencido	han convencido
2 imperfecto de indicativo		**9 pluscuamperfecto de indicativo**	
convencía	convencíamos	había convencido	habíamos convencido
convencías	convencíais	habías convencido	habíais convencido
convencía	convencían	había convencido	habían convencido
3 pretérito		**10 pretérito anterior**	
convencí	convencimos	hube convencido	hubimos convencido
convenciste	convencisteis	hubiste convencido	hubisteis convencido
convenció	convencieron	hubo convencido	hubieron convencido
4 futuro		**11 futuro perfecto**	
convenceré	convenceremos	habré convencido	habremos convencido
convencerás	convenceréis	habrás convencido	habréis convencido
convencerá	convencerán	habrá convencido	habrán convencido
5 potencial simple		**12 potencial compuesto**	
convencería	convenceríamos	habría convencido	habríamos convencido
convencerías	convenceríais	habrías convencido	habríais convencido
convencería	convencerían	habría convencido	habrían convencido
6 presente de subjuntivo		**13 perfecto de subjuntivo**	
convenza	convenzamos	haya convencido	hayamos convencido
convenzas	convenzáis	hayas convencido	hayáis convencido
convenza	convenzan	haya convencido	hayan convencido
7 imperfecto de subjuntivo		**14 pluscuamperfecto de subjuntivo**	
convenciera	convenciéramos	hubiera convencido	hubiéramos convencido
convencieras	convencierais	hubieras convencido	hubierais convencido
convenciera	convencieran	hubiera convencido	hubieran convencido
OR		OR	
convenciese	convenciésemos	hubiese convencido	hubiésemos convencido
convencieses	convencieseis	hubieses convencido	hubieseis convencido
convenciese	convenciesen	hubiese convencido	hubiesen convencido

imperativo	
—	convenzamos
convence; no convenzas	convenced; no convenzáis
convenza	convenzan

el convencimiento conviction		**convencible** convincible	
convencido, convencida convinced		**convencedor, convencedora** convincing	

For other words and expressions related to this verb, see **vencer.**

Syn.: **persuadir** to persuade (346)   Ant.: **disuadir** to dissuade (346)

convenir (144)
to agree, to convene, to be fitting

Gerundio **conviniendo**   Part. pas. **convenido**
Irregular verb

The Seven Simple Tenses		The Seven Compound Tenses	
Singular	**Plural**	**Singular**	**Plural**
1 presente de indicativo		**8 perfecto de indicativo**	
convengo	convenimos	he convenido	hemos convenido
convienes	convenís	has convenido	habéis convenido
conviene	convienen	ha convenido	han convenido
2 imperfecto de indicativo		**9 pluscuamperfecto de indicativo**	
convenía	conveníamos	había convenido	habíamos convenido
convenías	conveníais	habías convenido	habíais convenido
convenía	convenían	había convenido	habían convenido
3 pretérito		**10 pretérito anterior**	
convine	convinimos	hube convenido	hubimos convenido
conviniste	convinisteis	hubiste convenido	hubisteis convenido
convino	convinieron	hubo convenido	hubieron convenido
4 futuro		**11 futuro perfecto**	
convendré	convendremos	habré convenido	habremos convenido
convendrás	convendréis	habrás convenido	habréis convenido
convendrá	convendrán	habrá convenido	habrán convenido
5 potencial simple		**12 potencial compuesto**	
convendría	convendríamos	habría convenido	habríamos convenido
convendrías	convendríais	habrías convenido	habríais convenido
convendría	convendrían	habría convenido	habrían convenido
6 presente de subjuntivo		**13 perfecto de subjuntivo**	
convenga	convengamos	haya convenido	hayamos convenido
convengas	convengáis	hayas convenido	hayáis convenido
convenga	convengan	haya convenido	hayan convenido
7 imperfecto de subjuntivo		**14 pluscuamperfecto de subjuntivo**	
conviniera	conviniéramos	hubiera convenido	hubiéramos convenido
convinieras	convinierais	hubieras convenido	hubierais convenido
conviniera	convinieran	hubiera convenido	hubieran convenido
OR		OR	
conviniese	conviniésemos	hubiese convenido	hubiésemos convenido
convinieses	convinieseis	hubieses convenido	hubieseis convenido
conviniese	conviniesen	hubiese convenido	hubiesen convenido

imperativo	
—	convengamos
conven; no convengas	convenid; no convengáis
convenga	convengan

convenir + inf.   to be important + inf.
convenir en + inf.   to agree + inf.
convenido, convenida   agreed

el convenio   agreement
conveniente   convenient
la convención   convention

For other words and expressions related to this verb, see **venir.**

Syn.: **acordar** to agree (upon); **citar** to make an appointment, to summon; **corresponder** to correspond (413)   Ant.: **desconvenir** to disagree, to differ (144)

Part. pas. **convertido** Gerundio **convirtiendo**
Regular **-ir** verb endings with stem change:
Tenses 1, 3, 6, 7, Imperative, Gerundio

convertir (145)
to convert

C

The Seven Simple Tenses		The Seven Compound Tenses	
Singular	Plural	Singular	Plural
1 presente de indicativo		**8 perfecto de indicativo**	
convierto	convertimos	he convertido	hemos convertido
conviertes	convertís	has convertido	habéis convertido
convierte	convierten	ha convertido	han convertido
2 imperfecto de indicativo		**9 pluscuamperfecto de indicativo**	
convertía	convertíamos	había convertido	habíamos convertido
convertías	convertíais	habías convertido	habíais convertido
convertía	convertían	había convertido	habían convertido
3 pretérito		**10 pretérito anterior**	
convertí	convertimos	hube convertido	hubimos convertido
convertiste	convertisteis	hubiste convertido	hubisteis convertido
convirtió	convirtieron	hubo convertido	hubieron convertido
4 futuro		**11 futuro perfecto**	
convertiré	convertiremos	habré convertido	habremos convertido
convertirás	convertiréis	habrás convertido	habréis convertido
convertirá	convertirán	habrá convertido	habrán convertido
5 potencial simple		**12 potencial compuesto**	
convertiría	convertiríamos	habría convertido	habríamos convertido
convertirías	convertiríais	habrías convertido	habríais convertido
convertiría	convertirían	habría convertido	habrían convertido
6 presente de subjuntivo		**13 perfecto de subjuntivo**	
convierta	convirtamos	haya convertido	hayamos convertido
conviertas	convirtáis	hayas convertido	hayáis convertido
convierta	conviertan	haya convertido	hayan convertido
7 imperfecto de subjuntivo		**14 pluscuamperfecto de subjuntivo**	
convirtiera	convirtiéramos	hubiera convertido	hubiéramos convertido
convirtieras	convirtierais	hubieras convertido	hubierais convertido
convirtiera	convirtieran	hubiera convertido	hubieran convertido
OR		OR	
convirtiese	convirtiésemos	hubiese convertido	hubiésemos convertido
convirtieses	convirtieseis	hubieses convertido	hubieseis convertido
convirtiese	convirtiesen	hubiese convertido	hubiesen convertido

imperativo	
—	convirtamos
convierte; no conviertas	convertid; no convirtáis
convierta	conviertan

convertir en dinero to convert into cash
convertido, convertida converted, changed
convertir el agua en vino to turn water
  into wine

la conversión conversion
convertible convertible
convertirse to convert (oneself), to be
  converted, to change religion

Syn.: **cambiar** to change; **mudar** to change (199); **transformar** to transform (244)
Ant.: **quedar** to remain (199), **quedarse** to remain, to stay

convocar (146)

to call together, to convene,
to convoke, to summon

Gerundio **convocando**   Part. pas. **convocado**

Regular **-ar** verb endings with spelling
change: **c** becomes **qu** before **e**

The Seven Simple Tenses		The Seven Compound Tenses	
Singular	**Plural**	**Singular**	**Plural**
1 presente de indicativo		**8 perfecto de indicativo**	
convoco	convocamos	he convocado	hemos convocado
convocas	convocáis	has convocado	habéis convocado
convoca	convocan	ha convocado	han convocado
2 imperfecto de indicativo		**9 pluscuamperfecto de indicativo**	
convocaba	convocábamos	había convocado	habíamos convocado
convocabas	convocabais	habías convocado	habíais convocado
convocaba	convocaban	había convocado	habían convocado
3 pretérito		**10 pretérito anterior**	
convoqué	convocamos	hube convocado	hubimos convocado
convocaste	convocasteis	hubiste convocado	hubisteis convocado
convocó	convocaron	hubo convocado	hubieron convocado
4 futuro		**11 futuro perfecto**	
convocaré	convocaremos	habré convocado	habremos convocado
convocarás	convocaréis	habrás convocado	habréis convocado
convocará	convocarán	habrá convocado	habrán convocado
5 potencial simple		**12 potencial compuesto**	
convocaría	convocaríamos	habría convocado	habríamos convocado
convcoarías	convocaríais	habrías convocado	habríais convocado
convocaría	convocarían	habría convocado	habrían convocado
6 presente de subjuntivo		**13 perfecto de subjuntivo**	
convoque	convoquemos	haya convocado	hayamos convocado
convoques	convoquéis	hayas convocado	hayáis convocado
convoque	convoquen	haya convocado	hayan convocado
7 imperfecto de subjuntivo		**14 pluscuamperfecto de subjuntivo**	
convocara	convocáramos	hubiera convocado	hubiéramos convocado
convocaras	convocarais	hubieras convocado	hubierais convocado
convocara	convocaran	hubiera convocado	hubieran convocado
OR		OR	
convocase	convocásemos	hubiese convocado	hubiésemos convocado
convocases	convocaseis	hubieses convocado	hubieseis convocado
convocase	convocasen	hubiese convocado	hubiesen convocado

imperativo

—	convoquemos
convoca; no convoques	convocad; no convoquéis
convoque	convoquen

El Presidente convocó a su Gabinete ministerial.
The President convened his Cabinet.

la convocación convocation
la vocación vocation, calling

el convocador convener, someone who convenes
la convocatoria convocation, calling together,
notification, summons

Syn.: **citar** to summon; **invitar** to invite; **reunirse** to get together, to meet
Ant.: **desconvocar** to cancel a meeting (146)

Part. pas. **corregido**   Gerundio **corrigiendo**
Regular **-ir** verb endings with stem change:
Tenses 1, 3, 6, 7, Imperative, Gerundio

corregir (147)
to correct

The Seven Simple Tenses		The Seven Compound Tenses	
Singular	Plural	Singular	Plural
1 presente de indicativo		**8 perfecto de indicativo**	
corrijo	corregimos	he corregido	hemos corregido
corriges	corregís	has corregido	habéis corregido
corrige	corrigen	ha corregido	han corregido
2 imperfecto de indicativo		**9 pluscuamperfecto de indicativo**	
corregía	corregíamos	había corregido	habíamos corregido
corregías	corregíais	habías corregido	habíais corregido
corregía	corregían	había corregido	habían corregido
3 pretérito		**10 pretérito anterior**	
corregí	corregimos	hube corregido	hubimos corregido
corregiste	corregisteis	hubiste corregido	hubisteis corregido
corrigió	corrigieron	hubo corregido	hubieron corregido
4 futuro		**11 futuro perfecto**	
corregiré	corregiremos	habré corregido	habremos corregido
corregirás	corregiréis	habrás corregido	habréis corregido
corregirá	corregirán	habrá corregido	habrán corregido
5 potencial simple		**12 potencial compuesto**	
corregiría	corregiríamos	habría corregido	habríamos corregido
corregirías	corregiríais	habrías corregido	habríais corregido
corregiría	corregirían	habría corregido	habrían corregido
6 presente de subjuntivo		**13 perfecto de subjuntivo**	
corrija	corrijamos	haya corregido	hayamos corregido
corrijas	corrijáis	hayas corregido	hayáis corregido
corrija	corrijan	haya corregido	hayan corregido
7 imperfecto de subjuntivo		**14 pluscuamperfecto de subjuntivo**	
corrigiera	corrigiéramos	hubiera corregido	hubiéramos corregido
corrigieras	corrigierais	hubieras corregido	hubierais corregido
corrigiera	corrigieran	hubiera corregido	hubieran corregido
OR		OR	
corrigiese	corrigiésemos	hubiese corregido	hubiésemos corregido
corrigieses	corrigieseis	hubieses corregido	hubieseis corregido
corrigiese	corrigiesen	hubiese corregido	hubiesen corregido

imperativo	
—	corrijamos
corrige; no corrijas	corregid; no corrijáis
corrija	corrijan

corregir pruebas	to read proofs	**correcto, correcta**	correct
corregible	corrigible	**correctamente**	correctly
incorregible	incorrigible	**correccional**	correctional
la corrección	correction	**el correccional**	reformatory

Syn.: **ajustar** to adjust (259); **enmendar** to amend, to correct (352); **mejorar** to improve
Ant.: **equivocarse** to make a mistake

correr (148)
to run, to race, to flow

The Seven Simple Tenses		The Seven Compound Tenses	
Singular	**Plural**	**Singular**	**Plural**
1 presente de indicativo		**8 perfecto de indicativo**	
corro	corremos	he corrido	hemos corrido
corres	corréis	has corrido	habéis corrido
corre	corren	ha corrido	han corrido
2 imperfecto de indicativo		**9 pluscuamperfecto de indicativo**	
corría	corríamos	había corrido	habíamos corrido
corrías	corríais	habías corrido	habíais corrido
corría	corrían	había corrido	habían corrido
3 pretérito		**10 pretérito anterior**	
corrí	corrimos	hube corrido	hubimos corrido
corriste	corristeis	hubiste corrido	hubisteis corrido
corrió	corrieron	hubo corrido	hubieron corrido
4 futuro		**11 futuro perfecto**	
correré	correremos	habré corrido	habremos corrido
correrás	correréis	habrás corrido	habréis corrido
correrá	correrán	habrá corrido	habrán corrido
5 potencial simple		**12 potencial compuesto**	
correría	correríamos	habría corrido	habríamos corrido
correrías	correríais	habrías corrido	habríais corrido
correría	correrían	habría corrido	habrían corrido
6 presente de subjuntivo		**13 perfecto de subjuntivo**	
corra	corramos	haya corrido	hayamos corrido
corras	corráis	hayas corrido	hayáis corrido
corra	corran	haya corrido	hayan corrido
7 imperfecto de subjuntivo		**14 pluscuamperfecto de subjuntivo**	
corriera	corriéramos	hubiera corrido	hubiéramos corrido
corrieras	corrierais	hubieras corrido	hubierais corrido
corriera	corrieran	hubiera corrido	hubieran corrido
OR		OR	
corriese	corriésemos	hubiese corrido	hubiésemos corrido
corrieses	corrieseis	hubieses corrido	hubieseis corrido
corriese	corriesen	hubiese corrido	hubiesen corrido

imperativo	
—	corramos
corre; no corras	corred; no corráis
corra	corran

el correo   mail, post
echar una carta al correo   to mail (post) a letter
la corrida   race; **de corrida**   at full speed
el correo electrónico   e-mail

descorrer   to flow (liquids); to draw a curtain or drape
por correo aparte   under separate cover (mail)
recorrer   to travel on, to go over

Syn.: **acelerar** to accelerate, to speed, to hurry; **galopar** to gallop (54)   Ant.: **detenerse** to stop (oneself); **pararse** to stop (oneself)

cortar (149)
to cut, to cut off, to cut out

C

The Seven Simple Tenses		The Seven Compound Tenses	
Singular	Plural	Singular	Plural
1 presente de indicativo		**8 perfecto de indicativo**	
corto	cortamos	he cortado	hemos cortado
cortas	cortáis	has cortado	habéis cortado
corta	cortan	ha cortado	han cortado
2 imperfecto de indicativo		**9 pluscuamperfecto de indicativo**	
cortaba	cortábamos	había cortado	habíamos cortado
cortabas	cortabais	habías cortado	habíais cortado
cortaba	cortaban	había cortado	habían cortado
3 pretérito		**10 pretérito anterior**	
corté	cortamos	hube cortado	hubimos cortado
cortaste	cortasteis	hubiste cortado	hubisteis cortado
cortó	cortaron	hubo cortado	hubieron cortado
4 futuro		**11 futuro perfecto**	
cortaré	cortaremos	habré cortado	habremos cortado
cortarás	cortaréis	habrás cortado	habréis cortado
cortará	cortarán	habrá cortado	habrán cortado
5 potencial simple		**12 potencial compuesto**	
cortaría	cortaríamos	habría cortado	habríamos cortado
cortarías	cortaríais	habrías cortado	habríais cortado
cortaría	cortarían	habría cortado	habrían cortado
6 presente de subjuntivo		**13 perfecto de subjuntivo**	
corte	cortemos	haya cortado	hayamos cortado
cortes	cortéis	hayas cortado	hayáis cortado
corte	corten	haya cortado	hayan cortado
7 imperfecto de subjuntivo		**14 pluscuamperfecto de subjuntivo**	
cortara	cortáramos	hubiera cortado	hubiéramos cortado
cortaras	cortarais	hubieras cortado	hubierais cortado
cortara	cortaran	hubiera cortado	hubieran cortado
OR		OR	
cortase	cortásemos	hubiese cortado	hubiésemos cortado
cortases	cortaseis	hubieses cortado	hubieseis cortado
cortase	cortasen	hubiese cortado	hubiesen cortado

imperativo	
—	cortemos
corta; no cortes	cortad; no cortéis
corte	corten

cortar el agua   to cut off the water
cortar las alas a uno   to cut a person down, "to cut off one's wings"
cortar el césped   to mow the lawn
cortar el vino con agua   to dilute wine
corto, corta   short
un recorte   clipping from a newspaper; **un corte de pelo**   haircut

Syn.: **recortar** to cut away, to cut off, to trim (149)   Ant.: **juntar** to join; **unir** to unite, to attach

crear (150)
to create

The Seven Simple Tenses		The Seven Compound Tenses	
Singular	**Plural**	**Singular**	**Plural**
1 presente de indicativo		**8 perfecto de indicativo**	
creo	creamos	he creado	hemos creado
creas	creáis	has creado	habéis creado
crea	crean	ha creado	han creado
2 imperfecto de indicativo		**9 pluscuamperfecto de indicativo**	
creaba	creábamos	había creado	habíamos creado
creabas	creabais	habías creado	habíais creado
creaba	creaban	había creado	habían creado
3 pretérito		**10 pretérito anterior**	
creé	creamos	hube creado	hubimos creado
creaste	creasteis	hubiste creado	hubisteis creado
creó	crearon	hubo creado	hubieron creado
4 futuro		**11 futuro perfecto**	
crearé	crearemos	habré creado	habremos creado
crearás	crearéis	habrás creado	habréis creado
creará	crearán	habrá creado	habrán creado
5 potencial simple		**12 potencial compuesto**	
crearía	crearíamos	habría creado	habríamos creado
crearías	crearíais	habrías creado	habríais creado
crearía	crearían	habría creado	habrían creado
6 presente de subjuntivo		**13 perfecto de subjuntivo**	
cree	creemos	haya creado	hayamos creado
crees	creéis	hayas creado	hayáis creado
cree	creen	haya creado	hayan creado
7 imperfecto de subjuntivo		**14 pluscuamperfecto de subjuntivo**	
creara	creáramos	hubiera creado	hubiéramos creado
crearas	crearais	hubieras creado	hubierais creado
creara	crearan	hubiera creado	hubieran creado
OR		OR	
crease	creásemos	hubiese creado	hubiésemos creado
creases	creaseis	hubieses creado	hubieseis creado
crease	creasen	hubiese creado	hubiesen creado

imperativo

—	creemos
crea; no crees	cread; no creéis
cree	creen

la creación creation
la creación literaria literary creation
creador, creadora creative
creativo, creativa creative

la creatividad creativeness, creativity
la facultad creadora creativity
recrear to recreate, entertain
la recreación recreation

Syn.: **edificar** to build (424); **fabricar** to fabricate; **hacer** to make, to do; **producir** to produce
Ant.: **deshacer** to undo, to destroy; **destruir** to destroy

Part. pas. **crecido**   Gerundio **creciendo**
Regular **-er** verb endings with spelling
change: **c** becomes **zc** before **a** or **o**

crecer (151)
to grow

The Seven Simple Tenses		The Seven Compound Tenses	
Singular	Plural	Singular	Plural
1 presente de indicativo		**8 perfecto de indicativo**	
crezco	crecemos	he crecido	hemos crecido
creces	crecéis	has crecido	habéis crecido
crece	crecen	ha crecido	han crecido
2 imperfecto de indicativo		**9 pluscuamperfecto de indicativo**	
crecía	crecíamos	había crecido	habíamos crecido
crecías	crecíais	habías crecido	habíais crecido
crecía	crecían	había crecido	habían crecido
3 pretérito		**10 pretérito anterior**	
crecí	crecimos	hube crecido	hubimos crecido
creciste	crecisteis	hubiste crecido	hubisteis crecido
creció	crecieron	hubo crecido	hubieron crecido
4 futuro		**11 futuro perfecto**	
creceré	creceremos	habré crecido	habremos crecido
crecerás	creceréis	habrás crecido	habréis crecido
crecerá	crecerán	habrá crecido	habrán crecido
5 potencial simple		**12 potencial compuesto**	
crecería	creceríamos	habría crecido	habríamos crecido
crecerías	creceríais	habrías crecido	habríais crecido
crecería	crecerían	habría crecido	habrían crecido
6 presente de subjuntivo		**13 perfecto de subjuntivo**	
crezca	crezcamos	haya crecido	hayamos crecido
crezcas	crezcáis	hayas crecido	hayáis crecido
crezca	crezcan	haya crecido	hayan crecido
7 imperfecto de subjuntivo		**14 pluscuamperfecto de subjuntivo**	
creciera	creciéramos	hubiera crecido	hubiéramos crecido
crecieras	crecierais	hubieras crecido	hubierais crecido
creciera	crecieran	hubiera crecido	hubieran crecido
OR		OR	
creciese	creciésemos	hubiese crecido	hubiésemos crecido
crecieses	crecieseis	hubieses crecido	hubieseis crecido
creciese	creciesen	hubiese crecido	hubiesen crecido

imperativo	
—	crezcamos
crece; no crezcas	creced; no crezcáis
crezca	crezcan

crecer como la mala hierba   to grow like a weed
crecidamente   abundantly
el crescendo   crescendo (music)
la luna creciente   crescent moon

el crecimiento   growth
la crecida del río   swelling of the river
creciente   growing, increasing

Syn.: **agrandar** to grow larger; **aumentar** to augment, to increase (317)   Ant.: **disminuir** to diminish (271)

Creer

We believe that **creer** is a useful verb for you to learn because it has an important stem change in Tenses 3 and 7. This verb is helpful in a great number of everyday expressions and situations.

Sentences using **creer** and related words

Hasta que no lo veas, no lo creas.
Don't believe it until you see it.

Ver es creer.
Seeing is believing.

¡Ya lo creo!
Of course!

Creo que sí.
I think so.

Creo que no.
I don't think so.

No me lo creo.
I can't believe it.

Se cree buen cantante, pero yo creo que él sería mejor como mimo.
He thinks he's a good singer, but I believe that he would be better as a mime.

Words and expressions related to this verb

crédulo, crédula credulous, gullible

la credulidad credulity

tener buenas creederas to be credulous, very gullible

crédulamente credulously

el credo creed

dar crédito to believe

descreer to disbelieve

incrédulo, incrédula incredulous

la incredulidad incredulity, unbelief, disbelief

increíble incredible

creíble believable

creerse to consider, to think, to believe (oneself)

Syn.: **considerar** to consider (227); **pensar** to think   Ant.: **descreer** to disbelieve (152); **dudar** to doubt

AN ESSENTIAL
55 Verb

Part. pas. **creído**   Gerundio **creyendo**

Regular **-er** verb endings with spelling change: **i** becomes **y** in Tense 3 (3rd person) and Tense 7 (all)

creer (152)
to believe

The Seven Simple Tenses		The Seven Compound Tenses	
Singular	**Plural**	**Singular**	**Plural**
1 presente de indicativo		**8 perfecto de indicativo**	
creo	creemos	he creído	hemos creído
crees	creéis	has creído	habéis creído
cree	creen	ha creído	han creído
2 imperfecto de indicativo		**9 pluscuamperfecto de indicativo**	
creía	creíamos	había creído	habíamos creído
creías	creíais	habías creído	habíais creído
creía	creían	había creído	habían creído
3 pretérito		**10 pretérito anterior**	
creí	creímos	hube creído	hubimos creído
creíste	creísteis	hubiste creído	hubisteis creído
creyó	creyeron	hubo creído	hubieron creído
4 futuro		**11 futuro perfecto**	
creeré	creeremos	habré creído	habremos creído
creerás	creeréis	habrás creído	habréis creído
creerá	creerán	habrá creído	habrán creído
5 potencial simple		**12 potencial compuesto**	
creería	creeríamos	habría creído	habríamos creído
creerías	creeríais	habrías creído	habríais creído
creería	creerían	habría creído	habrían creído
6 presente de subjuntivo		**13 perfecto de subjuntivo**	
crea	creamos	haya creído	hayamos creído
creas	creáis	hayas creído	hayáis creído
crea	crean	haya creído	hayan creído
7 imperfecto de subjuntivo		**14 pluscuamperfecto de subjuntivo**	
creyera	creyéramos	hubiera creído	hubiéramos creído
creyeras	creyerais	hubieras creído	hubierais creído
creyera	creyeran	hubiera creído	hubieran creído
OR		OR	
creyese	creyésemos	hubiese creído	hubiésemos creído
creyeses	creyeseis	hubieses creído	hubieseis creído
creyese	creyesen	hubiese creído	hubiesen creído

imperativo	
—	creamos
cree; no creas	creed; no creáis
crea	crean

AN ESSENTIAL
55 Verb

criar (153)

to breed, to raise,
to bring up (rear)

Gerundio **criando**   Part. pas. **criado**

Regular **-ar** verb endings with spelling change: **i** becomes
í on stressed syllable (see Tenses 1, 6, Imperative)

The Seven Simple Tenses		The Seven Compound Tenses	
Singular	**Plural**	**Singular**	**Plural**
1 presente de indicativo		**8 perfecto de indicativo**	
crío	criamos	he criado	hemos criado
crías	criáis	has criado	habéis criado
cría	crían	ha criado	han criado
2 imperfecto de indicativo		**9 pluscuamperfecto de indicativo**	
criaba	criábamos	había criado	habíamos criado
criabas	criabais	habías criado	habíais criado
criaba	criaban	había criado	habían criado
3 pretérito		**10 pretérito anterior**	
crié	criamos	hube criado	hubimos criado
criaste	criasteis	hubiste criado	hubisteis criado
crió	criaron	hubo criado	hubieron criado
4 futuro		**11 futuro perfecto**	
criaré	criaremos	habré criado	habremos criado
criarás	criaréis	habrás criado	habréis criado
criará	criarán	habrá criado	habrán criado
5 potencial simple		**12 potencial compuesto**	
criaría	criaríamos	habría criado	habríamos criado
criarías	criaríais	habrías criado	habríais criado
criaría	criarían	habría criado	habrían criado
6 presente de subjuntivo		**13 perfecto de subjuntivo**	
críe	criemos	haya criado	hayamos criado
críes	criéis	hayas criado	hayáis criado
críe	críen	haya criado	hayan criado
7 imperfecto de subjuntivo		**14 pluscuamperfecto de subjuntivo**	
criara	criáramos	hubiera criado	hubiéramos criado
criaras	criarais	hubieras criado	hubierais criado
criara	criaran	hubiera criado	hubieran criado
OR		OR	
criase	criásemos	hubiese criado	hubiésemos criado
criases	criaseis	hubieses criado	hubieseis criado
criase	criasen	hubiese criado	hubiesen criado

imperativo	
—	criemos
cría; no críes	criad; no criéis
críe	críen

---

la criandera, la criadora   wet nurse
el criado, la criada   servant
la crianza   nursing
dar crianza   to educate, to bring up
el criador, la criadora   breeder

mal crianza   bad manners, impoliteness
Dios los cría y ellos se juntan   Birds of a
feather flock together.
el criadero   nursery (trees); farm

Syn.: **cuidar** to care for, to look after (324); **formar** to form, to educate

Part. pas. **cruzado**   Gerundio **cruzando**
Regular **-ar** verb endings with spelling change:
z becomes **c** before **e**

cruzar (154)
to cross

C

The Seven Simple Tenses		The Seven Compound Tenses	
Singular	Plural	Singular	Plural
1 presente de indicativo		**8 perfecto de indicativo**	
cruzo	cruzamos	he cruzado	hemos cruzado
cruzas	cruzáis	has cruzado	habéis cruzado
cruza	cruzan	ha cruzado	han cruzado
2 imperfecto de indicativo		**9 pluscuamperfecto de indicativo**	
cruzaba	cruzábamos	había cruzado	habíamos cruzado
cruzabas	cruzabais	habías cruzado	habíais cruzado
cruzaba	cruzaban	había cruzado	habían cruzado
3 pretérito		**10 pretérito anterior**	
crucé	cruzamos	hube cruzado	hubimos cruzado
cruzaste	cruzasteis	hubiste cruzado	hubisteis cruzado
cruzó	cruzaron	hubo cruzado	hubieron cruzado
4 futuro		**11 futuro perfecto**	
cruzaré	cruzaremos	habré cruzado	habremos cruzado
cruzarás	cruzaréis	habrás cruzado	habréis cruzado
cruzará	cruzarán	habrá cruzado	habrán cruzado
5 potencial simple		**12 potencial compuesto**	
cruzaría	cruzaríamos	habría cruzado	habríamos cruzado
cruzarías	cruzaríais	habrías cruzado	habríais cruzado
cruzaría	cruzarían	habría cruzado	habrían cruzado
6 presente de subjuntivo		**13 perfecto de subjuntivo**	
cruce	crucemos	haya cruzado	hayamos cruzado
cruces	crucéis	hayas cruzado	hayáis cruzado
cruce	crucen	haya cruzado	hayan cruzado
7 imperfecto de subjuntivo		**14 pluscuamperfecto de subjuntivo**	
cruzara	cruzáramos	hubiera cruzado	hubiéramos cruzado
cruzaras	cruzarais	hubieras cruzado	hubierais cruzado
cruzara	cruzaran	hubiera cruzado	hubieran cruzado
OR		OR	
cruzase	cruzásemos	hubiese cruzado	hubiésemos cruzado
cruzases	cruzaseis	hubieses cruzado	hubieseis cruzado
cruzase	cruzasen	hubiese cruzado	hubiesen cruzado

imperativo

—	crucemos
cruza; no cruces	cruzad; no crucéis
cruce	crucen

El que no se aventura no cruza el mar.   Nothing ventured, nothing gained. (Lit.: Whoever does not venture/dare does not cross the sea.)

Cruzamos la calle en el cruce peatonal.   We crossed the street in the crosswalk.

el cruzamiento crossing
la cruzada crusade, crossroads

la cruz cross
la Cruz Roja the Red Cross

Syn.: **atravesar** to cross; **pasar** to pass (by)

cubrir (155)
to cover

Gerundio **cubriendo**   Part. pas. **cubierto**
Regular **-ir** verb endings; note irregular
spelling of past participle: **cubierto**

The Seven Simple Tenses		The Seven Compound Tenses	
Singular	Plural	Singular	Plural
1 presente de indicativo		**8 perfecto de indicativo**	
cubro	cubrimos	he cubierto	hemos cubierto
cubres	cubrís	has cubierto	habéis cubierto
cubre	cubren	ha cubierto	han cubierto
2 imperfecto de indicativo		**9 pluscuamperfecto de indicativo**	
cubría	cubríamos	había cubierto	habíamos cubierto
cubrías	cubríais	habías cubierto	habíais cubierto
cubría	cubrían	había cubierto	habían cubierto
3 pretérito		**10 pretérito anterior**	
cubrí	cubrimos	hube cubierto	hubimos cubierto
cubriste	cubristeis	hubiste cubierto	hubisteis cubierto
cubrió	cubrieron	hubo cubierto	hubieron cubierto
4 futuro		**11 futuro perfecto**	
cubriré	cubriremos	habré cubierto	habremos cubierto
cubrirás	cubriréis	habrás cubierto	habréis cubierto
cubrirá	cubrirán	habrá cubierto	habrán cubierto
5 potencial simple		**12 potencial compuesto**	
cubriría	cubriríamos	habría cubierto	habríamos cubierto
cubrirías	cubriríais	habrías cubierto	habríais cubierto
cubriría	cubrirían	habría cubierto	habrían cubierto
6 presente de subjuntivo		**13 perfecto de subjuntivo**	
cubra	cubramos	haya cubierto	hayamos cubierto
cubras	cubráis	hayas cubierto	hayáis cubierto
cubra	cubran	haya cubierto	hayan cubierto
7 imperfecto de subjuntivo		**14 pluscuamperfecto de subjuntivo**	
cubriera	cubriéramos	hubiera cubierto	hubiéramos cubierto
cubrieras	cubrierais	hubieras cubierto	hubierais cubierto
cubriera	cubrieran	hubiera cubierto	hubieran cubierto
OR		OR	
cubriese	cubriésemos	hubiese cubierto	hubiésemos cubierto
cubrieses	cubrieseis	hubieses cubierto	hubieseis cubierto
cubriese	cubriesen	hubiese cubierto	hubiesen cubierto

imperativo	
—	cubramos
cubre; no cubras	cubrid; no cubráis
cubra	cubran

la cubierta   cover, wrapping
la cubierta del motor   hood of an automobile
el cubrimiento   covering
el cubierto   place setting (meal)
cubrir los gastos   to cover expenses
cubiertamente   covertly

encubrir   to hide, to conceal, to mask
el encubrimiento   hiding, concealment
descubrir   to discover
bajo cubierto   under cover; **a cubierto de**
   under cover of
el cielo está cubierto   the sky is overcast

Syn.: **tapar** to cover (332)   Ant.: **descubrir** to uncover; **destapar** to uncover (332)

230

cuidarse (156)
to take care of oneself

C

The Seven Simple Tenses		The Seven Compound Tenses	
Singular	Plural	Singular	Plural
1 presente de indicativo		**8 perfecto de indicativo**	
me cuido	nos cuidamos	me he cuidado	nos hemos cuidado
te cuidas	os cuidáis	te has cuidado	os habéis cuidado
se cuida	se cuidan	se ha cuidado	se han cuidado
2 imperfecto de indicativo		**9 pluscuamperfecto de indicativo**	
me cuidaba	nos cuidábamos	me había cuidado	nos habíamos cuidado
te cuidabas	os cuidabais	te habías cuidado	os habíais cuidado
se cuidaba	se cuidaban	se había cuidado	se habían cuidado
3 pretérito		**10 pretérito anterior**	
me cuidé	nos cuidamos	me hube cuidado	nos hubimos cuidado
te cuidaste	os cuidasteis	te hubiste cuidado	os hubisteis cuidado
se cuidó	se cuidaron	se hubo cuidado	se hubieron cuidado
4 futuro		**11 futuro perfecto**	
me cuidaré	nos cuidaremos	me habré cuidado	nos habremos cuidado
te cuidarás	os cuidaréis	te habrás cuidado	os habréis cuidado
se cuidará	se cuidarán	se habrá cuidado	se habrán cuidado
5 potencial simple		**12 potencial compuesto**	
me cuidaría	nos cuidaríamos	me habría cuidado	nos habríamos cuidado
te cuidarías	os cuidaríais	te habrías cuidado	os habríais cuidado
se cuidaría	se cuidarían	se habría cuidado	se habrían cuidado
6 presente de subjuntivo		**13 perfecto de subjuntivo**	
me cuide	nos cuidemos	me haya cuidado	nos hayamos cuidado
te cuides	os cuidéis	te hayas cuidado	os hayáis cuidado
se cuide	se cuiden	se haya cuidado	se hayan cuidado
7 imperfecto de subjuntivo		**14 pluscuamperfecto de subjuntivo**	
me cuidara	nos cuidáramos	me hubiera cuidado	nos hubiéramos cuidado
te cuidaras	os cuidarais	te hubieras cuidado	os hubierais cuidado
se cuidara	se cuidaran	se hubiera cuidado	se hubieran cuidado
OR		OR	
me cuidase	nos cuidásemos	me hubiese cuidado	nos hubiésemos cuidado
te cuidases	os cuidaseis	te hubieses cuidado	os hubieseis cuidado
se cuidase	se cuidasen	se hubiese cuidado	se hubiesen cuidado

imperativo	
—	cuidémonos
cuídate; no te cuides	cuidaos; no os cuidéis
cuídese	cuídense

cuidar de to care for, to look after	**el descuido** negligence, neglect
cuidarse de to care about, to be careful	**¡Cuidado!** Careful!
el cuidado care, concern	**cuidadoso, cuidadosa** careful
con cuidado with care	**al cuidado de** under the care of
descuidar to neglect, overlook	**tener cuidado** to be careful

Ant.: **descuidarse de** not to bother about (156); **descuidarse de + inf.** to neglect + inf.

cumplir (157)

to fulfill, to keep (a promise), to reach one's birthday (use with años)

The Seven Simple Tenses		The Seven Compound Tenses	
Singular	Plural	Singular	Plural
1 presente de indicativo		**8 perfecto de indicativo**	
cumplo	cumplimos	he cumplido	hemos cumplido
cumples	cumplís	has cumplido	habéis cumplido
cumple	cumplen	ha cumplido	han cumplido
2 imperfecto de indicativo		**9 pluscuamperfecto de indicativo**	
cumplía	cumplíamos	había cumplido	habíamos cumplido
cumplías	cumplíais	habías cumplido	habíais cumplido
cumplía	cumplían	había cumplido	habían cumplido
3 pretérito		**10 pretérito anterior**	
cumplí	cumplimos	hube cumplido	hubimos cumplido
cumpliste	cumplisteis	hubiste cumplido	hubisteis cumplido
cumplió	cumplieron	hubo cumplido	hubieron cumplido
4 futuro		**11 futuro perfecto**	
cumpliré	cumpliremos	habré cumplido	habremos cumplido
cumplirás	cumpliréis	habrás cumplido	habréis cumplido
cumplirá	cumplirán	habrá cumplido	habrán cumplido
5 potencial simple		**12 potencial compuesto**	
cumpliría	cumpliríamos	habría cumplido	habríamos cumplido
cumplirías	cumpliríais	habrías cumplido	habríais cumplido
cumpliría	cumplirían	habría cumplido	habrían cumplido
6 presente de subjuntivo		**13 perfecto de subjuntivo**	
cumpla	cumplamos	haya cumplido	hayamos cumplido
cumplas	cumpláis	hayas cumplido	hayáis cumplido
cumpla	cumplan	haya cumplido	hayan cumplido
7 imperfecto de subjuntivo		**14 pluscuamperfecto de subjuntivo**	
cumpliera	cumpliéramos	hubiera cumplido	hubiéramos cumplido
cumplieras	cumplierais	hubieras cumplido	hubierais cumplido
cumpliera	cumplieran	hubiera cumplido	hubieran cumplido
OR		OR	
cumpliese	cumpliésemos	hubiese cumplido	hubiésemos cumplido
cumplieses	cumplieseis	hubieses cumplido	hubieseis cumplido
cumpliese	cumpliesen	hubiese cumplido	hubiesen cumplido

imperativo	
—	cumplamos
cumple; no cumplas	cumplid; no cumpláis
cumpla	cumplan

el cumpleaños birthday
cumplidamente completely
el cumplimiento completion
cumplir con to fulfill one's obligations

cumplir . . . años to reach the age of . . .
Hoy cumplo diez y siete años. Today is my seventeenth birthday.
¡Feliz cumpleaños! Happy birthday!

Syn.: **ejecutar** to carry out, perform; **realizar** to fulfill; **satisfacer** to satisfy
Ant.: **faltar** to be lacking, to miss; **incumplir** to fail to fulfill (157); **omitir** to omit (30)

Dar

Dar is useful in a vast number of everyday expressions and situations.

Sentences using **dar** and related words

El comedor da al jardín.
The dining room faces the garden.

Esta mañana di con dinero en la calle.
This morning, I found money in the street.

Anoche, di con mi amiga Elena en el cine.
Last night, I met my friend Helen at the movies.

El tiempo da buen consejo.
Time will tell.

Dame dineros y no consejos.
Give me money, and not advice.

Me gusta dar de comer a los pájaros en el parque.
I like to feed the birds in the park.

Lo doy por perdido.
I consider it lost.

Me doy por insultado.
I consider myself insulted.

Proverb

A Dios rogando y con el mazo dando.
Put your faith in God and keep your powder dry. (The Lord helps those who help themselves.)

Syn.: **devolver** to give back; **donar** to donate, to give (355); **entregar** to give, to hand over; **ofrecer** to offer
Ant.: **adquirir** to acquire; **obtener** to obtain; **recibir** to receive

Words and expressions related to this verb

dar a to face, to look out on(to)
dar cara a to face up to
dar con algo to find something, to come upon something
dar con alguien to meet someone, to run into someone, to come across someone, to find someone
dar cuerda al reloj to wind a watch
dar de beber a to give something to drink to
dar de comer a to feed, to give something to eat to
dar el primer paso to take the first step
dar en to hit against, to strike against
dar en el blanco to hit the target
dar gritos to shout
dar la bienvenida to welcome
dar la hora to strike the hour
dar la mano (las manos) a alguien to shake hands with someone
dar las buenas noches a alguien to say good evening (good night) to someone
dar las gracias a alguien to thank someone
dar los buenos días a alguien to say good morning (hello) to someone
dar por + past part. to consider
dar recuerdos a to give one's regards (best wishes) to
dar un abrazo to embrace
dar un paseo to take a walk
dar un paseo a caballo to go horseback riding
dar un paseo en automóvil to go for a drive
dar una vuelta to go for a short walk
dar voces to shout
darse to give oneself up, to give in
darse cuenta de to realize, to be aware of, to take into account
darse la mano to shake hands with each other
darse por + past part. to consider oneself
darse prisa to hurry
dar a conocer to anounce, to make known
dar un consejo to give a piece of advice
dar su palabra to give one's word
los datos data, information

AN ESSENTIAL
55 Verb

dar (158)
to give

Gerundio **dando** Part. pas. **dado**
Irregular verb

The Seven Simple Tenses		The Seven Compound Tenses	
Singular	**Plural**	**Singular**	**Plural**
1 presente de indicativo		**8 perfecto de indicativo**	
doy	damos	he dado	hemos dado
das	dais	has dado	habéis dado
da	dan	ha dado	han dado
2 imperfecto de indicativo		**9 pluscuamperfecto de indicativo**	
daba	dábamos	había dado	habíamos dado
dabas	dabais	habías dado	habíais dado
daba	daban	había dado	habían dado
3 pretérito		**10 pretérito anterior**	
di	dimos	hube dado	hubimos dado
diste	disteis	hubiste dado	hubisteis dado
dio	dieron	hubo dado	hubieron dado
4 futuro		**11 futuro perfecto**	
daré	daremos	habré dado	habremos dado
darás	daréis	habrás dado	habréis dado
dará	darán	habrá dado	habrán dado
5 potencial simple		**12 potencial compuesto**	
daría	daríamos	habría dado	habríamos dado
darías	daríais	habrías dado	habríais dado
daría	darían	habría dado	habrían dado
6 presente de subjuntivo		**13 perfecto de subjuntivo**	
dé	demos	haya dado	hayamos dado
des	deis	hayas dado	hayáis dado
dé	den	haya dado	hayan dado
7 imperfecto de subjuntivo		**14 pluscuamperfecto de subjuntivo**	
diera	diéramos	hubiera dado	hubiéramos dado
dieras	dierais	hubieras dado	hubierais dado
diera	dieran	hubiera dado	hubieran dado
OR		OR	
diese	diésemos	hubiese dado	hubiésemos dado
dieses	dieseis	hubieses dado	hubieseis dado
diese	diesen	hubiese dado	hubiesen dado

imperativo	
—	demos
da; no des	dad; no deis
dé	den

AN ESSENTIAL
55 Verb

Deber

Deber is a verb that you ought to know! It is a regular **-er** verb that is used in a great number of everyday expressions and situations.

Generally speaking, use **deber** when you want to express a moral obligation, something you ought to do, but that you may or may not actually do:

> **Debo estudiar esta noche pero estoy cansado y no me siento bien.**
> I ought to study tonight, but I am tired and I do not feel well.

In general, **deber de + inf.** is used to express a supposition, something that is probable:

> **La señora Gómez debe de estar enferma porque sale de casa raramente.**
> Mrs. Gómez must be sick (is probably sick) because she rarely goes out of the house.

Sentences using **deber** and related words

José debe de haber llegado.
Joseph must have arrived.

¿Cuánto le debo?
How much do I owe you?

¿En qué estación debo bajar?
At what station do I need to get off?

Es muy tarde, debería regresar a casa.
It's very late, I ought to return home.

Note: Generally speaking, use *tener que* when you want to say that you have to do something:

> *No puedo salir esta noche porque tengo que estudiar.*
> I cannot go out tonight because I have to study.

See **tener.**

Words and expressions related to this verb

el deber duty, obligation

los deberes homework

debido, debida due

debido a due to

el débito debit

la tarjeta de débito debit card

la deuda debt

estar en deuda con to be indebted to

el deudor, la deudora debtor

Syn.: **incumbir** to be incumbent upon, to be the duty of (353); **hay que + inf.** One must . . . (see note on p. 341); **tener que** to have to (see **tener**)   Ant.: **pagar** to pay (for); **poseer** to possess

**AN ESSENTIAL
55 Verb**

deber (159)
to owe, must, ought

Gerundio **debiendo**   Part. pas. **debido**
Regular **-er** verb

The Seven Simple Tenses		The Seven Compound Tenses	
Singular	Plural	Singular	Plural
1 presente de indicativo		**8 perfecto de indicativo**	
debo	debemos	he debido	hemos debido
debes	debéis	has debido	habéis debido
debe	deben	ha debido	han debido
2 imperfecto de indicativo		**9 pluscuamperfecto de indicativo**	
debía	debíamos	había debido	habíamos debido
debías	debíais	habías debido	habíais debido
debía	debían	había debido	habían debido
3 pretérito		**10 pretérito anterior**	
debí	debimos	hube debido	hubimos debido
debiste	debisteis	hubiste debido	hubisteis debido
debió	debieron	hubo debido	hubieron debido
4 futuro		**11 futuro perfecto**	
deberé	deberemos	habré debido	habremos debido
deberás	deberéis	habrás debido	habréis debido
deberá	deberán	habrá debido	habrán debido
5 potencial simple		**12 potencial compuesto**	
debería	deberíamos	habría debido	habríamos debido
deberías	deberíais	habrías debido	habríais debido
debería	deberían	habría debido	habrían debido
6 presente de subjuntivo		**13 perfecto de subjuntivo**	
deba	debamos	haya debido	hayamos debido
debas	debáis	hayas debido	hayáis debido
deba	deban	haya debido	hayan debido
7 imperfecto de subjuntivo		**14 pluscuamperfecto de subjuntivo**	
debiera	debiéramos	hubiera debido	hubiéramos debido
debieras	debierais	hubieras debido	hubierais debido
debiera	debieran	hubiera debido	hubieran debido
OR		OR	
debiese	debiésemos	hubiese debido	hubiésemos debido
debieses	debieseis	hubieses debido	hubieseis debido
debiese	debiesen	hubiese debido	hubiesen debido

imperativo	
—	debamos
debe; no debas	debed; no debáis
deba	deban

AN ESSENTIAL
55 Verb

236

decidir (160)
to decide

D

The Seven Simple Tenses		The Seven Compound Tenses	
Singular	Plural	Singular	Plural

1 presente de indicativo

		8 perfecto de indicativo	
decido	decidimos	he decidido	hemos decidido
decides	decidís	has decidido	habéis decidido
decide	deciden	ha decidido	han decidido

2 imperfecto de indicativo / **9 pluscuamperfecto de indicativo**

decidía	decidíamos	había decidido	habíamos decidido
decidías	decidíais	habías decidido	habíais decidido
decidía	decidían	había decidido	habían decidido

3 pretérito / **10 pretérito anterior**

decidí	decidimos	hube decidido	hubimos decidido
decidiste	decidisteis	hubiste decidido	hubisteis decidido
decidió	decidieron	hubo decidido	hubieron decidido

4 futuro / **11 futuro perfecto**

decidiré	decidiremos	habré decidido	habremos decidido
decidirás	decidiréis	habrás decidido	habréis decidido
decidirá	decidirán	habrá decidido	habrán decidido

5 potencial simple / **12 potencial compuesto**

decidiría	decidiríamos	habría decidido	habríamos decidido
decidirías	decidiríais	habrías decidido	habríais decidido
decidiría	decidirían	habría decidido	habrían decidido

6 presente de subjuntivo / **13 perfecto de subjuntivo**

decida	decidamos	haya decidido	hayamos decidido
decidas	decidáis	hayas decidido	hayáis decidido
decida	decidan	haya decidido	hayan decidido

7 imperfecto de subjuntivo / **14 pluscuamperfecto de subjuntivo**

decidiera	decidiéramos	hubiera decidido	hubiéramos decidido
decidieras	decidierais	hubieras decidido	hubierais decidido
decidiera	decidieran	hubiera decidido	hubieran decidido
OR		OR	
decidiese	decidiésemos	hubiese decidido	hubiésemos decidido
decidieses	decidieseis	hubieses decidido	hubieseis decidido
decidiese	decidiesen	hubiese decidido	hubiesen decidido

imperativo

—	decidamos
decide; no decidas	decidid; no decidáis
decida	decidan

Guillermo decidió comer fuera.   William decided to dine out.

la decisión decision	**decidir a + inf.** to persuade + inf.; **decidir +**
decididamente decidedly	**inf.** to decide + inf.
decisivamente decisively	**decidirse** to make up one's mind, to be determined
decisivo, decisiva decisive	**estar decidido (decidida) a + inf.**
	to make up one's mind

Syn.: **resolver** to resolve; **tomar una decisión** to make a decision   Ant.: **dudar** to doubt

Decir

Decir is an extremely useful irregular verb. You can use **decir** in many everyday situations and idiomatic expressions.

Sentences using **decir** and related words

Dígame, por favor, dónde está la sala de espera.
Tell me, please, where the waiting room is located.

¿Qué quiere decir esta palabra?
What does this word mean?

¡Te he dicho mil veces de ponerte el cinturón de seguridad!
I've told you a thousand times to put on your seat belt!

Proverbs

Dime con quién andas y te diré quién eres.
Tell me who your friends are and I will tell you who you are.

Al decir las verdades se pierdan las amistades.
Friendships are lost when the truth is told.

De decir a hacer hay mucho que ver.
There is a great difference between saying and doing.

Words and expressions related to this verb

Dicho y hecho. No sooner said than done.

querer decir to mean

un decir a familiar saying

Diga or Dígame Hello (on the telephone)

decirle al oído to whisper in one's ear

no decir palabra not to say a word

Es decir... That is to say...

un dicho a saying, expression

dictar to dictate

el dictado dictation

el dictador dictator

decir mentiras to tell lies

decir adiós to say good-bye

bendecir to bless

maldecir to curse, to swear

Syn.: **anunciar** to announce, to proclaim; **declarar** to declare; **hablar** to speak, to talk
Ant.: **callarse** to be silent

AN ESSENTIAL
55 Verb

Don't forget to study the section on defective and impersonal verbs. It's right after this main list.

D

The Seven Simple Tenses		The Seven Compound Tenses	
Singular	Plural	Singular	Plural
1 presente de indicativo		**8 perfecto de indicativo**	
digo	decimos	he dicho	hemos dicho
dices	decís	has dicho	habéis dicho
dice	dicen	ha dicho	han dicho
2 imperfecto de indicativo		**9 pluscuamperfecto de indicativo**	
decía	decíamos	había dicho	habíamos dicho
decías	decíais	habías dicho	habíais dicho
decía	decían	había dicho	habían dicho
3 pretérito		**10 pretérito anterior**	
dije	dijimos	hube dicho	hubimos dicho
dijiste	dijisteis	hubiste dicho	hubisteis dicho
dijo	dijeron	hubo dicho	hubieron dicho
4 futuro		**11 futuro perfecto**	
diré	diremos	habré dicho	habremos dicho
dirás	diréis	habrás dicho	habréis dicho
dirá	dirán	habrá dicho	habrán dicho
5 potencial simple		**12 potencial compuesto**	
diría	diríamos	habría dicho	habríamos dicho
dirías	diríais	habrías dicho	habríais dicho
diría	dirían	habría dicho	habrían dicho
6 presente de subjuntivo		**13 perfecto de subjuntivo**	
diga	digamos	haya dicho	hayamos dicho
digas	digáis	hayas dicho	hayáis dicho
diga	digan	haya dicho	hayan dicho
7 imperfecto de subjuntivo		**14 pluscuamperfecto de subjuntivo**	
dijera	dijéramos	hubiera dicho	hubiéramos dicho
dijeras	dijerais	hubieras dicho	hubierais dicho
dijera	dijeran	hubiera dicho	hubieran dicho
OR		OR	
dijese	dijésemos	hubiese dicho	hubiésemos dicho
dijeses	dijeseis	hubieses dicho	hubieseis dicho
dijese	dijesen	hubiese dicho	hubiesen dicho

imperativo	
—	digamos
di; no digas	decid; no digáis
diga	digan

AN ESSENTIAL
55 Verb

declarar (162)
to declare, to testify

The Seven Simple Tenses		The Seven Compound Tenses	
Singular	Plural	Singular	Plural
1 presente de indicativo		**8 perfecto de indicativo**	
declaro	declaramos	he declarado	hemos declarado
declaras	declaráis	has declarado	habéis declarado
declara	declaran	ha declarado	han declarado
2 imperfecto de indicativo		**9 pluscuamperfecto de indicativo**	
declaraba	declarábamos	había declarado	habíamos declarado
declarabas	declarabais	habías declarado	habíais declarado
declaraba	declaraban	había declarado	habían declarado
3 pretérito		**10 pretérito anterior**	
declaré	declaramos	hube declarado	hubimos declarado
declaraste	declarasteis	hubiste declarado	hubisteis declarado
declaró	declararon	hubo declarado	hubieron declarado
4 futuro		**11 futuro perfecto**	
declararé	declararemos	habré declarado	habremos declarado
declararás	declararéis	habrás declarado	habréis declarado
declarará	declararán	habrá declarado	habrán declarado
5 potencial simple		**12 potencial compuesto**	
declararía	declararíamos	habría declarado	habríamos declarado
declararías	declararíais	habrías declarado	habríais declarado
declararía	declararían	habría declarado	habrían declarado
6 presente de subjuntivo		**13 perfecto de subjuntivo**	
declare	declaremos	haya declarado	hayamos declarado
declares	declaréis	hayas declarado	hayáis declarado
declare	declaren	haya declarado	hayan declarado
7 imperfecto de subjuntivo		**14 pluscuamperfecto de subjuntivo**	
declarara	declaráramos	hubiera declarado	hubiéramos declarado
declararas	declararais	hubieras declarado	hubierais declarado
declarara	declararan	hubiera declarado	hubieran declarado
OR		OR	
declarase	declarásemos	hubiese declarado	hubiésemos declarado
declarases	declaraseis	hubieses declarado	hubieseis declarado
declarase	declarasen	hubiese declarado	hubiesen declarado

imperativo	
—	declaremos
declara; no declares	declarad; no declaréis
declare	declaren

Al pasar por la aduana, declaré todo lo que había comprado en Chile.
Going through customs, I declared everything that I had bought in Chile.

una declaración declaration	**declarativo, declarativa** declarative
declarado, declarada declared	**una declamación** declamation, recitation
declararse to declare oneself	

Syn.: **decir** to say, to tell; **proclamar** to proclaim   Ant.: **callarse** to be silent

Part. pas. **dedicado**   Gerundio **dedicándose**
Reflexive verb; regular -**ar** verb endings with
spelling change: **c** becomes **qu** before **e**

dedicarse (163)

to devote oneself

D

The Seven Simple Tenses		The Seven Compound Tenses	
Singular	**Plural**	**Singular**	**Plural**
1 presente de indicativo		**8 perfecto de indicativo**	
me dedico	nos dedicamos	me he dedicado	nos hemos dedicado
te dedicas	os dedicáis	te has dedicado	os habéis dedicado
se dedica	se dedican	se ha dedicado	se han dedicado
2 imperfecto de indicativo		**9 pluscuamperfecto de indicativo**	
me dedicaba	nos dedicábamos	me había dedicado	nos habíamos dedicado
te dedicabas	os dedicabais	te habías dedicado	os habíais dedicado
se dedicaba	se dedicaban	se había dedicado	se habían dedicado
3 pretérito		**10 pretérito anterior**	
me dediqué	nos dedicamos	me hube dedicado	nos hubimos dedicado
te dedicaste	os dedicasteis	te hubiste dedicado	os hubisteis dedicado
se dedicó	se dedicaron	se hubo dedicado	se hubieron dedicado
4 futuro		**11 futuro perfecto**	
me dedicaré	nos dedicaremos	me habré dedicado	nos habremos dedicado
te dedicarás	os dedicaréis	te habrás dedicado	os habréis dedicado
se dedicará	se dedicarán	se habrá dedicado	se habrán dedicado
5 potencial simple		**12 potencial compuesto**	
me dedicaría	nos dedicaríamos	me habría dedicado	nos habríamos dedicado
te dedicarías	os dedicaríais	te habrías dedicado	os habríais dedicado
se dedicaría	se dedicarían	se habría dedicado	se habrían dedicado
6 presente de subjuntivo		**13 perfecto de subjuntivo**	
me dedique	nos dediquemos	me haya dedicado	nos hayamos dedicado
te dediques	os dediquéis	te hayas dedicado	os hayáis dedicado
se dedique	se dediquen	se haya dedicado	se hayan dedicado
7 imperfecto de subjuntivo		**14 pluscuamperfecto de subjuntivo**	
me dedicara	nos dedicáramos	me hubiera dedicado	nos hubiéramos dedicado
te dedicaras	os dedicarais	te hubieras dedicado	os hubierais dedicado
se dedicara	se dedicaran	se hubiera dedicado	se hubieran dedicado
OR		OR	
me dedicase	nos dedicásemos	me hubiese dedicado	nos hubiésemos dedicado
te dedicases	os dedicaseis	te hubieses dedicado	os hubieseis dedicado
se dedicase	se dedicasen	se hubiese dedicado	se hubiesen dedicado

imperativo	
—	dediquémonos
dedícate; no te dediques	dedicaos; no os dediquéis
dedíquese	dedíquense

Gabriela quería ser médica; por eso se dedicó a sus estudios.
Gabrielle wanted to be a physician; so, she devoted herself to her studies.

dedicarse a   to devote oneself to
dedicar   to dedicate, consecrate
dedicado, dedicada   dedicated

una dedicación   dedication
dedicar algo a   to dedicate something to

Syn.: **afanarse** to work hard, to strive (259, 289); **consagrarse** to devote oneself (289)

defender (164)
to defend

Gerundio **defendiendo**   Part. pas. **defendido**
Regular **-er** verb endings with stem
change: Tenses 1, 6, Imperative

The Seven Simple Tenses		The Seven Compound Tenses	
Singular	Plural	Singular	Plural
1 presente de indicativo		**8 perfecto de indicativo**	
defiendo	defendemos	he defendido	hemos defendido
defiendes	defendéis	has defendido	habéis defendido
defiende	defienden	ha defendido	han defendido
2 imperfecto de indicativo		**9 pluscuamperfecto de indicativo**	
defendía	defendíamos	había defendido	habíamos defendido
defendías	defendíais	habías defendido	habíais defendido
defendía	defendían	había defendido	habían defendido
3 pretérito		**10 pretérito anterior**	
defendí	defendimos	hube defendido	hubimos defendido
defendiste	defendisteis	hubiste defendido	hubisteis defendido
defendió	defendieron	hubo defendido	hubieron defendido
4 futuro		**11 futuro perfecto**	
defenderé	defenderemos	habré defendido	habremos defendido
defenderás	defenderéis	habrás defendido	habréis defendido
defenderá	defenderán	habrá defendido	habrán defendido
5 potencial simple		**12 potencial compuesto**	
defendería	defenderíamos	habría defendido	habríamos defendido
defenderías	defenderíais	habrías defendido	habríais defendido
defendería	defenderían	habría defendido	habrían defendido
6 presente de subjuntivo		**13 perfecto de subjuntivo**	
defienda	defendamos	haya defendido	hayamos defendido
defiendas	defendáis	hayas defendido	hayáis defendido
defienda	defiendan	haya defendido	hayan defendido
7 imperfecto de subjuntivo		**14 pluscuamperfecto de subjuntivo**	
defendiera	defendiéramos	hubiera defendido	hubiéramos defendido
defendieras	defendierais	hubieras defendido	hubierais defendido
defendiera	defendieran	hubiera defendido	hubieran defendido
OR		OR	
defendiese	defendiésemos	hubiese defendido	hubiésemos defendido
defendieses	defendieseis	hubieses defendido	hubieseis defendido
defendiese	defendiesen	hubiese defendido	hubiesen defendido

imperativo	
—	defendamos
defiende; no defiendas	defended; no defendáis
defienda	defiendan

defendible defensible
la defensa defense
defensivo, defensiva defensive
el defensor, la defensora defender, supporter,
  protector

el defensor público, la defensora pública
  public defender
estar a la defensiva to be on the defensive
en defensa propia in self-defense

Syn.: **ayudar** to help; **proteger** to protect   Ant.: **abandonar** to abandon (473); **atacar** to attack;
denunciar to denounce

dejar (165)

to let, to permit, to allow, to leave

The Seven Simple Tenses		The Seven Compound Tenses	
Singular	Plural	Singular	Plural
1 presente de indicativo		**8 perfecto de indicativo**	
dejo	dejamos	he dejado	hemos dejado
dejas	dejáis	has dejado	habéis dejado
deja	dejan	ha dejado	han dejado
2 imperfecto de indicativo		**9 pluscuamperfecto de indicativo**	
dejaba	dejábamos	había dejado	habíamos dejado
dejabas	dejabais	habías dejado	habíais dejado
dejaba	dejaban	había dejado	habían dejado
3 pretérito		**10 pretérito anterior**	
dejé	dejamos	hube dejado	hubimos dejado
dejaste	dejasteis	hubiste dejado	hubisteis dejado
dejó	dejaron	hubo dejado	hubieron dejado
4 futuro		**11 futuro perfecto**	
dejaré	dejaremos	habré dejado	habremos dejado
dejarás	dejaréis	habrás dejado	habréis dejado
dejará	dejarán	habrá dejado	habrán dejado
5 potencial simple		**12 potencial compuesto**	
dejaría	dejaríamos	habría dejado	habríamos dejado
dejarías	dejaríais	habrías dejado	habríais dejado
dejaría	dejarían	habría dejado	habrían dejado
6 presente de subjuntivo		**13 perfecto de subjuntivo**	
deje	dejemos	haya dejado	hayamos dejado
dejes	dejéis	hayas dejado	hayáis dejado
deje	dejen	haya dejado	hayan dejado
7 imperfecto de subjuntivo		**14 pluscuamperfecto de subjuntivo**	
dejara	dejáramos	hubiera dejado	hubiéramos dejado
dejaras	dejarais	hubieras dejado	hubierais dejado
dejara	dejaran	hubiera dejado	hubieran dejado
OR		OR	
dejase	dejásemos	hubiese dejado	hubiésemos dejado
dejases	dejaseis	hubieses dejado	hubieseis dejado
dejase	dejasen	hubiese dejado	hubiesen dejado

imperativo	
—	dejemos
deja; no dejes	dejad; no dejéis
deje	dejen

dejar caer   to drop (to let fall)
el dejo   abandonment
dejado, dejada   dejected
El alumno dejó sus libros en la sala de clase.
   The pupil left his books in the classroom.
dejar de + inf.   to stop, to fail to

¡No deje Ud. de llamarme!   Don't fail to
   call me!
dejarse   to abandon (neglect) oneself
dejar atrás   to leave behind
¡Déjelo!   Let it! (Leave it!)

Syn.: **abandonar** to abandon (473); **soltar** to release (138)   Ant.: **tomar** to take

delinquir (166)

to be delinquent, to violate the law

Gerundio **delinquiendo**   Part. pas. **delinquido**

Regular **-ir** verb endings with spelling change: **qu** becomes **c** before **a** or **o**

The Seven Simple Tenses		The Seven Compound Tenses	
Singular	Plural	Singular	Plural
1 presente de indicativo		**8 perfecto de indicativo**	
delinco	delinquimos	he delinquido	hemos delinquido
delinques	delinquís	has delinquido	habéis delinquido
delinque	delinquen	ha delinquido	han delinquido
2 imperfecto de indicativo		**9 pluscuamperfecto de indicativo**	
delinquía	delinquíamos	había delinquido	habíamos delinquido
delinquías	delinquíais	habías delinquido	habíais delinquido
delinquía	delinquían	había delinquido	habían delinquido
3 pretérito		**10 pretérito anterior**	
delinquí	delinquimos	hube delinquido	hubimos delinquido
delinquiste	delinquisteis	hubiste delinquido	hubisteis delinquido
delinquió	delinquieron	hubo delinquido	hubieron delinquido
4 futuro		**11 futuro perfecto**	
delinquiré	delinquiremos	habré delinquido	habremos delinquido
delinquirás	delinquiréis	habrás delinquido	habréis delinquido
delinquirá	delinquirán	habrá delinquido	habrán delinquido
5 potencial simple		**12 potencial compuesto**	
delinquiría	delinquiríamos	habría delinquido	habríamos delinquido
delinquirías	delinquiríais	habrías delinquido	habríais delinquido
delinquiría	delinquirían	habría delinquido	habrían delinquido
6 presente de subjuntivo		**13 perfecto de subjuntivo**	
delinca	delincamos	haya delinquido	hayamos delinquido
delincas	delincáis	hayas delinquido	hayáis delinquido
delinca	delincan	haya delinquido	hayan delinquido
7 imperfecto de subjuntivo		**14 pluscuamperfecto de subjuntivo**	
delinquiera	delinquiéramos	hubiera delinquido	hubiéramos delinquido
delinquieras	delinquierais	hubieras delinquido	hubierais delinquido
delinquiera	delinquieran	hubiera delinquido	hubieran delinquido
OR		OR	
delinquiese	delinquiésemos	hubiese delinquido	hubiésemos delinquido
delinquieses	delinquieseis	hubieses delinquido	hubieseis delinquido
delinquiese	delinquiesen	hubiese delinquido	hubiesen delinquido

imperativo	
—	delincamos
delinque; no delincas	delinquid; no delincáis
delinca	delincan

Si Ud. delinca otra vez, sufrirá las consecuencias.
If you violate the law again, you will suffer the consequences.

la delincuencia, el delinquimiento
  delinquency
delincuente delinquent

la delincuencia juvenil   juvenile delinquency
el, la delincuente habitual   habitual offender

Syn.: **desobedecer** to disobey (328)   Ant.: **obedecer** to obey

Regular **-ar** verb endings with stem change: Tenses 1, 6, Imperative

to demonstrate, to prove

D

The Seven Simple Tenses		The Seven Compound Tenses	
Singular	**Plural**	**Singular**	**Plural**
1 presente de indicativo		**8 perfecto de indicativo**	
demuestro	demostramos	he demostrado	hemos demostrado
demuestras	demostráis	has demostrado	habéis demostrado
demuestra	demuestran	ha demostrado	han demostrado
2 imperfecto de indicativo		**9 pluscuamperfecto de indicativo**	
demostraba	demostrábamos	había demostrado	habíamos demostrado
demostrabas	demostrabais	habías demostrado	habíais demostrado
demostraba	demostraban	había demostrado	habían demostrado
3 pretérito		**10 pretérito anterior**	
demostré	demostramos	hube demostrado	hubimos demostrado
demostraste	demostrasteis	hubiste demostrado	hubisteis demostrado
demostró	demostraron	hubo demostrado	hubieron demostrado
4 futuro		**11 futuro perfecto**	
demostraré	demostraremos	habré demostrado	habremos demostrado
demostrarás	demostraréis	habrás demostrado	habréis demostrado
demostrará	demostrarán	habrá demostrado	habrán demostrado
5 potencial simple		**12 potencial compuesto**	
demostraría	demostraríamos	habría demostrado	habríamos demostrado
demostrarías	demostraríais	habrías demostrado	habríais demostrado
demostraría	demostrarían	habría demostrado	habrían demostrado
6 presente de subjuntivo		**13 perfecto de subjuntivo**	
demuestre	demostremos	haya demostrado	hayamos demostrado
demuestres	demostréis	hayas demostrado	hayáis demostrado
demuestre	demuestren	haya demostrado	hayan demostrado
7 imperfecto de subjuntivo		**14 pluscuamperfecto de subjuntivo**	
demostrara	demostráramos	hubiera demostrado	hubiéramos demostrado
demostraras	demostrarais	hubieras demostrado	hubierais demostrado
demostrara	demostraran	hubiera demostrado	hubieran demostrado
OR		OR	
demostrase	demostrásemos	hubiese demostrado	hubiésemos demostrado
demostrases	demostraseis	hubieses demostrado	hubieseis demostrado
demostrase	demostrasen	hubiese demostrado	hubiesen demostrado

imperativo

—	demostremos
demuestra; no demuestres	demostrad; no demostréis
demuestre	demuestren

Por favor, demuéstreme cómo se utiliza esta aplicación.
Please show me how this app is used.

demostrativo, demostrativa demonstrative
la demostración demonstration, proof
demostrador, demostradora demonstrator

demostrable demonstrable
mostrar to show, to exhibit
la demostración de cariño show of affection

Syn.: **mostrar** to show; **probar** to prove, to test

denunciar (168)

to denounce, to condemn

Gerundio **denunciando**   Part. pas. **denunciado**

Regular **-ar** verb

The Seven Simple Tenses		The Seven Compound Tenses	
Singular	Plural	Singular	Plural
1 presente de indicativo		**8 perfecto de indicativo**	
denuncio	denunciamos	he denunciado	hemos denunciado
denuncias	denunciáis	has denunciado	habéis denunciado
denuncia	denuncian	ha denunciado	han denunciado
2 imperfecto de indicativo		**9 pluscuamperfecto de indicativo**	
denunciaba	denunciábamos	había denunciado	habíamos denunciado
denunciabas	denunciabais	habías denunciado	habíais denunciado
denunciaba	denunciaban	había denunciado	habían denunciado
3 pretérito		**10 pretérito anterior**	
denuncié	denunciamos	hube denunciado	hubimos denunciado
denunciaste	denunciasteis	hubiste denunciado	hubisteis denunciado
denunció	denunciaron	hubo denunciado	hubieron denunciado
4 futuro		**11 futuro perfecto**	
denunciaré	denunciaremos	habré denunciado	habremos denunciado
denunciarás	denunciaréis	habrás denunciado	habréis denunciado
denunciará	denunciarán	habrá denunciado	habrán denunciado
5 potencial simple		**12 potencial compuesto**	
denunciaría	denunciaríamos	habría denunciado	habríamos denunciado
denunciarías	denunciaríais	habrías denunciado	habríais denunciado
denunciaría	denunciarían	habría denunciado	habrían denunciado
6 presente de subjuntivo		**13 perfecto de subjuntivo**	
denuncie	denunciemos	haya denunciado	hayamos denunciado
denuncies	denunciéis	hayas denunciado	hayáis denunciado
denuncie	denuncien	haya denunciado	hayan denunciado
7 imperfecto de subjuntivo		**14 pluscuamperfecto de subjuntivo**	
denunciara	denunciáramos	hubiera denunciado	hubiéramos denunciado
denunciaras	denunciarais	hubieras denunciado	hubierais denunciado
denunciara	denunciaran	hubiera denunciado	hubieran denunciado
OR		OR	
denunciase	denunciásemos	hubiese denunciado	hubiésemos denunciado
denunciases	denunciaseis	hubieses denunciado	hubieseis denunciado
denunciase	denunciasen	hubiese denunciado	hubiesen denunciado

imperativo	
—	denunciemos
denuncia; no denuncies	denunciad; no denunciéis
denuncie	denuncien

El jurado denunció al estafador porque había suficientes pruebas.
The jury condemned the scammer because there was enough evidence.

una denuncia, una denunciación denunciation **una denuncia falsa** a false accusation
denunciar un robo to report a theft

Syn.: **acusar** to accuse; **culpar** to accuse, to blame (332)   Ant.: **defender** to defend; **disculpar** to excuse, to pardon (332)

depender (169)

to depend

The Seven Simple Tenses		The Seven Compound Tenses	
Singular	Plural	Singular	Plural
1 presente de indicativo		**8 perfecto de indicativo**	
dependo	dependemos	he dependido	hemos dependido
dependes	dependéis	has dependido	habéis dependido
depende	dependen	ha dependido	han dependido
2 imperfecto de indicativo		**9 pluscuamperfecto de indicativo**	
dependía	dependíamos	había dependido	habíamos dependido
dependías	dependíais	habías dependido	habíais dependido
dependía	dependían	había dependido	habían dependido
3 pretérito		**10 pretérito anterior**	
dependí	dependimos	hube dependido	hubimos dependido
dependiste	dependisteis	hubiste dependido	hubisteis dependido
dependió	dependieron	hubo dependido	hubieron dependido
4 futuro		**11 futuro perfecto**	
dependeré	dependeremos	habré dependido	habremos dependido
dependerás	dependeréis	habrás dependido	habréis dependido
dependerá	dependerán	habrá dependido	habrán dependido
5 potencial simple		**12 potencial compuesto**	
dependería	dependeríamos	habría dependido	habríamos dependido
dependerías	dependeríais	habrías dependido	habríais dependido
dependería	dependerían	habría dependido	habrían dependido
6 presente de subjuntivo		**13 perfecto de subjuntivo**	
dependa	dependamos	haya dependido	hayamos dependido
dependas	dependáis	hayas dependido	hayáis dependido
dependa	dependan	haya dependido	hayan dependido
7 imperfecto de subjuntivo		**14 pluscuamperfecto de subjuntivo**	
dependiera	dependiéramos	hubiera dependido	hubiéramos dependido
dependieras	dependierais	hubieras dependido	hubierais dependido
dependiera	dependieran	hubiera dependido	hubieran dependido
OR		OR	
dependiese	dependiésemos	hubiese dependido	hubiésemos dependido
dependieses	dependieseis	hubieses dependido	hubieseis dependido
dependiese	dependiesen	hubiese dependido	hubiesen dependido

imperativo	
—	dependamos
depende; no dependas	depended; no dependáis
dependa	dependan

depender de   to depend on, to rely on
no depender de nadie   to stand on one's own two feet
un dependiente, una dependienta   dependent, employee, clerk
la dependencia   dependence, dependency
pender   to dangle, hang, to be pending
suspender   to suspend, hang, hang up; **suspender pagos**   to stop payment

derribar (170)
to knock down, to overthrow, to tear down, to throw down

The Seven Simple Tenses		The Seven Compound Tenses	
Singular	Plural	Singular	Plural
1 presente de indicativo		**8 perfecto de indicativo**	
derribo	derribamos	he derribado	hemos derribado
derribas	derribáis	has derribado	habéis derribado
derriba	derriban	ha derribado	han derribado
2 imperfecto de indicativo		**9 pluscuamperfecto de indicativo**	
derribaba	derribábamos	había derribado	habíamos derribado
derribabas	derribabais	habías derribado	habíais derribado
derribaba	derribaban	había derribado	habían derribado
3 pretérito		**10 pretérito anterior**	
derribé	derribamos	hube derribado	hubimos derribado
derribaste	derribasteis	hubiste derribado	hubisteis derribado
derribó	derribaron	hubo derribado	hubieron derribado
4 futuro		**11 futuro perfecto**	
derribaré	derribaremos	habré derribado	habremos derribado
derribarás	derribaréis	habrás derribado	habréis derribado
derribará	derribarán	habrá derribado	habrán derribado
5 potencial simple		**12 potencial compuesto**	
derribaría	derribaríamos	habría derribado	habríamos derribado
derribarías	derribaríais	habrías derribado	habríais derribado
derribaría	derribarían	habría derribado	habrían derribado
6 presente de subjuntivo		**13 perfecto de subjuntivo**	
derribe	derribemos	haya derribado	hayamos derribado
derribes	derribéis	hayas derribado	hayáis derribado
derribe	derriben	haya derribado	hayan derribado
7 imperfecto de subjuntivo		**14 pluscuamperfecto de subjuntivo**	
derribara	derribáramos	hubiera derribado	hubiéramos derribado
derribaras	derribarais	hubieras derribado	hubierais derribado
derribara	derribaran	hubiera derribado	hubieran derribado
OR		OR	
derribase	derribásemos	hubiese derribado	hubiésemos derribado
derribases	derribaseis	hubieses derribado	hubieseis derribado
derribase	derribasen	hubiese derribado	hubiesen derribado

imperativo	
—	derribemos
derriba; no derribes	derribad; no derribéis
derribe	derriben

derribar a tiros   to shoot down
derribado, derribada   demolished, humiliated
el derribador, la derribadora   overthrower

los derribos   rubble
derribar al criminal   to bring the criminal
down

Syn.: **abatir** to knock down; **tumbar** to knock down (9)   Ant.: **construir** to construct; **erigir** to build (188)

desayunarse (171)

to breakfast, to have breakfast

The Seven Simple Tenses		The Seven Compound Tenses	
Singular	**Plural**	**Singular**	**Plural**
1 presente de indicativo		**8 perfecto de indicativo**	
me desayuno	nos desayunamos	me he desayunado	nos hemos desayunado
te desayunas	os desayunáis	te has desayunado	os habéis desayunado
se desayuna	se desayunan	se ha desayunado	se han desayunado
2 imperfecto de indicativo		**9 pluscuamperfecto de indicativo**	
me desayunaba	nos desayunábamos	me había desayunado	nos habíamos desayunado
te desayunabas	os desayunabais	te habías desayunado	os habíais desayunado
se desayunaba	se desayunaban	se había desayunado	se habían desayunado
3 pretérito		**10 pretérito anterior**	
me desayuné	nos desayunamos	me hube desayunado	nos hubimos desayunado
te desayunaste	os desayunasteis	te hubiste desayunado	os hubisteis desayunado
se desayunó	se desayunaron	se hubo desayunado	se hubieron desayunado
4 futuro		**11 futuro perfecto**	
me desayunaré	nos desayunaremos	me habré desayunado	nos habremos desayunado
te desayunarás	os desayunaréis	te habrás desayunado	os habréis desayunado
se desayunará	se desayunarán	se habrá desayunado	se habrán desayunado
5 potencial simple		**12 potencial compuesto**	
me desayunaría	nos desayunaríamos	me habría desayunado	nos habríamos desayunado
te desayunarías	os desayunaríais	te habrías desayunado	os habríais desayunado
se desayunaría	se desayunarían	se habría desayunado	se habrían desayunado
6 presente de subjuntivo		**13 perfecto de subjuntivo**	
me desayune	nos desayunemos	me haya desayunado	nos hayamos desayunado
te desayunes	os desayunéis	te hayas desayunado	os hayáis desayunado
se desayune	se desayunen	se haya desayunado	se hayan desayunado
7 imperfecto de subjuntivo		**14 pluscuamperfecto de subjuntivo**	
me desayunara	nos desayunáramos	me hubiera desayunado	nos hubiéramos desayunado
te desayunaras	os desayunarais	te hubieras desayunado	os hubierais desayunado
se desayunara	se desayunaran	se hubiera desayunado	se hubieran desayunado
OR		OR	
me desayunase	nos desayunásemos	me hubiese desayunado	nos hubiésemos desayunado
te desayunases	os desayunaseis	te hubieses desayunado	os hubieseis desayunado
se desayunase	se desayunasen	se hubiese desayunado	se hubiesen desayunado

imperativo	
—	desayunémonos
desayúnate; no te desayunes	desayunaos; no os desayunéis
desayúnese	desayúnense

—¿A qué hora te desayunas?
—Me desayuno a las ocho. Tomo café y pan tostado.
—At what time do you have breakfast?
—I have breakfast at eight. I have coffee and toast.

desayunar to (have) breakfast
el desayuno breakfast
ayunar to fast (not to eat)
el ayuno fast, fasting

Syn.: **comer** to eat; **tomar el desayuno** to have breakfast   Ant.: **ayunar** to fast, to go without food (249, 171)

descansar (172)
to rest

Gerundio **descansando**   Part. pas. **descansado**

Regular **-ar** verb

The Seven Simple Tenses		The Seven Compound Tenses	
Singular	**Plural**	**Singular**	**Plural**
1 presente de indicativo		**8 perfecto de indicativo**	
descanso	descansamos	he descansado	hemos descansado
descansas	descansáis	has descansado	habéis descansado
descansa	descansan	ha descansado	han descansado
2 imperfecto de indicativo		**9 pluscuamperfecto de indicativo**	
descansaba	descansábamos	había descansado	habíamos descansado
descansabas	descansabais	habías descansado	habíais descansado
descansaba	descansaban	había descansado	habían descansado
3 pretérito		**10 pretérito anterior**	
descansé	descansamos	hube descansado	hubimos descansado
descansaste	descansasteis	hubiste descansado	hubisteis descansado
descansó	descansaron	hubo descansado	hubieron descansado
4 futuro		**11 futuro perfecto**	
descansaré	descansaremos	habré descansado	habremos descansado
descansarás	descansaréis	habrás descansado	habréis descansado
descansará	descansarán	habrá descansado	habrán descansado
5 potencial simple		**12 potencial compuesto**	
descansaría	descansaríamos	habría descansado	habríamos descansado
descansarías	descansaríais	habrías descansado	habríais descansado
descansaría	descansarían	habría descansado	habrían descansado
6 presente de subjuntivo		**13 perfecto de subjuntivo**	
descanse	descansemos	haya descansado	hayamos descansado
descanses	descanséis	hayas descansado	hayáis descansado
descanse	descansen	haya descansado	hayan descansado
7 imperfecto de subjuntivo		**14 pluscuamperfecto de subjuntivo**	
descansara	descansáramos	hubiera descansado	hubiéramos descansado
descansaras	descansarais	hubieras descansado	hubierais descansado
descansara	descansaran	hubiera descansado	hubieran descansado
OR		OR	
descansase	descansásemos	hubiese descansado	hubiésemos descansado
descansases	descansaseis	hubieses descansado	hubieseis descansado
descansase	descansasen	hubiese descansado	hubiesen descansado

imperativo	
—	descansemos
descansa; no descanses	descansad; no descanséis
descanse	descansen

¡Qué semana tan agotadora! Descansemos este sábado.
What an exhausting week! Let's rest this Saturday.

el descanso   rest, relief, break
el descansadero   resting place
la cansera   fatigue
cansar   to fatigue, to tire, to weary

el descansillo   landing on a staircase
el descanso a discreción   at ease (military)
cansarse de esperar   to be tired of waiting
el descanso por enfermedad   sick leave

Syn.: **relajarse** to relax (86, 289); **reposar** to rest (2)   Ant.: **agotarse** to become exhausted (38, 289); **cansarse** to become tired

Part. pas. **descrito**   Gerundio **describiendo**
Regular **-ir** verb endings, note irregular
spelling of past participle: **descrito**

describir (173)

to describe, to delineate

D

The Seven Simple Tenses		The Seven Compound Tenses	
Singular	Plural	Singular	Plural
1 presente de indicativo		**8 perfecto de indicativo**	
describo	describimos	he descrito	hemos descrito
describes	describís	has descrito	habéis descrito
describe	describen	ha descrito	han descrito
2 imperfecto de indicativo		**9 pluscuamperfecto de indicativo**	
describía	describíamos	había descrito	habíamos descrito
describías	describíais	habías descrito	habíais descrito
describía	describían	había descrito	habían descrito
3 pretérito		**10 pretérito anterior**	
describí	describimos	hube descrito	hubimos descrito
describiste	describisteis	hubiste descrito	hubisteis descrito
describió	describieron	hubo descrito	hubieron descrito
4 futuro		**11 futuro perfecto**	
describiré	describiremos	habré descrito	habremos descrito
describirás	describiréis	habrás descrito	habréis descrito
describirá	describirán	habrá descrito	habrán descrito
5 potencial simple		**12 potencial compuesto**	
describiría	describiríamos	habría descrito	habríamos descrito
describirías	describiríais	habrías descrito	habríais descrito
describiría	describirían	habría descrito	habrían descrito
6 presente de subjuntivo		**13 perfecto de subjuntivo**	
describa	describamos	haya descrito	hayamos descrito
describas	describáis	hayas descrito	hayáis descrito
describa	describan	haya descrito	hayan descrito
7 imperfecto de subjuntivo		**14 pluscuamperfecto de subjuntivo**	
describiera	describiéramos	hubiera descrito	hubiéramos descrito
describieras	describierais	hubieras descrito	hubierais descrito
describiera	describieran	hubiera descrito	hubieran descrito
OR		OR	
describiese	describiésemos	hubiese descrito	hubiésemos descrito
describieses	describieseis	hubieses descrito	hubieseis descrito
describiese	describiesen	hubiese descrito	hubiesen descrito

imperativo	
—	describamos
describe; no describas	describid; no describáis
describa	describan

No hay palabras para describir mi horror.
There are no words to describe my horror.

la descripción description
el descriptor descriptor
descriptivo, descriptiva descriptive

descriptible describable
indescriptible indescribable

For other words and expressions related to this verb, see **escribir** and **su(b)scribir**.

Syn.: **caracterizar** to characterize; **pintar** to paint; **representar** to represent (375); **retratar** to portray, to paint a portrait (478)

251

descubrir (174)

to discover, to reveal,
to uncover, to unveil

Gerundio **descubriendo**   Part. pas. **descubierto**

Regular **-ir** verb endings; note irregular
spelling of past participle: **descubierto**

The Seven Simple Tenses		The Seven Compound Tenses	
Singular	**Plural**	**Singular**	**Plural**
1 presente de indicativo		**8 perfecto de indicativo**	
descubro	descubrimos	he descubierto	hemos descubierto
descubres	descubrís	has descubierto	habéis descubierto
descubre	descubren	ha descubierto	han descubierto
2 imperfecto de indicativo		**9 pluscuamperfecto de indicativo**	
descubría	descubríamos	había descubierto	habíamos descubierto
descubrías	descubríais	habías descubierto	habíais descubierto
descubría	descubrían	había descubierto	habían descubierto
3 pretérito		**10 pretérito anterior**	
descubrí	descubrimos	hube descubierto	hubimos descubierto
descubriste	descubristeis	hubiste descubierto	hubisteis descubierto
descubrió	descubrieron	hubo descubierto	hubieron descubierto
4 futuro		**11 futuro perfecto**	
descubriré	descubriremos	habré descubierto	habremos descubierto
descubrirás	descubriréis	habrás descubierto	habréis descubierto
descubrirá	descubrirán	habrá descubierto	habrán descubierto
5 potencial simple		**12 potencial compuesto**	
descubriría	descubriríamos	habría descubierto	habríamos descubierto
descubrirías	descubriríais	habrías descubierto	habríais descubierto
descubriría	descubrirían	habría descubierto	habrían descubierto
6 presente de subjuntivo		**13 perfecto de subjuntivo**	
descubra	descubramos	haya descubierto	hayamos descubierto
descubras	descubráis	hayas descubierto	hayáis descubierto
descubra	descubran	haya descubierto	hayan descubierto
7 imperfecto de subjuntivo		**14 pluscuamperfecto de subjuntivo**	
descubriera	descubriéramos	hubiera descubierto	hubiéramos descubierto
descubrieras	descubrierais	hubieras descubierto	hubierais descubierto
descubriera	descubrieran	hubiera descubierto	hubieran descubierto
OR		OR	
descubriese	descubriésemos	hubiese descubierto	hubiésemos descubierto
descubrieses	descubrieseis	hubieses descubierto	hubieseis descubierto
descubriese	descubriesen	hubiese descubierto	hubiesen descubierto

imperativo	
—	descubramos
descubre; no descubras	descubrid; no descubráis
descubra	descubran

descubrirse   to be discovered, to take off
one's hat
el descubrimiento   discovery
descubridor, descubridora   discoverer
a la descubierta   clearly, openly

cubrir   to cover
cubrir el costo   to cover the cost
cubrir la mesa   to cover the table
descubrir un nuevo antibiótico   to discover
   a new antibiotic

Syn.: **destapar** to uncover (332); **encontrar** to encounter, to find; **hallar** to find   Ant.: **cubrir**
to cover; **ocultar** to conceal, to hide (11)

Part. pas. **deseado**   Gerundio **deseando**

Regular **-ar** verb

desear (175)

to desire, to wish, to want

The Seven Simple Tenses		The Seven Compound Tenses	
Singular	Plural	Singular	Plural
1 presente de indicativo		**8 perfecto de indicativo**	
deseo	deseamos	he deseado	hemos deseado
deseas	deseáis	has deseado	habéis deseado
desea	desean	ha deseado	han deseado
2 imperfecto de indicativo		**9 pluscuamperfecto de indicativo**	
deseaba	deseábamos	había deseado	habíamos deseado
deseabas	deseabais	habías deseado	habíais deseado
deseaba	deseaban	había deseado	habían deseado
3 pretérito		**10 pretérito anterior**	
deseé	deseamos	hube deseado	hubimos deseado
deseaste	deseasteis	hubiste deseado	hubisteis deseado
deseó	desearon	hubo deseado	hubieron deseado
4 futuro		**11 futuro perfecto**	
desearé	desearemos	habré deseado	habremos deseado
desearás	desearéis	habrás deseado	habréis deseado
deseará	desearán	habrá deseado	habrán deseado
5 potencial simple		**12 potencial compuesto**	
desearía	desearíamos	habría deseado	habríamos deseado
desearías	desearíais	habrías deseado	habríais deseado
desearía	desearían	habría deseado	habrían deseado
6 presente de subjuntivo		**13 perfecto de subjuntivo**	
desee	deseemos	haya deseado	hayamos deseado
desees	deseéis	hayas deseado	hayáis deseado
desee	deseen	haya deseado	hayan deseado
7 imperfecto de subjuntivo		**14 pluscuamperfecto de subjuntivo**	
deseara	deseáramos	hubiera deseado	hubiéramos deseado
desearas	desearais	hubieras deseado	hubierais deseado
deseara	desearan	hubiera deseado	hubieran deseado
OR		OR	
desease	deseásemos	hubiese deseado	hubiésemos deseado
deseases	deseaseis	hubieses deseado	hubieseis deseado
desease	deseasen	hubiese deseado	hubiesen deseado

imperativo	
—	deseemos
desea; no desees	desead; no deseéis
desee	deseen

¿Qué desea usted?
What do you want? (May I help you?)

el deseo desire	**el deseador, la deseadora** desirer, wisher
deseoso, deseosa desirous	**deseablemente** desirably
tener deseo de + inf. to be eager + inf.	**poco deseable** undesirable
deseable desirable	**desear hacer algo** to wish to do something

Syn.: **querer** to want, to wish   Ant.: **detestar** to detest (250)

253

desempeñar (176)

to play (a part), to act (a part), to discharge,
to perform (a duty), to take out of pawn

Gerundio **desempeñando**   Part. pas. **desempeñado**

Regular **-ar** verb

The Seven Simple Tenses		The Seven Compound Tenses	
Singular	**Plural**	**Singular**	**Plural**
1 presente de indicativo		**8 perfecto de indicativo**	
desempeño	desempeñamos	he desempeñado	hemos desempeñado
desempeñas	desempeñáis	has desempeñado	habéis desempeñado
desempeña	desempeñan	ha desempeñado	han desempeñado
2 imperfecto de indicativo		**9 pluscuamperfecto de indicativo**	
desempeñaba	desempeñábamos	había desempeñado	habíamos desempeñado
desempeñabas	desempeñabais	habías desempeñado	habíais desempeñado
desempeñaba	desempeñaban	había desempeñado	habían desempeñado
3 pretérito		**10 pretérito anterior**	
desempeñé	desempeñamos	hube desempeñado	hubimos desempeñado
desempeñaste	desempeñasteis	hubiste desempeñado	hubisteis desempeñado
desempeñó	desempeñaron	hubo desempeñado	hubieron desempeñado
4 futuro		**11 futuro perfecto**	
desempeñaré	desempeñaremos	habré desempeñado	habremos desempeñado
desempeñarás	desempeñaréis	habrás desempeñado	habréis desempeñado
desempeñará	desempeñarán	habrá desempeñado	habrán desempeñado
5 potencial simple		**12 potencial compuesto**	
desempeñaría	desempeñaríamos	habría desempeñado	habríamos desempeñado
desempeñarías	desempeñaríais	habrías desempeñado	habríais desempeñado
desempeñaría	desempeñarían	habría desempeñado	habrían desempeñado
6 presente de subjuntivo		**13 perfecto de subjuntivo**	
desempeñe	desempeñemos	haya desempeñado	hayamos desempeñado
desempeñes	desempeñéis	hayas desempeñado	hayáis desempeñado
desempeñe	desempeñen	haya desempeñado	hayan desempeñado
7 imperfecto de subjuntivo		**14 pluscuamperfecto de subjuntivo**	
desempeñara	desempeñáramos	hubiera desempeñado	hubiéramos desempeñado
desempeñaras	desempeñarais	hubieras desempeñado	hubierais desempeñado
desempeñara	desempeñaran	hubiera desempeñado	hubieran desempeñado
OR		OR	
desempeñase	desempeñásemos	hubiese desempeñado	hubiésemos desempeñado
desempeñases	desempeñaseis	hubieses desempeñado	hubieseis desempeñado
desempeñase	desempeñasen	hubiese desempeñado	hubiesen desempeñado

imperativo	
—	desempeñemos
desempeña; no desempeñes	desempeñad; no desempeñéis
desempeñe	desempeñen

desempeñado, desempeñada   out of debt
el desempeño   payment of a debt
desempeñar un cargo   to take a job

empeñar   to pawn, to pledge
una casa de empeños   pawnshop
el empeño   pawn, pledge, obligation

Syn.: **cumplir** to fulfill, to keep (a promise); **hacer** to do   Ant.: **incumplir** to fail to fulfill (157)

deshacer (177)
to undo, to destroy, to take apart

The Seven Simple Tenses		The Seven Compound Tenses	
Singular	Plural	Singular	Plural
1 presente de indicativo		**8 perfecto de indicativo**	
deshago	deshacemos	he deshecho	hemos deshecho
deshaces	deshacéis	has deshecho	habéis deshecho
deshace	deshacen	ha deshecho	han deshecho
2 imperfecto de indicativo		**9 pluscuamperfecto de indicativo**	
deshacía	deshacíamos	había deshecho	habíamos deshecho
deshacías	deshacíais	habías deshecho	habíais deshecho
deshacía	deshacían	había deshecho	habían deshecho
3 pretérito		**10 pretérito anterior**	
deshice	deshicimos	hube deshecho	hubimos deshecho
deshiciste	deshicisteis	hubiste deshecho	hubisteis deshecho
deshizo	deshicieron	hubo deshecho	hubieron deshecho
4 futuro		**11 futuro perfecto**	
desharé	desharemos	habré deshecho	habremos deshecho
desharás	desharéis	habrás deshecho	habréis deshecho
deshará	desharán	habrá deshecho	habrán deshecho
5 potencial simple		**12 potencial compuesto**	
desharía	desharíamos	habría deshecho	habríamos deshecho
desharías	desharíais	habrías deshecho	habríais deshecho
desharía	desharían	habría deshecho	habrían deshecho
6 presente de subjuntivo		**13 perfecto de subjuntivo**	
deshaga	deshagamos	haya deshecho	hayamos deshecho
deshagas	deshagáis	hayas deshecho	hayáis deshecho
deshaga	deshagan	haya deshecho	hayan deshecho
7 imperfecto de subjuntivo		**14 pluscuamperfecto de subjuntivo**	
deshiciera	deshiciéramos	hubiera deshecho	hubiéramos deshecho
deshicieras	deshicierais	hubieras deshecho	hubierais deshecho
deshiciera	deshicieran	hubiera deshecho	hubieran deshecho
OR		OR	
deshiciese	deshiciésemos	hubiese deshecho	hubiésemos deshecho
deshicieses	deshicieseis	hubieses deshecho	hubieseis deshecho
deshiciese	deshiciesen	hubiese deshecho	hubiesen deshecho

imperativo

—	deshagamos
deshaz; no deshagas	deshaced; no deshagáis
deshaga	deshagan

Todos los sábados, deshacemos las camas y hacemos la colada.
Every Saturday, we strip the beds and do the laundry.

deshecho, deshecha destroyed, wasted, undone
el deshechizo breaking off a magic spell
hacer la deshecha to pretend, to feign
deshacerse to break up, to come undone

Syn.: **abatir** to knock down; **destruir** to destroy   Ant.: **construir** to build; **crear** to create; **hacer** to do, to make

despedirse (178)
to take leave of, to say good-bye to

Gerundio **despidiéndose**   Part. pas. **despedido**
Reflexive verb; regular **-ir** verb endings with stem change: Tenses 1, 3, 6, 7, Imperative, Gerundio

The Seven Simple Tenses		The Seven Compound Tenses	
Singular	Plural	Singular	Plural
1 presente de indicativo		**8 perfecto de indicativo**	
me despido	nos despedimos	me he despedido	nos hemos despedido
te despides	os despedís	te has despedido	os habéis despedido
se despide	se despiden	se ha despedido	se han despedido
2 imperfecto de indicativo		**9 pluscuamperfecto de indicativo**	
me despedía	nos despedíamos	me había despedido	nos habíamos despedido
te despedías	os despedíais	te habías despedido	os habíais despedido
se despedía	se despedían	se había despedido	se habían despedido
3 pretérito		**10 pretérito anterior**	
me despedí	nos despedimos	me hube despedido	nos hubimos despedido
te despediste	os despedisteis	te hubiste despedido	os hubisteis despedido
se despidió	se despidieron	se hubo despedido	se hubieron despedido
4 futuro		**11 futuro perfecto**	
me despediré	nos despediremos	me habré despedido	nos habremos despedido
te despedirás	os despediréis	te habrás despedido	os habréis despedido
se despedirá	se despedirán	se habrá despedido	se habrán despedido
5 potencial simple		**12 potencial compuesto**	
me despediría	nos despediríamos	me habría despedido	nos habríamos despedido
te despedirías	os despediríais	te habrías despedido	os habríais despedido
se despediría	se despedirían	se habría despedido	se habrían despedido
6 presente de subjuntivo		**13 perfecto de subjuntivo**	
me despida	nos despidamos	me haya despedido	nos hayamos despedido
te despidas	os despidáis	te hayas despedido	os hayáis despedido
se despida	se despidan	se haya despedido	se hayan despedido
7 imperfecto de subjuntivo		**14 pluscuamperfecto de subjuntivo**	
me despidiera	nos despidiéramos	me hubiera despedido	nos hubiéramos despedido
te despidieras	os despidierais	te hubieras despedido	os hubierais despedido
se despidiera	se despidieran	se hubiera despedido	se hubieran despedido
OR		OR	
me despidiese	nos despidiésemos	me hubiese despedido	nos hubiésemos despedido
te despidieses	os despidieseis	te hubieses despedido	os hubieseis despedido
se despidiese	se despidiesen	se hubiese despedido	se hubiesen despedido

imperativo	
—	despidámonos
despídete; no te despidas	despedíos; nos despidáis
despídase	despídanse

despedirse a la francesa   to take French leave, to leave secretly
despedir   to dismiss
un despedimiento, una despedida   dismissal, discharge, farewell
despedirse de   to take leave of, to say good-bye to

Syn.: **decir adiós** to say good-bye; **partir** to leave   Ant.: **llegar** to arrive; **saludar** to greet

Part. pas. **despegado**   Gerundio **despegando**
Regular **-ar** verb endings with spelling
change: **g** becomes **gu** before **e**

despegar (179)
to detach, to unglue, to unstick,
to take off (airplane)

D

The Seven Simple Tenses		The Seven Compound Tenses	
Singular	Plural	Singular	Plural
1 presente de indicativo		**8 perfecto de indicativo**	
despego	despegamos	he despegado	hemos despegado
despegas	despegáis	has despegado	habéis despegado
despega	despegan	ha despegado	han despegado
2 imperfecto de indicativo		**9 pluscuamperfecto de indicativo**	
despegaba	despegábamos	había despegado	habíamos despegado
despegabas	despegabais	habías despegado	habíais despegado
despegaba	despegaban	había despegado	habían despegado
3 pretérito		**10 pretérito anterior**	
despegué	despegamos	hube despegado	hubimos despegado
despegaste	despegasteis	hubiste despegado	hubisteis despegado
despegó	despegaron	hubo despegado	hubieron despegado
4 futuro		**11 futuro perfecto**	
despegaré	despegaremos	habré despegado	habremos despegado
despegarás	despergaréis	habrás despegado	habréis despegado
despegará	despegarán	habrá despegado	habrán despegado
5 potencial simple		**12 potencial compuesto**	
despegaría	despegaríamos	habría despegado	habríamos despegado
despegarías	despegaríais	habrías despegado	habríais despegado
despegaría	despegarían	habría despegado	habrían despegado
6 presente de subjuntivo		**13 perfecto de subjuntivo**	
despegue	despeguemos	haya despegado	hayamos despegado
despegues	despeguéis	hayas despegado	hayáis despegado
despegue	despeguen	haya despegado	hayan despegado
7 imperfecto de subjuntivo		**14 pluscuamperfecto de subjuntivo**	
despegara	despegáramos	hubiera despegado	hubiéramos despegado
despegaras	despegarais	hubieras despegado	hubierais despegado
despegara	despegaran	hubiera despegado	hubieran despegado
OR		OR	
despegase	despegásemos	hubiese despegado	hubiésemos despegado
despegases	despegaseis	hubieses despegado	hubieseis despegado
despegase	despegasen	hubiese despegado	hubiesen despegado

imperativo

—	despeguemos
despega; no despegues	despegad; no despeguéis
despegue	despeguen

despegar los labios   to speak
el despegue   take-off (airplane)
despegadamente   without concern

despegarse   to become distant, indifferent; to grow displeased
el despego, el despegamiento   aversion, indifference

For other words and expressions related to this verb, see **pegar**.

Ant.: **aterrizar** to land (airplane) (47); **pegar** to glue, to stick

desperezarse (180)

to stretch oneself, to stretch one's arms and legs

Gerundio **desperezándose**   Part. pas. **desperezado**

Reflexive verb; regular **-ar** verb endings with spelling change: **z** becomes **c** before **e**

The Seven Simple Tenses		The Seven Compound Tenses	
Singular	**Plural**	**Singular**	**Plural**
1 presente de indicativo		**8 perfecto de indicativo**	
me desperezo	nos desperezamos	me he desperezado	nos hemos desperezado
te desperezas	os desperezáis	te has desperezado	os habéis desperezado
se despereza	se desperezan	se ha desperezado	se han desperezado
2 imperfecto de indicativo		**9 pluscuamperfecto de indicativo**	
me desperezaba	nos desperezábamos	me había desperezado	nos habíamos desperezado
te desperezabas	os desperezabais	te habías desperezado	os habíais desperezado
se desperezaba	se desperezaban	se había desperezado	se habían desperezado
3 pretérito		**10 pretérito anterior**	
me desperecé	nos desperezamos	me hube desperezado	nos hubimos desperezado
te desperezaste	os desperezasteis	te hubiste desperezado	os hubisteis desperezado
se desperezó	se desperezaron	se hubo desperezado	se hubieron desperezado
4 futuro		**11 futuro perfecto**	
me desperezaré	nos desperezaremos	me habré desperezado	nos habremos desperezado
te desperezarás	os desperezaréis	te habrás desperezado	os habréis desperezado
se desperezará	se desperezarán	se habrá desperezado	se habrán desperezado
5 potencial simple		**12 potencial compuesto**	
me desperezaría	nos desperezaríamos	me habría desperezado	nos habríamos desperezado
te desperezarías	os desperezaríais	te habrías desperezado	os habríais desperezado
se desperezaría	se desperezarían	se habría desperezado	se habrían desperezado
6 presente de subjuntivo		**13 perfecto de subjuntivo**	
me desperece	nos desperecemos	me haya desperezado	nos hayamos desperezado
te despereces	os desperecéis	te hayas desperezado	os hayáis desperezado
se desperece	se desperecen	se haya desperezado	se hayan desperezado
7 imperfecto de subjuntivo		**14 pluscuamperfecto de subjuntivo**	
me desperezara	nos desperezáramos	me hubiera desperezado	nos hubiéramos desperezado
te desperezaras	os desperezarais	te hubieras desperezado	os hubierais desperezado
se desperezara	se desperezaran	se hubiera desperezado	se hubieran desperezado
OR		OR	
me desperezase	nos desperezásemos	me hubiese desperezado	nos hubiésemos desperezado
te desperezases	os desperezaseis	te hubieses desperezado	os hubieseis desperezado
se desperezase	se desperezasen	se hubiese desperezado	se hubiesen desperezado

imperativo	
—	desperecémonos
desperézate; no te despereces	desperezaos; no os desperecéis
desperécese	desperécense

Esta mañana, me desperecé y salí de la cama.
This morning, I stretched and got out of bed.

el desperezo stretching one's arms and legs
perezoso, perezosa lazy

perezosamente lazily
la pereza laziness

Syn.: **estirarse** to stretch oneself (64)

despertarse (181)

to wake up (oneself)

Reflexive verb; regular **-ar** verb endings
with stem change: Tenses 1, 6, Imperative

The Seven Simple Tenses		The Seven Compound Tenses	
Singular	Plural	Singular	Plural
1 presente de indicativo		**8 perfecto de indicativo**	
me despierto	nos despertamos	me he despertado	nos hemos despertado
te despiertas	os despertáis	te has despertado	os habéis despertado
se despierta	se despiertan	se ha despertado	se han despertado
2 imperfecto de indicativo		**9 pluscuamperfecto de indicativo**	
me despertaba	nos despertábamos	me había despertado	nos habíamos despertado
te despertabas	os despertabais	te habías despertado	os habíais despertado
se despertaba	se despertaban	se había despertado	se habían despertado
3 pretérito		**10 pretérito anterior**	
me desperté	nos despertamos	me hube despertado	nos hubimos despertado
te despertaste	os despertasteis	te hubiste despertado	os hubisteis despertado
se despertó	se despertaron	se hubo despertado	se hubieron despertado
4 futuro		**11 futuro perfecto**	
me despertaré	nos despertaremos	me habré despertado	nos habremos despertado
te despertarás	os despertaréis	te habrás despertado	os habréis despertado
se despertará	se despertarán	se habrá despertado	se habrán despertado
5 potencial simple		**12 potencial compuesto**	
me despertaría	nos despertaríamos	me habría despertado	nos habríamos despertado
te despertarías	os despertaríais	te habrías despertado	os habríais despertado
se despertaría	se despertarían	se habría despertado	se habrían despertado
6 presente de subjuntivo		**13 perfecto de subjuntivo**	
me despierte	nos despertemos	me haya despertado	nos hayamos despertado
te despiertes	os despertéis	te hayas despertado	os hayáis despertado
se despierte	se despierten	se haya despertado	se hayan despertado
7 imperfecto de subjuntivo		**14 pluscuamperfecto de subjuntivo**	
me despertara	nos despertáramos	me hubiera despertado	nos hubiéramos despertado
te despertaras	os despertarais	te hubieras despertado	os hubierais despertado
se despertara	se despertaran	se hubiera despertado	se hubieran despertado
OR		OR	
me despertase	nos despertásemos	me hubiese despertado	nos hubiésemos despertado
te despertases	os despertaseis	te hubieses despertado	os hubieseis despertado
se despertase	se despertasen	se hubiese despertado	se hubiesen despertado

imperativo	
—	despertémonos
despiértate; no te despiertes	despertaos; no os despertéis
despiértese	despiértense

despertar to awaken (someone), to enliven
un despertador alarm clock
el despertamiento awakening, arousal

despierto, despierta wide awake, alert
María sueña despierta. Mary daydreams.
despertarse a las siete de la mañana to wake up at seven in the morning

Syn: **levantarse** to get up   Ant.: **dormirse** to fall asleep (197, 289) (pres. part.: **durmiéndose**)

destruir (182)
to destroy

Regular **-ir** verb endings with spelling
change: add **y** before **a**, **e**, or **o**

The Seven Simple Tenses		The Seven Compound Tenses	
Singular	Plural	Singular	Plural
1 presente de indicativo		**8 perfecto de indicativo**	
destruyo	destruimos	he destruido	hemos destruido
destruyes	destruís	has destruido	habéis destruido
destruye	destruyen	ha destruido	han destruido
2 imperfecto de indicativo		**9 pluscuamperfecto de indicativo**	
destruía	destruíamos	había destruido	habíamos destruido
destruías	destruíais	habías destruido	habíais destruido
destruía	destruían	había destruido	habían destruido
3 pretérito		**10 pretérito anterior**	
destruí	destruimos	hube destruido	hubimos destruido
destruiste	destruisteis	hubiste destruido	hubisteis destruido
destruyó	destruyeron	hubo destruido	hubieron destruido
4 futuro		**11 futuro perfecto**	
destruiré	destruiremos	habré destruido	habremos destruido
destruirás	destruiréis	habrás destruido	habréis destruido
destruirá	destruirán	habrá destruido	habrán destruido
5 potencial simple		**12 potencial compuesto**	
destruiría	destruiríamos	habría destruido	habríamos destruido
destruirías	destruiríais	habrías destruido	habríais destruido
destruiría	destruirían	habría destruido	habrían destruido
6 presente de subjuntivo		**13 perfecto de subjuntivo**	
destruya	destruyamos	haya destruido	hayamos destruido
destruyas	destruyáis	hayas destruido	hayáis destruido
destruya	destruyan	haya destruido	hayan destruido
7 imperfecto de subjuntivo		**14 pluscuamperfecto de subjuntivo**	
destruyera	destruyéramos	hubiera destruido	hubiéramos destruido
destruyeras	destruyerais	hubieras destruido	hubierais destruido
destruyera	destruyeran	hubiera destruido	hubieran destruido
OR		OR	
destruyese	destruyésemos	hubiese destruido	hubiésemos destruido
destruyeses	destruyeseis	hubieses destruido	hubieseis destruido
destruyese	destruyesen	hubiese destruido	hubiesen destruido

imperativo

—	destruyamos
destruye; no destruyas	destruid; no destruyáis
destruya	destruyan

el destructor, la destructora destructor, destroyer   **destructivo, destructiva** destructive
la destrucción destruction   **destructivamente** destructively
destruible destructible

Syn.: **demoler** to demolish (321); **derrumbar** to demolish (54); **estropear** to break (175); **romper** to break   Ant.: **construir** to build, to construct; **hacer** to do, to make

Part. pas. **desvestido**   Gerundio **desvistiéndose**

Reflexive verb; regular **-ir** verb endings with stem change: Tenses 1, 3, 6, 7, Imperative, Gerundio

desvestirse (183)

to undress oneself, to get undressed

The Seven Simple Tenses		The Seven Compound Tenses	
Singular	**Plural**	**Singular**	**Plural**
1 presente de indicativo		**8 perfecto de indicativo**	
me desvisto	nos desvestimos	me he desvestido	nos hemos desvestido
te desvistes	os desvestís	te has desvestido	os habéis desvestido
se desviste	se desvisten	se ha desvestido	se han desvestido
2 imperfecto de indicativo		**9 pluscuamperfecto de indicativo**	
me desvestía	nos desvestíamos	me había desvestido	nos habíamos desvestido
te desvestías	os desvestíais	te habías desvestido	os habíais desvestido
se desvestía	se desvestían	se había desvestido	se habían desvestido
3 pretérito		**10 pretérito anterior**	
me desvestí	nos desvestimos	me hube desvestido	nos hubimos desvestido
te desvestiste	os desvestisteis	te hubiste desvestido	os hubisteis desvestido
se desvistió	se desvistieron	se hubo desvestido	se hubieron desvestido
4 futuro		**11 futuro perfecto**	
me desvestiré	nos desvestiremos	me habré desvestido	nos habremos desvestido
te desvestirás	os desvestiréis	te habrás desvestido	os habréis desvestido
se desvestirá	se desvestirán	se habrá desvestido	se habrán desvestido
5 potencial simple		**12 potencial compuesto**	
me desvestiría	nos desvestiríamos	me habría desvestido	nos habríamos desvestido
te desvestirías	os desvestiríais	te habrías desvestido	os habríais desvestido
se desvestiría	se desvestirían	se habría desvestido	se habrían desvestido
6 presente de subjuntivo		**13 perfecto de subjuntivo**	
me desvista	nos desvistamos	me haya desvestido	nos hayamos desvestido
te desvistas	os desvistáis	te hayas desvestido	os hayáis desvestido
se desvista	se desvistan	se haya desvestido	se hayan desvestido
7 imperfecto de subjuntivo		**14 pluscuamperfecto de subjuntivo**	
me desvistiera	nos desvistiéramos	me hubiera desvestido	nos hubiéramos desvestido
te desvistieras	os desvistierais	te hubieras desvestido	os hubierais desvestido
se desvistiera	se desvistieran	se hubiera desvestido	se hubieran desvestido
OR		OR	
me desvistiese	nos desvistiésemos	me hubiese desvestido	nos hubiésemos desvestido
te desvistieses	os desvistieseis	te hubieses desvestido	os hubieseis desvestido
se desvistiese	se desvistiesen	se hubiese desvestido	se hubiesen desvestido

imperativo	
—	desvistámonos
desvístete; no te desvistas	desvestíos; no os desvistáis
desvístase	desvístanse

---

vestir   to clothe, to dress
el vestido   clothing, clothes, dress
vestidos usados   secondhand clothing
bien vestido   well-dressed

vestir de blanco   to dress in white
vestir de uniforme   to dress in uniform
el vestido de etiqueta   evening clothes, formal clothes

Syn.: **desnudarse** to undress oneself (289); **quitarse** to take off (clothing)   Ant.: **ponerse** to put on (clothing); **vestirse** to dress oneself, to clothe oneself

detener (184)

to stop (someone or something), to detain

Gerundio **deteniendo**   Part. pas. **detenido**
Irregular verb

The Seven Simple Tenses		The Seven Compound Tenses	
Singular	Plural	Singular	Plural
1 presente de indicativo		**8 perfecto de indicativo**	
detengo	detenemos	he detenido	hemos detenido
detienes	detenéis	has detenido	habéis detenido
detiene	detienen	ha detenido	han detenido
2 imperfecto de indicativo		**9 pluscuamperfecto de indicativo**	
detenía	deteníamos	había detenido	habíamos detenido
detenías	deteníais	habías detenido	habíais detenido
detenía	detenían	había detenido	habían detenido
3 pretérito		**10 pretérito anterior**	
detuve	detuvimos	hube detenido	hubimos detenido
detuviste	detuvisteis	hubiste detenido	hubisteis detenido
detuvo	detuvieron	hubo detenido	hubieron detenido
4 futuro		**11 futuro perfecto**	
detendré	detendremos	habré detenido	habremos detenido
detendrás	detendréis	habrás detenido	habréis detenido
detendrá	detendrán	habrá detenido	habrán detenido
5 potencial simple		**12 potencial compuesto**	
detendría	detendríamos	habría detenido	habríamos detenido
detendrías	detendríais	habrías detenido	habríais detenido
detendría	detendrían	habría detenido	habrían detenido
6 presente de subjuntivo		**13 perfecto de subjuntivo**	
detenga	detengamos	haya detenido	hayamos detenido
detengas	detengáis	hayas detenido	hayáis detenido
detenga	detengan	haya detenido	hayan detenido
7 imperfecto de subjuntivo		**14 pluscuamperfecto de subjuntivo**	
detuviera	detuviéramos	hubiera detenido	hubiéramos detenido
detuvieras	detuvierais	hubieras detenido	hubierais detenido
detuviera	detuvieran	hubiera detenido	hubieran detenido
OR		OR	
detuviese	detuviésemos	hubiese detenido	hubiésemos detenido
detuvieses	detuvieseis	hubieses detenido	hubieseis detenido
detuviese	detuviesen	hubiese detenido	hubiesen detenido

imperativo	
—	detengamos
detén; no detengas	detened; no detengáis
detenga	detengan

el detenimiento delay, stopping
detenidamente cautiously
la detención detention, detainment, arrest
See also **tener**.

detenerse a + inf. to stop + inf.
el detenido, la detenida person under arrest

Syn.: **parar** to stop (someone or something)   Ant.: **liberar** to free, to release (409); **libertar** to free (11)

Part. pas. **detenido**   Gerundio **deteniéndose**
Reflexive irregular verb

detenerse (185)
to stop (oneself)

D

The Seven Simple Tenses		The Seven Compound Tenses	
Singular	Plural	Singular	Plural

1 presente de indicativo

		8 perfecto de indicativo	
me detengo	nos detenemos	me he detenido	nos hemos detenido
te detienes	os detenéis	te has detenido	os habéis detenido
se detiene	se detienen	se ha detenido	se han detenido

2 imperfecto de indicativo

		9 pluscuamperfecto de indicativo	
me detenía	nos deteníamos	me había detenido	nos habíamos detenido
te detenías	os deteníais	te habías detenido	os habíais detenido
se detenía	se detenían	se había detenido	se habían detenido

3 pretérito

		10 pretérito anterior	
me detuve	nos detuvimos	me hube detenido	nos hubimos detenido
te detuviste	os detuvisteis	te hubiste detenido	os hubisteis detenido
se detuvo	se detuvieron	se hubo detenido	se hubieron detenido

4 futuro

		11 futuro perfecto	
me detendré	nos detendremos	me habré detenido	nos habremos detenido
te detendrás	os detendréis	te habrás detenido	os habréis detenido
se detendrá	se detendrán	se habrá detenido	se habrán detenido

5 potencial simple

		12 potencial compuesto	
me detendría	nos detendríamos	me habría detenido	nos habríamos detenido
te detendrías	os detendríais	te habrías detenido	os habríais detenido
se detendría	se detendrían	se habría detenido	se habrían detenido

6 presente de subjuntivo

		13 perfecto de subjuntivo	
me detenga	nos detengamos	me haya detenido	nos hayamos detenido
te detengas	os detangáis	te hayas detenido	os hayáis detenido
se detenga	se detengan	se haya detenido	se hayan detenido

7 imperfecto de subjuntivo

		14 pluscuamperfecto de subjuntivo	
me detuviera	nos detuviéramos	me hubiera detenido	nos hubiéramos detenido
te detuvieras	os detuvierais	te hubieras detenido	os hubierais detenido
se detuviera	se detuvieran	se hubiera detenido	se hubieran detenido
OR		OR	
me detuviese	nos detuviésemos	me hubiese detenido	nos hubiésemos detenido
te detuvieses	os detuvieseis	te hubieses detenido	os hubieseis detenido
se detuviese	se detuviesen	se hubiese detenido	se hubiesen detenido

imperativo

—	detengámonos
detente; no te detengas	deteneos; no os detengáis
deténgase	deténganse

detenedor, detenedora   delaying, detaining   **detenido, detenida**   detained
See also **detener**.

Syn.: **pararse** to stop (oneself)   Ant.: **andar** to walk; **apresurarse** to hurry; **correr** to run;
ir to go

devolver (186)

to return (an object),
to refund, to give back

Gerundio **devolviendo**   Part. pas. **devuelto**
Regular **-er** verb endings with stem change:
Tenses 1, 6, Imperative, Part. pas.

The Seven Simple Tenses		The Seven Compound Tenses	
Singular	**Plural**	**Singular**	**Plural**
1 presente de indicativo		**8 perfecto de indicativo**	
devuelvo	devolvemos	he devuelto	hemos devuelto
devuelves	devolvéis	has devuelto	habéis devuelto
devuelve	devuelven	ha devuelto	han devuelto
2 imperfecto de indicativo		**9 pluscuamperfecto de indicativo**	
devolvía	devolvíamos	había devuelto	habíamos devuelto
devolvías	devolvíais	habías devuelto	habíais devuelto
devolvía	devolvían	había devuelto	habían devuelto
3 pretérito		**10 pretérito anterior**	
devolví	devolvimos	hube devuelto	hubimos devuelto
devolviste	devolvisteis	hubiste devuelto	hubisteis devuelto
devolvió	devolvieron	hubo devuelto	hubieron devuelto
4 futuro		**11 futuro perfecto**	
devolveré	devolveremos	habré devuelto	habremos devuelto
devolverás	devolveréis	habrás devuelto	habréis devuelto
devolverá	devolverán	habrá devuelto	habrán devuelto
5 potencial simple		**12 potencial compuesto**	
devolvería	devolveríamos	habría devuelto	habríamos devuelto
devolverías	devolveríais	habrías devuelto	habríais devuelto
devolvería	devolverían	habría devuelto	habrían devuelto
6 presente de subjuntivo		**13 perfecto de subjuntivo**	
devuelva	devolvamos	haya devuelto	hayamos devuelto
devuelvas	devolváis	hayas devuelto	hayáis devuelto
devuelva	devuelvan	haya devuelto	hayan devuelto
7 imperfecto de subjuntivo		**14 pluscuamperfecto de subjuntivo**	
devolviera	devolviéramos	hubiera devuelto	hubiéramos devuelto
devolvieras	devolvierais	hubieras devuelto	hubierais devuelto
devolviera	devolvieran	hubiera devuelto	hubieran devuelto
OR		OR	
devolviese	devolviésemos	hubiese devuelto	hubiésemos devuelto
devolvieses	devolvieseis	hubieses devuelto	hubieseis devuelto
devolviese	devolviesen	hubiese devuelto	hubiesen devuelto

imperativo	
—	devolvamos
devuelve; no devuelvas	devolved; no devolváis
devuelva	devuelvan

—¿**Ha devuelto Ud. los libros a la biblioteca?**   —Have you returned the books to the library?
—**Sí, señora, los devolví ayer.**   —Yes, ma'am, I returned them yesterday.

devolutivo, devolutiva returnable   **devolver** to vomit
volver to return, to go back   **la devolución** return, giving back

For other words and expressions related to this verb, see **revolver** and **volver**.

Syn.: **dar** to give; **restituir** to give back, to refund (264)   Ant.: **apropiarse** to appropriate,
to take possession (195)

264

dibujar (187)

to design, to draw, to sketch

D

The Seven Simple Tenses		The Seven Compound Tenses	
Singular	Plural	Singular	Plural
1 presente de indicativo		**8 perfecto de indicativo**	
dibujo	dibujamos	he dibujado	hemos dibujado
dibujas	dibujáis	has dibujado	habéis dibujado
dibuja	dibujan	ha dibujado	han dibujado
2 imperfecto de indicativo		**9 pluscuamperfecto de indicativo**	
dibujaba	dibujábamos	había dibujado	habíamos dibujado
dibujabas	dibujabais	habías dibujado	habíais dibujado
dibujaba	dibujaban	había dibujado	habían dibujado
3 pretérito		**10 pretérito anterior**	
dibujé	dibujamos	hube dibujado	hubimos dibujado
dibujaste	dibujasteis	hubiste dibujado	hubisteis dibujado
dibujó	dibujaron	hubo dibujado	hubieron dibujado
4 futuro		**11 futuro perfecto**	
dibujaré	dibujaremos	habré dibujado	habremos dibujado
dibujarás	dibujaréis	habrás dibujado	habréis dibujado
dibujará	dibujarán	habrá dibujado	habrán dibujado
5 potencial simple		**12 potencial compuesto**	
dibujaría	dibujaríamos	habría dibujado	habríamos dibujado
dibujarías	dibujaríais	habrías dibujado	habríais dibujado
dibujaría	dibujarían	habría dibujado	habrían dibujado
6 presente de subjuntivo		**13 perfecto de subjuntivo**	
dibuje	dibujemos	haya dibujado	hayamos dibujado
dibujes	dibujéis	hayas dibujado	hayáis dibujado
dibuje	dibujen	haya dibujado	hayan dibujado
7 imperfecto de subjuntivo		**14 pluscuamperfecto de subjuntivo**	
dibujara	dibujáramos	hubiera dibujado	hubiéramos dibujado
dibujaras	dibujarais	hubieras dibujado	hubierais dibujado
dibujara	dibujaran	hubiera dibujado	hubieran dibujado
OR		OR	
dibujase	dibujásemos	hubiese dibujado	hubiésemos dibujado
dibujases	dibujaseis	hubieses dibujado	hubieseis dibujado
dibujase	dibujasen	hubiese dibujado	hubiesen dibujado

imperativo	
—	dibujemos
dibuja; no dibujes	dibujad; no dibujéis
dibuje	dibujen

Mi sobrina dibujó los planos de un automóvil eléctrico en su computadora.
My niece drew the plans for an electric car on her computer.

un dibujo   drawing, design, sketch
el, la dibujante   designer, illustrator, sketcher
dibujos humorísticos   comics
el dibujo asistido por ordenador   computer-assisted drawing

dibujo a la pluma   pen and ink drawing
dibujos animados   (animated) cartoons

Syn.: **delinear** to draw (175); **describir** to describe; **trazar** to trace, to draw (81)

dirigir (188)
to direct

Gerundio **dirigiendo**   Part. pas. **dirigido**
Regular **-ir** verb endings with spelling
change: **g** becomes **j** before **a** or **o**

The Seven Simple Tenses		The Seven Compound Tenses	
Singular	**Plural**	**Singular**	**Plural**
1 presente de indicativo		**8 perfecto de indicativo**	
dirijo	dirigimos	he dirigido	hemos dirigido
diriges	dirigís	has dirigido	habéis dirigido
dirige	dirigen	ha dirigido	han dirigido
2 imperfecto de indicativo		**9 pluscuamperfecto de indicativo**	
dirigía	dirigíamos	había dirigido	habíamos dirigido
dirigías	dirigíais	habías dirigido	habíais dirigido
dirigía	dirigían	había dirigido	habían dirigido
3 pretérito		**10 pretérito anterior**	
dirigí	dirigimos	hube dirigido	hubimos dirigido
dirigiste	dirigisteis	hubiste dirigido	hubisteis dirigido
dirigió	dirigieron	hubo dirigido	hubieron dirigido
4 futuro		**11 futuro perfecto**	
dirigiré	dirigiremos	habré dirigido	habremos dirigido
dirigirás	dirigiréis	habrás dirigido	habréis dirigido
dirigirá	dirigirán	habrá dirigido	habrán dirigido
5 potencial simple		**12 potencial compuesto**	
dirigiría	dirigiríamos	habría dirigido	habríamos dirigido
dirigirías	dirigiríais	habrías dirigido	habríais dirigido
dirigiría	dirigirían	habría dirigido	habrían dirigido
6 presente de subjuntivo		**13 perfecto de subjuntivo**	
dirija	dirijamos	haya dirigido	hayamos dirigido
dirijas	dirijáis	hayas dirigido	hayáis dirigido
dirija	dirijan	haya dirigido	hayan dirigido
7 imperfecto de subjuntivo		**14 pluscuamperfecto de subjuntivo**	
dirigiera	dirigiéramos	hubiera dirigido	hubiéramos dirigido
dirigieras	dirigierais	hubieras dirigido	hubierais dirigido
dirigiera	dirigieran	hubiera dirigido	hubieran dirigido
OR		OR	
dirigiese	dirigiésemos	hubiese dirigido	hubiésemos dirigido
dirigieses	dirigieseis	hubieses dirigido	hubieseis dirigido
dirigiese	dirigiesen	hubiese dirigido	hubiesen dirigido

imperativo	
—	dirijamos
dirige; no dirijas	dirigid; no dirijáis
dirija	dirijan

el director, la directora director
director de orquesta orchestra conductor
el dirigente, la dirigente leader
dirigir la palabra a to address, to speak to

dirigible manageable
el dirigible dirigible, blimp (aviation)
dirigirse a to make one's way to, to go to
dirigir el baile to run the show

Syn.: **conducir** to lead, conduct; **gobernar** to govern; **guiar** to lead, to guide; **regir** to govern, to rule   Ant.: **desorientar** to mislead (11); **desviar** to deviate (218)

disculparse (189)

to apologize, to excuse (oneself)

D

The Seven Simple Tenses		The Seven Compound Tenses	
Singular	Plural	Singular	Plural

1 presente de indicativo

		8 perfecto de indicativo	
me disculpo	nos disculpamos	me he disculpado	nos hemos disculpado
te disculpas	os disculpáis	te has disculpado	os habéis disculpado
se disculpa	se disculpan	se ha disculpado	se han disculpado

2 imperfecto de indicativo

		9 pluscuamperfecto de indicativo	
me disculpaba	nos disculpábamos	me había disculpado	nos habíamos disculpado
te disculpabas	os disculpabais	te habías disculpado	os habíais disculpado
se disculpaba	se disculpaban	se había disculpado	se habían disculpado

3 pretérito

		10 pretérito anterior	
me disculpé	nos disculpamos	me hube disculpado	nos hubimos disculpado
te disculpaste	os disculpasteis	te hubiste disculpado	os hubisteis disculpado
se disculpó	se disculparon	se hubo disculpado	se hubieron disculpado

4 futuro

		11 futuro perfecto	
me disculparé	nos disculparemos	me habré disculpado	nos habremos disculpado
te disculparás	os disculparéis	te habrás disculpado	os habréis disculpado
se disculpará	se disculparán	se habrá disculpado	se habrán disculpado

5 potencial simple

		12 potencial compuesto	
me disculparía	nos disculparíamos	me habría disculpado	nos habríamos disculpado
te disculparías	os disculparíais	te habrías disculpado	os habríais disculpado
se disculparía	se disculparían	se habría disculpado	se habrían disculpado

6 presente de subjuntivo

		13 perfecto de subjuntivo	
me disculpe	nos disculpemos	me haya disculpado	nos hayamos disculpado
te disculpes	os disculpéis	te hayas disculpado	os hayáis disculpado
se disculpe	se disculpen	se haya disculpado	se hayan disculpado

7 imperfecto de subjuntivo

		14 pluscuamperfecto de subjuntivo	
me disculpara	nos disculpáramos	me hubiera disculpado	nos hubiéramos disculpado
te disculparas	os disculparais	te hubieras disculpado	os hubierais disculpado
se disculpara	se disculparan	se hubiera disculpado	se hubieran disculpado
OR		OR	
me disculpase	nos disculpásemos	me hubiese disculpado	nos hubiésemos disculpado
te disculpases	os disculpaseis	te hubieses disculpado	os hubieseis disculpado
se disculpase	se disculpasen	se hubiese disculpado	se hubiesen disculpado

imperativo

—	disculpémonos
discúlpate; no te disculpes	disculpaos; no os disculpéis
discúlpese	discúlpense

¿Discúlpeme, por favor, dónde está la farmacia?   Excuse me, please, where is the pharmacy?

disculpar   to excuse, to pardon (someone)
disculparse con   to apologize to, to make excuses to
disculparse de   to apologize for, to make excuses for
una disculpa   excuse, apology

pedir disculpas   to apologize
la culpa   fault, blame, guilt
tener la culpa   to be guilty
culpar   to blame, to accuse

Syn.: **dispensar** to excuse; **excusarse** to apologize (112); **dar disculpas** to make excuses
Ant.: **acusar** to accuse; **culparse** to blame oneself (189)

discutir (190)
to discuss, to debate

The Seven Simple Tenses		The Seven Compound Tenses	
Singular	**Plural**	**Singular**	**Plural**
1 presente de indicativo		**8 perfecto de indicativo**	
discuto	discutimos	he discutido	hemos discutido
discutes	discutís	has discutido	habéis discutido
discute	discuten	ha discutido	han discutido
2 imperfecto de indicativo		**9 pluscuamperfecto de indicativo**	
discutía	discutíamos	había discutido	habíamos discutido
discutías	discutíais	habías discutido	habíais discutido
discutía	discutían	había discutido	habían discutido
3 pretérito		**10 pretérito anterior**	
discutí	discutimos	hube discutido	hubimos discutido
discutiste	discutisteis	hubiste discutido	hubisteis discutido
discutió	discutieron	hubo discutido	hubieron discutido
4 futuro		**11 futuro perfecto**	
discutiré	discutiremos	habré discutido	habremos discutido
discutirás	discutiréis	habrás discutido	habréis discutido
discutirá	discutirán	habrá discutido	habrán discutido
5 potencial simple		**12 potencial compuesto**	
discutiría	discutiríamos	habría discutido	habríamos discutido
discutirías	discutiríais	habrías discutido	habríais discutido
discutiría	discutirían	habría discutido	habrían discutido
6 presente de subjuntivo		**13 perfecto de subjuntivo**	
discuta	discutamos	haya discutido	hayamos discutido
discutas	discutáis	hayas discutido	hayáis discutido
discuta	discutan	haya discutido	hayan discutido
7 imperfecto de subjuntivo		**14 pluscuamperfecto de subjuntivo**	
discutiera	discutiéramos	hubiera discutido	hubiéramos discutido
discutieras	discutierais	hubieras discutido	hubierais discutido
discutiera	discutieran	hubiera discutido	hubieran discutido
OR		OR	
discutiese	discutiésemos	hubiese discutido	hubiésemos discutido
discutieses	discutieseis	hubieses discutido	hubieseis discutido
discutiese	discutiesen	hubiese discutido	hubiesen discutido

imperativo

—	discutamos
discute; no discutas	discutid; no discutáis
discuta	discutan

Los analistas discutieron de todos los asuntos que le importaban al público.
The commentators discussed all the subjects that interested the audience.

discutir sobre to argue about	**la discusión** discussion, argument
discutible debatable, disputable	**discutir el precio** to argue over the price

Syn.: **argüir** to argue, to reason (264); **debatir** to debate (407); **deliberar** to deliberate, to confer (409)   Ant.: **entenderse** to get along, to understand each other (214, 80)

Regular **-ar** verb

disfrutar (191)
to enjoy, to enjoy oneself

D

The Seven Simple Tenses		The Seven Compound Tenses	
Singular	Plural	Singular	Plural

1 presente de indicativo

		8 perfecto de indicativo	
disfruto	disfrutamos	he disfrutado	hemos disfrutado
disfrutas	disfrutáis	has disfrutado	habéis disfrutado
disfruta	disfrutan	ha disfrutado	han disfrutado

2 imperfecto de indicativo

		9 pluscuamperfecto de indicativo	
disfrutaba	disfrutábamos	había disfrutado	habíamos disfrutado
disfrutabas	disfrutabais	habías disfrutado	habíais disfrutado
disfrutaba	disfrutaban	había disfrutado	habían disfrutado

3 pretérito

		10 pretérito anterior	
disfruté	disfrutamos	hube disfrutado	hubimos disfrutado
disfrutaste	disfrutasteis	hubiste disfrutado	hubisteis disfrutado
disfrutó	disfrutaron	hubo disfrutado	hubieron disfrutado

4 futuro

		11 futuro perfecto	
disfrutaré	disfrutaremos	habré disfrutado	habremos disfrutado
disfrutarás	disfrutaréis	habrás disfrutado	habréis disfrutado
disfrutará	disfrutarán	habrá disfrutado	habrán disfrutado

5 potencial simple

		12 potencial compuesto	
disfrutaría	disfrutaríamos	habría disfrutado	habríamos disfrutado
disfrutarías	disfrutaríais	habrías disfrutado	habríais disfrutado
disfrutaría	disfrutarían	habría disfrutado	habrían disfrutado

6 presente de subjuntivo

		13 perfecto de subjuntivo	
disfrute	disfrutemos	haya disfrutado	hayamos disfrutado
disfrutes	disfrutéis	hayas disfrutado	hayáis disfrutado
disfrute	disfruten	haya disfrutado	hayan disfrutado

7 imperfecto de subjuntivo

		14 pluscuamperfecto de subjuntivo	
disfrutara	disfrutáramos	hubiera disfrutado	hubiéramos disfrutado
disfrutaras	disfrutarais	hubieras disfrutado	hubierais disfrutado
disfrutara	disfrutaran	hubiera disfrutado	hubieran disfrutado
OR		OR	
disfrutase	disfrutásemos	hubiese disfrutado	hubiésemos disfrutado
disfrutases	disfrutaseis	hubieses disfrutado	hubieseis disfrutado
disfrutase	disfrutasen	hubiese disfrutado	hubiesen disfrutado

imperativo

—	disfrutemos
disfruta; no disfrutes	disfrutad; no disfrutéis
disfrute	disfruten

el disfrute   enjoyment
disfrutar de   to enjoy

Después de cenar, Magdalena disfrutó de un baño caliente.
After dinner, Magdalena enjoyed a warm bath.

Syn.: **alegrarse** to be glad, to rejoice; **gozar** to enjoy; **recrearse** to entertain oneself (289)
Ant.: **aburrirse** to be bored; **padecer de** to suffer from (333)

dispensar (192)

to excuse, to dispense, to distribute, to exempt

Gerundio **dispensando**   Part. pas. **dispensado**
Regular **-ar** verb

The Seven Simple Tenses		The Seven Compound Tenses	
Singular	Plural	Singular	Plural
1 presente de indicativo		**8 perfecto de indicativo**	
dispenso	dispensamos	he dispensado	hemos dispensado
dispensas	dispensáis	has dispensado	habéis dispensado
dispensa	dispensan	ha dispensado	han dispensado
2 imperfecto de indicativo		**9 pluscuamperfecto de indicativo**	
dispensaba	dispensábamos	había dispensado	habíamos dispensado
dispensabas	dispensabais	habías dispensado	habíais dispensado
dispensaba	dispensaban	había dispensado	habían dispensado
3 pretérito		**10 pretérito anterior**	
dispensé	dispensamos	hube dispensado	hubimos dispensado
dispensaste	dispensasteis	hubiste dispensado	hubisteis dispensado
dispensó	dispensaron	hubo dispensado	hubieron dispensado
4 futuro		**11 futuro perfecto**	
dispensaré	dispensaremos	habré dispensado	habremos dispensado
dispensarás	dispensaréis	habrás dispensado	habréis dispensado
dispensará	dispensarán	habrá dispensado	habrán dispensado
5 potencial simple		**12 potencial compuesto**	
dispensaría	dispensaríamos	habría dispensado	habríamos dispensado
dispensarías	dispensaríais	habrías dispensado	habríais dispensado
dispensaría	dispensarían	habría dispensado	habrían dispensado
6 presente de subjuntivo		**13 perfecto de subjuntivo**	
dispense	dispensemos	haya dispensado	hayamos dispensado
dispenses	dispenséis	hayas dispensado	hayáis dispensado
dispense	dispensen	haya dispensado	hayan dispensado
7 imperfecto de subjuntivo		**14 pluscuamperfecto de subjuntivo**	
dispensara	dispensáramos	hubiera dispensado	hubiéramos dispensado
dispensaras	dispensarais	hubieras dispensado	hubierais dispensado
dispensara	dispensaran	hubiera dispensado	hubieran dispensado
OR		OR	
dispensase	dispensásemos	hubiese dispensado	hubiésemos dispensado
dispensases	dispensaseis	hubieses dispensado	hubieseis dispensado
dispensase	dispensasen	hubiese dispensado	hubiesen dispensado

imperativo	
—	dispensemos
dispensa; no dispenses	dispensad; no dispenséis
dispense	dispensen

¡Dispénseme!   Excuse me!
la dispensación   dispensation
el dispensario   dispensary, clinic

dispensar de + inf.   to excuse from + pres. part.
la dispensa   privilege, exemption

Syn.: **absolver** to absolve; **disculpar** to excuse (332); **distribuir** to distribute (264); **perdonar** to pardon   Ant.: **acusar** to accuse; **inculpar** to accuse (332)

Part. pas. **distinguido**   Gerundio **distinguiendo**
Regular **-ir** verb endings with spelling
change: **gu** becomes **g** before **a** or **o**

distinguir (193)
to distinguish

D

The Seven Simple Tenses		The Seven Compound Tenses	
Singular	Plural	Singular	Plural

1 presente de indicativo

		8 perfecto de indicativo	
distingo	distinguimos	he distinguido	hemos distinguido
distingues	distinguís	has distinguido	habéis distinguido
distingue	distinguen	ha distinguido	han distinguido

2 imperfecto de indicativo

		9 pluscuamperfecto de indicativo	
distinguía	distinguíamos	había distinguido	habíamos distinguido
distinguías	distinguíais	habías distinguido	habíais distinguido
distinguía	distinguían	había distinguido	habían distinguido

3 pretérito

		10 pretérito anterior	
distinguí	distinguimos	hube distinguido	hubimos distinguido
distinguiste	distinguisteis	hubiste distinguido	hubisteis distinguido
distinguió	distinguieron	hubo distinguido	hubieron distinguido

4 futuro

		11 futuro perfecto	
distinguiré	distinguiremos	habré distinguido	habremos distinguido
distinguirás	distinguiréis	habrás distinguido	habréis distinguido
distinguirá	distinguirán	habrá distinguido	habrán distinguido

5 potencial simple

		12 potencial compuesto	
distinguiría	distinguiríamos	habría distinguido	habríamos distinguido
distinguirías	distinguiríais	habrías distinguido	habríais distinguido
distinguiría	distinguirían	habría distinguido	habrían distinguido

6 presente de subjuntivo

		13 perfecto de subjuntivo	
distinga	distingamos	haya distinguido	hayamos distinguido
distingas	distingáis	hayas distinguido	hayáis distinguido
distinga	distingan	haya distinguido	hayan distinguido

7 imperfecto de subjuntivo

		14 pluscuamperfecto de subjuntivo	
distinguiera	distinguiéramos	hubiera distinguido	hubiéramos distinguido
distinguieras	distinguierais	hubieras distinguido	hubierais distinguido
distinguiera	distinguieran	hubiera distinguido	hubieran distinguido
OR		OR	
distinguiese	distinguiésemos	hubiese distinguido	hubiésemos distinguido
distinguieses	distinguieseis	hubieses distinguido	hubieseis distinguido
distinguiese	distinguiesen	hubiese distinguido	hubiesen distinguido

imperativo	
—	distingamos
distingue; no distingas	distinguid; no distingáis
distinga	distingan

distinguirse to distinguish oneself	**a distinción de** as distinct from
distintivo, distintiva distinctive	**distinto, distinta** different, distinct, clear
el distingo restriction	**la distinción** distinction
distinguido, distinguida distinguished	

Syn.: **caracterizar** to characterize, to distinguish; **diferenciar** to differentiate, to distinguish
(57)   Ant.: **confundir** to confuse (60); **mezclar** to mix (259)

divertirse (194)

to have a good time, to enjoy oneself, to amuse oneself

Gerundio **divirtiéndose**   Part. pas. **divertido**
Reflexive verb; regular **-ir** verb endings with stem change: Tenses 1, 3, 6, 7, Imperative, Gerundio

The Seven Simple Tenses		The Seven Compound Tenses	
Singular	Plural	Singular	Plural
1 presente de indicativo		**8 perfecto de indicativo**	
me divierto	nos divertimos	me he divertido	nos hemos divertido
te diviertes	os divertís	te has divertido	os habéis divertido
se divierte	se divierten	se ha divertido	se han divertido
2 imperfecto de indicativo		**9 pluscuamperfecto de indicativo**	
me divertía	nos divertíamos	me había divertido	nos habíamos divertido
te divertías	os divertíais	te habías divertido	os habíais divertido
se divertía	se divertían	se había divertido	se habían divertido
3 pretérito		**10 pretérito anterior**	
me divertí	nos divertimos	me hube divertido	nos hubimos divertido
te divertiste	os divertisteis	te hubiste divertido	os hubisteis divertido
se divirtió	se divirtieron	se hubo divertido	se hubieron divertido
4 futuro		**11 futuro perfecto**	
me divertiré	nos divertiremos	me habré divertido	nos habremos divertido
te divertirás	os divertiréis	te habrás divertido	os habréis divertido
se divertirá	se divertirán	se habrá divertido	se habrán divertido
5 potencial simple		**12 potencial compuesto**	
me divertiría	nos divertiríamos	me habría divertido	nos habríamos divertido
te divertirías	os divertiríais	te habrías divertido	os habríais divertido
se divertiría	se divertirían	se habría divertido	se habrían divertido
6 presente de subjuntivo		**13 perfecto de subjuntivo**	
me divierta	nos divirtamos	me haya divertido	nos hayamos divertido
te diviertas	os divirtáis	te hayas divertido	os hayáis divertido
se divierta	se diviertan	se haya divertido	se hayan divertido
7 imperfecto de subjuntivo		**14 pluscuamperfecto de subjuntivo**	
me divirtiera	nos divirtiéramos	me hubiera divertido	nos hubiéramos divertido
te divirtieras	os divirtierais	te hubieras divertido	os hubierais divertido
se divirtiera	se divirtieran	se hubiera divertido	se hubieran divertido
OR		OR	
me divirtiese	nos divirtiésemos	me hubiese divertido	nos hubiésemos divertido
te divirtieses	os divirtieseis	te hubieses divertido	os hubieseis divertido
se divirtiese	se divirtiesen	se hubiese divertido	se hubiesen divertido

	imperativo
—	divirtámonos; no nos divirtamos
diviértete; no te diviertas	divertíos; no os divirtáis
diviértase; no se divierta	diviértanse; no se diviertan

Nos divertimos mucho en la fiesta.
We enjoyed ourselves a lot at the party.

el divertimiento	amusement, diversion	**divertir**	to entertain
diverso, diversa	diverse, different	**divertido, divertida**	amusing, entertaining
la diversión	entertainment, pastime	**una película divertida**	an entertaining film

Syn.: **alegrarse** to be glad, to rejoice; **gozar** to enjoy; **recrearse** to entertain oneself (289)
Ant.: **aburrirse** to be bored

divorciarse (195)
to be (get) divorced

D

The Seven Simple Tenses		The Seven Compound Tenses	
Singular	Plural	Singular	Plural

1 presente de indicativo

me divorcio	nos divorciamos	
te divorcias	os divorciáis	
se divorcia	se divorcian	

8 perfecto de indicativo

me he divorciado	nos hemos divorciado
te has divorciado	os habéis divorciado
se ha divorciado	se han divorciado

2 imperfecto de indicativo

me divorciaba	nos divorciábamos
te divorciabas	os divorciabais
se divorciaba	se divorciaban

9 pluscuamperfecto de indicativo

me había divorciado	nos habíamos divorciado
te habías divorciado	os habíais divorciado
se había divorciado	se habían divorciado

3 pretérito

me divorcié	nos divorciamos
te divorciaste	os divorciasteis
se divorció	se divorciaron

10 pretérito anterior

me hube divorciado	nos hubimos divorciado
te hubiste divorciado	os hubisteis divorciado
se hubo divorciado	se hubieron divorciado

4 futuro

me divorciaré	nso divorciaremos
te divorciarás	os divorciaréis
se divoricará	se divorciarán

11 futuro perfecto

me habré divorciado	nos habremos divorciado
te habrás divorciado	os habréis divorciado
se habrá divorciado	se habrán divorciado

5 potencial simple

me divorciaría	nos divorciaríamos
te divorciarías	os divorciaríais
se divoricaría	se divorciarían

12 potencial compuesto

me habría divorciado	nos habríamos divorciado
te habrías divorciado	os habríais divorciado
se habría divorciado	se habrían divorciado

6 presente de subjuntivo

me divorcie	nos divorciemos
te divorcies	os divorciéis
se divorcie	se divorcien

13 perfecto de subjuntivo

me haya divorciado	nos hayamos divorciado
te hayas divorciado	os hayáis divorciado
se haya divorciado	se hayan divorciado

7 imperfecto de subjuntivo

me divorciara	nos divorciáramos
te divorciaras	os divorciarais
se divorciara	se divorciaran
OR	
me divorciase	nos divorciásemos
te divorciases	os divorciaseis
se divorciase	se divorciasen

14 pluscuamperfecto de subjuntivo

me hubiera divorciado	nos hubiéramos divorciado
te hubieras divorciado	os hubierais divorciado
se hubiera divorciado	se hubieran divorciado
OR	
me hubiese divorciado	nos hubiésemos divorciado
te hubieses divorciado	os hubieseis divorciado
se hubiese divorciado	se hubiesen divorciado

imperativo

—	divorciémonos
divórciate; no te divorcies	divorciaos; no os divorciéis
divórciese	divórciense

Mis padres se divorciaron cuando yo tenía trece años.
My parents divorced when I was thirteen years old.

divorciarse de   to get a divorce from
el divorcio   divorce, separation
una mujer divorciada, un hombre divorciado   divorced woman, man

Syn.: **separarse** to separate (289) Ant.: **casarse** to get married; **unirse** to be united, to get married (480, 289)

doler (196)

to ache, to pain, to hurt, to cause grief, to cause regret

Gerundio **doliendo**   Part. pas. **dolido**
Regular **-er** verb endings with stem change: Tenses 1, 6, Imperative

The Seven Simple Tenses		The Seven Compound Tenses	
Singular	Plural	Singular	Plural
1 presente de indicativo		**8 perfecto de indicativo**	
duelo	dolemos	he dolido	hemos dolido
dueles	doléis	has dolido	habéis dolido
duele	duelen	ha dolido	han dolido
2 imperfecto de indicativo		**9 pluscuamperfecto de indicativo**	
dolía	dolíamos	había dolido	habíamos dolido
dolías	dolíais	habías dolido	habíais dolido
dolía	dolían	había dolido	habían dolido
3 pretérito		**10 pretérito anterior**	
dolí	dolimos	hube dolido	hubimos dolido
doliste	dolisteis	hubiste dolido	hubisteis dolido
dolió	dolieron	hubo dolido	hubieron dolido
4 futuro		**11 futuro perfecto**	
doleré	doleremos	habré dolido	habremos dolido
dolerás	doleréis	habrás dolido	habréis dolido
dolerá	dolerán	habrá dolido	habrán dolido
5 potencial simple		**12 potencial compuesto**	
dolería	doleríamos	habría dolido	habríamos dolido
dolerías	doleríais	habrías dolido	habríais dolido
dolería	dolerían	habría dolido	habrían dolido
6 presente de subjuntivo		**13 perfecto de subjuntivo**	
duela	dolamos	haya dolido	hayamos dolido
duelas	doláis	hayas dolido	hayáis dolido
duela	duelan	haya dolido	hayan dolido
7 imperfecto de subjuntivo		**14 pluscuamperfecto de subjuntivo**	
doliera	doliéramos	hubiera dolido	hubiéramos dolido
dolieras	dolierais	hubieras dolido	hubierais dolido
doliera	dolieran	hubiera dolido	hubieran dolido
OR		OR	
doliese	doliésemos	hubiese dolido	hubiésemos dolido
dolieses	dolieseis	hubieses dolido	hubieseis dolido
doliese	doliesen	hubiese dolido	hubiesen dolido

imperativo	
—	dolamos
duele; no duelas	doled; no doláis
duela	duelan

dolerse de to complain about, to regret	**tener dolor de cabeza** to have a headache
un dolor ache, hurt, pain, regret	**tener dolor de muelas** to have a toothache
causar dolor to pain	**tener dolor de oído** to have an earache
estar con dolores to be in labor	**un dolor sordo** dull nagging pain
Me duelo de haber dicho tales cosas.	**dolerse de sus pecados** to repent of one's sins
I regret having said such things.	**José se duele de sus pecados.** José repents of his sins.

> **Doler** is usually conjugated in the third person (sing. and pl.) with an indirect object pronoun (me, te, le, nos, os, les): **Me duele el pie**/My foot hurts.

Dormir

Dormir is an extremely useful verb for beginning students of Spanish. Note the tricky stem change in Tenses 1, 3, 6, 7, as well as the imperative and gerundio.

Sentences using **dormir** and related words

Yo duermo mal.
I don't sleep well.

Si tomas una tisana antes de acostarte, dormirás como una piedra.
If you have herbal tea before you go to bed, you'll sleep like a log.

El que mucho duerme poco aprende.
Whoever sleeps a lot learns little.

Gato que duerme no caza ratones.
A sleeping cat doesn't catch mice. (You snooze, you lose.)

Words and expressions related to this verb

dormir a pierna suelta to sleep soundly

dormir como una piedra to sleep like a log (*piedra*/stone)

pasar la noche en vela to have a sleepless night

Words and expressions related to this verb (continued)

dormir la siesta to take an afternoon nap

dormir la mona to sleep off a hangover

el dormitorio bedroom, dormitory

dormilón, dormilona lazy

un dormilón, una dormilona sleepyhead

la dormición dormition

dormitar to doze

dormirse to fall asleep; (pres. part.: durmiéndose)

tener la pierna dormida to have one's leg fall asleep

dormidero, dormidera causing sleep

la bella durmiente Sleeping Beauty

Syn.: **dormitar** to doze, snooze (308); **reposar** to rest (2)   Ant.: **despertarse** to wake up (oneself); **velar** to stay awake

AN ESSENTIAL
55 Verb

dormir (197)
to sleep

Gerundio **durmiendo** Part. pas. **dormido**
Regular **-ir** verb endings with stem change:
Tenses 1, 3, 6, 7, Imperative, Gerundio

The Seven Simple Tenses		The Seven Compound Tenses	
Singular	Plural	Singular	Plural
1 presente de indicativo		**8 perfecto de indicativo**	
duermo	dormimos	he dormido	hemos dormido
duermes	dormís	has dormido	habéis dormido
duerme	duermen	ha dormido	han dormido
2 imperfecto de indicativo		**9 pluscuamperfecto de indicativo**	
dormía	dormíamos	había dormido	habíamos dormido
dormías	dormíais	habías dormido	habíais dormido
dormía	dormían	había dormido	habían dormido
3 pretérito		**10 pretérito anterior**	
dormí	dormimos	hube dormido	hubimos dormido
dormiste	dormisteis	hubiste dormido	hubisteis dormido
durmió	durmieron	hubo dormido	hubieron dormido
4 futuro		**11 futuro perfecto**	
dormiré	dormiremos	habré dormido	habremos dormido
dormirás	dormiréis	habrás dormido	habréis dormido
dormirá	dormirán	habrá dormido	habrán dormido
5 potencial simple		**12 potencial compuesto**	
dormiría	dormiríamos	habría dormido	habríamos dormido
dormirías	dormiríais	habrías dormido	habríais dormido
dormiría	dormirían	habría dormido	habrían dormido
6 presente de subjuntivo		**13 perfecto de subjuntivo**	
duerma	durmamos	haya dormido	hayamos dormido
duermas	durmáis	hayas dormido	hayáis dormido
duerma	duerman	haya dormido	hayan dormido
7 imperfecto de subjuntivo		**14 pluscuamperfecto de subjuntivo**	
durmiera	durmiéramos	hubiera dormido	hubiéramos dormido
durmieras	durmierais	hubieras dormido	hubierais dormido
durmiera	durmieran	hubiera dormido	hubieran dormido
OR		OR	
durmiese	durmiésemos	hubiese dormido	hubiésemos dormido
durmieses	durmieseis	hubieses dormido	hubieseis dormido
durmiese	durmiesen	hubiese dormido	hubiesen dormido

imperativo	
—	durmamos
duerme; no duermas	dormid; no durmáis
duerma	duerman

AN ESSENTIAL
55 Verb

ducharse (198)

to take a shower, to shower oneself

D

The Seven Simple Tenses		The Seven Compound Tenses	
Singular	**Plural**	**Singular**	**Plural**
1 presente de indicativo		**8 perfecto de indicativo**	
me ducho	nos duchamos	me he duchado	nos hemos duchado
te duchas	os ducháis	te has duchado	os habéis duchado
se ducha	se duchan	se ha duchado	se han duchado
2 imperfecto de indicativo		**9 pluscuamperfecto de indicativo**	
me duchaba	nos duchábamos	me había duchado	nos habíamos duchado
te duchabas	os duchabais	te habías duchado	os habíais duchado
se duchaba	se duchaban	se había duchado	se habían duchado
3 pretérito		**10 pretérito anterior**	
me duché	nos duchamos	me hube duchado	nos hubimos duchado
te duchaste	os duchasteis	te hubiste duchado	os hubisteis duchado
se duchó	se ducharon	se hubo duchado	se hubieron duchado
4 futuro		**11 futuro perfecto**	
me ducharé	nos ducharemos	me habré duchado	nos habremos duchado
te ducharás	os ducharéis	te habrás duchado	os habréis duchado
se duchará	se ducharán	se habrá duchado	se habrán duchado
5 potencial simple		**12 potencial compuesto**	
me ducharía	nos ducharíamos	me habría duchado	nos habríamos duchado
te ducharías	os ducharíais	te habrías duchado	os habríais duchado
se ducharía	se ducharían	se habría duchado	se habrían duchado
6 presente de subjuntivo		**13 perfecto de subjuntivo**	
me duche	nos duchemos	me haya duchado	nos hayamos duchado
te duches	os duchéis	te hayas duchado	os hayáis duchado
se duche	se duchen	se haya duchado	se hayan duchado
7 imperfecto de subjuntivo		**14 pluscuamperfecto de subjuntivo**	
me duchara	nos ducháramos	me hubiera duchado	nos hubiéramos duchado
te ducharas	os ducharais	te hubieras duchado	os hubierais duchado
se duchara	se ducharan	se hubiera duchado	se hubieran duchado
OR		OR	
me duchase	nos duchásemos	me hubiese duchado	nos hubiésemos duchado
te duchases	os duchaseis	te hubieses duchado	os hubieseis duchado
se duchase	se duchasen	se hubiese duchado	se hubiesen duchado

imperativo	
—	duchémonos
dúchate; no te duches	duchaos; no os duchéis
dúchese	dúchense

Me ducho todas la mañanas. I take a shower every morning.	**una ducha** shower, douche
¡Dúchate! Take a shower!	**tomar una ducha** to take a shower
	darse una ducha to have a shower

Syn.: **bañarse** to take a bath; **lavarse** to wash oneself; **limpiarse** to clean oneself
Ant.: **ensuciarse** to get dirty (195)

dudar (199)
to doubt

Gerundio **dudando**   Part. pas. **dudado**
Regular **-ar** verb

The Seven Simple Tenses		The Seven Compound Tenses	
Singular	Plural	Singular	Plural
1 presente de indicativo		**8 perfecto de indicativo**	
dudo	dudamos	he dudado	hemos dudado
dudas	dudáis	has dudado	habéis dudado
duda	dudan	ha dudado	han dudado
2 imperfecto de indicativo		**9 pluscuamperfecto de indicativo**	
dudaba	dudábamos	había dudado	habíamos dudado
dudabas	dudabais	habías dudado	habíais dudado
dudaba	dudaban	había dudado	habían dudado
3 pretérito		**10 pretérito anterior**	
dudé	dudamos	hube dudado	hubimos dudado
dudaste	dudasteis	hubiste dudado	hubisteis dudado
dudó	dudaron	hubo dudado	hubieron dudado
4 futuro		**11 futuro perfecto**	
dudaré	dudaremos	habré dudado	habremos dudado
dudarás	dudaréis	habrás dudado	habréis dudado
dudará	dudarán	habrá dudado	habrán dudado
5 potencial simple		**12 potencial compuesto**	
dudaría	dudaríamos	habría dudado	habríamos dudado
dudarías	dudaríais	habrías dudado	habríais dudado
dudaría	dudarían	habría dudado	habrían dudado
6 presente de subjuntivo		**13 perfecto de subjuntivo**	
dude	dudemos	haya dudado	hayamos dudado
dudes	dudéis	hayas dudado	hayáis dudado
dude	duden	haya dudado	hayan dudado
7 imperfecto de subjuntivo		**14 pluscuamperfecto de subjuntivo**	
dudara	dudáramos	hubiera dudado	hubiéramos dudado
dudaras	dudarais	hubieras dudado	hubierais dudado
dudara	dudaran	hubiera dudado	hubieran dudado
OR		OR	
dudase	dudásemos	hubiese dudado	hubiésemos dudado
dudases	dudaseis	hubieses dudado	hubieseis dudado
dudase	dudasen	hubiese dudado	hubiesen dudado

imperativo	
—	dudemos
duda; no dudes	dudad; no dudéis
dude	duden

---

la duda   doubt
sin duda   undoubtedly, without a doubt
dudoso, dudosa   doubtful
dudosamente   doubtfully, hesitantly,
  questionably
poner en duda   to doubt, to question

No cabe duda.   There is no doubt.
No lo dudo.   I don't doubt it.
dudar de algo   to doubt something
dudar entre los dos   to be unable to decide
  between the two

Syn.: **temer** to fear, to dread   Ant.: **creer** to believe

echar (200)
to cast, to fling, to hurl, to pitch, to throw

The Seven Simple Tenses		The Seven Compound Tenses	
Singular	Plural	Singular	Plural
1 presente de indicativo		**8 perfecto de indicativo**	
echo	echamos	he echado	hemos echado
echas	echáis	has echado	habéis echado
echa	echan	ha echado	han echado
2 imperfecto de indicativo		**9 pluscuamperfecto de indicativo**	
echaba	echábamos	había echado	habíamos echado
echabas	echabais	habías echado	habíais echado
echaba	echaban	había echado	habían echado
3 pretérito		**10 pretérito anterior**	
eché	echamos	hube echado	hubimos echado
echaste	echasteis	hubiste echado	hubisteis echado
echó	echaron	hubo echado	hubieron echado
4 futuro		**11 futuro perfecto**	
echaré	echaremos	habré echado	habremos echado
echarás	echaréis	habrás echado	habréis echado
echará	echarán	habrá echado	habrán echado
5 potencial simple		**12 potencial compuesto**	
echaría	echaríamos	habría echado	habríamos echado
echarías	echaríais	habrías echado	habríais echado
echaría	echarían	habría echado	habrían echado
6 presente de subjuntivo		**13 perfecto de subjuntivo**	
eche	echemos	haya echado	hayamos echado
eches	echéis	hayas echado	hayáis echado
eche	echen	haya echado	hayan echado
7 imperfecto de subjuntivo		**14 pluscuamperfecto de subjuntivo**	
echara	echáramos	hubiera echado	hubiéramos echado
echaras	echarais	hubieras echado	hubierais echado
echara	echaran	hubiera echado	hubieran echado
OR		OR	
echase	echásemos	hubiese echado	hubiésemos echado
echases	echaseis	hubieses echado	hubieseis echado
echase	echasen	hubiese echado	hubiesen echado

imperativo	
—	echemos
echa; no eches	echad; no echéis
eche	echen

echar mano a   to grab
echar de menos a una persona   to miss a person
Te echo de menos.   I miss you.
echar una carta al correo   to mail (post) a letter
echar raíces   to take root
una echada, un echamiento   cast(ing), throw(ing)

echarse   to lie down, rest, stretch out (oneself)
echar un vistazo   to have a look
echar una mano   to lend a hand
desechar   to reject, to discard

Syn.: **arrojar** to fling, to throw; **lanzar** to throw; **tirar** to throw

ejecutar (201)
to execute, to carry out, to perform

Gerundio **ejecutando**   Part. pas. **ejecutado**
Regular **-ar** verb

The Seven Simple Tenses		The Seven Compound Tenses	
Singular	Plural	Singular	Plural
1 presente de indicativo		**8 perfecto de indicativo**	
ejecuto	ejecutamos	he ejecutado	hemos ejecutado
ejecutas	ejecutáis	has ejecutado	habéis ejecutado
ejecuta	ejecutan	ha ejecutado	han ejecutado
2 imperfecto de indicativo		**9 pluscuamperfecto de indicativo**	
ejecutaba	ejecutábamos	había ejecutado	habíamos ejecutado
ejecutabas	ejecutabais	habías ejecutado	habíais ejecutado
ejecutaba	ejecutaban	había ejecutado	habían ejecutado
3 pretérito		**10 pretérito anterior**	
ejecuté	ejecutamos	hube ejecutado	hubimos ejecutado
ejecutaste	ejecutasteis	hubiste ejecutado	hubisteis ejecutado
ejecutó	ejecutaron	hubo ejecutado	hubieron ejecutado
4 futuro		**11 futuro perfecto**	
ejecutaré	ejecutaremos	habré ejecutado	habremos ejecutado
ejecutarás	ejecutaréis	habrás ejecutado	habréis ejecutado
ejecutará	ejecutarán	habrá ejecutado	habrán ejecutado
5 potencial simple		**12 potencial compuesto**	
ejecutaría	ejecutaríamos	habría ejecutado	habríamos ejecutado
ejecutarías	ejecutaríais	habrías ejecutado	habríais ejecutado
ejecutaría	ejecutarían	habría ejecutado	habrían ejecutado
6 presente de subjuntivo		**13 perfecto de subjuntivo**	
ejecute	ejecutemos	haya ejecutado	hayamos ejecutado
ejecutes	ejecutéis	hayas ejecutado	hayáis ejecutado
ejecute	ejecuten	haya ejecutado	hayan ejecutado
7 imperfecto de subjuntivo		**14 pluscuamperfecto de subjuntivo**	
ejecutara	ejecutáramos	hubiera ejecutado	hubiéramos ejecutado
ejecutaras	ejecutarais	hubieras ejecutado	hubierais ejecutado
ejecutara	ejecutaran	hubiera ejecutado	hubieran ejecutado
OR		OR	
ejecutase	ejecutásemos	hubiese ejecutado	hubiésemos ejecutado
ejecutases	ejecutaseis	hubieses ejecutado	hubieseis ejecutado
ejecutase	ejecutasen	hubiese ejecutado	hubiesen ejecutado

imperativo	
—	ejecutemos
ejecuta; no ejecutes	ejecutad; no ejecutéis
ejecute	ejecuten

un ejecutivo, una ejecutiva   executive
un ejecutor de la justicia   executioner
ejecutor, ejecutora   executor, executant
ejecutar un programa   to run a program

ejecutar un ajuste   to make an agreement
ejecutar un contrato   to carry out a contract
la ejecución   execution of a murderer, condemned person; execution of a plan, of a theatrical performance

Syn.: **cumplir** to fulfill, to keep a promise; **efectuar** to effect, to carry out (141); **realizar** to carry out

Regular **-er** verb endings with spelling
change: **c** becomes **z** before **a** or **o**

ejercer (202)
to exercise, to practice (a profession)

E

The Seven Simple Tenses		The Seven Compound Tenses	
Singular	Plural	Singular	Plural

1 presente de indicativo

ejerzo	ejercemos		
ejerces	ejercéis		
ejerce	ejercen		

8 perfecto de indicativo

he ejercido	hemos ejercido
has ejercido	habéis ejercido
ha ejercido	han ejercido

2 imperfecto de indicativo

ejercía	ejercíamos
ejercías	ejercíais
ejercía	ejercían

9 pluscuamperfecto de indicativo

había ejercido	habíamos ejercido
habías ejercido	habíais ejercido
había ejercido	habían ejercido

3 pretérito

ejercí	ejercimos
ejerciste	ejercisteis
ejerció	ejercieron

10 pretérito anterior

hube ejercido	hubimos ejercido
hubiste ejercido	hubisteis ejercido
hubo ejercido	hubieron ejercido

4 futuro

ejerceré	ejerceremos
ejercerás	ejerceréis
ejercerá	ejercerán

11 futuro perfecto

habré ejercido	habremos ejercido
habrás ejercido	habréis ejercido
habrá ejercido	habrán ejercido

5 potencial simple

ejercería	ejerceríamos
ejercerías	ejerceríais
ejercería	ejercerían

12 potencial compuesto

habría ejercido	habríamos ejercido
habrías ejercido	habríais ejercido
habría ejercido	habrían ejercido

6 presente de subjuntivo

ejerza	ejerzamos
ejerzas	ejerzáis
ejerza	ejerzan

13 perfecto de subjuntivo

haya ejercido	hayamos ejercido
hayas ejercido	hayáis ejercido
haya ejercido	hayan ejercido

7 imperfecto de subjuntivo

ejerciera	ejerciéramos
ejercieras	ejercierais
ejerciera	ejercieran
OR	
ejerciese	ejerciésemos
ejercieses	ejercieseis
ejerciese	ejerciesen

14 pluscuamperfecto de subjuntivo

hubiera ejercido	hubiéramos ejercido
hubieras ejercido	hubierais ejercido
hubiera ejercido	hubieran ejercido
OR	
hubiese ejercido	hubiésemos ejercido
hubieses ejercido	hubieseis ejercido
hubiese ejercido	hubiesen ejercido

imperativo

—	ejerzamos
ejerce; no ejerzas	ejerced; no ejerzáis
ejerza	ejerzan

---

el ejercicio   exercise
hacer ejercicios   to drill, to exercise
el ejército   army
ejercitar   to drill, to exercise, to train
ejercer la medicina   to practice medicine

los ejercicios escritos   written exercises (tests)
ejercer el derecho de voto   to exercise (use)
   one's right to vote
ejercitar a un estudiante en inglés   to drill
   a student in English

Syn.: **realizar** to carry out

elegir (203)

to elect, to select,
to choose

Gerundio **eligiendo**   Part. pas. **elegido**

Regular **-ir** verb endings with spelling change: **g** becomes **j**
before **a** or **o**; stem change: Tenses 1, 6, Imperative, Gerundio

The Seven Simple Tenses		The Seven Compound Tenses	
Singular	Plural	Singular	Plural
1 presente de indicativo		**8 perfecto de indicativo**	
elijo	elegimos	he elegido	hemos elegido
eliges	elegís	has elegido	habéis elegido
elige	eligen	ha elegido	han elegido
2 imperfecto de indicativo		**9 pluscuamperfecto de indicativo**	
elegía	elegíamos	había elegido	habíamos elegido
elegías	elegíais	habías elegido	habíais elegido
elegía	elegían	había elegido	habían elegido
3 pretérito		**10 pretérito anterior**	
elegí	elegimos	hube elegido	hubimos elegido
elegiste	elegisteis	hubiste elegido	hubisteis elegido
eligió	eligieron	hubo elegido	hubieron elegido
4 futuro		**11 futuro perfecto**	
elegiré	elegiremos	habré elegido	habremos elegido
elegirás	elegiréis	habrás elegido	habréis elegido
elegirá	elegirán	habrá elegido	habrán elegido
5 potencial simple		**12 potencial compuesto**	
elegiría	elegiríamos	habría elegido	habríamos elegido
elegirías	elegiríais	habrías elegido	habríais elegido
elegiría	elegirían	habría elegido	habrían elegido
6 presente de subjuntivo		**13 perfecto de subjuntivo**	
elija	elijamos	haya elegido	hayamos elegido
elijas	elijáis	hayas elegido	hayáis elegido
elija	elijan	haya elegido	hayan elegido
7 imperfecto de subjuntivo		**14 pluscuamperfecto de subjuntivo**	
eligiera	eligiéramos	hubiera elegido	hubiéramos elegido
eligieras	eligierais	hubieras elegido	hubierais elegido
eligiera	eligieran	hubiera elegido	hubieran elegido
OR		OR	
eligiese	eligiésemos	hubiese elegido	hubiésemos elegido
eligieses	eligieseis	hubieses elegido	hubieseis elegido
eligiese	eligiesen	hubiese elegido	hubiesen elegido

imperativo

—	elijamos
elige; no elijas	elegid; no elijáis
elija	elijan

elegible eligible
la elegibilidad eligibility
la elección election
el colegio electoral electoral college

elegir + inf.   to choose + inf.
reelegir   to reelect
el elector, la electora   elector, voter

Syn.: **escoger** to choose, to select; **optar** to opt, to choose (11); **seleccionar** to select (355)
Ant.: **rechazar** to reject (81)

embeber (204)

to soak in, to soak up, to suck in, to imbibe

The Seven Simple Tenses		The Seven Compound Tenses	
Singular	Plural	Singular	Plural
1 presente de indicativo		**8 perfecto de indicativo**	
embebo	embebemos	he embebido	hemos embebido
embebes	embebéis	has embebido	habéis embebido
embebe	embeben	ha embebido	han embebido
2 imperfecto de indicativo		**9 pluscuamperfecto de indicativo**	
embebía	embebíamos	había embebido	habíamos embebido
embebía	embebíais	habías embebido	habíais embebido
embebía	embebían	había embebido	habían embebido
3 pretérito		**10 pretérito anterior**	
embebí	embebimos	hube embebido	hubimos embebido
embebiste	embebisteis	hubiste embebido	hubisteis embebido
embebió	embebieron	hubo embebido	hubieron embebido
4 futuro		**11 futuro perfecto**	
embeberé	embeberemos	habré embebido	habremos embebido
embeberás	embeberéis	habrás embebido	habréis embebido
embeberá	embeberán	habrá embebido	habrán embebido
5 potencial simple		**12 potencial compuesto**	
embebería	embeberíamos	habría embebido	habríamos embebido
embeberías	embeberíais	habrías embebido	habríais embebido
embebería	embeberían	habría embebido	habrían embebido
6 presente de subjuntivo		**13 perfecto de subjuntivo**	
embeba	embebamos	haya embebido	hayamos embebido
embebas	embebáis	hayas embebido	hayáis embebido
embeba	embeban	haya embebido	hayan embebido
7 imperfecto de subjuntivo		**14 pluscuamperfecto de subjuntivo**	
embebiera	embebiéramos	hubiera embebido	hubiéramos embebido
embebieras	embebierais	hubieras embebido	hubierais embebido
embebiera	embebieran	hubiera embebido	hubieran embebido
OR		OR	
embebiese	embebiésemos	hubiese embebido	hubiésemos embebido
embebieses	embebieseis	hubieses embebido	hubieseis embebido
embebiese	embebiesen	hubiese embebido	hubiesen embebido

imperativo	
—	embebamos
embebe; no embebas	embebed; no embebáis
embeba	embeban

una columna embebida   embedded column (architecture)
embebedor, embebedora   absorbent, imbibing
beber   to drink; **una bebida**   drink, beverage
embeber algo en agua   to soak something in water

embeberse en   to absorb oneself, to immerse oneself in
embeberse en un libro   to absorb oneself in a book, to become absorbed in a book

Syn.: **chupar** to suck; **empapar** to drench, to soak (342); **saturar** to saturate (284)
Ant.: **desecar** to dry (430); **secar** to dry

empezar (205)
to begin, to start

Gerundio **empezando**   Part. pas. **empezado**

Regular **-ar** verb endings with spelling change: **z** becomes **c** before **e**; stem change: Tenses 1, 6, Imperative

The Seven Simple Tenses		The Seven Compound Tenses	
Singular	**Plural**	**Singular**	**Plural**
1 presente de indicativo		**8 perfecto de indicativo**	
empiezo	empezamos	he empezado	hemos empezado
empiezas	empezáis	has empezado	habéis empezado
empieza	empiezan	ha empezado	han empezado
2 imperfecto de indicativo		**9 pluscuamperfecto de indicativo**	
empezaba	empezábamos	había empezado	habíamos empezado
empezabas	empezabais	habías empezado	habíais empezado
empezaba	empezaban	había empezado	habían empezado
3 pretérito		**10 pretérito anterior**	
empecé	empezamos	hube empezado	hubimos empezado
empezaste	empezasteis	hubiste empezado	hubisteis empezado
empezó	empezaron	hubo empezado	hubieron empezado
4 futuro		**11 futuro perfecto**	
empezaré	empezaremos	habré empezado	habremos empezado
empezarás	empezaréis	habrás empezado	habréis empezado
empezará	empezarán	habrá empezado	habrán empezado
5 potencial simple		**12 potencial compuesto**	
empezaría	empezaríamos	habría empezado	habríamos empezado
empezarías	empezaríais	habrías empezado	habríais empezado
empezaría	empezarían	habría empezado	habrían empezado
6 presente de subjuntivo		**13 perfecto de subjuntivo**	
empiece	empecemos	haya empezado	hayamos empezado
empieces	empecéis	hayas empezado	hayáis empezado
empiece	empiecen	haya empezado	hayan empezado
7 imperfecto de subjuntivo		**14 pluscuamperfecto de subjuntivo**	
empezara	empezáramos	hubiera empezado	hubiéramos empezado
empezaras	empezarais	hubieras empezado	hubierais empezado
empezara	empezaran	hubiera empezado	hubieran empezado
OR		OR	
empezase	empezásemos	hubiese empezado	hubiésemos empezado
empezases	empezaseis	hubieses empezado	hubieseis empezado
empezase	empezasen	hubiese empezado	hubiesen empezado

imperativo	
—	empecemos
empieza; no empieces	empezad; no empecéis
empiece	empiecen

empezar por + inf.   to begin by + pres. part.
empezar a + inf.   to begin + inf.; **Ricardo empieza a escribir en inglés.** Richard is beginning to write in English.
para empezar   to begin with

Syn.: **comenzar** to begin; **principiar** to begin   Ant.: **acabar** to finish; **completar** to complete (308); **concluir** to conclude (246); **terminar** to end

emplear (206)
to employ, to use

E

The Seven Simple Tenses		The Seven Compound Tenses	
Singular	Plural	Singular	Plural
1 presente de indicativo		**8 perfecto de indicativo**	
empleo	empleamos	he empleado	hemos empleado
empleas	empleáis	has empleado	habéis empleado
emplea	emplean	ha empleado	han empleado
2 imperfecto de indicativo		**9 pluscuamperfecto de indicativo**	
empleaba	empleábamos	había empleado	habíamos empleado
empleabas	empleabais	habías empleado	habíais empleado
empleaba	empleaban	había empleado	habían empleado
3 pretérito		**10 pretérito anterior**	
empleé	empleamos	hube empleado	hubimos empleado
empleaste	empleasteis	hubiste empleado	hubisteis empleado
empleó	emplearon	hubo empleado	hubieron empleado
4 futuro		**11 futuro perfecto**	
emplearé	emplearemos	habré empleado	habremos empleado
emplearás	emplearéis	habrás empleado	habréis empleado
empleará	emplearán	habrá empleado	habrán empleado
5 potencial simple		**12 potencial compuesto**	
emplearía	emplearíamos	habría empleado	habríamos empleado
emplearías	emplearíais	habrías empleado	habríais empleado
emplearía	emplearían	habría empleado	habrían empleado
6 presente de subjuntivo		**13 perfecto de subjuntivo**	
emplee	empleemos	haya empleado	hayamos empleado
emplees	empleéis	hayas empleado	hayáis empleado
emplee	empleen	haya empleado	hayan empleado
7 imperfecto de subjuntivo		**14 pluscuamperfecto de subjuntivo**	
empleara	empleáramos	hubiera empleado	hubiéramos empleado
emplearas	emplearais	hubieras empleado	hubierais empleado
empleara	emplearan	hubiera empleado	hubieran empleado
OR		OR	
emplease	empleásemos	hubiese empleado	hubiésemos empleado
empleases	empleaseis	hubieses empleado	hubieseis empleado
emplease	empleasen	hubiese empleado	hubiesen empleado

imperativo	
—	empleemos
emplea; no emplees	emplead; no empleéis
emplee	empleen

un empleado, una empleada   employee
el empleo   job, employment, occupation, use
un empleador, una empleadora   employer
el modo de empleo   instructions for use
una solicitud de empleo   job application

Syn.: **aprovechar** to use; **usar** to use; **utilizar** to utilize

285

encender (207)

to incite, to inflame,
to kindle, to light, to turn on (appliance)

Gerundio **encendiendo**   Part. pas. **encendido**
Regular **-er** verb endings with stem change:
Tenses 1, 6, Imperative

The Seven Simple Tenses		The Seven Compound Tenses	
Singular	**Plural**	**Singular**	**Plural**
1 presente de indicativo		**8 perfecto de indicativo**	
enciendo	encendemos	he encendido	hemos encendido
enciendes	encendéis	has encendido	habéis encendido
enciende	encienden	ha encendido	han encendido
2 imperfecto de indicativo		**9 pluscuamperfecto de indicativo**	
encendía	encendíamos	había encendido	habíamos encendido
encendías	encendíais	habías encendido	habíais encendido
encendía	encendían	había encendido	habían encendido
3 pretérito		**10 pretérito anterior**	
encendí	encendimos	hube encendido	hubimos encendido
encendiste	encendisteis	hubiste encendido	hubisteis encendido
encendió	encendieron	hubo encendido	hubieron encendido
4 futuro		**11 futuro perfecto**	
encenderé	encenderemos	habré encendido	habremos encendido
encenderás	encenderéis	habrás encendido	habréis encendido
encenderá	encenderán	habrá encendido	habrán encendido
5 potencial simple		**12 potencial compuesto**	
encendería	encenderíamos	habría encendido	habríamos encendido
encenderías	encenderíais	habrías encendido	habríais encendido
encendería	encenderían	habría encendido	habrían encendido
6 presente de subjuntivo		**13 perfecto de subjuntivo**	
encienda	encendamos	haya encendido	hayamos encendido
enciendas	encendáis	hayas encendido	hayáis encendido
encienda	enciendan	haya encendido	hayan encendido
7 imperfecto de subjuntivo		**14 pluscuamperfecto de subjuntivo**	
encendiera	encendiéramos	hubiera encendido	hubiéramos encendido
encendieras	encendierais	hubieras encendido	hubierais encendido
encendiera	encendieran	hubiera encendido	hubieran encendido
OR		OR	
encendiese	encendiésemos	hubiese encendido	hubiésemos encendido
encendieses	encendieseis	hubieses encendido	hubieseis encendido
encendiese	encendiesen	hubiese encendido	hubiesen encendido

imperativo	
—	encendamos
enciende; no enciendas	encended; no encendáis
encienda	enciendan

encenderse en ira   to burn up with anger
encendido, encendida   inflamed; **encendido de color**   highly colored
incendiar   to set on fire; **incendiarse**   to catch fire
un incendio   fire; **un extintor de incendios**   fire extinguisher

Syn.: **abrasar** to set on fire; **alumbrar** to light; **incendiar** to set on fire (106); **quemar** to burn
Ant.: **apagar** to put out (flame), to extinguish; **extinguir** to extinguish (193)

Part. pas. **encerrado** Gerundio **encerrando**
Regular **-ar** verb endings with stem
change: Tenses 1, 6, Imperative

encerrar (208)
to enclose, to lock up, to confine

E

The Seven Simple Tenses		The Seven Compound Tenses	
Singular	Plural	Singular	Plural
1 presente de indicativo		**8 perfecto de indicativo**	
encierro	encerramos	he encerrado	hemos encerrado
encierras	encerráis	has encerrado	habéis encerrado
encierra	encierran	ha encerrado	han encerrado
2 imperfecto de indicativo		**9 pluscuamperfecto de indicativo**	
encerraba	encerrábamos	había encerrado	habíamos encerrado
encerrabas	encerrabais	habías encerrado	habíais encerrado
encerraba	encerraban	había encerrado	habían encerrado
3 pretérito		**10 pretérito anterior**	
encerré	encerramos	hube encerrado	hubimos encerrado
encerraste	encerrasteis	hubiste encerrado	hubisteis encerrado
encerró	encerraron	hubo encerrado	hubieron encerrado
4 futuro		**11 futuro perfecto**	
encerraré	encerraremos	habré encerrado	habremos encerrado
encerrarás	encerraréis	habrás encerrado	habréis encerrado
encerrará	encerrarán	habrá encerrado	habrán encerrado
5 potencial simple		**12 potencial compuesto**	
encerraría	encerraríamos	habría encerrado	habríamos encerrado
encerrarías	encerraríais	habrías encerrado	habríais encerrado
encerraría	encerrarían	habría encerrado	habrían encerrado
6 presente de subjuntivo		**13 perfecto de subjuntivo**	
encierre	encerremos	haya encerrado	hayamos encerrado
encierres	encerréis	hayas encerrado	hayáis encerrado
encierre	encierren	haya encerrado	hayan encerrado
7 imperfecto de subjuntivo		**14 pluscuamperfecto de subjuntivo**	
encerrara	encerráramos	hubiera encerrado	hubiéramos encerrado
encerraras	encerrarais	hubieras encerrado	hubierais encerrado
encerrara	encerraran	hubiera encerrado	hubieran encerrado
OR		OR	
encerrase	encerrásemos	hubiese encerrado	hubiésemos encerrado
encerrases	encerraseis	hubieses encerrado	hubieseis encerrado
encerrase	encerrasen	hubiese encerrado	hubiesen encerrado

imperativo	
—	encerremos
encierra; no encierres	encerrad; no encerréis
encierre	encierren

Zacarías se encerró en una casa embrujada para ver si había fantasmas.
Zachary locked himself in a haunted house to see if there were ghosts.

encerrado, encerrada closed, locked, shut
encerrarse to live in seclusion; to be locked up, closeted, shut in

For other words and expressions related to this verb, see **cerrar**.

Syn.: **confinar** to confine (107)   Ant.: **liberar** to free, to liberate (409); **libertar** to liberate (11)

encontrar (209)

to meet, to
encounter, to find

Gerundio **encontrando**   Part. pas. **encontrado**
Regular **-ar** verb endings with stem change:
Tenses 1, 6, Imperative

The Seven Simple Tenses		The Seven Compound Tenses	
Singular	**Plural**	**Singular**	**Plural**
1 presente de indicativo		**8 perfecto de indicativo**	
encuentro	encontramos	he encontrado	hemos encontrado
encuentras	encontráis	has encontrado	habéis encontrado
encuentra	encuentran	ha encontrado	han encontrado
2 imperfecto de indicativo		**9 pluscuamperfecto de indicativo**	
encontraba	encontrábamos	había encontrado	habíamos encontrado
encontrabas	encontrabais	habías encontrado	habíais encontrado
encontraba	encontraban	había encontrado	habían encontrado
3 pretérito		**10 pretérito anterior**	
encontré	encontramos	hube encontrado	hubimos encontrado
encontraste	encontrasteis	hubiste encontrado	hubisteis encontrado
encontró	encontraron	hubo encontrado	hubieron encontrado
4 futuro		**11 futuro perfecto**	
encontraré	encontraremos	habré encontrado	habremos encontrado
encontrarás	encontraréis	habrás encontrado	habréis encontrado
encontrará	encontrarán	habrá encontrado	habrán encontrado
5 potencial simple		**12 potencial compuesto**	
encontraría	encontraríamos	habría encontrado	habríamos encontrado
encontrarías	encontraríais	habrías encontrado	habríais encontrado
encontraría	encontrarían	habría encontrado	habrían encontrado
6 presente de subjuntivo		**13 perfecto de subjuntivo**	
encuentre	encontremos	haya encontrado	hayamos encontrado
encuentres	encontréis	hayas encontrado	hayáis encontrado
encuentre	encuentren	haya encontrado	hayan encontrado
7 imperfecto de subjuntivo		**14 pluscuamperfecto de subjuntivo**	
encontrara	encontráramos	hubiera encontrado	hubiéramos encontrado
encontraras	encontrarais	hubieras encontrado	hubierais encontrado
encontrara	encontraran	hubiera encontrado	hubieran encontrado
OR		OR	
encontrase	encontrásemos	hubiese encontrado	hubiésemos encontrado
encontrases	encontraseis	hubieses encontrado	hubieseis encontrado
encontrase	encontrasen	hubiese encontrado	hubiesen encontrado

imperativo	
—	encontremos
encuentra; no encuentres	encontrad; no encontréis
encuentre	encuentren

Andrés encontró a su novia en un sitio de citas en línea.
Andrew met his girlfriend on an online dating site.

un encuentro   encounter, meeting
salir al encuentro de   to go to meet
encontrarse con alguien   to meet someone, to run across someone   (pres. part.: **encontrándose**)

Syn.: **descubrir** to discover; **hallar** to find   Ant.: **buscar** to look for; **perder** to lose

enfadarse (210)
to become angry, annoyed, irritated

The Seven Simple Tenses		The Seven Compound Tenses	
Singular	**Plural**	**Singular**	**Plural**
1 presente de indicativo		**8 perfecto de indicativo**	
me enfado	nos enfadamos	me he enfadado	nos hemos enfadado
te enfadas	os enfadáis	te has enfadado	os habéis enfadado
se enfada	se enfadan	se ha enfadado	se han enfadado
2 imperfecto de indicativo		**9 pluscuamperfecto de indicativo**	
me enfadaba	nos enfadábamos	me había enfadado	nos habíamos enfadado
te enfadabas	os enfadabais	te habías enfadado	os habíais enfadado
se enfadaba	se enfadaban	se había enfadado	se habían enfadado
3 pretérito		**10 pretérito anterior**	
me enfadé	nos enfadamos	me hube enfadado	nos hubimos enfadado
te enfadaste	os enfadasteis	te hubiste enfadado	os hubisteis enfadado
se enfadó	se enfadaron	se hubo enfadado	se hubieron enfadado
4 futuro		**11 futuro perfecto**	
me enfadaré	nos enfadaremos	me habré enfadado	nos habremos enfadado
te enfadarás	os enfadaréis	te habrás enfadado	os habréis enfadado
se enfadará	se enfadarán	se habrá enfadado	se habrán enfadado
5 potencial simple		**12 potencial compuesto**	
me enfadaría	nos enfadaríamos	me habría enfadado	nos habríamos enfadado
te enfadarías	os enfadaríais	te habrías enfadado	os habríais enfadado
se enfadaría	se enfadarían	se habría enfadado	se habrían enfadado
6 presente de subjuntivo		**13 perfecto de subjuntivo**	
me enfade	nos enfademos	me haya enfadado	nos hayamos enfadado
te enfades	os enfadéis	te hayas enfadado	os hayáis enfadado
se enfade	se enfaden	se haya enfadado	se hayan enfadado
7 imperfecto de subjuntivo		**14 pluscuamperfecto de subjuntivo**	
me enfadara	nos enfadáramos	me hubiera enfadado	nos hubiéramos enfadado
te enfadaras	os enfadarais	te hubieras enfadado	os hubierais enfadado
se enfadara	se enfadaran	se hubiera enfadado	se hubieran enfadado
OR		OR	
me enfadase	nos enfadásemos	me hubiese enfadado	nos hubiésemos enfadado
te enfadases	os enfadaseis	te hubieses enfadado	os hubieseis enfadado
se enfadase	se enfadasen	se hubiese enfadado	se hubiesen enfadado

imperativo	
—	enfadémonos
enfádate; no te enfades	enfadaos; no os enfadéis
enfádese	enfádense

Mi padre se enfada cuando mira las noticias.
My father gets irritated when he watches the news.

enfadoso, enfadosa annoying	**enfadosamente** annoyingly, angrily
el enfado anger, vexation	**enfadar** to anger, to annoy, to irritate
enfadadizo, enfadadiza irritable	**enfadarse por cualquier** to get angry about anything

Syn.: **enojarse** to become angry   Ant.: **calmarse** to calm (oneself) down (289)

enfermarse (211)

to get sick, to fall sick, to become
sick, to fall ill, to become ill

Gerundio **enfermándose**   Part. pas. **enfermado**
Reflexive regular **-ar** verb

The Seven Simple Tenses		The Seven Compound Tenses	
Singular	Plural	Singular	Plural
1 presente de indicativo		**8 perfecto de indicativo**	
me enfermo	nos enfermamos	me he enfermado	nos hemos enfermado
te enfermas	os enfermáis	te has enfermado	os habéis enfermado
se enferma	se enferman	se ha enfermado	se han enfermado
2 imperfecto de indicativo		**9 pluscuamperfecto de indicativo**	
me enfermaba	nos enfermábamos	me había enfermado	nos habíamos enfermado
te enfermabas	os enfermabais	te habías enfermado	os habíais enfermado
se enfermaba	se enfermaban	se había enfermado	se habían enfermado
3 pretérito		**10 pretérito anterior**	
me enfermé	nos enfermamos	me hube enfermado	nos hubimos enfermado
te enfermaste	os enfermasteis	te hubiste enfermado	os hubisteis enfermado
se enfermó	se enfermaron	se hubo enfermado	se hubieron enfermado
4 futuro		**11 futuro perfecto**	
me enfermaré	nos enfermaremos	me habré enfermado	nos habremos enfermado
te enfermarás	os enfermaréis	te habrás enfermado	os habréis enfermado
se enfermará	se enfermarán	se habrá enfermado	se habrán enfermado
5 potencial simple		**12 potencial compuesto**	
me enfermaría	nos enfermaríamos	me habría enfermado	nos habríamos enfermado
te enfermarías	os enfermaríais	te habrías enfermado	os habríais enfermado
se enfermaría	se enfermarían	se habría enfermado	se habrían enfermado
6 presente de subjuntivo		**13 perfecto de subjuntivo**	
me enferme	nos enfermemos	me haya enfermado	nos hayamos enfermado
te enfermes	os enferméis	te hayas enfermado	os hayáis enfermado
se enferme	se enfermen	se haya enfermado	se hayan enfermado
7 imperfecto de subjuntivo		**14 pluscuamperfecto de subjuntivo**	
me enfermara	nos enfermáramos	me hubiera enfermado	nos hubiéramos enfermado
te enfermaras	os enfermarais	te hubieras enfermado	os hubierais enfermado
se enfermara	se enfermaran	se hubiera enfermado	se hubieran enfermado
OR		OR	
me enfermase	nos enfermásemos	me hubiese enfermado	nos hubiésemos enfermado
te enfermases	os enfermaseis	te hubieses enfermado	os hubieseis enfermado
se enfermase	se enfermasen	se hubiese enfermado	se hubiesen enfermado

imperativo	
—	enfermémonos
enférmate; no te enfermes	enfermaos; no os enferméis
enférmese	enférmense

la enfermedad illness, sickness
la enfermería infirmary
enfermo de amor lovesick
un enfermo, una enferma patient
enfermero (enfermera) ambulante visiting
  nurse

enfermizo, enfermiza sickly, ailing, unhealthy
enfermo interno in-patient
estar enfermo (enferma) to be sick
enfermoso, enfermosa sickly
un enfermero, una enfermera nurse
enfermar to fall sick, to make sick

Syn.: **caer enfermo (enferma)** to fall sick, to get sick   Ant.: **recuperarse** to recover (64)

enojarse (212)

to become angry, to get angry, to get cross

The Seven Simple Tenses		The Seven Compound Tenses	
Singular	**Plural**	**Singular**	**Plural**
1 presente de indicativo		**8 perfecto de indicativo**	
me enojo	nos enojamos	me he enojado	nos hemos enojado
te enojas	os enojáis	te has enojado	os habéis enojado
se enoja	se enojan	se ha enojado	se han enojado
2 imperfecto de indicativo		**9 pluscuamperfecto de indicativo**	
me enojaba	nos enojábamos	me había enojado	nos habíamos enojado
te enojabas	os enojabais	te habías enojado	os habíais enojado
se enojaba	se enojaban	se había enojado	se habían enojado
3 pretérito		**10 pretérito anterior**	
me enojé	nos enojamos	me hube enojado	nos hubimos enojado
te enojaste	os enojasteis	te hubiste enojado	os hubisteis enojado
se enojó	se enojaron	se hubo enojado	se hubieron enojado
4 futuro		**11 futuro perfecto**	
me enojaré	nos enojaremos	me habré enojado	nos habremos enojado
te enojarás	os enojaréis	te habrás enojado	os habréis enojado
se enojará	se enojarán	se habrá enojado	se habrán enojado
5 potencial simple		**12 potencial compuesto**	
me enojaría	nos enojaríamos	me habría enojado	nos habríamos enojado
te enojarías	os enojaríais	te habrías enojado	os habríais enojado
se enojaría	se enojarían	se habría enojado	se habrían enojado
6 presente de subjuntivo		**13 perfecto de subjuntivo**	
me enoje	nos enojemos	me haya enojado	nos hayamos enojado
te enojes	os enojéis	te hayas enojado	os hayáis enojado
se enoje	se enojen	se haya enojado	se hayan enojado
7 imperfecto de subjuntivo		**14 pluscuamperfecto de subjuntivo**	
me enojara	nos enojáramos	me hubiera enojado	nos hubiéramos enojado
te enojaras	os enojarais	te hubieras enojado	os hubierais enojado
se enojara	se enojaran	se hubiera enojado	se hubieran enojado
OR		OR	
me enojase	nos enojásemos	me hubiese enojado	nos hubiésemos enojado
te enojases	os enojaseis	te hubieses enojado	os hubieseis enojado
se enojase	se enojasen	se hubiese enojado	se hubiesen enojado

imperativo	
—	enojémonos
enójate; no te enojes	enojaos; no os enojéis
enójese	enójense

enojar   to annoy, to irritate, to make angry, to vex; **enojarse de**   to become angry at someone
el enojo   anger, annoyance; **enojadizo, enojadiza**   ill-tempered, irritable
enojoso, enojosa   irritating, troublesome

enojosamente   angrily
enojado, enojada   angry; **una enojada**   fit of anger
enojarse con (contra) alguien   to become angry with someone

Syn.: **enfadarse** to become angry   Ant.: **calmarse** to calm (oneself) down (289); **reconciliarse** to reconcile (195)

enseñar (213)
to teach, to show, to point out

Gerundio **enseñando**   Part. pas. **enseñado**
Regular **-ar** verb

The Seven Simple Tenses		The Seven Compound Tenses	
Singular	**Plural**	**Singular**	**Plural**
1 presente de indicativo		**8 perfecto de indicativo**	
enseño	enseñamos	he enseñado	hemos enseñado
enseñas	enseñáis	has enseñado	habéis enseñado
enseña	enseñan	ha enseñado	han enseñado
2 imperfecto de indicativo		**9 pluscuamperfecto de indicativo**	
enseñaba	enseñábamos	había enseñado	habíamos enseñado
enseñabas	enseñabais	habías enseñado	habíais enseñado
enseñaba	enseñaban	había enseñado	habían enseñado
3 pretérito		**10 pretérito anterior**	
enseñé	enseñamos	hube enseñado	hubimos enseñado
enseñaste	enseñasteis	hubiste enseñado	hubisteis enseñado
enseñó	enseñaron	hubo enseñado	hubieron enseñado
4 futuro		**11 futuro perfecto**	
enseñaré	enseñaremos	habré enseñado	habremos enseñado
enseñarás	enseñaréis	habrás enseñado	habréis enseñado
enseñará	enseñarán	habrá enseñado	habrán enseñado
5 potencial simple		**12 potencial compuesto**	
enseñaría	enseñaríamos	habría enseñado	habríamos enseñado
enseñarías	enseñaríais	habrías enseñado	habríais enseñado
enseñaría	enseñarían	habría enseñado	habrían enseñado
6 presente de subjuntivo		**13 perfecto de subjuntivo**	
enseñe	enseñemos	haya enseñado	hayamos enseñado
enseñes	enseñéis	hayas enseñado	hayáis enseñado
enseñe	enseñen	haya enseñado	hayan enseñado
7 imperfecto de subjuntivo		**14 pluscuamperfecto de subjuntivo**	
enseñara	enseñáramos	hubiera enseñado	hubiéramos enseñado
enseñaras	enseñarais	hubieras enseñado	hubierais enseñado
enseñara	enseñaran	hubiera enseñado	hubieran enseñado
OR		OR	
enseñase	enseñásemos	hubiese enseñado	hubiésemos enseñado
enseñases	enseñaseis	hubieses enseñado	hubieseis enseñado
enseñase	enseñasen	hubiese enseñado	hubiesen enseñado

imperativo	
—	enseñemos
enseña; no enseñes	enseñad; no enseñéis
enseñe	enseñen

enseñar a + inf.   to teach + inf.
el enseñamiento, la enseñanza   teaching, education
 la enseñanza primaria   primary education
 la enseñanza secundaria   secondary (high school) education
 la enseñanza superior   higher education

la enseñanza en línea   online teaching
la enseña   emblem, standard
bien enseñado   well-bred
mal enseñado   ill-bred
enseñarse   to teach oneself

Syn.: **educar** to educate (424); **mostrar** to show, to point out   Ant.: **aprender** to learn

Part. pas. **entendido**   Gerundio **entendiendo**
Regular **-er** verb endings with stem
change: Tenses 1, 6, Imperative

entender (214)
to understand

The Seven Simple Tenses		The Seven Compound Tenses	
Singular	**Plural**	**Singular**	**Plural**
1 presente de indicativo		**8 perfecto de indicativo**	
entiendo	entendemos	he entendido	hemos entendido
entiendes	entendéis	has entendido	habéis entendido
entiende	entienden	ha entendido	han entendido
2 imperfecto de indicativo		**9 pluscuamperfecto de indicativo**	
entendía	entendíamos	había entendido	habíamos entendido
entendías	entendíais	habías entendido	habíais entendido
entendía	entendían	había entendido	habían entendido
3 pretérito		**10 pretérito anterior**	
entendí	entendimos	hube entendido	hubimos entendido
entendiste	entendisteis	hubiste entendido	hubisteis entendido
entendió	entendieron	hubo entendido	hubieron entendido
4 futuro		**11 futuro perfecto**	
entenderé	entenderemos	habré entendido	habremos entendido
entenderás	entenderéis	habrás entendido	habréis entendido
entenderá	entenderán	habrá entendido	habrán entendido
5 potencial simple		**12 potencial compuesto**	
entendería	entenderíamos	habría entendido	habríamos entendido
entenderías	entenderíais	habrías entendido	habríais entendido
entendería	entenderían	habría entendido	habrían entendido
6 presente de subjuntivo		**13 perfecto de subjuntivo**	
entienda	entendamos	haya entendido	hayamos entendido
entiendas	entendáis	hayas entendido	hayáis entendido
entienda	entiendan	haya entendido	hayan entendido
7 imperfecto de subjuntivo		**14 pluscuamperfecto de subjuntivo**	
entendiera	entendiéramos	hubiera entendido	hubiéramos entendido
entendieras	entendierais	hubieras entendido	hubierais entendido
entendiera	entendieran	hubiera entendido	hubieran entendido
OR		OR	
entendiese	entendiésemos	hubiese entendido	hubiésemos entendido
entendieses	entendieseis	hubieses entendido	hubieseis entendido
entendiese	entendiesen	hubiese entendido	hubiesen entendido

imperativo	
—	entendamos
entiende; no entiendas	entended; no entendáis
entienda	entiendan

dar a entender   to insinuate, to hint
Yo me entiendo.   I have my reasons.
según mi entender   according to my opinion
el entendimiento   comprehension,
   understanding

¿Qué entiende Ud. por eso?   What do you
   mean by that?
entenderse bien   to get along well with
   each other
desentenderse de   to have nothing to do with

Syn.: **comprender** to understand   Ant.: **desconocer** not to know, to be unaware of (134);
ignorar to be ignorant of

293

Entrar

Entrar is an essential regular **-ar** verb for beginning students of Spanish. It is used in many everyday expressions and situations.

Sentences using **entrar** and related words

Yo estudiaba cuando mi hermana entró en mi cuarto.
I was studying when my sister entered my room.

¿Dónde está la entrada?
Where is the entrance?

Proverbs

En boca cerrada no entran moscas.
Flies do not enter a closed mouth. (Silence is golden.)

Cuando la pobreza entra por la puerta, el amor sale por la ventana.
When poverty comes in the door, love goes out the window.

Words and expressions related to this verb

la entrada entrance

la entrada de datos data entry

entrada gratis free admission

entrada general standing room (theater)

entrado (entrada) en años advanced in years

entrar por la puerta to enter through the door

entrar en órbita to go into orbit

entrar en to enter, to go in

entrar en un club to join a club

entrar en una profesión to enter into (take up) a profession

volver a entrar to reenter

Syn.: **penetrar** to penetrate (215) Ant.: **salir** to go out, to leave

AN ESSENTIAL
55 Verb

Can't find the verb you're looking for?

Check the back pages of this book for a list of over 2,300 additional verbs!

entrar (215)

to enter, to go (in), to come (in)

The Seven Simple Tenses		The Seven Compound Tenses	
Singular	**Plural**	**Singular**	**Plural**
1 presente de indicativo		**8 perfecto de indicativo**	
entro	entramos	he entrado	hemos entrado
entras	entráis	has entrado	habéis entrado
entra	entran	ha entrado	han entrado
2 imperfecto de indicativo		**9 pluscuamperfecto de indicativo**	
entraba	entrábamos	había entrado	habíamos entrado
entrabas	entrabais	habías entrado	habíais entrado
entraba	entraban	había entrado	habían entrado
3 pretérito		**10 pretérito anterior**	
entré	entramos	hube entrado	hubimos entrado
entraste	entrasteis	hubiste entrado	hubisteis entrado
entró	entraron	hubo entrado	hubieron entrado
4 futuro		**11 futuro perfecto**	
entraré	entraremos	habré entrado	habremos entrado
entrarás	entraréis	habrás entrado	habréis entrado
entrará	entrarán	habrá entrado	habrán entrado
5 potencial simple		**12 potencial compuesto**	
entraría	entraríamos	habría entrado	habríamos entrado
entrarías	entraríais	habrías entrado	habríais entrado
entraría	entrarían	habría entrado	habrían entrado
6 presente de subjuntivo		**13 perfecto de subjuntivo**	
entre	entremos	haya entrado	hayamos entrado
entres	entréis	hayas entrado	hayáis entrado
entre	entren	haya entrado	hayan entrado
7 imperfecto de subjuntivo		**14 pluscuamperfecto de subjuntivo**	
entrara	entráramos	hubiera entrado	hubiéramos entrado
entraras	entrarais	hubieras entrado	hubierais entrado
entrara	entraran	hubiera entrado	hubieran entrado
OR		OR	
entrase	entrásemos	hubiese entrado	hubiésemos entrado
entrases	entraseis	hubieses entrado	hubieseis entrado
entrase	entrasen	hubiese entrado	hubicsen entrado

imperativo	
—	entremos
entra; no entres	entrad; no entréis
entre	entren

E

AN ESSENTIAL
55 Verb

entregar (216)
to deliver, to hand over, to give

Gerundio **entregando**   Part. pas. **entregado**
Regular **-ar** verb endings with spelling
change: **g** becomes **gu** before **e**

The Seven Simple Tenses		The Seven Compound Tenses	
Singular	Plural	Singular	Plural
1 presente de indicativo		**8 perfecto de indicativo**	
entrego	entregamos	he entregado	hemos entregado
entregas	entregáis	has entregado	habéis entregado
entrega	entregan	ha entregado	han entregado
2 imperfecto de indicativo		**9 pluscuamperfecto de indicativo**	
entregaba	entregábamos	había entregado	habíamos entregado
entregabas	entregabais	habías entregado	habíais entregado
entregaba	entregaban	había entregado	habían entregado
3 pretérito		**10 pretérito anterior**	
entregué	entregamos	hube entregado	hubimos entregado
entregaste	entregasteis	hubiste entregado	hubisteis entregado
entregó	entregaron	hubo entregado	hubieron entregado
4 futuro		**11 futuro perfecto**	
entregaré	entregaremos	habré entregado	habremos entregado
entregarás	entregaréis	habrás entregado	habréis entregado
entregará	entregarán	habrá entregado	habrán entregado
5 potencial simple		**12 potencial compuesto**	
entregaría	entregaríamos	habría entregado	habríamos entregado
entregarías	entregaríais	habrías entregado	habríais entregado
entregaría	entregarían	habría entregado	habrían entregado
6 presente de subjuntivo		**13 perfecto de subjuntivo**	
entregue	entreguemos	haya entregado	hayamos entregado
entregues	entreguéis	hayas entregado	hayáis entregado
entregue	entreguen	haya entregado	hayan entregado
7 imperfecto de subjuntivo		**14 pluscuamperfecto de subjuntivo**	
entregara	entregáramos	hubiera entregado	hubiéramos entregado
entregaras	entregarais	hubieras entregado	hubierais entregado
entregara	entregaran	hubiera entregado	hubieran entregado
OR		OR	
entregase	entregásemos	hubiese entregado	hubiésemos entregado
entregases	entregaseis	hubieses entregado	hubieseis entregado
entregase	entregasen	hubiese entregado	hubiesen entregado

imperativo	
—	entreguemos
entrega; no entregues	entregad; no entreguéis
entregue	entreguen

entregarse to surrender, to give in
entragarse en brazos de uno to trust someone
  completely
entregado, entregada delivered
la entrega delivery, installment, handing over

entregar al profesor los ejercicios to hand in
  the exercises to the teacher
entregar a domicilio to deliver to a residence
  (home delivery)

Syn.: **dar** to give   Ant.: **recibir** to receive

enunciar (217)
to enunciate, to state

The Seven Simple Tenses		The Seven Compound Tenses	
Singular	**Plural**	**Singular**	**Plural**
1 presente de indicativo		**8 perfecto de indicativo**	
enuncio	enunciamos	he enunciado	hemos enunciado
enuncias	enunciáis	has enunciado	habéis enunciado
enuncia	enuncian	ha enunciado	han enunciado
2 imperfecto de indicativo		**9 pluscuamperfecto de indicativo**	
enunciaba	enunciábamos	había enunciado	habíamos enunciado
enunciabas	enunciabais	habías enunciado	habíais enunciado
enunciaba	enunciaban	había enunciado	habían enunciado
3 pretérito		**10 pretérito anterior**	
enuncié	enunciamos	hube enunciado	hubimos enunciado
enunciaste	enunciasteis	hubiste enunciado	hubisteis enunciado
enunció	enunciaron	hubo enunciado	hubieron enunciado
4 futuro		**11 futuro perfecto**	
enunciaré	enunciaremos	habré enunciado	habremos enunciado
enunciarás	enunciaréis	habrás enunciado	habréis enunciado
enunciará	enunciarán	habrá enunciado	habrán enunciado
5 potencial simple		**12 potencial compuesto**	
enunciaría	enunciaríamos	habría enunciado	habríamos enunciado
enunciarías	enunciaríais	habrías enunciado	habríais enunciado
enunciaría	enunciarían	habría enunciado	habrían enunciado
6 presente de subjuntivo		**13 perfecto de subjuntivo**	
enuncie	enunciemos	haya enunciado	hayamos enunciado
enuncies	enunciéis	hayas enunciado	hayáis enunciado
enuncie	enuncien	haya enunciado	hayan enunciado
7 imperfecto de subjuntivo		**14 pluscuamperfecto de subjuntivo**	
enunciara	enunciáramos	hubiera enunciado	hubiéramos enunciado
enunciaras	enunciarais	hubieras enunciado	hubierais enunciado
enunciara	enunciaran	hubiera enunciado	hubieran enunciado
OR		OR	
enunciase	enunciásemos	hubiese enunciado	hubiésemos enunciado
enunciases	enunciaseis	hubieses enunciado	hubieseis enunciado
enunciase	enunciasen	hubiese enunciado	hubiesen enunciado

imperativo	
—	enunciemos
enuncia; no enuncies	enunciad; no enunciéis
enuncie	enuncien

El reconocimiento de voz funciona mejor cuando Ud. enuncia claramente.
Voice recognition works better when you enunciate clearly.

la enunciación   enunciation, statement, declaration
enunciativo, enunciativa   enunciative

Syn.: **articular** to articulate, to pronounce distinctly; **declarar** to declare; **expresar** to express   Ant.: **callarse** to be silent

enviar (218)

to send

Regular **-ar** verb endings with spelling change: **i** becomes
í on stressed syllable (see Tenses 1, 6, Imperative)

The Seven Simple Tenses		The Seven Compound Tenses	
Singular	**Plural**	**Singular**	**Plural**
1 presente de indicativo		**8 perfecto de indicativo**	
envío	enviamos	he enviado	hemos enviado
envías	enviáis	has enviado	habéis enviado
envía	envían	ha enviado	han enviado
2 imperfecto de indicativo		**9 pluscuamperfecto de indicativo**	
enviaba	enviábamos	había enviado	habíamos enviado
enviabas	enviabais	habías enviado	habíais enviado
enviaba	enviaban	había enviado	habían enviado
3 pretérito		**10 pretérito anterior**	
envié	enviamos	hube enviado	hubimos enviado
enviaste	enviasteis	hubiste enviado	hubisteis enviado
envió	enviaron	hubo enviado	hubieron enviado
4 futuro		**11 futuro perfecto**	
enviaré	enviaremos	habré enviado	habremos enviado
enviarás	enviaréis	habrás enviado	habréis enviado
enviará	enviarán	habrá enviado	habrán enviado
5 potencial simple		**12 potencial compuesto**	
enviaría	enviaríamos	habría enviado	habríamos enviado
enviarías	enviaríais	habrías enviado	habríais enviado
enviaría	enviarían	habría enviado	habrían enviado
6 presente de subjuntivo		**13 perfecto de subjuntivo**	
envíe	enviemos	haya enviado	hayamos enviado
envíes	enviéis	hayas enviado	hayáis enviado
envíe	envíen	haya enviado	hayan enviado
7 imperfecto de subjuntivo		**14 pluscuamperfecto de subjuntivo**	
enviara	enviáramos	hubiera enviado	hubiéramos enviado
enviaras	enviarais	hubieras enviado	hubierais enviado
enviara	enviaran	hubiera enviado	hubieran enviado
OR		OR	
enviase	enviásemos	hubiese enviado	hubiésemos enviado
enviases	enviaseis	hubieses enviado	hubieseis enviado
enviase	enviasen	hubiese enviado	hubiesen enviado

imperativo	
—	enviemos
envía; no envíes	enviad; no enviéis
envíe	envíen

enviar a alguien a pasear to send someone
  to take a walk
el envío dispatch; **un enviado** envoy
la enviada shipment
reenviar to send back; to forward
enviar un fax to send a fax

un enviado especial special correspondent,
  envoy
enviar un mensaje de texto to send a text
  message, to text
enviar por correo electrónico to e-mail,
  send by e-mail

Syn.: **expedir** to expedite (349); **mandar** to send, to command (259) Ant.: **recibir** to receive

Part. pas. **envuelto**   Gerundio **envolviendo**
Regular **-er** endings with stem change:
Tenses 1, 6, Imperative, past participle

envolver (219)
to wrap up

E

The Seven Simple Tenses		The Seven Compound Tenses	
Singular	Plural	Singular	Plural
1 presente de indicativo		**8 perfecto de indicativo**	
envuelvo	envolvemos	he envuelto	hemos envuelto
envuelves	envolvéis	has envuelto	habéis envuelto
envuelve	envuelven	ha envuelto	han envuelto
2 imperfecto de indicativo		**9 pluscuamperfecto de indicativo**	
envolvía	envolvíamos	había envuelto	habíamos envuelto
envolvías	envolvíais	habías envuelto	habíais envuelto
envolvía	envolvían	había envuelto	habían envuelto
3 pretérito		**10 pretérito anterior**	
envolví	envolvimos	hube envuelto	hubimos envuelto
envolviste	envolvisteis	hubiste envuelto	hubisteis envuelto
envolvió	envolvieron	hubo envuelto	hubieron envuelto
4 futuro		**11 futuro perfecto**	
envolveré	envolveremos	habré envuelto	habremos envuelto
envolverás	envolveréis	habrás envuelto	habréis envuelto
envolverá	envolverán	habrá envuelto	habrán envuelto
5 potencial simple		**12 potencial compuesto**	
envolvería	envolveríamos	habría envuelto	habríamos envuelto
envolverías	envolveríais	habrías envuelto	habríais envuelto
envolvería	envolverían	habría envuelto	habrían envuelto
6 presente de subjuntivo		**13 perfecto de subjuntivo**	
envuelva	envolvamos	haya envuelto	hayamos envuelto
envuelvas	envolváis	hayas envuelto	hayáis envuelto
envuelva	envuelvan	haya envuelto	hayan envuelto
7 imperfecto de subjuntivo		**14 pluscuamperfecto de subjuntivo**	
envolviera	envolviéramos	hubiera envuelto	hubiéramos envuelto
envolvieras	envolvierais	hubieras envuelto	hubierais envuelto
envolviera	envolvieran	hubiera envuelto	hubieran envuelto
OR		OR	
envolviese	envolviésemos	hubiese envuelto	hubiésemos envuelto
envolvieses	envolvieseis	hubieses envuelto	hubieseis envuelto
envolviese	envolviesen	hubiese envuelto	hubiesen envuelto

imperativo	
—	envolvamos
envuele; no envuelvas	envolved; no envolváis
envuelva	envuelvan

envolverse   to have an affair, to become involved
el envolvimiento   wrapping; involvement

envuelto, envuelta   wrapped
una envoltura   wrapping, wrapper, cover

Syn.: **embalar** to pack (259)

equivocarse (220)

to be mistaken, to make a mistake

Gerundio **equivocándose** Part. pas. **equivocado**

Reflexive verb; regular **-ar** verb endings with spelling change: **c** becomes **qu** before **e**

The Seven Simple Tenses		The Seven Compound Tenses	
Singular	Plural	Singular	Plural
1 presente de indicativo		**8 perfecto de indicativo**	
me equivoco	nos equivocamos	me he equivocado	nos hemos equivocado
te equivocas	os equivocáis	te has equivocado	os habéis equivocado
se equivoca	se equivocan	se ha equivocado	se han equivocado
2 imperfecto de indicativo		**9 pluscuamperfecto de indicativo**	
me equivocaba	nos equivocábamos	me había equivocado	nos habíamos equivocado
te equivocabas	os equivocabais	te habías equivocado	os habíais equivocado
se equivocaba	se equivocaban	se había equivocado	se habían equivocado
3 pretérito		**10 pretérito anterior**	
me equivoqué	nos equivocamos	me hube equivocado	nos hubimos equivocado
te equivocaste	os equivocasteis	te hubiste equivocado	os hubisteis equivocado
se equivocó	se equivocaron	se hubo equivocado	se hubieron equivocado
4 futuro		**11 futuro perfecto**	
me equivocaré	nos equivocaremos	me habré equivocado	nos habremos equivocado
te equivocarás	os equivocaréis	te habrás equivocado	os habréis equivocado
se equivocará	se equivocarán	se habrá equivocado	se habrán equivocado
5 potencial simple		**12 potencial compuesto**	
me equivocaría	nos equivocaríamos	me habría equivocado	nos habríamos equivocado
te equivocarías	os equivocaríais	te habrías equivocado	os habríais equivocado
se equivocaría	se equivocarían	se habría equivocado	se habrían equivocado
6 presente de subjuntivo		**13 perfecto de subjuntivo**	
me equivoque	nos equivoquemos	me haya equivocado	nos hayamos equivocado
te equivoques	os equivoquéis	te hayas equivocado	os hayáis equivocado
se equivoque	se equivoquen	se haya equivocado	se hayan equivocado
7 imperfecto de subjuntivo		**14 pluscuamperfecto de subjuntivo**	
me equivocara	nos equivocáramos	me hubiera equivocado	nos hubiéramos equivocado
te equivocaras	os equivocarais	te hubieras equivocado	os hubierais equivocado
se equivocara	se equivocaran	se hubiera equivocado	se hubieran equivocado
OR		OR	
me equivocase	nos equivocásemos	me hubiese equivocado	nos hubiésemos equivocado
te equivocases	os equivocaseis	te hubieses equivocado	os hubieseis equivocado
se equivocase	se equivocasen	se hubiese equivocado	se hubiesen equivocado

	imperativo
—	equivoquémonos
equivócate; no te equivoques	equivocaos; no os equivoquéis
equivóquese	equivóquense

Discúlpeme. Me equivoqué de número. Excuse me. I dialed the wrong number.

equivoquista quibbler
equivocado, equivocada mistaken
una equivocación error, mistake, equivocation
equivocarse de fecha to be mistaken about the date

estar equivocado (equivocada) to be mistaken
cometer una equivocación to make a mistake

Syn.: **errar** to err, to miss   Ant.: **acertar** to do (something) right, to guess right

Part. pas. **erguido**   Gerundio **irguiendo**
Regular **-ir** verb endings with stem change:
Tenses 1, 3, 6, 7, Imperative, Gerundio

erguir (221)
to raise, to stand up straight

E

The Seven Simple Tenses		The Seven Compound Tenses	
Singular	Plural	Singular	Plural
1 presente de indicativo		**8 perfecto de indicativo**	
irgo (yergo)	erguimos	he erguido	hemos erguido
irgues (yergues)	erguís	has erguido	habéis erguido
irgue (yergue)	irguen (yerguen)	ha erguido	han erguido
2 imperfecto de indicativo		**9 pluscuamperfecto de indicativo**	
erguía	erguíamos	había erguido	habíamos erguido
erguías	erguíais	habías erguido	habíais erguido
erguía	erguían	había erguido	habían erguido
3 pretérito		**10 pretérito anterior**	
erguí	erguimos	hube erguido	hubimos erguido
erguiste	erguisteis	hubiste erguido	hubisteis erguido
irguió	irguieron	hubo erguido	hubieron erguido
4 futuro		**11 futuro perfecto**	
erguiré	erguiremos	habré erguido	habremos erguido
erguirás	erguiréis	habrás erguido	habréis erguido
erguirá	erguirán	habrá erguido	habrán erguido
5 potencial simple		**12 potencial compuesto**	
erguiría	erguiríamos	habría erguido	habríamos erguido
erguirías	erguiríais	habrías erguido	habríais erguido
erguiría	erguirían	habría erguido	habrían erguido
6 presente de subjuntivo		**13 perfecto de subjuntivo**	
irga (yerga)	irgamos (yergamos)	haya erguido	hayamos erguido
irgas (yergas)	irgáis (yergáis)	hayas erguido	hayáis erguido
irga (yerga)	irgan (yergan)	haya erguido	hayan erguido
7 imperfecto de subjuntivo		**14 pluscuamperfecto de subjuntivo**	
irguiera	irguiéramos	hubiera erguido	hubiéramos erguido
irguieras	irguierais	hubieras erguido	hubierais erguido
irguiera	irguieran	hubiera erguido	hubieran erguido
OR		OR	
irguiese	irguiésemos	hubiese erguido	hubiésemos erguido
irguieses	irguieseis	hubieses erguido	hubieseis erguido
irguiese	irguiesen	hubiese erguido	hubiesen erguido

imperativo	
—	irgamos (yergamos)
irgue (yergue); no irgas (yergas)	erguid; no irgáis (yergáis)
irga (yerga)	irgan (yergan)

Margarita se irguió con orgullo al recibir el premio.
Margaret swelled up with pride upon receiving the prize.

erguirse   to swell up with pride; to stand
   or sit up straight, to rear up
un erguimiento   straightening, raising up

erguido, erguida   erect, proud
erguir las orejas   to prick up one's ears
erguirse de repente   to stand up suddenly

Syn.: **alzar** to lift; **levantar** to lift, to raise

errar (222)

to err, to wander, to roam, to miss

Gerundio **errando**   Part. pas. **errado**
Regular **-ar** verb endings with
stem change: Tenses 1, 6, Imperative

The Seven Simple Tenses		The Seven Compound Tenses	
Singular	**Plural**	**Singular**	**Plural**
1 presente de indicativo		**8 perfecto de indicativo**	
yerro	erramos	he errado	hemos errado
yerras	erráis	has errado	habéis errado
yerra	yerran	ha errado	han errado
2 imperfecto de indicativo		**9 pluscuamperfecto de indicativo**	
erraba	errábamos	había errado	habíamos errado
errabas	errabais	habías errado	habíais errado
erraba	erraban	había errado	habían errado
3 pretérito		**10 pretérito anterior**	
erré	erramos	hube errado	hubimos errado
erraste	errasteis	hubiste errado	hubisteis errado
erró	erraron	hubo errado	hubieron errado
4 futuro		**11 futuro perfecto**	
erraré	erraremos	habré errado	habremos errado
errarás	erraréis	habrás errado	habréis errado
errará	errarán	habrá errado	habrán errado
5 potencial simple		**12 potencial compuesto**	
erraría	erraríamos	habría errado	habríamos errado
errarías	erraríais	habrías errado	habríais errado
erraría	errarían	habría errado	habrían errado
6 presente de subjuntivo		**13 perfecto de subjuntivo**	
yerre	erremos	haya errado	hayamos errado
yerres	erréis	hayas errado	hayáis errado
yerre	yerren	haya errado	hayan errado
7 imperfecto de subjuntivo		**14 pluscuamperfecto de subjuntivo**	
errara	erráramos	hubiera errado	hubiéramos errado
erraras	errarais	hubieras errado	hubierais errado
errara	erraran	hubiera errado	hubieran errado
OR		OR	
errase	errásemos	hubiese errado	hubiésemos errado
errases	erraseis	hubieses errado	hubieseis errado
errase	errasen	hubiese errado	hubiesen errado

imperativo	
—	erremos
yerra; no yerres	errad; no erréis
yerre	yerren

una errata erratum, typographical error	**deshacer un yerro** to amend an error
errante errant, wandering	**un error de imprenta** misprint
un error error, mistake	**un yerro** error, fault, mistake

Syn.: **equivocarse** to be mistaken; **vagar** to roam, to wander (341)   Ant.: **acertar** to do (something) right, to guess right; **permanecer** to remain, to stay (344)

Part. pas. **escogido**   Gerundio **escogiendo**
Regular **-er** verb endings with spelling
change: **g** becomes **j** before **a** or **o**

escoger (223)
to choose, to select, to pick

E

The Seven Simple Tenses		The Seven Compound Tenses	
Singular	**Plural**	**Singular**	**Plural**
1 presente de indicativo		**8 perfecto de indicativo**	
escojo	escogemos	he escogido	hemos escogido
escoges	escogéis	has escogido	habéis escogido
escoge	escogen	ha escogido	han escogido
2 imperfecto de indicativo		**9 pluscuamperfecto de indicativo**	
escogía	escogíamos	había escogido	habíamos escogido
escogías	escogíais	habías escogido	habíais escogido
escogía	escogían	había escogido	habían escogido
3 pretérito		**10 pretérito anterior**	
escogí	escogimos	hube escogido	hubimos escogido
escogiste	escogisteis	hubiste escogido	hubisteis escogido
escogió	escogieron	hubo escogido	hubieron escogido
4 futuro		**11 futuro perfecto**	
escogeré	escogeremos	habré escogido	habremos escogido
escogerás	escogeréis	habrás escogido	habréis escogido
escogerá	escogerán	habrá escogido	habrán escogido
5 potencial simple		**12 potencial compuesto**	
escogería	escogeríamos	habría escogido	habríamos escogido
escogerías	escogeríais	habrías escogido	habríais escogido
escogería	escogerían	habría escogido	habrían escogido
6 presente de subjuntivo		**13 perfecto de subjuntivo**	
escoja	escojamos	haya escogido	hayamos escogido
escojas	escojáis	hayas escogido	hayáis escogido
escoja	escojan	haya escogido	hayan escogido
7 imperfecto de subjuntivo		**14 pluscuamperfecto de subjuntivo**	
escogiera	escogiéramos	hubiera escogido	hubiéramos escogido
escogieras	escogierais	hubieras escogido	hubierais escogido
escogiera	escogieran	hubiera escogido	hubieran escogido
OR		OR	
escogiese	escogiésemos	hubiese escogido	hubiésemos escogido
escogieses	escogieseis	hubieses escogido	hubieseis escogido
escogiese	escogiesen	hubiese escogido	hubiesen escogido

imperativo	
—	escojamos
escoge; no escojas	escoged; no escojáis
escoja	escojan

No recuerdo si escogí el vestido rojo o el azul.
I don't remember if I chose the red dress or the blue one.

un escogimiento choice, selection   **las obras escogidas** the selected works
escogedor, escogedora chooser
escogido, escogida chosen   See also **coger**.

Syn.: **elegir** to choose; **seleccionar** to select (355)

Escribir

Escribir is an essential **-ir** verb for beginning students of Spanish. It is used in many everyday expressions and situations. Pay attention to the irregular past participle!

Sentences using **escribir** and related words

Mi padre está escribiendo una novela.
My father is writing a novel.

Por favor, responda por escrito a las preguntas siguientes.
Please answer the following questions in writing.

Isabel Allende escribió *La casa de los espíritus*.
Isabel Allende wrote *The House of the Spirits*.

Proverb

El mal escribano le echa la culpa a la pluma.
The bad writer blames his pen.

Words and expressions related to this verb

la escritura writing

un escritorio writing desk

un escriba scribe

Words and expressions related to this verb (continued)

escribir a máquina to typewrite

una máquina de escribir typewriter

un escritor, una escritora writer, author

el escribano secretary, clerk

por escrito in writing

escribir a mano to write by hand

describir to describe

describible describable

la descripción description

descriptivo, descriptiva descriptive

descriptor, descriptora descriptive

el examen escrito written exam

escribir un blog to blog, to write a blog

Syn.: **anotar** to annotate, to write notes about (54); **redactar** to edit (215); **transcribir** to transcribe (224)

For other words and expressions related to this verb, see **describir** and **su(b)scribir**.

AN ESSENTIAL
55 Verb

Part. pas. **escrito**   Gerundio **escribiendo**
Regular **-ir** verb endings; note irregular
spelling of past participle: **escrito**

escribir (224)
to write

The Seven Simple Tenses		The Seven Compound Tenses	
Singular	**Plural**	**Singular**	**Plural**
1 presente de indicativo		**8 perfecto de indicativo**	
escribo	escribimos	he escrito	hemos escrito
escribes	escribís	has escrito	habéis escrito
escribe	escriben	ha escrito	han escrito
2 imperfecto de indicativo		**9 pluscuamperfecto de indicativo**	
escribía	escribíamos	había escrito	habíamos escrito
escribías	escribíais	habías escrito	habíais escrito
escribía	escribían	había escrito	habían escrito
3 pretérito		**10 pretérito anterior**	
escribí	escribimos	hube escrito	hubimos escrito
escribiste	escribisteis	hubiste escrito	hubisteis escrito
escribió	escribieron	hubo escrito	hubieron escrito
4 futuro		**11 futuro perfecto**	
escribiré	escribiremos	habré escrito	habremos escrito
escribirás	escribiréis	habrás escrito	habréis escrito
escribirá	escribirán	habrá escrito	habrán escrito
5 potencial simple		**12 potencial compuesto**	
escribiría	escribiríamos	habría escrito	habríamos escrito
escribirías	escribiríais	habrías escrito	habríais escrito
escribiría	escribirían	habría escrito	habrían escrito
6 presente de subjuntivo		**13 perfecto de subjuntivo**	
escriba	escribamos	haya escrito	hayamos escrito
escribas	escribáis	hayas escrito	hayáis escrito
escriba	escriban	haya escrito	hayan escrito
7 imperfecto de subjuntivo		**14 pluscuamperfecto de subjuntivo**	
escribiera	escribiéramos	hubiera escrito	hubiéramos escrito
escribieras	escribierais	hubieras escrito	hubierais escrito
escribiera	escribieran	hubiera escrito	hubieran escrito
OR		OR	
escribiese	escribiésemos	hubiese escrito	hubiésemos escrito
escribieses	escribieseis	hubieses escrito	hubieseis escrito
escribiese	escribiesen	hubiese escrito	hubiesen escrito

imperativo	
—	escribamos
escribe; no escribas	escribid; no escribáis
escriba	escriban

AN ESSENTIAL
55 Verb

escuchar (225)

to listen (to)

Gerundio **escuchando**   Part. pas. **escuchado**

Regular **-ar** verb

The Seven Simple Tenses		The Seven Compound Tenses	
Singular	Plural	Singular	Plural
1 presente de indicativo		**8 perfecto de indicativo**	
escucho	escuchamos	he escuchado	hemos escuchado
escuchas	escucháis	has escuchado	habéis escuchado
escucha	escuchan	ha escuchado	han escuchado
2 imperfecto de indicativo		**9 pluscuamperfecto de indicativo**	
escuchaba	escuchábamos	había escuchado	habíamos escuchado
escuchabas	escuchabais	habías escuchado	habíais escuchado
escuchaba	escuchaban	había escuchado	habían escuchado
3 pretérito		**10 pretérito anterior**	
escuché	escuchamos	hube escuchado	hubimos escuchado
escuchaste	escuchasteis	hubiste escuchado	hubisteis escuchado
escuchó	escucharon	hubo escuchado	hubieron escuchado
4 futuro		**11 futuro perfecto**	
escucharé	escucharemos	habré escuchado	habremos escuchado
escucharás	escucharéis	habrás escuchado	habréis escuchado
escuchará	escucharán	habrá escuchado	habrán escuchado
5 potencial simple		**12 potencial compuesto**	
escucharía	escucharíamos	habría escuchado	habríamos escuchado
escucharías	escucharíais	habrías escuchado	habríais escuchado
escucharía	escucharían	habría escuchado	habrían escuchado
6 presente de subjuntivo		**13 perfecto de subjuntivo**	
escuche	escuchemos	haya escuchado	hayamos escuchado
escuches	escuchéis	hayas escuchado	hayáis escuchado
escuche	escuchen	haya escuchado	hayan escuchado
7 imperfecto de subjuntivo		**14 pluscuamperfecto de subjuntivo**	
escuchara	escucháramos	hubiera escuchado	hubiéramos escuchado
escucharas	escucharais	hubieras escuchado	hubierais escuchado
escuchara	escucharan	hubiera escuchado	hubieran escuchado
OR		OR	
escuchase	escuchásemos	hubiese escuchado	hubiésemos escuchado
escuchases	escuchaseis	hubieses escuchado	hubieseis escuchado
escuchase	escuchasen	hubiese escuchado	hubiesen escuchado

imperativo	
—	escuchemos
escucha; no escuches	escuchad; no escuchéis
escuche	escuchen

escuchar + noun   to listen to + noun
Escucho una canción que acabo de descargar del Internet.
   I'm listening to a song that I just downloaded from the Internet.
Para saber hablar, hay que saber escuchar.
   In order to know how to talk, one must know how to listen.
escuchador, escuchadora, escuchante   listener   **escuchar detrás de las puertas**   to listen
escuchar música   to listen to music   behind doors, to eavesdrop

Syn.: **oír** to hear; **prestar atención** to pay attention   Ant.: **desoír** to ignore, to not listen (334)

Part. pas. **esparcido**   Gerundio **esparciendo**
Regular **-ir** verb endings with spelling
change: **c** becomes **z** before **a** or **o**

esparcir (226)

to scatter, to spread

The Seven Simple Tenses		The Seven Compound Tenses	
Singular	**Plural**	**Singular**	**Plural**
1 presente de indicativo		**8 perfecto de indicativo**	
esparzo	esparcimos	he esparcido	hemos esparcido
esparces	esparcís	has esparcido	habéis esparcido
esparce	esparcen	ha esparcido	han esparcido
2 imperfecto de indicativo		**9 pluscuamperfecto de indicativo**	
esparcía	esparcíamos	había esparcido	habíamos esparcido
esparcías	esparcíais	habías esparcido	habíais esparcido
esparcía	esparcían	había esparcido	habían esparcido
3 pretérito		**10 pretérito anterior**	
esparcí	esparcimos	hube esparcido	hubimos esparcido
esparciste	esparcisteis	hubiste esparcido	hubisteis esparcido
esparció	esparcieron	hubo esparcido	hubieron esparcido
4 futuro		**11 futuro perfecto**	
esparciré	esparciremos	habré esparcido	habremos esparcido
esparcirás	esparciréis	habrás esparcido	habréis esparcido
esparcirá	esparcirán	habrá esparcido	habrán esparcido
5 potencial simple		**12 potencial compuesto**	
esparciría	esparciríamos	habría esparcido	habríamos esparcido
esparcirías	esparciríais	habrías esparcido	habríais esparcido
esparciría	esparcirían	habría esparcido	habrían esparcido
6 presente de subjuntivo		**13 perfecto de subjuntivo**	
esparza	esparzamos	haya esparcido	hayamos esparcido
esparzas	esparzáis	hayas esparcido	hayáis esparcido
esparza	esparzan	haya esparcido	hayan esparcido
7 imperfecto de subjuntivo		**14 pluscuamperfecto de subjuntivo**	
esparciera	esparciéramos	hubiera esparcido	hubiéramos esparcido
esparcieras	esparcierais	hubieras esparcido	hubierais esparcido
esparciera	esparcieran	hubiera esparcido	hubieran esparcido
OR		OR	
esparciese	esparciésemos	hubiese esparcido	hubiésemos esparcido
esparcieses	esparcieseis	hubieses esparcido	hubieseis esparcido
esparciese	esparciesen	hubiese esparcido	hubiesen esparcido

imperativo	
—	esparzamos
esparce; no esparzas	esparcid; no esparzáis
esparza	esparzan

el esparcimiento   scattering, spreading
esparcidamente   separately, sparsely
el esparcidor, la esparcidora   spreader,
   scatterer

esparcidos/esparcidas por las calles
   scattered in the streets
esparcirse   to spread out, to relax

Syn.: **dispersar** to disperse (2); **sembrar** to sow (352)

esperar (227)
to expect, to hope, to wait (for)

The Seven Simple Tenses		The Seven Compound Tenses	
Singular	Plural	Singular	Plural
1 presente de indicativo		**8 perfecto de indicativo**	
espero	esperamos	he esperado	hemos esperado
esperas	esperáis	has esperado	habéis esperado
espera	esperan	ha esperado	han esperado
2 imperfecto de indicativo		**9 pluscuamperfecto de indicativo**	
esperaba	esperábamos	había esperado	habíamos esperado
esperabas	esperabais	habías esperado	habíais esperado
esperaba	esperaban	había esperado	habían esperado
3 pretérito		**10 pretérito anterior**	
esperé	esperamos	hube esperado	hubimos esperado
esperaste	esperasteis	hubiste esperado	hubisteis esperado
esperó	esperaron	hubo esperado	hubieron esperado
4 futuro		**11 futuro perfecto**	
esperaré	esperaremos	habré esperado	habremos esperado
esperarás	esperaréis	habrás esperado	habréis esperado
esperará	esperarán	habrá esperado	habrán esperado
5 potencial simple		**12 potencial compuesto**	
esperaría	esperaríamos	habría esperado	habríamos esperado
esperarías	esperaríais	habrías esperado	habríais esperado
esperaría	esperarían	habría esperado	habrían esperado
6 presente de subjuntivo		**13 perfecto de subjuntivo**	
espere	esperemos	haya esperado	hayamos esperado
esperes	esperéis	hayas esperado	hayáis esperado
espere	esperen	haya esperado	hayan esperado
7 imperfecto de subjuntivo		**14 pluscuamperfecto de subjuntivo**	
esperara	esperáramos	hubiera esperado	hubiéramos esperado
esperaras	esperarais	hubieras esperado	hubierais esperado
esperara	esperaran	hubiera esperado	hubieran esperado
OR		OR	
esperase	esperásemos	hubiese esperado	hubiésemos esperado
esperases	esperaseis	hubieses esperado	hubieseis esperado
esperase	esperasen	hubiese esperado	hubiesen esperado

imperativo	
—	esperemos
espera; no esperes	esperad; no esperéis
espere	esperen

Mientras hay vida hay esperanza.
  When there is life, there is hope.
la esperanza hope
No hay esperanza. There is no hope.
Espere, por favor. Please wait.

dar esperanzas to give encouragement, hope
desesperar to despair
la espera wait, waiting
la sala de espera waiting room

Syn.: **aguardar** to expect, to wait for

Regular **-ar** verb endings with spelling change: **i** becomes
í on stressed syllable (see Tenses 1, 6, Imperative)

E

The Seven Simple Tenses		The Seven Compound Tenses	
Singular	Plural	Singular	Plural
1 presente de indicativo		**8 perfecto de indicativo**	
esquío	esquiamos	he esquiado	hemos esquiado
esquías	esquiáis	has esquiado	habéis esquiado
esquía	esquían	ha esquiado	han esquiado
2 imperfecto de indicativo		**9 pluscuamperfecto de indicativo**	
esquiaba	esquiábamos	había esquiado	habíamos esquiado
esquiabas	esquiabais	habías esquiado	habíais esquiado
esquiaba	esquiaban	había esquiado	habían esquiado
3 pretérito		**10 pretérito anterior**	
esquié	esquiamos	hube esquiado	hubimos esquiado
esquiaste	esquiasteis	hubiste esquiado	hubisteis esquiado
esquió	esquiaron	hubo esquiado	hubieron esquiado
4 futuro		**11 futuro perfecto**	
esquiaré	esquiaremos	habré esquiado	habremos esquiado
esquiarás	esquiaréis	habrás esquiado	habréis esquiado
esquiará	esquiarán	habrá esquiado	habrán esquiado
5 potencial simple		**12 potencial compuesto**	
esquiaría	esquiaríamos	habría esquiado	habríamos esquiado
esquiarías	esquiaríais	habrías esquiado	habríais esquiado
esquiaría	esquiarían	habría esquiado	habrían esquiado
6 presente de subjuntivo		**13 perfecto de subjuntivo**	
esquíe	esquiemos	haya esquiado	hayamos esquiado
esquíes	esquiéis	hayas esquiado	hayáis esquiado
esquíe	esquíen	haya esquiado	hayan esquiado
7 imperfecto de subjuntivo		**14 pluscuamperfecto de subjuntivo**	
esquiara	esquiáramos	hubiera esquiado	hubiéramos esquiado
esquiaras	esquiarais	hubieras esquiado	hubierais esquiado
esquiara	esquiaran	hubiera esquiado	hubieran esquiado
OR		OR	
esquiase	esquiásemos	hubiese esquiado	hubiésemos esquiado
esquiases	esquiaseis	hubieses esquiado	hubieseis esquiado
esquiase	esquiasen	hubiese esquiado	hubiesen esquiado

imperativo	
—	esquiemos
esquía; no esquíes	esquiad; no esquiéis
esquíe	esquíen

el esquí   ski, skiing
un esquiador, una esquiadora   skier
el esquí alpino   Alpine skiing
el esquí acuático   water-skiing

Me gusta el esquí.   I like skiing.
Me gusta esquiar.   I like to ski.
el esquí de fondo   cross-country skiing

establecer (229)
to establish, to set up

Regular **-ar** verb endings with spelling
change: **c** becomes **zc** before **a** or **o**

The Seven Simple Tenses		The Seven Compound Tenses	
Singular	Plural	Singular	Plural
1 presente de indicativo		**8 perfecto de indicativo**	
establezco	establecemos	he establecido	hemos establecido
estableces	establecéis	has establecido	habéis establecido
establece	establecen	ha establecido	han establecido
2 imperfecto de indicativo		**9 pluscuamperfecto de indicativo**	
establecía	establecíamos	había establecido	habíamos establecido
establecías	establecíais	habías establecido	habíais establecido
establecía	establecían	había establecido	habían establecido
3 pretérito		**10 pretérito anterior**	
establecí	establecimos	hube establecido	hubimos establecido
estableciste	establecisteis	hubiste establecido	hubisteis establecido
estableció	establecieron	hubo establecido	hubieron establecido
4 futuro		**11 futuro perfecto**	
estableceré	estableceremos	habré establecido	habremos establecido
establecerás	estableceréis	habrás establecido	habréis establecido
establecerá	establecerán	habrá establecido	habrán establecido
5 potencial simple		**12 potencial compuesto**	
establecería	estableceríamos	habría establecido	habríamos establecido
establecerías	estableceríais	habrías establecido	habríais establecido
establecería	establecerían	habría establecido	habrían establecido
6 presente de subjuntivo		**13 perfecto de subjuntivo**	
establezca	establezcamos	haya establecido	hayamos establecido
establezcas	establezcáis	hayas establecido	hayáis establecido
establezca	establezcan	haya establecido	hayan establecido
7 imperfecto de subjuntivo		**14 pluscuamperfecto de subjuntivo**	
estableciera	estableciéramos	hubiera establecido	hubiéramos establecido
establecieras	establecierais	hubieras establecido	hubierais establecido
estableciera	establecieran	hubiera establecido	hubieran establecido
OR		OR	
estableciese	estableciésemos	hubiese establecido	hubiésemos establecido
establecieses	establecieseis	hubieses establecido	hubieseis establecido
estableciese	estableciesen	hubiese establecido	hubiesen establecido

imperativo	
—	establezcamos
establece; no establezcas	estableced; no establezcáis
establezca	establezcan

Mi tía estableció su tienda en línea en 2002.
My aunt set up her online shop in 2002.

establecer normas   to set up standards
un establecedor, una establecedora   founder
establemente   firmly, stably
establecer un campamento   to set up camp

un establecimiento (comercial)   (commercial)
   establishment
establecerse   to set oneself up, as in business;
   to settle down

Syn.: **fundar** to found, to establish (39); **instituir** to institute, to found (264)

Estar

Estar is one of the most important verbs for a beginning student to learn. In addition to the countless expressions that use **estar**, there is a distinction that you must make between **estar** and **ser**, which also means *to be*.

Generally speaking, use **ser** when you want to express *to be*. Use **estar** when *to be* is used in the following ways:

(a) **Health:**

    1. **¿Cómo está Ud.?** How are you?
    2. **Estoy bien.** I am well.
    3. **Estoy enfermo (enferma).** I am sick.

(b) **Location: persons, places, things**

    1. **Estoy en la sala de clase.** I am in the classroom.
    2. **La escuela está lejos.** The school is far.
    3. **Barcelona está en España.** Barcelona is (located) in Spain.
    4. **Los libros están en la mesa.** The books are on the table.

(c) **State or condition: persons**

    1. **Estoy contento (contenta).** I am happy.
    2. **Los alumnos están cansados. (Las alumnas están cansadas.)**
       The students are tired.
    3. **María está triste hoy.** Mary is sad today.
    4. **Estoy listo (lista).** I am ready.
    5. **Estoy pálido (pálida).** I am pale.
    6. **Estoy ocupado (ocupada).** I am busy.
    7. **Estoy seguro (segura).** I am sure.
    8. **Este hombre está vivo.** This man is alive.
    9. **Ese hombre está muerto.** That man is dead.
    10. **Este hombre está borracho.** This man is drunk.

(d) **State or condition: things and places**

    1. **La ventana está abierta.** The window is open.
    2. **La taza está llena.** The cup is full.
    3. **El té está caliente.** The tea is hot.
    4. **La limonada está fría.** The lemonade is cold.
    5. **La biblioteca está cerrada los domingos.** The library is closed on Sundays.

Can't remember the Spanish verb you need?

Check the back pages of this book for the English-Spanish verb index!

AN ESSENTIAL 55 Verb

(e) **To form the progressive present of a verb, use the present tense of estar + the present participle of the main verb:**

Estoy estudiando en mi cuarto y no puedo salir esta noche.
I am studying in my room and I cannot go out tonight.

(f) **To form the progressive past of a verb, use the imperfect tense of estar + the present participle of the main verb:**

Mi hermano estaba leyendo cuando (yo) entré en el cuarto.
My brother was reading when I entered (came into) the room.

Sentences using **estar** and related words

Dígame, por favor, dónde está la sala de espera.
Tell me, please, where the waiting room is located.

¿Cuándo estará todo listo?
When will it all be ready?

Está lloviendo ahora.
It's raining now.

Estoy a punto de salir./Estoy para salir.
I am about to go out.

Words and expressions related to this verb

está bien all right, okay

estar a punto de + inf. to be about + inf.

estar a sus anchas to be comfortable

estar aburrido (aburrida) to be bored

estar al día to be up to date

Words and expressions related to this verb (continued)

estar bien to be well

estar conforme con to be in agreement with

estar de acuerdo to agree

estar de acuerdo con to be in agreement with

estar de boga to be in fashion

estar de buenas to be lucky

estar de más to be unnecessary

estar de pie to be standing

estar de vuelta to be back

estar listo (lista) to be ready

estar mal to be ill

estar para + inf. to be about to

estar por to be in favor of

no estar para bromas not to be in the mood for jokes

estar vivo(a) to be alive

el estado state, condition

Syn.: **habitar** to inhabit, to live; **ubicarse** to be located, situated (424, 289)

AN ESSENTIAL
55 Verb

estar (230)
to be

The Seven Simple Tenses		The Seven Compound Tenses	
Singular	Plural	Singular	Plural
1 presente de indicativo		**8 perfecto de indicativo**	
estoy	estamos	he estado	hemos estado
estás	estáis	has estado	habéis estado
está	están	ha estado	han estado
2 imperfecto de indicativo		**9 pluscuamperfecto de indicativo**	
estaba	estábamos	había estado	habíamos estado
estabas	estabais	habías estado	habíais estado
estaba	estaban	había estado	habían estado
3 pretérito		**10 pretérito anterior**	
estuve	estuvimos	hube estado	hubimos estado
estuviste	estuvisteis	hubiste estado	hubisteis estado
estuvo	estuvieron	hubo estado	hubieron estado
4 futuro		**11 futuro perfecto**	
estaré	estaremos	habré estado	habremos estado
estarás	estaréis	habrás estado	habréis estado
estará	estarán	habrá estado	habrán estado
5 potencial simple		**12 potencial compuesto**	
estaría	estaríamos	habría estado	habríamos estado
estarías	estaríais	habrías estado	habríais estado
estaría	estarían	habría estado	habrían estado
6 presente de subjuntivo		**13 perfecto de subjuntivo**	
esté	estemos	haya estado	hayamos estado
estés	estéis	hayas estado	hayáis estado
esté	estén	haya estado	hayan estado
7 imperfecto de subjuntivo		**14 pluscuamperfecto de subjuntivo**	
estuviera	estuviéramos	hubiera estado	hubiéramos estado
estuvieras	estuvierais	hubieras estado	hubierais estado
estuviera	estuvieran	hubiera estado	hubieran estado
OR		OR	
estuviese	estuviésemos	hubiese estado	hubiésemos estado
estuvieses	estuvieseis	hubieses estado	hubieseis estado
estuviese	estuviesen	hubiese estado	hubiesen estado

imperativo		
—	estemos	
está; no estés	estad; no estéis	
esté	estén	

AN ESSENTIAL
55 Verb

estimar (231)

to estimate, to esteem, to respect, to value

Gerundio **estimando**   Part. pas. **estimado**

Regular **-ar** verb

The Seven Simple Tenses		The Seven Compound Tenses	
Singular	Plural	Singular	Plural
1 presente de indicativo		**8 perfecto de indicativo**	
estimo	estimamos	he estimado	hemos estimado
estimas	estimáis	has estimado	habéis estimado
estima	estiman	ha estimado	han estimado
2 imperfecto de indicativo		**9 pluscuamperfecto de indicativo**	
estimaba	estimábamos	había estimado	habíamos estimado
estimabas	estmabais	habías estimado	habíais estimado
estimaba	estimaban	había estimado	habían estimado
3 pretérito		**10 pretérito anterior**	
estimé	estimamos	hube estimado	hubimos estimado
estimaste	estimasteis	hubiste estimado	hubisteis estimado
estimó	estimaron	hubo estimado	hubieron estimado
4 futuro		**11 futuro perfecto**	
estimaré	estimaremos	habré estimado	habremos estimado
estimarás	estimaréis	habrás estimado	habréis estimado
estimará	estimarán	habrá estimado	habrán estimado
5 potencial simple		**12 potencial compuesto**	
estimaría	estimaríamos	habría estimado	habríamos estimado
estimarías	estimaríais	habrías estimado	habríais estimado
estimaría	estimarían	habría estimado	habrían estimado
6 presente de subjuntivo		**13 perfecto de subjuntivo**	
estime	estimemos	haya estimado	hayamos estimado
estimes	estiméis	hayas estimado	hayáis estimado
estime	estimen	haya estimado	hayan estimado
7 imperfecto de subjuntivo		**14 pluscuamperfecto de subjuntivo**	
estimara	estimáramos	hubiera estimado	hubiéramos estimado
estimaras	estimarais	hubieras estimado	hubierais estimado
estimara	estimaran	hubiera estimado	hubieran estimado
OR		OR	
estimase	estimásemos	hubiese estimado	hubiésemos estimado
estimases	estimaseis	hubieses estimado	hubieseis estimado
estimase	estimasen	hubiese estimado	hubiesen estimado

imperativo	
—	estimemos
estima; no estimes	estimad; no estiméis
estime	estimen

la estima   esteem, respect
la estimabilidad   worthiness, worth
la estimación   estimation, esteem

estimar con exceso   to overestimate
estimar en menos   to underestimate
estimar oportuno   to deem (see) fit

Syn.: **apreciar** to appreciate, to esteem; **considerar** to consider (227)
Ant.: **despreciar** to despise (57)

Estudiar

Estudiar is an essential regular **-ar** verb for beginning students of Spanish. It is used in many everyday expressions and situations.

Sentences using **estudiar** and related words

Estudio mis lecciones de español todos los días.
I study my Spanish lessons every day.

Es necesario estudiar para aprender.
It is necessary to study in order to learn.

Estudiamos español porque es un idioma muy hermoso.
We are studying Spanish because it is a very
  beautiful language.

Estoy estudiando en mi cuarto y no puedo mirar la televisión.
I am studying in my room and I cannot
  watch television.

Words and expressions related to this verb

un, una estudiante student

el estudio study, studio, study room

estudioso, estudiosa studious

un estudioso a scholar

estudiado, estudiada studied,
  mannered

los altos estudios advanced studies

hacer estudios to study

estudiosamente studiously

estudiante de intercambio exchange
  student

AN ESSENTIAL
55 Verb

estudiar (232)
to study

Gerundio **estudiando**   Part. pas. **estudiado**
Regular **-ar** verb

The Seven Simple Tenses		The Seven Compound Tenses	
Singular	**Plural**	**Singular**	**Plural**
1 presente de indicativo		**8 perfecto de indicativo**	
estudio	estudiamos	he estudiado	hemos estudiado
estudias	estudiáis	has estudiado	habéis estudiado
estudia	estudian	ha estudiado	han estudiado
2 imperfecto de indicativo		**9 pluscuamperfecto de indicativo**	
estudiaba	estudiábamos	había estudiado	habíamos estudiado
estudiabas	estudiabais	habías estudiado	habíais estudiado
estudiaba	estudiaban	había estudiado	habían estudiado
3 pretérito		**10 pretérito anterior**	
estudié	estudiamos	hube estudiado	hubimos estudiado
estudiaste	estudiasteis	hubiste estudiado	hubisteis estudiado
estudió	estudiaron	hubo estudiado	hubieron estudiado
4 futuro		**11 futuro perfecto**	
estudiaré	estudiaremos	habré estudiado	habremos estudiado
estudiarás	estudiaréis	habrás estudiado	habréis estudiado
estudiará	estudiarán	habrá estudiado	habrán estudiado
5 potencial simple		**12 potencial compuesto**	
estudiaría	estudiaríamos	habría estudiado	habríamos estudiado
estudiarías	estudiaríais	habrías estudiado	habríais estudiado
estudiaría	estudiarían	habría estudiado	habrían estudiado
6 presente de subjuntivo		**13 perfecto de subjuntivo**	
estudie	estudiemos	haya estudiado	hayamos estudiado
estudies	estudiéis	hayas estudiado	hayáis estudiado
estudie	estudien	haya estudiado	hayan estudiado
7 imperfecto de subjuntivo		**14 pluscuamperfecto de subjuntivo**	
estudiara	estudiáramos	hubiera estudiado	hubiéramos estudiado
estudiaras	estudiarais	hubieras estudiado	hubierais estudiado
estudiara	estudiaran	hubiera estudiado	hubieran estudiado
OR		OR	
estudiase	estudiásemos	hubiese estudiado	hubiésemos estudiado
estudiases	estudiaseis	hubieses estudiado	hubieseis estudiado
estudiase	estudiasen	hubiese estudiado	hubiesen estudiado

imperativo	
—	estudiemos
estudia; no estudies	estudiad; no estudiéis
estudie	estudien

AN ESSENTIAL
55 Verb

Part. pas. **exigido**   Gerundio **exigiendo**
Regular **-ir** verb endings with spelling
change: **g** becomes **j** before **a** or **o**

exigir (233)
to demand, to urge, to require

E

The Seven Simple Tenses		The Seven Compound Tenses	
Singular	Plural	Singular	Plural
1 presente de indicativo		**8 perfecto de indicativo**	
exijo	exigimos	he exigido	hemos exigido
exiges	exigís	has exigido	habéis exigido
exige	exigen	ha exigido	han exigido
2 imperfecto de indicativo		**9 pluscuamperfecto de indicativo**	
exigía	exigíamos	había exigido	habíamos exigido
exigías	exigíais	habías exigido	habíais exigido
exigía	exigían	había exigido	habían exigido
3 pretérito		**10 pretérito anterior**	
cxigí	exigimos	hube exigido	hubimos exigido
exigiste	exigisteis	hubiste exigido	hubisteis exigido
exigió	exigieron	hubo exigido	hubieron exigido
4 futuro		**11 futuro perfecto**	
exigiré	exigiremos	habré exigido	habremos exigido
exigirás	exigiréis	habrás exigido	habréis exigido
exigirá	exigirán	habrá exigido	habrán exigido
5 potencial simple		**12 potencial compuesto**	
exigiría	exigiríamos	habría exigido	habríamos exigido
exigirías	exigiríais	habrías exigido	habríais exigido
exigiría	exigirían	habría exigido	habrían exigido
6 presente de subjuntivo		**13 perfecto de subjuntivo**	
exija	exijamos	haya exigido	hayamos exigido
exijas	exijáis	hayas exigido	hayáis exigido
exija	exijan	haya exigido	hayan exigido
7 imperfecto de subjuntivo		**14 pluscuamperfecto de subjuntivo**	
exigiera	exigiéramos	hubiera exigido	hubiéramos exigido
exigieras	exigierais	hubieras exigido	hubierais exigido
exigiera	exigieran	hubiera exigido	hubieran exigido
OR		OR	
exigiese	exigiésemos	hubiese exigido	hubiésemos exigido
exigieses	exigieseis	hubieses exigido	hubieseis exigido
exigiese	exigiesen	hubiese exigido	hubiesen exigido

imperativo

—	exijamos
exige; no exijas	exigid; no exijáis
exija	exijan

exigente   exacting, demanding
la exigencia   exigency, requirement
exigible   demanding, payable on demand
exigir el pago   to demand payment

una persona muy exigente   a very demanding person
exigir algo de buena calidad   to insist upon something of good quality

Syn.: **necesitar** to need; **pedir** to ask for; **requerir** to require (370)   Ant.: **ceder** to cede, to yield (413)

explicar (234)
to explain

Gerundio **explicando**   Part. pas. **explicado**
Regular **-ar** verb endings with spelling change: **c** becomes **qu** before **e**

The Seven Simple Tenses		The Seven Compound Tenses	
Singular	**Plural**	**Singular**	**Plural**
1 presente de indicativo		**8 perfecto de indicativo**	
explico	explicamos	he explicado	hemos explicado
explicas	explicáis	has explicado	habéis explicado
explica	explican	ha explicado	han explicado
2 imperfecto de indicativo		**9 pluscuamperfecto de indicativo**	
explicaba	explicábamos	había explicado	habíamos explicado
explicabas	explicabais	habías explicado	habíais explicado
explicaba	explicaban	había explicado	habían explicado
3 pretérito		**10 pretérito anterior**	
expliqué	explicamos	hube explicado	hubimos explicado
explicaste	explicasteis	hubiste explicado	hubisteis explicado
explicó	explicaron	hubo explicado	hubieron explicado
4 futuro		**11 futuro perfecto**	
explicaré	explicaremos	habré explicado	habremos explicado
explicarás	explicaréis	habrás explicado	habréis explicado
explicará	explicarán	habrá explicado	habrán explicado
5 potencial simple		**12 potencial compuesto**	
explicaría	explicaríamos	habría explicado	habríamos explicado
explicarías	explicaríais	habrías explicado	habríais explicado
explicaría	explicarían	habría explicado	habrían explicado
6 presente de subjuntivo		**13 perfecto de subjuntivo**	
explique	expliquemos	haya explicado	hayamos explicado
expliques	expliquéis	hayas explicado	hayáis explicado
explique	expliquen	haya explicado	hayan explicado
7 imperfecto de subjuntivo		**14 pluscuamperfecto de subjuntivo**	
explicara	explicáramos	hubiera explicado	hubiéramos explicado
explicaras	explicarais	hubieras explicado	hubierais explicado
explicara	explicaran	hubiera explicado	hubieran explicado
OR		OR	
explicase	explicásemos	hubiese explicado	hubiésemos explicado
explicases	explicaseis	hubieses explicado	hubieseis explicado
explicase	explicasen	hubiese explicado	hubiesen explicado

imperativo	
—	expliquemos
explica; no expliques	explicad; no expliquéis
explique	expliquen

Explíqueme, por favor, cómo funciona esta aplicación.
Please explain to me how this app works.

una explicación explanation
explícito, explícita explicit
explícitamente explicitly

explicativo, explicativa explanatory
pedir explicaciones to ask for an explanation

Syn.: **aclarar** to explain, to clarify; **glosar** to gloss, to comment on (2)

expresar (235)
to express

The Seven Simple Tenses		The Seven Compound Tenses	
Singular	Plural	Singular	Plural
1 presente de indicativo		**8 perfecto de indicativo**	
expreso	expresamos	he expresado	hemos expresado
expresas	expresáis	has expresado	habéis expresado
expresa	expresan	ha expresado	han expresado
2 imperfecto de indicativo		**9 pluscuamperfecto de indicativo**	
expresaba	expresábamos	había expresado	habíamos expresado
expresabas	expresabais	habías expresado	habíais expresado
expresaba	expresaban	había expresado	habían expresado
3 pretérito		**10 pretérito anterior**	
expresé	expresamos	hube expresado	hubimos expresado
expresaste	expresasteis	hubiste expresado	hubisteis expresado
expresó	expresaron	hubo expresado	hubieron expresado
4 futuro		**11 futuro perfecto**	
expresaré	expresaremos	habré expresado	habremos expresado
expresarás	expresaréis	habrás expresado	habréis expresado
expresará	expresarán	habrá expresado	habrán expresado
5 potencial simple		**12 potencial compuesto**	
expresaría	expresaríamos	habría expresado	habríamos expresado
expresarías	expresaríais	habrías expresado	habríais expresado
expresaría	expresarían	habría expresado	habrían expresado
6 presente de subjuntivo		**13 perfecto de subjuntivo**	
exprese	expresemos	haya expresado	hayamos expresado
expreses	expreséis	hayas expresado	hayáis expresado
exprese	expresen	haya expresado	hayan expresado
7 imperfecto de subjuntivo		**14 pluscuamperfecto de subjuntivo**	
expresara	expresáramos	hubiera expresado	hubiéramos expresado
expresaras	expresarais	hubieras expresado	hubierais expresado
expresara	expresaran	hubiera expresado	hubieran expresado
OR		OR	
expresase	expresásemos	hubiese expresado	hubiésemos expresado
expresases	expresaseis	hubieses expresado	hubieseis expresado
expresase	expresasen	hubiese expresado	hubiesen expresado

imperativo	
—	expresemos
expresa; no expreses	expresad; no expreséis
exprese	expresen

expresarse to express oneself
una expresión expression, phrase
expresamente expressly, on purpose
expresivamente expressively

el expresionismo expressionism (art)
expreso express (train, etc.)
una expresión idiomática idiomatic expression
expresiones de mi parte regards from me, kindest regards

Syn.: **manifestar** to demonstrate, to show (352)   Ant.: **callarse** to be silent

fabricar (236)

to fabricate, to manufacture,
to make, to build

Gerundio **fabricando**   Part. pas. **fabricado**

Regular **-ar** verb endings with spelling
change: **c** becomes **qu** before **e**

The Seven Simple Tenses		The Seven Compound Tenses	
Singular	Plural	Singular	Plural
1 presente de indicativo		**8 perfecto de indicativo**	
fabrico	fabricamos	he fabricado	hemos fabricado
fabricas	fabricáis	has fabricado	habéis fabricado
fabrica	fabrican	ha fabricado	han fabricado
2 imperfecto de indicativo		**9 pluscuamperfecto de indicativo**	
fabricaba	fabricábamos	había fabricado	habíamos fabricado
fabricabas	fabricabais	habías fabricado	habíais fabricado
fabricaba	fabricaban	había fabricado	habían fabricado
3 pretérito		**10 pretérito anterior**	
fabriqué	fabricamos	hube fabricado	hubimos fabricado
fabricaste	fabricasteis	hubiste fabricado	hubisteis fabricado
fabricó	fabricaron	hubo fabricado	hubieron fabricado
4 futuro		**11 futuro perfecto**	
fabricaré	fabricaremos	habré fabricado	habremos fabricado
fabricarás	fabricaréis	habrás fabricado	habréis fabricado
fabricará	fabricarán	habrá fabricado	habrán fabricado
5 potencial simple		**12 potencial compuesto**	
fabricaría	fabricaríamos	habría fabricado	habríamos fabricado
fabricarías	fabricaríais	habrías fabricado	habríais fabricado
fabricaría	fabricarían	habría fabricado	habrían fabricado
6 presente de subjuntivo		**13 perfecto de subjuntivo**	
fabrique	fabriquemos	haya fabricado	hayamos fabricado
fabriques	fabriquéis	hayas fabricado	hayáis fabricado
fabrique	fabriquen	haya fabricado	hayan fabricado
7 imperfecto de subjuntivo		**14 pluscuamperfecto de subjuntivo**	
fabricara	fabricáramos	hubiera fabricado	hubiéramos fabricado
fabricaras	fabricarais	hubieras fabricado	hubierais fabricado
fabricara	fabricaran	hubiera fabricado	hubieran fabricado
OR		OR	
fabricase	fabricásemos	hubiese fabricado	hubiésemos fabricado
fabricases	fabricaseis	hubieses fabricado	hubieseis fabricado
fabricase	fabricasen	hubiese fabricado	hubiesen fabricado

imperativo

—	fabriquemos
fabrica; no fabriques	fabricad; no fabriquéis
fabrique	fabriquen

Quien fabricó esta herramienta es un genio.
Whoever made this tool is a genius.

la fábrica factory
la fabricación fabrication, manufacturing
de fabricación casera homemade

el fabricante manufacturer
la fabricación en serie mass production
prefabricar to prefabricate

Syn.: **construir** to construct; **crear** to create; **hacer** to make; **manufacturar** to manufacture
(284); **producir** to produce   Ant.: **deshacer** to undo, to destroy; **destruir** to destroy

faltar (237)

Regular **-ar** verb

to be lacking, to be wanting, to lack, to miss, to need

The Seven Simple Tenses		The Seven Compound Tenses	
Singular	**Plural**	**Singular**	**Plural**
1 presente de indicativo		**8 perfecto de indicativo**	
falto	faltamos	he faltado	hemos faltado
faltas	faltáis	has faltado	habéis faltado
falta	faltan	ha faltado	han faltado
2 imperfecto de indicativo		**9 pluscuamperfecto de indicativo**	
faltaba	faltábamos	había faltado	habíamos faltado
faltabas	faltabais	habías faltado	habíais faltado
faltaba	faltaban	había faltado	habían faltado
3 pretérito		**10 pretérito anterior**	
falté	faltamos	hube faltado	hubimos faltado
faltaste	faltasteis	hubiste faltado	hubisteis faltado
faltó	faltaron	hubo faltado	hubieron faltado
4 futuro		**11 futuro perfecto**	
faltaré	faltaremos	habré faltado	habremos faltado
faltarás	faltaréis	habrás faltado	habréis faltado
faltará	faltarán	habrá faltado	habrán faltado
5 potencial simple		**12 potencial compuesto**	
faltaría	faltaríamos	habría faltado	habríamos faltado
faltarías	faltaríais	habrías faltado	habríais faltado
faltaría	faltarían	habría faltado	habrían faltado
6 presente de subjuntivo		**13 perfecto de subjuntivo**	
falte	faltemos	haya faltado	hayamos faltado
faltes	faltéis	hayas faltado	hayáis faltado
falte	falten	haya faltado	hayan faltado
7 imperfecto de subjuntivo		**14 pluscuamperfecto de subjuntivo**	
faltara	faltáramos	hubiera faltado	hubiéramos faltado
faltaras	faltarais	hubieras faltado	hubierais faltado
faltara	faltaran	hubiera faltado	hubieran faltado
OR		OR	
faltase	faltásemos	hubiese faltado	hubiésemos faltado
faltases	faltaseis	hubieses faltado	hubieseis faltado
faltase	faltasen	hubiese faltado	hubiesen faltado

imperativo	
—	faltemos
falta; no faltes	faltad; no faltéis
falte	falten

a falta de for lack of	**¡No faltaba más!** That's the limit!
sin falta without fail, without fault	**faltar poco para + inf.** not to be long before
la falta lack, want	**hacer falta** to be necessary
faltante lacking, wanting, missing	**poner faltas a** to find fault with

Syn.: **carecer de** to lack, to be in need of (333)   Ant.: **abundar** to abound, to be plentiful (39)

felicitar (238)
to congratulate, to felicitate

Gerundio **felicitando**   Part. pas. **felicitado**
Regular **-ar** verb

The Seven Simple Tenses		The Seven Compound Tenses	
Singular	**Plural**	**Singular**	**Plural**
1 presente de indicativo		**8 perfecto de indicativo**	
felicito	felicitamos	he felicitado	hemos felicitado
felicitas	felicitáis	has felicitado	habéis felicitado
felicita	felicitan	ha felicitado	han felicitado
2 imperfecto de indicativo		**9 pluscuamperfecto de indicativo**	
felicitaba	felicitábamos	había felicitado	habíamos felicitado
felicitabas	felicitabais	habías felicitado	habíais felicitado
felicitaba	felicitaban	había felicitado	habían felicitado
3 pretérito		**10 pretérito anterior**	
felicité	felicitamos	hube felicitado	hubimos felicitado
felicitaste	felicitasteis	hubiste felicitado	hubisteis felicitado
felicitó	felicitaron	hubo felicitado	hubieron felicitado
4 futuro		**11 futuro perfecto**	
felicitaré	felicitaremos	habré felicitado	habremos felicitado
felicitarás	felicitaréis	habrás felicitado	habréis felicitado
felicitará	felicitarán	habrá felicitado	habrán felicitado
5 potencial simple		**12 potencial compuesto**	
felicitaría	felicitaríamos	habría felicitado	habríamos felicitado
felicitarías	felicitaríais	habrías felicitado	habríais felicitado
felicitaría	felicitarían	habría felicitado	habrían felicitado
6 presente de subjuntivo		**13 perfecto de subjuntivo**	
felicite	felicitemos	haya felicitado	hayamos felicitado
felicites	felicitéis	hayas felicitado	hayáis felicitado
felicite	feliciten	haya felicitado	hayan felicitado
7 imperfecto de subjuntivo		**14 pluscuamperfecto de subjuntivo**	
felicitara	felicitáramos	hubiera felicitado	hubiéramos felicitado
felicitaras	felicitarais	hubieras felicitado	hubierais felicitado
felicitara	felicitaran	hubiera felicitado	hubieran felicitado
OR		OR	
felicitase	felicitásemos	hubiese felicitado	hubiésemos felicitado
felicitases	felicitaseis	hubieses felicitado	hubieseis felicitado
felicitase	felicitasen	hubiese felicitado	hubiesen felicitado

imperativo	
—	felicitemos
felicita; no felicites	felicitad; no felicitéis
felicite	feliciten

Te felicito por tu graduación.   I congratulate you for your graduation.

la felicitación, las felicitaciones
  congratulations
la felicidad   happiness, good fortune
felizmente   happily, fortunately

feliz   happy, fortunate, lucky (*pl.* **felices**)
¡Feliz Año Nuevo!   Happy New Year!
¡Feliz Cumpleaños!   Happy Birthday!

Syn.: **aplaudir** to applaud; **congratular** to congratulate (259)

festejar (239)
to feast, to entertain, to celebrate

The Seven Simple Tenses		The Seven Compound Tenses	
Singular	Plural	Singular	Plural
1 presente de indicativo		**8 perfecto de indicativo**	
festejo	festejamos	he festejado	hemos festejado
festejas	festejáis	has festejado	habéis festejado
festeja	festejan	ha festejado	han festejado
2 imperfecto de indicativo		**9 pluscuamperfecto de indicativo**	
festejaba	festejábamos	había festejado	habíamos festejado
festejabas	festejabais	habías festejado	habíais festejado
fetsejaba	festejaban	había festejado	habían festejado
3 pretérito		**10 pretérito anterior**	
festejé	fetejamos	hube festejado	hubimos festejado
festejaste	festejasteis	hubiste festejado	hubisteis festejado
festejó	festejaron	hubo festejado	hubieron festejado
4 futuro		**11 futuro perfecto**	
festejaré	festejaremos	habré festejado	habremos festejado
festejarás	festejaréis	habrás festejado	habréis festejado
festejará	festejarán	habrá festejado	habrán festejado
5 potencial simple		**12 potencial compuesto**	
festejaría	festejaríamos	habría festejado	habríamos festejado
festejarías	festejaríais	habrías festejado	habríais festejado
festejaría	festejarían	habría festejado	habrían festejado
6 presente de subjuntivo		**13 perfecto de subjuntivo**	
festeje	festejemos	haya festejado	hayamos festejado
festejes	festejéis	hayas festejado	hayáis festejado
festeje	festejen	haya festejado	hayan festejado
7 imperfecto de subjuntivo		**14 pluscuamperfecto de subjuntivo**	
festejara	festejáramos	hubiera festejado	hubiéramos festejado
festejaras	festejarais	hubieras festejado	hubierais festejado
festejara	festejaran	hubiera festejado	hubieran festejado
OR		OR	
festejase	festejásemos	hubiese festejado	hubiésemos festejado
festejases	festejaseis	hubieses festejado	hubieseis festejado
festejase	festejasen	hubiese festejado	hubiesen festejado

imperativo

—	festejemos
festeja; no festejes	festejad; no festejéis
festeje	festejen

un festejo   banquet, feast, celebration
una fiesta   feast, holy day, festivity
la fiesta nacional   national holiday
la fiesta de todos los santos   All Saints' Day
la fiesta de cumpleaños   birthday party

Syn.: **agasajar** to entertain (86); **celebrar** to celebrate; **entretener** to entertain, to amuse (468)   Ant.: **entristecerse** to become sad (345)

fiar (240)

to confide, to trust

Regular **-ar** verb endings with spelling change: **i** becomes
í on stressed syllable (see Tenses 1, 6, Imperative)

The Seven Simple Tenses		The Seven Compound Tenses	
Singular	**Plural**	**Singular**	**Plural**
1 presente de indicativo		**8 perfecto de indicativo**	
fío	fiamos	he fiado	hemos fiado
fías	fiáis	has fiado	habéis fiado
fía	fían	ha fiado	han fiado
2 imperfecto de indicativo		**9 pluscuamperfecto de indicativo**	
fiaba	fiábamos	había fiado	habíamos fiado
fiabas	fiabais	habías fiado	habíais fiado
fiaba	fiaban	había fiado	habían fiado
3 pretérito		**10 pretérito anterior**	
fié	fiamos	hube fiado	hubimos fiado
fiaste	fiasteis	hubiste fiado	hubisteis fiado
fió	fiaron	hubo fiado	hubieron fiado
4 futuro		**11 futuro perfecto**	
fiaré	fiaremos	habré fiado	habremos fiado
fiarás	fiaréis	habrás fiado	habréis fiado
fiará	fiarán	habrá fiado	habrán fiado
5 potencial simple		**12 potencial compuesto**	
fiaría	fiaríamos	habría fiado	habríamos fiado
fiarías	fiaríais	habrías fiado	habríais fiado
fiaría	fiarían	habría fiado	habrían fiado
6 presente de subjuntivo		**13 perfecto de subjuntivo**	
fíe	fiemos	haya fiado	hayamos fiado
fíes	fiéis	hayas fiado	hayáis fiado
fíe	fíen	haya fiado	hayan fiado
7 imperfecto de subjuntivo		**14 pluscuamperfecto de subjuntivo**	
fiara	fiáramos	hubiera fiado	hubiéramos fiado
fiaras	fiarais	hubieras fiado	hubierais fiado
fiara	fiaran	hubiera fiado	hubieran fiado
OR		OR	
fiase	fiásemos	hubiese fiado	hubiésemos fiado
fiases	fiaseis	hubieses fiado	hubieseis fiado
fiase	fiasen	hubiese fiado	hubiesen fiado

imperativo	
—	fiemos
fía; no fíes	fiad; no fiéis
fíe	fíen

No me fío de tu nuevo amigo.   I don't trust your new friend.

fiarse de   to have confidence in, to trust
la fianza   security, surety, guarantee
al fiado   on credit, on trust
fiable   trustworthy, dependable

fiar en   to trust in
comprar al fiado   to buy on credit
en libertad bajo fianza   free on bail
no se fía   no credit

Syn.: **confiar** to trust (240)   Ant.: **desconfiar** to distrust, to mistrust (256)

fijarse (241)
to take notice, to pay attention, to settle

The Seven Simple Tenses		The Seven Compound Tenses	
Singular	**Plural**	**Singular**	**Plural**
1 presente de indicativo		**8 perfecto de indicativo**	
me fijo	nos fijamos	me he fijado	nos hemos fijado
te fijas	os fijáis	te has fijado	os habéis fijado
se fija	se fijan	se ha fijado	se han fijado
2 imperfecto de indicativo		**9 pluscuamperfecto de indicativo**	
me fijaba	nos fijábamos	me había fijado	nos habíamos fijado
te fijabas	os fijabais	te habías fijado	os habíais fijado
se fijaba	se fijaban	se había fijado	se habían fijado
3 pretérito		**10 pretérito anterior**	
me fijé	nos fijamos	me hube fijado	nos hubimos fijado
te fijaste	os fijasteis	te hubiste fijado	os hubisteis fijado
se fijó	se fijaron	se hubo fijado	se hubieron fijado
4 futuro		**11 futuro perfecto**	
me fijaré	nos fijaremos	me habré fijado	nos habremos fijado
te fijarás	os fijaréis	te habrás fijado	os habréis fijado
se fijará	se fijarán	se habrá fijado	se habrán fijado
5 potencial simple		**12 potencial compuesto**	
me fijaría	nos fijaríamos	me habría fijado	nos habríamos fijado
te fijarías	os fijaríais	te habrías fijado	os habríais fijado
se fijaría	se fijarían	se habría fijado	se habrían fijado
6 presente de subjuntivo		**13 perfecto de subjuntivo**	
me fije	nos fijemos	me haya fijado	nos hayamos fijado
te fijes	os fijéis	te hayas fijado	os hayáis fijado
se fije	se fijen	se haya fijado	se hayan fijado
7 imperfecto de subjuntivo		**14 pluscuamperfecto de subjuntivo**	
me fijara	nos fijáramos	me hubiera fijado	nos hubiéramos fijado
te fijaras	os fijarais	te hubieras fijado	os hubierais fijado
se fijara	se fijaran	se hubiera fijado	se hubieran fijado
OR		OR	
me fijase	nos fijásemos	me hubiese fijado	nos hubiésemos fijado
te fijases	os fijaseis	te hubieses fijado	os hubieseis fijado
se fijase	se fijasen	se hubiese fijado	se hubiesen fijado

imperativo	
—	fijémonos
fíjate; no te fijes	fijaos; no os fijéis
fíjese	fíjense

fijar   to clinch, to fasten, to fix; **fijo**   (when used as an adj.)
fijarse en   to take notice of, to pay attention to, to settle in
hora fija   set time, set hour, time agreed on; **de fijo**   surely
fijamente   fixedly, assuredly; **fijar el precio**   to fix/set the price;
  la fijación de precios   price-fixing; **una fijación**   fixation

Syn.: **observar** to observe, to notice; **prestar atención** to pay attention; **tomar nota** to take
note (of)   Ant.: **ignorar** not to know

fingir (242)

to feign, to pretend

Gerundio **fingiendo**   Part. pas. **fingido**

Regular **-ir** verb endings with spelling
change: **g** becomes **j** before **a** or **o**

The Seven Simple Tenses		The Seven Compound Tenses	
Singular	**Plural**	**Singular**	**Plural**
1 presente de indicativo		**8 perfecto de indicativo**	
finjo	fingimos	he fingido	hemos fingido
finges	fingís	has fingido	habéis fingido
finge	fingen	ha fingido	han fingido
2 imperfecto de indicativo		**9 pluscuamperfecto de indicativo**	
fingía	fingíamos	había fingido	habíamos fingido
fingías	fingíais	habías fingido	habíais fingido
fingía	fingían	había fingido	habían fingido
3 pretérito		**10 pretérito anterior**	
fingí	fingimos	hube fingido	hubimos fingido
fingiste	finisteis	hubiste fingido	hubisteis fingido
fingió	fingieron	hubo fingido	hubieron fingido
4 futuro		**11 futuro perfecto**	
fingiré	fingiremos	habré fingido	habremos fingido
fingirás	fingiréis	habrás fingido	habréis fingido
fingirá	fingirán	habrá fingido	habrán fingido
5 potencial simple		**12 potencial compuesto**	
fingiría	fingiríamos	habría fingido	habríamos fingido
fingirías	fingiríais	habrías fingido	habríais fingido
fingiría	fingirían	habría fingido	habrían fingido
6 presente de subjuntivo		**13 perfecto de subjuntivo**	
finja	finjamos	haya fingido	hayamos fingido
finjas	finjáis	hayas fingido	hayáis fingido
finja	finjan	haya fingido	hayan fingido
7 imperfecto de subjuntivo		**14 pluscuamperfecto de subjuntivo**	
fingiera	fingiéramos	hubiera fingido	hubiéramos fingido
fingieras	fingierais	hubieras fingido	hubierais fingido
fingiera	fingieran	hubiera fingido	hubieran fingido
OR		OR	
fingiese	fingiésemos	hubiese fingido	hubiésemos fingido
fingieses	fingieseis	hubieses fingido	hubieseis fingido
fingiese	fingiesen	hubiese fingido	hubiesen fingido

imperativo	
—	finjamos
finge; no finjas	fingid; no finjáis
finja	finjan

fingir + inf.   to pretend + inf.
el fingimiento   deceit, pretense, feigning
un fingidor, una fingidora   faker, feigner
fingidamente   fictitiously

fingirse amigos   to pretend to be friends
el nombre fingido   assumed (fake) name
fingir alegría   to fake happiness
fingir sorpresa   to fake surprise

Syn.: **engañar** to deceive (213); **mentir** to lie; **simular** to simulate, to feign (71)

firmar (243)
to sign

F

The Seven Simple Tenses		The Seven Compound Tenses	
Singular	Plural	Singular	Plural

1 presente de indicativo

		8 perfecto de indicativo	
firmo	firmamos	he firmado	hemos firmado
firmas	firmáis	has firmado	habéis firmado
firma	firman	ha firmado	han firmado

2 imperfecto de indicativo

		9 pluscuamperfecto de indicativo	
firmaba	firmábamos	había firmado	habíamos firmado
firmabas	firmabais	habías firmado	habíais firmado
firmaba	firmaban	había firmado	habían firmado

3 pretérito

		10 pretérito anterior	
firmé	firmamos	hube firmado	hubimos firmado
firmaste	firmasteis	hubiste firmado	hubisteis firmado
firmó	firmaron	hubo firmado	hubieron firmado

4 futuro

		11 futuro perfecto	
firmaré	firmaremos	habré firmado	habremos firmado
firmarás	firmaréis	habrás firmado	habréis firmado
firmará	firmarán	habrá firmado	habrán firmado

5 potencial simple

		12 potencial compuesto	
firmaría	firmaríamos	habría firmado	habríamos firmado
firmarías	firmaríais	habrías firmado	habríais firmado
firmaría	firmarían	habría firmado	habrían firmado

6 presente de subjuntivo

		13 perfecto de subjuntivo	
firme	firmemos	haya firmado	hayamos firmado
firmes	firméis	hayas firmado	hayáis firmado
firme	firmen	haya firmado	hayan firmado

7 imperfecto de subjuntivo

		14 pluscuamperfecto de subjuntivo	
firmara	firmáramos	hubiera firmado	hubiéramos firmado
firmaras	firmarais	hubieras firmado	hubierais firmado
firmara	firmaran	hubiera firmado	hubieran firmado
OR		OR	
firmase	firmásemos	hubiese firmado	hubiésemos firmado
firmases	firmaseis	hubieses firmado	hubieseis firmado
firmase	firmasen	hubiese firmado	hubiesen firmado

imperativo	
—	firmemos
firma; no firmes	firmad; no firméis
firme	firmen

No firmo nunca un contrato sin leerlo de antemano.
I never sign a contract without reading it beforehand.

firmar y sellar to sign and seal	**de firme** steadily
el, la firmante signer	**en lo firme** in the right
confirmar to confirm	**el color firme** fast color

Syn.: **aprobar** to approve; **certificar** to certify; **signar** to sign (114)

formar (244)
to form, to shape, to make up, to educate

Gerundio **formando**   Part. pas. **formado**
Regular **-ar** verb

The Seven Simple Tenses		The Seven Compound Tenses	
Singular	**Plural**	**Singular**	**Plural**
1 presente de indicativo		**8 perfecto de indicativo**	
formo	formamos	he formado	hemos formado
formas	formáis	has formado	habéis formado
forma	forman	ha formado	han formado
2 imperfecto de indicativo		**9 pluscuamperfecto de indicativo**	
formaba	formábamos	había formado	habíamos formado
formabas	formabais	habías formado	habíais formado
formaba	formaban	había formado	habían formado
3 pretérito		**10 pretérito anterior**	
formé	formamos	hube formado	hubimos formado
formaste	formasteis	hubiste formado	hubisteis formado
formó	formaron	hubo formado	hubieron formado
4 futuro		**11 futuro perfecto**	
formaré	formaremos	habré formado	habremos formado
formarás	formaréis	habrás formado	habréis formado
formará	formarán	habrá formado	habrán formado
5 potencial simple		**12 potencial compuesto**	
formaría	formaríamos	habría formado	habríamos formado
formarías	formaríais	habrías formado	habríais formado
formaría	formarían	habría formado	habrían formado
6 presente de subjuntivo		**13 perfecto de subjuntivo**	
forme	formemos	haya formado	hayamos formado
formes	forméis	hayas formado	hayáis formado
forme	formen	haya formado	hayan formado
7 imperfecto de subjuntivo		**14 pluscuamperfecto de subjuntivo**	
formara	formáramos	hubiera formado	hubiéramos formado
formaras	formarais	hubieras formado	hubierais formado
formara	formaran	hubiera formado	hubieran formado
OR		OR	
formase	formásemos	hubiese formado	hubiésemos formado
formases	formaseis	hubieses formado	hubieseis formado
formase	formasen	hubiese formado	hubiesen formado

imperativo	
—	formemos
forma; no formes	formad; no forméis
forme	formen

formativo, formativa formative
formante forming
transformar to transform
la forma form, shape
de esta forma in this way
la formación formation, training

formalmente formally; la formalidad
  formality
de forma que . . . so that . . .
de una forma o de otra somehow or other,
  one way or another

Syn.: **criar** to bring up (to rear); **educar** to educate (424); **enseñar** to teach
Ant.: **deformar** to deform (244)

Part. pas. **fregado**   Gerundio **fregando**
Regular **-ar** verb endings with stem change:
Tenses 1, 6, Imperative

fregar (245)
to wash dishes, to scrub

The Seven Simple Tenses		The Seven Compound Tenses	
Singular	**Plural**	**Singular**	**Plural**
1 presente de indicativo		**8 perfecto de indicativo**	
friego	fregamos	he fregado	hemos fregado
friegas	fregáis	has fregado	habéis fregado
friega	friegan	ha fregado	han fregado
2 imperfecto de indicativo		**9 pluscuamperfecto de indicativo**	
fregaba	fregábamos	había fregado	habíamos fregado
fregabas	fregabais	habías fregado	habíais fregado
fregaba	fregaban	había fregado	habían fregado
3 pretérito		**10 pretérito anterior**	
fregué	fregamos	hube fregado	hubimos fregado
fregaste	fregasteis	hubiste fregado	hubisteis fregado
fregó	fregaron	hubo fregado	hubieron fregado
4 futuro		**11 futuro perfecto**	
fregaré	fregaremos	habré fregado	habremos fregado
fregarás	fregaréis	habrás fregado	habréis fregado
fregará	fregarán	habrá fregado	habrán fregado
5 potencial simple		**12 potencial compuesto**	
fregaría	fregaríamos	habría fregado	habríamos fregado
fregarías	fregaríais	habrías fregado	habríais fregado
fregaría	fregarían	habría fregado	habrían fregado
6 presente de subjuntivo		**13 perfecto de subjuntivo**	
friegue	freguemos	haya fregado	hayamos fregado
friegues	freguéis	hayas fregado	hayáis fregado
friegue	frieguen	haya fregado	hayan fregado
7 imperfecto de subjuntivo		**14 pluscuamperfecto de subjuntivo**	
fregara	fregáramos	hubiera fregado	hubiéramos fregado
fregaras	fregarais	hubieras fregado	hubierais fregado
fregara	fregaran	hubiera fregado	hubieran fregado
OR		OR	
fregase	fregásemos	hubiese fregado	hubiésemos fregado
fregases	fregaseis	hubieses fregado	hubieseis fregado
fregase	fregasen	hubiese fregado	hubiesen fregado

imperativo

—	freguemos
friega; no friegues	fregad; no freguéis
friegue	frieguen

Federico, toma el fregador y friega el fregadero.
Frederick, take the scrubbing brush and scrub the kitchen sink.

el fregador sink; dish mop, scrubbing brush
el fregadero kitchen sink
la friega rubbing, massage, nuisance
el friegaplatos dishwasher

la fregadura scouring, mopping, scrubbing
refregar to rub; **el refregamiento** rubbing, scrubbing
refregado, refregada scrubbed

Syn.: **lavar** to wash; **limpiar** to clean   Ant.: **ensuciar** to dirty, to soil (383); **manchar** to stain (306)

freír (246)
to fry

The Seven Simple Tenses		The Seven Compound Tenses	
Singular	**Plural**	**Singular**	**Plural**
1 presente de indicativo		**8 perfecto de indicativo**	
frío	freímos	he frito	hemos frito
fríes	freís	has frito	habéis frito
fríe	fríen	ha frito	han frito
2 imperfecto de indicativo		**9 pluscuamperfecto de indicativo**	
freía	freíamos	había frito	habíamos frito
freías	freíais	habías frito	habíais frito
freía	freían	había frito	habían frito
3 pretérito		**10 pretérito anterior**	
freí	freímos	hube frito	hubimos frito
freíste	freísteis	hubiste frito	hubisteis frito
frió	frieron	hubo frito	hubieron frito
4 futuro		**11 futuro perfecto**	
freiré	freiremos	habré frito	habremos frito
freirás	freiréis	habrás frito	habréis frito
freirá	freirán	habrá frito	habrán frito
5 potencial simple		**12 potencial compuesto**	
freiría	freiríamos	habría frito	habríamos frito
freirías	freiríais	habrías frito	habríais frito
freiría	freirían	habría frito	habrían frito
6 presente de subjuntivo		**13 perfecto de subjuntivo**	
fría	friamos	haya frito	hayamos frito
frías	friáis	hayas frito	hayáis frito
fría	frían	haya frito	hayan frito
7 imperfecto de subjuntivo		**14 pluscuamperfecto de subjuntivo**	
friera	friéramos	hubiera frito	hubiéramos frito
frieras	frierais	hubieras frito	hubierais frito
friera	frieran	hubiera frito	hubieran frito
OR		OR	
friese	friésemos	hubiese frito	hubiésemos frito
frieses	frieseis	hubieses frito	hubieseis frito
friese	friesen	hubiese frito	hubiesen frito

imperativo	
—	friamos
fríe; no frías	freíd; no friáis
fría	frían

las patatas fritas fried potatoes, French fries		**la fritada** fried food	
las patatas fritas a la inglesa potato chips		**la fritura** fry	
las fritillas fritters		**el pescado frito** fried fish	
frito, frita fried		**los huevos fritos** fried eggs	

Syn.: **asar** to roast (2); **cocer** to cook (321, 486); **cocinar** to cook; **guisar** to cook (25); **hornear** to bake (206)

fumar (247)

to smoke

The Seven Simple Tenses		The Seven Compound Tenses	
Singular	**Plural**	**Singular**	**Plural**
1 presente de indicativo		**8 perfecto de indicativo**	
fumo	fumamos	he fumado	hemos fumado
fumas	fumáis	has fumado	habéis fumado
fuma	fuman	ha fumado	han fumado
2 imperfecto de indicativo		**9 pluscuamperfecto de indicativo**	
fumaba	fumábamos	había fumado	habíamos fumado
fumabas	fumabais	habías fumado	habíais fumado
fumaba	fumaban	había fumado	habían fumado
3 pretérito		**10 pretérito anterior**	
fumé	fumamos	hube fumado	hubimos fumado
fumaste	fumasteis	hubiste fumado	hubisteis fumado
fumó	fumaron	hubo fumado	hubieron fumado
4 futuro		**11 futuro perfecto**	
fumaré	fumaremos	habré fumado	habremos fumado
fumarás	fumaréis	habrás fumado	habréis fumado
fumará	fumarán	habrá fumado	habrán fumado
5 potencial simple		**12 potencial compuesto**	
fumaría	fumaríamos	habría fumado	habríamos fumado
fumarías	fumaríais	habrías fumado	habríais fumado
fumaría	fumarían	habría fumado	habrían fumado
6 presente de subjuntivo		**13 perfecto de subjuntivo**	
fume	fumemos	haya fumado	hayamos fumado
fumes	fuméis	hayas fumado	hayáis fumado
fume	fumen	haya fumado	hayan fumado
7 imperfecto de subjuntivo		**14 pluscuamperfecto de subjuntivo**	
fumara	fumáramos	hubiera fumado	hubiéramos fumado
fumaras	fumarais	hubieras fumado	hubierais fumado
fumara	fumaran	hubiera fumado	hubieran fumado
OR		OR	
fumase	fumásemos	hubiese fumado	hubiésemos fumado
fumases	fumaseis	hubieses fumado	hubieseis fumado
fumase	fumasen	hubiese fumado	hubiesen fumado

imperativo

—	fumemos
fuma; no fumes	fumad; no fuméis
fume	fumen

un fumador, una fumadora   smoker   **SE PROHIBE FUMAR**   NO SMOKING
una fumada, una fumarada   puff of smoke
fumar como una chimenea   to smoke like
  a chimney
Fumar no es bueno para la salud/Smoking is not good for one's health.
  (see page 6, *Spanish infinitive and its principal uses*)

Syn.: **humear** to smoke, to steam (175)

funcionar (248)
to function, to run (machine)

Gerundio **funcionando**   Part. pas. **funcionado**

Regular **-ar** verb

The Seven Simple Tenses		The Seven Compound Tenses	
Singular	**Plural**	**Singular**	**Plural**
1 presente de indicativo		**8 perfecto de indicativo**	
funciono	funcionamos	he funcionado	hemos funcionado
funcionas	funcionáis	has funcionado	habéis funcionado
funciona	funcionan	ha funcionado	han funcionado
2 imperfecto de indicativo		**9 pluscuamperfecto de indicativo**	
funcionaba	funcionábamos	había funcionado	habíamos funcionado
funcionabas	funcionabais	habías funcionado	habíais funcionado
funcionaba	funcionaban	había funcionado	habían funcionado
3 pretérito		**10 pretérito anterior**	
funcioné	funcionamos	hube funcionado	hubimos funcionado
funcionaste	funcionasteis	hubiste funcionado	hubisteis funcionado
funcionó	funcionaron	hubo funcionado	hubieron funcionado
4 futuro		**11 futuro perfecto**	
funcionaré	funcionaremos	habré funcionado	habremos funcionado
funcionarás	funcionaréis	habrás funcionado	habréis funcionado
funcionará	funcionarán	habrá funcionado	habrán funcionado
5 potencial simple		**12 potencial compuesto**	
funcionaría	funcionaríamos	habría funcionado	habríamos funcionado
funcionarías	funcionaríais	habrías funcionado	habríais funcionado
funcionaría	funcionarían	habría funcionado	habrían funcionado
6 presente de subjuntivo		**13 perfecto de subjuntivo**	
funcione	funcionemos	haya funcionado	hayamos funcionado
funciones	funcionéis	hayas funcionado	hayáis funcionado
funcione	funcionen	haya funcionado	hayan funcionado
7 imperfecto de subjuntivo		**14 pluscuamperfecto de subjuntivo**	
funcionara	funcionáramos	hubiera funcionado	hubiéramos funcionado
funcionaras	funcionarais	hubieras funcionado	hubierais funcionado
funcionara	funcionaran	hubiera funcionado	hubieran funcionado
OR		OR	
funcionase	funcionásemos	hubiese funcionado	hubiésemos funcionado
funcionases	funionaseis	hubieses funcionado	hubieseis funcionado
funcionase	funcionasen	hubiese funcionado	hubiesen funcionado

imperativo

—	funcionemos
funciona; no funciones	funcionad; no funcionéis
funcione	funcionen

una función function
la función de títeres puppet show
un funcionario de aduanas customs official
el funcionamiento functioning, operation
funcional functional

NO FUNCIONA OUT OF ORDER, OUT OF SERVICE
el funcionado, la funcionada civil servant
un funcionario público public official

Syn.: **marchar** to function, to run (machine)   Ant.: **fallar** to fail (261); **parar** to stop

Part. pas. **ganado**   Gerundio **ganando**
Regular **-ar** verb

ganar (249)
to earn, to gain, to win

The Seven Simple Tenses		The Seven Compound Tenses	
Singular	Plural	Singular	Plural
1 presente de indicativo		**8 perfecto de indicativo**	
gano	ganamos	he ganado	hemos ganado
ganas	ganáis	has ganado	habéis ganado
gana	ganan	ha ganado	han ganado
2 imperfecto de indicativo		**9 pluscuamperfecto de indicativo**	
ganaba	ganábamos	había ganado	habíamos ganado
ganabas	ganabais	habías ganado	habíais ganado
ganaba	ganaban	había ganado	habían ganado
3 pretérito		**10 pretérito anterior**	
gané	ganamos	hube ganado	hubimos ganado
ganaste	ganasteis	hubiste ganado	hubisteis ganado
ganó	ganaron	hubo ganado	hubieron ganado
4 futuro		**11 futuro perfecto**	
ganaré	ganaremos	habré ganado	habremos ganado
ganarás	ganaréis	habrás ganado	habréis ganado
ganará	ganarán	habrá ganado	habrán ganado
5 potencial simple		**12 potencial compuesto**	
ganaría	ganaríamos	habría ganado	habríamos ganado
ganarías	ganaríais	habrías ganado	habríais ganado
ganaría	ganarían	habría ganado	habrían ganado
6 presente de subjuntivo		**13 perfecto de subjuntivo**	
gane	ganemos	haya ganado	hayamos ganado
ganes	ganéis	hayas ganado	hayáis ganado
gane	ganen	haya ganado	hayan ganado
7 imperfecto de subjuntivo		**14 pluscuamperfecto de subjuntivo**	
ganara	ganáramos	hubiera ganado	hubiéramos ganado
ganaras	ganarais	hubieras ganado	hubierais ganado
ganara	ganaran	hubiera ganado	hubieran ganado
OR		OR	
ganase	ganásemos	hubiese ganado	hubiésemos ganado
ganases	ganaseis	hubieses ganado	hubieseis ganado
ganase	ganasen	hubiese ganado	hubiesen ganado

imperativo	
—	ganemos
gana; no ganes	ganad; no ganéis
gane	ganen

—¿Quién ganó el concurso?   —Who won the contest?
—¡El ganador!   —The winner!

ganar el pan, ganar la vida   to earn a living
la ganancia   profit, gain
ganador, ganadora   winner
ganar dinero   to earn (make) money

desganar   to dissuade
desganarse   to lose one's appetite; to be bored
ganar el premio gordo   to win first prize
ir ganando   to be winning, to be in the lead

Syn.: **conquistar** to conquer, to win (250); **triunfar** to triumph (54)   Ant.: **perder** to lose

333

gastar (250)

to spend (money), to wear out, to waste

Gerundio **gastando**   Part. pas. **gastado**

Regular **-ar** verb

The Seven Simple Tenses		The Seven Compound Tenses	
Singular	**Plural**	**Singular**	**Plural**
1 presente de indicativo		**8 perfecto de indicativo**	
gasto	gastamos	he gastado	hemos gastado
gastas	gastáis	has gastado	habéis gastado
gasta	gastan	ha gastado	han gastado
2 imperfecto de indicativo		**9 pluscuamperfecto de indicativo**	
gastaba	gastábamos	había gastado	habíamos gastado
gastabas	gastabais	habías gastado	habíais gastado
gastaba	gastaban	había gastado	habían gastado
3 pretérito		**10 pretérito anterior**	
gasté	gastamos	hube gastado	hubimos gastado
gastaste	gastasteis	hubiste gastado	hubisteis gastado
gastó	gastaron	hubo gastado	hubieron gastado
4 futuro		**11 futuro perfecto**	
gastaré	gastaremos	habré gastado	habremos gastado
gastarás	gastaréis	habrás gastado	habréis gastado
gastará	gastarán	habrá gastado	habrán gastado
5 potencial simple		**12 potencial compuesto**	
gastaría	gastaríamos	habría gastado	habríamos gastado
gastarías	gastaríais	habrías gastado	habríais gastado
gastaría	gastarían	habría gastado	habrían gastado
6 presente de subjuntivo		**13 perfecto de subjuntivo**	
gaste	gastemos	haya gastado	hayamos gastado
gastes	gastéis	hayas gastado	hayáis gastado
gaste	gasten	haya gastado	hayan gastado
7 imperfecto de subjuntivo		**14 pluscuamperfecto de subjuntivo**	
gastara	gastáramos	hubiera gastado	hubiéramos gastado
gastaras	gastarais	hubieras gastado	hubierais gastado
gastara	gastaran	hubiera gastado	hubieran gastado
OR		OR	
gastase	gastásemos	hubiese gastado	hubiésemos gastado
gastases	gastaseis	hubieses gastado	hubieseis gastado
gastase	gastasen	hubiese gastado	hubiesen gastado

imperativo

—	gastemos
gasta; no gastes	gastad; no gastéis
gaste	gasten

Quien poco tiene, pronto lo gasta.   Whoever has little soon spends it.

el gasto   expense, expenditure
cubrir gastos   to cover expenses
pagar los gastos   to foot the bill, to pay the tab

malgastar   to squander, misspend, waste
gastar el tiempo   to waste time
el dinero para gastos   pocket money

Use **gastar** when you spend money: **No me gusta gastar mucho dinero.**/I do not like to spend much money. (See **pasar**.)

Syn.: **pagar** to pay   Ant.: **ahorrar** to economize, to save; **economizar** to economize (339)

Part. pas. **gemido**   Gerundio **gimiendo**

Regular **-ir** verb endings with stem change:
Tenses 1, 3, 6, 7, Imperative, Gerundio

gemir (251)

*to grieve, to groan,
to moan, to howl*

The Seven Simple Tenses		The Seven Compound Tenses	
Singular	Plural	Singular	Plural
1 presente de indicativo		**8 perfecto de indicativo**	
gimo	gemimos	he gemido	hemos gemido
gimes	gemís	has gemido	habéis gemido
gime	gimen	ha gemido	han gemido
2 imperfecto de indicativo		**9 pluscuamperfecto de indicativo**	
gemía	gemíamos	había gemido	habíamos gemido
gemías	gemíais	habías gemido	habíais gemido
gemía	gemían	había gemido	habían gemido
3 pretérito		**10 pretérito anterior**	
gemí	gemimos	hube gemido	hubimos gemido
gemiste	gemisteis	hubiste gemido	hubisteis gemido
gimió	gimieron	hubo gemido	hubieron gemido
4 futuro		**11 futuro perfecto**	
gemiré	gemiremos	habré gemido	habremos gemido
gemirás	gemiréis	habrás gemido	habréis gemido
gemirá	gemirán	habrá gemido	habrán gemido
5 potencial simple		**12 potencial compuesto**	
gemiría	gemiríamos	habría gemido	habríamos gemido
gemirías	gemiríais	habrías gemido	habríais gemido
gemiría	gemirían	habría gemido	habrían gemido
6 presente de subjuntivo		**13 perfecto de subjuntivo**	
gima	gimamos	haya gemido	hayamos gemido
gimas	gimáis	hayas gemido	hayáis gemido
gima	giman	haya gemido	hayan gemido
7 imperfecto de subjuntivo		**14 pluscuamperfecto de subjuntivo**	
gimiera	gimiéramos	hubiera gemido	hubiéramos gemido
gimieras	gimierais	hubieras gemido	hubierais gemido
gimiera	gimieran	hubiera gemido	hubieran gemido
OR		OR	
gimiese	gimiésemos	hubiese gemido	hubiésemos gemido
gimieses	gimieseis	hubieses gemido	hubieseis gemido
gimiese	gimiesen	hubiese gemido	hubiesen gemido

imperativo	
—	gimamos
gime; no gimas	gemid; no gimáis
gima	giman

gemidor, gemidora   lamenter, griever
el gemido   lamentation, howl, groan, moan

gemiquear   to whine, to blubber
el gemiqueo   whining, blubbering

Syn.: **lamentar** to lament (11); **llorar** to cry   Ant.: **alegrarse** to rejoice; **reírse** to laugh

gobernar (252)
to govern, to rule

Gerundio **gobernando**   Part. pas. **gobernado**
Regular **-ar** verb endings with stem change:
Tenses 1, 6, Imperative

The Seven Simple Tenses		The Seven Compound Tenses	
Singular	**Plural**	**Singular**	**Plural**
1 presente de indicativo		**8 perfecto de indicativo**	
gobierno	gobernamos	he gobernado	hemos gobernado
gobiernas	gobernáis	has gobernado	habéis gobernado
gobierna	gobiernan	ha gobernado	han gobernado
2 imperfecto de indicativo		**9 pluscuamperfecto de indicativo**	
gobernaba	gobernábamos	había gobernado	habíamos gobernado
gobernabas	gobernabais	habías gobernado	habíais gobernado
gobernaba	gobernaban	había gobernado	habían gobernado
3 pretérito		**10 pretérito anterior**	
goberné	gobernamos	hube gobernado	hubimos gobernado
gobernaste	gobernasteis	hubiste gobernado	hubisteis gobernado
gobernó	gobernaron	hubo gobernado	hubieron gobernado
4 futuro		**11 futuro perfecto**	
gobernaré	gobernaremos	habré gobernado	habremos gobernado
gobernarás	gobernaréis	habrás gobernado	habréis gobernado
gobernará	gobernarán	habrá gobernado	habrán gobernado
5 potencial simple		**12 potencial compuesto**	
gobernaría	gobernaríamos	habría gobernado	habríamos gobernado
gobernarías	gobernaríais	habrías gobernado	habríais gobernado
gobernaría	gobernarían	habría gobernado	habrían gobernado
6 presente de subjuntivo		**13 perfecto de subjuntivo**	
gobierne	gobernemos	haya gobernado	hayamos gobernado
gobiernes	gobernéis	hayas gobernado	hayáis gobernado
gobierne	gobiernen	haya gobernado	hayan gobernado
7 imperfecto de subjuntivo		**14 pluscuamperfecto de subjuntivo**	
gobernara	gobernáramos	hubiera gobernado	hubiéramos gobernado
gobernaras	gobernarais	hubieras gobernado	hubierais gobernado
gobernara	gobernaran	hubiera gobernado	hubieran gobernado
OR		OR	
gobernase	gobernásemos	hubiese gobernado	hubiésemos gobernado
gobernases	gobernaseis	hubieses gobernado	hubieseis gobernado
gobernase	gobernasen	hubiese gobernado	hubiesen gobernado

imperativo	
—	gobernemos
gobierna; no gobiernes	gobernad; no gobernéis
gobierne	gobiernen

un gobernador, una gobernadora governor
el gobierno government
el gobierno central central government
el gobierno de la casa home management, housekeeping

un gobierno fantoche puppet government
la gobernación governing
el gobierno parlamentario parliamentary government
el gobierno militar military government

Syn.: **conducir** to lead; **guiar** to lead, to guide   Ant.: **obedecer** to obey

Part. pas. **gozado**   Gerundio **gozando**
Regular **-ar** verb endings with spelling change:
z becomes **c** before **e**

The Seven Simple Tenses		The Seven Compound Tenses	
Singular	Plural	Singular	Plural
1 presente de indicativo		**8 perfecto de indicativo**	
gozo	gozamos	he gozado	hemos gozado
gozas	gozáis	has gozado	habéis gozado
goza	gozan	ha gozado	han gozado
2 imperfecto de indicativo		**9 pluscuamperfecto de indicativo**	
gozaba	gozábamos	había gozado	habíamos gozado
gozabas	gozabais	habías gozado	habíais gozado
gozaba	gozaban	había gozado	habían gozado
3 pretérito		**10 pretérito anterior**	
gocé	gozamos	hube gozado	hubimos gozado
gozaste	gozasteis	hubiste gozado	hubisteis gozado
gozó	gozaron	hubo gozado	hubieron gozado
4 futuro		**11 futuro perfecto**	
gozaré	gozaremos	habré gozado	habremos gozado
gozarás	gozaréis	habrás gozado	habréis gozado
gozará	gozarán	habrá gozado	habrán gozado
5 potencial simple		**12 potencial compuesto**	
gozaría	gozaríamos	habría gozado	habríamos gozado
gozarías	gozaríais	habrías gozado	habríais gozado
gozaría	gozarían	habría gozado	habrían gozado
6 presente de subjuntivo		**13 perfecto de subjuntivo**	
goce	gocemos	haya gozado	hayamos gozado
goces	gocéis	hayas gozado	hayáis gozado
goce	gocen	haya gozado	hayan gozado
7 imperfecto de subjuntivo		**14 pluscuamperfecto de subjuntivo**	
gozara	gozáramos	hubiera gozado	hubiéramos gozado
gozaras	gozarais	hubieras gozado	hubierais gozado
gozara	gozaran	hubiera gozado	hubieran gozado
OR		OR	
gozase	gozásemos	hubiese gozado	hubiésemos gozado
gozases	gozaseis	hubieses gozado	hubieseis gozado
gozase	gozasen	hubiese gozado	hubiesen gozado

imperativo

—	gocemos
goza; no goces	gozad; no gocéis
goce	gocen

el goce enjoyment	**gozarla** to have a good time
el gozo joy, pleasure	**gozar de buena salud** to enjoy good health
saltar de gozo to jump with joy	**gozoso, gozosa** joyful
gozarse to enjoy oneself	**gozosamente** joyfully

Syn.: **alegrarse** to rejoice; **disfrutar** to enjoy; **recrearse** to entertain oneself (289)
Ant.: **aburrirse** to be bored; **sufrir** to suffer

gritar (254)

to shout, to scream, to shriek, to cry out

Gerundio **gritando** Part. pas. **gritado**

Regular **-ar** verb

The Seven Simple Tenses		The Seven Compound Tenses	
Singular	**Plural**	**Singular**	**Plural**
1 presente de indicativo		**8 perfecto de indicativo**	
grito	gritamos	he gritado	hemos gritado
gritas	gritáis	has gritado	habéis gritado
grita	gritan	ha gritado	han gritado
2 imperfecto de indicativo		**9 pluscuamperfecto de indicativo**	
gritaba	gritábamos	había gritado	habíamos gritado
gritabas	gritabais	habías gritado	habíais gritado
gritaba	gritaban	había gritado	habían gritado
3 pretérito		**10 pretérito anterior**	
grité	gritamos	hube gritado	hubimos gritado
gritaste	gritasteis	hubiste gritado	hubisteis gritado
gritó	gritaron	hubo gritado	hubieron gritado
4 futuro		**11 futuro perfecto**	
gritaré	gritaremos	habré gritado	habremos gritado
gritarás	gritaréis	habrás gritado	habréis gritado
gritará	gritarán	habrá gritado	habrán gritado
5 potencial simple		**12 potencial compuesto**	
gritaría	gritaríamos	habría gritado	habríamos gritado
gritarías	gritaríais	habrías gritado	habríais gritado
gritaría	gritarían	habría gritado	habrían gritado
6 presente de subjuntivo		**13 perfecto de subjuntivo**	
grite	gritemos	haya gritado	hayamos gritado
grites	gritéis	hayas gritado	hayáis gritado
grite	griten	haya gritado	hayan gritado
7 imperfecto de subjuntivo		**14 pluscuamperfecto de subjuntivo**	
gritara	gritáramos	hubiera gritado	hubiéramos gritado
gritaras	gritarais	hubieras gritado	hubierais gritado
gritara	gritaran	hubiera gritado	hubieran gritado
OR		OR	
gritase	gritásemos	hubiese gritado	hubiésemos gritado
gritases	gritaseis	hubieses gritado	hubieseis gritado
gritase	gritasen	hubiese gritado	hubiesen gritado

imperativo

—	gritemos
grita; no grites	gritad; no gritéis
grite	griten

el grito cry, scream, shout, proclamation
a gritos at the top of one's voice, loudly
la grita, la gritería outcry, shouting
el grito de Dolores proclamation that celebrates Mexican Independence Day (Sept. 16)

un gritón, una gritona screamer
dar grita a to hoot at, to boo
gritar a un actor to boo an actor

Syn.: **hablar a gritas** to shout; **vocear** to shout (206); **vociferar** to shout (227)
Ant.: **susurrar** to whisper (54)

Part. pas. **gruñido**   Gerundio **gruñendo**
Regular **-ir** verb endings in all tenses
except Tenses 3 and 7; Note present participle

gruñir (255)
to grumble, to grunt,
to growl, to creak

The Seven Simple Tenses		The Seven Compound Tenses	
Singular	Plural	Singular	Plural
1 presente de indicativo		**8 perfecto de indicativo**	
gruño	gruñimos	he gruñido	hemos gruñido
gruñes	gruñís	has gruñido	habéis gruñido
gruñe	gruñen	ha gruñido	han gruñido
2 imperfecto de indicativo		**9 pluscuamperfecto de indicativo**	
gruñía	gruñíamos	había gruñido	habíamos gruñido
gruñías	gruñíais	habías gruñido	habíais gruñido
gruñía	gruñían	había gruñido	habían gruñido
3 pretérito		**10 pretérito anterior**	
gruñí	gruñimos	hube gruñido	hubimos gruñido
gruñiste	gruñisteis	hubiste gruñido	hubisteis gruñido
gruñó	gruñeron	hubo gruñido	hubieron gruñido
4 futuro		**11 futuro perfecto**	
gruñiré	gruñiremos	habré gruñido	habremos gruñido
gruñirás	gruñiréis	habrás gruñido	habréis gruñido
gruñirá	gruñirán	habrá gruñido	habrán gruñido
5 potencial simple		**12 potencial compuesto**	
gruñiría	gruñiríamos	habría gruñido	habríamos gruñido
gruñirías	gruñiríais	habrías gruñido	habríais gruñido
gruñiría	gruñirían	habría gruñido	habrían gruñido
6 presente de subjuntivo		**13 perfecto de subjuntivo**	
gruña	gruñamos	haya gruñido	hayamos gruñido
gruñas	gruñáis	hayas gruñido	hayáis gruñido
gruña	gruñan	haya gruñido	hayan gruñido
7 imperfecto de subjuntivo		**14 pluscuamperfecto de subjuntivo**	
gruñera	gruñéramos	hubiera gruñido	hubiéramos gruñido
gruñeras	gruñerais	hubieras gruñido	hubierais gruñido
gruñera	gruñeran	hubiera gruñido	hubieran gruñido
OR		OR	
gruñese	gruñésemos	hubiese gruñido	hubiésemos gruñido
gruñeses	gruñeseis	hubieses gruñido	hubieseis gruñido
gruñese	gruñesen	hubiese gruñido	hubiesen gruñido

imperativo	
—	gruñamos
gruñe; no gruñas	gruñid; no gruñáis
gruña	gruñan

gruñón, gruñona   cranky, grumpy, grouchy
el gruñido, el gruñimiento   grunting, grunt, growling, growl
gruñidor, gruñidora   growler, grumbler

Syn.: **protestar** to protest (308); **refunfuñar** to grumble; to growl (213)   Ant.: **contentarse** to be contented (289)

guiar (256)
to lead, to guide

Gerundio **guiando** Part. pas. **guiado**
Regular **-ar** verb endings with spelling change: **i** becomes
í on stressed syllable (see Tenses 1, 6, Imperative)

The Seven Simple Tenses		The Seven Compound Tenses	
Singular	Plural	Singular	Plural
1 presente de indicativo		**8 perfecto de indicativo**	
guío	guiamos	he guiado	hemos guiado
guías	guiáis	has guiado	habéis guiado
guía	guían	ha guiado	han guiado
2 imperfecto de indicativo		**9 pluscuamperfecto de indicativo**	
guiaba	guiábamos	había guiado	habíamos guiado
guiabas	guiabais	habías guiado	habíais guiado
guiaba	guiaban	había guiado	habían guiado
3 pretérito		**10 pretérito anterior**	
guié	guiamos	hube guiado	hubimos guiado
guiaste	guiasteis	hubiste guiado	hubisteis guiado
guió	guiaron	hubo guiado	hubieron guiado
4 futuro		**11 futuro perfecto**	
guiaré	guiaremos	habré guiado	habremos guiado
guiarás	guiaréis	habrás guiado	habréis guiado
guiará	guiarán	habrá guiado	habrán guiado
5 potencial simple		**12 potencial compuesto**	
guiaría	guiaríamos	habría guiado	habríamos guiado
guiarías	guiaríais	habrías guiado	habríais guiado
guiaría	guiarían	habría guiado	habrían guiado
6 presente de subjuntivo		**13 perfecto de subjuntivo**	
guíe	guiemos	haya guiado	hayamos guiado
guíes	guiéis	hayas guiado	hayáis guiado
guíe	guíen	haya guiado	hayan guiado
7 imperfecto de subjuntivo		**14 pluscuamperfecto de subjuntivo**	
guiara	guiáramos	hubiera guiado	hubiéramos guiado
guiaras	guiarais	hubieras guiado	hubierais guiado
guiara	guiaran	hubiera guiado	hubieran guiado
OR		OR	
guiase	guiásemos	hubiese guiado	hubiésemos guiado
guiases	guiaseis	hubieses guiado	hubieseis guiado
guiase	guiasen	hubiese guiado	hubiesen guiado

imperativo	
—	guiemos
guía; no guíes	guiad; no guiéis
guíe	guíen

el guía	guide, leader	**la guía de teléfonos**	telephone directory
la guía	guidebook	**la guía turística**	tourist guidebook

guiarse por   to be guided by, to be governed by
guiar a alguien en los estudios   to guide
  (direct) someone in studies

Syn.: **aconsejar** to advise; **conducir** to lead; **dirigir** to direct; **gobernar** to rule; **orientar** to orient, to guide (11)   Ant.: **desorientar** to mislead (11)

Haber

Haber is an essential verb for beginning students of Spanish. If you can conjugate **haber** in the simple tenses, you can form any other verb in the compound tenses! The verb **haber** is used as an auxiliary (helping) verb as follows:

Compound tenses	Example (in the 1st person sing.)
Present Perfect (or Perfect) Indicative	**he hablado** (I have spoken)
Pluperfect (or Past Perfect) Indicative	**había hablado** (I had spoken)
Preterit Perfect (or Past Anterior)	**hube hablado** (I had spoken)
Future Perfect (or Future Anterior)	**habré hablado** (I will have spoken)
Conditional Perfect	**habría hablado** (I would have spoken)
Present Perfect (or Past) Subjunctive	**haya hablado** (I may have spoken)
Pluperfect (or Past Perfect) Subjunctive	**hubiera hablado** *or* **hubiese hablado** (I might have spoken)

For an explanation of the formation of these tenses, see pages 22 through 25 as well as pages 30 and 31.

The verb **haber** is also used to form the perfect (or past) infinitive: **haber hablado** (to have spoken). Simply use the infinitive form of **haber** + the past participle of the main verb.

The verb **haber** is also used to form the perfect participle: **habiendo hablado** (having spoken). This is formed by using the present participle of **haber** + the past participle of the main verb.

The verb **haber + de + inf.** is equivalent to the English use of "to be supposed to..." or "to be to...": **María ha de traer un pastel y yo he de traer el helado**/Mary is supposed to bring a cake and I am supposed to bring the ice cream.

Note on hay and hay que + inf.
The word **hay** is not a verb. You might look at it as an impersonal irregular form of **haber**. Actually, the word is composed of **ha** + the archaic **y**, meaning *there*. It is generally seen as an adverbial expression because it points out that something or someone "is there." Its English equivalent is *There is...* or *There are...* For example: **Hay muchos libros en la mesa**/ There are many books on the table.

Hay que + inf. is an impersonal expression that denotes an obligation and it is commonly translated into English as: *One must...* or *It is necessary to...* Example: **Hay que estudiar para aprender**/It is necessary to study in order to learn.

Expressions related to this verb

ha habido... there has been..., there have been...

había... there was..., there were...

habrá... there will be...

habría... there would be...

hubo... there was..., there were...

No hay rosa sin espina.
Every rose has its thorn. (There is no rose without a thorn.)

Donde hay humo, hay fuego.
Where there's smoke, there's fire.

Syn.: **existir** to exist (276)

**AN ESSENTIAL
55 Verb**

haber (257)

to have (as an auxiliary, helping verb to form the compound tenses)

Gerundio **habiendo**   Part. pas. **habido**
Irregular verb

The Seven Simple Tenses

Singular	Plural
1 presente de indicativo	
he	hemos
has	habéis
ha	han
2 imperfecto de indicativo	
había	habíamos
habías	habíais
había	habían
3 pretérito	
hube	hubimos
hubiste	hubisteis
hubo	hubieron
4 futuro	
habré	habremos
habrás	habréis
habrá	habrán
5 potencial simple	
habría	habríamos
habrías	habríais
habría	habrían
6 presente de subjuntivo	
haya	hayamos
hayas	hayáis
haya	hayan
7 imperfecto de subjuntivo	
hubiera	hubiéramos
hubieras	hubierais
hubiera	hubieran
OR	
hubiese	hubiésemos
hubieses	hubieseis
hubiese	hubiesen

The Seven Compound Tenses

Singular	Plural
8 perfecto de indicativo	
he habido	hemos habido
has habido	habéis habido
ha habido	han habido
9 pluscuamperfecto de indicativo	
había habido	habíamos habido
habías habido	habíais habido
había habido	habían habido
10 pretérito anterior	
hube habido	hubimos habido
hubiste habido	hubisteis habido
hubo habido	hubieron habido
11 futuro perfecto	
habré habido	habremos habido
habrás habido	habréis habido
habrá habido	habrán habido
12 potencial compuesto	
habría habido	habríamos habido
habrías habido	habríais habido
habría habido	habrían habido
13 perfecto de subjuntivo	
haya habido	hayamos habido
hayas habido	hayáis habido
haya habido	hayan habido
14 pluscuamperfecto de subjuntivo	
hubiera habido	hubiéramos habido
hubieras habido	hubierais habido
hubiera habido	hubieran habido
OR	
hubiese habido	hubiésemos habido
hubieses habido	hubieseis habido
hubiese habido	hubiesen habido

imperativo

—	hayamos
hé; no hayas	habed; no hayáis
haya	hayan

AN ESSENTIAL
55 Verb

Regular **-ar** verb

habitar (258)

to inhabit, to dwell, to live, to reside

The Seven Simple Tenses		The Seven Compound Tenses	
Singular	Plural	Singular	Plural
1 presente de indicativo		**8 perfecto de indicativo**	
habito	habitamos	he habitado	hemos habitado
habitas	habitáis	has habitado	habéis habitado
habita	habitan	ha habitado	han habitado
2 imperfecto de indicativo		**9 pluscuamperfecto de indicativo**	
habitaba	habitábamos	había habitado	habíamos habitado
habitabas	habitabais	habías habitado	habíais habitado
habitaba	habitaban	había habitado	habían habitado
3 pretérito		**10 pretérito anterior**	
habité	habitamos	hube habitado	hubimos habitado
habitaste	habitasteis	hubiste habitado	hubisteis habitado
habitó	habitaron	hubo habitado	hubieron habitado
4 futuro		**11 futuro perfecto**	
habitaré	habitaremos	habré habitado	habremos habitado
habitarás	habitaréis	habrás habitado	habréis habitado
habitará	habitarán	habrá habitado	habrán habitado
5 potencial simple		**12 potencial compuesto**	
habitaría	habitaríamos	habría habitado	habríamos habitado
habitarías	habitaríais	habrías habitado	habríais habitado
habitaría	habitarían	habría habitado	habrían habitado
6 presente de subjuntivo		**13 perfecto de subjuntivo**	
habite	habitemos	haya habitado	hayamos habitado
habites	habitéis	hayas habitado	hayáis habitado
habite	habiten	haya habitado	hayan habitado
7 imperfecto de subjuntivo		**14 pluscuamperfecto de subjuntivo**	
habitara	habitáramos	hubiera habitado	hubiéramos habitado
habitaras	habitarais	hubieras habitado	hubierais habitado
habitara	habitaran	hubiera habitado	hubieran habitado
OR		OR	
habitase	habitásemos	hubiese habitado	hubiésemos habitado
habitases	habitaseis	hubieses habitado	hubieseis habitado
habitase	habitasen	hubiese habitado	hubiesen habitado

imperativo	
—	habitemos
habita; no habites	habitad; no habitéis
habite	habiten

En el invierno, mis abuelos habitan en la Florida.   In the winter, my grandparents live in Florida.

la habitación habitation, residence, dwelling, abode
la habitabilidad habitability
el, la habitante inhabitant
el hábitat habitat

la habitación individual single room
la habitación doble double room
el piso con tres habitaciones apartment with three rooms

Syn.: **morar** to reside, to dwell (409); **residir** to reside (60); **vivir** to live   Ant.: **mudarse** to move; **vagar** to roam, to wander (341)

Hablar

Hablar is an essential regular **-ar** verb for beginning students of Spanish. It is used in many everyday situations and idiomatic expressions.

Sentences using **hablar** and related words

Aquí se habla español.
Spanish is spoken here.

No me gusta hablar a gritos.
I don't like to shout.

Antes de hablar es bueno pensar.
(It's good to) think before you speak.

El dinero habla.
Money talks.

Hable más despacio, por favor.
Speak more slowly, please.

—**¿Me podría poner con la Señora Del Toro, por favor?**
—**Ella habla.**
—Could you please put me through to Mrs. Del Toro?
—Speaking.

Words and expressions related to this verb

la habladuría gossip, idle rumor

hispanohablante Spanish-speaking

de habla española Spanish-speaking

de habla inglesa English-speaking

hablador, habladora talkative

hablar a gritos to shout

hablar entre dientes to mumble

hablar al oído to whisper in someone's ear

hablar de to talk about

hablar en voz baja to speak softly

Proverb

Para saber hablar, hay que saber escuchar.
In order to know how to talk, one must know how to listen.

Syn.: **charlar** to chat; **conversar** to converse (340); **decir** to say; **platicar** to chat
Ant.: **callarse** to be silent

AN ESSENTIAL
55 Verb

Can't remember the Spanish verb you need?

Check the back pages of this book for the English-Spanish verb index!

hablar (259)
to talk, to speak

The Seven Simple Tenses		The Seven Compound Tenses	
Singular	**Plural**	**Singular**	**Plural**
1 presente de indicativo		**8 perfecto de indicativo**	
hablo	hablamos	he hablado	hemos hablado
hablas	habláis	has hablado	habéis hablado
habla	hablan	ha hablado	han hablado
2 imperfecto de indicativo		**9 pluscuamperfecto de indicativo**	
hablaba	hablábamos	había hablado	habíamos hablado
hablabas	hablabais	habías hablado	habíais hablado
hablaba	hablaban	había hablado	habían hablado
3 pretérito		**10 pretérito anterior**	
hablé	hablamos	hube hablado	hubimos hablado
hablaste	hablasteis	hubiste hablado	hubisteis hablado
habló	hablaron	hubo hablado	hubieron hablado
4 futuro		**11 futuro perfecto**	
hablaré	hablaremos	habré hablado	habremos hablado
hablarás	hablaréis	habrás hablado	habréis hablado
hablará	hablarán	habrá hablado	habrán hablado
5 potencial simple		**12 potencial compuesto**	
hablaría	hablaríamos	habría hablado	habríamos hablado
hablarías	hablaríais	habrías hablado	habríais hablado
hablaría	hablarían	habría hablado	habrían hablado
6 presente de subjuntivo		**13 perfecto de subjuntivo**	
hable	hablemos	haya hablado	hayamos hablado
hables	habléis	hayas hablado	hayáis hablado
hable	hablen	haya hablado	hayan hablado
7 imperfecto de subjuntivo		**14 pluscuamperfecto de subjuntivo**	
hablara	habláramos	hubiera hablado	hubiéramos hablado
hablaras	hablarais	hubieras hablado	hubierais hablado
hablara	hablaran	hubiera hablado	hubieran hablado
OR		OR	
hablase	hablásemos	hubiese hablado	hubiésemos hablado
hablases	hablaseis	hubieses hablado	hubieseis hablado
hablase	hablasen	hubiese hablado	hubiesen hablado

imperativo	
—	hablemos
habla; no hables	hablad; no habléis
hable	hablen

H

AN ESSENTIAL
55 Verb

Hacer

Hacer is an essential irregular verb for beginning students of Spanish. It is used in many everyday situations and idiomatic expressions. **Hacer** is especially important for weather expressions.

¿Cuánto tiempo hace que + present tense...?
(a) Use this formula when you want to ask *How long + the present perfect tense in English:*

¿Cuánto tiempo hace que Ud. estudia español?
How long have you been studying Spanish?

(b) When this formula is used, you generally expect the person to tell you how long a time it has been, e.g., one year, two months, a few minutes.

(c) This is used when the action began at some time in the past and continues up to the present moment. That is why you must use the present tense of the verb—the action of studying, waiting, etc., is still going on at the present.

¿Hace + length of time + que + present tense
(a) This formula is the usual answer to the question **¿Cuánto tiempo hace que + present tense...?**

(b) Since the question is asked in terms of *how long,* the usual answer is in terms of time: a year, two years, a few days, months, minutes, etc.:

Hace tres años que estudio español.
I have been studying Spanish for three years.

(c) The same formula is used if you want to ask *how many weeks, how many months, how many minutes, etc.:*

¿Cuántos años hace que Ud. estudia español?
How many years have you been studying Spanish?

¿Desde cuándo + present tense...?
¿Desde cuándo estudia Ud. español?
How long have you been studying Spanish?

Present tense + desde hace + length of time
Estudio español desde hace tres años.
I have been studying Spanish for three years.

Proverbs

De decir a hacer hay mucho que ver.
There is a great difference between saying and doing. (Easier said than done.)

El ejercicio hace al maestro.
Practice makes perfect.

No dejes para mañana lo que puedes hacer hoy.
Don't put off until tomorrow what you can do today.

Syn.: **construir** to build; **crear** to create; **fabricar** to fabricate; **producir** to produce
Ant.: **deshacer** to undo, to destroy; **destruir** to destroy

AN ESSENTIAL
55 Verb

¿Cuánto tiempo hacía que + imperfect tense?

(a) If the action of the verb began in the past and ended in the past, use the imperfect tense.

(b) This formula is equivalent to the English *How long + past perfect tense:*

¿Cuánto tiempo hacía que Ud. hablaba cuando entré en la sala de clase?
How long had you been talking when I entered the classroom?

(c) Note that the action of talking in this example began in the past and ended in the past when I entered the classroom.

Hacía + length of time + que + imperfect tense
The imperfect tense of the verb is used here because the action began in the past and ended in the past; it is not going on at the present moment.

Hacía una hora que yo hablaba cuando Ud. entró en la sala de clase.
I had been talking for one hour when you entered the classroom.

¿Desde cuándo + imperfect tense...?

¿Desde cuándo hablaba Ud. cuando yo entré en la sala de clase?
How long had you been talking when I entered the classroom?

Imperfect tense + desde hacía + length of time

(Yo) hablaba desde hacía una hora cuando Ud. entró en la sala de clase.
I had been talking for one hour when you entered the classroom.

Weather expressions related to this verb

hace buen tiempo the weather is good

hace calor it's warm (hot)

hace fresco hoy it's cool today

hace frío it's cold

hace mal tiempo the weather is bad

hace sol it's sunny

hace viento it's windy

Sentences using **hacer** and related words

Hace un mes que partió el señor Molina.
Mr. Molina left one month ago.

¿Puede ayudarme a hacer una llamada?
Can you help me make a telephone call?

El señor González siempre hace de jefe.
Mr. González always acts as boss.

A Juan le hace falta un lápiz.
John needs a pencil.

Elena se hizo dentista.
Helen became a dentist.

¡Vámonos! Se hace tarde.
Let's leave! It's getting late.

Words and expressions related to this verb

hace poco a little while ago

hace un año a year ago

hace una hora an hour ago

hacer cara a to face

hacer caso de to pay attention to

hacer clic to click (on an Internet link)

hacer daño a algo to harm something

hacer daño a alguien to harm someone

hacer de to act as

hacer el baúl to pack one's trunk

hacer el favor de + *inf.* please (**Haga Ud. el favor de entrar**/Please come in.)

hacer el papel de to play the role of

hacer la maleta to pack one's suitcase

hacer pedazos to smash, to break, to tear into pieces

hacer un viaje to take a trip

hacer una broma to play a joke

hacer una buena acción to do a good deed

hacer una pregunta to ask a question

hacer una visita to pay a visit, a call

hacerle falta to need

hacerse to become

hacerse daño to hurt oneself, to harm oneself

hacerse tarde to be getting late

hacer mención de to make mention of

hacer punto to knit

hacer uso de to make use of

hacer caer to knock over

una hacienda ranch, estate

hacer (260)
to do, to make

Gerundio **haciendo**   Part. pas. **hecho**
Irregular verb

The Seven Simple Tenses		The Seven Compound Tenses	
Singular	**Plural**	**Singular**	**Plural**
1 presente de indicativo		**8 perfecto de indicativo**	
hago	hacemos	he hecho	hemos hecho
haces	hacéis	has hecho	habéis hecho
hace	hacen	ha hecho	han hecho
2 imperfecto de indicativo		**9 pluscuamperfecto de indicativo**	
hacía	hacíamos	había hecho	habíamos hecho
hacías	hacíais	habías hecho	habíais hecho
hacía	hacían	había hecho	habían hecho
3 pretérito		**10 pretérito anterior**	
hice	hicimos	hube hecho	hubimos hecho
hiciste	hicisteis	hubiste hecho	hubisteis hecho
hizo	hicieron	hubo hecho	hubieron hecho
4 futuro		**11 futuro perfecto**	
haré	haremos	habré hecho	habremos hecho
harás	haréis	habrás hecho	habréis hecho
hará	harán	habrá hecho	habrán hecho
5 potencial simple		**12 potencial compuesto**	
haría	haríamos	habría hecho	habríamos hecho
harías	haríais	habrías hecho	habríais hecho
haría	harían	habría hecho	habrían hecho
6 presente de subjuntivo		**13 perfecto de subjuntivo**	
haga	hagamos	haya hecho	hayamos hecho
hagas	hagáis	hayas hecho	hayáis hecho
haga	hagan	haya hecho	hayan hecho
7 imperfecto de subjuntivo		**14 pluscuamperfecto de subjuntivo**	
hiciera	hiciéramos	hubiera hecho	hubiéramos hecho
hicieras	hicierais	hubieras hecho	hubierais hecho
hiciera	hicieran	hubiera hecho	hubieran hecho
OR		OR	
hiciese	hiciésemos	hubiese hecho	hubiésemos hecho
hicieses	hicieseis	hubieses hecho	hubieseis hecho
hiciese	hiciesen	hubiese hecho	hubiesen hecho

imperativo	
—	hagamos
haz; no hagas	haced; no hagáis
haga	hagan

AN ESSENTIAL
55 Verb

Part. pas. **hallado**   Gerundio **hallando**
Regular **-ar** verb

hallar (261)

to find, to discover, to locate

The Seven Simple Tenses		The Seven Compound Tenses	
Singular	Plural	Singular	Plural

1 presente de indicativo		8 perfecto de indicativo	
hallo	hallamos	he hallado	hemos hallado
hallas	halláis	has hallado	habéis hallado
halla	hallan	ha hallado	han hallado

2 imperfecto de indicativo		9 pluscuamperfecto de indicativo	
hallaba	hallábamos	había hallado	habíamos hallado
hallabas	hallabais	habías hallado	habíais hallado
hallaba	hallaban	había hallado	habían hallado

3 pretérito		10 pretérito anterior	
hallé	hallamos	hube hallado	hubimos hallado
hallaste	hallasteis	hubiste hallado	hubisteis hallado
halló	hallaron	hubo hallado	hubieron hallado

4 futuro		11 futuro perfecto	
hallaré	hallaremos	habré hallado	habremos hallado
hallarás	hallaréis	habrás hallado	habréis hallado
hallará	hallarán	habrá hallado	habrán hallado

5 potencial simple		12 potencial compuesto	
hallaría	hallaríamos	habría hallado	habríamos hallado
hallarías	hallaríais	habrías hallado	habríais hallado
hallaría	hallarían	habría hallado	habrían hallado

6 presente de subjuntivo		13 perfecto de subjuntivo	
halle	hallemos	haya hallado	hayamos hallado
halles	halléis	hayas hallado	hayáis hallado
halle	hallen	haya hallado	hayan hallado

7 imperfecto de subjuntivo		14 pluscuamperfecto de subjuntivo	
hallara	halláramos	hubiera hallado	hubiéramos hallado
hallaras	hallarais	hubieras hallado	hubierais hallado
hallara	hallaran	hubiera hallado	hubieran hallado
OR		OR	
hallase	hallásemos	hubiese hallado	hubiésemos hallado
hallases	hallaseis	hubieses hallado	hubieseis hallado
hallase	hallasen	hubiese hallado	hubiesen hallado

imperativo	
—	hallemos
halla; no halles	hallad; no halléis
halle	hallen

¡Qué suerte! Yo hallé veinte dólares en la calle.
What luck! I found twenty dollars in the street.

un hallazgo   a find, something found, discovery
hallador, halladora   discoverer, finder
la hallada   discovery, find

bien hallado   at ease
mal hallado   uneasy, ill at ease

Syn.: **descubrir** to discover; **encontrar** to meet, to find   Ant.: **ocultar** to hide (11); **perder** to lose

349

heredar (262)
to inherit

The Seven Simple Tenses		The Seven Compound Tenses	
Singular	Plural	Singular	Plural
1 presente de indicativo		**8 perfecto de indicativo**	
heredo	heredamos	he heredado	hemos heredado
heredas	heredáis	has heredado	habéis heredado
hereda	heredan	ha heredado	han heredado
2 imperfecto de indicativo		**9 pluscuamperfecto de indicativo**	
heredaba	heredábamos	había heredado	habíamos heredado
heredabas	heredabais	habías heredado	habíais heredado
heredaba	heredaban	había heredado	habían heredado
3 pretérito		**10 pretérito anterior**	
heredé	heredamos	hube heredado	hubimos heredado
heredaste	heredasteis	hubiste heredado	hubisteis heredado
heredó	heredaron	hubo heredado	hubieron heredado
4 futuro		**11 futuro perfecto**	
heredaré	heredaremos	habré heredado	habremos heredado
heredarás	heredaréis	habrás heredado	habréis heredado
heredará	heredarán	habrá heredado	habrán heredado
5 potencial simple		**12 potencial compuesto**	
heredaría	heredaríamos	habría heredado	habríamos heredado
heredarías	heredaríais	habrías heredado	habríais heredado
heredaría	heredarían	habría heredado	habrían heredado
6 presente de subjuntivo		**13 perfecto de subjuntivo**	
herede	heredemos	haya heredado	hayamos heredado
heredes	heredéis	hayas heredado	hayáis heredado
herede	hereden	haya heredado	hayan heredado
7 imperfecto de subjuntivo		**14 pluscuamperfecto de subjuntivo**	
heredara	heredáramos	hubiera heredado	hubiéramos heredado
heredaras	heredarais	hubieras heredado	hubierais heredado
heredara	heredaran	hubiera heredado	hubieran heredado
OR		OR	
heredase	heredásemos	hubiese heredado	hubiésemos heredado
heredases	heredaseis	hubieses heredado	hubieseis heredado
heredase	heredasen	hubiese heredado	hubiesen heredado

imperativo	
—	heredemos
hereda; no heredes	heredad; no heredéis
herede	hereden

el heredero   heir; **la heredera**   heiress
heredable   inheritable
hereditario, hereditaria   hereditary
la herencia   inheritance

la enfermedad hereditaria   hereditary disease
heredar una fortuna de sus padres   to inherit
   a fortune from one's parents
desheredar   to disinherit

Syn.: **obtener** to obtain; **recibir** to receive   Ant.: **legar** to bequeath (341)

Part. pas. **herido** Gerundio **hiriendo**
Regular **-ir** verb endings with stem change:
Tenses 1, 3, 6, 7, Imperative, Gerundio

herir (263)
to harm, to hurt, to wound

The Seven Simple Tenses		The Seven Compound Tenses	
Singular	Plural	Singular	Plural
1 presente de indicativo		**8 perfecto de indicativo**	
hiero	herimos	he herido	hemos herido
hieres	herís	has herido	habéis herido
hiere	hieren	ha herido	han herido
2 imperfecto de indicativo		**9 pluscuamperfecto de indicativo**	
hería	heríamos	había herido	habíamos herido
herías	heríais	habías herido	habíais herido
hería	herían	había herido	habían herido
3 pretérito		**10 pretérito anterior**	
herí	herimos	hube herido	hubimos herido
heriste	heristeis	hubiste herido	hubisteis herido
hirió	hirieron	hubo herido	hubieron herido
4 futuro		**11 futuro perfecto**	
heriré	heriremos	habré herido	habremos herido
herirás	heriréis	habrás herido	habréis herido
herirá	herirán	habrá herido	habrán herido
5 potencial simple		**12 potencial compuesto**	
heriría	heriríamos	habría herido	habríamos herido
herirías	heriríais	habrías herido	habríais herido
heriría	herirían	habría herido	habrían herido
6 presente de subjuntivo		**13 perfecto de subjuntivo**	
hiera	hiramos	haya herido	hayamos herido
hieras	hiráis	hayas herido	hayáis herido
hiera	hieran	haya herido	hayan herido
7 imperfecto de subjuntivo		**14 pluscuamperfecto de subjuntivo**	
hiriera	hiriéramos	hubiera herido	hubiéramos herido
hirieras	hirierais	hubieras herido	hubierais herido
hiriera	hirieran	hubiera herido	hubieran herido
OR		OR	
hiriese	hiriésemos	hubiese herido	hubiésemos herido
hirieses	hirieseis	hubieses herido	hubieseis herido
hiriese	hiriesen	hubiese herido	hubiesen herido

imperativo	
—	hiramos
hiere; no hieras	herid; no hiráis
hiera	hieran

Mi esposa chocó contra un ciervo en la carretera. Afortunadamente, no lo hirió.
My wife hit a deer on the highway. Fortunately, she didn't hurt it.

la herida wound
mal herido, mal herida seriously wounded

una herida abierta open wound
a grito herido in loud cries

Syn.: **acuchillar** to knife; **dañar** to damage, to injure (109); **injuriar** to injure, to offend (232); **lastimar** to hurt (231) Ant.: **curar** to cure (72)

351

huir (264)

to escape, to flee, to run away, to slip away

Gerundio **huyendo** Part. pas. **huido**

Regular **-ir** verb endings with spelling change: add **y** before **a**, **e**, or **o**

The Seven Simple Tenses		The Seven Compound Tenses	
Singular	Plural	Singular	Plural
1 presente de indicativo		**8 perfecto de indicativo**	
huyo	huimos	he huido	hemos huido
huyes	huís	has huido	habéis huido
huye	huyen	ha huido	han huido
2 imperfecto de indicativo		**9 pluscuamperfecto de indicativo**	
huía	huíamos	había huido	habíamos huido
huías	huíais	habías huido	habíais huido
huía	huían	había huido	habían huido
3 pretérito		**10 pretérito anterior**	
huí	huimos	hube huido	hubimos huido
huiste	huisteis	hubiste huido	hubisteis huido
huyó	huyeron	hubo huido	hubieron huido
4 futuro		**11 futuro perfecto**	
huiré	huiremos	habré huido	habremos huido
huirás	huiréis	habrás huido	habréis huido
huirá	huirán	habrá huido	habrán huido
5 potencial simple		**12 potencial compuesto**	
huiría	huiríamos	habría huido	habríamos huido
huirías	huiríais	habrías huido	habríais huido
huiría	huirían	habría huido	habrían huido
6 presente de subjuntivo		**13 perfecto de subjuntivo**	
huya	huyamos	haya huido	hayamos huido
huyas	huyáis	hayas huido	hayáis huido
huya	huyan	haya huido	hayan huido
7 imperfecto de subjuntivo		**14 pluscuamperfecto de subjuntivo**	
huyera	huyéramos	hubiera huido	hubiéramos huido
huyeras	huyerais	hubieras huido	hubierais huido
huyera	huyeran	hubiera huido	hubieran huido
OR		OR	
huyese	huyésemos	hubiese huido	hubiésemos huido
huyeses	huyeseis	hubieses huido	hubieseis huido
huyese	huyesen	hubiese huido	hubiesen huido

imperativo	
—	huyamos
huye; no huyas	huid; no huyáis
huya	huyan

huir de to keep away from	**huidor, huidora** fleeing, fugitive
la huida escape, flight	**rehuir** to avoid, refuse, shun (**yo rehúyo**)
huidizo, huidiza fugitive, evasive	**¡Huye!** Run! Flee!
huir del vicio to flee from vice	**¡Cómo huyen las horas!** How time flies!
	(**las horas**/the hours)

Syn.: **fugarse** to flee (341, 289); **irse** to go away; **marcharse** to go away   Ant.: **permanecer** to remain, to stay (344); **quedarse** to remain

ignorar (265)

to be ignorant of, not to know

The Seven Simple Tenses		The Seven Compound Tenses	
Singular	**Plural**	**Singular**	**Plural**
1 presente de indicativo		**8 perfecto de indicativo**	
ignoro	ignoramos	he ignorado	hemos ignorado
ignoras	ignoráis	has ignorado	habéis ignorado
ignora	ignoran	ha ignorado	han ignorado
2 imperfecto de indicativo		**9 pluscuamperfecto de indicativo**	
ignoraba	ignorábamos	había ignorado	habíamos ignorado
ignorabas	ignorabais	habías ignorado	habíais ignorado
ignoraba	ignoraban	había ignorado	habían ignorado
3 pretérito		**10 pretérito anterior**	
ignoré	ignoramos	hube ignorado	hubimos ignorado
ignoraste	ignorasteis	hubiste ignorado	hubisteis ignorado
ignoró	ignoraron	hubo ignorado	hubieron ignorado
4 futuro		**11 futuro perfecto**	
ignoraré	ignoraremos	habré ignorado	habremos ignorado
ignorarás	ignoraréis	habrás ignorado	habréis ignorado
ignorará	ignorarán	habrá ignorado	habrán ignorado
5 potencial simple		**12 potencial compuesto**	
ignoararía	ignoraríamos	habría ignorado	habríamos ignorado
ignoararías	ignoraríais	habrías ignorado	habríais ignorado
ignoraría	ignorarían	habría ignorado	habrían ignorado
6 presente de subjuntivo		**13 perfecto de subjuntivo**	
ignore	ignoremos	haya ignorado	hayamos ignorado
ignores	ignoréis	hayas ignorado	hayáis ignorado
ignore	ignoren	haya ignorado	hayan ignorado
7 imperfecto de subjuntivo		**14 pluscuamperfecto de subjuntivo**	
ignorara	ignoráramos	hubiera ignorado	hubiéramos ignorado
ignoraras	ignorarais	hubieras ignorado	hubierais ignorado
ignorara	ignoraran	hubiera ignorado	hubieran ignorado
OR		OR	
ignorase	ignorásemos	hubiese ignorado	hubiésemos ignorado
ignorases	ignoraseis	hubieses ignorado	hubieseis ignorado
ignorase	ignorasen	hubiese ignorado	hubiesen ignorado

imperativo	
—	ignoremos
ignora; no ignores	ignorad; no ignoréis
ignore	ignoren

la ignorancia ignorance
ignorante ignorant
ignoto, ignota unknown
no ignorar que . . . to be well aware that . . .

Lo ignoro. I don't know.
ignorantemente ignorantly
un ignorantón, una ignorantona an ignoramus

Syn.: **desconocer** not to know (134)   Ant.: **conocer** to know; **fijarse** to take notice; **saber** to know

impedir (266)

to hinder, to impede, to prevent

Gerundio **impidiendo**   Part. pas. **impedido**

Regular **-ir** verb endings with stem change:
Tenses 1, 3, 6, 7, Imperative, Gerundio

The Seven Simple Tenses		The Seven Compound Tenses	
Singular	**Plural**	**Singular**	**Plural**
1 presente de indicativo		**8 perfecto de indicativo**	
impido	impedimos	he impedido	hemos impedido
impides	impedís	has impedido	habéis impedido
impide	impiden	ha impedido	han impedido
2 imperfecto de indicativo		**9 pluscuamperfecto de indicativo**	
impedía	impedíamos	había impedido	habíamos impedido
impedías	impedíais	habías impedido	habíais impedido
impedía	impedían	había impedido	habían impedido
3 pretérito		**10 pretérito anterior**	
impedí	impedimos	hube impedido	hubimos impedido
impediste	impedisteis	hubiste impedido	hubisteis impedido
impidió	impidieron	hubo impedido	hubieron impedido
4 futuro		**11 futuro perfecto**	
impediré	impediremos	habré impedido	habremos impedido
impedirás	impediréis	habrás impedido	habréis impedido
impedirá	impedirán	habrá impedido	habrán impedido
5 potencial simple		**12 potencial compuesto**	
impediría	impediríamos	habría impedido	habríamos impedido
impedirías	impediríais	habrías impedido	habríais impedido
impediría	impedirían	habría impedido	habrían impedido
6 presente de subjuntivo		**13 perfecto de subjuntivo**	
impida	impidamos	haya impedido	hayamos impedido
impidas	impidáis	hayas impedido	hayáis impedido
impida	impidan	haya impedido	hayan impedido
7 imperfecto de subjuntivo		**14 pluscuamperfecto de subjuntivo**	
impidiera	impidiéramos	hubiera impedido	hubiéramos impedido
impidieras	impidierais	hubieras impedido	hubierais impedido
impidiera	impidieran	hubiera impedido	hubieran impedido
OR		OR	
impidiese	impidiésemos	hubiese impedido	hubiésemos impedido
impidieses	impidieseis	hubieses impedido	hubieseis impedido
impidiese	impidiesen	hubiese impedido	hubiesen impedido

imperativo	
—	impidamos
impide; no impidas	impedid; no impidáis
impida	impidan

impediente   impeding, hindering
un impedimento   impediment, hindrance
impedir algo a uno   to prevent somebody from
   doing something

impeditivo, impeditiva   hindering, preventive
See also **pedir**.

Syn.: **bloquear** to block (206); **obstaculizar** to hinder (339); **obstar** to obstruct (215); **obstruir** to block (264)   Ant.: **ayudar** to help; **facilitar** to facilitate (238)

Part. pas. **impreso**   Gerundio **imprimiendo**

Regular **-ir** verb

imprimir (267)

to imprint, to impress, to print,
to fix in one's mind

The Seven Simple Tenses		The Seven Compound Tenses	
Singular	**Plural**	**Singular**	**Plural**
1 presente de indicativo		**8 perfecto de indicativo**	
imprimo	imprimimos	he impreso	hemos impreso
imprimes	imprimís	has impreso	habéis impreso
imprime	imprimen	ha impreso	han impreso
2 imperfecto de indicativo		**9 pluscuamperfecto de indicativo**	
imprimía	imprimíamos	había impreso	habíamos impreso
imprimías	imprimíais	habías impreso	habíais impreso
imprimía	imprimían	había impreso	habían impreso
3 pretérito		**10 pretérito anterior**	
imprimí	imprimimos	hube impreso	hubimos impreso
imprimiste	imprimisteis	hubiste impreso	hubisteis impreso
imprimió	imprimieron	hubo impreso	hubieron impreso
4 futuro		**11 futuro perfecto**	
imprimiré	imprimiremos	habré impreso	habremos impreso
imprimirás	imprimiréis	habrás impreso	habréis impreso
imprimirá	imprimirán	habrá impreso	habrán impreso
5 potencial simple		**12 potencial compuesto**	
imprimiría	imprimiríamos	habría impreso	habríamos impreso
imprimirías	imprimiríais	habrías impreso	habríais impreso
imprimiría	imprimirían	habría impreso	habrían impreso
6 presente de subjuntivo		**13 perfecto de subjuntivo**	
imprima	imprimamos	haya impreso	hayamos impreso
imprimas	imprimáis	hayas impreso	hayáis impreso
imprima	impriman	haya impreso	hayan impreso
7 imperfecto de subjuntivo		**14 pluscuamperfecto de subjuntivo**	
imprimiera	imprimiéramos	hubiera impreso	hubiéramos impreso
imprimieras	imprimierais	hubieras impreso	hubierais impreso
imprimiera	imprimieran	hubiera impreso	hubieran impreso
OR		OR	
imprimiese	imprimiésemos	hubiese impreso	hubiésemos impreso
imprimieses	imprimieseis	hubieses impreso	hubieseis impreso
imprimiese	imprimiesen	hubiese impreso	hubiesen impreso

imperativo		
—	imprimamos	
imprime; no imprimas	imprimid; no imprimáis	
imprima	impriman	

imprimible   printable
el imprimátur   imprimatur
impreso, impresa   printed, stamped
la impresora   printer

la impresora en tres dimensiones   3-D printer
los impresos   printed matter
el impresor, la impresora   printer, owner
of a printing shop

Syn.: **editar** to publish (254); **estampar** to stamp, to print (332); **grabar** to engrave (249); **publicar** to publish (99); **tirar** to print (typography)   Ant.: **borrar** to erase

355

incluir (268)   Gerundio **incluyendo**   Part. pas. **incluido (incluso**, when used as an *adj.*)

to include, to enclose

Regular **-ir** verb endings with
spelling change: add **y** before **a**, **e**, or **o**

The Seven Simple Tenses		The Seven Compound Tenses	
Singular	Plural	Singular	Plural
1 presente de indicativo		**8 perfecto de indicativo**	
incluyo	incluimos	he incluido	hemos incluido
incluyes	incluís	has incluido	habéis incluido
incluye	incluyen	ha incluido	han incluido
2 imperfecto de indicativo		**9 pluscuamperfecto de indicativo**	
incluía	incluíamos	había incluido	habíamos incluido
incluías	incluíais	habías incluido	habíais incluido
incluía	incluían	había incluido	habían incluido
3 pretérito		**10 pretérito anterior**	
incluí	incluimos	hube incluido	hubimos incluido
incluiste	incluisteis	hubiste incluido	hubisteis incluido
incluyó	incluyeron	hubo incluido	hubieron incluido
4 futuro		**11 futuro perfecto**	
incluiré	incluiremos	habré incluido	habremos incluido
incluirás	incluiréis	habrás incluido	habréis incluido
incluirá	incluirán	habrá incluido	habrán incluido
5 potencial simple		**12 potencial compuesto**	
incluiría	incluiríamos	habría incluido	habríamos incluido
incluirías	incluiríais	habrías incluido	habríais incluido
incluiría	incluirían	habría incluido	habrían incluido
6 presente de subjuntivo		**13 perfecto de subjuntivo**	
incluya	incluyamos	haya incluido	hayamos incluido
incluyas	incluyáis	hayas incluido	hayáis incluido
incluya	incluyan	haya incluido	hayan incluido
7 imperfecto de subjuntivo		**14 pluscuamperfecto de subjuntivo**	
incluyera	incluyéramos	hubiera incluido	hubiéramos incluido
incluyeras	incluyerais	hubieras incluido	hubierais incluido
incluyera	incluyeran	hubiera incluido	hubieran incluido
OR		OR	
incluyese	incluyésemos	hubiese incluido	hubiésemos incluido
incluyeses	incluyeseis	hubieses incluido	hubieseis incluido
incluyese	incluyesen	hubiese incluido	hubiesen incluido

imperativo

—	incluyamos
incluye; no incluyas	incluid; no incluyáis
incluya	incluyan

inclusivo, inclusiva inclusive, including
la inclusión inclusion
una inclusa foundling home
¿La propina está incluida? Is the tip included?
la carta inclusa the letter enclosed, included

inclusivamente inclusively
sin incluir not including
con inclusión de including
todo incluido everything included

Syn.: **comprender** to comprise; **contener** to contain   Ant.: **descartar** to discard, to put aside
(11); **excluir** to exclude (268)

Part. pas. **indicado**   Gerundio **indicando**
Regular **-ar** verb endings with spelling
change: **c** becomes **qu** before **e**

indicar (269)
to indicate, to point out

The Seven Simple Tenses		The Seven Compound Tenses	
Singular	Plural	Singular	Plural

1 presente de indicativo

		8 perfecto de indicativo	
indico	indicamos	he indicado	hemos indicado
indicas	indicáis	has indicado	habéis indicado
indica	indican	ha indicado	han indicado

2 imperfecto de indicativo

		9 pluscuamperfecto de indicativo	
indicaba	indicábamos	había indicado	habíamos indicado
indicabas	indicabais	habías indicado	habíais indicado
indicaba	indicaban	había indicado	habían indicado

3 pretérito

		10 pretérito anterior	
indiqué	indicamos	hube indicado	hubimos indicado
indicaste	indicasteis	hubiste indicado	hubisteis indicado
indicó	indicaron	hubo indicado	hubieron indicado

4 futuro

		11 futuro perfecto	
indicaré	indicaremos	habré indicado	habremos indicado
indicarás	indicaréis	habrás indicado	habréis indicado
indicará	indicarán	habrá indicado	habrán indicado

5 potencial simple

		12 potencial compuesto	
indicaría	indicaríamos	habría indicado	habríamos indicado
indicarías	indicaríais	habrías indicado	habríais indicado
indicaría	indicarían	habría indicado	habrían indicado

6 presente de subjuntivo

		13 perfecto de subjuntivo	
indique	indiquemos	haya indicado	hayamos indicado
indiques	indiquéis	hayas indicado	hayáis indicado
indique	indiquen	haya indicado	hayan indicado

7 imperfecto de subjuntivo

		14 pluscuamperfecto de subjuntivo	
indicara	indicáramos	hubiera indicado	hubiéramos indicado
indicaras	indicarais	hubieras indicado	hubierais indicado
indicara	indicaran	hubiera indicado	hubieran indicado
OR		OR	
indicase	indicásemos	hubiese indicado	hubiésemos indicado
indicases	indicaseis	hubieses indicado	hubieseis indicado
indicase	indicasen	hubiese indicado	hubiesen indicado

imperativo

—	indiquemos
indica; no indiques	indicad; no indiquéis
indique	indiquen

indicativo, indicativa   indicative
la indicación   indication
el indicador   indicator; **el indicador de**
  humo   smoke detector

una falsa indicación   a wrong direction
el indicador de horarios   travel timetable
  (trains, etc.)
el indicador de velocidad   speedometer

Syn.: **mostrar** to show, to point out; **señalar** to point out; **significar** to signify   Ant.: **esconder**
to conceal, to hide (413); **ocultar** to conceal, to hide (11)

inducir (270)

*to induce, to influence,
to persuade, to lead*

Gerundio **induciendo**   Part. pas. **inducido**
Irregular in Tenses 3 and 7, regular **-ir** endings in all
others; spelling change: **c** becomes **zc** before **a** or **o**

The Seven Simple Tenses		The Seven Compound Tenses	
Singular	**Plural**	**Singular**	**Plural**
1 presente de indicativo		**8 perfecto de indicativo**	
induzco	inducimos	he inducido	hemos inducido
induces	inducís	has inducido	habéis inducido
induce	inducen	ha inducido	han inducido
2 imperfecto de indicativo		**9 pluscuamperfecto de indicativo**	
inducía	inducíamos	había inducido	habíamos inducido
inducías	inducíais	habías inducido	habíais inducido
inducía	inducían	había inducido	habían inducido
3 pretérito		**10 pretérito anterior**	
induje	indujimos	hube inducido	hubimos inducido
indujiste	indujisteis	hubiste inducido	hubisteis inducido
indujo	indujeron	hubo inducido	hubieron inducido
4 futuro		**11 futuro perfecto**	
induciré	induciremos	habré inducido	habremos inducido
inducirás	induciréis	habrás inducido	habréis inducido
inducirá	inducirán	habrá inducido	habrán inducido
5 potencial simple		**12 potencial compuesto**	
induciría	induciríamos	habría inducido	habríamos inducido
inducirías	induciríais	habrías inducido	habríais inducido
induciría	inducirían	habría inducido	habrían inducido
6 presente de subjuntivo		**13 perfecto de subjuntivo**	
induzca	induzcamos	haya inducido	hayamos inducido
induzcas	induzcáis	hayas inducido	hayáis inducido
induzca	induzcan	haya inducido	hayan inducido
7 imperfecto de subjuntivo		**14 pluscuamperfecto de subjuntivo**	
indujera	indujéramos	hubiera inducido	hubiéramos inducido
indujeras	indujerais	hubieras inducido	hubierais inducido
indujera	indujeran	hubiera inducido	hubieran inducido
OR		OR	
indujese	indujésemos	hubiese inducido	hubiésemos inducido
indujeses	indujeseis	hubieses inducido	hubieseis inducido
indujese	indujesen	hubiese inducido	hubiesen inducido

imperativo	
—	induzcamos
induce; no induzcas	inducid; no induzcáis
induzca	induzcan

el inducimiento   inducement
inductivo, inductiva   inductive
el razonamiento inductivo   inductive reasoning
la inducción magnética   magnetic induction

la inducción   induction
inducir a + inf.   to persuade to + inf.

Syn.: **incitar** to incite (279); **persuadir** to persuade (346)   Ant.: **disuadir** to dissuade (346)

Part. pas. **influido**   Gerundio **influyendo**
Regular **-ir** verb endings with spelling
change: add **y** before **a**, **e**, or **o**

influir (271)
to influence, have influence on

The Seven Simple Tenses		The Seven Compound Tenses	
Singular	**Plural**	**Singular**	**Plural**
1 presente de indicativo		**8 perfecto de indicativo**	
influyo	influimos	he influido	hemos influido
influyes	influís	has influido	habéis influido
influye	influyen	ha influido	han influido
2 imperfecto de indicativo		**9 pluscuamperfecto de indicativo**	
influía	influíamos	había influido	habíamos influido
influías	influíais	habías influido	habíais influido
influía	influían	había influido	habían influido
3 pretérito		**10 pretérito anterior**	
influí	influimos	hube influido	hubimos influido
influiste	influisteis	hubiste influido	hubisteis influido
influyó	influyeron	hubo influido	hubieron influido
4 futuro		**11 futuro perfecto**	
influiré	influiremos	habré influido	habremos influido
influirás	influiréis	habrás influido	habréis influido
influirá	influirán	habrá influido	habrán influido
5 potencial simple		**12 potencial compuesto**	
influiría	influiríamos	habría influido	habríamos influido
influirías	influiríais	habrías influido	habríais influido
influiría	influirían	habría influido	habrían influido
6 presente de subjuntivo		**13 perfecto de subjuntivo**	
influya	influyamos	haya influido	hayamos influido
influyas	influyáis	hayas influido	hayáis influido
influya	influyan	haya influido	hayan influido
7 imperfecto de subjuntivo		**14 pluscuamperfecto de subjuntivo**	
influyera	influyéramos	hubiera influido	hubiéramos influido
influyeras	influyerais	hubieras influido	hubierais influido
influyera	influyeran	hubiera influido	hubieran influido
OR		OR	
influyese	influyésemos	hubiese influido	hubiésemos influido
influyeses	influyeseis	hubieses influido	hubieseis influido
influyese	influyesen	hubiese influido	hubiesen influido

imperativo	
—	influyamos
influye; no influyas	influid; no influyáis
influya	influyan

la influencia   influence
influente   influential, influencing
influir en   to affect, to have an influence on, upon
influir sobre alguien para que + subjunctive   to influence someone to + inf.
(Check out the subjunctive on pages 18–22.)

Syn.: **afectar** to affect (11); **inducir** to influence; **influenciar** to influence (383)

informarse (272)

to inform oneself, to find out

The Seven Simple Tenses		The Seven Compound Tenses	
Singular	Plural	Singular	Plural
1 presente de indicativo		**8 perfecto de indicativo**	
me informo	nos informamos	me he informado	nos hemos informado
te informas	os informáis	te has informado	os habéis informado
se informa	se informan	se ha informado	se han informado
2 imperfecto de indicativo		**9 pluscuamperfecto de indicativo**	
me informaba	nos informábamos	me había informado	nos habíamos informado
te informabas	os informabais	te habías informado	os habíais informado
se informaba	se informaban	se había informado	se habían informado
3 pretérito		**10 pretérito anterior**	
me informé	nos informamos	me hube informado	nos hubimos informado
te informaste	os informasteis	te hubiste informado	os hubisteis informado
se informó	se informaron	se hubo informado	se hubieron informado
4 futuro		**11 futuro perfecto**	
me informaré	nos informaremos	me habré informado	nos habremos informado
te informarás	os informaréis	te habrás informado	os habréis informado
se informará	se informarán	se habrá informado	se habrán informado
5 potencial simple		**12 potencial compuesto**	
me informaría	nos informaríamos	me habría informado	nos habríamos informado
te informarías	os informaríais	te habrías informado	os habríais informado
se informaría	se informarían	se habría informado	se habrían informado
6 presente de subjuntivo		**13 perfecto de subjuntivo**	
me informe	nos informemos	me haya informado	nos hayamos informado
te informes	os informéis	te hayas informado	os hayáis informado
se informe	se informen	se haya informado	se hayan informado
7 imperfecto de subjuntivo		**14 pluscuamperfecto de subjuntivo**	
me informara	nos informáramos	me hubiera informado	nos hubiéramos informado
te informaras	os informarais	te hubieras informado	os hubierais informado
se informara	se informaran	se hubiera informado	se hubieran informado
OR		OR	
me informase	nos informásemos	me hubiese informado	nos hubiésemos informado
te informases	os informaseis	te hubieses informado	os hubieseis informado
se informáse	se informasen	se hubiese informado	se hubiesen informado

imperativo	
—	informémonos
infórmate; no te informes	informaos; no os informéis
infórmese	infórmense

el informe; los informes   report(s)
informativo, informativa   informative, informational
informarse de   to find out about
la informática   computer science, computing

el, la informante   informant
informar   to inform, report
informar contra   to inform against
la información   information, report
información económica   financial news

Syn.: **instruirse** to learn (271, 289)   Ant.: **ocultar** to hide, to conceal (11)

inmigrar (273)

to inmigrate, immigrate

The Seven Simple Tenses		The Seven Compound Tenses	
Singular	Plural	Singular	Plural
1 presente de indicativo		**8 perfecto de indicativo**	
inmigro	inmigramos	he inmigrado	hemos inmigrado
inmigras	inmigráis	has inmigrado	habéis inmigrado
inmigra	inmigran	ha inmigrado	han inmigrado
2 imperfecto de indicativo		**9 pluscuamperfecto de indicativo**	
inmigraba	inmigrábamos	había inmigrado	habíamos inmigrado
inmigrabas	inmigrabais	habías inmigrado	habíais inmigrado
inmigraba	inmigraban	había inmigrado	habían inmigrado
3 pretérito		**10 pretérito anterior**	
inmigré	inmigramos	hube inmigrado	hubimos inmigrado
inmigraste	inmigrasteis	hubiste inmigrado	hubisteis inmigrado
inmigró	inmigraron	hubo inmigrado	hubieron inmigrado
4 futuro		**11 futuro perfecto**	
inmigraré	inmigraremos	habré inmigrado	habremos inmigrado
inmigrarás	inmigraréis	habrás inmigrado	habréis inmigrado
inmigrará	inmigrarán	habrá inmigrado	habrán inmigrado
5 potencial simple		**12 potencial compuesto**	
inmigraría	inmigraríamos	habría inmigrado	habríamos inmigrado
inmigrarías	inmigraríais	habrías inmigrado	habríais inmigrado
inmigraría	inmigrarían	habría inmigrado	habrían inmigrado
6 presente de subjuntivo		**13 perfecto de subjuntivo**	
inmigre	inmigremos	haya inmigrado	hayamos inmigrado
inmigres	inmigréis	hayas inmigrado	hayáis inmigrado
inmigre	inmigren	haya inmigrado	hayan inmigrado
7 imperfecto de subjuntivo		**14 pluscuamperfecto de subjuntivo**	
inmigrara	inmigráramos	hubiera inmigrado	hubiéramos inmigrado
inmigraras	inmigrarais	hubieras inmigrado	hubierais inmigrado
inmigrara	inmigraran	hubiera inmigrado	hubieran inmigrado
OR		OR	
inmigrase	inmigrásemos	hubiese inmigrado	hubiésemos inmigrado
inmigrases	inmigraseis	hubieses inmigrado	hubieseis inmigrado
inmigrase	inmigrasen	hubiese inmigrado	hubiesen inmigrado

imperativo	
—	inmigremos
inmigra; no inmigres	inmigrad; no inmigréis
inmigre	inmigren

Mis abuelos inmigraron a los Estados Unidos en 1957.
My grandparents immigrated to the United States in 1957.

la inmigración immigration
inmigrado, inmigrada *adj.* immigrant
inmigrante *adj.* immigrant; **el/la inmigrante**
  immigrant

migrar to migrate
inmigratorio, inmigratoria immigratory
emigrar to emigrate, to migrate
un emigrado, una emigrada an émigré

Syn.: **llegar** to arrive   Ant.: **emigrar** to emigrate (273)

inscribir (274)
to inscribe, to record, to register, to enroll

Gerundio **inscribiendo**   Part. pas. **inscrito**
(**inscripto**, *as an adj.*)
Regular **-ir** verb

The Seven Simple Tenses		The Seven Compound Tenses	
Singular	**Plural**	**Singular**	**Plural**
1 presente de indicativo		**8 perfecto de indicativo**	
inscribo	inscribimos	he inscrito	hemos inscrito
inscribes	inscribís	has inscrito	habéis inscrito
inscribe	inscriben	ha inscrito	han inscrito
2 imperfecto de indicativo		**9 pluscuamperfecto de indicativo**	
inscribía	inscribíamos	había inscrito	habíamos inscrito
inscribías	inscribíais	habías inscrito	habíais inscrito
inscribía	inscribían	había inscrito	habían inscrito
3 pretérito		**10 pretérito anterior**	
inscribí	inscribimos	hube inscrito	hubimos inscrito
inscribiste	inscribisteis	hubiste inscrito	hubisteis inscrito
inscribió	inscribieron	hubo inscrito	hubieron inscrito
4 futuro		**11 futuro perfecto**	
inscribiré	inscribiremos	habré inscrito	habremos inscrito
inscribirás	inscribiréis	habrás inscrito	habréis inscrito
inscribirá	inscribirán	habrá inscrito	habrán inscrito
5 potencial simple		**12 potencial compuesto**	
inscribiría	inscribiríamos	habría inscrito	habríamos inscrito
inscribirías	inscribiríais	habrías inscrito	habríais inscrito
inscribiría	inscribirían	habría inscrito	habrían inscrito
6 presente de subjuntivo		**13 perfecto de subjuntivo**	
inscriba	inscribamos	haya inscrito	hayamos inscrito
inscribas	inscribáis	hayas inscrito	hayáis inscrito
inscriba	inscriban	haya inscrito	hayan inscrito
7 imperfecto de subjuntivo		**14 pluscuamperfecto de subjuntivo**	
inscribiera	inscribiéramos	hubiera inscrito	hubiéramos inscrito
inscribieras	inscribierais	hubieras inscrito	hubierais inscrito
inscribiera	inscribieran	hubiera inscrito	hubieran inscrito
OR		OR	
inscribiese	inscribiésemos	hubiese inscrito	hubiésemos inscrito
inscribieses	inscribieseis	hubieses inscrito	hubieseis inscrito
inscribiese	inscribiesen	hubiese inscrito	hubiesen inscrito

imperativo	
—	inscribamos
inscribe; no inscribas	inscribid; no inscribáis
inscriba	inscriban

Inscribimos a nuestra hija en un programa extraescolar.
We enrolled our daughter in an after-school program.

la inscripción inscription, registration
inscripto, inscripta inscribed, registered

la descripción description

See also **describir** to describe; **escribir** to write.

Syn.: **alistar** to put on a list, to enroll (119); **matricular** to register (71); **registrar** to register (215)

inscribirse (275)

to enroll, to register, to sign up

The Seven Simple Tenses		The Seven Compound Tenses	
Singular	Plural	Singular	Plural
1 presente de indicativo		**8 perfecto de indicativo**	
me inscribo	nos inscribimos	me he inscrito	nos hemos inscrito
te inscribes	os inscribís	te has inscrito	os habéis inscrito
se inscribe	se inscriben	se ha inscrito	se han inscrito
2 imperfecto de indicativo		**9 pluscuamperfecto de indicativo**	
me inscribía	nos inscribíamos	me había inscrito	nos habíamos inscrito
te inscribías	os inscribíais	te habías inscrito	os habíais inscrito
se inscribía	se inscribían	se había inscrito	se habían inscrito
3 pretérito		**10 pretérito anterior**	
me inscribí	nos inscribimos	me hube inscrito	nos hubimos inscrito
te inscribiste	os inscribisteis	te hubiste inscrito	os hubisteis inscrito
se inscribió	se inscribieron	se hubo inscrito	se hubieron inscrito
4 futuro		**11 futuro perfecto**	
me inscribiré	nos inscribiremos	me habré inscrito	nos habremos inscrito
te inscribirás	os inscribiréis	te habrás inscrito	os habréis inscrito
se inscribirá	se inscribirán	se habrá inscrito	se habrán inscrito
5 potencial simple		**12 potencial compuesto**	
me inscribiría	nos inscribiríamos	me habría inscrito	nos habríamos inscrito
te inscribirías	os inscribiríais	te habrías inscrito	os habríais inscrito
se inscribiría	se inscribirían	se habría inscrito	se habrían inscrito
6 presente de subjuntivo		**13 perfecto de subjuntivo**	
me inscriba	nos inscribamos	me haya inscrito	nos hayamos inscrito
te inscribas	os inscribáis	te hayas inscrito	os hayáis inscrito
se inscriba	se inscriban	se haya inscrito	se hayan inscrito
7 imperfecto de subjuntivo		**14 pluscuamperfecto de subjuntivo**	
me inscribiera	nos inscribiéramos	me hubiera inscrito	nos hubiéramos inscrito
te inscribieras	os inscribierais	te hubieras inscrito	os hubierais inscrito
se inscribiera	se inscribieran	se hubiera inscrito	se hubieran inscrito
OR		OR	
me inscribiese	nos inscribiésemos	me hubiese inscrito	nos hubiésemos inscrito
te inscribieses	os inscribieseis	te hubieses inscrito	os hubieseis inscrito
se inscribiese	se inscribiesen	se hubiese inscrito	se hubiesen inscrito

imperativo

—	inscribámonos
inscríbete; no te inscribas	inscribíos; no os inscribáis
inscríbase	inscríbanse

Cuando me inscribí en el sitio web, tuve que crear una contraseña.
When I registered on the site, I had to create a password.

inscribirse en un concurso   to register one's name (to sign up) in a contest

Syn.: **alistarse** to enroll, to enlist (292); **matricularse** to enroll (oneself) (98); **registrarse** to register, to check in (289)

insistir (276)
to insist, to persist, to stress

Gerundio **insistiendo**   Part. pas. **insistido**
Regular **-ir** verb

The Seven Simple Tenses		The Seven Compound Tenses	
Singular	Plural	Singular	Plural
1 presente de indicativo		**8 perfecto de indicativo**	
insisto	insistimos	he insistido	hemos insistido
insistes	insistís	has insistido	habéis insistido
insiste	insisten	ha insistido	han insistido
2 imperfecto de indicativo		**9 pluscuamperfecto de indicativo**	
insistía	insistíamos	había insistido	habíamos insistido
insistías	insistíais	habías insistido	habíais insistido
insistía	insistían	había insistido	habían insistido
3 pretérito		**10 pretérito anterior**	
insistí	insistimos	hube insistido	hubimos insistido
insististe	insististeis	hubiste insistido	hubisteis insistido
insistió	insistieron	hubo insistido	hubieron insistido
4 futuro		**11 futuro perfecto**	
insistiré	insistiremos	habré insistido	habremos insistido
insistirás	insistiréis	habrás insistido	habréis insistido
insistirá	insistirán	habrá insistido	habrán insistido
5 potencial simple		**12 potencial compuesto**	
insistiría	insistiríamos	habría insistido	habríamos insistido
insistirías	insistiríais	habrías insistido	habríais insistido
insistiría	insistirían	habría insistido	habrían insistido
6 presente de subjuntivo		**13 perfecto de subjuntivo**	
insista	insistamos	haya insistido	hayamos insistido
insistas	insistáis	hayas insistido	hayáis insistido
insista	insistan	haya insistido	hayan insistido
7 imperfecto de subjuntivo		**14 pluscuamperfecto de subjuntivo**	
insistiera	insistiéramos	hubiera insistido	hubiéramos insistido
insistieras	insistierais	hubieras insistido	hubierais insistido
insistiera	insistieran	hubiera insistido	hubieran insistido
OR		OR	
insistiese	insistiésemos	hubiese insistido	hubiésemos insistido
insistieses	insistieseis	hubieses insistido	hubieseis insistido
insistiese	insistiesen	hubiese insistido	hubiesen insistido

imperativo	
—	insistamos
insiste; no insistas	insistid; no insistáis
insista	insistan

Insisto en que regreses a casa a la hora de la cena.
I insist that you return home at dinnertime.

insistir en   to insist on, to persist in
la insistencia   insistence, persistence
insistir en que + subj.   to insist that

insistente   insistent
insistir en la importancia de   to stress the importance of

Syn.: **persistir** to persist (74); **subrayar** to emphasize   Ant.: **abandonar** to abandon (473); **desistir** to desist, to give up (276)

364

interesarse (277)
to be interested in

The Seven Simple Tenses		The Seven Compound Tenses	
Singular	Plural	Singular	Plural
1 presente de indicativo		**8 perfecto de indicativo**	
me intereso	nos interesamos	me he interesado	nos hemos interesado
te interesas	os interesáis	te has interesado	os habéis interesado
se interesa	se interesan	se ha interesado	se han interesado
2 imperfecto de indicativo		**9 pluscuamperfecto de indicativo**	
me interesaba	nos interesábamos	me había interesado	nos habíamos interesado
te interesabas	os interesabais	te habías interesado	os habíais interesado
se interesaba	se interesaban	se había interesado	se habían interesado
3 pretérito		**10 pretérito anterior**	
me interesé	nos interesamos	me hube interesado	nos hubimos interesado
te interesaste	os interesasteis	te hubiste interesado	os hubisteis interesado
se interesó	se interesaron	se hubo interesado	se hubieron interesado
4 futuro		**11 futuro perfecto**	
me interesaré	nos interesaremos	me habré interesado	nos habremos interesado
te interesarás	os interesaréis	te habrás interesado	os habréis interesado
se interesará	se interesarán	se habrá interesado	se habrán interesado
5 potencial simple		**12 potencial compuesto**	
me interesaría	nos interesaríamos	me habría interesado	nos habríamos interesado
te interesarías	os interesaríais	te habrías interesado	os habríais interesado
se interesaría	se interesarían	se habría interesado	se habrían interesado
6 presente de subjuntivo		**13 perfecto de subjuntivo**	
me interese	nos interesemos	me haya interesado	nos hayamos interesado
te intereses	os intereséis	te hayas interesado	os hayáis interesado
se interese	se interesen	se haya interesado	se hayan interesado
7 imperfecto de subjuntivo		**14 pluscuamperfecto de subjuntivo**	
me interesara	nos interesáramos	me hubiera interesado	nos hubiéramos interesado
te interesaras	os interesarais	te hubieras interesado	os hubierais interesado
se interesara	se interesaran	se hubiera interesado	se hubieran interesado
OR		OR	
me interesase	nos interesásemos	me hubiese interesado	nos hubiésemos interesado
te interesases	os interesaseis	te hubieses interesado	os hubieseis interesado
se interesase	se interesasen	se hubiese interesado	se hubiesen interesado

imperativo	
—	interesémonos
interésate; no te intereses	interesaos; no os interéseis
interésese	interésense

interesarsc en to be interested in	**interesante** interesting
interesar to interest	**interesado, interesada** interested
el interés interest	**sin interés** uninteresting
en interés de on behalf of	**desinteresar** to disinterest
desinteresarse to become disinterested;	**desinteresado, desinteresada** disinterested
to lose interest	**el desinterés** disinterest, unselfishness

Syn.: **estar interesado(a) en** to be interested in; **preocuparse** to be concerned; **prestar atención** to pay attention   Ant.: **desinteresarse** to become disinterested, to lose interest

introducir (278)

to introduce

Gerundio **introduciendo**   Part. pas. **introducido**
Regular **-ir** endings in all tenses except Tenses 3 and 7; spelling change: **c** becomes **zc** before **a** or **o**

The Seven Simple Tenses		The Seven Compound Tenses	
Singular	Plural	Singular	Plural
1 presente de indicativo		**8 perfecto de indicativo**	
introduzco	introducimos	he introducido	hemos introducido
introduces	introducís	has introducido	habéis introducido
introduce	introducen	ha introducido	han introducido
2 imperfecto de indicativo		**9 pluscuamperfecto de indicativo**	
introducía	introducíamos	había introducido	habíamos introducido
introducías	introducíais	habías introducido	habíais introducido
introducía	introducían	había introducido	habían introducido
3 pretérito		**10 pretérito anterior**	
introduje	introdujimos	hube introducido	hubimos introducido
introdujiste	introdujisteis	hubiste introducido	hubisteis introducido
introdujo	introdujeron	hubo introducido	hubieron introducido
4 futuro		**11 futuro perfecto**	
introduciré	introduciremos	habré introducido	habremos introducido
introducirás	introduciréis	habrás introducido	habréis introducido
introducirá	introducirán	habrá introducido	habrán introducido
5 potencial simple		**12 potencial compuesto**	
introduciría	introduciríamos	habría introducido	habríamos introducido
introducirías	introduciríais	habrías introducido	habríais introducido
introduciría	introducirían	habría introducido	habrían introducido
6 presente de subjuntivo		**13 perfecto de subjuntivo**	
introduzca	introduzcamos	haya introducido	hayamos introducido
introduzcas	introduzcáis	hayas introducido	hayáis introducido
introduzca	introduzcan	haya introducido	hayan introducido
7 imperfecto de subjuntivo		**14 pluscuamperfecto de subjuntivo**	
introdujera	introdujéramos	hubiera introducido	hubiéramos introducido
introdujeras	introdujerais	hubieras introducido	hubierais introducido
introdujera	introdujeran	hubiera introducido	hubieran introducido
OR		OR	
introdujese	introdujésemos	hubiese introducido	hubiésemos introducido
introdujeses	introdujeseis	hubieses introducido	hubieseis introducido
introdujese	introdujesen	hubiese introducido	hubiesen introducido

imperativo

—	introduzcamos
introduce; no introduzcas	introducid; no introduzcáis
introduzca	introduzcan

la introducción introduction	**introductivo, introductiva** introductive,
introductor, introductora introducer	introductory
introducir a una persona en la oficina	**reintroducir** to reintroduce
to show a person into the office	**la reintroducción** reintroduction

Syn.: **meter** to put in, into (444); **presentar** to present   Ant.: **extraer** to extract (477); **sacar** to take out

invitar (279)
to invite

The Seven Simple Tenses		The Seven Compound Tenses	
Singular	Plural	Singular	Plural
1 presente de indicativo		**8 perfecto de indicativo**	
invito	invitamos	he invitado	hemos invitado
invitas	invitáis	has invitado	habéis invitado
invita	invitan	ha invitado	han invitado
2 imperfecto de indicativo		**9 pluscuamperfecto de indicativo**	
invitaba	invitábamos	había invitado	habíamos invitado
invitabas	invitabais	habías invitado	habíais invitado
invitaba	invitaban	había invitado	habían invitado
3 pretérito		**10 pretérito anterior**	
invité	invitamos	hube invitado	hubimos invitado
invitaste	invitasteis	hubiste invitado	hubisteis invitado
invitó	invitaron	hubo invitado	hubieron invitado
4 futuro		**11 futuro perfecto**	
invitaré	invitaremos	habré invitado	habremos invitado
invitarás	invitaréis	habrás invitado	habréis invitado
invitará	invitarán	habrá invitado	habrán invitado
5 potencial simple		**12 potencial compuesto**	
invitaría	invitaríamos	habría invitado	habríamos invitado
invitarías	invitaríais	habrías invitado	habríais invitado
invitaría	invitarían	habría invitado	habrían invitado
6 presente de subjuntivo		**13 perfecto de subjuntivo**	
invite	invitemos	haya invitado	hayamos invitado
invites	invitéis	hayas invitado	hayáis invitado
invite	inviten	haya invitado	hayan invitado
7 imperfecto de subjuntivo		**14 pluscuamperfecto de subjuntivo**	
invitara	invitáramos	hubiera invitado	hubiéramos invitado
invitaras	invitarais	hubieras invitado	hubierais invitado
invitara	invitaran	hubiera invitado	hubieran invitado
OR		OR	
invitase	invitásemos	hubiese invitado	hubiésemos invitado
invitases	invitaseis	hubieses invitado	hubieseis invitado
invitase	invitasen	hubiese invitado	hubiesen invitado

imperativo	
—	invitemos
invita; no invites	invitad; no invitéis
invite	inviten

invitar a + inf.   to invite + inf.
la invitación   invitation
una invitación de boda   a wedding invitation
un invitado, una invitada   guest

el invitado, la invitada de honor   guest of honor
el invitador   host
la invitadora   hostess

Syn.: **convidar** to invite (39); **convocar** to summon

Ir/Irse

Ir and **irse** are a very important pair of verbs for a beginning student. In the following examples, note the difference in meaning between **ir** and the reflexive form **irse**.

Use **ir** when you simply mean *to go:*

Voy al cine/I am going to the movies.

Use **irse** when you mean *to leave* in the sense of *to go away:*

Mis padres se fueron al campo para visitar a mis abuelos/
My parents left for (went away to) the country to visit my grandparents.

Sentences using **ir** and **irse**

Voy a pagar al contado.
I'm going to pay in cash.

¡Qué va! Nonsense!

¡Vámonos! Let's go! Let's leave!

¡Vete! Go away!

¡Váyase! Go away!

¿Cómo le va? How goes it? How are you?

Vaya con Dios.
Go with God. (God be with you.)

Proverb

Cuando el gato va a sus devociones, bailan los ratones.
When the cat is away, the mice will play. (Lit: When the cat goes to prayer, the mice dance.)

Words and expressions related to these verbs

ir de compras to go shopping

ir de brazo to walk arm in arm

ir a caballo to go on horseback

ir a medias to go halves

ir a pie to walk (to go on foot)

ir bien to get along well

ir con tiento to go quietly, softly

ir por to go for, to go ahead

irse de prisa to rush away

la ida departure

un billete de ida y vuelta return ticket

Ir
Syn.: **andar** to walk; **caminar** to walk, to move along; **marchar** to walk
Ant.: **venir** to come

Irse
Syn.: **marcharse** to go away; **partir** to leave, to depart
Ant.: **detenerse** to stop (oneself); **pararse** to stop (oneself)

AN ESSENTIAL
55 Verb

Part. pas. **ido**   Gerundio **yendo**
Irregular verb

ir (280)
to go

The Seven Simple Tenses		The Seven Compound Tenses	
Singular	Plural	Singular	Plural
1 presente de indicativo		**8 perfecto de indicativo**	
voy	vamos	he ido	hemos ido
vas	vais	has ido	habéis ido
va	van	ha ido	han ido
2 imperfecto de indicativo		**9 pluscuamperfecto de indicativo**	
iba	íbamos	había ido	habíamos ido
ibas	ibais	habías ido	habíais ido
iba	iban	había ido	habían ido
3 pretérito		**10 pretérito anterior**	
fui	fuimos	hube ido	hubimos ido
fuiste	fuisteis	hubiste ido	hubisteis ido
fue	fueron	hubo ido	hubieron ido
4 futuro		**11 futuro perfecto**	
iré	iremos	habré ido	habremos ido
irás	iréis	habrás ido	habréis ido
irá	irán	habrá ido	habrán ido
5 potencial simple		**12 potencial compuesto**	
iría	iríamos	habría ido	habríamos ido
irías	iríais	habrías ido	habríais ido
iría	irían	habría ido	habrían ido
6 presente de subjuntivo		**13 perfecto de subjuntivo**	
vaya	vayamos	haya ido	hayamos ido
vayas	vayáis	hayas ido	hayáis ido
vaya	vayan	haya ido	hayan ido
7 imperfecto de subjuntivo		**14 pluscuamperfecto de subjuntivo**	
fuera	fuéramos	hubiera ido	hubiéramos ido
fueras	fuerais	hubieras ido	hubierais ido
fuera	fueran	hubiera ido	hubieran ido
OR		OR	
fuese	fuésemos	hubiese ido	hubiésemos ido
fueses	fueseis	hubieses ido	hubieseis ido
fuese	fuesen	hubiese ido	hubiesen ido

imperativo	
—	vamos (no vayamos)
ve; no vayas	id; no vayáis
vaya	vayan

AN ESSENTIAL
55 Verb

irse (281)
to go away

The Seven Simple Tenses		The Seven Compound Tenses	
Singular	**Plural**	**Singular**	**Plural**
1 presente de indicativo		**8 perfecto de indicativo**	
me voy	nos vamos	me he ido	nos hemos ido
te vas	os vais	te has ido	os habéis ido
se va	se van	se ha ido	se han ido
2 imperfecto de indicativo		**9 pluscuamperfecto de indicativo**	
me iba	nos íbamos	me había ido	nos habíamos ido
te ibas	os ibais	te habías ido	os habíais ido
se iba	se iban	se había ido	se habían ido
3 pretérito		**10 pretérito anterior**	
me fui	nos fuimos	me hube ido	nos hubimos ido
te fuiste	os fuisteis	te hubiste ido	os hubisteis ido
se fue	se fueron	se hubo ido	se hubieron ido
4 futuro		**11 futuro perfecto**	
me iré	nos iremos	me habré ido	nos habremos ido
te irás	os iréis	te habrás ido	os habréis ido
se irá	se irán	se habrá ido	se habrán ido
5 potencial simple		**12 potencial compuesto**	
me iría	nos iríamos	me habría ido	nos habríamos ido
te irías	os iríais	te habrías ido	os habríais ido
se iría	se irían	se habría ido	se habrían ido
6 presente de subjuntivo		**13 perfecto de subjuntivo**	
me vaya	nos vayamos	me haya ido	nos hayamos ido
te vayas	os vayáis	te hayas ido	os hayáis ido
se vaya	se vayan	se haya ido	se hayan ido
7 imperfecto de subjuntivo		**14 pluscuamperfecto de subjuntivo**	
me fuera	nos fuéramos	me hubiera ido	nos hubiéramos ido
te fueras	os fuerais	te hubieras ido	os hubierais ido
se fuera	se fueran	se hubiera ido	se hubieran ido
OR		OR	
me fuese	nos fuésemos	me hubiese ido	nos hubiésemos ido
te fueses	os fueseis	te hubieses ido	os hubieseis ido
se fuese	se fuesen	se hubiese ido	se hubiesen ido

imperativo	
—	vámonos; no nos vayamos
vete; no te vayas	idos; no os vayáis
váyase; no se vaya	váyanse; no se vayan

AN ESSENTIAL
55 Verb

Part. pas. **jugado**   Gerundio **jugando**
Regular **-ar** verb endings with stem change: Tenses 1, 6;
Imperative and spelling change: **g** becomes **gu** before **e**

jugar (282)
to play (a game, sport)

The Seven Simple Tenses

Singular	Plural
1 presente de indicativo	
juego	jugamos
juegas	jugáis
juega	juegan
2 imperfecto de indicativo	
jugaba	jugábamos
jugabas	jugabais
jugaba	jugaban
3 pretérito	
jugué	jugamos
jugaste	jugasteis
jugó	jugaron
4 futuro	
jugaré	jugaremos
jugarás	jugaréis
jugará	jugarán
5 potencial simple	
jugaría	jugaríamos
jugarías	jugaríais
jugaría	jugarían
6 presente de subjuntivo	
juegue	juguemos
juegues	juguéis
juegue	jueguen
7 imperfecto de subjuntivo	
jugara	jugáramos
jugaras	jugarais
jugara	jugaran
OR	
jugase	jugásemos
jugases	jugaseis
jugase	jugasen

The Seven Compound Tenses

Singular	Plural
8 perfecto de indicativo	
he jugado	hemos jugado
has jugado	habéis jugado
ha jugado	han jugado
9 pluscuamperfecto de indicativo	
había jugado	habíamos jugado
habías jugado	habíais jugado
había jugado	habían jugado
10 pretérito anterior	
hube jugado	hubimos jugado
hubiste jugado	hubisteis jugado
hubo jugado	hubieron jugado
11 futuro perfecto	
habré jugado	habremos jugado
habrás jugado	habréis jugado
habrá jugado	habrán jugado
12 potencial compuesto	
habría jugado	habríamos jugado
habrías jugado	habríais jugado
habría jugado	habrían jugado
13 perfecto de subjuntivo	
haya jugado	hayamos jugado
hayas jugado	hayáis jugado
haya jugado	hayan jugado
14 pluscuamperfecto de subjuntivo	
hubiera jugado	hubiéramos jugado
hubieras jugado	hubierais jugado
hubiera jugado	hubieran jugado
OR	
hubiese jugado	hubiésemos jugado
hubieses jugado	hubieseis jugado
hubiese jugado	hubiesen jugado

imperativo

—	juguemos
juega; no juegues	jugad; no juguéis
juegue	jueguen

un juguete   toy, plaything
el jugador, la jugadora   player
un juego   game
el juego de té   tea set (service)
un videojuego   video game

el juego de computadora   computer game
jugar a los naipes, a las cartas   to play cards
jugar al tenis   to play tennis
jugar al béisbol   to play baseball
el juego de palabras   play on words, pun

Syn.: **divertirse** to amuse oneself; **entretenerse** to amuse oneself (77); **recrearse** to entertain oneself (289)   Ant.: **aburrirse** to be bored

juntar (283)

to join, to unite, to connect

Gerundio **juntando**   Part. pas. **juntado**
Regular **-ar** verb

The Seven Simple Tenses

Singular	Plural
1 presente de indicativo	
junto	juntamos
juntas	juntáis
junta	juntan
2 imperfecto de indicativo	
juntaba	juntábamos
juntabas	juntabais
juntaba	juntaban
3 pretérito	
junté	juntamos
juntaste	juntasteis
juntó	juntaron
4 futuro	
juntaré	juntaremos
juntarás	juntaréis
juntará	juntarán
5 potencial simple	
juntaría	juntaríamos
juntarías	juntaríais
juntaría	juntarían
6 presente de subjuntivo	
junte	juntemos
juntes	juntéis
junte	junten
7 imperfecto de subjuntivo	
juntara	juntáramos
juntaras	juntarais
juntara	juntaran
OR	
juntase	juntásemos
juntases	juntaseis
juntase	juntasen

The Seven Compound Tenses

Singular	Plural
8 perfecto de indicativo	
he juntado	hemos juntado
has juntado	habéis juntado
ha juntado	han juntado
9 pluscuamperfecto de indicativo	
había juntado	habíamos juntado
habías juntado	habíais juntado
había juntado	habían juntado
10 pretérito anterior	
hube juntado	hubimos juntado
hubiste juntado	hubisteis juntado
hubo juntado	hubieron juntado
11 futuro perfecto	
habré juntado	habremos juntado
habrás juntado	habréis juntado
habrá juntado	habrán juntado
12 potencial compuesto	
habría juntado	habríamos juntado
habrías juntado	habríais juntado
habría juntado	habrían juntado
13 perfecto de subjuntivo	
haya juntado	hayamos juntado
hayas juntado	hayáis juntado
haya juntado	hayan juntado
14 pluscuamperfecto de subjuntivo	
hubiera juntado	hubiéramos juntado
hubieras juntado	hubierais juntado
hubiera juntado	hubieran juntado
OR	
hubiese juntado	hubiésemos juntado
hubieses juntado	hubieseis juntado
hubiese juntado	hubiesen juntado

imperativo

—	juntemos
junta; no juntes	juntad; no juntéis
junte	junten

la junta   junta, conference, convention, meeting
junto, junta   near, next to
todos juntos   all together
vivir juntos   to live together

junto con   together with
juntar con   to associate with
juntarse   to assemble, gather together

Syn.: **fusionar** to combine (107); **unir** to join, to unite   Ant.: **desunir** to separate (480); **separar** to separate

jurar (284)
to swear, to take an oath

The Seven Simple Tenses		The Seven Compound Tenses	
Singular	Plural	Singular	Plural

1 presente de indicativo

		8 perfecto de indicativo	
juro	juramos	he jurado	hemos jurado
juras	juráis	has jurado	habéis jurado
jura	juran	ha jurado	han jurado

2 imperfecto de indicativo

		9 pluscuamperfecto de indicativo	
juraba	jurábamos	había jurado	habíamos jurado
jurabas	jurabais	habías jurado	habíais jurado
juraba	juraban	había jurado	habían jurado

3 pretérito

		10 pretérito anterior	
juré	juramos	hube jurado	hubimos jurado
juraste	jurasteis	hubiste jurado	hubisteis jurado
juró	juraron	hubo jurado	hubieron jurado

4 futuro

		11 futuro perfecto	
juraré	juraremos	habré jurado	habremos jurado
jurarás	juraréis	habrás jurado	habréis jurado
jurará	jurarán	habrá jurado	habrán jurado

5 potencial simple

		12 potencial compuesto	
juraría	juraríamos	habría jurado	habríamos jurado
jurarías	juraríais	habrías jurado	habríais jurado
juraría	jurarían	habría jurado	habrían jurado

6 presente de subjuntivo

		13 perfecto de subjuntivo	
jure	juremos	haya jurado	hayamos jurado
jures	juréis	hayas jurado	hayáis jurado
jure	juren	haya jurado	hayan jurado

7 imperfecto de subjuntivo

		14 pluscuamperfecto de subjuntivo	
jurara	juráramos	hubiera jurado	hubiéramos jurado
juraras	jurarais	hubieras jurado	hubierais jurado
jurara	juraran	hubiera jurado	hubieran jurado
OR		OR	
jurase	jurásemos	hubiese jurado	hubiésemos jurado
jurases	juraseis	hubieses jurado	hubieseis jurado
jurase	jurasen	hubiese jurado	hubiesen jurado

imperativo	
—	juremos
jura; no jures	jurad; no juréis
jure	juren

jurar en falso   to commit perjury
jurar decir la verdad   to swear to tell the
  truth
un juramento   oath; **juramento falso**   perjury

juramentarse   to take an oath, to be sworn in
jurar como un carretero   to swear like a
  trooper
bajo juramento   under oath

Syn.: **blasfemar** to blaspheme, to curse (247); **dar su palabra** to give one's word; **maldecir** to curse; **prestar juramento** to take an oath   Ant.: **negar** to deny

juzgar (285)
to judge

Gerundio **juzgando** Part. pas. **juzgado**
Regular **-ar** verb endings with spelling
change: **g** becomes **gu** before **e**

The Seven Simple Tenses		The Seven Compound Tenses	
Singular	Plural	Singular	Plural
1 presente de indicativo		**8 perfecto de indicativo**	
juzgo	juzgamos	he juzgado	hemos juzgado
juzgas	juzgáis	has juzgado	habéis juzgado
juzga	juzgan	ha juzgado	han juzgado
2 imperfecto de indicativo		**9 pluscuamperfecto de indicativo**	
juzgaba	juzgábamos	había juzgado	habíamos juzgado
juzgabas	juzgabais	habías juzgado	habíais juzgado
juzgaba	juzgaban	había juzgado	habían juzgado
3 pretérito		**10 pretérito anterior**	
juzgué	juzgamos	hube juzgado	hubimos juzgado
juzgaste	juzgasteis	hubiste juzgado	hubisteis juzgado
juzgó	juzgaron	hubo juzgado	hubieron juzgado
4 futuro		**11 futuro perfecto**	
juzgaré	juzgaremos	habré juzgado	habremos juzgado
juzgarás	juzgaréis	habrás juzgado	habréis juzgado
juzgará	juzgarán	habrá juzgado	habrán juzgado
5 potencial simple		**12 potencial compuesto**	
juzgaría	juzgaríamos	habría juzgado	habríamos juzgado
juzgarías	juzgaríais	habrías juzgado	habríais juzgado
juzgaría	juzgarían	habría juzgado	habrían juzgado
6 presente de subjuntivo		**13 perfecto de subjuntivo**	
juzgue	juzguemos	haya juzgado	hayamos juzgado
juzgues	juzguéis	hayas juzgado	hayáis juzgado
juzgue	juzguen	haya juzgado	hayan juzgado
7 imperfecto de subjuntivo		**14 pluscuamperfecto de subjuntivo**	
juzgara	juzgáramos	hubiera juzgado	hubiéramos juzgado
juzgaras	juzgarais	hubieras juzgado	hubierais juzgado
juzgara	juzgaran	hubiera juzgado	hubieran juzgado
OR		OR	
juzgase	juzgásemos	hubiese juzgado	hubiésemos juzgado
juzgases	juzgaseis	hubieses juzgado	hubieseis juzgado
juzgase	juzgasen	hubiese juzgado	hubiesen juzgado

imperativo	
—	juzguemos
juzga; no juzgues	juzgad; no juzguéis
juzgue	juzguen

a juzgar por judging by	**juez de paz, juez municipal** justice of the peace
juzgar de to pass judgment on	**prejuzgar** to prejudge
el juzgado court of justice	**juzgar a un asesino** to judge a murderer
el juez judge (**los jueces**)	**no poderse juzgar por las apariencias** not to
juzgar mal to misjudge	be able to judge by appearances
juzgado, juzgada judged	

Syn.: **enjuiciar** to judge (57); **sentenciar** to sentence, to judge (57)

Part. pas. **lanzado**   Gerundio **lanzando**
Regular **-ar** verb endings with spelling change:
z becomes **c** before **e**

lanzar (286)
to throw, to hurl, to fling, to launch

The Seven Simple Tenses		The Seven Compound Tenses	
Singular	**Plural**	**Singular**	**Plural**
1 presente de indicativo		**8 perfecto de indicativo**	
lanzo	lanzamos	he lanzado	hemos lanzado
lanzas	lanzáis	has lanzado	habéis lanzado
lanza	lanzan	ha lanzado	han lanzado
2 imperfecto de indicativo		**9 pluscuamperfecto de indicativo**	
lanzaba	lanzábamos	había lanzado	habíamos lanzado
lanzabas	lanzabais	habías lanzado	habíais lanzado
lanzaba	lanzaban	había lanzado	habían lanzado
3 pretérito		**10 pretérito anterior**	
lancé	lanzamos	hube lanzado	hubimos lanzado
lanzaste	lanzasteis	hubiste lanzado	hubisteis lanzado
lanzó	lanzaron	hubo lanzado	hubieron lanzado
4 futuro		**11 futuro perfecto**	
lanzaré	lanzaremos	habré lanzado	habremos lanzado
lanzarás	lanzaréis	habrás lanzado	habréis lanzado
lanzará	lanzarán	habrá lanzado	habrán lanzado
5 potencial simple		**12 potencial compuesto**	
lanzaría	lanzaríamos	habría lanzado	habríamos lanzado
lanzarías	lanzaríais	habrías lanzado	habríais lanzado
lanzaría	lanzarían	habría lanzado	habrían lanzado
6 presente de subjuntivo		**13 perfecto de subjuntivo**	
lance	lancemos	haya lanzado	hayamos lanzado
lances	lancéis	hayas lanzado	hayáis lanzado
lance	lancen	haya lanzado	hayan lanzado
7 imperfecto de subjuntivo		**14 pluscuamperfecto de subjuntivo**	
lanzara	lanzáramos	hubiera lanzado	hubiéramos lanzado
lanzaras	lanzarais	hubieras lanzado	hubierais lanzado
lanzara	lanzaran	hubiera lanzado	hubieran lanzado
OR		OR	
lanzase	lanzásemos	hubiese lanzado	hubiésemos lanzado
lanzases	lanzaseis	hubieses lanzado	hubieseis lanzado
lanzase	lanzasen	hubiese lanzado	hubiesen lanzado

imperativo	
—	lancemos
lanza; no lances	lanzad; no lancéis
lance	lancen

la lanza   lance, spear
el lanzamiento   casting, throwing, launching
el lanzador, la lanzadora   thrower, pitcher
  (sports)
lanzarse   to throw oneself

el lanzallamas   flamethrower
quebrar lanzas   to quarrel
la plataforma de lanzamiento   launching pad
lanzarse al agua   to jump into the water
relanzar   to relaunch, throw back, repel

Syn.: **arrojar** to fling, to throw; **botar** to fling, to throw (away); **echar** to cast, to fling; **tirar**
to throw

L

lastimarse (287)

to hurt oneself, to feel sorry for, to complain, to regret

Gerundio **lastimándose**   Part. pas. **lastimado**

Reflexive Regular **-ar** verb

The Seven Simple Tenses		The Seven Compound Tenses	
Singular	**Plural**	**Singular**	**Plural**
1 presente de indicativo		**8 perfecto de indicativo**	
me lastimo	nos lastimamos	me he lastimado	nos hemos lastimado
te lastimas	os lastimáis	te has lastimado	os habéis lastimado
se lastima	se lastiman	se ha lastimado	se han lastimado
2 imperfecto de indicativo		**9 pluscuamperfecto de indicativo**	
me lastimaba	nos lastimábamos	me había lastimado	nos habíamos lastimado
te lastimabas	os lastimabais	te habías lastimado	os habíais lastimado
se lastimaba	se lastimaban	se había lastimado	se habían lastimado
3 pretérito		**10 pretérito anterior**	
me lastimé	nos lastimamos	me hube lastimado	nos hubimos lastimado
te lastimaste	os lastimasteis	te hubiste lastimado	os hubisteis lastimado
se lastimó	se lastimaron	se hubo lastimado	se hubieron lastimado
4 futuro		**11 futuro perfecto**	
me lastimaré	nos lastimaremos	me habré lastimado	nos habremos lastimado
te lastimarás	os lastimaréis	te habrás lastimado	os habréis lastimado
se lastimará	se lastimarán	se habrá lastimado	se habrán lastimado
5 potencial simple		**12 potencial compuesto**	
me lastimaría	nos lastimaría mos	me habría lastimado	nos habríamos lastimado
te lastimarías	os lastimaríais	te habrías lastimado	os habríais lastimado
se lastimaría	se lastimarían	se habría lastimado	se habrían lastimado
6 presente de subjuntivo		**13 perfecto de subjuntivo**	
me lastime	nos lastimemos	me haya lastimado	nos hayamos lastimado
te lastimes	os lastiméis	te hayas lastimado	os hayáis lastimado
se lastime	se lastimen	se haya lastimado	se hayan lastimado
7 imperfecto de subjuntivo		**14 pluscuamperfecto de subjuntivo**	
me lastimara	nos lastimáramos	me hubiera lastimado	nos hubiéramos lastimado
te lastimaras	os lastimarais	te hubieras lastimado	os hubierais lastimado
se lastimara	se lastimaran	se hubiera lastimado	se hubieran lastimado
OR		OR	
me lastimase	nos lastimásemos	me hubiese lastimado	nos hubiésemos lastimado
te lastimases	os lastimaseis	te hubieses lastimado	os hubieseis lastimado
se lastimase	se lastimasen	se hubiese lastimado	se hubiesen lastimado

imperativo	
—	lastimémonos
lastímate; no te lastimes	lastimaos; no os lastiméis
lastímese	lastímense

lastimar   to hurt, damage, injure, offend
lastimarse de   to feel sorry for, to complain about
una lástima   pity; **¡Qué lástima!**   What a pity! What a shame!

tener lástima   to feel sorry
lastimoso, lastimosa   pitiful
lastimado, lastimada   injured
lastimero, lastimera   harmful, pitiful

Syn.: **dañarse** to become injured (88)   Ant.: **curarse** to recover (72, 289); **recuperarse** to recover (64)

The Seven Simple Tenses		The Seven Compound Tenses	
Singular	Plural	Singular	Plural

1 presente de indicativo		**8 perfecto de indicativo**	
lavo	lavamos	he lavado	hemos lavado
lavas	laváis	has lavado	habéis lavado
lava	lavan	ha lavado	han lavado

2 imperfecto de indicativo		**9 pluscuamperfecto de indicativo**	
lavaba	lavábamos	había lavado	habíamos lavado
lavabas	lavabais	habías lavado	habíais lavado
lavaba	lavaban	había lavado	habían lavado

3 pretérito		**10 pretérito anterior**	
lavé	lavamos	hube lavado	hubimos lavado
lavaste	lavasteis	hubiste lavado	hubisteis lavado
lavó	lavaron	hubo lavado	hubieron lavado

4 futuro		**11 futuro perfecto**	
lavaré	lavaremos	habré lavado	habremos lavado
lavarás	lavaréis	habrás lavado	habréis lavado
lavará	lavarán	habrá lavado	habrán lavado

5 potencial simple		**12 potencial compuesto**	
lavaría	lavaríamos	habría lavado	habríamos lavado
lavarías	lavaríais	habrías lavado	habríais lavado
lavaría	lavarían	habría lavado	habrían lavado

6 presente de subjuntivo		**13 perfecto de subjuntivo**	
lave	lavemos	haya lavado	hayamos lavado
laves	lavéis	hayas lavado	hayáis lavado
lave	laven	haya lavado	hayan lavado

7 imperfecto de subjuntivo		**14 pluscuamperfecto de subjuntivo**	
lavara	laváramos	hubiera lavado	hubiéramos lavado
lavaras	lavarais	hubieras lavado	hubierais lavado
lavara	lavaran	hubiera lavado	hubieran lavado
OR		OR	
lavase	lavásemos	hubiese lavado	hubiésemos lavado
lavases	lavaseis	hubieses lavado	hubieseis lavado
lavase	lavasen	hubiese lavado	hubiesen lavado

imperativo	
—	lavemos
lava; no laves	lavad; no lavéis
lave	laven

el lavatorio, el lavabo lavatory, washroom, washstand
la lavandería laundry shop, launderette, Laundromat
el lavamanos washstand, washbowl
See also **lavarse.**

lavar en seco to dry clean
la máquina de lavar ropa clothes washing machine
el lavado de cerebro brainwashing

Syn.: **fregar** to scrub; **limpiar** to clean   Ant.: **ensuciar** to dirty, to soil (383); **manchar** to stain (306)

lavarse (289)

to wash oneself

Gerundio **lavándose** Part. pas. **lavado**

Reflexive regular **-ar** verb

The Seven Simple Tenses		The Seven Compound Tenses	
Singular	Plural	Singular	Plural
1 presente de indicativo		**8 perfecto de indicativo**	
me lavo	nos lavamos	me he lavado	nos hemos lavado
te lavas	os laváis	te has lavado	os habéis lavado
se lava	se lavan	se ha lavado	se han lavado
2 imperfecto de indicativo		**9 pluscuamperfecto de indicativo**	
me lavaba	nos lavábamos	me había lavado	nos habíamos lavado
te lavabas	os lavabais	te habías lavado	os habíais lavado
se lavaba	se lavaban	se había lavado	se habían lavado
3 pretérito		**10 pretérito anterior**	
me lavé	nos lavamos	me hube lavado	nos hubimos lavado
te lavaste	os lavasteis	te hubiste lavado	os hubisteis lavado
se lavó	se lavaron	se hubo lavado	se hubieron lavado
4 futuro		**11 futuro perfecto**	
me lavaré	nos lavaremos	me habré lavado	nos habremos lavado
te lavarás	os lavaréis	te habrás lavado	os habréis lavado
se lavará	se lavarán	se habrá lavado	se habrán lavado
5 potencial simple		**12 potencial compuesto**	
me lavaría	nos lavaríamos	me habría lavado	nos habríamos lavado
te lavarías	os lavaríais	te habrías lavado	os habríais lavado
se lavaría	se lavarían	se habría lavado	se habrían lavado
6 presente de subjuntivo		**13 perfecto de subjuntivo**	
me lave	nos lavemos	me haya lavado	nos hayamos lavado
te laves	os lavéis	te hayas lavado	os hayáis lavado
se lave	se laven	se haya lavado	se hayan lavado
7 imperfecto de subjuntivo		**14 pluscuamperfecto de subjuntivo**	
me lavara	nos laváramos	me hubiera lavado	nos hubiéramos lavado
te lavaras	os lavarais	te hubieras lavado	os hubierais lavado
se lavara	se lavaran	se hubiera lavado	se hubieran lavado
OR		OR	
me lavase	nos lavásemos	me hubiese lavado	nos hubiésemos lavado
te lavases	os lavaseis	te hubieses lavado	os hubieseis lavado
se lavase	se lavasen	se hubiese lavado	se hubiesen lavado

imperativo	
—	lavémonos; no nos lavemos
lávate; no te laves	lavaos; no os lavéis
lávese; no se lave	lávense; no se laven

el lavatorio, el lavabo lavatory, washroom, washstand

el lavandero, la lavandera launderer

la lavativa enema

la lavadora de vajilla dishwashing machine

For other words and expressions related to this verb, see **lavar**.

Syn.: **bañarse** to take a bath; **ducharse** to take a shower; **limpiarse** to clean oneself
Ant.: **ensuciarse** to get dirty, to soil oneself (195)

Leer

Leer is an essential verb for beginning students of Spanish. It is used in many idiomatic expressions and everyday situations.

Sentences using **leer** and related words

Estoy leyendo un libro de Borges.
I'm reading a book by Borges.

Me gusta leer.
I like to read.

Cuando lees entre líneas, corres el riesgo de cometer un error.
When you read between the lines, you run the risk of making a mistake.

—**Alejandro, lee la página 26 en voz alta, por favor.**
—**Pero, señora, no puedo leerla.**
—**¿Por qué no?**
—**Porque yo olvidé mis gafas para leer.**
—Alexander, please read page 26 out loud.
—But ma'am, I can't read it.
—Why not?
—Because I forgot my reading glasses.

Proverb

Después de comer, ni un sobre escrito leer.
After eating, don't even read an envelope.

Words and expressions related to this verb

la lectura reading

la lección lesson

lector, lectora reader

leer mal to misread

releer to read again, to reread

leer entre líneas to read between the lines

un, una leccionista private tutor

leer para sí to read to oneself

leer en voz baja to read quietly

leer pruebas de imprenta to proofread

el lector de discos compactos compact disc player

el libro electrónico e-book

Syn.: **deletrear** to spell, to interpret (206); **descifrar** to decipher (409); **interpretar** to interpret (376)   Ant.: **ignorar** not to know

AN ESSENTIAL
55 Verb

leer (290)
to read

The Seven Simple Tenses		The Seven Compound Tenses	
Singular	**Plural**	**Singular**	**Plural**
1 presente de indicativo		**8 perfecto de indicativo**	
leo	leemos	he leído	hemos leído
lees	leéis	has leído	habéis leído
lee	leen	ha leído	han leído
2 imperfecto de indicativo		**9 pluscuamperfecto de indicativo**	
leía	leíamos	había leído	habíamos leído
leías	leíais	habías leído	habíais leído
leía	leían	había leído	habían leído
3 pretérito		**10 pretérito anterior**	
leí	leímos	hube leído	hubimos leído
leíste	leísteis	hubiste leído	hubisteis leído
leyó	leyeron	hubo leído	hubieron leído
4 futuro		**11 futuro perfecto**	
leeré	leeremos	habré leído	habremos leído
leerás	leeréis	habrás leído	habréis leído
leerá	leerán	habrá leído	habrán leído
5 potencial simple		**12 potencial compuesto**	
leería	leeríamos	habría leído	habríamos leído
leerías	leeríais	habrías leído	habríais leído
leería	leerían	habría leído	habrían leído
6 presente de subjuntivo		**13 perfecto de subjuntivo**	
lea	leamos	haya leído	hayamos leído
leas	leáis	hayas leído	hayáis leído
lea	lean	haya leído	hayan leído
7 imperfecto de subjuntivo		**14 pluscuamperfecto de subjuntivo**	
leyera	leyéramos	hubiera leído	hubiéramos leído
leyeras	leyerais	hubieras leído	hubierais leído
leyera	leyeran	hubiera leído	hubieran leído
OR		OR	
leyese	leyésemos	hubiese leído	hubiésemos leído
leyeses	leyeseis	hubieses leído	hubieseis leído
leyese	leyesen	hubiese leído	hubiesen leído

imperativo

—	leamos
lee; no leas	leed; no leáis
lea	lean

AN ESSENTIAL
55 Verb

levantar (291)
to lift, to raise

The Seven Simple Tenses		The Seven Compound Tenses	
Singular	**Plural**	**Singular**	**Plural**
1 presente de indicativo		**8 perfecto de indicativo**	
levanto	levantamos	he levantado	hemos levantado
levantas	levantáis	has levantado	habéis levantado
levanta	levantan	ha levantado	han levantado
2 imperfecto de indicativo		**9 pluscuamperfecto de indicativo**	
levantaba	levantábamos	había levantado	habíamos levantado
levantabas	levantabais	habías levantado	habíais levantado
levantaba	levantaban	había levantado	habían levantado
3 pretérito		**10 pretérito anterior**	
levanté	levantamos	hube levantado	hubimos levantado
levantaste	levantasteis	hubiste levantado	hubisteis levantado
levantó	levantaron	hubo levantado	hubieron levantado
4 futuro		**11 futuro perfecto**	
levantaré	levantaremos	habré levantado	habremos levantado
levantarás	levantaréis	habrás levantado	habréis levantado
levantará	levantarán	habrá levantado	habrán levantado
5 potencial simple		**12 potencial compuesto**	
levantaría	levantaríamos	habría levantado	habríamos levantado
levantarías	levantaríais	habrías levantado	habríais levantado
levantaría	levantarían	habría levantado	habrían levantado
6 presente de subjuntivo		**13 perfecto de subjuntivo**	
levante	levantemos	haya levantado	hayamos levantado
levantes	levantéis	hayas levantado	hayáis levantado
levante	levanten	haya levantado	hayan levantado
7 imperfecto de subjuntivo		**14 pluscuamperfecto de subjuntivo**	
levantara	levantáramos	hubiera levantado	hubiéramos levantado
levantaras	levantarais	hubieras levantado	hubierais levantado
levantara	levantaran	hubiera levantado	hubieran levantado
OR		OR	
levantase	levantásemos	hubiese levantado	hubiésemos levantado
levantases	levantaseis	hubieses levantado	hubieseis levantado
levantase	levantasen	hubiese levantado	hubiesen levantado

imperativo	
—	levantemos
levanta; no levantes	levantad; no levantéis
levante	levanten

levantar los manteles   to clear the table
levantar con algo   to get away with something
el Levante   Levant, East (because the Sun rises in the east)
el levantamiento   elevation, raising
See also **levantarse**.

levantar fuego   to make a disturbance
levantar la cabeza   to take heart (courage)
levantar la voz   to raise one's voice
la levadura   yeast

Syn.: **alzar** to lift; **elevar** to elevate (259)   Ant.: **bajar** to lower

levantarse (292)
to get up, to rise

Gerundio **levantándose**   Part. pas. **levantado**
Reflexive regular **-ar** verb

The Seven Simple Tenses		The Seven Compound Tenses	
Singular	Plural	Singular	Plural
1 presente de indicativo		**8 perfecto de indicativo**	
me levanto	nos levantamos	me he levantado	nos hemos levantado
te levantas	os levantáis	te has levantado	os habéis levantado
se levanta	se levantan	se ha levantado	se han levantado
2 imperfecto de indicativo		**9 pluscuamperfecto de indicativo**	
me levantaba	nos levantábamos	me había levantado	nos habíamos levantado
te levantabas	os levantabais	te habías levantado	os habíais levantado
se levantaba	se levantaban	se había levantado	se habían levantado
3 pretérito		**10 pretérito anterior**	
me levanté	nos levantamos	me hube levantado	nos hubimos levantado
te levantaste	os levantasteis	te hubiste levantado	os hubisteis levantado
se levantó	se levantaron	se hubo levantado	se hubieron levantado
4 futuro		**11 futuro perfecto**	
me levantaré	nos levantaremos	me habré levantado	nos habremos levantado
te levantarás	os levantaréis	te habrás levantado	os habréis levantado
se levantará	se levantarán	se habrá levantado	se habrán levantado
5 potencial simple		**12 potencial compuesto**	
me levantaría	nos levantaríamos	me habría levantado	nos habríamos levantado
te levantarías	os levantaríais	te habrías levantado	os habríais levantado
se levantaría	se levantarían	se habría levantado	se habrían levantado
6 presente de subjuntivo		**13 perfecto de subjuntivo**	
me levante	nos levantemos	me haya levantado	nos hayamos levantado
te levantes	os levantéis	te hayas levantado	os hayáis levantado
se levante	se levanten	se haya levantado	se hayan levantado
7 imperfecto de subjuntivo		**14 pluscuamperfecto de subjuntivo**	
me levantara	nos levantáramos	me hubiera levantado	nos hubiéramos levantado
te levantaras	os levantarais	te hubieras levantado	os hubierais levantado
se levantara	se levantaran	se hubiera levantado	se hubieran levantado
OR		OR	
me levantase	nos levantásemos	me hubiese levantado	nos hubiésemos levantado
te levantases	os levantaseis	te hubieses levantado	os hubieseis levantado
se levantase	se levantasen	se hubiese levantado	se hubiesen levantado

imperativo	
—	levantémonos; no nos levantemos
levántate; no te levantes	levantaos; no os levantéis
levántese; no se levante	levántense; no se levanten

levantar la sesión   to adjourn
levantarse de la cama   to get out
  of bed
See also **levantar**.

**El hombre que se levanta aún es más grande
que el que no ha caído.**   (Concepción Arenal)
The man who gets up is even greater than the
one who hasn't fallen.

Syn.: **despertarse** to wake up (oneself); **erguirse** to stand, to sit up straight (221, 289)
Ant.: **acostarse** to lie down; **sentarse** to sit down

Part. pas. **limpiado**   Gerundio **limpiando**

Regular **-ar** verb

limpiar (293)
to clean

The Seven Simple Tenses		The Seven Compound Tenses	
Singular	**Plural**	**Singular**	**Plural**
1 presente de indicativo		**8 perfecto de indicativo**	
limpio	limpiamos	he limpiado	hemos limpiado
limpias	limpiáis	has limpiado	habéis limpiado
limpia	limpian	ha limpiado	han limpiado
2 imperfecto de indicativo		**9 pluscuamperfecto de indicativo**	
limpiaba	limpiábamos	había limpiado	habíamos limpiado
limpiabas	limpiabais	habías limpiado	habíais limpiado
limpiaba	limpiaban	había limpiado	habían limpiado
3 pretérito		**10 pretérito anterior**	
limpié	limpiamos	hube limpiado	hubimos limpiado
limpiaste	limpiasteis	hubiste limpiado	hubisteis limpiado
limpió	limpiaron	hubo limpiado	hubieron limpiado
4 futuro		**11 futuro perfecto**	
limpiaré	limpiaremos	habré limpiado	habremos limpiado
limpiarás	limpiaréis	habrás limpiado	habréis limpiado
llimpiará	limpiarán	habrá limpiado	habrán limpiado
5 potencial simple		**12 potencial compuesto**	
limpiaría	limpiaríamos	habría limpiado	habríamos limpiado
limpiarías	limpiaríais	habrías limpiado	habríais limpiado
limpiaría	limpiarían	habría limpiado	habrían limpiado
6 presente de subjuntivo		**13 perfecto de subjuntivo**	
limpie	limpiemos	haya limpiado	hayamos limpiado
limpies	limpiéis	hayas limpiado	hayáis limpiado
limpie	limpien	haya limpiado	hayan limpiado
7 imperfecto de subjuntivo		**14 pluscuamperfecto de subjuntivo**	
limpiara	limiáramos	hubiera limpiado	hubiéramos limpiado
limpiaras	limpiarais	hubieras limpiado	hubierais limpiado
limpiara	limpiaran	hubiera limpiado	hubieran limpiado
OR		OR	
limpiase	limpiásemos	hubiese limpiado	hubiésemos limpiado
limpiases	limpiaseis	hubieses limpiado	hubieseis limpiado
limpiase	limpiasen	hubiese limpiado	hubiesen limpiado

imperativo	
—	limpiemos
limpia; no limpies	limpiad; no limpiéis
limpie	limpien

limpiar en seco   to dry clean

la limpieza   cleaning, cleanliness; **la limpieza de manos**   hand cleaning/washing;
    la limpieza de corazón   integrity

jugar limpio   to play fair

For other words and expressions related to this verb, see **limpiarse**.

Syn.: **barrer** to sweep; **fregar** to scrub; **lavar** to wash   Ant.: **ensuciar** to dirty, to soil (383); **manchar** to stain (306)

limpiarse (294)

to clean oneself

Gerundio **limpiándose**   Part. pas. **limpiado**

Reflexive regular **-ar** verb

The Seven Simple Tenses		The Seven Compound Tenses	
Singular	**Plural**	**Singular**	**Plural**
1 presente de indicativo		**8 perfecto de indicativo**	
me limpio	nos limpiamos	me he limpiado	nos hemos limpiado
te limpias	os limpiáis	te has limpiado	os habéis limpiado
se limpia	se limpian	se ha limpiado	se han limpiado
2 imperfecto de indicativo		**9 pluscuamperfecto de indicativo**	
me limpiaba	nos limpiábamos	me había limpiado	nos habíamos limpiado
te limpiabas	os limpiabais	te habías limpiado	os habíais limpiado
se limpiaba	se limpiaban	se había limpiado	se habían limpiado
3 pretérito		**10 pretérito anterior**	
me limpié	nos limpiamos	me hube limpiado	nos hubimos limpiado
te limpiaste	os limpiasteis	te hubiste limpiado	os hubisteis limpiado
se limpió	se limpiaron	se hubo limpiado	se hubieron limpiado
4 futuro		**11 futuro perfecto**	
me limpiaré	nos limpiaremos	me habré limpiado	nos habremos limpiado
te limpiarás	os limpiaréis	te habrás limpiado	os habréis limpiado
se limpiará	se limpiarán	se habrá limpiado	se habrán limpiado
5 potencial simple		**12 potencial compuesto**	
me limpiaría	nos limpiaríamos	me habría limpiado	nos habríamos limpiado
te limpiarías	os limpiaríais	te habrías limpiado	os habríais limpiado
se limpiaría	se limpiarían	se habría limpiado	se habrían limpiado
6 presente de subjuntivo		**13 perfecto de subjuntivo**	
me limpie	nos limpiemos	me haya limpiado	nos hayamos limpiado
te limpies	os limpiéis	te hayas limpiado	os hayáis limpiado
se limpie	se limpien	se haya limpiado	se hayan limpiado
7 imperfecto de subjuntivo		**14 pluscuamperfecto de subjuntivo**	
me limpiara	nos limpiáramos	me hubiera limpiado	nos hubiéramos limpiado
te limpiaras	os limpiarais	te hubieras limpiado	os hubierais limpiado
se limpiara	se limpiaran	se hubiera limpiado	se hubieran limpiado
OR		OR	
me limpiase	nos limpiásemos	me hubiese limpiado	nos hubiésemos limpiado
te limpiases	os limpiaseis	te hubieses limpiado	os hubieseis limpiado
se limpiase	se limpiasen	se hubiese limpiado	se hubiesen limpiado

imperativo	
—	limpiémonos
límpiate; no te limpies	limpiaos; no os limpiéis
límpiese	límpiense

un limpiapipas   pipe cleaner   **un limpiadientes**   toothpick
limpiamente   cleanly   **un limpiachimeneas**   chimney sweep

For other words and expressions related to this verb, see **limpiar**.

Syn.: **bañarse** to take a bath; **ducharse** to take a shower; **lavarse** to wash oneself
Ant.: **ensuciarse** to get dirty, to soil oneself (195)

Llamar/Llamarse

Llamar and **llamarse** are essential verbs for beginning students of Spanish. They are used in many idiomatic expressions and everyday situations. As you study the following sentences and expressions, pay attention to the differences in use between **llamar** and the reflexive verb **llamarse**.

Sentences using **llamar** and **llamarse**

—¿Cómo se llama usted?
—Me llamo Juan Morales.
—¿Y cómo se llaman sus hermanos?
—Se llaman Teresa y Pedro.
—What is your name? (How do you call yourself?)
—My name is Juan Morales.
—And what are your siblings' names?
—Their names are Teresa and Peter.

¿Puede llamar a un médico, por favor?
Can you call a doctor, please?

Llámame.
Call me. (Give me a call.)

Words and expressions related to these verbs

llamar al doctor to call the doctor

llamar por teléfono to telephone, to call

llamar la atención sobre to call attention to

llamar por los nombres to call the roll

llamar un taxi to call a taxi

una llamada call, knock, ring

hacer una llamada telefónica to make a phone call

un llamador, una llamadora caller

Mi nombre es... My name is...

llamado, llamada called, named, so-called

Syn.: **denominar** to name, to denominate (107); **nombrar** to name, to appoint (113); **telefonear** to telephone

Can't find the verb you're looking for?

Check the back pages of this book for a list of over 2,300 additional verbs!

AN ESSENTIAL
55 Verb

llamar (295)

to call, to name

Gerundio **llamando** Part. pas. **llamado**

Regular **-ar** verb

The Seven Simple Tenses		The Seven Compound Tenses	
Singular	**Plural**	**Singular**	**Plural**
1 presente de indicativo		**8 perfecto de indicativo**	
llamo	llamamos	he llamado	hemos llamado
llamas	llamáis	has llamado	habéis llamado
llama	llaman	ha llamado	han llamado
2 imperfecto de indicativo		**9 pluscuamperfecto de indicativo**	
llamaba	llamábamos	había llamado	habíamos llamado
llamabas	llamabais	habías llamado	habíais llamado
llamaba	llamaban	había llamado	habían llamado
3 pretérito		**10 pretérito anterior**	
llamé	llamamos	hube llamado	hubimos llamado
llamaste	llamasteis	hubiste llamado	hubisteis llamado
llamó	llamaron	hubo llamado	hubieron llamado
4 futuro		**11 futuro perfecto**	
llamaré	llamaremos	habré llamado	habremos llamado
llamarás	llamaréis	habrás llamado	habréis llamado
llamará	llamarán	habrá llamado	habrán llamado
5 potencial simple		**12 potencial compuesto**	
llamaría	llamaríamos	habría llamado	habríamos llamado
llamarías	llamaríais	habrías llamado	habríais llamado
llamaría	llamarían	habría llamado	habrían llamado
6 presente de subjuntivo		**13 perfecto de subjuntivo**	
llame	llamemos	haya llamado	hayamos llamado
llames	llaméis	hayas llamado	hayáis llamado
llame	llamen	haya llamado	hayan llamado
7 imperfecto de subjuntivo		**14 pluscuamperfecto de subjuntivo**	
llamara	llamáramos	hubiera llamado	hubiéramos llamado
llamaras	llamarais	hubieras llamado	hubierais llamado
llamara	llamaran	hubiera llamado	hubieran llamado
OR		OR	
llamase	llamásemos	hubiese llamado	hubiésemos llamado
llamases	llamaseis	hubieses llamado	hubieseis llamado
llamase	llamasen	hubiese llamado	hubiesen llamado

imperativo	
—	llamemos
llama; no llames	llamad; no llaméis
llame	llamen

AN ESSENTIAL
55 Verb

Part. pas. **llamado**   Gerundio **llamándose**
Reflexive regular **-ar** verb

llamarse (296)
to be called, to be named

The Seven Simple Tenses		The Seven Compound Tenses	
Singular	**Plural**	**Singular**	**Plural**
1 presente de indicativo		**8 perfecto de indicativo**	
me llamo	nos llamamos	me he llamado	nos hemos llamado
te llamas	os llamáis	te has llamado	os habéis llamado
se llama	se llaman	se ha llamado	se han llamado
2 imperfecto de indicativo		**9 pluscuamperfecto de indicativo**	
me llamaba	nos llamábamos	me había llamado	nos habíamos llamado
te llamabas	os llamabais	te habías llamado	os habíais llamado
se llamaba	se llamaban	se había llamado	se habían llamado
3 pretérito		**10 pretérito anterior**	
me llamé	nos llamamos	me hube llamado	nos hubimos llamado
te llamaste	os llamasteis	te hubiste llamado	os hubisteis llamado
se llamó	se llamaron	se hubo llamado	se hubieron llamado
4 futuro		**11 futuro perfecto**	
me llamaré	nos llamaremos	me habré llamado	nos habremos llamado
te llamarás	os llamaréis	te habrás llamado	os habréis llamado
se llamará	se llamarán	se habrá llamado	se habrán llamado
5 potencial simple		**12 potencial compuesto**	
me llamaría	nos llamaríamos	me habría llamado	nos habríamos llamado
te llamarías	os llamaríais	te habrías llamado	os habríais llamado
se llamaría	se llamarían	se habría llamado	se habrían llamado
6 presente de subjuntivo		**13 perfecto de subjuntivo**	
me llame	nos llamemos	me haya llamado	nos hayamos llamado
te llames	os llaméis	te hayas llamado	os hayáis llamado
se llame	se llamen	se haya llamado	se hayan llamado
7 imperfecto de subjuntivo		**14 pluscuamperfecto de subjuntivo**	
me llamara	nos llamáramos	me hubiera llamado	nos hubiéramos llamado
te llamaras	os llamarais	te hubieras llamado	os hubierais llamado
se llamara	se llamaran	se hubiera llamado	se hubieran llamado
OR		OR	
me llamase	nos llamásemos	me hubiese llamado	nos hubiésemos llamado
te llamases	os llamaseis	te hubieses llamado	os hubieseis llamado
se llamase	se llamasen	se hubiese llamado	se hubiesen llamado

imperativo	
—	llamémonos; no nos llamemos
llámate; no te llames	llamaos; no os llaméis
llámese; no se llame	llámense; no se llamen

L

AN ESSENTIAL
55 Verb

llegar (297)

to arrive, to reach

Gerundio **llegando**   Part. pas. **llegado**
Regular **-ar** verb endings with spelling
change: **g** becomes **gu** before **e**

The Seven Simple Tenses		The Seven Compound Tenses	
Singular	Plural	Singular	Plural
1 presente de indicativo		**8 perfecto de indicativo**	
llego	llegamos	he llegado	hemos llegado
llegas	llegáis	has llegado	habéis llegado
llega	llegan	ha llegado	han llegado
2 imperfecto de indicativo		**9 pluscuamperfecto de indicativo**	
llegaba	llegábamos	había llegado	habíamos llegado
llegabas	llegabais	habías llegado	habíais llegado
llegaba	llegaban	había llegado	habían llegado
3 pretérito		**10 pretérito anterior**	
llegué	llegamos	hube llegado	hubimos llegado
llegaste	llegasteis	hubiste llegado	hubisteis llegado
llegó	llegaron	hubo llegado	hubieron llegado
4 futuro		**11 futuro perfecto**	
llegaré	llegaremos	habré llegado	habremos llegado
llegarás	llegaréis	habrás llegado	habréis llegado
llegará	llegarán	habrá llegado	habrán llegado
5 potencial simple		**12 potencial compuesto**	
llegaría	llegaríamos	habría llegado	habríamos llegado
llegarías	llegaríais	habrías llegado	habríais llegado
llegaría	llegarían	habría llegado	habrían llegado
6 presente de subjuntivo		**13 perfecto de subjuntivo**	
llegue	lleguemos	haya llegado	hayamos llegado
llegues	lleguéis	hayas llegado	hayáis llegado
llegue	lleguen	haya llegado	hayan llegado
7 imperfecto de subjuntivo		**14 pluscuamperfecto de subjuntivo**	
llegara	llegáramos	hubiera llegado	hubiéramos llegado
llegaras	llegarais	hubieras llegado	hubierais llegado
llegara	llegaran	hubiera llegado	hubieran llegado
OR		OR	
llegase	llegásemos	hubiese llegado	hubiésemos llegado
llegases	llegaseis	hubieses llegado	hubieseis llegado
llegase	llegasen	hubiese llegado	hubiesen llegado

imperativo	
—	lleguemos
llega; no llegues	llegad; no lleguéis
llegue	lleguen

Luis y Luisa quieren llegar a ser médicos.
Louis and Louise want to become doctors.

llegar a saber to find out	**llegar a ser** to become
la llegada arrival	**llegar a** to reach
llegar tarde to arrive late	**al llegar** on arrival, upon arriving

Syn.: **alcanzar** to reach; **arribar** to arrive, to reach (9); **venir** to come   Ant.: **irse** to go away; **partir** to leave, to depart; **salir** to leave, to go out

Part. pas. **llenado**   Gerundio **llenando**

llenar (298)

Regular **-ar** verb

to fill

The Seven Simple Tenses		The Seven Compound Tenses	
Singular	**Plural**	**Singular**	**Plural**

1 presente de indicativo

lleno	llenamos	
llenas	llenáis	
llena	llenan	

8 perfecto de indicativo

he llenado	hemos llenado
has llenado	habéis llenado
ha llenado	han llenado

2 imperfecto de indicativo

llenaba	llenábamos
llenabas	llenabais
llenaba	llenaban

9 pluscuamperfecto de indicativo

había llenado	habíamos llenado
habías llenado	habíais llenado
había llenado	habían llenado

3 pretérito

llené	llenamos
llenaste	llenasteis
llenó	llenaron

10 pretérito anterior

hube llenado	hubimos llenado
hubiste llenado	hubisteis llenado
hubo llenado	hubieron llenado

4 futuro

llenaré	llenaremos
llenarás	llenaréis
llenará	llenarán

11 futuro perfecto

habré llenado	habremos llenado
habrás llenado	habréis llenado
habrá llenado	habrán llenado

5 potencial simple

llenaría	llenaríamos
llenarías	llenaríais
llenaría	llenarían

12 potencial compuesto

habría llenado	habríamos llenado
habrías llenado	habríais llenado
habría llenado	habrían llenado

6 presente de subjuntivo

llene	llenemos
llenes	llenéis
llene	llenen

13 perfecto de subjuntivo

haya llenado	hayamos llenado
hayas llenado	hayáis llenado
haya llenado	hayan llenado

7 imperfecto de subjuntivo

llenara	llenáramos
llenaras	llenarais
llenara	llenaran
OR	
llenase	llenásemos
llenases	llenaseis
llenase	llenasen

14 pluscuamperfecto de subjuntivo

hubiera llenado	hubiéramos llenado
hubieras llenado	hubierais llenado
hubiera llenado	hubieran llenado
OR	
hubiese llenado	hubiésemos llenado
hubieses llenado	hubieseis llenado
hubiese llenado	hubiesen llenado

imperativo

—	llenemos
llena; no llenes	llenad; no llenéis
llene	llenen

Llene el tanque, por favor.
Fill 'er up, please. (with gasoline)

lleno, llena full, filled	**lleno de bote a bote** full to the brim
la llenura abundance, fullness	**llenar un pedido** to fill an order
llenamente fully	**llenar un formulario** to fill out a form
la luna llena full moon	

Syn.: **cargar** to load; **rellenar** to refill   Ant.: **vaciar** to empty

Llevar

Llevar is an essential regular **-ar** verb for beginning students of Spanish. It is used in many idiomatic expressions and everyday situations.

Llevar means *to take* in the sense of carry or transport from place to place:

> **José llevó la silla de la cocina al comedor/** Joseph took the chair from the kitchen to the dining room.

The verb **llevar** is also used when you *take someone somewhere:*

> **Pedro llevó a María al baile anoche/**Peter took Mary to the dance last night.

Llevar also means *to wear:*

> **María, ¿por qué llevas la falda nueva?/** Mary, why are you wearing your new skirt?

Sentences using llevar

Lo llevo conmigo.
I'll take it with me.

Aquel hombre lleva una vida de perros.
That man leads a dog's life.

Words and expressions related to this verb

llevar a cabo to carry through, to accomplish

llevar una caída to have a fall

llevar una vida de perros to lead a dog's life

llevar conmigo to take with me

un llevador, una llevadora carrier

llevarse to take away, carry off

llevarse algo de alguien to take something from someone

llevarse bien con alguien to get along well with someone

Syn.: **conducir** to conduct, to drive; **trasladar** to transfer (215); **transportar** to transport (427)
Ant.: **aportar** to bring, to contribute (11)

AN ESSENTIAL
55 Verb

Can't remember the Spanish verb you need?

Check the back pages of this book for the English-Spanish verb index!

llevar (299)

to carry (away), to take (away), to wear

The Seven Simple Tenses		The Seven Compound Tenses	
Singular	**Plural**	**Singular**	**Plural**
1 presente de indicativo		**8 perfecto de indicativo**	
llevo	llevamos	he llevado	hemos llevado
llevas	lleváis	has llevado	habéis llevado
lleva	llevan	ha llevado	han llevado
2 imperfecto de indicativo		**9 pluscuamperfecto de indicativo**	
llevaba	llevábamos	había llevado	habíamos llevado
llevabas	llevabais	habías llevado	habíais llevado
llevaba	llevaban	había llevado	habían llevado
3 pretérito		**10 pretérito anterior**	
llevé	llevamos	hube llevado	hubimos llevado
llevaste	llevasteis	hubiste llevado	hubisteis llevado
llevó	llevaron	hubo llevado	hubieron llevado
4 futuro		**11 futuro perfecto**	
llevaré	llevaremos	habré llevado	habremos llevado
llevarás	llevaréis	habrás llevado	habréis llevado
llevará	llevarán	habrá llevado	habrán llevado
5 potencial simple		**12 potencial compuesto**	
llevaría	llevaríamos	habría llevado	habríamos llevado
llevarías	llevaríais	habrías llevado	habríais llevado
llevaría	llevarían	habría llevado	habrían llevado
6 presente de subjuntivo		**13 perfecto de subjuntivo**	
lleve	llevemos	haya llevado	hayamos llevado
lleves	llevéis	hayas llevado	hayáis llevado
lleve	lleven	haya llevado	hayan llevado
7 imperfecto de subjuntivo		**14 pluscuamperfecto de subjuntivo**	
llevara	lleváramos	hubiera llevado	hubiéramos llevado
llevaras	llevarais	hubieras llevado	hubierais llevado
llevara	llevaran	hubiera llevado	hubieran llevado
OR		OR	
llevase	llevásemos	hubiese llevado	hubiésemos llevado
llevases	llevaseis	hubieses llevado	hubieseis llevado
llevase	llevasen	hubiese llevado	hubiesen llevado

	imperativo	
—	llevemos
lleva; no lleves	llevad; no llevéis
lleve	lleven

AN ESSENTIAL
55 Verb

llorar (300)
to weep, to cry, to whine

Gerundio **llorando**   Part. pas. **llorado**

Regular **-ar** verb

The Seven Simple Tenses		The Seven Compound Tenses	
Singular	Plural	Singular	Plural
1 presente de indicativo		**8 perfecto de indicativo**	
lloro	lloramos	he llorado	hemos llorado
lloras	lloráis	has llorado	habéis llorado
llora	lloran	ha llorado	han llorado
2 imperfecto de indicativo		**9 pluscuamperfecto de indicativo**	
lloraba	llorábamos	había llorado	habíamos llorado
llorabas	llorabais	habías llorado	habíais llorado
lloraba	lloraban	había llorado	habían llorado
3 pretérito		**10 pretérito anterior**	
lloré	lloramos	hube llorado	hubimos llorado
lloraste	llorasteis	hubiste llorado	hubisteis llorado
lloró	lloraron	hubo llorado	hubieron llorado
4 futuro		**11 futuro perfecto**	
lloraré	lloraremos	habré llorado	habremos llorado
llorarás	lloraréis	habrás llorado	habréis llorado
llorará	llorarán	habrá llorado	habrán llorado
5 potencial simple		**12 potencial compuesto**	
lloraría	lloraríamos	habría llorado	habríamos llorado
llorarías	lloraríais	habrías llorado	habríais llorado
lloraría	llorarían	habría llorado	habrían llorado
6 presente de subjuntivo		**13 perfecto de subjuntivo**	
llore	lloremos	haya llorado	hayamos llorado
llores	lloréis	hayas llorado	hayáis llorado
llore	lloren	haya llorado	hayan llorado
7 imperfecto de subjuntivo		**14 pluscuamperfecto de subjuntivo**	
llorara	lloráramos	hubiera llorado	hubiéramos llorado
lloraras	llorarais	hubieras llorado	hubierais llorado
llorara	lloraran	hubiera llorado	hubieran llorado
OR		OR	
llorase	llorásemos	hubiese llorado	hubiésemos llorado
llorases	lloraseis	hubieses llorado	hubieseis llorado
llorase	llorasen	hubiese llorado	hubiesen llorado

imperativo	
—	lloremos
llora; no llores	llorad; no lloréis
llore	lloren

lloroso, llorosa   tearful, sorrowful
el lloro   weeping, crying
llorador, lloradora   weeper
lloriquear   to whimper, to whine
llorar con un ojo   to shed crocodile tears

llorar por   to weep (cry) for
llorar por cualquier cosa   to cry about anything
llorar a lágrima viva   to cry one's eyes out
romper a llorar   to burst into tears

Syn.: **dolerse** to complain about (196, 289); **lagrimar** to weep (231); **lagrimear** to weep easily (206); **lloriquear** to whine, to whimper (206)   Ant.: **celebrar** to celebrate; **reír** to laugh

Part. pas. **luchado**   Gerundio **luchando**

Regular **-ar** verb

luchar (301)

to fight, to strive, to struggle, to wrestle

The Seven Simple Tenses		The Seven Compound Tenses	
Singular	Plural	Singular	Plural
1 presente de indicativo		**8 perfecto de indicativo**	
lucho	luchamos	he luchado	hemos luchado
luchas	lucháis	has luchado	habéis luchado
lucha	luchan	ha luchado	han luchado
2 imperfecto de indicativo		**9 pluscuamperfecto de indicativo**	
luchaba	luchábamos	había luchado	habíamos luchado
luchabas	luchabais	habías luchado	habíais luchado
luchaba	luchaban	había luchado	habían luchado
3 pretérito		**10 pretérito anterior**	
luché	luchamos	hube luchado	hubimos luchado
luchaste	luchasteis	hubiste luchado	hubisteis luchado
luchó	lucharon	hubo luchado	hubieron luchado
4 futuro		**11 futuro perfecto**	
lucharé	lucharemos	habré luchado	habremos luchado
lucharás	lucharéis	habrás luchado	habréis luchado
luchará	lucharán	habrá luchado	habrán luchado
5 potencial simple		**12 potencial compuesto**	
lucharía	lucharíamos	habría luchado	habríamos luchado
lucharías	lucharíais	habrías luchado	habríais luchado
lucharía	lucharían	habría luchado	habrían luchado
6 presente de subjuntivo		**13 perfecto de subjuntivo**	
luche	luchemos	haya luchado	hayamos luchado
luches	luchéis	hayas luchado	hayáis luchado
luche	luchen	haya luchado	hayan luchado
7 imperfecto de subjuntivo		**14 pluscuamperfecto de subjuntivo**	
luchara	lucháramos	hubiera luchado	hubiéramos luchado
lucharas	lucharais	hubieras luchado	hubierais luchado
luchara	lucharan	hubiera luchado	hubieran luchado
OR		OR	
luchase	luchásemos	hubiese luchado	hubiésemos luchado
luchases	luchaseis	hubieses luchado	hubieseis luchado
luchase	luchasen	hubiese luchado	hubiesen luchado

imperativo	
—	luchemos
lucha; no luches	luchad; no luchéis
luche	luchen

El luchador luchó muy bien en la lucha.   The wrestler wrestled very well in the bout.

luchar por + inf.   to struggle + inf.
un luchador, una luchadora   wrestler, fighter
la lucha   battle, combat, fight, struggle, quarrel

la lucha cuerpo a cuerpo   hand-to-hand fighting
luchar por la libertad   to struggle for freedom

Syn.: **combatir** to combat, to fight (1); **pelear** to fight (206)   Ant.: **entregarse** to surrender (216, 289); **pacificar** to pacify, to calm (424)

393

maldecir (302)

to curse

Gerundio **maldiciendo**   Part. pas. **maldecido** (**maldi-to**, *when used as an adj. with* **estar**)

Irregular verb

The Seven Simple Tenses		The Seven Compound Tenses	
Singular	**Plural**	**Singular**	**Plural**
1 presente de indicativo		**8 perfecto de indicativo**	
maldigo	maldecimos	he maldecido	hemos maldecido
maldices	maldecís	has maldecido	habéis maldecido
maldice	maldicen	ha maldecido	han maldecido
2 imperfecto de indicativo		**9 pluscuamperfecto de indicativo**	
maldecía	maldecíamos	había maldecido	habíamos maldecido
maldecías	maldecíais	habías maldecido	habíais maldecido
maldecía	maldecían	había maldecido	habían maldecido
3 pretérito		**10 pretérito anterior**	
maldije	maldijimos	hube maldecido	hubimos maldecido
maldijiste	maldijisteis	hubiste maldecido	hubisteis maldecido
maldijo	maldijeron	hubo maldecido	hubieron maldecido
4 futuro		**11 futuro perfecto**	
maldeciré	maldeciremos	habré maldecido	habremos maldecido
maldecirás	maleciréis	habrás maldecido	habréis maldecido
maldecirá	maldecirán	habrá maldecido	habrán maldecido
5 potencial simple		**12 potencial compuesto**	
maldeciría	maldeciríamos	habría maldecido	habríamos maldecido
maldecirías	maldeciríais	habrías maldecido	habríais maldecido
maldeciría	maldecirían	habría maldecido	habrían maldecido
6 presente de subjuntivo		**13 perfecto de subjuntivo**	
maldiga	maldigamos	haya maldecido	hayamos maldecido
maldigas	maldigáis	hayas maldecido	hayáis maldecido
maldiga	maldigan	haya maldecido	hayan maldecido
7 imperfecto de subjuntivo		**14 pluscuamperfecto de subjuntivo**	
maldijera	maldijéramos	hubiera maldecido	hubiéramos maldecido
maldijeras	maldijerais	hubieras maldecido	hubierais maldecido
maldijera	maldijeran	hubiera maldecido	hubieran maldecido
OR		OR	
maldijese	maldijésemos	hubiese maldecido	hubiésemos maldecido
maldijeses	maldijeseis	hubieses maldecido	hubieseis maldecido
maldijese	maldijesen	hubiese maldecido	hubiesen maldecido

imperativo	
—	maldigamos
maldice; no maldigas	maldecid; no maldigáis
maldiga	maldigan

maldecir de to speak ill of
una maldición curse, malediction
maldiciente slanderous
maldito, maldita damned

un, una maldiciente slanderer
maldecido, maldecida wicked
los malditos the damned

See also **bendecir**. See also note on the bottom of verb 368.

Syn.: **blasfemar** to blaspheme (247); **imprecar** to curse (424); **jurar** to swear   Ant.: **bendecir** to bless; **elogiar** to praise, to eulogize (232)

manejar (303)

to manage, to handle, to drive, to operate (a vehicle)

The Seven Simple Tenses		The Seven Compound Tenses	
Singular	Plural	Singular	Plural
1 presente de indicativo		**8 perfecto de indicativo**	
manejo	manejamos	he manejado	hemos manejado
manejas	manejáis	has manejado	habéis manejado
maneja	manejan	ha manejado	han manejado
2 imperfecto de indicativo		**9 pluscuamperfecto de indicativo**	
manejaba	manejábamos	había manejado	habíamos manejado
manejabas	manejabais	habías manejado	habíais manejado
manejaba	manejaban	había manejado	habían manejado
3 pretérito		**10 pretérito anterior**	
manejé	manejamos	hube manejado	hubimos manejado
manejaste	manejasteis	hubiste manejado	hubisteis manejado
manejó	manejaron	hubo manejado	hubieron manejado
4 futuro		**11 futuro perfecto**	
manejaré	manejaremos	habré manejado	habremos manejado
manejarás	manejaréis	habrás manejado	habréis manejado
manejará	manejarán	habrá manejado	habrán manejado
5 potencial simple		**12 potencial compuesto**	
manejaría	manejaríamos	habría manejado	habríamos manejado
manejarías	manejaríais	habrías manejado	habríais manejado
manejaría	manejarían	habría manejado	habrían manejado
6 presente de subjuntivo		**13 perfecto de subjuntivo**	
maneje	manejemos	haya manejado	hayamos manejado
manejes	manejéis	hayas manejado	hayáis manejado
maneje	manejen	haya manejado	hayan manejado
7 imperfecto de subjuntivo		**14 pluscuamperfecto de subjuntivo**	
manejara	manejáramos	hubiera manejado	hubiéramos manejado
manejaras	manejarais	hubieras manejado	hubierais manejado
manejara	manejaran	hubiera manejado	hubieran manejado
OR		OR	
manejase	manejásemos	hubiese manejado	hubiésemos manejado
manejases	manejaseis	hubieses manejado	hubieseis manejado
manejase	manejasen	hubiese manejado	hubiesen manejado

imperativo	
—	manejemos
maneja; no manejes	manejad; no manejéis
maneje	manejen

el manejo management; driving
el manejo doméstico housekeeping
el manejo a distancia remote control

manejable manageable
la manejabilidad manageability
la mano hand

Syn.: **conducir** to drive; **manipular** to manipulate (71); **pilotar, pilotear** to pilot (54); **operar** to operate (227)

M

mantener (304)

Gerundio **manteniendo** Part. pas. **mantenido**

to maintain, to keep up, to support, to provide for

Irregular verb

The Seven Simple Tenses		The Seven Compound Tenses	
Singular	Plural	Singular	Plural
1 presente de indicativo		**8 perfecto de indicativo**	
mantengo	mantenemos	he mantenido	hemos mantenido
mantienes	mantenéis	has mantenido	habéis mantenido
mantiene	mantienen	ha mantenido	han mantenido
2 imperfecto de indicativo		**9 pluscuamperfecto de indicativo**	
mantenía	manteníamos	había mantenido	habíamos mantenido
mantenías	manteníais	habías mantenido	habíais mantenido
mantenía	mantenían	había mantenido	habían mantenido
3 pretérito		**10 pretérito anterior**	
mantuve	mantuvimos	hube mantenido	hubimos mantenido
mantuviste	mantuvisteis	hubiste mantenido	hubisteis mantenido
mantuvo	mantuvieron	hubo mantenido	hubieron mantenido
4 futuro		**11 futuro perfecto**	
mantendré	mantendremos	habré mantenido	habremos mantenido
mantendrás	mantendréis	habrás mantenido	habréis mantenido
mantendrá	mantendrán	habrá mantenido	habrán mantenido
5 potencial simple		**12 potencial compuesto**	
mantendría	mantendríamos	habría mantenido	habríamos mantenido
mantendrías	mantendríais	habrías mantenido	habríais mantenido
mantendría	mantendrían	habría mantenido	habrían mantenido
6 presente de subjuntivo		**13 perfecto de subjuntivo**	
mentenga	mantengamos	haya mantenido	hayamos mantenido
mantengas	mantengáis	hayas mantenido	hayáis mantenido
mantenga	mantengan	haya mantenido	hayan mantenido
7 imperfecto de subjuntivo		**14 pluscuamperfecto de subjuntivo**	
mantuviera	mantuviéramos	hubiera mantenido	hubiéramos mantenido
mantuvieras	mantuvierais	hubieras mantenido	hubierais mantenido
mantuviera	mantuvieran	hubiera mantenido	hubieran mantenido
OR		OR	
mantuviese	mantuviésemos	hubiese mantenido	hubiésemos mantenido
mantuvieses	mantuvieseis	hubieses mantenido	hubieseis mantenido
mantuviese	mantuviesen	hubiese mantenido	hubiesen mantenido

imperativo	
—	mantengamos
manten; no mantengas	mantened; no mantengáis
mantenga	mantengan

Mi sobrino es administrador de web. Mantiene docenas de sitios web.
My nephew is a webmaster. He maintains dozens of websites.

mantener el orden to keep (maintain) order	**mantenerse** to support oneself
el mantenimiento, la mantenencia maintenance, support	**mantener su opinión** to maintain one's opinion
mantener la palabra to keep one's word	**mantener a distancia** to keep at a distance

Syn.: **conservar** to preserve, to keep (9); **soportar** to support (427); **sostener** to sustain; **tener** to have, to hold   Ant.: **negar** to deny

Part. pas. **marcado**   Gerundio **marcando**
Regular **-ar** verb endings with spelling
change: **c** becomes **qu** before **e**

The Seven Simple Tenses		The Seven Compound Tenses	
Singular	Plural	Singular	Plural
1 presente de indicativo		**8 perfecto de indicativo**	
marco	marcamos	he marcado	hemos marcado
marcas	marcáis	has marcado	habéis marcado
marca	marcan	ha marcado	han marcado
2 imperfecto de indicativo		**9 pluscuamperfecto de indicativo**	
marcaba	marcábamos	había marcado	habíamos marcado
marcabas	marcabais	habías marcado	habíais marcado
marcaba	marcaban	había marcado	habían marcado
3 pretérito		**10 pretérito anterior**	
marqué	marcamos	hube marcado	hubimos marcado
marcaste	marcasteis	hubiste marcado	hubisteis marcado
marcó	marcaron	hubo marcado	hubieron marcado
4 futuro		**11 futuro perfecto**	
marcaré	marcaremos	habré marcado	habremos marcado
marcarás	marcaréis	habrás marcado	habréis marcado
marcará	marcarán	habrá marcado	habrán marcado
5 potencial simple		**12 potencial compuesto**	
marcaría	marcaríamos	habría marcado	habríamos marcado
marcarías	marcaríais	habrías marcado	habríais marcado
marcaría	marcarían	habría marcado	habrían marcado
6 presente de subjuntivo		**13 perfecto de subjuntivo**	
marque	marquemos	haya marcado	hayamos marcado
marques	marquéis	hayas marcado	hayáis marcado
marque	marquen	haya marcado	hayan marcado
7 imperfecto de subjuntivo		**14 pluscuamperfecto de subjuntivo**	
marcara	marcáramos	hubiera marcado	hubiéramos marcado
marcaras	marcarais	hubieras marcado	hubierais marcado
marcara	marcaran	hubiera marcado	hubieran marcado
OR		OR	
marcase	marcásemos	hubiese marcado	hubiésemos marcado
marcases	marcaseis	hubieses marcado	hubieseis marcado
marcase	marcasen	hubiese marcado	hubiesen marcado

imperativo	
—	marquemos
marca; no marques	marcad; no marquéis
marque	marquen

marcar un número de teléfono   to dial a
   telephone number
marcado, marcada   marked, remarkable

marcadamente   markedly, notably
marcar las cartas   to mark the cards
marcar un gol   to score a goal

Syn.: **anotar** to annotate (54); **destacar** to highlight, to stand out (424); **señalar** to point out, to signal

M

marchar (306)

to walk, to march, to function (machine), to run (machine)

Gerundio **marchando**   Part. pas. **marchado**

Regular **-ar** verb

The Seven Simple Tenses		The Seven Compound Tenses	
Singular	Plural	Singular	Plural
1 presente de indicativo		**8 perfecto de indicativo**	
marcho	marchamos	he marchado	hemos marchado
marchas	marcháis	has marchado	habéis marchado
marcha	marchan	ha marchado	han marchado
2 imperfecto de indicativo		**9 pluscuamperfecto de indicativo**	
marchaba	marchábamos	había marchado	habíamos marchado
marchabas	marchabais	habías marchado	habíais marchado
marchaba	marchaban	había marchado	habían marchado
3 pretérito		**10 pretérito anterior**	
marché	marchamos	hube marchado	hubimos marchado
marchaste	marchasteis	hubiste marchado	hubisteis marchado
marchó	marcharon	hubo marchado	hubieron marchado
4 futuro		**11 futuro perfecto**	
marcharé	marcharemos	habré marchado	habremos marchado
marcharás	marcharéis	habrás marchado	habréis marchado
marchará	marcharán	habrá marchado	habrán marchado
5 potencial simple		**12 potencial compuesto**	
marcharía	marcharíamos	habría marchado	habríamos marchado
marcharías	marcharíais	habrías marchado	habríais marchado
marcharía	marcharían	habría marchado	habrían marchado
6 presente de subjuntivo		**13 perfecto de subjuntivo**	
marche	marchemos	haya marchado	hayamos marchado
marches	marchéis	hayas marchado	hayáis marchado
marche	marchen	haya marchado	hayan marchado
7 imperfecto de subjuntivo		**14 pluscuamperfecto de subjuntivo**	
marchara	marcháramos	hubiera marchado	hubiéramos marchado
marcharas	marcharais	hubieras marchado	hubierais marchado
marchara	marcharan	hubiera marchado	hubieran marchado
OR		OR	
marchase	marchásemos	hubiese marchado	hubiésemos marchado
marchases	marchaseis	hubieses marchado	hubieseis marchado
marchase	marchasen	hubiese marchado	hubiesen marchado

imperativo

—	marchemos
marcha; no marches	marchad; no marchéis
marche	marchen

la marcha march
a toda marcha at full/top speed
¡En marcha! Forward march!
Esto no marcha This won't work; This will not do.

poner en marcha to put in motion, to start
Todo marcha bien. Everything is going okay.
el marchador, la marchadora walker, race walker

Syn.: **andar** to walk; **caminar** to walk; **funcionar** to function; **ir** to go   Ant.: **detenerse** to stop (oneself); **pararse** to stop (oneself); **permanecer** to remain (344)

Part. pas. **marchado**   Gerundio **marchándose**
Reflexive regular **-ar** verb

marcharse (307)
to go away, to leave

The Seven Simple Tenses		The Seven Compound Tenses	
Singular	**Plural**	**Singular**	**Plural**
1 presente de indicativo		**8 perfecto de indicativo**	
me marcho	nos marchamos	me he marchado	nos hemos marchado
te marchas	os marcháis	te has marchado	os habéis marchado
se marcha	se marchan	se ha marchado	se han marchado
2 imperfecto de indicativo		**9 pluscuamperfecto de indicativo**	
me marchaba	nos marchábamos	me había marchado	nos habíamos marchado
te marchabas	os marchabais	te habías marchado	os habíais marchado
se marchaba	se marchaban	se había marchado	se habían marchado
3 pretérito		**10 pretérito anterior**	
mc marché	nos marchamos	me hube marchado	nos hubimos marchado
te marchaste	os marchasteis	te hubiste marchado	os hubisteis marchado
se marchó	se marcharon	se hubo marchado	se hubieron marchado
4 futuro		**11 futuro perfecto**	
me marcharé	nos marcharemos	me habré marchado	nos habremos marchado
te marcharás	os marcharéis	te habrás marchado	os habréis marchado
se marchará	se marcharán	se habrá marchado	se habrán marchado
5 potencial simple		**12 potencial compuesto**	
me marcharía	nos marcharíamos	me habría marchado	nos habríamos marchado
te marcharías	os marcharíais	te habrías marchado	os habríais marchado
se marcharía	se marcharían	se habría marchado	se habrían marchado
6 presente de subjuntivo		**13 perfecto de subjuntivo**	
me marche	nos marchemos	me haya marchado	nos hayamos marchado
te marches	os marchéis	te hayas marchado	os hayáis marchado
se marche	se marchen	se haya marchado	se hayan marchado
7 imperfecto de subjuntivo		**14 pluscuamperfecto de subjuntivo**	
me marchara	nos marcháramos	me hubiera marchado	nos hubiéramos marchado
te marcharas	os marcharais	te hubieras marchado	os hubierais marchado
se marchara	se marcharan	se hubiera marchado	se hubieran marchado
OR		OR	
me marchase	nos marchásemos	me hubiese marchado	nos hubiésemos marchado
te marchases	os marchaseis	te hubieses marchado	os hubieseis marchado
se marchase	se marchasen	se hubiese marchado	se hubiesen marchado

imperativo	
—	marchémonos
márchate; no te marches	marchaos; no os marchéis
márchese	márchense

¿Dónde está Marisol? Se marchó hace una hora.
Where is Marisol? She left an hour ago.

marcharse por las buenas   to leave for good, never to return

Syn.: **irse** to go away; **partir** to leave, to depart   Ant.: **detenerse** to stop (oneself); **pararse** to stop (oneself)

M

matar (308)
to kill

The Seven Simple Tenses		The Seven Compound Tenses	
Singular	Plural	Singular	Plural
1 presente de indicativo		**8 perfecto de indicativo**	
mato	matamos	he matado	hemos matado
matas	matáis	has matado	habéis matado
mata	matan	ha matado	han matado
2 imperfecto de indicativo		**9 pluscuamperfecto de indicativo**	
mataba	matábamos	había matado	habíamos matado
matabas	matabais	habías matado	habíais matado
mataba	mataban	había matado	habían matado
3 pretérito		**10 pretérito anterior**	
maté	matamos	hube matado	hubimos matado
mataste	matasteis	hubiste matado	hubisteis matado
mató	mataron	hubo matado	hubieron matado
4 futuro		**11 futuro perfecto**	
mataré	mataremos	habré matado	habremos matado
matarás	mataréis	habrás matado	habréis matado
matará	matarán	habrá matado	habrán matado
5 potencial simple		**12 potencial compuesto**	
mataría	mataríamos	habría matado	habríamos matado
matarías	mataríais	habrías matado	habríais matado
mataría	matarían	habría matado	habrían matado
6 presente de subjuntivo		**13 perfecto de subjuntivo**	
mate	matemos	haya matado	hayamos matado
mates	matéis	hayas matado	hayáis matado
mate	maten	haya matado	hayan matado
7 imperfecto de subjuntivo		**14 pluscuamperfecto de subjuntivo**	
matara	matáramos	hubiera matado	hubiéramos matado
mataras	matarais	hubieras matado	hubierais matado
matara	mataran	hubiera matado	hubieran matado
OR		OR	
matase	matásemos	hubiese matado	hubiésemos matado
matases	mataseis	hubieses matado	hubieseis matado
matase	matasen	hubiese matado	hubiesen matado

imperativo

—	matemos
mata; no mates	matad; no matéis
mate	maten

el mate   checkmate (chess)
dar jaque mate   to checkmate (chess)
dar mate a   to checkmate (chess)

matar el tiempo   to kill time
estar a matar con alguien   to be angry at someone

Syn.: **asesinar** to assassinate, to murder (107)   Ant.: **resucitar** to resuscitate, to bring back to life (254)

Part. pas. **medido**   Gerundio **midiendo**

Regular **-ir** verb endings with stem change:
Tenses 1, 3, 6, 7; Imperative, Gerundio

medir (309)

to measure, to weigh, to scan (verses)

The Seven Simple Tenses		The Seven Compound Tenses	
Singular	**Plural**	**Singular**	**Plural**
1 presente de indicativo		**8 perfecto de indicativo**	
mido	medimos	he medido	hemos medido
mides	medís	has medido	habéis medido
mide	miden	ha medido	han medido
2 imperfecto de indicativo		**9 pluscuamperfecto de indicativo**	
medía	medíamos	había medido	habíamos medido
medías	medíais	habías medido	habíais medido
medía	medían	había medido	habían medido
3 pretérito		**10 pretérito anterior**	
medí	medimos	hube medido	hubimos medido
mediste	medisteis	hubiste medido	hubisteis medido
midió	midieron	hubo medido	hubieron medido
4 futuro		**11 futuro perfecto**	
mediré	mediremos	habré medido	habremos medido
medirás	mediréis	habrás medido	habréis medido
medirá	medirán	habrá medido	habrán medido
5 potencial simple		**12 potencial compuesto**	
mediría	mediríamos	habría medido	habríamos medido
medirías	mediríais	habrías medido	habríais medido
mediría	medirían	habría medido	habrían medido
6 presente de subjuntivo		**13 perfecto de subjuntivo**	
mida	midamos	haya medido	hayamos medido
midas	midáis	hayas medido	hayáis medido
mida	midan	haya medido	hayan medido
7 imperfecto de subjuntivo		**14 pluscuamperfecto de subjuntivo**	
midiera	midiéramos	hubiera medido	hubiéramos medido
midieras	midierais	hubieras medido	hubierais medido
midiera	midieran	hubiera medido	hubieran medido
OR		OR	
midiese	midiésemos	hubiese medido	hubiésemos medido
midieses	midieseis	hubieses medido	hubieseis medido
midiese	midiesen	hubiese medido	hubiesen medido

imperativo	
—	midamos
mide; no midas	medid; no midáis
mida	midan

medir las calles   to walk the streets
  (out of a job)
la medida   measurement
pesos y medidas   weights and measurements

medir sus pasos   to watch one's step
medir las palabras   to weigh one's words
medirse con alguien   to measure oneself
  against someone

Syn.: **pesar** to weigh (25); **calcular** to calculate (259); **mensurar** to measure (284)

mejorar (310)
to improve

The Seven Simple Tenses		The Seven Compound Tenses	
Singular	**Plural**	**Singular**	**Plural**
1 presente de indicativo		**8 perfecto de indicativo**	
mejoro	mejoramos	he mejorado	hemos mejorado
mejoras	mejoráis	has mejorado	habéis mejorado
mejora	mejoran	ha mejorado	han mejorado
2 imperfecto de indicativo		**9 pluscuamperfecto de indicativo**	
mejoraba	mejorábamos	había mejorado	habíamos mejorado
mejorabas	mejorabais	habías mejorado	habíais mejorado
mejoraba	mejoraban	había mejorado	habían mejorado
3 pretérito		**10 pretérito anterior**	
mejoré	mejoramos	hube mejorado	hubimos mejorado
mejoraste	mejorasteis	hubiste mejorado	hubisteis mejorado
mejoró	mejoraron	hubo mejorado	hubieron mejorado
4 futuro		**11 futuro perfecto**	
mejoraré	mejoraremos	habré mejorado	habremos mejorado
mejorarás	mejoraréis	habrás mejorado	habréis mejorado
mejorará	mejorarán	habrá mejorado	habrán mejorado
5 potencial simple		**12 potencial compuesto**	
mejoraría	mejoraríamos	habría mejorado	habríamos mejorado
mejorarías	mejoraríais	habrías mejorado	habríais mejorado
mejoraría	mejorarían	habría mejorado	habrían mejorado
6 presente de subjuntivo		**13 perfecto de subjuntivo**	
mejore	mejoremos	haya mejorado	hayamos mejorado
mejores	mejoréis	hayas mejorado	hayáis mejorado
mejore	mejoren	haya mejorado	hayan mejorado
7 imperfecto de subjuntivo		**14 pluscuamperfecto de subjuntivo**	
mejorara	mejoráramos	hubiera mejorado	hubiéramos mejorado
mejoraras	mejorarais	hubieras mejorado	hubierais mejorado
mejorara	mejoraran	hubiera mejorado	hubieran mejorado
OR		OR	
mejorase	mejorásemos	hubiese mejorado	hubiésemos mejorado
mejorases	mejoraseis	hubieses mejorado	hubieseis mejorado
mejorase	mejorasen	hubiese mejorado	hubiesen mejorado

imperativo	
—	mejoremos
mejora; no mejores	mejorad; no mejoréis
mejore	mejoren

la mejora, la mejoría improvement, betterment
mejor better, best
tanto mejor so much the better
mejorarse to get well, recover, improve oneself

mejor dicho rather (Lit.: better said)
mejor que mejor even better
lo mejor the best

Syn.: **corregir** to correct; **perfeccionar** to improve, to perfect (355); **reparar** to repair   Ant.: **agravar** to make worse; **desmejorar** to spoil, to ruin (310); **desmejorarse** to decay, to decline, to get worse, to lose one's health (310, 289)

mencionar (311)
to mention

Regular **-ar** verb

The Seven Simple Tenses		The Seven Compound Tenses	
Singular	**Plural**	**Singular**	**Plural**
1 presente de indicativo		**8 perfecto de indicativo**	
menciono	mencionamos	he mencionado	hemos mencionado
mencionas	mencionáis	has mencionado	habéis mencionado
menciona	mencionan	ha mencionado	han mencionado
2 imperfecto de indicativo		**9 pluscuamperfecto de indicativo**	
mencionaba	mencionábamos	había mencionado	habíamos mencionado
mencionabas	mencionabais	habías mencionado	habíais mencionado
mencionaba	mencionaban	había mencionado	habían mencionado
3 pretérito		**10 pretérito anterior**	
mencioné	mencionamos	hube mencionado	hubimos mencionado
mencionaste	mencionasteis	hubiste mencionado	hubisteis mencionado
mencionó	mencionaron	hubo mencionado	hubieron mencionado
4 futuro		**11 futuro perfecto**	
mencionaré	mencionaremos	habré mencionado	habremos mencionado
mencionarás	mencionaréis	habrás mencionado	habréis mencionado
mencionará	mencionarán	habrá mencionado	habrán mencionado
5 potencial simple		**12 potencial compuesto**	
mencionaría	mencionaríamos	habría mencionado	habríamos mencionado
mencionarías	mencionaríais	habrías mencionado	habríais mencionado
mencionaría	mencionarían	habría mencionado	habrían mencionado
6 presente de subjuntivo		**13 perfecto de subjuntivo**	
mencione	mencionemos	haya mencionado	hayamos mencionado
menciones	mencionéis	hayas mencionado	hayáis mencionado
mencione	mencionen	haya mencionado	hayan mencionado
7 imperfecto de subjuntivo		**14 pluscuamperfecto de subjuntivo**	
mencionara	mencionáramos	hubiera mencionado	hubiéramos mencionado
mencionaras	mencionarais	hubieras mencionado	hubierais mencionado
mencionara	mencionaran	hubiera mencionado	hubieran mencionado
OR		OR	
mencionase	mencionásemos	hubiese mencionado	hubiésemos mencionado
mencionases	mencionaseis	hubieses mencionado	hubieseis mencionado
mencionase	mencionasen	hubiese mencionado	hubiesen mencionado

imperativo

—	mencionemos
menciona; no menciones	mencionad; no mencionéis
mencione	mencionen

la mención   mention
una mención honorífica   honorable mention
digno de mención   worthy of mention
mencionado, mencionada   mentioned, above-mentioned

dejar de mencionar   to fail to mention
en mención   under discussion
hacer mención de   to make mention of
sin mencionar a   not to mention

Syn.: **citar** to cite, to quote; **hacer mención de** to make mention of; **nombrar** to name
(113)   Ant.: **olvidar** to forget; **suprimir** to suppress

mentir (312)
to lie, to tell a lie

Gerundio **mintiendo**   Part. pas. **mentido**
Regular **-ir** verb endings with stem change:
Tenses 1, 3, 6, 7, Imperative, Gerundio

The Seven Simple Tenses		The Seven Compound Tenses	
Singular	Plural	Singular	Plural
1 presente de indicativo		**8 perfecto de indicativo**	
miento	mentimos	he mentido	hemos mentido
mientes	mentís	has mentido	habéis mentido
miente	mienten	ha mentido	han mentido
2 imperfecto de indicativo		**9 pluscuamperfecto de indicativo**	
mentía	mentíamos	había mentido	habíamos mentido
mentías	mentíais	habías mentido	habíais mentido
mentía	mentían	había mentido	habían mentido
3 pretérito		**10 pretérito anterior**	
mentí	mentimos	hube mentido	hubimos mentido
mentiste	mentisteis	hubiste mentido	hubisteis mentido
mintió	mintieron	hubo mentido	hubieron mentido
4 futuro		**11 futuro perfecto**	
mentiré	mentiremos	habré mentido	habremos mentido
mentirás	mentiréis	habrás mentido	habréis mentido
mentirá	mentirán	habrá mentido	habrán mentido
5 potencial simple		**12 potencial compuesto**	
mentiría	mentiríamos	habría mentido	habríamos mentido
mentirías	mentiríais	habrías mentido	habríais mentido
mentiría	mentirían	habría mentido	habrían mentido
6 presente de subjuntivo		**13 perfecto de subjuntivo**	
mienta	mintamos	haya mentido	hayamos mentido
mientas	mintáis	hayas mentido	hayáis mentido
mienta	mientan	haya mentido	hayan mentido
7 imperfecto de subjuntivo		**14 pluscuamperfecto de subjuntivo**	
mintiera	mintiéramos	hubiera mentido	hubiéramos mentido
mintieras	mintierais	hubieras mentido	hubierais mentido
mintiera	mintieran	hubiera mentido	hubieran mentido
OR		OR	
mintiese	mintiésemos	hubiese mentido	hubiésemos mentido
mintieses	mintieseis	hubieses mentido	hubieseis mentido
mintiese	mintiesen	hubiese mentido	hubiesen mentido

imperativo	
—	mintamos
miente; no mientas	mentid; no mintáis
mienta	mientan

No me gusta este tipo. ¡Qué mentiroso patológico! Si está hablando, es cierto que está mintiendo.
I don't like this guy. What a pathological liar! If he's talking, it's certain that he's lying.

una mentira a lie	**el mentiroso, la mentirosa** liar
un detector de mentiras lie detector	**mentido, mentida** deceptive, false
un mentirón a great lie	**mentirosamente** falsely
una mentirilla a fib	**¡Parece mentira!** I just don't believe it!

Syn.: **decir mentiras** to tell lies; **engañar** to deceive (213)   Ant.: **confesar** to confess

Regular **-er** verb endings with spelling
change: **c** becomes **zc** before **a** or **o**

merecer (313)
to merit, to deserve

The Seven Simple Tenses		The Seven Compound Tenses	
Singular	**Plural**	**Singular**	**Plural**
1 presente de indicativo		**8 perfecto de indicativo**	
merezco	merecemos	he merecido	hemos merecido
mereces	merecéis	has merecido	habéis merecido
merece	merecen	ha merecido	han merecido
2 imperfecto de indicativo		**9 pluscuamperfecto de indicativo**	
merecía	merecíamos	había merecido	habíamos merecido
merecías	merecíais	habías merecido	habíais merecido
merecía	merecían	había merecido	habían merecido
3 pretérito		**10 pretérito anterior**	
merecí	merecimos	hube merecido	hubimos merecido
mereciste	merecisteis	hubiste merecido	hubisteis merecido
mereció	merecieron	hubo merecido	hubieron merecido
4 futuro		**11 futuro perfecto**	
mereceré	mereceremos	habré merecido	habremos merecido
merecerás	mereceréis	habrás merecido	habréis merecido
merecerá	merecerán	habrá merecido	habrán merecido
5 potencial simple		**12 potencial compuesto**	
merecería	mereceríamos	habría merecido	habríamos merecido
merecerías	mereceríais	habrías merecido	habríais merecido
merecería	merecerían	habría merecido	habrían merecido
6 presente de subjuntivo		**13 perfecto de subjuntivo**	
merezca	merezcamos	haya merecido	hayamos merecido
merezcas	merezcáis	hayas merecido	hayáis merecido
merezca	merezcan	haya merecido	hayan merecido
7 imperfecto de subjuntivo		**14 pluscuamperfecto de subjuntivo**	
mereciera	mereciéramos	hubiera merecido	hubiéramos merecido
merecieras	merecierais	hubieras merecido	hubierais merecido
mereciera	merecieran	hubiera merecido	hubieran merecido
OR		OR	
mereciese	mereciésemos	hubiese merecido	hubiésemos merecido
merecieses	merecieseis	hubieses merecido	hubieseis merecido
mereciese	mereciesen	hubiese merecido	hubiesen merecido

imperativo	
—	merezcamos
merece; no merezcas	mereced; no merezcáis
merezca	merezcan

merecer la pena   to be worth the trouble
el merecimiento, el mérito   merit
meritísimo, meritísima   most deserving
merced a . . .   thanks to . . .
merecidamente   deservedly

por sus propios méritos   on one's own merits
hacer mérito de   to make mention of
vuestra merced   your honor, your grace; sir
merecer una bofetada   to deserve a slap
   (in the face)

Syn.: **ser digno de** to deserve, to be worth; **valer** to be worth

M

Mirar/Mirarse

Mirar and **mirarse** are essential verbs for beginning students of Spanish. They are used in many idiomatic expressions and everyday situations. As you study the following sentences and expressions, pay attention to the differences in use between **mirar** and the reflexive verb **mirarse**.

Sentences using **mirar** and **mirarse**

¡Mira!
Look! Look out! See here! Listen!

Cuando me afeito, me miro en el espejo.
When I shave, I look (at myself) in the mirror.

—¿Qué quieres hacer esta noche?
—Quedémonos en casa y miremos la televisión.
—What do you want to do this evening?
—Let's stay at home and watch TV.

Words and expressions related to these verbs

una mirada a look

echar una mirada a to take a look at

mirar alrededor to look around

mirar la televisión/mirar televisión to watch television

mirar por to look after

mirar a to face, to look out on

mirar por encima del hombro to look down one's nose at (**el hombro** = shoulder)

mirarse las uñas to twiddle one's thumbs, to be idle (**las uñas** = fingernails)

mirarse unos a otros to look at each other in awe

mirarse al espejo, mirarse en el espejo to look at oneself in the mirror

Proverb

Antes que te cases, mira lo que haces.
Look before you leap. (Before you get married, look at what you are doing.)

Mirar
Syn.: **observar** to observe; **percibir** to perceive; **ver** to see Ant.: **ignorar** to be ignorant of

AN ESSENTIAL
55 Verb

Can't find the verb you're looking for?

Check the back pages of this book for a list of over 2,300 additional verbs!

mirar (314)
to look, to look at, to watch

The Seven Simple Tenses		The Seven Compound Tenses	
Singular	**Plural**	**Singular**	**Plural**
1 presente de indicativo		**8 perfecto de indicativo**	
miro	miramos	he mirado	hemos mirado
miras	miráis	has mirado	habéis mirado
mira	miran	ha mirado	han mirado
2 imperfecto de indicativo		**9 pluscuamperfecto de indicativo**	
miraba	mirábamos	había mirado	habíamos mirado
mirabas	mirabais	habías mirado	habíais mirado
miraba	miraban	había mirado	habían mirado
3 pretérito		**10 pretérito anterior**	
miré	miramos	hube mirado	hubimos mirado
miraste	mirasteis	hubiste mirado	hubisteis mirado
miró	miraron	hubo mirado	hubieron mirado
4 futuro		**11 futuro perfecto**	
miraré	miraremos	habré mirado	habremos mirado
mirarás	miraréis	habrás mirado	habréis mirado
mirará	mirarán	habrá mirado	habrán mirado
5 potencial simple		**12 potencial compuesto**	
miraría	miraríamos	habría mirado	habríamos mirado
mirarías	miraríais	habrías mirado	habríais mirado
miraría	mirarían	habría mirado	habrían mirado
6 presente de subjuntivo		**13 perfecto de subjuntivo**	
mire	miremos	haya mirado	hayamos mirado
mires	miréis	hayas mirado	hayáis mirado
mire	miren	haya mirado	hayan mirado
7 imperfecto de subjuntivo		**14 pluscuamperfecto de subjuntivo**	
mirara	miráramos	hubiera mirado	hubiéramos mirado
miraras	mirarais	hubieras mirado	hubierais mirado
mirara	miraran	hubiera mirado	hubieran mirado
OR		OR	
mirase	mirásemos	hubiese mirado	hubiésemos mirado
mirases	miraseis	hubieses mirado	hubieseis mirado
mirase	mirasen	hubiese mirado	hubiesen mirado

imperativo	
—	miremos
mira; no mires	mirad; no miréis
mire	miren

M

AN ESSENTIAL
55 Verb

mirarse (315)

Gerundio **mirándose** Part. pas. **mirado**
Reflexive regular **-ar** verb

to look at oneself, to look at each other
(uno a otro; unos a otros)

The Seven Simple Tenses		The Seven Compound Tenses	
Singular	Plural	Singular	Plural
1 presente de indicativo		**8 perfecto de indicativo**	
me miro	nos miramos	me he mirado	nos hemos mirado
te miras	os miráis	te has mirado	os habéis mirado
se mira	se miran	se ha mirado	se han mirado
2 imperfecto de indicativo		**9 pluscuamperfecto de indicativo**	
me miraba	nos mirábamos	me había mirado	nos habíamos mirado
te mirabas	os mirabais	te habías mirado	os habíais mirado
se miraba	se miraban	se había mirado	se habían mirado
3 pretérito		**10 pretérito anterior**	
me miré	nos miramos	me hube mirado	nos hubimos mirado
te miraste	os mirasteis	te hubiste mirado	os hubisteis mirado
se miró	se miraron	se hubo mirado	se hubieron mirado
4 futuro		**11 futuro perfecto**	
me miraré	nos miraremos	me habré mirado	nos habremos mirado
te mirarás	os miraréis	te habrás mirado	os habréis mirado
se mirará	se mirarán	se habrá mirado	se habrán mirado
5 potencial simple		**12 potencial compuesto**	
me miraría	nos miraríamos	me habría mirado	nos habríamos mirado
te mirarías	os miraríais	te habrías mirado	os habríais mirado
se miraría	se mirarían	se habría mirado	se habrían mirado
6 presente de subjuntivo		**13 perfecto de subjuntivo**	
me mire	nos miremos	me haya mirado	nos hayamos mirado
te mires	os miréis	te hayas mirado	os hayáis mirado
se mire	se miren	se haya mirado	se hayan mirado
7 imperfecto de subjuntivo		**14 pluscuamperfecto de subjuntivo**	
me mirara	nos miráramos	me hubiera mirado	nos hubiéramos mirado
te miraras	os mirarais	te hubieras mirado	os hubierais mirado
se mirara	se miraran	se hubiera mirado	se hubieran mirado
OR		OR	
me mirase	nos mirásemos	me hubiese mirado	nos hubiésemos mirado
te mirases	os miraseis	te hubieses mirado	os hubieseis mirado
se mirase	se mirasen	se hubiese mirado	se hubiesen mirado

imperativo	
—	mirémonos
mírate; no te mires	miraos; no os miréis
mírese	mírense

AN ESSENTIAL
55 Verb

mojarse (316)

to get wet, to wet oneself

The Seven Simple Tenses		The Seven Compound Tenses	
Singular	Plural	Singular	Plural

1 presente de indicativo

		8 perfecto de indicativo	
me mojo	nos mojamos	me he mojado	nos hemos mojado
te mojas	os mojáis	te has mojado	os habéis mojado
se moja	se mojan	se ha mojado	se han mojado

2 imperfecto de indicativo

		9 pluscuamperfecto de indicativo	
me mojaba	nos mojábamos	me había mojado	nos habíamos mojado
te mojabas	os mojabais	te habías mojado	os habíais mojado
se mojaba	se mojaban	se había mojado	se habían mojado

3 pretérito

		10 pretérito anterior	
me mojé	nos mojamos	me hube mojado	nos hubimos mojado
te mojaste	os mojasteis	te hubiste mojado	os hubisteis mojado
se mojó	se mojaron	se hubo mojado	se hubieron mojado

4 futuro

		11 futuro perfecto	
me mojaré	nos mojaremos	me habré mojado	nos habremos mojado
te mojarás	os mojaréis	te habrás mojado	os habréis mojado
se mojará	se mojarán	se habrá mojado	se habrán mojado

5 potencial simple

		12 potencial compuesto	
me mojaría	nos mojaríamos	me habría mojado	nos habríamos mojado
te mojarías	os mojaríais	te habrías mojado	os habríais mojado
se mojaría	se mojarían	se habría mojado	se habrían mojado

6 presente de subjuntivo

		13 perfecto de subjuntivo	
me moje	nos mojemos	me haya mojado	nos hayamos mojado
te mojes	os mojéis	te hayas mojado	os hayáis mojado
se moje	se mojen	se haya mojado	se hayan mojado

7 imperfecto de subjuntivo

		14 pluscuamperfecto de subjuntivo	
me mojara	nos mojáramos	me hubiera mojado	nos hubiéramos mojado
te mojaras	os mojarais	te hubieras mojado	os hubierais mojado
se mojara	se mojaran	se hubiera mojado	se hubieran mojado
OR		OR	
me mojase	nos mojásemos	me hubiese mojado	nos hubiésemos mojado
te mojases	os mojaseis	te hubieses mojado	os hubieseis mojado
se mojase	se mojasen	se hubiese mojado	se hubiesen mojado

M

imperativo	
—	mojémonos
mójate; no te mojes	mojaos; no os mojéis
mójese	mójense

mojado, mojada   wet, drenched, soaked
mojar   to wet, to moisten; to interfere, to meddle
mojar en   to get mixed up in
remojar   to soak; **remojar el gaznate**   to wet one's whistle (to drink something)

mojarse por la lluvia   to get wet from the rain
¡Cuidado! Piso mojado.   Caution! Wet floor.

Syn.: **bañarse** to take a bath; **empaparse** to get soaked (342, 289); **humedecerse** to get damp, to moisten (344, 80)   Ant.: **secarse** to dry oneself

montar (317)

Gerundio **montando** Part. pas. **montado**

to mount, to go up, to climb, to get on, to wind (a watch)

Regular **-ar** verb

The Seven Simple Tenses		The Seven Compound Tenses	
Singular	**Plural**	**Singular**	**Plural**
1 presente de indicativo		**8 perfecto de indicativo**	
monto	montamos	he montado	hemos montado
montas	montáis	has montado	habéis montado
monta	montan	ha montado	han montado
2 imperfecto de indicativo		**9 pluscuamperfecto de indicativo**	
montaba	montábamos	había montado	habíamos montado
montabas	montabais	habías montado	habíais montado
montaba	montaban	había montado	habían montado
3 pretérito		**10 pretérito anterior**	
monté	montamos	hube montado	hubimos montado
montaste	montasteis	hubiste montado	hubisteis montado
montó	montaron	hubo montado	hubieron montado
4 futuro		**11 futuro perfecto**	
montaré	montaremos	habré montado	habremos montado
montarás	montaréis	habrás montado	habréis montado
montará	montarán	habrá montado	habrán montado
5 potencial simple		**12 potencial compuesto**	
montaría	montaríamos	habría montado	habríamos montado
montarías	montaríais	habrías montado	habríais montado
montaría	montarían	habría montado	habrían montado
6 presente de subjuntivo		**13 perfecto de subjuntivo**	
monte	montemos	haya montado	hayamos montado
montes	montéis	hayas montado	hayáis montado
monte	monten	haya montado	hayan montado
7 imperfecto de subjuntivo		**14 pluscuamperfecto de subjuntivo**	
montara	montáramos	hubiera montado	hubiéramos montado
montaras	montarais	hubieras montado	hubierais montado
montara	montaran	hubiera montado	hubieran montado
OR		OR	
montase	montásemos	hubiese montado	hubiésemos montado
montases	montaseis	hubieses montado	hubieseis montado
montase	montasen	hubiese montado	hubiesen montado

imperativo	
—	montemos
monta; no montes	montad; no montéis
monte	monten

montar a caballo to ride horseback
montar a/de pelo to ride bareback
montar a horcajadas to straddle
el monte mount, mountain
la montaña mountain

montarse to mount, to get on top
remontar to frighten away, to scare away, to go back up, to get back on; to go back (in time)
trasmontar to go over mountains
montar a to amount to

Syn.: **subir** to go up Ant.: **bajar** to go down; **descender** to descend (354); **desmontar** to dismount (11)

Part. pas. **mordido**   Gerundio **mordiendo**
Regular **-er** verb endings with stem
change: Tenses 1, 6, Imperative

morder (318)
to bite

The Seven Simple Tenses		The Seven Compound Tenses	
Singular	**Plural**	**Singular**	**Plural**
1 presente de indicativo		**8 perfecto de indicativo**	
muerdo	mordemos	he mordido	hemos mordido
muerdes	mordéis	has mordido	habéis mordido
muerde	muerden	ha mordido	han mordido
2 imperfecto de indicativo		**9 pluscuamperfecto de indicativo**	
mordía	mordíamos	había mordido	habíamos mordido
mordías	mordíais	habías mordido	habíais mordido
mordía	mordían	había mordido	habían mordido
3 pretérito		**10 pretérito anterior**	
mordí	mordimos	hube mordido	hubimos mordido
mordiste	mordisteis	hubiste mordido	hubisteis mordido
mordió	mordieron	hubo mordido	hubieron mordido
4 futuro		**11 futuro perfecto**	
morderé	morderemos	habré mordido	habremos mordido
morderás	morderéis	habrás mordido	habréis mordido
morderá	morderán	habrá mordido	habrán mordido
5 potencial simple		**12 potencial compuesto**	
mordería	morderíamos	habría mordido	habríamos mordido
morderías	morderíais	habrías mordido	habríais mordido
mordería	morderían	habría mordido	habrían mordido
6 presente de subjuntivo		**13 perfecto de subjuntivo**	
muerda	mordamos	haya mordido	hayamos mordido
muerdas	mordáis	hayas mordido	hayáis mordido
muerda	muerdan	haya mordido	hayan mordido
7 imperfecto de subjuntivo		**14 pluscuamperfecto de subjuntivo**	
mordiera	mordiéramos	hubiera mordido	hubiéramos mordido
mordieras	mordierais	hubieras mordido	hubierais mordido
mordiera	mordieran	hubiera mordido	hubieran mordido
OR		OR	
mordiese	mordiésemos	hubiese mordido	hubiésemos mordido
mordieses	mordieseis	hubieses mordido	hubieseis mordido
mordiese	mordiesen	hubiese mordido	hubiesen mordido

imperativo

—	mordamos
muerde; no muerdas	morded; no mordáis
muerda	muerdan

Perro que ladra no muerde.   A barking dog
   does not bite.
una mordaza   gag
la mordacidad   mordancy, sharpness
un mordisco   a bite

mordisquear   to nibble
mordazmente   bitingly
una mordedura   a bite
morderse   to bite oneself
Me mordí el labio.   I bit my lip.

Syn.: **roer** to gnaw, to nibble

411

M

morir (319)
to die

Gerundio **muriendo**   Part. pas. **muerto**
Regular **-ir** verb endings with stem change:
Tenses 1, 3, 6, 7, Imperative, Gerundio, Part. pas.

The Seven Simple Tenses		The Seven Compound Tenses	
Singular	Plural	Singular	Plural
1 presente de indicativo		**8 perfecto de indicativo**	
muero	morimos	he muerto	hemos muerto
mueres	morís	has muerto	habéis muerto
muere	mueren	ha muerto	han muerto
2 imperfecto de indicativo		**9 pluscuamperfecto de indicativo**	
moría	moríamos	había muerto	habíamos muerto
morías	moríais	habías muerto	habíais muerto
moría	morían	había muerto	habían muerto
3 pretérito		**10 pretérito anterior**	
morí	morimos	hube muerto	hubimos muerto
moriste	moristeis	hubiste muerto	hubisteis muerto
murió	murieron	hubo muerto	hubieron muerto
4 futuro		**11 futuro perfecto**	
moriré	moriremos	habré muerto	habremos muerto
morirás	moriréis	habrás muerto	habréis muerto
morirá	morirán	habrá muerto	habrán muerto
5 potencial simple		**12 potencial compuesto**	
moriría	moriríamos	habría muerto	habríamos muerto
morirías	moriríais	habrías muerto	habríais muerto
moriría	morirían	habría muerto	habrían muerto
6 presente de subjuntivo		**13 perfecto de subjuntivo**	
muera	muramos	haya muerto	hayamos muerto
mueras	muráis	hayas muerto	hayáis muerto
muera	mueran	haya muerto	hayan muerto
7 imperfecto de subjuntivo		**14 pluscuamperfecto de subjuntivo**	
muriera	muriéramos	hubiera muerto	hubiéramos muerto
murieras	murierais	hubieras muerto	hubierais muerto
muriera	murieran	hubiera muerto	hubieran muerto
OR		OR	
muriese	muriésemos	hubiese muerto	hubiésemos muerto
murieses	murieseis	hubieses muerto	hubieseis muerto
muriese	muriesen	hubiese muerto	hubiesen muerto

imperativo		
—	muramos	
muere; no mueras	morid; no muráis	
muera	mueran	

la muerte   death
mortal   fatal, mortal
la mortalidad   mortality
morir de risa   to die laughing
morirse de hambre   to starve to death (to die of hunger)

entremorir   to burn out, to flicker
morir de repente   to drop dead, to die suddenly
hasta morir   until death
morirse de miedo   to be scared to death
morirse de frío   to freeze to death (to die of freezing cold)

Syn.: **fallecer** to die (344); **perder la vida** to lose one's life; **perecer** to perish (344)
Ant.: **nacer** to be born; **vivir** to live

Part. pas. **mostrado**   Gerundio **monstrando**
Regular **-ar** verb endings with stem change:
Tenses 1, 6, Imperative

mostrar (320)
to show, to point out, to display

The Seven Simple Tenses		The Seven Compound Tenses	
Singular	Plural	Singular	Plural
1 presente de indicativo		**8 perfecto de indicativo**	
muestro	mostramos	he mostrado	hemos mostrado
muestras	mostráis	has mostrado	habéis mostrado
muestra	muestran	ha mostrado	han mostrado
2 imperfecto de indicativo		**9 pluscuamperfecto de indicativo**	
mostraba	mostrábamos	había mostrado	habíamos mostrado
mostrabas	mostrabais	habías mostrado	habíais mostrado
mostraba	mostraban	había mostrado	habían mostrado
3 pretérito		**10 pretérito anterior**	
mostré	mostramos	hube mostrado	hubimos mostrado
mostraste	mostrasteis	hubiste mostrado	hubisteis mostrado
mostró	mostraron	hubo mostrado	hubieron mostrado
4 futuro		**11 futuro perfecto**	
mostraré	mostraremos	habré mostrado	habremos mostrado
mostrarás	mostraréis	habrás mostrado	habréis mostrado
mostrará	mostrarán	habrá mostrado	habrán mostrado
5 potencial simple		**12 potencial compuesto**	
mostraría	mostraríamos	habría mostrado	habríamos mostrado
mostrarías	mostraríais	habrías mostrado	habríais mostrado
mostraría	mostrarían	habría mostrado	habrían mostrado
6 presente de subjuntivo		**13 perfecto de subjuntivo**	
muestre	mostremos	haya mostrado	hayamos mostrado
muestres	mostréis	hayas mostrado	hayáis mostrado
muestre	muestren	haya mostrado	hayan mostrado
7 imperfecto de subjuntivo		**14 pluscuamperfecto de subjuntivo**	
mostrara	mostráramos	hubiera mostrado	hubiéramos mostrado
mostraras	mostrarais	hubieras mostrado	hubierais mostrado
mostrara	mostraran	hubiera mostrado	hubieran mostrado
OR		OR	
mostrase	mostrásemos	hubiese mostrado	hubiésemos mostrado
mostrases	mostraseis	hubieses mostrado	hubieseis mostrado
mostrase	mostrasen	hubiese mostrado	hubiesen mostrado

imperativo	
—	mostremos
muestra; no muestres	mostrad; no mostréis
muestre	muestren

Mi madre me mostró cómo preparar una deliciosa paella.
My mother showed me how to prepare a delicious paella.

el mostrador   counter (in a store where merchandise is displayed inside a glass case)
mostrarse   to show oneself, to appear
Muéstreme.   Show me.

Syn.: **demostrar** to demonstrate; **enseñar** to show, to point out; **indicar** to point out; **señalar**
to signal, to point out   Ant.: **ocultar** to hide (11)

413

mover (321)
to move, to persuade, to excite

Gerundio **moviendo**   Part. pas. **movido**
Regular **-er** verb endings with stem
change: Tenses 1, 6, Imperative

The Seven Simple Tenses		The Seven Compound Tenses	
Singular	Plural	Singular	Plural
1 presente de indicativo		**8 perfecto de indicativo**	
muevo	movemos	he movido	hemos movido
mueves	movéis	has movido	habéis movido
mueve	mueven	ha movido	han movido
2 imperfecto de indicativo		**9 pluscuamperfecto de indicativo**	
movía	movíamos	había movido	habíamos movido
movías	movíais	habías movido	habíais movido
movía	movían	había movido	habían movido
3 pretérito		**10 pretérito anterior**	
moví	movimos	hube movido	hubimos movido
moviste	movisteis	hubiste movido	hubisteis movido
movió	movieron	hubo movido	hubieron movido
4 futuro		**11 futuro perfecto**	
moveré	moveremos	habré movido	habremos movido
moverás	moveréis	habrás movido	habréis movido
moverá	moverán	habrá movido	habrán movido
5 potencial simple		**12 potencial compuesto**	
movería	moveríamos	habría movido	habríamos movido
moverías	moveríais	habrías movido	habríais movido
movería	moverían	habría movido	habrían movido
6 presente de subjuntivo		**13 perfecto de subjuntivo**	
mueva	movamos	haya movido	hayamos movido
muevas	mováis	hayas movido	hayáis movido
mueva	muevan	haya movido	hayan movido
7 imperfecto de subjuntivo		**14 pluscuamperfecto de subjuntivo**	
moviera	moviéramos	hubiera movido	hubiéramos movido
movieras	movierais	hubieras movido	hubierais movido
moviera	movieran	hubiera movido	hubieran movido
OR		OR	
moviese	moviésemos	hubiese movido	hubiésemos movido
movieses	movieseis	hubieses movido	hubieseis movido
moviese	moviesen	hubiese movido	hubiesen movido

imperativo		
—	movamos	
mueve; no muevas	moved; no mováis	
mueva	muevan	

mover a alguien a + inf. to move someone
  + inf.
la movilidad   mobility
el movimiento   movement, motion
mover cielo y tierra   to move heaven and
  earth

remover   to move, transfer, remove;
removerse   to move away
conmover   to move (one's emotions), to
  touch, stir, upset, shake
conmoverse   to be moved, touched
promover   to promote, to further

Syn.: **agitar** to agitate, to shake up; **inducir** to induce, to persuade   Ant.: **parar** to stop
(someone or something); **inmovilizar** to immobilize (339)

mudarse (322)

*to change one's clothes, to change
one's place of residence, to move*

The Seven Simple Tenses		The Seven Compound Tenses	
Singular	Plural	Singular	Plural
1 presente de indicativo		**8 perfecto de indicativo**	
me mudo	nos mudamos	me he mudado	nos hemos mudado
te mudas	os mudáis	te has mudado	os habéis mudado
se muda	se mudan	se ha mudado	se han mudado
2 imperfecto de indicativo		**9 pluscuamperfecto de indicativo**	
me mudaba	nos mudábamos	me había mudado	nos habíamos mudado
te mudabas	os mudabais	te habías mudado	os habíais mudado
se mudaba	se mudaban	se había mudado	se habían mudado
3 pretérito		**10 pretérito anterior**	
me mudé	nos mudamos	me hube mudado	nos hubimos mudado
te mudaste	os mudasteis	te hubiste mudado	os hubisteis mudado
se mudó	se mudaron	se hubo mudado	se hubieron mudado
4 futuro		**11 futuro perfecto**	
me mudaré	nos mudaremos	me habré mudado	nos habremos mudado
te mudarás	os mudaréis	te habrás mudado	os habréis mudado
se mudará	se mudarán	se habrá mudado	se habrán mudado
5 potencial simple		**12 potencial compuesto**	
me mudaría	nos mudaríamos	me habría mudado	nos habríamos mudado
te mudarías	os mudaríais	te habrías mudado	os habríais mudado
se mudaría	se mudarían	se habría mudado	se habrían mudado
6 presente de subjuntivo		**13 perfecto de subjuntivo**	
me mude	nos mudemos	me haya mudado	nos hayamos mudado
te mudes	os mudéis	te hayas mudado	os hayáis mudado
se mude	se muden	se haya mudado	se hayan mudado
7 imperfecto de subjuntivo		**14 pluscuamperfecto de subjuntivo**	
me mudara	nos mudáramos	me hubiera mudado	nos hubiéramos mudado
te mudaras	os mudarais	te hubieras mudado	os hubierais mudado
se mudara	se mudaran	se hubiera mudado	se hubieran mudado
OR		OR	
me mudasen	nos mudásemos	me hubiese mudado	nos hubiésemos mudado
te mudases	os mudaseis	te hubieses mudado	os hubieseis mudado
se mudase	se mudasen	se hubiese mudado	se hubiesen mudado

imperativo	
—	mudémonos
múdate; no te mudes	mudaos; no os mudéis
múdese	múdense

Por lo general, los actores se mudan de vestuario entre las escenas.
Actors usually change costumes between scenes.

transmudar, trasmudar   to transmute
la mudanza   moving (change)
demudar   to change facial expression
mudar   to change

mudarse de casa   to move from one house
     to another
mudarse de ropa   to change clothes
demudarse   to be changed (face)

Syn.: **cambiar de ropa** to change one's clothing   Ant.: **permanecer** to remain, to stay (344)

nacer (323)

to be born

Gerundio **naciendo**   Part. pas. **nacido**
Regular **-er** verb endings with spelling
change: **c** becomes **zc** before **a** or **o**

The Seven Simple Tenses		The Seven Compound Tenses	
Singular	**Plural**	**Singular**	**Plural**
1 presente de indicativo		**8 perfecto de indicativo**	
nazco	nacemos	he nacido	hemos nacido
naces	nacéis	has nacido	habéis nacido
nace	nacen	ha nacido	han nacido
2 imperfecto de indicativo		**9 pluscuamperfecto de indicativo**	
nacía	nacíamos	había nacido	habíamos nacido
nacías	nacíais	habías nacido	habíais nacido
nacía	nacían	había nacido	habían nacido
3 pretérito		**10 pretérito anterior**	
nací	nacimos	hube nacido	hubimos nacido
naciste	nacisteis	hubiste nacido	hubisteis nacido
nació	nacieron	hubo nacido	hubieron nacido
4 futuro		**11 futuro perfecto**	
naceré	naceremos	habré nacido	habremos nacido
nacerás	naceréis	habrás nacido	habréis nacido
nacerá	nacerán	habrá nacido	habrán nacido
5 potencial simple		**12 potencial compuesto**	
nacería	naceríamos	habría nacido	habríamos nacido
nacerías	naceríais	habrías nacido	habríais nacido
nacería	nacerían	habría nacido	habrían nacido
6 presente de subjuntivo		**13 perfecto de subjuntivo**	
nazca	nazcamos	haya nacido	hayamos nacido
nazcas	nazcáis	hayas nacido	hayáis nacido
nazca	nazcan	haya nacido	hayan nacido
7 imperfecto de subjuntivo		**14 pluscuamperfecto de subjuntivo**	
naciera	naciéramos	hubiera nacido	hubiéramos nacido
nacieras	nacierais	hubieras nacido	hubierais nacido
naciera	nacieran	hubiera nacido	hubieran nacido
OR		OR	
naciese	naciésemos	hubiese nacido	hubiésemos nacido
nacieses	nacieseis	hubieses nacido	hubieseis nacido
naciese	naciesen	hubiese nacido	hubiesen nacido

imperativo	
—	nazcamos
nace; no nazcas	naced; no nazcáis
nazca	nazcan

Miguel de Cervantes, autor de *Don Quijote de la Mancha*, nació en 1547.
Miguel de Cervantes, author of *Don Quixote de la Mancha*, was born in 1547.

bien nacido (nacida) well-bred; **mal nacido**
  (nacida) ill-bred

el nacimiento birth
renacer to be born again, to be reborn

Syn.: **venir al mundo** to be born, to come into the world   Ant.: **fallecer** to die (344);
morir to die

416

The Seven Simple Tenses		The Seven Compound Tenses	
Singular	Plural	Singular	Plural

1 presente de indicativo

nado	nadamos		
nadas	nadáis		
nada	nadan		

8 perfecto de indicativo

he nadado	hemos nadado
has nadado	habéis nadado
ha nadado	han nadado

2 imperfecto de indicativo

nadaba	nadábamos
nadabas	nadabais
nadaba	nadaban

9 pluscuamperfecto de indicativo

había nadado	**habíamos nadado**
habías nadado	habíais nadado
había nadado	habían nadado

3 pretérito

nadé	nadamos
nadaste	nadasteis
nadó	nadaron

10 pretérito anterior

hube nadado	hubimos nadado
hubiste nadado	hubisteis nadado
hubo nadado	hubieron nadado

4 futuro

nadaré	nadaremos
nadarás	nadaréis
nadará	nadarán

11 futuro perfecto

habré nadado	habremos nadado
habrás nadado	habréis nadado
habrá nadado	habrán nadado

5 potencial simple

nadaría	nadaríamos
nadarías	nadaríais
nadaría	nadarían

12 potencial compuesto

habría nadado	habríamos nadado
habrías nadado	habríais nadado
habría nadado	habrían nadado

6 presente de subjuntivo

nade	nademos
nades	nadéis
nade	naden

13 perfecto de subjuntivo

haya nadado	hayamos nadado
hayas nadado	hayáis nadado
haya nadado	hayan nadado

7 imperfecto de subjuntivo

nadara	nadáramos
nadaras	nadarais
nadara	nadaran
OR	
nadase	nadásemos
nadases	nadaseis
nadase	nadasen

14 pluscuamperfecto de subjuntivo

hubiera nadado	hubiéramos nadado
hubieras nadado	hubierais nadado
hubiera nadado	hubieran nadado
OR	
hubiese nadado	hubiésemos nadado
hubieses nadado	hubieseis nadado
hubiese nadado	hubiesen nadado

imperativo

—	nademos
nada; no nades	nadad; no nadéis
nade	naden

nadador, nadadora swimmer
la natación swimming
nadar a crol, nadar el crol to do the crawl stroke
nadar a espalda, nadar de espalda to do the backstroke

nadar entre dos aguas to be undecided
nadar en to revel in, to delight in, to take great pleasure in

Syn.: **flotar** to float (308); **zambullir** to dive, to plunge (97)   Ant.: **hundir** to sink (60); **sumergir** to submerge

navegar (325)
to navigate, to sail

The Seven Simple Tenses		The Seven Compound Tenses	
Singular	Plural	Singular	Plural
1 presente de indicativo		**8 perfecto de indicativo**	
navego	navegamos	he navegado	hemos navegado
navegas	navegáis	has navegado	habéis navegado
navega	navegan	ha navegado	han navegado
2 imperfecto de indicativo		**9 pluscuamperfecto de indicativo**	
navegaba	navegábamos	había navegado	habíamos navegado
navegabas	navegabais	habías navegado	habíais navegado
navegaba	navegaban	había navegado	habían navegado
3 pretérito		**10 pretérito anterior**	
navegué	navegamos	hube navegado	hubimos navegado
navegaste	navegasteis	hubiste navegado	hubisteis navegado
navegó	navegaron	hubo navegado	hubieron navegado
4 futuro		**11 futuro perfecto**	
navegaré	navegaremos	habré navegado	habremos navegado
navegarás	navegaréis	habrás navegado	habréis navegado
navegará	navegarán	habrá navegado	habrán navegado
5 potencial simple		**12 potencial compuesto**	
navegaría	navegaríamos	habría navegado	habríamos navegado
navegarías	navegaríais	habrías navegado	habríais navegado
navegaría	navegarían	habría navegado	habrían navegado
6 presente de subjuntivo		**13 perfecto de subjuntivo**	
navegue	naveguemos	haya navegado	hayamos navegado
navegues	naveguéis	hayas navegado	hayáis navegado
navegue	naveguen	haya navegado	hayan navegado
7 imperfecto de subjuntivo		**14 pluscuamperfecto de subjuntivo**	
navegara	navegáramos	hubiera navegado	hubiéramos navegado
navegaras	navegarais	hubieras navegado	hubierais navegado
navegara	navegaran	hubiera navegado	hubieran navegado
OR		OR	
navegase	navegásemos	hubiese navegado	hubiésemos navegado
navegases	navegaseis	hubieses navegado	hubieseis navegado
navegase	navegasen	hubiese navegado	hubiesen navegado

imperativo	
—	naveguemos
navega; no navegues	navegad; no naveguéis
navegue	naveguen

la navegación   navigation
navegar a la vela   to sail
navegar por la web, por internet
   to surf the Internet
el navegador (de Internet)   web browser
naval   naval, nautical; **la nave**   ship

navegable   navigable
una naveta, una navecilla   small ship
una nave espacial   spaceship
navegar los mares   to sail the seas
la navegación fluvial   river navigation
el navegador, la navegadora   navigator

Syn.: **pilotar, pilotear** to pilot (54); **viajar** to travel

necesitar (326)
to need

The Seven Simple Tenses		The Seven Compound Tenses	
Singular	**Plural**	**Singular**	**Plural**
1 presente de indicativo		**8 perfecto de indicativo**	
necesito	necesitamos	he necesitado	hemos necesitado
necesitas	necesitáis	has necesitado	habéis necesitado
necesita	necesitan	ha necesitado	han necesitado
2 imperfecto de indicativo		**9 pluscuamperfecto de indicativo**	
necesitaba	necesitábamos	había necesitado	habíamos necesitado
necesitabas	necesitabais	habías necesitado	habíais necesitado
necesitaba	necesitaban	había necesitado	habían necesitado
3 pretérito		**10 pretérito anterior**	
necesité	necesitamos	hube necesitado	hubimos necesitado
necesitaste	necesitasteis	hubiste necesitado	hubisteis necesitado
necesitó	necesitaron	hubo necesitado	hubieron necesitado
4 futuro		**11 futuro perfecto**	
necesitaré	necesitaremos	habré necesitado	habremos necesitado
necesitarás	necesitaréis	habrás necesitado	habréis necesitado
necesitará	necesitarán	habrá necesitado	habrán necesitado
5 potencial simple		**12 potencial compuesto**	
necesitaría	necesitaríamos	habría necesitado	habríamos necesitado
necesitarías	necesitaríais	habrías necesitado	habríais necesitado
necesitaría	necesitarían	habría necesitado	habrían necesitado
6 presente de subjuntivo		**13 perfecto de subjuntivo**	
necesite	necesitemos	haya necesitado	hayamos necesitado
necesites	necesitéis	hayas necesitado	hayáis necesitado
necesite	necesiten	haya necesitado	hayan necesitado
7 imperfecto de subjuntivo		**14 pluscuamperfecto de subjuntivo**	
necesitara	necesitáramos	hubiera necesitado	hubiéramos necesitado
necesitaras	necesitarais	hubieras necesitado	hubierais necesitado
necesitara	necesitaran	hubiera necesitado	hubieran necesitado
OR		OR	
necesitase	necesitásemos	hubiese necesitado	hubiésemos necesitado
necesitases	necesitaseis	hubieses necesitado	hubieseis necesitado
necesitase	necesitasen	hubiese necesitado	hubiesen necesitado

imperativo	
—	necesitemos
necesita; no necesites	necesitad; no necesitéis
necesite	necesiten

Necesito una llave de memoria, por favor.
I need a flash drive, please.

la necesidad necessity		**necesitar + inf.** to have + inf., to need + inf.	
por necesidad from necessity		**necesitado, necesitada** needy	
necesario, necesaria necessary		**necesariamente** necessarily	

Syn.: **exigir** to require, to demand; **requerir** to require (370)   Ant.: **bastar** to be enough
(Def. and Imp.)

negar (327)
to deny, to refuse

Regular **-ar** verb endings with spelling change: **g** becomes
gu before **e**; stem change: Tenses 1, 6, Imperative

The Seven Simple Tenses		The Seven Compound Tenses	
Singular	Plural	Singular	Plural
1 presente de indicativo		**8 perfecto de indicativo**	
niego	negamos	he negado	hemos negado
niegas	negáis	has negado	habéis negado
niega	niegan	ha negado	han negado
2 imperfecto de indicativo		**9 pluscuamperfecto de indicativo**	
negaba	negábamos	había negado	habíamos negado
negabas	negabais	habías negado	habíais negado
negaba	negaban	había negado	habían negado
3 pretérito		**10 pretérito anterior**	
negué	negamos	hube negado	hubimos negado
negaste	negasteis	hubiste negado	hubisteis negado
negó	negaron	hubo negado	hubieron negado
4 futuro		**11 futuro perfecto**	
negaré	negaremos	habré negado	habremos negado
negarás	negaréis	habrás negado	habréis negado
negará	negarán	habrá negado	habrán negado
5 potencial simple		**12 potencial compuesto**	
negaría	negaríamos	habría negado	habríamos negado
negarías	negaríais	habrías negado	habríais negado
negaría	negarían	habría negado	habrían negado
6 presente de subjuntivo		**13 perfecto de subjuntivo**	
niegue	neguemos	haya negado	hayamos negado
niegues	neguéis	hayas negado	hayáis negado
niegue	nieguen	haya negado	hayan negado
7 imperfecto de subjuntivo		**14 pluscuamperfecto de subjuntivo**	
negara	negáramos	hubiera negado	hubiéramos negado
negaras	negarais	hubieras negado	hubierais negado
negara	negaran	hubiera negado	hubieran negado
OR		OR	
negase	negásemos	hubiese negado	hubiésemos negado
negases	negaseis	hubieses negado	hubieseis negado
negase	negasen	hubiese negado	hubiesen negado

imperativo	
—	neguemos
niega; no niegues	negad; no neguéis
niegue	nieguen

El ladrón niega haber robado en la casa, pero sus huellas digitales están en todas partes.
The burglar denies having robbed the house, but his fingerprints are everywhere.

negador, negadora denier	**negar haber + past part.** to deny having +
negativo, negativa negative	past part.
la negación denial, negation	**negarse a** to refuse
negable deniable	**renegar** to abhor, to deny vehemently

Syn.: **denegar** to deny (327), **rechazar** to reject (81)   Ant.: **aprobar** to approve;
permitir to permit

Part. pas. **obedecido**   Gerundio **obedeciendo**
Regular **-er** verb endings with spelling
change: **c** becomes **zc** before **a** or **o**

obedecer (328)
to obey

The Seven Simple Tenses		The Seven Compound Tenses	
Singular	**Plural**	**Singular**	**Plural**

1 presente de indicativo

obedezco	obedecemos		
obedeces	obedecéis		
obedece	obedecen		

8 perfecto de indicativo

he obedecido	hemos obedecido
has obedecido	habéis obedecido
ha obedecido	han obedecido

2 imperfecto de indicativo

obedecía	obedecíamos
obedecías	obedecíais
obedecía	obedecían

9 pluscuamperfecto de indicativo

había obedecido	habíamos obedecido
habías obedecido	habíais obedecido
había obedecido	habían obedecido

3 pretérito

obedecí	obedecimos
obedeciste	obedecisteis
obedeció	obedecieron

10 pretérito anterior

hube obedecido	hubimos obedecido
hubiste obedecido	hubisteis obedecido
hubo obedecido	hubieron obedecido

4 futuro

obedeceré	obedeceremos
obedecerás	obedeceréis
obedecerá	obedecerán

11 futuro perfecto

habré obedecido	habremos obedecido
habrás obedecido	habréis obedecido
habrá obedecido	habrán obedecido

5 potencial simple

obedecería	obedeceríamos
obedecerías	obedeceríais
obedecería	obedecerían

12 potencial compuesto

habría obedecido	habríamos obedecido
habrías obedecido	habríais obedecido
habría obedecido	habrían obedecido

6 presente de subjuntivo

obedezca	obedezcamos
obedezcas	obedezcáis
obedezca	obedezcan

13 perfecto de subjuntivo

haya obedecido	hayamos obedecido
hayas obedecido	hayáis obedecido
haya obedecido	hayan obedecido

7 imperfecto de subjuntivo

obedeciera	obedeciéramos
obedecieras	obedecierais
obedeciera	obedecieran
OR	
obedeciese	obedeciésemos
obedecieses	obedecieseis
obedeciese	obedeciesen

14 pluscuamperfecto de subjuntivo

hubiera obedecido	hubiéramos obedecido
hubieras obedecido	hubierais obedecido
hubiera obedecido	hubieran obedecido
OR	
hubiese obedecido	hubiésemos obedecido
hubieses obedecido	hubieseis obedecido
hubiese obedecido	hubiesen obedecido

imperativo

—	obedezcamos
obedece; no obedezcas	obedeced; no obedezcáis
obedezca	obedezcan

el obedecimiento, la obediencia obedience
obediente obedient
obedecer las leyes to obey the law
desobediente disobedient

obedientemente obediently
desobedecer to disobey
obedecer a sus padres to obey one's parents
la desobediencia disobedience

Syn.: **acatar** to obey, to respect the law (11)   Ant.: **delinquir** to violate the law; **desobedecer** to disobey (328)

observar (329)

Gerundio **observando**   Part. pas. **observado**

to observe, to notice

Regular **-ar** verb

The Seven Simple Tenses		The Seven Compound Tenses	
Singular	**Plural**	**Singular**	**Plural**
1 presente de indicativo		**8 perfecto de indicativo**	
observo	observamos	he observado	hemos observado
observas	observáis	has observado	habéis observado
observa	observan	ha observado	han observado
2 imperfecto de indicativo		**9 pluscuamperfecto de indicativo**	
observaba	observábamos	había observado	habíamos observado
observabas	observabais	habías observado	habíais observado
osbervaba	observaban	había observado	habían observado
3 pretérito		**10 pretérito anterior**	
observé	observamos	hube observado	hubimos observado
observaste	observasteis	hubiste observado	hubisteis observado
observó	observaron	hubo observado	hubieron observado
4 futuro		**11 futuro perfecto**	
observaré	observaremos	habré observado	habremos observado
observarás	observaréis	habrás observado	habréis observado
observará	observarán	habrá observado	habrán observado
5 potencial simple		**12 potencial compuesto**	
observaría	observaríamos	habría observado	habríamos observado
observarías	observaríais	habrías observado	habríais observado
observaría	observarían	habría observado	habrían observado
6 presente de subjuntivo		**13 perfecto de subjuntivo**	
observe	observemos	haya observado	hayamos observado
observes	observéis	hayas observado	hayáis observado
observe	observen	haya observado	hayan observado
7 imperfecto de subjuntivo		**14 pluscuamperfecto de subjuntivo**	
observara	observáramos	hubiera observado	hubiéramos observado
observaras	observarais	hubieras observado	hubierais observado
observara	observaran	hubiera observado	hubieran observado
OR		OR	
observase	observásemos	hubiese observado	hubiésemos observado
observases	observaseis	hubieses observado	hubieseis observado
observase	observasen	hubiese observado	hubiesen observado

imperativo	
—	observemos
observa; no observes	observad; no observéis
observe	observen

El testigo ocular observó a dos hombres enmascarados huyendo del mercado.
The eyewitness observed two masked men fleeing the market.

el observatorio observatory
la observación observation
el observador, la observadora observer

la observancia observance
observante observant

Syn.: **fijarse** to take notice; **mirar** to look at; **percibir** to perceive; **prestar atención** to pay attention; **tomar nota** to take note (of); **ver** to see

obtener (330)

to obtain, to get

The Seven Simple Tenses		The Seven Compound Tenses	
Singular	Plural	Singular	Plural
1 presente de indicativo		**8 perfecto de indicativo**	
obtengo	obtenemos	he obtenido	hemos obtenido
obtienes	obtenéis	has obtenido	habéis obtenido
obtiene	obtienen	ha obtenido	han obtenido
2 imperfecto de indicativo		**9 pluscuamperfecto de indicativo**	
obtenía	obteníamos	había obtenido	habíamos obtenido
obtenías	obteníais	habías obtenido	habíais obtenido
obtenía	obtenían	había obtenido	habían obtenido
3 pretérito		**10 pretérito anterior**	
obtuve	obtuvimos	hube obtenido	hubimos obtenido
obtuviste	obtuvisteis	hubiste obtenido	hubisteis obtenido
obtuvo	obtuvieron	hubo obtenido	hubieron obtenido
4 futuro		**11 futuro perfecto**	
obtendré	obtendremos	habré obtenido	habremos obtenido
obtendrás	obtendréis	habrás obtenido	habréis obtenido
obtendrá	obtendrán	habrá obtenido	habrán obtenido
5 potencial simple		**12 potencial compuesto**	
obtendría	obtendríamos	habría obtenido	habríamos obtenido
obtendrías	obtendríais	habrías obtenido	habríais obtenido
obtendría	obtendrían	habría obtenido	habrían obtenido
6 presente de subjuntivo		**13 perfecto de subjuntivo**	
obtenga	obtengamos	haya obtenido	hayamos obtenido
obtengas	obtengáis	hayas obtenido	hayáis obtenido
obtenga	obtengan	haya obtenido	hayan obtenido
7 imperfecto de subjuntivo		**14 pluscuamperfecto de subjuntivo**	
obtuviera	obtuviéramos	hubiera obtenido	hubiéramos obtenido
obtuvieras	obtuvierais	hubieras obtenido	hubierais obtenido
obtuviera	obtuvieran	hubiera obtenido	hubieran obtenido
OR		OR	
obtuviese	obtuviésemos	hubiese obtenido	hubiésemos obtenido
obtuvieses	obtuvieseis	hubieses obtenido	hubieseis obtenido
obtuviese	obtuviesen	hubiese obtenido	hubiesen obtenido

imperativo	
—	obtengamos
obtén; no obtengas	obtened; obtengáis
obtenga	obtengan

¡Hurra! Logré obtener mi trabajo ideal.   Hooray! I got my dream job.

obtenible   obtainable, available
obtener un empleo   to get a job
la obtención   obtainment, attainment
See also the verb **tener**.

obtener buenos resultados   to get good results
obtener malos resultados   to get bad results

Syn.: **adquirir** to acquire, to get; **alcanzar** to reach; **conseguir** to attain, to obtain; **lograr** to achieve, to attain (29)   Ant.: **perder** to lose

ocultarse (331)

to hide oneself, to conceal oneself

Gerundio **ocultándose**   Part. pas. **ocultado**

Reflexive regular **-ar** verb

The Seven Simple Tenses		The Seven Compound Tenses	
Singular	**Plural**	**Singular**	**Plural**
1 presente de indicativo		**8 perfecto de indicativo**	
me oculto	nos ocultamos	me he ocultado	nos hemos ocultado
te ocultas	os ocultáis	te has ocultado	os habéis ocultado
se oculta	se ocultan	se ha ocultado	se han ocultado
2 imperfecto de indicativo		**9 pluscuamperfecto de indicativo**	
me ocultaba	nos ocultábamos	me había ocultado	nos habíamos ocultado
te ocultabas	os ocultabais	te habías ocultado	os habíais ocultado
se ocultaba	se ocultaban	se había ocultado	se habían ocultado
3 pretérito		**10 pretérito anterior**	
me oculté	nos ocultamos	me hube ocultado	nos hubimos ocultado
te ocultaste	os ocultasteis	te hubiste ocultado	os hubisteis ocultado
se ocultó	se ocultaron	se hubo ocultado	se hubieron ocultado
4 futuro		**11 futuro perfecto**	
me ocultaré	nos ocultaremos	me habré ocultado	nos habremos ocultado
te ocultarás	os ocultaréis	te habrás ocultado	os habréis ocultado
se ocultará	se ocultarán	se habrá ocultado	se habrán ocultado
5 potencial simple		**12 potencial compuesto**	
me ocultaría	nos ocultaríamos	me habría ocultado	nos habríamos ocultado
te ocultarías	os ocultaríais	te habrías ocultado	os habríais ocultado
se ocultaría	se ocultarían	se habría ocultado	se habrían ocultado
6 presente de subjuntivo		**13 perfecto de subjuntivo**	
me oculte	nos ocultemos	me haya ocultado	nos hayamos ocultado
te ocultes	os ocultéis	te hayas ocultado	os hayáis ocultado
se oculte	se oculten	se haya ocultado	se hayan ocultado
7 imperfecto de subjuntivo		**14 pluscuamperfecto de subjuntivo**	
me ocultara	nos ocultáramos	me hubiera ocultado	nos hubiéramos ocultado
te ocultaras	os ocultarais	te hubieras ocultado	os hubierais ocultado
se ocultara	se ocultaran	se hubiera ocultado	se hubieran ocultado
OR		OR	
me ocultase	nos ocultásemos	me hubiese ocultado	nos hubiésemos ocultado
te ocultases	os ocultaseis	te hubieses ocultado	os hubieseis ocultado
se ocultase	se ocultasen	se hubiese ocultado	se hubiesen ocultado

imperativo	
—	ocultémonos
ocúltate; no te ocultes	ocultaos; no os ocultéis
ocúltese	ocúltense

La luna se ocultó detrás de las nubes.	**oculto, oculta** occult; hidden, concealed;
The moon hid itself behind the clouds.	**en oculto** secretly
ocultar to hide, conceal	**las ciencias ocultas** the occult sciences
	el ocultismo occultism

Syn.: **esconderse** to hide oneself (413, 80)   Ant.: **aparecer** to appear; **mostrarse** to show oneself (64); **surgir** to appear, to loom up

The Seven Simple Tenses		The Seven Compound Tenses	
Singular	Plural	Singular	Plural
1 presente de indicativo		**8 perfecto de indicativo**	
ocupo	ocupamos	he ocupado	hemos ocupado
ocupas	ocupáis	has ocupado	habéis ocupado
ocupa	ocupan	ha ocupado	han ocupado
2 imperfecto de indicativo		**9 pluscuamperfecto de indicativo**	
ocupaba	ocupábamos	había ocupado	habíamos ocupado
ocupabas	ocupabais	habías ocupado	habíais ocupado
ocupaba	ocupaban	había ocupado	habían ocupado
3 pretérito		**10 pretérito anterior**	
ocupé	ocupamos	hube ocupado	hubimos ocupado
ocupaste	ocupasteis	hubiste ocupado	hubisteis ocupado
ocupó	ocuparon	hubo ocupado	hubieron ocupado
4 futuro		**11 futuro perfecto**	
ocuparé	ocuparemos	habré ocupado	habremos ocupado
ocuparás	ocuparéis	habrás ocupado	habréis ocupado
ocupará	ocuparán	habrá ocupado	habrán ocupado
5 potencial simple		**12 potencial compuesto**	
ocuparía	ocuparíamos	habría ocupado	habríamos ocupado
ocuparías	ocuparíais	habrías ocupado	habríais ocupado
ocuparía	ocuparían	habría ocupado	habrían ocupado
6 presente de subjuntivo		**13 perfecto de subjuntivo**	
ocupe	ocupemos	haya ocupado	hayamos ocupado
ocupes	ocupéis	hayas ocupado	hayáis ocupado
ocupe	ocupen	haya ocupado	hayan ocupado
7 imperfecto de subjuntivo		**14 pluscuamperfecto de subjuntivo**	
ocupara	ocupáramos	hubiera ocupado	hubiéramos ocupado
ocuparas	ocuparais	hubieras ocupado	hubierais ocupado
ocupara	ocuparan	hubiera ocupado	hubieran ocupado
OR		OR	
ocupase	ocupásemos	hubiese ocupado	hubiésemos ocupado
ocupases	ocupaseis	hubieses ocupado	hubieseis ocupado
ocupase	ocupasen	hubiese ocupado	hubiesen ocupado

imperativo	
—	ocupemos
ocupa; no ocupes	ocupad; no ocupéis
ocupe	ocupen

La línea está ocupada.
The line is busy.

ocupado, ocupada busy, occupied
la ocupación occupation
ocuparse de (en) to be busy with, in, to
  be engaged in

un, una ocupante occupant
ocuparse con algo to be busy with something

See also **preocuparse**.

Syn.: **habitar** to inhabit, to reside   Ant.: **desocupar** to vacate (332)

ofrecer (333)
to offer

Gerundio **ofreciendo**   Part. pas. **ofrecido**
Regular **-er** verb endings with spelling
change: **c** becomes **zc** before **a** or **o**

The Seven Simple Tenses		The Seven Compound Tenses	
Singular	Plural	Singular	Plural
1 presente de indicativo		**8 perfecto de indicativo**	
ofrezco	ofrecemos	he ofrecido	hemos ofrecido
ofreces	ofrecéis	has ofrecido	habéis ofrecido
ofrece	ofrecen	ha ofrecido	han ofrecido
2 imperfecto de indicativo		**9 pluscuamperfecto de indicativo**	
ofrecía	ofrecíamos	había ofrecido	habíamos ofrecido
ofrecías	ofrecíais	habías ofrecido	habíais ofrecido
ofrecía	ofrecían	había ofrecido	habían ofrecido
3 pretérito		**10 pretérito anterior**	
ofrecí	ofrecimos	hube ofrecido	hubimos ofrecido
ofreciste	ofrecisteis	hubiste ofrecido	hubisteis ofrecido
ofreció	ofrecieron	hubo ofrecido	hubieron ofrecido
4 futuro		**11 futuro perfecto**	
ofreceré	ofreceremos	habré ofrecido	habremos ofrecido
ofrecerás	ofreceréis	habrás ofrecido	habréis ofrecido
ofrecerá	ofrecerán	habrá ofrecido	habrán ofrecido
5 potencial simple		**12 potencial compuesto**	
ofrecería	ofreceríamos	habría ofrecido	habríamos ofrecido
ofrecerías	ofreceríais	habrías ofrecido	habríais ofrecido
ofrecería	ofrecerían	habría ofrecido	habrían ofrecido
6 presente de subjuntivo		**13 perfecto de subjuntivo**	
ofrezca	ofrezcamos	haya ofrecido	hayamos ofrecido
ofrezcas	ofrezcáis	hayas ofrecido	hayáis ofrecido
ofrezca	ofrezcan	haya ofrecido	hayan ofrecido
7 imperfecto de subjuntivo		**14 pluscuamperfecto de subjuntivo**	
ofreciera	ofreciéramos	hubiera ofrecido	hubiéramos ofrecido
ofrecieras	ofrecierais	hubieras ofrecido	hubierais ofrecido
ofreciera	ofrecieran	hubiera ofrecido	hubieran ofrecido
OR		OR	
ofreciese	ofreciésemos	hubiese ofrecido	hubiésemos ofrecido
ofrecieses	ofrecieseis	hubieses ofrecido	hubieseis ofrecido
ofreciese	ofreciesen	hubiese ofrecido	hubiesen ofrecido

imperativo	
—	ofrezcamos
ofrece; no ofrezcas	ofreced; no ofrezcáis
ofrezca	ofrezcan

ofreciente   offering
el ofrecimiento   offer, offering
la ofrenda   gift
ofrecer + inf.   to offer + inf.
el ofrecedor, la ofrecedora   offerer

ofrecer el brazo   to offer one's arm
ofrecerse   to offer oneself
ofrecer su ayuda   to offer your help
ofrecer ventajas   to offer advantages

Syn.: **brindar** to offer (54); **dar** to give; **ofertar** to offer (149)   Ant.: **solicitar** to ask for, to solicit (121)

Oír

Oír is a very important irregular verb for you to learn. It is used in a great number of idiomatic expressions and everyday situations.

Sentences using **oír** and related words

¡Déme oídos, por favor!
Lend me an ear, please!

Oigo la voz de un amigo.
I hear the voice of a friend.

¡Oye!
Hey!

¡Oigo!
Hello! (on the telephone)

Words and expressions related to this verb

la oída hearing

de oídas by hearsay

dar oídos to lend an ear

oír decir to hear tell, to hear say

oír hablar de to hear of, to hear talk of

por oídos, de oídos by hearing

al oído confidentially

el oído hearing (sense)

desoír to ignore, to be deaf to

Proverbs

Las paredes tienen oídos. (Las paredes oyen.)
The walls have ears.

A palabras locas, oídos sordos.
Turn a deaf ear to crazy words.

Syn.: **escuchar** to listen (to)   Ant.: **desoír** to ignore, to be deaf to (334); **ensordecer** to deafen, to muffle (344)

Can't find the verb you're looking for?

Check the back pages of this book for a list of over 2,300 additional verbs!

AN ESSENTIAL
55 Verb

oír (334)

to hear

The Seven Simple Tenses		The Seven Compound Tenses	
Singular	**Plural**	**Singular**	**Plural**
1 presente de indicativo		**8 perfecto de indicativo**	
oigo	oímos	he oído	hemos oído
oyes	oís	has oído	habéis oído
oye	oyen	ha oído	han oído
2 imperfecto de indicativo		**9 pluscuamperfecto de indicativo**	
oía	oíamos	había oído	habíamos oído
oías	oíais	habías oído	habíais oído
oía	oían	había oído	habían oído
3 pretérito		**10 pretérito anterior**	
oí	oímos	hube oído	hubimos oído
oíste	oísteis	hubiste oído	hubisteis oído
oyó	oyeron	hubo oído	hubieron oído
4 futuro		**11 futuro perfecto**	
oiré	oiremos	habré oído	habremos oído
oirás	oiréis	habrás oído	habréis oído
oirá	oirán	habrá oído	habrán oído
5 potencial simple		**12 potencial compuesto**	
oiría	oiríamos	habría oído	habríamos oído
oirías	oiríais	habrías oído	habríais oído
oiría	oirían	habría oído	habrían oído
6 presente de subjuntivo		**13 perfecto de subjuntivo**	
oiga	oigamos	haya oído	hayamos oído
oigas	oigáis	hayas oído	hayáis oído
oiga	oigan	haya oído	hayan oído
7 imperfecto de subjuntivo		**14 pluscuamperfecto de subjuntivo**	
oyera	oyéramos	hubiera oído	hubiéramos oído
oyeras	oyerais	hubieras oído	hubierais oído
oyera	oyeran	hubiera oído	hubieran oído
OR		OR	
oyese	oyésemos	hubiese oído	hubiésemos oído
oyeses	oyeseis	hubieses oído	hubieseis oído
oyese	oyesen	hubiese oído	hubiesen oído

imperativo	
—	oigamos
oye; no oigas	oíd; no oigáis
oiga	oigan

AN ESSENTIAL
55 Verb

Part. pas. **olido**   Gerundio **oliendo**
Regular **-er** verb endings with
stem change: Tenses 1, 6, Imperative

oler (335)

to smell, to scent

The Seven Simple Tenses		The Seven Compound Tenses	
Singular	Plural	Singular	Plural
1 presente de indicativo		**8 perfecto de indicativo**	
huelo	olemos	he olido	hemos olido
hueles	oléis	has olido	habéis olido
huele	huelen	ha olido	han olido
2 imperfecto de indicativo		**9 pluscuamperfecto de indicativo**	
olía	olíamos	había olido	habíamos olido
olías	olíais	habías olido	habíais olido
olía	olían	había olido	habían olido
3 pretérito		**10 pretérito anterior**	
olí	olimos	hube olido	hubimos olido
oliste	olisteis	hubiste olido	hubisteis olido
olió	olieron	hubo olido	hubieron olido
4 futuro		**11 futuro perfecto**	
oleré	oleremos	habré olido	habremos olido
olerás	oleréis	habrás olido	habréis olido
olerá	olerán	habrá olido	habrán olido
5 potencial simple		**12 potencial compuesto**	
olería	oleríamos	habría olido	habríamos olido
olerías	oleríais	habrías olido	habríais olido
olería	olerían	habría olido	habrían olido
6 presente de subjuntivo		**13 perfecto de subjuntivo**	
huela	olamos	haya olido	hayamos olido
huelas	oláis	hayas olido	hayáis olido
huela	huelan	haya olido	hayan olido
7 imperfecto de subjuntivo		**14 pluscuamperfecto de subjuntivo**	
oliera	oliéramos	hubiera olido	hubiéramos olido
olieras	olierais	hubieras olido	hubierais olido
oliera	olieran	hubiera olido	hubieran olido
OR		OR	
oliese	oliésemos	hubiese olido	hubiésemos olido
olieses	olieseis	hubieses olido	hubieseis olido
oliese	oliesen	hubiese olido	hubiesen olido

imperativo	
—	olamos
huele; no huelas	oled; no oláis
huela	huelan

el olfato, la olfacción   olfaction (the sense of smelling, act of smelling)
olfatear   to sniff
oler a   to smell of; **oler a rosa**   to smell like a rose
No huele bien   It looks fishy. (It doesn't smell good.)
olfativo, olfativa; olfatorio, olfatoria   olfactory
olerse   to suspect, to sense

Syn.: **olfatear** to smell, to sniff (206)

429

olvidar (336)
to forget

Gerundio **olvidando**   Part. pas. **olvidado**

Regular **-ar** verb

The Seven Simple Tenses		The Seven Compound Tenses	
Singular	**Plural**	**Singular**	**Plural**
1 presente de indicativo		**8 perfecto de indicativo**	
olvido	olvidamos	he olvidado	hemos olvidado
olvidas	olvidáis	has olvidado	habéis olvidado
olvida	olvidan	ha olvidado	han olvidado
2 imperfecto de indicativo		**9 pluscuamperfecto de indicativo**	
olvidaba	olvidábamos	había olvidado	habíamos olvidado
olvidabas	olvidabais	habías olvidado	habíais olvidado
olvidaba	olvidaban	había olvidado	habían olvidado
3 pretérito		**10 pretérito anterior**	
olvidé	olvidamos	hube olvidado	hubimos olvidado
olvidaste	olvidasteis	hubiste olvidado	hubisteis olvidado
olvidó	olvidaron	hubo olvidado	hubieron olvidado
4 futuro		**11 futuro perfecto**	
olvidaré	olvidaremos	habré olvidado	habremos olvidado
olvidarás	olvidaréis	habrás olvidado	habréis olvidado
olvidará	olvidarán	habrá olvidado	habrán olvidado
5 potencial simple		**12 potencial compuesto**	
olvidaría	olvidaríamos	habría olvidado	habríamos olvidado
olvidarías	olvidaríais	habrías olvidado	habríais olvidado
olvidaría	olvidarían	habría olvidado	habrían olvidado
6 presente de subjuntivo		**13 perfecto de subjuntivo**	
olvide	olvidemos	haya olvidado	hayamos olvidado
olvides	olvidéis	hayas olvidado	hayáis olvidado
olvide	olviden	haya olvidado	hayan olvidado
7 imperfecto de subjuntivo		**14 pluscuamperfecto de subjuntivo**	
olvidara	olvidáramos	hubiera olvidado	hubiéramos olvidado
olvidaras	olvidarais	hubieras olvidado	hubierais olvidado
olvidara	olvidaran	hubiera olvidado	hubieran olvidado
OR		OR	
olvidase	olvidásemos	hubiese olvidado	hubiésemos olvidado
olvidases	olvidaseis	hubieses olvidado	hubieseis olvidado
olvidase	olvidasen	hubiese olvidado	hubiesen olvidado

imperativo

—	olvidemos
olvida; no olvides	olvidad; no olvidéis
olvide	olviden

olvidado, olvidada forgotten	**olvidar + inf.** to forget + inf.
olvidadizo, olvidadiza forgetful	**olvidarse de** to forget
el olvido forgetfulness, oblivion	**olvidarse de + inf.** to forget + inf.
Se me olvidó. It slipped my mind.	**olvidar la hora** to forget the time

Syn.: **perder la memoria** to lose one's memory   Ant.: **acordarse** to remember; **aprender** to learn; **recordar** to remember

The Seven Simple Tenses		The Seven Compound Tenses	
Singular	**Plural**	**Singular**	**Plural**
1 presente de indicativo		**8 perfecto de indicativo**	
opongo	oponemos	he opuesto	hemos opuesto
opones	oponéis	has opuesto	habéis opuesto
opone	oponen	ha opuesto	han opuesto
2 imperfecto de indicativo		**9 pluscuamperfecto de indicativo**	
oponía	oponíamos	había opuesto	habíamos opuesto
oponías	oponíais	habías opuesto	habíais opuesto
oponía	oponían	había opuesto	habían opuesto
3 pretérito		**10 pretérito anterior**	
opuse	opusimos	hube opuesto	hubimos opuesto
opusiste	opusisteis	hubiste opuesto	hubisteis opuesto
opuso	opusieron	hubo opuesto	hubieron opuesto
4 futuro		**11 futuro perfecto**	
opondré	opondremos	habré opuesto	habremos opuesto
opondrás	opondréis	habrás opuesto	habréis opuesto
opondrá	opondrán	habrá opuesto	habrán opuesto
5 potencial simple		**12 potencial compuesto**	
opondría	opondríamos	habría opuesto	habríamos opuesto
opondrías	opondríais	habrías opuesto	habríais opuesto
opondría	opondrían	habría opuesto	habrían opuesto
6 presente de subjuntivo		**13 perfecto de subjuntivo**	
oponga	opongamos	haya opuesto	hayamos opuesto
opongas	opongáis	hayas opuesto	hayáis opuesto
oponga	opongan	haya opuesto	hayan opuesto
7 imperfecto de subjuntivo		**14 pluscuamperfecto de subjuntivo**	
opusiera	opusiéramos	hubiera opuesto	hubiéramos opuesto
opusieras	opusierais	hubieras opuesto	hubierais opuesto
opusiera	opusieran	hubiera opuesto	hubieran opuesto
OR		OR	
opusiese	opusiésemos	hubiese opuesto	hubiésemos opuesto
opusieses	opusieseis	hubieses opuesto	hubieseis opuesto
opusiese	opusiesen	hubiese opuesto	hubiesen opuesto

imperativo	
—	opongamos
opón; no opongas	oponed; no opongáis
oponga	opongan

Lamentablemente, nos opusimos a una ley que hubiéramos debido adoptar.
Unfortunately, we opposed a law that we should have adopted.

oponerse a   to be against
oponible   opposable
oponerse   to oppose each other
el, la oponente   opponent

la oposición   opposition
el, la oposicionista   oppositionist
oponerse a una moción   to oppose a motion

Syn.: **afrontar** to face, to confront, to defy (109); **enfrentar** to confront, to face (11); **resistir** to resist (74)   Ant.: **apoyar** to support (453); **facilitar** to facilitate (238)

ordenar (338)

Gerundio **ordenando**   Part. pas. **ordenado**

Regular **-ar** verb

to order, to command, to put in order, to arrange, to ordain

The Seven Simple Tenses		The Seven Compound Tenses	
Singular	Plural	Singular	Plural
1 presente de indicativo		**8 perfecto de indicativo**	
ordeno	ordenamos	he ordenado	hemos ordenado
ordenas	ordenáis	has ordenado	habéis ordenado
ordena	ordenan	ha ordenado	han ordenado
2 imperfecto de indicativo		**9 pluscuamperfecto de indicativo**	
ordenaba	ordenábamos	había ordenado	habíamos ordenado
ordenabas	ordenabais	habías ordenado	habíais ordenado
ordenaba	ordenaban	había ordenado	habían ordenado
3 pretérito		**10 pretérito anterior**	
ordené	ordenamos	hube ordenado	hubimos ordenado
ordenaste	ordenasteis	hubiste ordenado	hubisteis ordenado
ordenó	ordenaron	hubo ordenado	hubieron ordenado
4 futuro		**11 futuro perfecto**	
ordenaré	ordenaremos	habré ordenado	habremos ordenado
ordenarás	ordenaréis	habrás ordenado	habréis ordenado
ordenará	ordenarán	habrá ordenado	habrán ordenado
5 potencial simple		**12 potencial compuesto**	
ordenaría	ordenaríamos	habría ordenado	habríamos ordenado
ordenarías	ordenaríais	habrías ordenado	habríais ordenado
ordenaría	ordenarían	habría ordenado	habrían ordenado
6 presente de subjuntivo		**13 perfecto de subjuntivo**	
ordene	ordenemos	haya ordenado	hayamos ordenado
ordenes	ordenéis	hayas ordenado	hayáis ordenado
ordene	ordenen	haya ordenado	hayan ordenado
7 imperfecto de subjuntivo		**14 pluscuamperfecto de subjuntivo**	
ordenara	ordenáramos	hubiera ordenado	hubiéramos ordenado
ordenaras	ordenarais	hubieras ordenado	hubierais ordenado
ordenara	ordenaran	hubiera ordenado	hubieran ordenado
OR		OR	
ordenase	ordenásemos	hubiese ordenado	hubiésemos ordenado
ordenases	ordenaseis	hubieses ordenado	hubieseis ordenado
ordenase	ordenasen	hubiese ordenado	hubiesen ordenado

imperativo	
—	ordenemos
ordena; no ordenes	ordenad; no ordenéis
ordene	ordenen

el orden, los órdenes   order, orders
el orden del día   order of the day, agenda
ordenadamente   orderly, methodically
el ordenador   computer (This word is used mainly in Spain. Most speakers in other regions use **la computadora** or **el computador**.)

ordenarse   to become ordained, to take holy orders
llamar al orden   to call to order

Syn.: **arreglar** to arrange; **mandar** to command, to order (259)   Ant.: **desordenar** to disarrange (338); **desorganizar** to disorganize (339); **obedecer** to obey

Part. pas. **organizado**   Gerundio **organizando**

Regular **-ar** verb endings with spelling change: **z** becomes **c** before **e**

organizar (339)
to organize, to arrange, to set up

The Seven Simple Tenses		The Seven Compound Tenses	
Singular	**Plural**	**Singular**	**Plural**
1 presente de indicativo		**8 perfecto de indicativo**	
organizo	organizamos	he organizado	hemos organizado
organizas	organizáis	has organizado	habéis organizado
organiza	organizan	ha organizado	han organizado
2 imperfecto de indicativo		**9 pluscuamperfecto de indicativo**	
organizaba	organizábamos	había organizado	habíamos organizado
organizabas	organizabais	habías organizado	habíais organizado
organizaba	organizaban	había organizado	habían organizado
3 pretérito		**10 pretérito anterior**	
organicé	organizamos	hube organizado	hubimos organizado
organizaste	organizasteis	hubiste organizado	hubisteis organizado
organizó	organizaron	hubo organizado	hubieron organizado
4 futuro		**11 futuro perfecto**	
organizaré	organizaremos	habré organizado	habremos organizado
organizarás	organizaréis	habrás organizado	habréis organizado
organizará	organizarán	habrá organizado	habrán organizado
5 potencial simple		**12 potencial compuesto**	
organizaría	organizaríamos	habría organizado	habríamos organizado
organizarías	organizaríais	habrías organizado	habríais organizado
organizaría	organizarían	habría organizado	habrían organizado
6 presente de subjuntivo		**13 perfecto de subjuntivo**	
organice	organicemos	haya organizado	hayamos organizado
organices	organicéis	hayas organizado	hayáis organizado
organice	organicen	haya organizado	hayan organizado
7 imperfecto de subjuntivo		**14 pluscuamperfecto de subjuntivo**	
organizara	organizáramos	hubiera organizado	hubiéramos organizado
organizaras	organizarais	hubieras organizado	hubierais organizado
organizara	organizaran	hubiera organizado	hubieran organizado
OR		OR	
organizase	organizásemos	hubiese organizado	hubiésemos organizado
organizases	organizaseis	hubieses organizado	hubieseis organizado
organizase	organizasen	hubiese organizado	hubiesen organizado

O

imperativo	
—	organicemos
organiza; no organices	organizad; no organicéis
organice	organicen

organizado, organizada   organized
la organización   organization
organizar una fiesta   to organize a party
la religión organizada   organized religion

el crimen organizado   organized crime
el organizador, la organizadora   organizer
la Organización de las Naciones Unidas (ONU)
   the United Nations (Organization) (UN)

Syn.: **arreglar** to arrange   Ant.: **desordenar** to disarrange (338); **desorganizar** to disorganize (339)

433

osar (340)
to dare, to venture

The Seven Simple Tenses		The Seven Compound Tenses	
Singular	**Plural**	**Singular**	**Plural**
1 presente de indicativo		**8 perfecto de indicativo**	
oso	osamos	he osado	hemos osado
osas	osáis	has osado	habéis osado
osa	osan	ha osado	han osado
2 imperfecto de indicativo		**9 pluscuamperfecto de indicativo**	
osaba	osábamos	había osado	habíamos osado
osabas	osabais	habías osado	habíais osado
osaba	osaban	había osado	habían osado
3 pretérito		**10 pretérito anterior**	
osé	osamos	hube osado	hubimos osado
osaste	osasteis	hubiste osado	hubisteis osado
osó	osaron	hubo osado	hubieron osado
4 futuro		**11 futuro perfecto**	
osaré	osaremos	habré osado	habremos osado
osarás	osaréis	habrás osado	habréis osado
osará	osarán	habrá osado	habrán osado
5 potencial simple		**12 potencial compuesto**	
osaría	osaríamos	habría osado	habríamos osado
osarías	osaríais	habrías osado	habríais osado
osaría	osarían	habría osado	habrían osado
6 presente de subjuntivo		**13 perfecto de subjuntivo**	
ose	osemos	haya osado	hayamos osado
oses	oséis	hayas osado	hayáis osado
ose	osen	haya osado	hayan osado
7 imperfecto de subjuntivo		**14 pluscuamperfecto de subjuntivo**	
osara	osáramos	hubiera osado	hubiéramos osado
osaras	osarais	hubieras osado	hubierais osado
osara	osaran	hubiera osado	hubieran osado
OR		OR	
osase	osásemos	hubiese osado	hubiésemos osado
osases	osaseis	hubieses osado	hubieseis osado
osase	osasen	hubiese osado	hubiesen osado

imperativo	
—	osemos
osa; no oses	osad; no oséis
ose	osen

osado, osada audacious, bold, daring   **la osadía** audacity, boldness
osadamente boldly, daringly

Syn.: **atreverse** to dare, to venture; **arriesgar** to risk, to venture (341); **aventurarse** to venture (48)   Ant.: **acobardarse** to turn cowardly (39, 289)

Pagar

Pagar is an essential verb to learn because it is a regular **-ar** verb with an important spelling change. This verb is useful in many everyday expressions, especially when traveling.

Sentences using **pagar**

¿Dónde se paga la cuenta?
Where is the bill paid? Where can one pay the bill?

¿Cuánto le debo? Voy a pagar al contado.
How much do I owe you? I'm going to pay in cash.

Por lo general, pago la cuenta con una tarjeta chip. Es más seguro.
I usually pay the bill with a chip card. It's more secure.

Words and expressions related to this verb

la paga pay

el pago, el pagamiento payment

pagable payable

pagador, pagadora payer

el pagaré promissory note, IOU

pagar un crimen to pay for a crime

pagar las culpas to pay for one's sins

pagar al contado to pay in cash

pagar contra entrega C.O.D. (Collect on delivery)

pagar la cuenta to pay the bill

pagar un ojo de la cara to pay an arm and a leg; to pay through your nose

pagar los platos rotos to pay the cost (pay for the damage)

Proverbs

Paga lo que debes y sabrás lo que tienes.
Pay what you owe and you'll know what you have.

Él que la hace la paga.
You have to pay the consequences. (You made your bed, now sleep in it.)

Syn.: **costear** to pay for, to finance (175); **remunerar** to remunerate, to pay (409)
Ant.: **cobrar** to cash, to charge (259); **deber** to owe

Can't remember the Spanish verb you need?

Check the back pages of this book for the English-Spanish verb index!

AN ESSENTIAL
55 Verb

pagar (341)
to pay (for)

Gerundio **pagando** Part. pas. **pagado**
Regular **-ar** verb endings with spelling
change: **g** becomes **gu** before **e**

The Seven Simple Tenses		The Seven Compound Tenses	
Singular	**Plural**	**Singular**	**Plural**
1 presente de indicativo		**8 perfecto de indicativo**	
pago	pagamos	he pagado	hemos pagado
pagas	pagáis	has pagado	habéis pagado
paga	pagan	ha pagado	han pagado
2 imperfecto de indicativo		**9 pluscuamperfecto de indicativo**	
pagaba	pagábamos	había pagado	habíamos pagado
pagabas	pagabais	habías pagado	habíais pagado
pagaba	pagaban	había pagado	habían pagado
3 pretérito		**10 pretérito anterior**	
pagué	pagamos	hube pagado	hubimos pagado
pagaste	pagasteis	hubiste pagado	hubisteis pagado
pagó	pagaron	hubo pagado	hubieron pagado
4 futuro		**11 futuro perfecto**	
pagaré	pagaremos	habré pagado	habremos pagado
pagarás	pagaréis	habrás pagado	habréis pagado
pagará	pagarán	habrá pagado	habrán pagado
5 potencial simple		**12 potencial compuesto**	
pagaría	pagaríamos	habría pagado	habríamos pagado
pagarías	pagaríais	habrías pagado	habríais pagado
pagaría	pagarían	habría pagado	habrían pagado
6 presente de subjuntivo		**13 perfecto de subjuntivo**	
pague	paguemos	haya pagado	hayamos pagado
pagues	paguéis	hayas pagado	hayáis pagado
pague	paguen	haya pagado	hayan pagado
7 imperfecto de subjuntivo		**14 pluscuamperfecto de subjuntivo**	
pagara	pagáramos	hubiera pagado	hubiéramos pagado
pagaras	pagarais	hubieras pagado	hubierais pagado
pagara	pagaran	hubiera pagado	hubieran pagado
OR		OR	
pagase	pagásemos	hubiese pagado	hubiésemos pagado
pagases	pagaseis	hubieses pagado	hubieseis pagado
pagase	pagasen	hubiese pagado	hubiesen pagado

imperativo	
—	paguemos
paga; no pagues	pagad; no paguéis
pague	paguen

AN ESSENTIAL
55 Verb

parar (342)

to stop (someone or something)

The Seven Simple Tenses		The Seven Compound Tenses	
Singular	Plural	Singular	Plural
1 presente de indicativo		**8 perfecto de indicativo**	
paro	paramos	he parado	hemos parado
paras	paráis	has parado	habéis parado
para	paran	ha parado	han parado
2 imperfecto de indicativo		**9 pluscuamperfecto de indicativo**	
paraba	parábamos	había parado	habíamos parado
parabas	parabais	habías parado	habíais parado
paraba	paraban	había parado	habían parado
3 pretérito		**10 pretérito anterior**	
paré	paramos	hube parado	hubimos parado
paraste	parasteis	hubiste parado	hubisteis parado
paró	pararon	hubo parado	hubieron parado
4 futuro		**11 futuro perfecto**	
pararé	pararemos	habré parado	habremos parado
pararás	pararéis	habrás parado	habréis parado
parará	pararán	habrá parado	habrán parado
5 potencial simple		**12 potencial compuesto**	
pararía	pararíamos	habría parado	habríamos parado
pararías	pararíais	habrías parado	habríais parado
pararía	pararían	habría parado	habrían parado
6 presente de subjuntivo		**13 perfecto de subjuntivo**	
pare	paremos	haya parado	hayamos parado
pares	paréis	hayas parado	hayáis parado
pare	paren	haya parado	hayan parado
7 imperfecto de subjuntivo		**14 pluscuamperfecto de subjuntivo**	
parara	paráramos	hubiera parado	hubiéramos parado
pararas	pararais	hubieras parado	hubierais parado
parara	pararan	hubiera parado	hubieran parado
OR		OR	
parase	parásemos	hubiese parado	hubiésemos parado
parases	paraseis	hubieses parado	hubieseis parado
parase	parasen	hubiese parado	hubiesen parado

imperativo	
—	paremos
para; no pares	parad; no paréis
pare	paren

parar en mal to end badly
PARADA STOP
la parada de taxi taxi stand
no poder parar to be restless

See also **pararse**.

la parada de autobús/autobuses bus stop
parar en seco to make a dead stop
sin parar right away (without stopping)

Syn.: **detener** to stop (someone or something); **frenar** to brake (107); **inmovilizar** to immobilize (339) Ant.: **avanzar** to advance; **continuar** to continue; **estacionar** to park (355)

pararse (343)
to stop (oneself)

Gerundio **parándose**   Part. pas. **parado**
Reflexive regular **-ar** verb

The Seven Simple Tenses

Singular	Plural
1 presente de indicativo	
me paro	nos paramos
te paras	os paráis
se para	se paran
2 imperfecto de indicativo	
me paraba	nos parábamos
te parabas	os parabais
se paraba	se paraban
3 pretérito	
me paré	nos paramos
te paraste	os parasteis
se paró	se pararon
4 futuro	
me pararé	nos pararemos
te pararás	os pararéis
se parará	se pararán
5 potencial simple	
me pararía	nos pararíamos
te pararías	os pararíais
se pararía	se pararían
6 presente de subjuntivo	
me pare	nos paremos
te pares	os paréis
se pare	se paren
7 imperfecto de subjuntivo	
me parara	nos paráramos
te pararas	os pararais
se parara	se pararan
OR	
me parase	nos parásemos
te parases	os paraseis
se parase	se parasen

The Seven Compound Tenses

Singular	Plural
8 perfecto de indicativo	
me he parado	nos hemos parado
te has parado	os habéis parado
se ha parado	se han parado
9 pluscuamperfecto de indicativo	
me había parado	nos habíamos parado
te habías parado	os habíais parado
se había parado	se habían parado
10 pretérito anterior	
me hube parado	nos hubimos parado
te hubiste parado	os hubisteis parado
se hubo parado	se hubieron parado
11 futuro perfecto	
me habré parado	nos habremos parado
te habrás parado	os habréis parado
se habrá parado	se habrán parado
12 potencial compuesto	
me habría parado	nos habríamos parado
te habrías parado	os habríais parado
se habría parado	se habrían parado
13 perfecto de subjuntivo	
me haya parado	nos hayamos parado
te hayas parado	os hayáis parado
se haya parado	se hayan parado
14 pluscuamperfecto de subjuntivo	
me hubiera parado	nos hubiéramos parado
te hubieras parado	os hubierais parado
se hubiera parado	se hubieran parado
OR	
me hubiese parado	nos hubiésemos parado
te hubieses parado	os hubieseis parado
se hubiese parado	se hubiesen parado

imperativo

—	parémonos
párate; no te pares	paraos; no os paréis
párese	párense

la parada stop
una paradeta, una paradilla pause

una parada en seco dead stop
pararse en to pay attention to

See also **parar**.

Syn.: **detenerse** to stop (oneself) Ant.: **andar** to walk; **caminar** to walk; **ir** to go

Part. pas. **parecido**   Gerundio **pareciendo**
Regular **-er** verb endings with spelling
change: **c** becomes **zc** before **a** or **o**

parecer (344)
to seem, to appear

The Seven Simple Tenses		The Seven Compound Tenses	
Singular	Plural	Singular	Plural
1 presente de indicativo		**8 perfecto de indicativo**	
parezco	parecemos	he parecido	hemos parecido
pareces	parecéis	has parecido	habéis parecido
parece	parecen	ha parecido	han parecido
2 imperfecto de indicativo		**9 pluscuamperfecto de indicativo**	
parecía	parecíamos	había parecido	habíamos parecido
parecías	parecíais	habías parecido	habíais parecido
parecía	parecían	había parecido	habían parecido
3 pretérito		**10 pretérito anterior**	
parecí	parecimos	hube parecido	hubimos parecido
pareciste	parecisteis	hubiste parecido	hubisteis parecido
pareció	parecieron	hubo parecido	hubieron parecido
4 futuro		**11 futuro perfecto**	
pareceré	pareceremos	habré parecido	habremos parecido
parecerás	pareceréis	habrás parecido	habréis parecido
parecerá	parecerán	habrá parecido	habrán parecido
5 potencial simple		**12 potencial compuesto**	
parecería	pareceríamos	habría parecido	habríamos parecido
parecerías	pareceríais	habrías parecido	habríais parecido
parecería	parecerían	habría parecido	habrían parecido
6 presente de subjuntivo		**13 perfecto de subjuntivo**	
parezca	parezcamos	haya parecido	hayamos parecido
parezcas	parezcáis	hayas parecido	hayáis parecido
parezca	parezcan	haya parecido	hayan parecido
7 imperfecto de subjuntivo		**14 pluscuamperfecto de subjuntivo**	
pareciera	pareciéramos	hubiera parecido	hubiéramos parecido
parecieras	parecierais	hubieras parecido	hubierais parecido
pareciera	parecieran	hubiera parecido	hubieran parecido
OR		OR	
pareciese	pareciésemos	hubiese parecido	hubiésemos parecido
parecieses	parecieseis	hubieses parecido	hubieseis parecido
pareciese	pareciesen	hubiese parecido	hubiesen parecido

imperativo	
—	parezcamos
parece; no parezcas	pareced; no parezcáis
parezca	parezcan

a lo que parece   according to what it seems
al parecer   seemingly apparently
pareciente   similar
parecidamente   similarly
María parece contenta.   Maria seems happy.
See also **parecerse**.

Me parece . . .   It seems to me . . .
por el buen parecer   for the sake of
   appearances
parecer cansado (cansada)   to look (seem)
   tired

Syn.: **semejar** to resemble (86) Ant.: **diferir** to differ (370)

P

439

parecerse (345)

to resemble each other,
to look alike

Gerundio **pareciéndose**   Part. pas. **parecido**
Reflexive verb; regular **-er** verb endings with
spelling change: **c** becomes **zc** before **a** or **o**

The Seven Simple Tenses		The Seven Compound Tenses	
Singular	Plural	Singular	Plural
1 presente de indicativo		**8 perfecto de indicativo**	
me parezco	nos parecemos	me he parecido	nos hemos parecido
te pareces	os parecéis	te has parecido	os habéis parecido
se parece	se parecen	se ha parecido	se han parecido
2 imperfecto de indicativo		**9 pluscuamperfecto de indicativo**	
me parecía	nos parecíamos	me había parecido	nos habíamos parecido
te parecías	os parecíais	te habías parecido	os habíais parecido
se parecía	se parecían	se había parecido	se habían parecido
3 pretérito		**10 pretérito anterior**	
me parecí	nos parecimos	me hube parecido	nos hubimos parecido
te pareciste	os parecisteis	te hubiste parecido	os hubisteis parecido
se pareció	se parecieron	se hubo parecido	se hubieron parecido
4 futuro		**11 futuro perfecto**	
me pareceré	nos pareceremos	me habré parecido	nos habremos parecido
te parecerás	os pareceréis	te habrás parecido	os habréis parecido
se parecerá	se parecerán	se habrá parecido	se habrán parecido
5 potencial simple		**12 potencial compuesto**	
me parecería	nos pareceríamos	me habría parecido	nos habríamos parecido
te parecerías	os pareceríais	te habrías parecido	os habríais parecido
se parecería	se parecerían	se habría parecido	se habrían parecido
6 presente de subjuntivo		**13 perfecto de subjuntivo**	
me parezca	nos parezcamos	me haya parecido	nos hayamos parecido
te parezcas	os parezcáis	te hayas parecido	os hayáis parecido
se parezca	se parezcan	se haya parecido	se hayan parecido
7 imperfecto de subjuntivo		**14 pluscuamperfecto de subjuntivo**	
me pareciera	nos pareciéramos	me hubiera parecido	nos hubiéramos parecido
te parecieras	os parecierais	te hubieras parecido	os hubierais parecido
se pareciera	se parecieran	se hubiera parecido	se hubieran parecido
OR		OR	
me pareciese	nos pareciésemos	me hubiese parecido	nos hubiésemos parecido
te parecieses	os parecieseis	te hubieses parecido	os hubieseis parecido
se pareciese	se pareciesen	se hubiese parecido	se hubiesen parecido

imperativo	
—	parezcámonos
parécete; no te parezcas	pareceos; no os parezcáis
parézcase	parézcanse

Se parecen como dos gotas de agua.
They resemble each other like two drops of water (like two peas in a pod).

parecido, parecida similar
el parecido resemblance

See also **parecer**.

Syn.: **semejarse** to look alike (289)   Ant.: **diferenciarse** to differ (195)

partir (346)
to leave, to depart, to divide, to split

The Seven Simple Tenses		The Seven Compound Tenses	
Singular	Plural	Singular	Plural
1 presente de indicativo		**8 perfecto de indicativo**	
parto	partimos	he partido	hemos partido
partes	partís	has partido	habéis partido
parte	parten	ha partido	han partido
2 imperfecto de indicativo		**9 pluscuamperfecto de indicativo**	
partía	partíamos	había partido	habíamos partido
partías	partíais	habías partido	habíais partido
partía	partían	había partido	habían partido
3 pretérito		**10 pretérito anterior**	
partí	partimos	hube partido	hubimos partido
partiste	partisteis	hubiste partido	hubisteis partido
partió	partieron	hubo partido	hubieron partido
4 futuro		**11 futuro perfecto**	
partiré	partiremos	habré partido	habremos partido
partirás	partiréis	habrás partido	habréis partido
partirá	partirán	habrá partido	habrán partido
5 potencial simple		**12 potencial compuesto**	
partiría	partiríamos	habría partido	habríamos partido
partirías	partiríais	habrías partido	habríais partido
partiría	partirían	habría partido	habrían partido
6 presente de subjuntivo		**13 perfecto de subjuntivo**	
parta	partamos	haya partido	hayamos partido
partas	partáis	hayas partido	hayáis partido
parta	partan	haya partido	hayan partido
7 imperfecto de subjuntivo		**14 pluscuamperfecto de subjuntivo**	
partiera	partiéramos	hubiera partido	hubiéramos partido
partieras	partierais	hubieras partido	hubierais partido
partiera	partieran	hubiera partido	hubieran partido
OR		OR	
partiese	partiésemos	hubiese partido	hubiésemos partido
partieses	partieseis	hubieses partido	hubieseis partido
partiese	partiesen	hubiese partido	hubiesen partido

imperativo	
—	partamos
parte; no partas	partid; no partáis
parta	partan

a partir de   beginning with, starting from
tomar partido   to take sides
la partida   departure
partirse   to become divided
See also **repartir**.

repartir   to distribute, share; **repartir la diferencia**   to split the difference
partir algo en dos   to divide something in two
el partido   match, game

Syn.: **dividir** to divide (346); **salir** to leave, to go out   Ant.: **juntar** to join; **llegar** to arrive; **unir** to unite

441

pasar (347)

to pass (by), to happen, to spend (time), to go through

Gerundio **pasando**   Part. pas. **pasado**
Regular **-ar** verb

The Seven Simple Tenses		The Seven Compound Tenses	
Singular	Plural	Singular	Plural
1 presente de indicativo		**8 perfecto de indicativo**	
paso	pasamos	he pasado	hemos pasado
pasas	pasáis	has pasado	habéis pasado
pasa	pasan	ha pasado	han pasado
2 imperfecto de indicativo		**9 pluscuamperfecto de indicativo**	
pasaba	pasábamos	había pasado	habíamos pasado
pasabas	pasabais	habías pasado	habíais pasado
pasaba	pasaban	había pasado	habían pasado
3 pretérito		**10 pretérito anterior**	
pasé	pasamos	hube pasado	hubimos pasado
pasaste	pasasteis	hubiste pasado	hubisteis pasado
pasó	pasaron	hubo pasado	hubieron pasado
4 futuro		**11 futuro perfecto**	
pasaré	pasaremos	habré pasado	habremos pasado
pasarás	pasaréis	habrás pasado	habréis pasado
pasará	pasarán	habrá pasado	habrán pasado
5 potencial simple		**12 potencial compuesto**	
pasaría	pasaríamos	habría pasado	habríamos pasado
pasarías	pasaríais	habrías pasado	habríais pasado
pasaría	pasarían	habría pasado	habrían pasado
6 presente de subjuntivo		**13 perfecto de subjuntivo**	
pase	pasemos	haya pasado	hayamos pasado
pases	paséis	hayas pasado	hayáis pasado
pase	pasen	haya pasado	hayan pasado
7 imperfecto de subjuntivo		**14 pluscuamperfecto de subjuntivo**	
pasara	pasáramos	hubiera pasado	hubiéramos pasado
pasaras	pasarais	hubieras pasado	hubierais pasado
pasara	pasaran	hubiera pasado	hubieran pasado
OR		OR	
pasase	pasásemos	hubiese pasado	hubiésemos pasado
pasases	pasaseis	hubieses pasado	hubieseis pasado
pasase	pasasen	hubiese pasado	hubiesen pasado

imperativo	
—	pasemos
pasa; no pases	pasad; no paséis
pase	pasen

¡Que lo pase bien! Have fun!
¿Qué pasa? What's happening?
¿Qué te pasa? What's the matter with you?
el pasajero, la pasajera passenger, traveler
¡Pase un buen día! Have a nice day!
pasar un examen to take an exam
Use **pasar** when you spend time: **Me gustaría pasar un año en Costa Rica**/I would like to spend a year in Costa Rica. (See **gastar**.)

Syn.: **atravesar** to cross, to go through; **cruzar** to cross; **ocurrir** to occur, to happen (Def. and Imp.)

pasearse (348)
to take a walk, to parade

The Seven Simple Tenses		The Seven Compound Tenses	
Singular	**Plural**	**Singular**	**Plural**
1 presente de indicativo		**8 perfecto de indicativo**	
me paseo	nos paseamos	me he paseado	nos hemos paseado
te paseas	os paseáis	te has paseado	os habéis paseado
se pasea	se pasean	se ha paseado	se han paseado
2 imperfecto de indicativo		**9 pluscuamperfecto de indicativo**	
me paseaba	nos paseábamos	me había paseado	nos habíamos paseado
te paseabas	os paseabais	te habías paseado	os habíais paseado
se paseaba	se paseaban	se había paseado	se habían paseado
3 pretérito		**10 pretérito anterior**	
me paseé	nos paseamos	me hube paseado	nos hubimos paseado
te paseaste	os paseasteis	te hubiste paseado	os hubisteis paseado
se paseó	se pasearon	se hubo paseado	se hubieron paseado
4 futuro		**11 futuro perfecto**	
me pasearé	nos pasearemos	me habré paseado	nos habremos paseado
te pasearás	os pasearéis	te habrás paseado	os habréis paseado
se paseará	se pasearán	se habrá paseado	se habrán paseado
5 potencial simple		**12 potencial compuesto**	
me pasearía	nos pasearíamos	me habría paseado	nos habríamos paseado
te pasearías	os pasearíais	te habrías paseado	os habríais paseado
se pasearía	se pasearían	se habría paseado	se habrían paseado
6 presente de subjuntivo		**13 perfecto de subjuntivo**	
me pasee	nos paseemos	me haya paseado	nos hayamos paseado
te pasees	os paseéis	te hayas paseado	os hayáis paseado
se pasee	se paseen	se haya paseado	se hayan paseado
7 imperfecto de subjuntivo		**14 pluscuamperfecto de subjuntivo**	
me paseara	nos paseáramos	me hubiera paseado	nos hubiéramos paseado
te pasearas	os pasearais	te hubieras paseado	os hubierais paseado
se paseara	se pasearan	se hubiera paseado	se hubieran paseado
OR		OR	
me pasease	nos paseásemos	me hubiese paseado	nos hubiésemos paseado
te paseases	os paseaseis	te hubieses paseado	os hubieseis paseado
se pasease	se paseasen	se hubiese paseado	se hubiesen paseado

P

imperativo	
—	paseémonos
paséate; no te pasees	paseaos; no os paseéis
paséese	paséense

un pase   pass, permit
un, una paseante   stroller
un paseo   a walk, a promenade
sacar a paseo   to take out for a walk
pasear   to walk (a child, a dog, etc.)
pasear en bicicleta   to go bicycling

Proverb: **Cuando el gato no está, el ratón se pasea.**
When the cat's away, the mice will play. (When the cat's away, the mouse takes a walk.)

Syn.: **andar** to walk; **caminar** to walk; **marchar** to walk; **dar un paseo** to take a walk; **ir de paseo** to go out for a walk

pedir (349)
to ask for, to request

Gerundio **pidiendo**   Part. pas. **pedido**
Regular **-ir** verb endings with stem change:
Tenses 1, 3, 6, 7, Imperative, Gerundio

The Seven Simple Tenses		The Seven Compound Tenses	
Singular	**Plural**	**Singular**	**Plural**
1 presente de indicativo		**8 perfecto de indicativo**	
pido	pedimos	he pedido	hemos pedido
pides	pedís	has pedido	habéis pedido
pide	piden	ha pedido	han pedido
2 imperfecto de indicativo		**9 pluscuamperfecto de indicativo**	
pedía	pedíamos	había pedido	habíamos pedido
pedías	pedíais	habías pedido	habíais pedido
pedía	pedían	había pedido	habían pedido
3 pretérito		**10 pretérito anterior**	
pedí	pedimos	hube pedido	hubimos pedido
pediste	pedisteis	hubiste pedido	hubisteis pedido
pidió	pidieron	hubo pedido	hubieron pedido
4 futuro		**11 futuro perfecto**	
pediré	pediremos	habré pedido	habremos pedido
pedirás	pediréis	habrás pedido	habréis pedido
pedirá	pedirán	habrá pedido	habrán pedido
5 potencial simple		**12 potencial compuesto**	
pediría	pediríamos	habría pedido	habríamos pedido
pedirías	pediríais	habrías pedido	habríais pedido
pediría	pedirían	habría pedido	habrían pedido
6 presente de subjuntivo		**13 perfecto de subjuntivo**	
pida	pidamos	haya pedido	hayamos pedido
pidas	pidáis	hayas pedido	hayáis pedido
pida	pidan	haya pedido	hayan pedido
7 imperfecto de subjuntivo		**14 pluscuamperfecto de subjuntivo**	
pidiera	pidiéramos	hubiera pedido	hubiéramos pedido
pidieras	pidierais	hubieras pedido	hubierais pedido
pidiera	pidieran	hubiera pedido	hubieran pedido
OR		OR	
pidiese	pidiésemos	hubiese pedido	hubiésemos pedido
pidieses	pidieseis	hubieses pedido	hubieseis pedido
pidiese	pidiesen	hubiese pedido	hubiesen pedido

imperativo	
—	pidamos
pide; no pidas	pedid; no pidáis
pida	pidan

hacer un pedido to place an order	**pedir prestado** to borrow
un pedido request, order	**una petición** petition, request
colocar un pedido to place an order	**un pedidor, una pedidora** client, petitioner

See also **despedirse**.

Pedir means *to ask for something*: **El alumno pidió un lápiz al profesor**/The pupil asked the teacher for a pencil. When you want to say *ask a question*, use **preguntar**: **La alumna preguntó a la profesora cómo estaba**/The pupil asked the teacher how she was.

Syn.: **rogar** to beg, to request; **demandar** to demand, petition (259)   Ant.: **rehusar** to refuse (481)

Part. pas. **pegado**   Gerundio **pegando**
Regular **-ar** verb endings with spelling
change: **g** becomes **gu** before **e**

pegar (350)
to beat, to hit, to slap, to stick,
to glue, to paste

The Seven Simple Tenses		The Seven Compound Tenses	
Singular	Plural	Singular	Plural
1 presente de indicativo		**8 perfecto de indicativo**	
pego	pegamos	he pegado	hemos pegado
pegas	pegáis	has pegado	habéis pegado
pega	pegan	ha pegado	han pegado
2 imperfecto de indicativo		**9 pluscuamperfecto de indicativo**	
pegaba	pebábamos	había pegado	habíamos pegado
pegabas	pegabais	habías pegado	habíais pegado
pegaba	pegaban	había pegado	habían pegado
3 pretérito		**10 pretérito anterior**	
pegué	pegamos	hube pegado	hubimos pegado
pegaste	pesgasteis	hubiste pegado	hubisteis pegado
pegó	pegaron	hubo pegado	hubieron pegado
4 futuro		**11 futuro perfecto**	
pegaré	pegaremos	habré pegado	habremos pegado
pegarás	pegaréis	habrás pegado	habréis pegado
pegará	pegarán	habrá pegado	habrán pegado
5 potencial simple		**12 potencial compuesto**	
pegaría	pegaríamos	habría pegado	habríamos pegado
pegarías	pegaríais	habrías pegado	habríais pegado
pegaría	pegarían	habría pegado	habrían pegado
6 presente de subjuntivo		**13 perfecto de subjuntivo**	
pegue	peguemos	haya pegado	hayamos pegado
pegues	peguéis	hayas pegado	hayáis pegado
pegue	peguen	haya pegado	hayan pegado
7 imperfecto de subjuntivo		**14 pluscuamperfecto de subjuntivo**	
pegara	pegáramos	hubiera pegado	hubiéramos pegado
pegaras	pegarais	hubieras pegado	hubierais pegado
pegara	pegaran	hubiera pegado	hubieran pegado
OR		OR	
pegase	pegásemos	hubiese pegado	hubiésemos pegado
pegases	pegaseis	hubieses pegado	hubieseis pegado
pegase	pegasen	hubiese pegado	hubiesen pegado

imperativo	
—	peguemos
pega; no pegues	pegad; no peguéis
pegue	peguen

pegar fuego to set fire to
pegar saltos to jump
pegar voces to shout
el pegamento glue
pegarse las sábanas to sleep late in the
  morning

pegársele a uno to deceive someone
no pegar los ojos to spend a sleepless night
una pegatina sticker

Syn.: **batir** to beat (1); **machacar** to beat (306)   Ant.: **despegar** to unglue

P

peinarse (351)

to comb one's hair

Gerundio **peinándose**   Part. pas. **peinado**

Reflexive regular **-ar** verb

The Seven Simple Tenses		The Seven Compound Tenses	
Singular	**Plural**	**Singular**	**Plural**
1 presente de indicativo		**8 perfecto de indicativo**	
me peino	nos peinamos	me he peinado	nos hemos peinado
te peinas	os peináis	te has peinado	os habéis peinado
se peina	se peinan	se ha peinado	se han peinado
2 imperfecto de indicativo		**9 pluscuamperfecto de indicativo**	
me peinaba	nos peinábamos	me había peinado	nos habíamos peinado
te peinabas	os peinabais	te habías peinado	os habíais peinado
se peinaba	se peinaban	se había peinado	se habían peinado
3 pretérito		**10 pretérito anterior**	
me peiné	nos peinamos	me hube peinado	nos hubimos peinado
te peinaste	os peinasteis	te hubiste peinado	os hubisteis peinado
se peinó	se peinaron	se hubo peinado	se hubieron peinado
4 futuro		**11 futuro perfecto**	
me peinaré	nos peinaremos	me habré peinado	nos habremos peinado
te peinarás	os peinaréis	te habrás peinado	os habréis peinado
se peinará	se peinarán	se habrá peinado	se habrán peinado
5 potencial simple		**12 potencial compuesto**	
me peinaría	nos peinaríamos	me habría peinado	nos habríamos peinado
te peinarías	os peinaríais	te habrías peinado	os habríais peinado
se peinaría	se peinarían	se habría peinado	se habrían peinado
6 presente de subjuntivo		**13 perfecto de subjuntivo**	
me peine	nos peinemos	me haya peinado	nos hayamos peinado
te peines	os peinéis	te hayas peinado	os hayáis peinado
se peine	se peinen	se haya peinado	se hayan peinado
7 imperfecto de subjuntivo		**14 pluscuamperfecto de subjuntivo**	
me peinara	nos peináramos	me hubiera peinado	nos hubiéramos peinado
te peinaras	os peinarais	te hubieras peinado	os hubierais peinado
se peinara	se peinaran	se hubiera peinado	se hubieran peinado
OR		OR	
me peinase	nos peinásemos	me hubiese peinado	nos hubiésemos peinado
te peinases	os peinaseis	te hubieses peinado	os hubieseis peinado
se peinase	se peinasen	se hubiese peinado	se hubiesen peinado

imperativo	
—	peinémonos
péinate; no te peines	peinaos; no os peinéis
péinese	péinense

¡Vístete, cepíllate los dientes y péinate! Nos vamos en dos minutos.
Get dressed, brush your teeth, and brush your hair. We leave in two minutes.

un peine   a comb
una peineta   shell comb (used by women as an ornament in the hair)
un peinado   hairdo, hair style

un peinador   dressing gown
peinar   to comb
despeinar   to dishevel, tousle someone's hair

Syn.: **cepillarse** to brush oneself (115, 289)   Ant.: **despeinarse** to dishevel, to take down one's hair (351)

446

Pensar

We think that **pensar** is a very useful verb for you to learn. It is used in a great number of idiomatic expressions and everyday situations. Pay attention to the stem change in Tenses 1 and 6 and in the imperative mood.

Pensar is used with the preposition **de** when you ask someone what he/she thinks of someone or something, i.e., when you ask for someone's opinion: **¿Qué piensa Ud. de este libro?**/What do you think of this book? **Pienso que es bueno**/I think that it is good.

Pensar is used with the preposition **en** when you ask someone what or whom he/she is thinking about: **Miguel, no hablas mucho; ¿en qué piensas?**/Michael, you are not talking much; what are you thinking of? (of what are you thinking?); **Pienso en las vacaciones de verano**/I'm thinking of summer vacation.

Sentences using **pensar** and related words

¿Qué piensa Ud. de eso?
What do you think of that?

¿En qué piensa Ud.?
What are you thinking of?

Pensamos comprar una casa.
We intend to buy a house.

Words and expressions related to this verb

pensativo, pensativa thoughtful, pensive

un pensador, una pensadora a thinker

pensar + inf. to intend + inf.

pensar en to think of, about

sin pensar thoughtlessly

repensar to think over (again)

pensante thinking

pensativamente thoughtfully

el pensamiento thought

estar absorto en sus pensamientos to be deep in thought

Proverb

Antes de hablar es bueno pensar.
(It's good to) think before you speak.

Syn.: **considerar** to consider (227); **creer** to believe; **idear** to think up, to invent (175); **imaginar** to imagine (107); **meditar** to meditate (254) **reflexionar** to reflect (107); **razonar** to reason out (355); **sospechar** to suspect

Don't forget to study the section on defective and impersonal verbs. It's right after this main list.

AN ESSENTIAL
55 Verb

pensar (352)
to think

Gerundio **pensando** Part. pas. **pensado**
Regular **-ar** verb endings with stem
change: Tenses 1, 6, Imperative

The Seven Simple Tenses		The Seven Compound Tenses	
Singular	Plural	Singular	Plural
1 presente de indicativo		**8 perfecto de indicativo**	
pienso	pensamos	he pensado	hemos pensado
piensas	pensáis	has pensado	habéis pensado
piensa	piensan	ha pensado	han pensado
2 imperfecto de indicativo		**9 pluscuamperfecto de indicativo**	
pensaba	pensábamos	había pensado	habíamos pensado
pensabas	pensabais	habías pensado	habíais pensado
pensaba	pensaban	había pensado	habían pensado
3 pretérito		**10 pretérito anterior**	
pensé	pensamos	hube pensado	hubimos pensado
pensaste	pensasteis	hubiste pensado	hubisteis pensado
pensó	pensaron	hubo pensado	hubieron pensado
4 futuro		**11 futuro perfecto**	
pensaré	pensaremos	habré pensado	habremos pensado
pensarás	pensaréis	habrás pensado	habréis pensado
pensará	pensarán	habrá pensado	habrán pensado
5 potencial simple		**12 potencial compuesto**	
pensaría	pensaríamos	habría pensado	habríamos pensado
pensarías	pensaríais	habrías pensado	habríais pensado
pensaría	pensarían	habría pensado	habrían pensado
6 presente de subjuntivo		**13 perfecto de subjuntivo**	
piense	pensemos	haya pensado	hayamos pensado
pienses	penséis	hayas pensado	hayáis pensado
piense	piensen	haya pensado	hayan pensado
7 imperfecto de subjuntivo		**14 pluscuamperfecto de subjuntivo**	
pensara	pensáramos	hubiera pensado	hubiéramos pensado
pensaras	pensarais	hubieras pensado	hubierais pensado
pensara	pensaran	hubiera pensado	hubieran pensado
OR		OR	
pensase	pensásemos	hubiese pensado	hubiésemos pensado
pensases	pensaseis	hubieses pensado	hubieseis pensado
pensase	pensasen	hubiese pensado	hubiesen pensado

imperativo	
—	pensemos
piensa; no pienses	pensad; no penséis
piense	piensen

AN ESSENTIAL
55 Verb

Part. pas. **percibido** Gerundio **percibiendo**
Regular **-ir** verb

percibir (353)
to perceive, to receive

The Seven Simple Tenses		The Seven Compound Tenses	
Singular	**Plural**	**Singular**	**Plural**
1 presente de indicativo		**8 perfecto de indicativo**	
percibo	percibimos	he percibido	hemos percibido
percibes	percibís	has percibido	habéis percibido
percibe	perciben	ha percibido	han percibido
2 imperfecto de indicativo		**9 pluscuamperfecto de indicativo**	
percibía	percibíamos	había percibido	habíamos percibido
percibías	percibíais	habías percibido	habíais percibido
percibía	percibían	había percibido	habían percibido
3 pretérito		**10 pretérito anterior**	
percibí	percibimos	hube percibido	hubimos percibido
percibiste	percibisteis	hubiste percibido	hubisteis percibido
percibió	percibieron	hubo percibido	hubieron percibido
4 futuro		**11 futuro perfecto**	
percibiré	percibiremos	habré percibido	habremos percibido
percibirás	percibiréis	habrás percibido	habréis percibido
percibirá	percibirán	habrá percibido	habrán percibido
5 potencial simple		**12 potencial compuesto**	
percibiría	percibiríamos	habría percibido	habríamos percibido
percibirías	percibiríais	habrías percibido	habríais percibido
percibiría	percibirían	habría percibido	habrían percibido
6 presente de subjuntivo		**13 perfecto de subjuntivo**	
perciba	percibamos	haya percibido	hayamos percibido
percibas	percibáis	hayas percibido	hayáis percibido
perciba	perciban	haya percibido	hayan percibido
7 imperfecto de subjuntivo		**14 pluscuamperfecto de subjuntivo**	
percibiera	percibiéramos	hubiera percibido	hubiéramos percibido
percibieras	percibierais	hubieras percibido	hubierais percibido
percibiera	percibieran	hubiera percibido	hubieran percibido
OR		OR	
percibiese	percibiésemos	hubiese percibido	hubiésemos percibido
percibieses	percibieseis	hubieses percibido	hubieseis percibido
percibiese	percibiesen	hubiese percibido	hubiesen percibido

imperativo	
—	percibamos
percibe; no percibas	percibid; no percibáis
perciba	perciban

Cuando el ratón percibió que el gato venía, se escondió rápidamente.
When the mouse sensed that the cat was coming, it quickly hid itself.

la percepción perception
la perceptibilidad perceptibility
perceptible perceptible, perceivable

perceptiblemente perceptibly, noticeably
perceptivo, perceptiva perceptive
imperceptible imperceptible

Syn.: **apercibirse de** to become aware of (353, 289); **observar** to observe; **recibir** to receive

Perder

Perder is a very useful verb for a beginning student. It is used in a great number of idiomatic expressions and everyday situations. Pay attention to the stem change in Tenses 1 and 6 and in the imperative mood.

Sentences using **perder** and related words

El señor Santiago pierde mucho dinero.
Mr. Santiago loses a lot of money.

Este chico está perdido.
This boy is lost.

Words and expressions related to this verb

un perdedor, una perdedora loser

la pérdida loss

perdidamente enamorado (enamorada) passionately in love

perder de vista a (alguien) to lose sight of (someone)

estar perdido (perdida) to be lost

perder el juicio to go mad (crazy)

perder los estribos to lose self-control

perderse to lose one's way, to get lost

la perdición loss, ruin, perdition

perder la vida to lose one's life

perder la memoria to lose one's memory

Proverbs

El que todo lo quiere, todo lo pierde.
Whoever wants everything loses everything.

El tiempo perdido no se recobra.
One can never get back lost time.

Lo que hoy se pierde, se gana mañana.
What is lost today is won tomorrow.

Syn.: **dejar** to leave something or someone behind you   Ant.: **adquirir** to acquire; **ganar** to win; **hallar** to find; **obtener** to obtain; **vencer** to conquer

AN ESSENTIAL
55 Verb

Can't remember the Spanish verb you need?

Check the back pages of this book for the English-Spanish verb index!

Part. pas. **perdido**   Gerundio **perdiendo**
Regular **-er** verb endings with stem
change: Tenses 1, 6, Imperative

perder (354)
to lose

The Seven Simple Tenses		The Seven Compound Tenses	
Singular	**Plural**	**Singular**	**Plural**
1 presente de indicativo		**8 perfecto de indicativo**	
pierdo	perdemos	he perdido	hemos perdido
pierdes	perdéis	has perdido	habéis perdido
pierde	pierden	ha perdido	han perdido
2 imperfecto de indicativo		**9 pluscuamperfecto de indicativo**	
perdía	perdíamos	había perdido	habíamos perdido
perdías	perdíais	habías perdido	habíais perdido
perdía	perdían	había perdido	habían perdido
3 pretérito		**10 pretérito anterior**	
perdí	perdimos	hube perdido	hubimos perdido
perdiste	perdisteis	hubiste perdido	hubisteis perdido
perdió	perdieron	hubo perdido	hubieron perdido
4 futuro		**11 futuro perfecto**	
perderé	perderemos	habré perdido	habremos perdido
perderás	perderéis	habrás perdido	habréis perdido
perderá	perderán	habrá perdido	habrán perdido
5 potencial simple		**12 potencial compuesto**	
perdería	perderíamos	habría perdido	habríamos perdido
perderías	perderíais	habrías perdido	habríais perdido
perdería	perderían	habría perdido	habrían perdido
6 presente de subjuntivo		**13 perfecto de subjuntivo**	
pierda	perdamos	haya perdido	hayamos perdido
pierdas	perdáis	hayas perdido	hayáis perdido
pierda	pierdan	haya perdido	hayan perdido
7 imperfecto de subjuntivo		**14 pluscuamperfecto de subjuntivo**	
perdiera	perdiéramos	hubiera perdido	hubiéramos perdido
perdieras	perdierais	hubieras perdido	hubierais perdido
perdiera	perdieran	hubiera perdido	hubieran perdido
OR		OR	
perdiese	perdiésemos	hubiese perdido	hubiésemos perdido
perdieses	perdieseis	hubieses perdido	hubieseis perdido
perdiese	perdiesen	hubiese perdido	hubiesen perdido

imperativo	
—	perdamos
pierde; no pierdas	perded; no perdáis
pierda	pierdan

P

AN ESSENTIAL
55 Verb

perdonar (355)
to pardon, to forgive, to excuse

Gerundio **perdonando**   Part. pas. **perdonado**
Regular **-ar** verb

The Seven Simple Tenses		The Seven Compound Tenses	
Singular	Plural	Singular	Plural
1 presente de indicativo		**8 perfecto de indicativo**	
perdono	perdonamos	he perdonado	hemos perdonado
perdonas	perdonáis	has perdonado	habéis perdonado
perdona	perdonan	ha perdonado	han perdonado
2 imperfecto de indicativo		**9 pluscuamperfecto de indicativo**	
perdonaba	perdonábamos	había perdonado	habíamos perdonado
perdonabas	perdonabais	habías perdonado	habíais perdonado
perdonaba	perdonaban	había perdonado	habían perdonado
3 pretérito		**10 pretérito anterior**	
perdoné	perdonamos	hube perdonado	hubimos perdonado
perdonaste	perdonasteis	hubiste perdonado	hubisteis perdonado
perdonó	perdonaron	hubo perdonado	hubieron perdonado
4 futuro		**11 futuro perfecto**	
perdonaré	perdonaremos	habré perdonado	habremos perdonado
perdonarás	perdonaréis	habrás perdonado	habréis perdonado
perdonará	perdonarán	habrá perdonado	habrán perdonado
5 potencial simple		**12 potencial compuesto**	
perdonaría	perdonaríamos	habría perdonado	habríamos perdonado
perdonarías	perdonaríais	habrías perdonado	habríais perdonado
perdonaría	perdonarían	habría perdonado	habrían perdonado
6 presente de subjuntivo		**13 perfecto de subjuntivo**	
perdone	perdonemos	haya perdonado	hayamos perdonado
perdones	perdonéis	hayas perdonado	hayáis perdonado
perdone	perdonen	haya perdonado	hayan perdonado
7 imperfecto de subjuntivo		**14 pluscuamperfecto de subjuntivo**	
perdonara	perdonáramos	hubiera perdonado	hubiéramos perdonado
perdonaras	perdonarais	hubieras perdonado	hubierais perdonado
perdonara	perdonaran	hubiera perdonado	hubieran perdonado
OR		OR	
perdonase	perdonásemos	hubiese perdonado	hubiésemos perdonado
perdonases	perdonaseis	hubieses perdonado	hubieseis perdonado
perdonase	perdonasen	hubiese perdonado	hubiesen perdonado

imperativo	
—	perdonemos
perdona; no perdones	perdonad; no perdonéis
perdone	perdonen

el perdón   pardon, forgiveness
perdonable   pardonable, forgivable
imperdonable   unpardonable

Perdóneme.   Pardon me.
donar   to donate; **el don**   gift
¡Perdón!   I'm sorry!

Syn.: **absolver** to absolve; **disculpar** to excuse, to pardon (332); **dispensar** to excuse
Ant.: **acusar** to accuse

permitir (356)

to permit, to admit, to allow, to grant

The Seven Simple Tenses		The Seven Compound Tenses	
Singular	Plural	Singular	Plural
1 presente de indicativo		**8 perfecto de indicativo**	
permito	permitimos	he permitido	hemos permitido
permites	permitís	has permitido	habéis permitido
permite	permiten	ha permitido	han permitido
2 imperfecto de indicativo		**9 pluscuamperfecto de indicativo**	
permitía	permitíamos	había permitido	habíamos permitido
permitías	permitíais	habías permitido	habíais permitido
permitía	permitían	había permitido	habían permitido
3 pretérito		**10 pretérito anterior**	
permití	permitimos	hube permitido	hubimos permitido
permitiste	permitisteis	hubiste permitido	hubisteis permitido
permitió	permitieron	hubo permitido	hubieron permitido
4 futuro		**11 futuro perfecto**	
permitiré	permitiremos	habré permitido	habremos permitido
permitirás	permitiréis	habrás permitido	habréis permitido
permitirá	permitirán	habrá permitido	habrán permitido
5 potencial simple		**12 potencial compuesto**	
permitiría	permitiríamos	habría permitido	habríamos permitido
permitirías	permitiríais	habrías permitido	habríais permitido
permitiría	permitirían	habría permitido	habrían permitido
6 presente de subjuntivo		**13 perfecto de subjuntivo**	
permita	permitamos	haya permitido	hayamos permitido
permitas	permitáis	hayas permitido	hayáis permitido
permita	permitan	haya permitido	hayan permitido
7 imperfecto de subjuntivo		**14 pluscuamperfecto de subjuntivo**	
permitiera	permitiéramos	hubiera permitido	hubiéramos permitido
permitieras	permitierais	hubieras permitido	hubierais permitido
permitiera	permitieran	hubiera permitido	hubieran permitido
OR		OR	
permitiese	permitiésemos	hubiese permitido	hubiésemos permitido
permitieses	permitieseis	hubieses permitido	hubieseis permitido
permitiese	permitiesen	hubiese permitido	hubiesen permitido

imperativo

—	permitamos
permite; no permitas	permitid; no permitáis
permita	permitan

el permiso   permit, permission
¡Con permiso!   Excuse me!
la permisión   permission
emitir   to emit

No se permite + inf.   It is not permitted to + inf.
permitirse + inf.   to take the liberty + inf.
el permiso de conducir   driver's license
transmitir   to transmit

Syn.: **admitir** to admit; **asentir** to assent (370); **consentir** to consent, to allow (435)
Ant.: **prohibir** to prohibit

P

pertenecer (357)

to pertain, to appertain, to belong

Gerundio **perteneciendo**   Part. pas. **pertenecido**
Regular **-er** verb endings with spelling
change: **c** becomes **zc** before **a** or **o**

The Seven Simple Tenses		The Seven Compound Tenses	
Singular	**Plural**	**Singular**	**Plural**
1 presente de indicativo		**8 perfecto de indicativo**	
pertenezco	pertenecemos	he pertenecido	hemos pertenecido
perteneces	pertenecéis	has pertenecido	habéis pertenecido
pertenece	pertenecen	ha pertenecido	han pertenecido
2 imperfecto de indicativo		**9 pluscuamperfecto de indicativo**	
pertenecía	pertenecíamos	había pertenecido	habíamos pertenecido
pertenecías	pertenecíais	habías pertenecido	habíais pertenecido
pertenecía	pertenecían	había pertenecido	habían pertenecido
3 pretérito		**10 pretérito anterior**	
pertenecí	pertenecimos	hube pertenecido	hubimos pertenecido
perteneciste	pertenecisteis	hubiste pertenecido	hubisteis pertenecido
perteneció	pertenecieron	hubo pertenecido	hubieron pertenecido
4 futuro		**11 futuro perfecto**	
perteneceré	perteneceremos	habré pertenecido	habremos pertenecido
pertenecerás	pertenecéreis	habrás pertenecido	habréis pertenecido
pertenecerá	pertenecerán	habrá pertenecido	habrán pertenecido
5 potencial simple		**12 potencial compuesto**	
pertenecería	perteneceríamos	habría pertenecido	habríamos pertenecido
pertenecerías	perteneceríais	habrías pertenecido	habríais pertenecido
pertenecería	pertenecerían	habría pertenecido	habrían pertenecido
6 presente de subjuntivo		**13 perfecto de subjuntivo**	
pertenezca	pertenezcamos	haya pertenecido	hayamos pertenecido
pertenezcas	pertenezcáis	hayas pertenecido	hayáis pertenecido
pertenezca	pertenezcan	haya pertenecido	hayan pertenecido
7 imperfecto de subjuntivo		**14 pluscuamperfecto de subjuntivo**	
perteneciera	perteneciéramos	hubiera pertenecido	hubiéramos pertenecido
pertenecieras	pertenecierais	hubieras pertenecido	hubierais pertenecido
perteneciera	pertenecieran	hubiera pertenecido	hubieran pertenecido
OR		OR	
perteneciese	perteneciésemos	hubiese pertenecido	hubiésemos pertenecido
pertenecieses	pertenecieseis	hubieses pertenecido	hubieseis pertenecido
perteneciese	perteneciesen	hubiese pertenecido	hubiesen pertenecido

imperativo	
—	pertenezcamos
pertenece; no pertenezcas	perteneced; no pertenezcáis
pertenezca	pertenezcan

¿A quién pertenece esta llave?
To whom does this key belong?

perteneciente	belonging, pertaining	**la pertenencia**	right of possession, ownership
la pertinencia	pertinence, relevance	**ser de la pertenencia de**	to be in the domain of
pertinente	pertinent, relevant	**la tenencia ilícita**	illegal possession

Syn.: **corresponder** to correspond (413); **ser de** to belong to

The Seven Simple Tenses		The Seven Compound Tenses	
Singular	**Plural**	**Singular**	**Plural**
1 presente de indicativo		**8 perfecto de indicativo**	
pinto	pintamos	he pintado	hemos pintado
pintas	pintáis	has pintado	habéis pintado
pinta	pintan	ha pintado	han pintado
2 imperfecto de indicativo		**9 pluscuamperfecto de indicativo**	
pintaba	pintábamos	había pintado	habíamos pintado
pintabas	pintabais	habías pintado	habíais pintado
pintaba	pintaban	había pintado	habían pintado
3 pretérito		**10 pretérito anterior**	
pinté	pintamos	hube pintado	hubimos pintado
pintaste	pintasteis	hubiste pintado	hubisteis pintado
pintó	pintaron	hubo pintado	hubieron pintado
4 futuro		**11 futuro perfecto**	
pintaré	pintaremos	habré pintado	habremos pintado
pintarás	pintaréis	habrás pintado	habréis pintado
pintará	pintarán	habrá pintado	habrán pintado
5 potencial simple		**12 potencial compuesto**	
pintaría	pintaríamos	habría pintado	habríamos pintado
pintarías	pintaríais	habrías pintado	habríais pintado
pintaría	pintarían	habría pintado	habrían pintado
6 presente de subjuntivo		**13 perfecto de subjuntivo**	
pinte	pintemos	haya pintado	hayamos pintado
pintes	pintéis	hayas pintado	hayáis pintado
pinte	pinten	haya pintado	hayan pintado
7 imperfecto de subjuntivo		**14 pluscuamperfecto de subjuntivo**	
pintara	pintáramos	hubiera pintado	hubiéramos pintado
pintaras	pintarais	hubieras pintado	hubierais pintado
pintara	pintaran	hubiera pintado	hubieran pintado
OR		OR	
pintase	pintásemos	hubiese pintado	hubiésemos pintado
pintases	pintaseis	hubieses pintado	hubieseis pintado
pintase	pintasen	hubiese pintado	hubiesen pintado

imperativo

—	pintemos
pinta; no pintes	pintad; no pintéis
pinte	pinten

un pintor, una pintora painter (artist)
una pintura painting (picture)
un pintor de brocha gorda/de casas house painter
una pintura al fresco fresco painting
una pintura al óleo oil painting
una pintura al pastel pastel painting
pintoresco, pintoresca picturesque
repintar to repaint

Syn.: **describir** to describe; **relatar** to relate, to narrate (308); **retratar** to paint a portrait, to portray (478)

P

pintarse (359)

to make up (one's face), to tint,
to color (one's hair, lips, etc.)

Gerundio **pintándose**   Part. pas. **pintado**
Reflexive regular **-ar** verb

The Seven Simple Tenses		The Seven Compound Tenses	
Singular	Plural	Singular	Plural
1 presente de indicativo		**8 perfecto de indicativo**	
me pinto	nos pintamos	me he pintado	nos hemos pintado
te pintas	os pintáis	te has pintado	os habéis pintado
se pinta	se pintan	se ha pintado	se han pintado
2 imperfecto de indicativo		**9 pluscuamperfecto de indicativo**	
me pintaba	nos pintábamos	me había pintado	nos habíamos pintado
te pintabas	os pintabais	te habías pintado	os habíais pintado
se pintaba	se pintaban	se había pintado	se habían pintado
3 pretérito		**10 pretérito anterior**	
me pinté	nos pintamos	me hube pintado	nos hubimos pintado
te pintaste	os pintasteis	te hubiste pintado	os hubisteis pintado
se pintó	se pintaron	se hubo pintado	se hubieron pintado
4 futuro		**11 futuro perfecto**	
me pintaré	nos pintaremos	me habré pintado	nos habremos pintado
te pintarás	os pintaréis	te habrás pintado	os habréis pintado
se pintará	se pintarán	se habrá pintado	se habrán pintado
5 potencial simple		**12 potencial compuesto**	
me pintaría	nos pintaríamos	me habría pintado	nos habríamos pintado
te pintarías	os pintaríais	te habrías pintado	os habríais pintado
se pintaría	se pintarían	se habría pintado	se habrían pintado
6 presente de subjuntivo		**13 perfecto de subjuntivo**	
me pinte	nos pintemos	me haya pintado	nos hayamos pintado
te pintes	os pintéis	te hayas pintado	os hayáis pintado
se pinte	se pinten	se haya pintado	se hayan pintado
7 imperfecto de subjuntivo		**14 pluscuamperfecto de subjuntivo**	
me pintara	nos pintáramos	me hubiera pintado	nos hubiéramos pintado
te pintaras	os pintarais	te hubieras pintado	os hubierais pintado
se pintara	se pintaran	se hubiera pintado	se hubieran pintado
OR		OR	
me pintase	nos pintásemos	me hubiese pintado	nos hubiésemos pintado
te pintases	os pintaseis	te hubieses pintado	os hubieseis pintado
se pintase	se pintasen	se hubiese pintado	se hubiesen pintado

imperativo	
—	pintémonos
píntate; no te pintes	pintaos; no os pintéis
píntese	píntense

When using this verb to mean to color one's hair, lips, etc., you must mention **el pelo,
los labios**, etc.

Mi hermana se pintó los labios antes de salir con sus amigos.
My sister put on lipstick before going out with her friends.
See also **pintar**.

Syn.: **maquillarse** to put on makeup (289)   Ant.: **desmaquillarse** to take off one's makeup (289)

456

pisar (360)

to tread (on), to step on, to trample

The Seven Simple Tenses		The Seven Compound Tenses	
Singular	Plural	Singular	Plural
1 presente de indicativo		**8 perfecto de indicativo**	
piso	pisamos	he pisado	hemos pisado
pisas	pisáis	has pisado	habéis pisado
pisa	pisan	ha pisado	han pisado
2 imperfecto de indicativo		**9 pluscuamperfecto de indicativo**	
pisaba	pisábamos	había pisado	habíamos pisado
pisabas	pisabais	habías pisado	habíais pisado
pisaba	pisaban	había pisado	habían pisado
3 pretérito		**10 pretérito anterior**	
pisé	pisamos	hube pisado	hubimos pisado
pisaste	pisasteis	hubiste pisado	hubisteis pisado
pisó	pisaron	hubo pisado	hubieron pisado
4 futuro		**11 futuro perfecto**	
pisaré	pisaremos	habré pisado	habremos pisado
pisarás	pisaréis	habrás pisado	habréis pisado
pisará	pisarán	habrá pisado	habrán pisado
5 potencial simple		**12 potencial compuesto**	
pisaría	pisaríamos	habría pisado	habríamos pisado
pisarías	pisaríais	habrías pisado	habríais pisado
pisaría	pisarían	habría pisado	habrían pisado
6 presente de subjuntivo		**13 perfecto de subjuntivo**	
pise	pisemos	haya pisado	hayamos pisado
pises	piséis	hayas pisado	hayáis pisado
pise	pisen	haya pisado	hayan pisado
7 imperfecto de subjuntivo		**14 pluscuamperfecto de subjuntivo**	
pisara	pisáramos	hubiera pisado	hubiéramos pisado
pisaras	pisarais	hubieras pisado	hubierais pisado
pisara	pisaran	hubiera pisado	hubieran pisado
OR		OR	
pisase	pisásemos	hubiese pisado	hubiésemos pisado
pisases	pisaseis	hubieses pisado	hubieseis pisado
pisase	pisasen	hubiese pisado	hubiesen pisado

imperativo	
—	pisemos
pisa; no pises	pisad; no piséis
pise	pisen

la pisa kicking	**el piso principal** main floor
el piso floor, story (of a building)	**el piso bajo** ground floor
el piso alto top floor	**el pisoteo** abuse, trampling
repisar to pack down	**la repisa** shelf; **repisa de ventana** windowsill
la pisada footstep	**¡Piso mojado!** Wet floor!

Syn.: **atropellar** to trample down (261); **pisotear** to trample (175)

Caution: This verb may have sexual connotations, especially in Costa Rica, Cuba, El Salvador, Guatemala, Mexico, and Nicaragua.

placer (361)
to gratify, to humor, to please

Gerundio **placiendo**   Part. pas. **placido**
Regular **-er** verb endings with spelling
change: **c** becomes **zc** before **a** or **o**

The Seven Simple Tenses		The Seven Compound Tenses	
Singular	**Plural**	**Singular**	**Plural**
1 presente de indicativo		**8 perfecto de indicativo**	
plazco	placemos	he placido	hemos placido
places	placéis	has placido	habéis placido
place	placen	ha placido	han placido
2 imperfecto de indicativo		**9 pluscuamperfecto de indicativo**	
placía	placíamos	había placido	habíamos placido
placías	placíais	habías placido	habíais placido
placía	placían	había placido	habían placido
3 pretérito		**10 pretérito anterior**	
plací	placimos	hube placido	hubimos placido
placiste	placisteis	hubiste placido	hubisteis placido
plació	placieron	hubo placido	hubieron placido
4 futuro		**11 futuro perfecto**	
placeré	placeremos	habré placido	habremos placido
placerás	placeréis	habrás placido	habréis placido
placerá	placerán	habrá placido	habrán placido
5 potencial simple		**12 potencial compuesto**	
placería	placeríamos	habría placido	habríamos placido
placerías	placeríais	habrías placido	habríais placido
placería	placerían	habría placido	habrían placido
6 presente de subjuntivo		**13 perfecto de subjuntivo**	
plazca	plazcamos	haya placido	hayamos placido
plazcas	plazcáis	hayas placido	hayáis placido
plazca	plazcan	haya placido	hayan placido
7 imperfecto de subjuntivo		**14 pluscuamperfecto de subjuntivo**	
placiera	placiéramos	hubiera placido	hubiéramos placido
placieras	placierais	hubieras placido	hubierais placido
placiera	placieran	hubiera placido	hubieran placido
OR		OR	
placiese	placiésemos	hubiese placido	hubiésemos placido
placieses	placieseis	hubieses placido	hubieseis placido
placiese	placiesen	hubiese placido	hubiesen placido

imperativo	
—	plazcamos
place; no plazcas	placed; no plazcáis
plazca	plazcan

el placer pleasure	**placible** agreeable, placid
la placidez contentment	**plácido, plácida** placid, pleasant
placentero, placentera agreeable, pleasant	**implacable** implacable, inexorable

In poetry, **plugo** is sometimes used instead of **plació**, **pluguieron** instead of **placieron**, **plegue** instead of **plazca**, **pluguiera** instead of **placiera**, and **pluguiese** instead of **placiese**.

Syn.: **agradar** to please; **gustar** to be pleasing to (Def. and Imp.); **encantar** to delight (Def. and Imp.); **aplacar** to appease, to placate (424)   Ant.: **desagradar** to be unpleasant (39)

Part. pas. **platicado**   Gerundio **platicando**
Regular **-ar** verb endings with spelling
change: **c** becomes **qu** before **e**

platicar (362)
to chat, to talk over, to discuss

The Seven Simple Tenses		The Seven Compound Tenses	
Singular	Plural	Singular	Plural
1 presente de indicativo		**8 perfecto de indicativo**	
platico	platicamos	he platicado	hemos platicado
platicas	platicáis	has platicado	habéis platicado
platica	platican	ha platicado	han platicado
2 imperfecto de indicativo		**9 pluscuamperfecto de indicativo**	
platicaba	platicábamos	había platicado	habíamos platicado
platicabas	platicabais	habías platicado	habíais platicado
platicaba	platicaban	había platicado	habían platicado
3 pretérito		**10 pretérito anterior**	
platiqué	platicamos	hube platicado	hubimos platicado
platicaste	platicasteis	hubiste platicado	hubisteis platicado
platicó	platicaron	hubo platicado	hubieron platicado
4 futuro		**11 futuro perfecto**	
platicaré	platicaremos	habré platicado	habremos platicado
platicarás	platicaréis	habrás platicado	habréis platicado
platicará	platicarán	habrá platicado	habrán platicado
5 potencial simple		**12 potencial compuesto**	
platicaría	platicaríamos	habría platicado	habríamos platicado
platicarías	platicaríais	habrías platicado	habríais platicado
platicaría	platicarían	habría platicado	habrían platicado
6 presente de subjuntivo		**13 perfecto de subjuntivo**	
platique	platiquemos	haya platicado	hayamos platicado
platiques	platiquéis	hayas platicado	hayáis platicado
platique	platiquen	haya platicado	hayan platicado
7 imperfecto de subjuntivo		**14 pluscuamperfecto de subjuntivo**	
platicara	platicáramos	hubiera platicado	hubiéramos platicado
platicaras	platicarais	hubieras platicado	hubierais platicado
platicara	platicaran	hubiera platicado	hubieran platicado
OR		OR	
platicase	platicásemos	hubiese platicado	hubiésemos platicado
platicases	platicaseis	hubieses platicado	hubieseis platicado
platicase	platicasen	hubiese platicado	hubiesen platicado

imperativo	
—	platiquemos
platica; no platiques	platicad; no platiquéis
platique	platiquen

No corté el césped porque platicaba con nuestro vecino.
I didn't cut the grass because I was chatting with our neighbor.

una plática   chat, talk, conversation
un platicador, una platicadora   talker; *as an adj.*, talkative

Syn.: **charlar** to chat; **conversar** to converse (340); **hablar** to talk   Ant.: **callarse** to be silent

Poder

Poder is a very useful verb for a beginning student. You can use it in a vast number of idiomatic expressions and everyday situations.

Poder means *can* in the sense of *ability*: **No puedo ayudarle; lo siento**/I cannot (am unable to) help you; I'm sorry.

In the preterit tense **poder** has the special meaning of *succeeded:* **Después de algunos minutos, Juan pudo abrir la puerta**/After a few minutes, John succeeded in opening the door.

Sentences using **poder** and related words

No dejes para mañana lo que puedes hacer hoy.
Don't put off until tomorrow what you can do today.

Sí, sí, se puede muy fácilmente.
Yes, yes, it can be done very easily.

La jaula nunca puede ser nido. (Alí Vanegas)
The cage can never be a nest.

¿Me puedo probar este vestido?
May I try on this dress?

No podemos nadar aquí. Es peligroso.
We can't swim here. It's dangerous.

Words and expressions related to this verb

el poder power

el poder absoluto absolute power

apoderar to empower

apoderarse de to take possession, to take over

poderoso, poderosa powerful

poderosamente powerfully

el poderío power, strength

estar en el poder to be in power

¿Puede usted...? Can you...?

¿Puede ayudarme? Can you help me?

No se puede. It can't be done.

No puede ser. It's impossible. (It can't be.)

no poder más to be exhausted

Proverbs

Querer es poder.
Where there's a will there's a way.

Saber es poder.
Knowledge is power.

Syn.: **ser capaz de** to be able   Ant.: **fallar** to fail (261)

AN ESSENTIAL 55 Verb

Can't find the verb you're looking for?

Check the back pages of this book for a list of over 2,300 additional verbs!

The Seven Simple Tenses		The Seven Compound Tenses	
Singular	Plural	Singular	Plural

1 presente de indicativo		8 perfecto de indicativo	
puedo	podemos	he podido	hemos podido
puedes	podéis	has podido	habéis podido
puede	pueden	ha podido	han podido

2 imperfecto de indicativo		9 pluscuamperfecto de indicativo	
podía	podíamos	había podido	habíamos podido
podías	podíais	habías podido	habíais podido
podía	podían	había podido	habían podido

3 pretérito		10 pretérito anterior	
pude	pudimos	hube podido	hubimos podido
pudiste	pudisteis	hubiste podido	hubisteis podido
pudo	pudieron	hubo podido	hubieron podido

4 futuro		11 futuro perfecto	
podré	podremos	habré podido	habremos podido
podrás	podréis	habrás podido	habréis podido
podrá	podrán	habrá podido	habrán podido

5 potencial simple		12 potencial compuesto	
podría	podríamos	habría podido	habríamos podido
podrías	podríais	habrías podido	habríais podido
podría	podrían	habría podido	habrían podido

6 presente de subjuntivo		13 perfecto de subjuntivo	
pueda	podamos	haya podido	hayamos podido
puedas	podáis	hayas podido	hayáis podido
pueda	puedan	haya podido	hayan podido

7 imperfecto de subjuntivo		14 pluscuamperfecto de subjuntivo	
pudiera	pudiéramos	hubiera podido	hubiéramos podido
pudieras	pudierais	hubieras podido	hubierais podido
pudiera	pudieran	hubiera podido	hubieran podido
OR		OR	
pudiese	pudiésemos	hubiese podido	hubiésemos podido
pudieses	pudieseis	hubieses podido	hubieseis podido
pudiese	pudiesen	hubiese podido	hubiesen podido

imperativo	
—	podamos
puede; no puedas	poded; no podáis
pueda	puedan

P

AN ESSENTIAL
55 Verb

Poner/Ponerse

Poner and **ponerse** are very useful irregular verbs for beginning students. They are used in many idiomatic expressions and everyday situations. As you study the following sentences and expressions, pay attention to the differences in use between **poner** and the reflexive verb **ponerse**.

Sentences using **poner** and **ponerse**

Magdalena puso el papel en la papelera.
Magdalene put the paper in the waste-basket.

Cuando vi el accidente, me puse pálido.
When I saw the accident, I became pale.

Mi madre se puso triste al oír la noticia desgraciada.
My mother became sad upon hearing the unfortunate news.

poner
Syn.: **colocar** to put, to place; **situar** to situate, to locate (141); **ubicar** to place, to locate (424)
Ant.: **sacar** to take out

ponerse
Syn.: **vestirse** to dress oneself
Ant.: **desnudarse** to undress oneself (289); **desvestirse** to get undressed; **quitarse** to take off clothing

Words and expressions related to these verbs

poner fin a to put a stop to
poner coto a to put a stop to
poner la mesa to set the table
poner de acuerdo to reach an agreement
poner el dedo en la llaga to hit the nail right on the head
poner en claro to explain clearly
poner en marcha to set in motion
poner en ridículo to ridicule
poner los puntos sobre las íes to dot the i's, to mind one's p's and q's
poner por escrito to put in writing
posponer to postpone
la puesta de/del sol sunset
al poner del sol at sunset
bien puesto, bien puesta well placed
reponer to replace, to put back
poner una duda en claro to clear up a doubt
ponerse el abrigo to put on one's overcoat
ponerse de acuerdo to reach an agreement
ponerse cómodo to make oneself at home
ponerse en marcha to start (out)
ponerse mal to get sick
ponerse a + inf. to begin, to start + inf.
ponerse a dieta to go on a diet
reponerse to calm down, to recover (one's health)
indisponerse to become ill
ponerse + adj. to become; the adjective indicates the state or condition (physical or mental) that you have become.
poner a prueba to put to the test
disponer to arrange, to lay out

AN ESSENTIAL
55 Verb

Can't find the verb you're looking for?
Check the back pages of this book for a list of over 2,300 additional verbs!

poner (364)

to put, to place, to turn on (TV, radio)

The Seven Simple Tenses		The Seven Compound Tenses	
Singular	**Plural**	**Singular**	**Plural**
1 presente de indicativo		**8 perfecto de indicativo**	
pongo	ponemos	he puesto	hemos puesto
pones	ponéis	has puesto	habéis puesto
pone	ponen	ha puesto	han puesto
2 imperfecto de indicativo		**9 pluscuamperfecto de indicativo**	
ponía	poníamos	había puesto	habíamos puesto
ponías	poníais	habías puesto	habíais puesto
ponía	ponían	había puesto	habían puesto
3 pretérito		**10 pretérito anterior**	
puse	pusimos	hube puesto	hubimos puesto
pusiste	pusisteis	hubiste puesto	hubisteis puesto
puso	pusieron	hubo puesto	hubieron puesto
4 futuro		**11 futuro perfecto**	
pondré	pondremos	habré puesto	habremos puesto
pondrás	pondréis	habrás puesto	habréis puesto
pondrá	pondrán	habrá puesto	habrán puesto
5 potencial simple		**12 potencial compuesto**	
pondría	pondríamos	habría puesto	habríamos puesto
pondrías	pondríais	habrías puesto	habríais puesto
pondría	pondrían	habría puesto	habrían puesto
6 presente de subjuntivo		**13 perfecto de subjuntivo**	
ponga	pongamos	haya puesto	hayamos puesto
pongas	pongáis	hayas puesto	hayáis puesto
ponga	pongan	haya puesto	hayan puesto
7 imperfecto de subjuntivo		**14 pluscuamperfecto de subjuntivo**	
pusiera	pusiéramos	hubiera puesto	hubiéramos puesto
pusieras	pusierais	hubieras puesto	hubierais puesto
pusiera	pusieran	hubiera puesto	hubieran puesto
OR		OR	
pusiese	pusiésemos	hubiese puesto	hubiésemos puesto
pusieses	pusieseis	hubieses puesto	hubieseis puesto
pusiese	pusiesen	hubiese puesto	hubiesen puesto

imperativo	
—	pongamos
pon; no pongas	poned; no pongáis
ponga	pongan

P

AN ESSENTIAL
55 Verb

ponerse (365)

Gerundio **poniéndose** Part. pas. **puesto**

to put on (clothing), to become, to set (of sun)

Reflexive irregular verb

The Seven Simple Tenses		The Seven Compound Tenses	
Singular	**Plural**	**Singular**	**Plural**
1 presente de indicativo		**8 perfecto de indicativo**	
me pongo	nos ponemos	me he puesto	nos hemos puesto
te pones	os ponéis	te has puesto	os habéis puesto
se pone	se ponen	se ha puesto	se han puesto
2 imperfecto de indicativo		**9 pluscuamperfecto de indicativo**	
me ponía	nos poníamos	me había puesto	nos habíamos puesto
te ponías	os poníais	te habías puesto	os habíais puesto
se ponía	se ponían	se había puesto	se habían puesto
3 pretérito		**10 pretérito anterior**	
me puse	nos pusimos	me hube puesto	nos hubimos puesto
te pusiste	os pusisteis	te hubiste puesto	os hubisteis puesto
se puso	se pusieron	se hubo puesto	se hubieron puesto
4 futuro		**11 futuro perfecto**	
me pondré	nos pondremos	me habré puesto	nos habremos puesto
te pondrás	os pondréis	te habrás puesto	os habréis puesto
se pondrá	se pondrán	se habrá puesto	se habrán puesto
5 potencial simple		**12 potencial compuesto**	
me pondría	nos pondríamos	me habría puesto	nos habríamos puesto
te pondrías	os pondríais	te habrías puesto	os habríais puesto
se pondría	se pondrían	se habría puesto	se habrían puesto
6 presente de subjuntivo		**13 perfecto de subjuntivo**	
me ponga	nos pongamos	me haya puesto	nos hayamos puesto
te pongas	os pongáis	te hayas puesto	os hayáis puesto
se ponga	se pongan	se haya puesto	se hayan puesto
7 imperfecto de subjuntivo		**14 pluscuamperfecto de subjuntivo**	
me pusiera	nos pusiéramos	me hubiera puesto	nos hubiéramos puesto
te pusieras	os pusierais	te hubieras puesto	os hubierais puesto
se pusiera	se pusieran	se hubiera puesto	se hubieran puesto
OR		OR	
me pusiese	nos pusiésemos	me hubiese puesto	nos hubiésemos puesto
te pusieses	os pusieseis	te hubieses puesto	os hubieseis puesto
se pusiese	se pusiesen	se hubiese puesto	se hubiesen puesto

imperativo	
—	pongámonos
ponte; no te pongas	poneos; no os pongáis
póngase	pónganse

AN ESSENTIAL
55 Verb

464

Part. pas. **poseído** Gerundio **poseyendo**
Regular **-er** verb endings with stem
change: Tenses 3 and 7, Gerundio

poseer (366)

to possess, to own

The Seven Simple Tenses		The Seven Compound Tenses	
Singular	Plural	Singular	Plural
1 presente de indicativo		**8 perfecto de indicativo**	
poseo	poseemos	he poseído	hemos poseído
posees	poseéis	has poseído	habéis poseído
posee	poseen	ha poseído	han poseído
2 imperfecto de indicativo		**9 pluscuamperfecto de indicativo**	
poseía	poseíamos	había poseído	habíamos poseído
poseías	poseíais	habías poseído	habíais poseído
poseía	poseían	había poseído	habían poseído
3 pretérito		**10 pretérito anterior**	
poseí	poseímos	hube poseído	hubimos poseído
poseíste	poseísteis	hubiste poseído	hubisteis poseído
poseyó	poseyeron	hubo poseído	hubieron poseído
4 futuro		**11 futuro perfecto**	
poseeré	poseeremos	habré poseído	habremos poseído
poseerás	poseeréis	habrás poseído	habréis poseído
poseerá	poseerán	habrá poseído	habrán poseído
5 potencial simple		**12 potencial compuesto**	
poseería	poseeríamos	habría poseído	habríamos poseído
poseerías	poseeríais	habrías poseído	habríais poseído
poseería	poseerían	habría poseído	habrían poseído
6 presente de subjuntivo		**13 perfecto de subjuntivo**	
posea	poseamos	haya poseído	hayamos poseído
poseas	poseáis	hayas poseído	hayáis poseído
posea	posean	haya poseído	hayan poseído
7 imperfecto de subjuntivo		**14 pluscuamperfecto de subjuntivo**	
poseyera	poseyéramos	hubiera poseído	hubiéramos poseído
poseyeras	poseyerais	hubieras poseído	hubierais poseído
poseyera	poseyeran	hubiera poseído	hubieran poseído
OR		OR	
poseyese	poseyésemos	hubiese poseído	hubiésemos poseído
poseyeses	poseyeseis	hubieses poseído	hubieseis poseído
poseyese	poseyesen	hubiese poseído	hubiesen poseído

imperativo

—	poseamos
posee; no poseas	poseed; no poseáis
posea	posean

Mi vecino de al lado posee dos autos eléctricos. Tiene muchas posesiones.
My next-door neighbor owns two electric cars. He has many possessions.

el poseedor, la poseedora owner, possessor   **dar posesión de** to give possession of
la posesión possession   **el posesor, la posesora** owner, possessor
poseerse to control oneself

Syn.: **tener** to have, to hold   Ant.: **deber** to owe; **desposeer** to dispossess (366)

P

practicar (367)
to practice

Gerundio **practicando**   Part. pas. **practicado**
Regular **-ar** verb endings with spelling
change: **c** becomes **qu** before **e**

The Seven Simple Tenses		The Seven Compound Tenses	
Singular	**Plural**	**Singular**	**Plural**
1 presente de indicativo		**8 perfecto de indicativo**	
practico	practicamos	he practicado	hemos practicado
practicas	practicáis	has practicado	habéis practicado
practica	practican	ha practicado	han practicado
2 imperfecto de indicativo		**9 pluscuamperfecto de indicativo**	
practicaba	practicábamos	había practicado	habíamos practicado
practicabas	practicabais	habías practicado	habíais practicado
practicaba	practicaban	había practicado	habían practicado
3 pretérito		**10 pretérito anterior**	
practiqué	practicamos	hube practicado	hubimos practicado
practicaste	practicasteis	hubiste practicado	hubisteis practicado
practicó	practicaron	hubo practicado	hubieron practicado
4 futuro		**11 futuro perfecto**	
practicaré	practicaremos	habré practicado	habremos practicado
practicarás	practicaréis	habrás practicado	habréis practicado
practicará	practicarán	habrá practicado	habrán practicado
5 potencial simple		**12 potencial compuesto**	
practicaría	practicaríamos	habría practicado	habríamos practicado
practicarías	practicaríais	habrías practicado	habríais practicado
practicaría	practicarían	habría practicado	habrían practicado
6 presente de subjuntivo		**13 perfecto de subjuntivo**	
practique	practiquemos	haya practicado	hayamos practicado
practiques	practiquéis	hayas practicado	hayáis practicado
practique	practiquen	haya practicado	hayan practicado
7 imperfecto de subjuntivo		**14 pluscuamperfecto de subjuntivo**	
practicara	practicáramos	hubiera practicado	hubiéramos practicado
practicaras	practicarais	hubieras practicado	hubierais practicado
practicara	practicaran	hubiera practicado	hubieran practicado
OR		OR	
practicase	practicásemos	hubiese practicado	hubiésemos practicado
practicases	practicaseis	hubieses practicado	hubieseis practicado
practicase	practicasen	hubiese practicado	hubiesen practicado

imperativo	
—	practiquemos
practica; no practiques	practicad; no practiquéis
practique	practiquen

práctico, práctica practical
la práctica practice, habit
en la práctica in practice
practicar investigaciones to look into,
   to investigate

practicar el fútbol to play soccer
practicar las artes marciales to practice
   martial arts

Syn.: **ejercer** to practice (a profession); **ejercitar** to exercise, to practice (308)

predecir (368)
to predict, to forecast, to foretell

The Seven Simple Tenses		The Seven Compound Tenses	
Singular	**Plural**	**Singular**	**Plural**
1 presente de indicativo		**8 perfecto de indicativo**	
predigo	predecimos	he predicho	hemos predicho
predices	predecís	has predicho	habéis predicho
predice	predicen	ha predicho	han predicho
2 imperfecto de indicativo		**9 pluscuamperfecto de indicativo**	
predecía	predecíamos	había predicho	habíamos predicho
predecías	predecíais	habías predicho	habíais predicho
predecía	predecían	había predicho	habían predicho
3 pretérito		**10 pretérito anterior**	
predije	predijimos	hube predicho	hubimos predicho
predijiste	predijisteis	hubiste predicho	hubisteis predicho
predijo	predijeron	hubo predicho	hubieron predicho
4 futuro		**11 futuro perfecto**	
predeciré	predeciremos	habré predicho	habremos predicho
predecirás	predeciréis	habrás predicho	habréis predicho
predecirá	predecirán	habrá predicho	habrán predicho
5 potencial simple		**12 potencial compuesto**	
predeciría	predeciríamos	habría predicho	habríamos predicho
predecirías	predeciríais	habrías predicho	habríais predicho
predeciría	predecirían	habría predicho	habrían predicho
6 presente de subjuntivo		**13 perfecto de subjuntivo**	
prediga	predigamos	haya predicho	hayamos predicho
predigas	predigáis	hayas predicho	hayáis predicho
prediga	predigan	haya predicho	hayan predicho
7 imperfecto de subjuntivo		**14 pluscuamperfecto de subjuntivo**	
predijera	predijéramos	hubiera predicho	hubiéramos predicho
perdijeras	predijerais	hubieras predicho	hubierais predicho
predijera	predijeran	hubiera predicho	hubieran predicho
OR		OR	
predijese	predijésemos	hubiese predicho	hubiésemos predicho
predijeses	predijeseis	hubieses predicho	hubieseis predicho
predijese	predijesen	hubiese predicho	hubiesen predicho

imperativo	
—	predigamos
predice; no predigas	predecid; no predigáis
prediga	predigan

decir to say, to tell   **la predicción del tiempo** weather forecasting
una predicción prediction   **la dicción** diction

This verb is conjugated like the irregular verb **decir**, except in the future and conditional
(Tense Nos. 4 and 5), and in the 2nd person., sing. (**tú**) of the imperative, which are regular.

Syn.: **adivinar** to foretell; **anunciar** to foretell; **augurar** to augur, to predict (409);
pronosticar to foretell, predict (424)   Ant.: **ignorar** to be ignorant of

predicar (369)

to preach

Gerundio **predicando**   Part. pas. **predicado**

Regular **-ar** verb endings with spelling
change: **c** becomes **qu** before **e**

The Seven Simple Tenses		The Seven Compound Tenses	
Singular	Plural	Singular	Plural
1 presente de indicativo		**8 perfecto de indicativo**	
predico	predicamos	he predicado	hemos predicado
predicas	predicáis	has predicado	habéis predicado
predica	predican	ha predicado	han predicado
2 imperfecto de indicativo		**9 pluscuamperfecto de indicativo**	
predicaba	predicábamos	había predicado	habíamos predicado
predicabas	predicabais	habías predicado	habíais predicado
predicaba	predicaban	había predicado	habían predicado
3 pretérito		**10 pretérito anterior**	
prediqué	predicamos	hube predicado	hubimos predicado
predicaste	predicasteis	hubiste predicado	hubisteis predicado
predicó	predicaron	hubo predicado	hubieron predicado
4 futuro		**11 futuro perfecto**	
predicaré	predicaremos	habré predicado	habremos predicado
predicarás	predicaréis	habrás predicado	habréis predicado
predicará	predicarán	habrá predicado	habrán predicado
5 potencial simple		**12 potencial compuesto**	
predicaría	predicaríamos	habría predicado	habríamos predicado
predicarías	predicaríais	habrías predicado	habríais predicado
predicaría	predicarían	habría predicado	habrían predicado
6 presente de subjuntivo		**13 perfecto de subjuntivo**	
predique	prediquemos	haya predicado	hayamos predicado
prediques	prediquéis	hayas predicado	hayáis predicado
predique	prediquen	haya predicado	hayan predicado
7 imperfecto de subjuntivo		**14 pluscuamperfecto de subjuntivo**	
predicara	predicáramos	hubiera predicado	hubiéramos predicado
predicaras	predicarais	hubieras predicado	hubierais predicado
predicara	predicaran	hubiera predicado	hubieran predicado
OR		OR	
predicase	predicásemos	hubiese predicado	hubiésemos predicado
predicases	predicaseis	hubieses predicado	hubieseis predicado
predicase	predicasen	hubiese predicado	hubiesen predicado

imperativo	
—	prediquemos
predica; no prediques	predicad; no prediquéis
predique	prediquen

la predicación	preaching	**una prédica**	sermon
un predicador	preacher	**las prédicas**	preaching
predicar con el ejemplo to practice what you preach		**predicativo, predicativa** predicative	

Syn.: **aconsejar** to advise; **moralizar** to moralize (339); **recomendar** to recommend, to advise; **sermonear** to preach, to lecture (175)

Part. pas. **preferido**   Gerundio **prefiriendo**

Regular **-ir** verb endings with stem change:
Tenses 1, 3, 6, 7, Imperative, Gerundio

preferir (370)
to prefer

The Seven Simple Tenses		The Seven Compound Tenses	
Singular	Plural	Singular	Plural
1 presente de indicativo		**8 perfecto de indicativo**	
prefiero	preferimos	he preferido	hemos preferido
prefieres	preferís	has preferido	habéis preferido
prefiere	prefieren	ha preferido	han preferido
2 imperfecto de indicativo		**9 pluscuamperfecto de indicativo**	
prefería	preferíamos	había preferido	habíamos preferido
preferías	preferíais	habías preferido	habíais preferido
prefería	preferían	había preferido	habían preferido
3 pretérito		**10 pretérito anterior**	
preferí	preferimos	hube preferido	hubimos preferido
preferiste	preferisteis	hubiste preferido	hubisteis preferido
prefirió	prefirieron	hubo preferido	hubieron preferido
4 futuro		**11 futuro perfecto**	
preferiré	preferiremos	habré preferido	habremos preferido
preferirás	preferiréis	habrás preferido	habréis preferido
preferirá	preferirán	habrá preferido	habrán preferido
5 potencial simple		**12 potencial compuesto**	
preferiría	preferiríamos	habría preferido	habríamos preferido
preferirías	preferiríais	habrías preferido	habríais preferido
preferiría	preferirían	habría preferido	habrían preferido
6 presente de subjuntivo		**13 perfecto de subjuntivo**	
prefiera	prefiramos	haya preferido	hayamos preferido
prefieras	prefiráis	hayas preferido	hayáis preferido
prefiera	prefieran	haya preferido	hayan preferido
7 imperfecto de subjuntivo		**14 pluscuamperfecto de subjuntivo**	
prefiriera	prefiriéramos	hubiera preferido	hubiéramos preferido
prefirieras	prefirierais	hubieras preferido	hubierais preferido
prefiriera	prefirieran	hubiera preferido	hubieran preferido
OR		OR	
prefiriese	prefiriésemos	hubiese preferido	hubiésemos preferido
prefirieses	prefirieseis	hubieses preferido	hubieseis preferido
prefiriese	prefiriesen	hubiese preferido	hubiesen preferido

imperativo	
—	prefiramos
prefiere; no prefieras	preferid; no prefiráis
prefiera	prefieran

preferentemente, preferiblemente
  preferably
preferible   preferable
la preferencia   preference
See also **referir**.

preferido, preferida   preferred, favorite
de preferencia   preferably
Preferimos una habitación tranquila con un cuarto de baño privado, por favor.   We prefer a quiet room with a private bathroom, please.

Syn.: **gustar más** to prefer (see Def. and Imp.); **querer más** to prefer   Ant.: **rechazar** to reject (81)

preguntar (371)

to ask, to inquire, to question

Gerundio **preguntando**   Part. pas. **preguntado**

Regular **-ar** verb

The Seven Simple Tenses		The Seven Compound Tenses	
Singular	**Plural**	**Singular**	**Plural**
1 presente de indicativo		**8 perfecto de indicativo**	
pregunto	preguntamos	he preguntado	hemos preguntado
preguntas	preguntáis	has preguntado	habéis preguntado
pregunta	preguntan	ha preguntado	han preguntado
2 imperfecto de indicativo		**9 pluscuamperfecto de indicativo**	
preguntaba	preguntábamos	había preguntado	habíamos preguntado
preguntabas	preguntabais	habías preguntado	habíais preguntado
preguntaba	preguntaban	había preguntado	habían preguntado
3 pretérito		**10 pretérito anterior**	
pregunté	preguntamos	hube preguntado	hubimos preguntado
preguntaste	preguntasteis	hubiste preguntado	hubisteis preguntado
preguntó	preguntaron	hubo preguntado	hubieron preguntado
4 futuro		**11 futuro perfecto**	
preguntaré	preguntaremos	habré preguntado	habremos preguntado
preguntarás	preguntaréis	habrás preguntado	habréis preguntado
preguntará	preguntarán	habrá preguntado	habrán preguntado
5 potencial simple		**12 potencial compuesto**	
preguntaría	preguntaríamos	habría preguntado	habríamos preguntado
preguntarías	preguntaríais	habrías preguntado	habríais preguntado
preguntaría	preguntarían	habría preguntado	habrían preguntado
6 presente de subjuntivo		**13 perfecto de subjuntivo**	
pregunte	preguntemos	haya preguntado	hayamos preguntado
preguntes	preguntéis	hayas preguntado	hayáis preguntado
pregunte	pregunten	haya preguntado	hayan preguntado
7 imperfecto de subjuntivo		**14 pluscuamperfecto de subjuntivo**	
preguntara	preguntáramos	hubiera preguntado	hubiéramos preguntado
preguntaras	preguntarais	hubieras preguntado	hubierais preguntado
preguntara	preguntaran	hubiera preguntado	hubieran preguntado
OR		OR	
preguntase	preguntásemos	hubiese preguntado	hubiésemos preguntado
preguntases	preguntaseis	hubieses preguntado	hubieseis preguntado
preguntase	preguntasen	hubiese preguntado	hubiesen preguntado

imperativo	
—	preguntemos
pregunta; no preguntes	preguntad; no preguntéis
pregunte	pregunten

una pregunta   question
hacer una pregunta   to ask a question

preguntarse   to wonder, to ask oneself
preguntador, preguntadora   inquisitive

Don't confuse **pedir** and **preguntar**. **Pedir** means *to ask for something or to request*.
Preguntar means *to inquire, to ask a question:* **La alumna preguntó a la profesora cómo estaba**/The pupil asked the teacher how she was.

Syn.: **inquirir** to inquire, to investigate (33); **interrogar** to interrogate, to question (297)
Ant.: **contestar** to answer; **responder** to respond

Reflexive regular **-ar** verb

to be concerned, to worry, to be worried

The Seven Simple Tenses		The Seven Compound Tenses	
Singular	**Plural**	**Singular**	**Plural**
1 presente de indicativo		**8 perfecto de indicativo**	
me preocupo	nos preocupamos	me he preocupado	nos hemos preocupado
te preocupas	os preocupáis	te has preocupado	os habéis preocupado
se preocupa	se preocupan	se ha preocupado	se han preocupado
2 imperfecto de indicativo		**9 pluscuamperfecto de indicativo**	
me preocupaba	nos preocupábamos	me había preocupado	nos habíamos preocupado
te preocupabas	os preocupabais	te habías preocupado	os habíais preocupado
se preocupaba	se preocupaban	se había preocupado	se habían preocupado
3 pretérito		**10 pretérito anterior**	
me preocupé	nos preocupamos	me hube preocupado	nos hubimos preocupado
te preocupaste	os preocupasteis	te hubiste preocupado	os hubisteis preocupado
se preocupó	se preocuparon	se hubo preocupado	se hubieron preocupado
4 futuro		**11 futuro perfecto**	
me preocuparé	nos preocuparemos	me habré preocupado	nos habremos preocupado
te preocuparás	os preocuparéis	te habrás preocupado	os habréis preocupado
se preocupará	se preocuparán	se habrá preocupado	se habrán preocupado
5 potencial simple		**12 potencial compuesto**	
me preocuparía	nos preocuparíamos	me habría preocupado	nos habríamos preocupado
te preocuparías	os preocuparíais	te habrías preocupado	os habríais preocupado
se preocuparía	se preocuparían	se habría preocupado	se habrían preocupado
6 presente de subjuntivo		**13 perfecto de subjuntivo**	
me preocupe	nos preocupemos	me haya preocupado	nos hayamos preocupado
te preocupes	os preocupéis	te hayas preocupado	os hayáis preocupado
se preocupe	se preocupen	se haya preocupado	se hayan preocupado
7 imperfecto de subjuntivo		**14 pluscuamperfecto de subjuntivo**	
me preocupara	nos preocupáramos	me hubiera preocupado	nos hubiéramos preocupado
te preocuparas	os preocuparais	te hubieras preocupado	os hubierais preocupado
se preocupara	se preocuparan	se hubiera preocupado	se hubieran preocupado
OR		OR	
me preocupase	nos preocupásemos	me hubiese preocupado	nos hubiésemos preocupado
te preocupases	os preocupaseis	te hubieses preocupado	os hubieseis preocupado
se preocupase	se preocupasen	se hubiese preocupado	se hubiesen preocupado

imperativo	
—	preocupémonos
preocúpate; no te preocupes	preocupaos; no os preocupéis
preocúpese	preocúpense

preocupar   to preoccupy, to worry
la preocupación   preoccupation, worry
See also **ocupar**.

¡no se preocupe!   don't worry
preocuparse de   to take care of, to worry about; **estar preocupado**   to be worried
ocupar   to occupy

Syn.: **apurarse** to worry; **inquietarse** to worry (292)   Ant.: **despreocuparse** to stop worrying (372)

preparar (373)

to prepare

The Seven Simple Tenses		The Seven Compound Tenses	
Singular	Plural	Singular	Plural
1 presente de indicativo		**8 perfecto de indicativo**	
preparo	preparamos	he preparado	hemos preparado
preparas	preparáis	has preparado	habéis preparado
prepara	preparan	ha preparado	han preparado
2 imperfecto de indicativo		**9 pluscuamperfecto de indicativo**	
preparaba	preparábamos	había preparado	habíamos preparado
preparabas	preparabais	habías preparado	habíais preparado
preparaba	preparaban	había preparado	habían preparado
3 pretérito		**10 pretérito anterior**	
preparé	preparamos	hube preparado	hubimos preparado
preparaste	preparasteis	hubiste preparado	hubisteis preparado
preparó	prepararon	hubo preparado	hubieron preparado
4 futuro		**11 futuro perfecto**	
prepararé	prepararemos	habré preparado	habremos preparado
prepararás	prepararéis	habrás preparado	habréis preparado
preparará	prepararán	habrá preparado	habrán preparado
5 potencial simple		**12 potencial compuesto**	
prepararía	prepararíamos	habría preparado	habríamos preparado
prepararías	prepararíais	habrías preparado	habríais preparado
prepararía	prepararían	habría preparado	habrían preparado
6 presente de subjuntivo		**13 perfecto de subjuntivo**	
prepare	preparemos	haya preparado	hayamos preparado
prepares	preparéis	hayas preparado	hayáis preparado
prepare	preparen	haya preparado	hayan preparado
7 imperfecto de subjuntivo		**14 pluscuamperfecto de subjuntivo**	
preparara	preparáramos	hubiera preparado	hubiéramos preparado
prepararas	prepararais	hubieras preparado	hubierais preparado
preparara	prepararan	hubiera preparado	hubieran preparado
OR		OR	
preparase	preparásemos	hubiese preparado	hubiésemos preparado
preparases	preparaseis	hubieses preparado	hubieseis preparado
preparase	preparasen	hubiese preparado	hubiesen preparado

	imperativo	
—	preparemos
prepara; no prepares	preparad; no preparéis
prepare	preparen

Para la fiesta, mi padre preparará un delicioso pastel de chocolate.
For the party, my father will prepare a delicious chocolate cake.

preparatorio, preparatoria preparatory
preparado, preparada prepared
**estar bien preparado, estar bien
  preparada** to be well educated, trained

un preparador, una preparadora trainer, tutor
preparativo, preparativa preparatory
los preparativos preparations
See also **prepararse.**

Syn.: **aprestar** to make ready, to prepare (376); **planear** to plan (206)

The Seven Simple Tenses		The Seven Compound Tenses	
Singular	Plural	Singular	Plural

1 presente de indicativo

me preparo	nos preparamos		
te preparas	os preparáis		
se prepara	se preparan		

8 perfecto de indicativo

me he preparado	nos hemos preparado		
te has preparado	os habéis preparado		
se ha preparado	se han preparado		

2 imperfecto de indicativo

me preparaba	nos preparábamos
te preparabas	os preparabais
se preparaba	se preparaban

9 pluscuamperfecto de indicativo

me había preparado	nos habíamos preparado
te habías preparado	os habíais preparado
se había preparado	se habían preparado

3 pretérito

me preparé	nos preparamos
te preparaste	os preparasteis
se preparó	se prepararon

10 pretérito anterior

me hube preparado	nos hubimos preparado
te hubiste preparado	os hubisteis preparado
se hubo preparado	se hubieron preparado

4 futuro

me prepararé	nos prepararemos
te prepararás	os prepararéis
se preparará	se prepararán

11 futuro perfecto

me habré preparado	nos habremos preparado
te habrás preparado	os habréis preparado
se habrá preparado	se habrán preparado

5 potencial simple

me prepararía	nos prepararíamos
te prepararías	os prepararíais
se prepararía	se prepararían

12 potencial compuesto

me habría preparado	nos habríamos preparado
te habrías preparado	os habríais preparado
se habría preparado	se habrían preparado

6 presente de subjuntivo

me prepare	nos preparemos
te prepares	os preparéis
se prepare	se preparen

13 perfecto de subjuntivo

me haya preparado	nos hayamos preparado
te hayas preparado	os hayáis preparado
se haya preparado	se hayan preparado

7 imperfecto de subjuntivo

me preparara	nos preparáramos
te prepararas	os prepararais
se preparara	se prepararan
OR	
me preparase	nos preparásemos
te preparases	os preparaseis
se preparase	se preparasen

14 pluscuamperfecto de subjuntivo

me hubiera preparado	nos hubiéramos preparado
te hubieras preparado	os hubierais preparado
se hubiera preparado	se hubieran preparado
OR	
me hubiese preparado	nos hubiésemos preparado
te hubieses preparado	os hubieseis preparado
se hubiese preparado	se hubiesen preparado

imperativo

—	preparémonos
prepárate; no te prepares	preparaos; no os preparéis
prepárese	preparénse

El avión aterrizará en veinte minutos. Por favor, preparénse para el aterrizaje.
The plane will land in twenty minutes. Please prepare yourselves for the landing.

el preparamiento, la preparación   preparation
el preparativo   preparation, preparative
See also **preparar**.

Syn.: **disponerse** to get ready (365)   Ant.: **despreocuparse** to neglect (372)

presentar (375)

to present, to display, to show, to introduce

Gerundio **presentando**   Part. pas. **presentado**

Regular **-ar** verb

The Seven Simple Tenses		The Seven Compound Tenses	
Singular	**Plural**	**Singular**	**Plural**
1 presente de indicativo		**8 perfecto de indicativo**	
presento	presentamos	he presentado	hemos presentado
presentas	presentáis	has presentado	habéis presentado
presenta	presentan	ha presentado	han presentado
2 imperfecto de indicativo		**9 pluscuamperfecto de indicativo**	
presentaba	presentábamos	había presentado	habíamos presentado
presentabas	presentabais	habías presentado	habíais presentado
presentaba	presentaban	había presentado	habían presentado
3 pretérito		**10 pretérito anterior**	
presenté	presentamos	hube presentado	hubimos presentado
presentaste	presentasteis	hubiste presentado	hubisteis presentado
presentó	presentaron	hubo presentado	hubieron presentado
4 futuro		**11 futuro perfecto**	
presentaré	presentaremos	habré presentado	habremos presentado
presentarás	presentaréis	habrás presentado	habréis presentado
presentará	presentarán	habrá presentado	habrán presentado
5 potencial simple		**12 potencial compuesto**	
presentaría	presentaríamos	habría presentado	habríamos presentado
presentarías	presentaríais	habrías presentado	habríais presentado
presentaría	presentarían	habría presentado	habrían presentado
6 presente de subjuntivo		**13 perfecto de subjuntivo**	
presente	presentemos	haya presentado	hayamos presentado
presentes	presentéis	hayas presentado	hayáis presentado
presente	presenten	haya presentado	hayan presentado
7 imperfecto de subjuntivo		**14 pluscuamperfecto de subjuntivo**	
presentara	presentáramos	hubiera presentado	hubiéramos presentado
presentaras	presentarais	hubieras presentado	hubierais presentado
presentara	presentaran	hubiera presentado	hubieran presentado
OR		OR	
presentase	presentásemos	hubiese presentado	hubiésemos presentado
presentases	presentaseis	hubieses presentado	hubieseis presentado
presentase	presentasen	hubiese presentado	hubiesen presentado

imperativo

—	presentemos
presenta; no presentes	presentad; no presentéis
presente	presenten

representar   to represent
presentarse   to introduce oneself, to turn up
el presente   present; present tense
por la presente   hereby, herewith
por lo presente   for the present

al presente, de presente   at present
presentar armas   to present arms
la presentación   presentation
presentable   presentable

Syn.: **dar a conocer** to make known; **exhibir** to exhibit, to display (353); **mostrar** to display
Ant.: **ocultar** to hide (11)

474

The Seven Simple Tenses		The Seven Compound Tenses	
Singular	Plural	Singular	Plural
1 presente de indicativo		**8 perfecto de indicativo**	
presto	prestamos	he prestado	hemos prestado
prestas	prestáis	has prestado	habéis prestado
presta	prestan	ha prestado	han prestado
2 imperfecto de indicativo		**9 pluscuamperfecto de indicativo**	
prestaba	prestábamos	había prestado	habíamos prestado
prestabas	prestabais	habías prestado	habíais prestado
prestaba	prestaban	había prestado	habían prestado
3 pretérito		**10 pretérito anterior**	
presté	prestamos	hube prestado	hubimos prestado
prestaste	prestasteis	hubiste prestado	hubisteis prestado
prestó	prestaron	hubo prestado	hubieron prestado
4 futuro		**11 futuro perfecto**	
prestaré	prestaremos	habré prestado	habremos prestado
prestarás	prestaréis	habrás prestado	habréis prestado
prestará	prestarán	habrá prestado	habrán prestado
5 potencial simple		**12 potencial compuesto**	
prestaría	prestaríamos	habría prestado	habríamos prestado
prestarías	prestaríais	habrías prestado	habríais prestado
prestaría	prestarían	habría prestado	habrían prestado
6 presente de subjuntivo		**13 perfecto de subjuntivo**	
preste	prestemos	haya prestado	hayamos prestado
prestes	prestéis	hayas prestado	hayáis prestado
preste	presten	haya prestado	hayan prestado
7 imperfecto de subjuntivo		**14 pluscuamperfecto de subjuntivo**	
prestara	prestáramos	hubiera prestado	hubiéramos prestado
prestaras	prestarais	hubieras prestado	hubierais prestado
prestara	prestaran	hubiera prestado	hubieran prestado
OR		OR	
prestase	prestásemos	hubiese prestado	hubiésemos prestado
prestases	prestaseis	hubieses prestado	hubieseis prestado
prestase	prestasen	hubiese prestado	hubiesen prestado

imperativo	
—	prestemos
presta; no prestes	prestad; no prestéis
preste	presten

prestador, prestadora lender
un préstamo loan
prestar juramento to take an oath
prestar atención to pay attention

una casa de préstamos pawn shop
un, una prestamista money lender
la prestación benefit, contribution

Syn.: **dar** to give   Ant.: **apropiarse** to appropriate, to take (106, 289); **pedir prestado** to borrow; **tomar prestado** to borrow

P

principiar (377)
to begin

The Seven Simple Tenses		The Seven Compound Tenses	
Singular	Plural	Singular	Plural
1 presente de indicativo		**8 perfecto de indicativo**	
principio	principiamos	he principiado	hemos principiado
principias	principiáis	has principiado	habéis principiado
principia	principian	ha principiado	han principiado
2 imperfecto de indicativo		**9 pluscuamperfecto de indicativo**	
principiaba	principiábamos	había principiado	habíamos principiado
principiabas	principiabais	habías principiado	habíais principiado
principiaba	principiaban	había principiado	habían principiado
3 pretérito		**10 pretérito anterior**	
principié	principiamos	hube principiado	hubimos principiado
principiaste	principiasteis	hubiste principiado	hubisteis principiado
principió	principiaron	hubo principiado	hubieron principiado
4 futuro		**11 futuro perfecto**	
principiaré	principiaremos	habré principiado	habremos principiado
principiarás	principiaréis	habrás principiado	habréis principiado
principiará	principiarán	habrá principiado	habrán principiado
5 potencial simple		**12 potencial compuesto**	
principiaría	principiaríamos	habría principiado	habríamos principiado
principiarías	principiaríais	habrías principiado	habríais principiado
principiaría	principiarían	habría principiado	habrían principiado
6 presente de subjuntivo		**13 perfecto de subjuntivo**	
principie	principiemos	haya principiado	hayamos principiado
principies	principiéis	hayas principiado	hayáis principiado
principie	principien	haya principiado	hayan principiado
7 imperfecto de subjuntivo		**14 pluscuamperfecto de subjuntivo**	
principiara	principiáramos	hubiera principiado	hubiéramos principiado
principiaras	principiarais	hubieras principiado	hubierais principiado
principiara	principiaran	hubiera principiado	hubieran principiado
OR		OR	
principiase	principiásemos	hubiese principiado	hubiésemos principiado
principiases	principiaseis	hubieses principiado	hubieseis principiado
principiase	principiasen	hubiese principiado	hubiesen principiado

imperativo

—	principiemos
principia; no principies	principiad; no principiéis
principie	principien

el principio   beginning, start; principle
desde el principio   from the beginning
el principio de admiración   inverted exclamation point (¡)
el principio de interrogación   inverted question mark (¿)

la edición príncipe   first edition (*editio princeps*)
en principio   in principle
el, la principiante   beginner
al principio (a los principios)   at first, in the beginning; **a principios de**   at the beginning of

Syn.: **comenzar** to begin; **empezar** to start; **iniciar** to initiate, to begin (383)
Ant.: **acabar** to end; **concluir** to conclude (268); **terminar** to end

probar (378)

to test, to prove, to try, to try on

Regular **-ar** verb endings with stem
change: Tenses 1, 6, Imperative

The Seven Simple Tenses		The Seven Compound Tenses	
Singular	Plural	Singular	Plural
1 presente de indicativo		**8 perfecto de indicativo**	
pruebo	probamos	he probado	hemos probado
pruebas	probáis	has probado	habéis probado
prueba	prueban	ha probado	han probado
2 imperfecto de indicativo		**9 pluscuamperfecto de indicativo**	
probaba	probábamos	había probado	habíamos probado
probabas	probabais	habías probado	habíais probado
probaba	probaban	había probado	habían probado
3 pretérito		**10 pretérito anterior**	
probé	probamos	hube probado	hubimos probado
probaste	probasteis	hubiste probado	hubisteis probado
probó	probaron	hubo probado	hubieron probado
4 futuro		**11 futuro perfecto**	
probaré	probaremos	habré probado	habremos probado
probarás	probaréis	habrás probado	habréis probado
probará	probarán	habrá probado	habrán probado
5 potencial simple		**12 potencial compuesto**	
probaría	probaríamos	habría probado	habríamos probado
probarías	probaríais	habrías probado	habríais probado
probaría	probarían	habría probado	habrían probado
6 presente de subjuntivo		**13 perfecto de subjuntivo**	
pruebe	probemos	haya probado	hayamos probado
pruebes	probéis	hayas probado	hayáis probado
pruebe	prueben	haya probado	hayan probado
7 imperfecto de subjuntivo		**14 pluscuamperfecto de subjuntivo**	
probara	probáramos	hubiera probado	hubiéramos probado
probaras	probarais	hubieras probado	hubierais probado
probara	probaran	hubiera probado	hubieran probado
OR		OR	
probase	probásemos	hubiese probado	hubiésemos probado
probases	probaseis	hubieses probado	hubieseis probado
probase	probasen	hubiese probado	hubiesen probado

imperativo

—	probemos
prueba; no pruebes	probad; no probéis
pruebe	prueben

¿Me puedo probar este traje?   May I try on this suit?

la prueba proof, evidence, test	**probar de** to taste, to take a taste of
poner a prueba to put to the test, to try out	**la probatura** test, experiment
probable probable	**la probación** proof, probation
probablemente probably	**la probabilidad** probability
el probador fitting room, dressing room	**probatorio, probatoria** probative

Syn.: **comprobar** to check, to verify (378); **ensayar** to test (54); **poner a prueba** to put to the test

probarse (379)

to try on (clothes)

Gerundio **probándose**   Part. pas. **probado**
Reflexive verb; regular **-ar** verb endings
with stem change: Tenses 1, 6, Imperative

The Seven Simple Tenses		The Seven Compound Tenses	
Singular	**Plural**	**Singular**	**Plural**
1 presente de indicativo		**8 perfecto de indicativo**	
me pruebo	nos probamos	me he probado	nos hemos probado
te pruebas	os probáis	te has probado	os habéis probado
se prueba	se prueban	se ha probado	se han probado
2 imperfecto de indicativo		**9 pluscuamperfecto de indicativo**	
me probaba	nos probábamos	me había probado	nos habíamos probado
te probabas	os probabais	te habías probado	os habíais probado
se probaba	se probaban	se había probado	se habían probado
3 pretérito		**10 pretérito anterior**	
me probé	nos probamos	me hube probado	nos hubimos probado
te probaste	os probasteis	te hubiste probado	os hubisteis probado
se probó	se probaron	se hubo probado	se hubieron probado
4 futuro		**11 futuro perfecto**	
me probaré	nos probaremos	me habré probado	nos habremos probado
te probarás	os probaréis	te habrás probado	os habréis probado
se probará	se probarán	se habrá probado	se habrán probado
5 potencial simple		**12 potencial compuesto**	
me probaría	nos probaríamos	me habría probado	nos habríamos probado
te probarías	os probaríais	te habrías probado	os habríais probado
se probaría	se probarían	se habría probado	se habrían probado
6 presente de subjuntivo		**13 perfecto de subjuntivo**	
me pruebe	nos probemos	me haya probado	nos hayamos probado
te pruebes	os probéis	te hayas probado	os hayáis probado
se pruebe	se prueben	se haya probado	se hayan probado
7 imperfecto de subjuntivo		**14 pluscuamperfecto de subjuntivo**	
me probara	nos probáramos	me hubiera probado	nos hubiéramos probado
te probaras	os probarais	te hubieras probado	os hubierais probado
se probara	se probaran	se hubiera probado	se hubieran probado
OR		OR	
me probase	nos probásemos	me hubiese probado	nos hubiésemos probado
te probases	os probaseis	te hubieses probado	os hubieseis probado
se probase	se probasen	se hubiese probado	se hubiesen probado

imperativo	
—	probémonos
pruébate; no te pruebes	probaos; no os probéis
pruébese	pruébense

¿Puedo probarme este traje?
May I try on this suit?

Acompañé a mi hermana a probarse su vestido de novia.
I went with my sister when she tried on her wedding dress.
For words and expressions related to this verb, see **probar**.

proclamar (380)
to proclaim, to promulgate

The Seven Simple Tenses		The Seven Compound Tenses	
Singular	**Plural**	**Singular**	**Plural**
1 presente de indicativo		**8 perfecto de indicativo**	
proclamo	proclamamos	he proclamado	hemos proclamado
proclamas	proclamáis	has proclamado	habéis proclamado
proclama	proclaman	ha proclamado	han proclamado
2 imperfecto de indicativo		**9 pluscuamperfecto de indicativo**	
proclamaba	proclamábamos	había proclamado	habíamos proclamado
proclamabas	proclamabais	habías proclamado	habíais proclamado
proclamaba	proclamaban	había proclamado	habían proclamado
3 pretérito		**10 pretérito anterior**	
proclamé	proclamamos	hube proclamado	hubimos proclamado
proclamaste	proclamasteis	hubiste proclamado	hubisteis proclamado
proclamó	proclamaron	hubo proclamado	hubieron proclamado
4 futuro		**11 futuro perfecto**	
proclamaré	proclamaremos	habré proclamado	habremos proclamado
proclamarás	proclamaréis	habrás proclamado	habréis proclamado
proclamará	proclamarán	habrá proclamado	habrán proclamado
5 potencial simple		**12 potencial compuesto**	
proclamaría	proclamaríamos	habría proclamado	habríamos proclamado
proclamarías	proclamaríais	habrías proclamado	habríais proclamado
proclamaría	proclamarían	habría proclamado	habrían proclamado
6 presente de subjuntivo		**13 perfecto de subjuntivo**	
proclame	proclamemos	haya proclamado	hayamos proclamado
proclames	proclaméis	hayas proclamado	hayáis proclamado
proclame	proclamen	haya proclamado	hayan proclamado
7 imperfecto de subjuntivo		**14 pluscuamperfecto de subjuntivo**	
proclamara	proclamáramos	hubiera proclamado	hubiéramos proclamado
proclamaras	proclamaras	hubieras proclamado	hubierais proclamado
proclamara	proclamaran	hubiera proclamado	hubieran proclamado
OR		OR	
proclamase	proclamásemos	hubiese proclamado	hubiésemos proclamado
proclamases	proclamaseis	hubieses proclamado	hubieseis proclamado
proclamase	proclamasen	hubiese proclamado	hubiesen proclamado

imperativo	
—	proclamemos
proclama; no proclames	proclamad; no proclaméis
proclame	proclamen

la proclamación, la proclama   proclamation
clamoroso, clamorosa   loud, resounding
declamar   to declaim, recite

el declamador, la declamadora   orator
clamar   to cry out, to beseech, to wail
el clamor   shout

Syn.: **aclamar** to acclaim; **declarar** to declare; **publicar** to publish, to make public (99)
Ant.: **callarse** to be silent; **ocultar** to hide (11)

producir (381)

to produce, to cause

Gerundio **produciendo**　Part. pas. **producido**

Irregular in Tenses 3 and 7, regular **-ir** endings in all others; spelling change: **c** becomes **zc** before **a** or **o**

The Seven Simple Tenses		The Seven Compound Tenses	
Singular	**Plural**	**Singular**	**Plural**
1　presente de indicativo		**8　perfecto de indicativo**	
produzco	producimos	he producido	hemos producido
produces	producís	has producido	habéis producido
produce	producen	ha producido	han producido
2　imperfecto de indicativo		**9　pluscuamperfecto de indicativo**	
producía	producíamos	había producido	habíamos producido
producías	producíais	habías producido	habíais producido
producía	producían	había producido	habían producido
3　pretérito		**10　pretérito anterior**	
produje	produjimos	hube producido	hubimos producido
produjiste	produjisteis	hubiste producido	hubisteis producido
produjo	produjeron	hubo producido	hubieron producido
4　futuro		**11　futuro perfecto**	
produciré	produciremos	habré producido	habremos producido
producirás	produciréis	habrás producido	habréis producido
producirá	producirán	habrá producido	habrán producido
5　potencial simple		**12　potencial compuesto**	
produciría	produciríamos	habría producido	habríamos producido
producirías	produciríais	habrías producido	habríais producido
produciría	producirían	habría producido	habrían producido
6　presente de subjuntivo		**13　perfecto de subjuntivo**	
produzca	produzcamos	haya producido	hayamos producido
produzcas	produzcáis	hayas producido	hayáis producido
produzca	produzcan	haya producido	hayan producido
7　imperfecto de subjuntivo		**14　pluscuamperfecto de subjuntivo**	
produjera	produjéramos	hubiera producido	hubiéramos producido
produjeras	produjerais	hubieras producido	hubierais producido
produjera	produjeran	hubiera producido	hubieran producido
OR		OR	
produjese	produjésemos	hubiese producido	hubiésemos producido
produjeses	produjeseis	hubieses producido	hubieseis producido
produjese	produjesen	hubiese producido	hubiesen producido

imperativo	
—	produzcamos
produce; no produzcas	producid; no produzcáis
produzca	produzcan

la productividad　productivity	**los productos de consumo**　consumer goods
productivo, productiva　productive	**los productos de tocador**　toilet articles
el producto　product, produce; proceeds	**un productor, una productora**　producer
los productos de belleza　cosmetics	**la producción**　production
reproducir　to reproduce	

Syn.: **crear** to create; **hacer** to make; **fabricar** to fabricate

Part. pas. **prohibido**   Gerundio **prohibiendo**
Regular **-ir** verb endings with spelling change: **i** becomes
í on stressed syllable (see Tenses 1, 6, Imperative)

prohibir (382)
to prohibit, to forbid

The Seven Simple Tenses		The Seven Compound Tenses	
Singular	**Plural**	**Singular**	**Plural**
1 presente de indicativo		**8 perfecto de indicativo**	
prohíbo	prohibimos	he prohibido	hemos prohibido
prohíbes	prohibís	has prohibido	habéis prohibido
prohíbe	prohíben	ha prohibido	han prohibido
2 imperfecto de indicativo		**9 pluscuamperfecto de indicativo**	
prohibía	prohibíamos	había prohibido	habíamos prohibido
prohibías	prohibíais	habías prohibido	habíais prohibido
prohibía	prohibían	había prohibido	habían prohibido
3 pretérito		**10 pretérito anterior**	
prohibí	prohibimos	hube prohibido	hubimos prohibido
prohibiste	prohibisteis	hubiste prohibido	hubisteis prohibido
prohibió	prohibieron	hubo prohibido	hubieron prohibido
4 futuro		**11 futuro perfecto**	
prohibiré	prohibiremos	habré prohibido	habremos prohibido
prohibirás	prohibiréis	habrás prohibido	habréis prohibido
prohibirá	prohibirán	habrá prohibido	habrán prohibido
5 potencial simple		**12 potencial compuesto**	
prohibiría	prohibiríamos	habría prohibido	habríamos prohibido
prohibirías	prohibiríais	habrías prohibido	habríais prohibido
prohibiría	prohibirían	habría prohibido	habrían prohibido
6 presente de subjuntivo		**13 perfecto de subjuntivo**	
prohíba	prohibamos	haya prohibido	hayamos prohibido
prohíbas	prohibáis	hayas prohibido	hayáis prohibido
prohíba	prohíban	haya prohibido	hayan prohibido
7 imperfecto de subjuntivo		**14 pluscuamperfecto de subjuntivo**	
prohibiera	prohibiéramos	hubiera prohibido	hubiéramos prohibido
prohibieras	prohibierais	hubieras prohibido	hubierais prohibido
prohibiera	prohibieran	hubiera prohibido	hubieran prohibido
OR		OR	
prohibiese	prohibiésemos	hubiese prohibido	hubiésemos prohibido
prohibieses	prohibieseis	hubieses prohibido	hubieseis prohibido
prohibiese	prohibiesen	hubiese prohibido	hubiesen prohibido

imperativo

—	prohibamos
prohíbe; no prohíbas	prohibid; no prohibáis
prohíba	prohíban

la prohibición prohibition
el, la prohibicionista prohibitionist
SE PROHIBE EL ESTACIONAMIENTO
  NO PARKING
SE PROHIBE FUMAR NO SMOKING

prohibitivo, prohibitiva prohibitive
prohibitorio, prohibitoria prohibitory
SE PROHIBE LA ENTRADA KEEP OUT
SE PROHIBE FIJAR CARTELES
  POST NO BILLS

Syn.: **abolir** to abolish (Def. and Imp.); **proscribir** to proscribe (224); **vedar** to prohibit (54)
Ant.: **permitir** to permit

pronunciar (383)
to pronounce

Gerundio **pronunciando**   Part. pas. **pronunciado**

Regular **-ar** verb

The Seven Simple Tenses		The Seven Compound Tenses	
Singular	Plural	Singular	Plural
1 presente de indicativo		**8 perfecto de indicativo**	
pronuncio	pronunciamos	he pronunciado	hemos pronunciado
pronuncias	pronunciáis	has pronunciado	habéis pronunciado
pronuncia	pronuncian	ha pronunciado	han pronunciado
2 imperfecto de indicativo		**9 pluscuamperfecto de indicativo**	
pronunciaba	pronunciábamos	había pronunciado	habíamos pronunciado
pronunciabas	pronunciabais	habías pronunciado	habíais pronunciado
pronunciaba	pronunciaban	había pronunciado	habían pronunciado
3 pretérito		**10 pretérito anterior**	
pronuncié	pronunciamos	hube pronunciado	hubimos pronunciado
pronunciaste	pronunciasteis	hubiste pronunciado	hubisteis pronunciado
pronunció	pronunciaron	hubo pronunciado	hubieron pronunciado
4 futuro		**11 futuro perfecto**	
pronunciaré	pronunciaremos	habré pronunciado	habremos pronunciado
pronunciarás	pronunciaréis	habrás pronunciado	habréis pronunciado
pronunciará	pronunciarán	habrá pronunciado	habrán pronunciado
5 potencial simple		**12 potencial compuesto**	
pronunciaría	pronunciaríamos	habría pronunciado	habríamos pronunciado
pronunciarías	pronunciaríais	habrías pronunciado	habríais pronunciado
pronunciaría	pronunciarían	habría pronunciado	habrían pronunciado
6 presente de subjuntivo		**13 perfecto de subjuntivo**	
pronuncie	pronunciemos	haya pronunciado	hayamos pronunciado
pronuncies	pronunciéis	hayas pronunciado	hayáis pronunciado
pronuncie	pronuncien	haya pronunciado	hayan pronunciado
7 imperfecto de subjuntivo		**14 pluscuamperfecto de subjuntivo**	
pronunciara	pronunciáramos	hubiera pronunciado	hubiéramos pronunciado
pronunciaras	pronunciarais	hubieras pronunciado	hubierais pronunciado
pronunciara	pronunciaran	hubiera pronunciado	hubieran pronunciado
OR		OR	
pronunciase	pronunciásemos	hubiese pronunciado	hubiésemos pronunciado
pronunciases	pronunciaseis	hubieses pronunciado	hubieseis pronunciado
pronunciase	pronunciasen	hubiese pronunciado	hubiesen pronunciado

imperativo	
—	pronunciemos
pronuncia; no pronuncies	pronunciad; no pronunciéis
pronuncie	pronuncien

la pronunciación pronunciation
pronunciado, pronunciada pronounced
pronunciar un discurso to make a speech
enunciar to enunciate
pronunciar una conferencia to deliver a lecture

anunciar to announce
denunciar to denounce
renunciar to renounce
el nuncio omen
impronunciable unpronounceable

Syn.: **articular** to pronounce distinctly; **decir** to say; **hablar** to speak   Ant.: **callarse** to be silent

482

Part. pas. **protegido**   Gerundio **protegiendo**
Regular **-er** verb endings with spelling
change: **g** becomes **j** before **a** or **o**

proteger (384)
to protect

The Seven Simple Tenses		The Seven Compound Tenses	
Singular	Plural	Singular	Plural
1 presente de indicativo		**8 perfecto de indicativo**	
protejo	protegemos	he protegido	hemos protegido
proteges	protegéis	has protegido	habéis protegido
protege	protegen	ha protegido	han protegido
2 imperfecto de indicativo		**9 pluscuamperfecto de indicativo**	
protegía	protegíamos	había protegido	habíamos protegido
protegías	protegíais	habías protegido	habíais protegido
protegía	protegían	había protegido	habían protegido
3 pretérito		**10 pretérito anterior**	
protegí	protegimos	hube protegido	hubimos protegido
protegiste	protegisteis	hubiste protegido	hubisteis protegido
protegió	protegieron	hubo protegido	hubieron protegido
4 futuro		**11 futuro perfecto**	
protegeré	protegeremos	habré protegido	habremos protegido
protegerás	protegeréis	habrás protegido	habréis protegido
protegerá	protegerán	habrá protegido	habrán protegido
5 potencial simple		**12 potencial compuesto**	
protegería	protegeríamos	habría protegido	habríamos protegido
protegerías	protegeríais	habrías protegido	habríais protegido
protegería	protegerían	habría protegido	habrían protegido
6 presente de subjuntivo		**13 perfecto de subjuntivo**	
proteja	protejamos	haya protegido	hayamos protegido
protejas	protejáis	hayas protegido	hayáis protegido
proteja	protejan	haya protegido	hayan protegido
7 imperfecto de subjuntivo		**14 pluscuamperfecto de subjuntivo**	
protegiera	protegiéramos	hubiera protegido	hubiéramos protegido
protegieras	protegierais	hubieras protegido	hubierais protegido
protegiera	protegieran	hubiera protegido	hubieran protegido
OR		OR	
protegiese	protegiésemos	hubiese protegido	hubiésemos protegido
protegieses	protegieseis	hubieses protegido	hubieseis protegido
protegiese	protegiesen	hubiese protegido	hubiesen protegido

imperativo	
—	protejamos
protege; no protejas	proteged; no protejáis
proteja	protejan

la protección protection
protegido, protegida protected, favorite,
   protégé
el protector, la protectriz protector, protectress
protectorio, protectoria protective

proteger contra to protect against
proteger de to protect from
sin protección unprotected
excesivamente protector, protectora
   overprotective

Syn.: **abrigar** to shelter, to protect; **ayudar** to help; **defender** to defend Ant.: **abandonar** to abandon (473); **atacar** to attack

483

pudrir (385)

to putrefy, to rot (Inf. can also be podrir)

The Seven Simple Tenses		The Seven Compound Tenses	
Singular	**Plural**	**Singular**	**Plural**
1 presente de indicativo		**8 perfecto de indicativo**	
pudro	pudrimos	he podrido	hemos podrido
pudres	pudrís	has podrido	habéis podrido
pudre	pudren	ha podrido	han podrido
2 inperfecto de indicativo		**9 pluscuamperfecto de indicativo**	
pudría	pudríamos	había podrido	habíamos podrido
pudrías	pudríais	habías podrido	habíais podrido
pudría	pudrían	había podrido	habían podrido
3 pretérito		**10 pretérito anterior**	
pudrí *or* podrí	pudrimos	hube podrido	hubimos podrido
pudriste	pudristeis	hubiste podrido	hubisteis podrido
pudrió	pudrieron	hubo podrido	hubieron podrido
4 futuro		**11 futuro perfecto**	
pudriré *or* podriré	pudriremos	habré podrido	habremos podrido
pudrirás	pudriréis	habrás podrido	habréis podrido
pudrirá	pudrirán	habrá podrido	habrán podrido
5 potencial simple		**12 potencial compuesto**	
pudriría *or* podriría	pudriríamos	habría podrido	habríamos podrido
pudrirías	pudriríais	habrías podrido	habríais podrido
pudriría	pudrirían	habría podrido	habrían podrido
6 presente de subjuntivo		**13 perfecto de subjuntivo**	
pudra	pudramos	haya podrido	hayamos podrido
pudras	pudráis	hayas podrido	hayáis podrido
pudra	pudran	haya podrido	hayan podrido
7 imperfecto de subjuntivo		**14 pluscuamperfecto de subjuntivo**	
pudriera	pudriéramos	hubiera podrido	hubiéramos podrido
pudrieras	pudrierais	hubieras podrido	hubierais podrido
pudriera	pudrieran	hubiera podrido	hubieran podrido
OR		OR	
pudriese	pudriésemos	hubiese podrido	hubiésemos podrido
pudrieses	pudrieseis	hubieses podrido	hubieseis podrido
pudriese	pudriesen	hubiese podrido	hubiesen podrido

imperativo	
—	pudramos
pudre; no pudras	pudrid; no pudráis
pudra	pudran

la pudrición	rotting	**la podre**	pus
el podridero	compost heap	**podrido, podrida**	rotten
el pudrimiento	rotting	**una olla podrida**	a heavily seasoned stew
la podredumbre	corruption, rottenness	**pudrirse**	to rot

Syn.: **fermentar** to ferment (11)   Ant.: **conservar** to preserve (9)

pulir (386)
to polish

The Seven Simple Tenses		The Seven Compound Tenses	
Singular	**Plural**	**Singular**	**Plural**
1 presente de indicativo		**8 perfecto de indicativo**	
pulo	pulimos	he pulido	hemos pulido
pules	pulís	has pulido	habéis pulido
pule	pulen	ha pulido	han pulido
2 imperfecto de indicativo		**9 pluscuamperfecto de indicativo**	
pulía	pulíamos	había pulido	habíamos pulido
pulías	pulíais	habías pulido	habíais pulido
pulía	pulían	había pulido	habían pulido
3 pretérito		**10 pretérito anterior**	
pulí	pulimos	hube pulido	hubimos pulido
puliste	pulisteis	hubiste pulido	hubisteis pulido
pulió	pulieron	hubo pulido	hubieron pulido
4 futuro		**11 futuro perfecto**	
puliré	puliremos	habré pulido	habremos pulido
pulirás	puliréis	habrás pulido	habréis pulido
pulirá	pulirán	habrá pulido	habrán pulido
5 potencial simple		**12 potencial compuesto**	
puliría	puliríamos	habría pulido	habríamos pulido
pulirías	puliríais	habrías pulido	habríais pulido
puliría	pulirían	habría pulido	habrían pulido
6 presente de subjuntivo		**13 perfecto de subjuntivo**	
pula	pulamos	haya pulido	hayamos pulido
pulas	puláis	hayas pulido	hayáis pulido
pula	pulan	haya pulido	hayan pulido
7 imperfecto de subjuntivo		**14 pluscuamperfecto de subjuntivo**	
puliera	puliéramos	hubiera pulido	hubiéramos pulido
pulieras	pulierais	hubieras pulido	hubierais pulido
puliera	pulieran	hubiera pulido	hubieran pulido
OR		OR	
puliese	puliésemos	hubiese pulido	hubiésemos pulido
pulieses	pulieseis	hubieses pulido	hubieseis pulido
puliese	puliesen	hubiese pulido	hubiesen pulido

	imperativo
—	pulamos
pule; no pulas	pulid; no puláis
pula	pulan

el pulimento polish, gloss   **pulimentar** to polish; **la pulidez** polish,
una pulidora polishing machine   elegance, shine
                                           pulidamente neatly

Syn.: **bruñir** to polish, to burnish (255); **limar** to polish (231); **perfeccionar** to perfect (355)   Ant.: **empeorar** to make worse (409)

P

Quedarse

Quedarse is a very important reflexive verb for a beginning student. It is used in a great number of idiomatic expressions and everyday situations.

Sentences using **quedarse** and related words

El año pasado, me quedé dos semanas en San José.
Last year, I stayed two weeks in San José.

Quédate aquí conmigo.
Stay here with me.

¿Cuánto dinero queda?
How much money is left?

Me quedan dos dólares.
I have two dollars left (remaining).

Al ver el truco de magia, el público se quedó con la boca abierta.
Upon seeing the magic trick, the audience was left open-mouthed.

Words and expressions related to this verb

la queda curfew

quedar to remain, to be left

quedar limpio to clean out (of money); to be broke

quedar bien to turn out well

quedar mal to turn out badly

quedar de acuerdo to reach an agreement

quedarse ciego to go (be left) blind

quedarse muerto (muerta) to be speechless, dumbfounded

quedarse con la boca abierta to be left open-mouthed

Syn.: **permanecer** to remain, to stay (344); **restar** to remain, to subtract (376)   Ant.: **ausentarse** to be absent, to absent oneself (11, 289); **irse** to go away; **partir** to leave, to depart

Don't forget to study the section on defective and impersonal verbs. It's right after this main list.

AN ESSENTIAL
55 Verb

quedarse (387)

to remain, to stay

The Seven Simple Tenses		The Seven Compound Tenses	
Singular	Plural	Singular	Plural
1 presente de indicativo		**8 perfecto de indicativo**	
me quedo	nos quedamos	me he quedado	nos hemos quedado
te quedas	os quedáis	te has quedado	os habéis quedado
se queda	se quedan	se ha quedado	se han quedado
2 imperfecto de indicativo		**9 pluscuamperfecto de indicativo**	
me quedaba	nos quedábamos	me había quedado	nos habíamos quedado
te quedabas	os quedabais	te habías quedado	os habíais quedado
se quedaba	se quedaban	se había quedado	se habían quedado
3 pretérito		**10 pretérito anterior**	
me quedé	nos quedamos	me hube quedado	nos hubimos quedado
te quedaste	os quedasteis	te hubiste quedado	os hubisteis quedado
se quedó	se quedaron	se hubo quedado	se hubieron quedado
4 futuro		**11 futuro perfecto**	
me quedaré	nos quedaremos	me habré quedado	nos habremos quedado
te quedarás	os quedaréis	te habrás quedado	os habréis quedado
se quedará	se quedarán	se habrá quedado	se habrán quedado
5 potencial simple		**12 potencial compuesto**	
me quedaría	nos quedaríamos	me habría quedado	nos habríamos quedado
te quedarías	os quedaríais	te habrías quedado	os habríais quedado
se quedaría	se quedarían	se habría quedado	se habrían quedado
6 presente de subjuntivo		**13 perfecto de subjuntivo**	
me quede	nos quedemos	me haya quedado	nos hayamos quedado
te quedes	os quedéis	te hayas quedado	os hayáis quedado
se quede	se queden	se haya quedado	se hayan quedado
7 imperfecto de subjuntivo		**14 pluscuamperfecto de subjuntivo**	
me quedara	nos quedáramos	me hubiera quedado	nos hubiéramos quedado
te quedaras	os quedarais	te hubieras quedado	os hubierais quedado
se quedara	se quedaran	se hubiera quedado	se hubieran quedado
OR		OR	
me quedase	nos quedásemos	me hubiese quedado	nos hubiésemos quedado
te quedases	os quedaseis	te hubieses quedado	os hubieseis quedado
se quedase	se quedasen	se hubiese quedado	se hubiesen quedado

imperativo	
—	quedémonos
quédate; no te quedes	quedaos; no os quedéis
quédese	quédense

Q

**AN ESSENTIAL
55 Verb**

quejarse (388)
to complain, to grumble

Gerundio **quejándose**   Part. pas. **quejado**
Reflexive regular **-ar** verb

The Seven Simple Tenses		The Seven Compound Tenses	
Singular	**Plural**	**Singular**	**Plural**
1 presente de indicativo		**8 perfecto de indicativo**	
me quejo	nos quejamos	me he quejado	nos hemos quejado
te quejas	os quejáis	te has quejado	os habéis quejado
se queja	se quejan	se ha quejado	se han quejado
2 imperfecto de indicativo		**9 pluscuamperfecto de indicativo**	
me quejaba	nos quejábamos	me había quejado	nos habíamos quejado
te quejabas	os quejabais	te habías quejado	os habíais quejado
se quejaba	se quejaban	se había quejado	se habían quejado
3 pretérito		**10 pretérito anterior**	
me quejé	nos quejamos	me hube quejado	nos hubimos quejado
te quejaste	os quejasteis	te hubiste quejado	os hubisteis quejado
se quejó	se quejaron	se hubo quejado	se hubieron quejado
4 futuro		**11 futuro perfecto**	
me quejaré	nos quejaremos	me habré quejado	nos habremos quejado
te quejarás	os quejaréis	te habrás quejado	os habréis quejado
se quejará	se quejarán	se habrá quejado	se habrán quejado
5 potencial simple		**12 potencial compuesto**	
me quejaría	nos quejaríamos	me habría quejado	nos habríamos quejado
te quejarías	os quejaríais	te habrías quejado	os habríais quejado
se quejaría	se quejarían	se habría quejado	se habrían quejado
6 presente de subjuntivo		**13 perfecto de subjuntivo**	
me queje	nos quejemos	me haya quejado	nos hayamos quejado
te quejes	os quejéis	te hayas quejado	os hayáis quejado
se queje	se quejen	se haya quejado	se hayan quejado
7 imperfecto de subjuntivo		**14 pluscuamperfecto de subjuntivo**	
me quejara	nos quejáramos	me hubiera quejado	nos hubiéramos quejado
te quejaras	os quejarais	te hubieras quejado	os hubierais quejado
se quejara	se quejaran	se hubiera quejado	se hubieran quejado
OR		OR	
me quejase	nos quejásemos	me hubiese quejado	nos hubiésemos quejado
te quejases	os quejaseis	te hubieses quejado	os hubieseis quejado
se quejase	se quejasen	se hubiese quejado	se hubiesen quejado

imperativo	
—	quejémonos
quéjate; no te quejes	quejaos; no os quejéis
quéjese	quéjense

¡Qué quejumbrón! ¡Pedro se queja de todo!
What a whiner! Peter complains about everything!

quejarse de to complain about	**quejoso, quejosa** annoyed
la queja complaint	**un quejumbrón, una quejumbrona** whiner
el quejido groan, moan	**dar quejidos** to moan, groan

Syn.: **gruñir** to grumble, **protestar** to protest (308); **refunfuñar** to grumble, to growl (213)
Ant.: **calmarse** to calm oneself down (54, 289); **contentarse** to be contented (292)

quemar (389)
to burn, to fire

The Seven Simple Tenses		The Seven Compound Tenses	
Singular	**Plural**	**Singular**	**Plural**
1 presente de indicativo		**8 perfecto de indicativo**	
quemo	quemamos	he quemado	hemos quemado
quemas	quemáis	has quemado	habéis quemado
quema	queman	ha quemado	han quemado
2 imperfecto de indicativo		**9 pluscuamperfecto de indicativo**	
quemaba	quemábamos	había quemado	habíamos quemado
quemabas	quemabais	habías quemado	habíais quemado
quemaba	quemaban	había quemado	habían quemado
3 pretérito		**10 pretérito anterior**	
quemé	quemamos	hube quemado	hubimos quemado
quemaste	quemasteis	hubiste quemado	hubisteis quemado
quemó	quemaron	hubo quemado	hubieron quemado
4 futuro		**11 futuro perfecto**	
quemaré	quemaremos	habré quemado	habremos quemado
quemarás	quemaréis	habrás quemado	habréis quemado
quemará	quemarán	habrá quemado	habrán quemado
5 potencial simple		**12 potencial compuesto**	
quemaría	quemaríamos	habría quemado	habríamos quemado
quemarías	quemaríais	habrías quemado	habríais quemado
quemaría	quemarían	habría quemado	habrían quemado
6 presente de subjuntivo		**13 perfecto de subjuntivo**	
queme	quememos	haya quemado	hayamos quemado
quemes	queméis	hayas quemado	hayáis quemado
queme	quemen	haya quemado	hayan quemado
7 imperfecto de subjuntivo		**14 pluscuamperfecto de subjuntivo**	
quemara	quemáramos	hubiera quemado	hubiéramos quemado
quemaras	quemarais	hubieras quemado	hubierais quemado
quemara	quemaran	hubiera quemado	hubieran quemado
OR		OR	
quemase	quemásemos	hubiese quemado	hubiésemos quemado
quemases	quemaseis	hubieses quemado	hubieseis quemado
quemase	quemasen	hubiese quemado	hubiesen quemado

imperativo	
—	quememos
quema; no quemes	quemad; no queméis
queme	quemen

la quemadura burn, scald, sunburn	**quemarse las cejas** to burn the midnight oil
el quemador de gas gas burner	**huir de la quema** to run away from trouble
la quema fire	**quemado** burned, burned out (emotionally, physically)

Syn.: **abrasar** to burn; **encender** to light, kindle; **incendiar** to set on fire (106)
Ant.: **apagar** to extinguish; **extinguir** to extinguish (193)

Querer

Querer is a very important irregular verb for a beginning student. It is used in a great number of idiomatic expressions and everyday situations.

Sentences using **querer** and related words

¿Qué quiere Ud. beber?
What do you want to drink?

¿Qué quiere decir esto?
What does this mean?

Quisiera un café, por favor.
I would like a coffee, please.

Yo quisiera saber a qué hora el avión sale para Miami.
I would like to know at what time the plane leaves for Miami.

Queremos alquilar un coche, por favor.
We want to rent a car, please.

Te quiero.
I love you.

Words and expressions related to this verb

querer decir to mean

querido, querida dear

querido amigo, querida amiga dear friend

querido mío, querida mía my dear

querer bien a to love

Querer es poder. Where there's a will, there's a way.

querer más to prefer

Proverbs

El que más tiene más quiere.
The more one has, the more one wants.

El que todo lo quiere, todo lo pierde.
Whoever wants everything loses everything.

Syn.: **adorar** to adore; **amar** to love; **desear** to desire, to want   Ant.: **detestar** to detest (250); **odiar** to hate (232); **rechazar** to reject, to repel (81)

AN ESSENTIAL
55 Verb

Can't find the verb you're looking for?

Check the back pages of this book for a list of over 2,300 additional verbs!

The Seven Simple Tenses		The Seven Compound Tenses	
Singular	Plural	Singular	Plural
1 presente de indicativo		**8 perfecto de indicativo**	
quiero	queremos	he querido	hemos querido
quieres	queréis	has querido	habéis querido
quiere	quieren	ha querido	han querido
2 imperfecto de indicativo		**9 pluscuamperfecto de indicativo**	
quería	queríamos	había querido	habíamos querido
querías	queríais	habías querido	habíais querido
quería	querían	había querido	habían querido
3 pretérito		**10 pretérito anterlor**	
quise	quisimos	hube querido	hubimos querido
quisiste	quisisteis	hubiste querido	hubisteis querido
quiso	quisieron	hubo querido	hubieron querido
4 futuro		**11 futuro perfecto**	
querré	querremos	habré querido	habremos querido
querrás	querréis	habrás querido	habréis querido
querrá	querrán	habrá querido	habrán querido
5 potencial simple		**12 potencial compuesto**	
querría	querríamos	habría querido	habríamos querido
querrías	querríais	habrías querido	habríais querido
querría	querrían	habría querido	habrían querido
6 presente de subjuntivo		**13 perfecto de subjuntivo**	
quiera	queramos	haya querido	hayamos querido
quieras	queráis	hayas querido	hayáis querido
quiera	quieran	haya querido	hayan querido
7 imperfecto de subjuntivo		**14 pluscuamperfecto de subjuntivo**	
quisiera	quisiéramos	hubiera querido	hubiéramos querido
quisieras	quisierais	hubieras querido	hubierais querido
quisiera	quisieran	hubiera querido	hubieran querido
OR		OR	
quisiese	quisiésemos	hubiese querido	hubiésemos querido
quisieses	quisieseis	hubieses querido	hubieseis querido
quisiese	quisiesen	hubiese querido	hubiesen querido

imperativo	
—	queramos
quiere; no quieras	quered; no queráis
quiera	quieran

Q

AN ESSENTIAL
55 Verb

quitarse (391)

to take off (clothing), to remove oneself, to withdraw

Gerundio **quitándose**   Part. pas. **quitado**

Reflexive regular **-ar** verb

The Seven Simple Tenses		The Seven Compound Tenses	
Singular	**Plural**	**Singular**	**Plural**
1 presente de indicativo		**8 perfecto de indicativo**	
me quito	nos quitamos	me he quitado	nos hemos quitado
te quitas	os quitáis	te has quitado	os habéis quitado
se quita	se quitan	se ha quitado	se han quitado
2 imperfecto de indicativo		**9 pluscuamperfecto de indicativo**	
me quitaba	nos quitábamos	me había quitado	nos habíamos quitado
te quitabas	os quitabais	te habías quitado	os habíais quitado
se quitaba	se quitaban	se había quitado	se habían quitado
3 pretérito		**10 pretérito anterior**	
me quité	nos quitamos	me hube quitado	nos hubimos quitado
te quitaste	os quitasteis	te hubiste quitado	os hubisteis quitado
se quitó	se quitaron	se hubo quitado	se hubieron quitado
4 futuro		**11 futuro perfecto**	
me quitaré	nos quitaremos	me habré quitado	nos habremos quitado
te quitarás	os quitaréis	te habrás quitado	os habréis quitado
se quitará	se quitarán	se habrá quitado	se habrán quitado
5 potencial simple		**12 potencial compuesto**	
me quitaría	nos quitaríamos	me habría quitado	nos habríamos quitado
te quitarías	os quitaríais	te habrías quitado	os habríais quitado
se quitaría	se quitarían	se habría quitado	se habrían quitado
6 presente de subjuntivo		**13 perfecto de subjuntivo**	
me quite	nos quitemos	me haya quitado	nos hayamos quitado
te quites	os quitéis	te hayas quitado	os hayáis quitado
se quite	se quiten	se haya quitado	se hayan quitado
7 imperfecto de subjuntivo		**14 pluscuamperfecto de subjuntivo**	
me quitara	nos quitáramos	me hubiera quitado	nos hubiéramos quitado
te quitaras	os quitarais	te hubieras quitado	os hubierais quitado
se quitara	se quitaran	se hubiera quitado	se hubieran quitado
OR		OR	
me quitase	nos quitásemos	me hubiese quitado	nos hubiésemos quitado
te quitases	os quitaseis	te hubieses quitado	os hubieseis quitado
se quitase	se quitasen	se hubiese quitado	se hubiesen quitado

imperativo	
—	quitémonos
quítate; no te quites	quitaos; no os quitéis
quítese	quítense

la quita release (from owing money), acquittance	**una quitanieves** snowplow
¡Quita de ahí! Get away from here!	**la quitación** salary
quitar to remove, to take away; to rob, to strip	**el quitasol** parasol (sunshade)

Syn.: **desnudarse** to undress oneself (289); **desvestirse** to get undressed; **retirarse** to draw back   Ant.: **ponerse** to put on clothing; **vestirse** to dress oneself

to scrape, to rub off, to erase, to wipe out, to fray

The Seven Simple Tenses		The Seven Compound Tenses	
Singular	Plural	Singular	Plural
1 presente de indicativo		**8 perfecto de indicativo**	
raigo	raemos	he raído	hemos raído
raes	raéis	has raído	habéis raído
rae	raen	ha raído	han raído
2 imperfecto de indicativo		**9 pluscuamperfecto de indicativo**	
raía	raíamos	había raído	habíamos raído
raías	raíais	habías raído	habíais raído
raía	raían	había raído	habían raído
3 pretérito		**10 pretérito anterior**	
raí	raímos	hube raído	hubimos raído
raíste	raísteis	hubiste raído	hubisteis raído
rayó	rayeron	hubo raído	hubieron raído
4 futuro		**11 futuro perfecto**	
raeré	raeremos	habré raído	habremos raído
raerás	raeréis	habrás raído	habréis raído
raerá	raerán	habrá raído	habrán raído
5 potencial simple		**12 potencial compuesto**	
raería	raeríamos	habría raído	habríamos raído
raerías	raeríais	habrías raído	habríais raído
rearía	raerían	habría raído	habrían raído
6 presente de subjuntivo		**13 perfecto de subjuntivo**	
raiga	raigamos	haya raído	hayamos raído
raigas	raigáis	hayas raído	hayáis raído
raiga	raigan	haya raído	hayan raído
7 imperfecto de subjuntivo		**14 pluscuamperfecto de subjuntivo**	
rayera	rayéramos	hubiera raído	hubiéramos raído
rayeras	rayerais	hubieras raído	hubierais raído
rayera	rayeran	hubiera raído	hubieran raído
OR		OR	
rayese	rayésemos	hubiese raído	hubiésemos raído
rayeses	rayeseis	hubieses raído	hubieseis raído
rayese	rayesen	hubiese raído	hubiesen raído

imperativo	
—	raigamos
rae; no raigas	raed; no raigáis
raiga	raigan

la raedura scraping   **raerse** to wear away, become threadbare
el raedor, la raedora scraper   **raedizo, raediza** easily scraped or scratched
las raeduras scrapings   **raído, raída** worn, frayed
la raedera scraper

Syn.: **limar** to file (231), **raspar** to scrape (332)

R

realizar (393)
to realize, to carry out, to fulfill

Gerundio **realizando**   Part. pas. **realizado**
Regular **-ar** verb endings with spelling change: **z** becomes **c** before **e**

The Seven Simple Tenses		The Seven Compound Tenses	
Singular	Plural	Singular	Plural
1 presente de indicativo		**8 perfecto de indicativo**	
realizo	realizamos	he realizado	hemos realizado
realizas	realizáis	has realizado	habéis realizado
realiza	realizan	ha realizado	han realizado
2 imperfecto de indicativo		**9 pluscuamperfecto de indicativo**	
realizaba	realizábamos	había realizado	habíamos realizado
realizabas	realizabais	habías realizado	habíais realizado
realizaba	realizaban	había realizado	habían realizado
3 pretérito		**10 pretérito anterior**	
realicé	realizamos	hube realizado	hubimos realizado
realizaste	realizasteis	hubiste realizado	hubisteis realizado
realizó	realizaron	hubo realizado	hubieron realizado
4 futuro		**11 futuro perfecto**	
realizaré	realizaremos	habré realizado	habremos realizado
realizarás	realizaréis	habrás realizado	habréis realizado
realizará	realizarán	habrá realizado	habrán realizado
5 potencial simple		**12 potencial compuesto**	
realizaría	realizaríamos	habría realizado	habríamos realizado
realizarías	realizaríais	habrías realizado	habríais realizado
realizaría	realizarían	habría realizado	habrían realizado
6 presente de subjuntivo		**13 perfecto de subjuntivo**	
realice	realicemos	haya realizado	hayamos realizado
realices	realicéis	hayas realizado	hayáis realizado
realice	realicen	haya realizado	hayan realizado
7 imperfecto de subjuntivo		**14 pluscuamperfecto de subjuntivo**	
realizara	realizáramos	hubiera realizado	hubiéramos realizado
realizaras	realizarais	hubieras realizado	hubierais realizado
realizara	realizaran	hubiera realizado	hubieran realizado
OR		OR	
realizase	realizásemos	hubiese realizado	hubiésemos realizado
realizases	realizaseis	hubieses realizado	hubieseis realizado
realizase	realizasen	hubiese realizado	hubiesen realizado

imperativo	
—	realicemos
realiza; no realices	realizad; no realicéis
realice	realicen

realizar su deseo   to have one's wish
la realización   fulfillment, realization, production
realizarse   to become fulfilled, to be carried out
realizable   practical

el, la realista   realist
la realidad   reality
el realismo   realism
realmente   really

Syn.: **cumplir** to fulfill; **hacer** to do; **llevar a cabo** to carry through, to accomplish
Ant.: **incumplir** to fail to fulfill (157)

recibir (394)

to receive, to get

The Seven Simple Tenses		The Seven Compound Tenses	
Singular	**Plural**	**Singular**	**Plural**
1 presente de indicativo		**8 perfecto de indicativo**	
recibo	recibimos	he recibido	hemos recibido
recibes	recibís	has recibido	habéis recibido
recibe	reciben	ha recibido	han recibido
2 imperfecto de indicativo		**9 pluscuamperfecto de indicativo**	
recibía	recibíamos	había recibido	habíamos recibido
recibías	recibíais	habías recibido	habíais recibido
recibía	recibían	había recibido	habían recibido
3 pretérito		**10 pretérito anterior**	
recibí	recibimos	hube recibido	hubimos recibido
recibiste	recibisteis	hubiste recibido	hubisteis recibido
recibió	recibieron	hubo recibido	hubieron recibido
4 futuro		**11 futuro perfecto**	
recibiré	recibiremos	habré recibido	habremos recibido
recibirás	recibiréis	habrás recibido	habréis recibido
recibirá	recibirán	habrá recibido	habrán recibido
5 potencial simple		**12 potencial compuesto**	
recibiría	recibiríamos	habría recibido	habríamos recibido
recibirías	recibiríais	habrías recibido	habríais recibido
recibiría	recibirían	habría recibido	habrían recibido
6 presente de subjuntivo		**13 perfecto de subjuntivo**	
reciba	recibamos	haya recibido	hayamos recibido
recibas	recibáis	hayas recibido	hayáis recibido
reciba	reciban	haya recibido	hayan recibido
7 imperfecto de subjuntivo		**14 pluscuamperfecto de subjuntivo**	
recibiera	recibiéramos	hubiera recibido	hubiéramos recibido
recibieras	recibierais	hubieras recibido	hubierais recibido
recibiera	recibieran	hubiera recibido	hubieran recibido
OR		OR	
recibiese	recibiésemos	hubiese recibido	hubiésemos recibido
recibieses	recibieseis	hubieses recibido	hubieseis recibido
recibiese	recibiesen	hubiese recibido	hubiesen recibido

imperativo	
—	recibamos
recibe; no recibas	recibid; no recibáis
reciba	reciban

un recibo receipt
acusar recibo to acknowledge receipt
la recepción reception
recibir a cuenta to receive on account

de recibo acceptable; **ser de recibo** to be
acceptable
recibirse to be admitted, to be received,
to graduate

Syn.: **adquirir** to acquire, to get; **obtener** to obtain   Ant.: **dar** to give; **entregar** to hand
over, to give

recoger (395)

to pick (up), to gather,
to harvest, to collect

Gerundio **recogiendo**   Part. pas. **recogido**

Regular **-er** verb endings with spelling
change: **g** becomes **j** before **a** or **o**

The Seven Simple Tenses		The Seven Compound Tenses	
Singular	**Plural**	**Singular**	**Plural**
1 presente de indicativo		**8 perfecto de indicativo**	
recojo	recogemos	he recogido	hemos recogido
recoges	recogéis	has recogido	habéis recogido
recoge	recogen	ha recogido	han recogido
2 imperfecto de indicativo		**9 pluscuamperfecto de indicativo**	
recogía	recogíamos	había recogido	habíamos recogido
recogías	recogíais	habías recogido	habíais recogido
recogía	recogían	había recogido	habían recogido
3 pretérito		**10 pretérito anterior**	
recogí	recogimos	hube recogido	hubimos recogido
recogiste	recogisteis	hubiste recogido	hubisteis recogido
recogió	recogieron	hubo recogido	hubieron recogido
4 futuro		**11 futuro perfecto**	
recogeré	recogeremos	habré recogido	habremos recogido
recogerás	recogeréis	habrás recogido	habréis recogido
recogerá	recogerán	habrá recogido	habrán recogido
5 potencial simple		**12 potencial compuesto**	
recogería	recogeríamos	habría recogido	habríamos recogido
recogerías	recogeríais	habrías recogido	habríais recogido
recogería	recogerían	habría recogido	habrían recogido
6 presente de subjuntivo		**13 perfecto de subjuntivo**	
recoja	recojamos	haya recogido	hayamos recogido
recojas	recojáis	hayas recogido	hayáis recogido
recoja	recojan	haya recogido	hayan recogido
7 imperfecto de subjuntivo		**14 pluscuamperfecto de subjuntivo**	
recogiera	recogiéramos	hubiera recogido	hubiéramos recogido
recogieras	recogierais	hubieras recogido	hubierais recogido
recogiera	recogieran	hubiera recogido	hubieran recogido
OR		OR	
recogiese	recogiésemos	hubiese recogido	hubiésemos recogido
recogieses	recogieseis	hubieses recogido	hubieseis recogido
recogiese	recogiesen	hubiese recogido	hubiesen recogido

imperativo	
—	recojamos
recoge; no recojas	recoged; no recojáis
recoja	recojan

la recogida   harvest; **la recogida de**
  basuras   garbage collection
una bandeja recogegotas   drip pan, tray

un recogedor   dustpan
recogerse   to be withdrawn, isolated
recoger datos   to gather information, data

See also **coger**.

Syn.: **coger** to seize, to grab   Ant.: **dispersar** to disperse (2)

Part. pas. **recomendado**   Gerundio **recomendando**   **recomendar** (396)

Regular **-ar** verb endings with stem change: Tenses 1, 6, Imperative

to recommend, to commend, to advise

The Seven Simple Tenses		The Seven Compound Tenses	
Singular	Plural	Singular	Plural
1 presente de indicativo		**8 perfecto de indicativo**	
recomiendo	recomendamos	he recomendado	hemos recomendado
recomiendas	recomendáis	has recomendado	habéis recomendado
recomienda	recomiendan	ha recomendado	han recomendado
2 imperfecto de indicativo		**9 pluscuamperfecto de indicativo**	
recomendaba	recomendábamos	había recomendado	habíamos recomendado
recomendabas	recomendabais	habías recomendado	habíais recomendado
recomendaba	recomendaban	había recomendado	habían recomendado
3 pretérito		**10 pretérito anterior**	
recomendé	recomendamos	hube recomendado	hubimos recomendado
recomendaste	recomendasteis	hubiste recomendado	hubisteis recomendado
recomendó	recomendaron	hubo recomendado	hubieron recomendado
4 futuro		**11 futuro perfecto**	
recomendaré	recomendaremos	habré recomendado	habremos recomendado
recomendarás	recomendaréis	habrás recomendado	habréis recomendado
recomendará	recomendarán	habrá recomendado	habrán recomendado
5 potencial simple		**12 potencial compuesto**	
recomendaría	recomendaríamos	habría recomendado	habríamos recomendado
recomendarías	recomendaríais	habrías recomendado	habríais recomendado
recomendará	recomendarían	habría recomendado	habrían recomendado
6 presente de subjuntivo		**13 perfecto de subjuntivo**	
recomiende	recomendemos	haya recomendado	hayamos recomendado
recomiendes	recomendéis	hayas recomendado	hayáis recomendado
recomiende	recomienden	haya recomendado	hayan recomendado
7 imperfecto de subjuntivo		**14 pluscuamperfecto de subjuntivo**	
recomendara	recomendáramos	hubiera recomendado	hubiéramos recomendado
recomendaras	recomendarais	hubieras recomendado	hubierais recomendado
recomendara	recomendaran	hubiera recomendado	hubieran recomendado
OR		OR	
recomendase	recomendásemos	hubiese recomendado	hubiésemos recomendado
recomendases	recomendaseis	hubieses recomendado	hubieseis recomendado
recomendase	recomendasen	hubiese recomendado	hubiesen recomendado

imperativo	
—	recomendemos
recomienda; no recomiendes	recomendad; no recomendéis
recomiende	recomienden

Mi nutricionista recomienda que yo coma más legumbres.
My nutricionist recommends that I eat more vegetables.

la recomendación recommendation
recomendablemente commendably
recomendar que + subj. to recommend
   that + subj.

recomendable commendable, praiseworthy
recomendar + inf. to urge + inf.

Syn.: **aconsejar** to advise, to counsel; **sugerir** to suggest   Ant.: **desaconsejar** to advise against (18)

reconocer (397)

to recognize, to acknowledge,
to be grateful for

Gerundio **reconociendo**   Part. pas. **reconocido**
Regular **-er** verb endings with spelling
change: **c** becomes **zc** before **a** or **o**

The Seven Simple Tenses		The Seven Compound Tenses	
Singular	**Plural**	**Singular**	**Plural**
1 presente de indicativo		**8 perfecto de indicativo**	
reconozco	reconocemos	he reconocido	hemos reconocido
reconoces	reconocéis	has reconocido	habéis reconocido
reconoce	reconocen	ha reconocido	han reconocido
2 imperfecto de indicativo		**9 pluscuamperfecto de indicativo**	
reconocía	reconocíamos	había reconocido	habíamos reconocido
reconocías	reconocíais	habías reconocido	habíais reconocido
reconocía	reconocían	había reconocido	habían reconocido
3 pretérito		**10 pretérito anterior**	
reconocí	reconocimos	hube reconocido	hubimos reconocido
reconociste	reconocisteis	hubiste reconocido	hubisteis reconocido
reconoció	reconocieron	hubo reconocido	hubieron reconocido
4 futuro		**11 futuro perfecto**	
reconoceré	reconoceremos	habré reconocido	habremos reconocido
reconocerás	reconoceréis	habrás reconocido	habréis reconocido
reconocerá	reconocerán	habrá reconocido	habrán reconocido
5 potencial simple		**12 potencial compuesto**	
reconocería	reconoceríamos	habría reconocido	habríamos reconocido
reconocerías	reconoceríais	habrías reconocido	habríais reconocido
reconocería	reconocerían	habría reconocido	habrían reconocido
6 presente de subjuntivo		**13 perfecto de subjuntivo**	
reconozca	reconozcamos	haya reconocido	hayamos reconocido
reconozcas	reconozcáis	hayas reconocido	hayáis reconocido
reconozca	reconozcan	haya reconocido	hayan reconocido
7 imperfecto de subjuntivo		**14 pluscuamperfecto de subjuntivo**	
reconociera	reconociéramos	hubiera reconocido	hubiéramos reconocido
reconocieras	reconocierais	hubieras reconocido	hubierais reconocido
reconociera	reconocieran	hubiera reconocido	hubieran reconocido
OR		OR	
reconociese	reconociésemos	hubiese reconocido	hubiésemos reconocido
reconocieses	reconocieseis	hubieses reconocido	hubieseis reconocido
reconociese	reconociesen	hubiese reconocido	hubiesen reconocido

imperativo	
—	reconozcamos
reconoce; no reconozcas	reconoced; no reconozcáis
reconozca	reconozcan

reconocible recognizable
el reconocimiento recognition, gratitude
el reconocimiento de la voz voice recognition

el reconocimiento médico medical
  examination
reconocidamente gratefully, admittedly

For other words and expressions related to this verb, see **conocer**.

Syn.: **agradecer** to be thankful for; **aceptar** to accept   Ant.: **desconocer** to not recognize
(134); **negar** to deny

Regular **-ar** verb endings with stem
change: Tenses 1, 6, Imperative

recordar (398)
to remember, to recall, to remind

The Seven Simple Tenses		The Seven Compound Tenses	
Singular	Plural	Singular	Plural
1 presente de indicativo		**8 perfecto de indicativo**	
recuerdo	recordamos	he recordado	hemos recordado
recuerdas	recordáis	has recordado	habéis recordado
recuerda	recuerdan	ha recordado	han recordado
2 imperfecto de indicativo		**9 pluscuamperfecto de indicativo**	
recordaba	recordábamos	había recordado	habíamos recordado
recordabas	recordabais	habías recordado	habíais recordado
recordaba	recordaban	había recordado	habían recordado
3 pretérito		**10 pretérito anterior**	
recordé	recordamos	hube recordado	hubimos recordado
recordaste	recordasteis	hubiste recordado	hubisteis recordado
recordó	recordaron	hubo recordado	hubieron recordado
4 futuro		**11 futuro perfecto**	
recordaré	recordaremos	habré recordado	habremos recordado
recordarás	recordaréis	habrás recordado	habréis recordado
recordará	recordarán	habrá recordado	habrán recordado
5 potencial simple		**12 potencial compuesto**	
recordaría	recordaríamos	habría recordado	habríamos recordado
recordarías	recordaríais	habrías recordado	habríais recordado
recordaría	recordarían	habría recordado	habrían recordado
6 presente de subjuntivo		**13 perfecto de subjuntivo**	
recuerde	recordemos	haya recordado	hayamos recordado
recuerdes	recordéis	hayas recordado	hayáis recordado
recuerde	recuerden	haya recordado	hayan recordado
7 imperfecto de subjuntivo		**14 pluscuamperfecto de subjuntivo**	
recordara	recordáramos	hubiera recordado	hubiéramos recordado
recordaras	recordarais	hubieras recordado	hubierais recordado
recordara	recordaran	hubiera recordado	hubieran recordado
OR		OR	
recordase	recordásemos	hubiese recordado	hubiésemos recordado
recordases	recordaseis	hubieses recordado	hubieseis recordado
recordase	recordasen	hubiese recordado	hubiesen recordado

R

imperativo	
—	recordemos
recuerda; no recuerdes	recordad; no recordéis
recuerde	recuerden

el recuerdo   memory, recollection
los recuerdos   regards, compliments
recordable   memorable
el récord   record
una tienda de recuerdos   souvenir shop

recordar algo a uno   to remind someone of
   something
un recordatorio   memento, reminder
cuerdo   rational, sensible
cuerdamente   sensibly

Syn.: **acordarse** to remember; **rememorar** to remember (32)   Ant.: **olvidar** to forget

reducir (399)
to reduce

Gerundio **reduciendo**   Part. pas. **reducido**
Irregular in Tenses 3 and 7, regular **-ir** verb endings in
all others; spelling change: **c** becomes **zc** before **a** or **o**

The Seven Simple Tenses		The Seven Compound Tenses	
Singular	Plural	Singular	Plural
1 presente de indicativo		**8 perfecto de indicativo**	
reduzco	reducimos	he reducido	hemos reducido
reduces	reducís	has reducido	habéis reducido
reduce	reducen	ha reducido	han reducido
2 imperfecto de indicativo		**9 pluscuamperfecto de indicativo**	
reducía	reducíamos	había reducido	habíamos reducido
reducías	reducíais	habías reducido	habíais reducido
reducía	reducían	había reducido	habían reducido
3 pretérito		**10 pretérito anterior**	
reduje	redujimos	hube reducido	hubimos reducido
redujiste	redujisteis	hubiste reducido	hubisteis reducido
redujo	redujeron	hubo reducido	hubieron reducido
4 futuro		**11 futuro perfecto**	
reduciré	reduciremos	habré reducido	habremos reducido
reducirás	reduciréis	habrás reducido	habréis reducido
reducirá	reducirán	habrá reducido	habrán reducido
5 potencial simple		**12 potencial compuesto**	
reduciría	reduciríamos	habría reducido	habríamos reducido
reducirías	reduciríais	habrías reducido	habríais reducido
reduciría	reducirían	habría reducido	habrían reducido
6 presente de subjuntivo		**13 perfecto de subjuntivo**	
reduzca	reduzcamos	haya reducido	hayamos reducido
reduzcas	reduzcáis	hayas reducido	hayáis reducido
reduzca	reduzcan	haya reducido	hayan reducido
7 imperfecto de subjuntivo		**14 pluscuamperfecto de subjuntivo**	
redujera	redujéramos	hubiera reducido	hubiéramos reducido
redujeras	redujerais	hubieras reducido	hubierais reducido
redujera	redujeran	hubiera reducido	hubieran reducido
OR		OR	
redujese	redujésemos	hubiese reducido	hubiésemos reducido
redujeses	redujeseis	hubieses reducido	hubieseis reducido
redujese	redujesen	hubiese reducido	hubiesen reducido

imperativo		
—	reduzcamos	
reduce; no reduzcas	reducid; no reduzcáis	
reduzca	reduzcan	

reducido, reducida reduced	**la reducción** reduction	
reducible reducible	**reducirse** to be reduced	
la reducibilidad reducibility	**la reductibilidad** reductibility	

Syn.: **disminuir** to diminish (271)   Ant.: **agrandar** to increase; **aumentar** to augment, to increase (317)

Part. pas. **referido**   Gerundio **refiriendo**

Regular **-ir** verb endings with stem change:
Tenses 1, 3, 6, 7, Imperative, Gerundio

referir (400)

to refer, to relate

The Seven Simple Tenses		The Seven Compound Tenses	
Singular	**Plural**	**Singular**	**Plural**
1 presente de indicativo		**8 perfecto de indicativo**	
refiero	referimos	he referido	hemos referido
refieres	referís	has referido	habéis referido
refiere	refieren	ha referido	han referido
2 imperfecto de indicativo		**9 pluscuamperfecto de indicativo**	
refería	referíamos	había referido	habíamos referido
referías	referíais	habías referido	habíais referido
refería	referían	había referido	habían referido
3 pretérito		**10 pretérito anterior**	
referí	referimos	hube referido	hubimos referido
referiste	referisteis	hubiste referido	hubisteis referido
refirió	refirieron	hubo referido	hubieron referido
4 futuro		**11 futuro perfecto**	
referiré	referiremos	habré referido	habremos referido
referirás	referiréis	habrás referido	habréis referido
referirá	referirán	habrá referido	habrán referido
5 potencial simple		**12 potencial compuesto**	
referiría	referiríamos	habría referido	habríamos referido
referirías	referiríais	habrías referido	habríais referido
referiría	referirían	habría referido	habrían referido
6 presente de subjuntivo		**13 perfecto de subjuntivo**	
refiera	refiramos	haya referido	hayamos referido
refieras	refiráis	hayas referido	hayáis referido
refiera	refieran	haya referido	hayan referido
7 imperfecto de subjuntivo		**14 pluscuamperfecto de subjuntivo**	
refiriera	refiriéramos	hubiera referido	hubiéramos referido
refirieras	refirieras	hubieras referido	hubierais referido
refiriera	refirieran	hubiera referido	hubieran referido
OR		OR	
refiriese	refiriésemos	hubiese referido	hubiésemos referido
refirieses	refirieseis	hubieses referido	hubieseis referido
refiriese	refiriesen	hubiese referido	hubiesen referido

imperativo	
—	refiramos
refiere; no refieras	referid; no refiráis
refiera	refieran

Mi médico me refirió a un especialista.
My doctor referred me to a specialist.

la referencia reference, account (narration)
referente concerning, referring, relating (to)
el referéndum referendum
See also **preferir**.

transferir to transfer
el referido, la referida the person referred to
conferir to confer, to grant

Syn.: **contar** to relate, to tell; **mencionar** to mention   Ant.: **callarse** to be silent

R

regalar (401)

to give as a present, to make a present of, to give as a gift, to honor

The Seven Simple Tenses		The Seven Compound Tenses	
Singular	Plural	Singular	Plural
1 presente de indicativo		**8 perfecto de indicativo**	
regalo	regalamos	he regalado	hemos regalado
regalas	regaláis	has regalado	habéis regalado
regala	regalan	ha regalado	han regalado
2 imperfecto de indicativo		**9 pluscuamperfecto de indicativo**	
regalaba	regalábamos	había regalado	habíamos regalado
regalabas	regalabais	habías regalado	habíais regalado
regalaba	regalaban	había regalado	habían regalado
3 pretérito		**10 pretérito anterior**	
regalé	regalamos	hube regalado	hubimos regalado
regalaste	regalasteis	hubiste regalado	hubisteis regalado
regaló	regalaron	hubo regalado	hubieron regalado
4 futuro		**11 futuro perfecto**	
regalaré	regalaremos	habré regalado	habremos regalado
regalarás	regalaréis	habrás regalado	habréis regalado
regalará	regalarán	habrá regalado	habrán regalado
5 potencial simple		**12 potencial compuesto**	
regalaría	regalaríamos	habría regalado	habríamos regalado
regalarías	regalaríais	habrías regalado	habríais regalado
regalaría	regalarían	habría regalado	habrían regalado
6 presente de subjuntivo		**13 perfecto de subjuntivo**	
regale	regalemos	haya regalado	hayamos regalado
regales	regaléis	hayas regalado	hayáis regalado
regale	regalen	haya regalado	hayan regalado
7 imperfecto de subjuntivo		**14 pluscuamperfecto de subjuntivo**	
regalara	regaláramos	hubiera regalado	hubiéramos regalado
regalaras	regalarais	hubieras regalado	hubierais regalado
regalara	regalaran	hubiera regalado	hubieran regalado
OR		OR	
regalase	regalásemos	hubiese regalado	hubiésemos regalado
regalases	regalaseis	hubieses regalado	hubieseis regalado
regalase	regalasen	hubiese regalado	hubiesen regalado

imperativo	
—	regalemos
regala; no regales	regalad; no regaléis
regale	regalen

regalar el oído   to flatter
un regalo   gift, present
regaladamente   comfortably

un regalejo   small gift
de regalo   free, gratis, complimentary

Syn.: **dar** to give; **donar** to donate, to give (355); **obsequiar** to give, to bestow (228); **ofrecer** to offer

Part. pas. **regado**   Gerundio **regando**
Regular -**ar** verb endings with spelling change: **g** becomes
gu before **e**; stem change: Tense 1, 6, Imperative

The Seven Simple Tenses		The Seven Compound Tenses	
Singular	Plural	Singular	Plural
1 presente de indicativo		**8 perfecto de indicativo**	
riego	regamos	he regado	hemos regado
riegas	regáis	has regado	habéis regado
riega	riegan	ha regado	han regado
2 imperfecto de indicativo		**9 pluscuamperfecto de indicativo**	
regaba	regábamos	había regado	habíamos regado
regabas	regabais	habías regado	habíais regado
regaba	regaban	había regado	habían regado
3 pretérito		**10 pretérito anterior**	
regué	regamos	hube regado	hubimos regado
regaste	regasteis	hubiste regado	hubisteis regado
regó	regaron	hubo regado	hubieron regado
4 futuro		**11 futuro perfecto**	
regaré	regaremos	habré regado	habremos regado
regarás	regaréis	habrás regado	habréis regado
regará	regarán	habrá regado	habrán regado
5 potencial simple		**12 potencial compuesto**	
regaría	regaríamos	habría regado	habríamos regado
regarías	regaríais	habrías regado	habríais regado
regaría	regarían	habría regado	habrían regado
6 presente de subjuntivo		**13 perfecto de subjuntivo**	
riegue	reguemos	haya regado	hayamos regado
riegues	reguéis	hayas regado	hayáis regado
riegue	rieguen	haya regado	hayan regado
7 imperfecto de subjuntivo		**14 pluscuamperfecto de subjuntivo**	
regara	regáramos	hubiera regado	hubiéramos regado
regaras	regarais	hubieras regado	hubierais regado
regara	regaran	hubiera regado	hubieran regado
OR		OR	
regase	regásemos	hubiese regado	hubiésemos regado
regases	regaseis	hubieses regado	hubieseis regado
regase	regasen	hubiese regado	hubiesen regado

R

imperativo	
—	reguemos
riega; no riegues	regad; no reguéis
riegue	rieguen

A causa de la sequía, ya no regamos más el césped. Está prohibido por la ley.
Because of the drought, we don't water our lawn anymore. It's against the law.

una regata regatta, boat race; irrigation ditch	**boca de riego** hydrant
el riego irrigation, sprinkling, watering	**una regadora** water sprinkler
la irrigación irrigation	**una regadura** sprinkling, watering

Syn.: **irrigar** to irrigate (341)   Ant.: **secar** to dry

regresar (403)

to return, to go back, to regress, to give back

Gerundio **regresando**   Part. pas. **regresado**

Regular **-ar** verb

The Seven Simple Tenses		The Seven Compound Tenses	
Singular	**Plural**	**Singular**	**Plural**
1 presente de indicativo		**8 perfecto de indicativo**	
regreso	regresamos	he regresado	hemos regresado
regresas	regresáis	has regresado	habéis regresado
regresa	regresan	ha regresado	han regresado
2 imperfecto de indicativo		**9 pluscuamperfecto de indicativo**	
regresaba	regresábamos	había regresado	habíamos regresado
regresabas	regresabais	habías regresado	habíais regresado
regresaba	regresaban	había regresado	habían regresado
3 pretérito		**10 pretérito anterior**	
regresé	regresamos	hube regresado	hubimos regresado
regresaste	regresasteis	hubiste regresado	hubisteis regresado
regresó	regresaron	hubo regresado	hubieron regresado
4 futuro		**11 futuro perfecto**	
regresaré	regesaremos	habré regresado	habremos regresado
regresarás	regresaréis	habrás regresado	habréis regresado
regresará	regresarán	habrá regresado	habrán regresado
5 potencial simple		**12 potencial compuesto**	
regresaría	regresaríamos	habría regresado	habríamos regresado
regresarías	regresaríais	habrías regresado	habríais regresado
regresaría	regresarían	habría regresado	habrían regresado
6 presente de subjuntivo		**13 perfecto de subjuntivo**	
regrese	regresemos	haya regresado	hayamos regresado
regreses	regreséis	hayas regresado	hayáis regresado
regrese	regresen	haya regresado	hayan regresado
7 imperfecto de subjuntivo		**14 pluscuamperfecto de subjuntivo**	
regresara	regresáramos	hubiera regresado	hubiéramos regresado
regresaras	regresarais	hubieras regresado	hubierais regresado
regresara	regresaran	hubiera regresado	hubieran regresado
OR		OR	
regresase	regresásemos	hubiese regresado	hubiésemos regresado
regreases	regresaseis	hubieses regresado	hubieseis regresado
regresase	regresasen	hubiese regresado	hubiesen regresado

imperativo	
—	regresemos
regresa; no regreses	regresad; no regreséis
regrese	regresen

progresar to progress	**el regreso** return
la regresión regression	**estar de regreso** to be back (from a trip)
regresivo, regresiva regressive	**egresado, egresada** graduate
progresar to advance, to progress	**egresar** to graduate
regresar a casa to return home	

Syn.: **devolver** to return, to give back; **volver** to return, to go back   Ant.: **irse** to go away; **marcharse** to go away

Part. pas. **reído**   Gerundio **riendo**
Regular **-ir** verb endings with stem change:
Tenses 1, 3, 6, 7, Imperative, Gerundio

reír (404)
to laugh

The Seven Simple Tenses		The Seven Compound Tenses	
Singular	**Plural**	**Singular**	**Plural**
1 presente de indicativo		**8 perfecto de indicativo**	
río	reímos	he reído	hemos reído
ríes	reís	has reído	habéis reído
ríe	ríen	ha reído	han reído
2 imperfecto de indicativo		**9 pluscuamperfecto de indicativo**	
reía	reíamos	había reído	habíamos reído
reías	reíais	habías reído	habíais reído
reía	reían	había reído	habían reído
3 pretérito		**10 pretérito anterior**	
reí	reímos	hube reído	hubimos reído
reíste	reísteis	hubiste reído	hubisteis reído
rió	rieron	hubo reído	hubieron reído
4 futuro		**11 futuro perfecto**	
reiré	reiremos	habré reído	habremos reído
reirás	reiréis	habrás reído	habréis reído
reirá	reirán	habrá reído	habrán reído
5 potencial simple		**12 potencial compuesto**	
reiría	reiríamos	habría reído	habríamos reído
reirías	reiríais	habrías reído	habríais reído
reiría	reirían	habría reído	habrían reído
6 presente de subjuntivo		**13 perfecto de subjuntivo**	
ría	riamos	haya reído	hayamos reído
rías	riáis	hayas reído	hayáis reído
ría	rían	haya reído	hayan reído
7 imperfecto de subjuntivo		**14 pluscuamperfecto de subjuntivo**	
riera	riéramos	hubiera reído	hubiéramos reído
rieras	rierais	hubieras reído	hubierais reído
riera	rieran	hubiera reído	hubieran reído
OR		OR	
riese	riésemos	hubiese reído	hubiésemos reído
rieses	rieseis	hubieses reído	hubieseis reído
riese	riesen	hubiese reído	hubiesen reído

imperativo	
—	riamos
ríe; no rías	reíd; no riáis
ría	rían

reír a carcajadas   to laugh loudly
reír de   to laugh at, to make fun of
la risa   laugh, laughter

risible   laughable
risueño, risueña   smiling
soltar la risa   to burst out in laughter

For additional words and expressions related to this verb, see **sonreír** and **reírse**.

Syn.: **sonreír** to smile   Ant.: **tomar en serio** to take seriously

505

reírse (405)
to laugh, to laugh at

Gerundio **riéndose**   Part. pas. **reído**

Reflexive verb; regular **-ir** verb endings with stem change: Tenses 1, 3, 6, 7, Imperative, Gerundio

The Seven Simple Tenses		The Seven Compound Tenses	
Singular	Plural	Singular	Plural
1 presente de indicativo		**8 perfecto de indicativo**	
me río	nos reímos	me he reído	nos hemos reído
te ríes	os reís	te has reído	os habéis reído
se ríe	se ríen	se ha reído	se han reído
2 imperfecto de indicativo		**9 pluscuamperfecto de indicativo**	
me reía	nos reíamos	me había reído	nos habíamos reído
te reías	os reíais	te habías reído	os habíais reído
se reía	se reían	se había reído	se habían reído
3 pretérito		**10 pretérito anterior**	
me reí	nos reímos	me hube reído	nos hubimos reído
te reíste	os reísteis	te hubiste reído	os hubisteis reído
se rió	se rieron	se hubo reído	se hubieron reído
4 futuro		**11 futuro perfecto**	
me reiré	nos reiremos	me habré reído	nos habremos reído
te reirás	os reiréis	te habrás reído	os habréis reído
se reirá	se reirán	se habrá reído	se habrán reído
5 potencial simple		**12 potencial compuesto**	
me reiría	nos reiríamos	me habría reído	nos habríamos reído
te reirías	os reiríais	te habrías reído	os habríais reído
se reiría	se reirían	se habría reído	se habrían reído
6 presente de subjuntivo		**13 perfecto de subjuntivo**	
me ría	nos riamos	me haya reído	nos hayamos reído
te rías	os riáis	te hayas reído	os hayáis reído
se ría	se rían	se haya reído	se hayan reído
7 imperfecto de subjuntivo		**14 pluscuamperfecto de subjuntivo**	
me riera	nos riéramos	me hubiera reído	nos hubiéramos reído
te rieras	os rierais	te hubieras reído	os hubierais reído
se riera	se rieran	se hubiera reído	se hubieran reído
OR		OR	
me riese	nos riésemos	me hubiese reído	nos hubiésemos reído
te rieses	os rieseis	te hubieses reído	os hubieseis reído
se riese	se riesen	se hubiese reído	se hubiesen reído

	imperativo
—	riámonos
ríete; no te rías	reíos; no os riáis
ríase	ríanse

reírse de to laugh at, to make fun of	**reír a carcajadas** to laugh loudly
reírse de uno en sus propias barbas to laugh up one's sleeve	**la risa** laughter; **¡Qué risa!** What a laugh!
una cosa de risa a laughing matter	**reírse en las barbas de alguien** to laugh in someone's face

For other words related to this verb, see **sonreír** and **reír**.

Syn.: **sonreír** to smile; **burlarse de** to make fun of, to ridicule   Ant.: **respetar** to respect (54)

Part. pas. **rellenado**   Gerundio **rellenando**

Regular **-ar** verb

rellenar (406)

to refill, to fill again, to stuff

The Seven Simple Tenses

Singular	Plural
1 presente de indicativo	
relleno	rellenamos
rellenas	rellenáis
rellena	rellenan
2 imperfecto de indicativo	
rellenaba	rellenábamos
rellenabas	rellenabais
rellenaba	rellenaban
3 pretérito	
rellené	rellenamos
rellenaste	rellenasteis
rellenó	rellenaron
4 futuro	
rellenaré	rellenaremos
rellenarás	rellenaréis
rellenará	rellenarán
5 potencial simple	
rellenaría	rellenaríamos
rellenarías	rellenaríais
rellenaría	rellenarían
6 presente de subjuntivo	
rellene	rellenemos
rellenes	rellenéis
rellene	rellenen
7 imperfecto de subjuntivo	
rellenara	rellenáramos
rellenaras	rellenarais
rellenara	rellenaran
OR	
rellenase	rellenásemos
rellenases	rellenaseis
rellenase	rellenasen

The Seven Compound Tenses

Singular	Plural
8 perfecto de indicativo	
he rellenado	hemos rellenado
has rellenado	habéis rellenado
ha rellenado	han rellenado
9 pluscuamperfecto de indicativo	
había rellenado	habíamos rellenado
habías rellenado	habíais rellenado
había rellenado	habían rellenado
10 pretérito anterior	
hube rellenado	hubimos rellenado
hubiste rellenado	hubisteis rellenado
hubo rellenado	hubieron rellenado
11 futuro perfecto	
habré rellenado	habremos rellenado
habrás rellenado	habréis rellenado
habrá rellenado	habrán rellenado
12 potencial compuesto	
habría rellenado	habríamos rellenado
habrías rellenado	habríais rellenado
habría rellenado	habrían rellenado
13 perfecto de subjuntivo	
haya rellenado	hayamos rellenado
hayas rellenado	hayáis rellenado
haya rellenado	hayan rellenado
14 pluscuamperfecto de subjuntivo	
hubiera rellenado	hubiéramos rellenado
hubieras rellenado	hubierais rellenado
hubiera rellenado	hubieran rellenado
OR	
hubiese rellenado	hubiésemos rellenado
hubieses rellenado	hubieseis rellenado
hubiese rellenado	hubiesen rellenado

imperativo

—	rellenemos
rellena; no rellenes	rellenad; no rellenéis
rellene	rellenen

Ayer, me rellené de tacos en la taquería.
Yesterday I stuffed myself with tacos at the taco stand.

el relleno   filling, stuffing
relleno, rellena   stuffed, filled

rellenable   refillable
rellenarse   to stuff oneself with food

For other words and expressions related to this verb, see **llenar.**

Syn.: **embutir** to stuff, to cram (60); **llenar** to fill   Ant.: **extraer** to extract (477); **vaciar** to empty

R

remitir (407)

to remit, to forward, to transmit

Gerundio **remitiendo** Part. pas. **remitido**

Regular **-ir** verb

The Seven Simple Tenses		The Seven Compound Tenses	
Singular	**Plural**	**Singular**	**Plural**
1 presente de indicativo		**8 perfecto de indicativo**	
remito	remitimos	he remitido	hemos remitido
remites	remitís	has remitido	habéis remitido
remite	remiten	ha remitido	han remitido
2 imperfecto de indicativo		**9 pluscuamperfecto de indicativo**	
remitía	remitíamos	había remitido	habíamos remitido
remitías	remitíais	habías remitido	habíais remitido
remitía	remitían	había remitido	habían remitido
3 pretérito		**10 pretérito anterior**	
remití	remitimos	hube remitido	hubimos remitido
remitise	remitisteis	hubiste remitido	hubisteis remitido
remitió	remitieron	hubo remitido	hubieron remitido
4 futuro		**11 futuro perfecto**	
remitiré	remitiremos	habré remitido	habremos remitido
remitirás	remitiréis	habrás remitido	habréis remitido
remitirá	remitirán	habrá remitido	habrán remitido
5 potencial simple		**12 potencial compuesto**	
remitiría	remitiríamos	habría remitido	habríamos remitido
remitirías	remitiríais	habrías remitido	habríais remitido
remitiría	remitirían	habría remitido	habrían remitido
6 presente de subjuntivo		**13 perfecto de subjuntivo**	
remita	remitamos	haya remitido	hayamos remitido
remitas	remitáis	hayas remitido	hayáis remitido
remita	remitan	haya remitido	hayan remitido
7 imperfecto de subjuntivo		**14 pluscuamperfecto de subjuntivo**	
remitiera	remitiéramos	hubiera remitido	hubiéramos remitido
remitieras	remitierais	hubieras remitido	hubierais remitido
remitiera	remitieran	hubiera remitido	hubieran remitido
OR		OR	
remitiese	remitiésemos	hubiese remitido	hubiésemos remitido
remitieses	remitieseis	hubieses remitido	hubieseis remitido
remitiese	remitiesen	hubiese remitido	hubiesen remitido

imperativo	
—	remitamos
remite; no remitas	remitid; no remitáis
remita	remitan

remitirse a   to refer oneself to
el, la remitente   sender, shipper
el remisor, la remisora   sender

la remisión   remission, remittal
la remisión de los pecados   remission of sins

Syn.: **enviar** to send; **expedir** to expedite (349)   Ant.: **recibir** to receive

Regular **-ir** verb endings in all tenses except Tenses 3 and
7; stem change: Tenses 1, 3, 6, 7, Imperative, Gerundio

The Seven Simple Tenses		The Seven Compound Tenses	
Singular	Plural	Singular	Plural
1 presente de indicativo		**8 perfecto de indicativo**	
riño	reñimos	he reñido	hemos reñido
riñes	reñís	has reñido	habéis reñido
riñe	riñen	ha reñido	han reñido
2 imperfecto de indicativo		**9 pluscuamperfecto de indicativo**	
reñía	reñíamos	había reñido	habíamos reñido
reñías	reñíais	habías reñido	habíais reñido
reñía	reñían	había reñido	habían reñido
3 pretérito		**10 pretérito anterior**	
reñí	reñimos	hube reñido	hubimos reñido
reñiste	reñisteis	hubiste reñido	hubisteis reñido
riñó	riñeron	hubo reñido	hubieron reñido
4 futuro		**11 futuro perfecto**	
reñiré	reñiremos	habré reñido	habremos reñido
reñirás	reñiréis	habrás reñido	habréis reñido
reñirá	reñirán	habrá reñido	habrán reñido
5 potencial simple		**12 potencial compuesto**	
reñiría	reñiríamos	habría reñido	habríamos reñido
reñirías	reñiríais	habrías reñido	habríais reñido
reñiría	reñirían	habría reñido	habrían reñido
6 presente de subjuntivo		**13 perfecto de subjuntivo**	
riña	riñamos	haya reñido	hayamos reñido
riñas	riñáis	hayas reñido	hayáis reñido
riña	riñan	haya reñido	hayan reñido
7 imperfecto de subjuntivo		**14 pluscuamperfecto de subjuntivo**	
riñera	riñéramos	hubiera reñido	hubiéramos reñido
riñeras	riñerais	hubieras reñido	hubierais reñido
riñera	riñeran	hubiera reñido	hubieran reñido
OR		OR	
riñese	riñésemos	hubiese reñido	hubiésemos reñido
riñeses	riñeseis	hubieses reñido	hubieseis reñido
riñese	riñesen	hubiese reñido	hubiesen reñido

imperativo	
—	riñamos
riñe; no riñas	reñid; no riñáis
riña	riñan

reñidor, reñidora quarreller
reñidamente stubbornly
reñir por to fight over

la riña quarrel, fight
reñir a alguien to tell someone off
una reñidura scolding

Syn.: **disputar** to argue (11); **regañar** to scold (213); **sermonear** to lecture, to preach (175)
Ant.: **reconciliarse** to reconcile (232, 289)

reparar (409)

to mend, to repair, to notice, to observe

The Seven Simple Tenses		The Seven Compound Tenses	
Singular	Plural	Singular	Plural
1 presente de indicativo		**8 perfecto de indicativo**	
reparo	reparamos	he reparado	hemos reparado
reparas	reparáis	has reparado	habéis reparado
repara	reparan	ha reparado	han reparado
2 imperfecto de indicativo		**9 pluscuamperfecto de indicativo**	
reparaba	reparábamos	había reparado	habíamos reparado
reparabas	reparabais	habías reparado	habíais reparado
reparaba	reparaban	había reparado	habían reparado
3 pretérito		**10 pretérito anterior**	
reparé	reparamos	hube reparado	hubimos reparado
reparaste	reparasteis	hubiste reparado	hubisteis reparado
reparó	repararon	hubo reparado	hubieron reparado
4 futuro		**11 futuro perfecto**	
repararé	repararemos	habré reparado	habremos reparado
repararás	repararéis	habrás reparado	habréis reparado
reparará	repararán	habrá reparado	habrán reparado
5 potencial simple		**12 potencial compuesto**	
repararía	repararíamos	habría reparado	habríamos reparado
repararías	repararíais	habrías reparado	habríais reparado
repararía	repararían	habría reparado	habrían reparado
6 presente de subjuntivo		**13 perfecto de subjuntivo**	
repare	reparemos	haya reparado	hayamos reparado
repares	reparéis	hayas reparado	hayáis reparado
repare	reparen	haya reparado	hayan reparado
7 imperfecto de subjuntivo		**14 pluscuamperfecto de subjuntivo**	
reparara	reparáramos	hubiera reparado	hubiéramos reparado
repararas	repararais	hubieras reparado	hubierais reparado
reparara	repararan	hubiera reparado	hubieran reparado
OR		OR	
reparase	reparásemos	hubiese reparado	hubiésemos reparado
reparases	reparaseis	hubieses reparado	hubieseis reparado
reparase	reparasen	hubiese reparado	hubiesen reparado

imperativo	
—	reparemos
repara; no repares	reparad; no reparéis
repare	reparen

No reparé mi celular. Fue más fácil reemplazarlo.
I didn't repair my cell phone. It was easier to replace it.

reparar en to notice, to pay attention to
un reparo repairs, repairing; notice
una reparación repairing, reparation

las reparaciones provisionales temporary repairs
reparable reparable; noteworthy
un reparador, una reparadora repairer

Syn.: **arreglar** to repair Ant.: **dañar** to damage (109); **romper** to break

repartir (410)
to distribute, to deal cards

The Seven Simple Tenses		The Seven Compound Tenses	
Singular	**Plural**	**Singular**	**Plural**
1 presente de indicativo		**8 perfecto de indicativo**	
reparto	repartimos	he repartido	hemos repartido
repartes	repartís	has repartido	habéis repartido
reparte	reparten	ha repartido	han repartido
2 imperfecto de indicativo		**9 pluscuamperfecto de indicativo**	
repartía	repartíamos	había repartido	habíamos repartido
repartías	repartíais	habías repartido	habíais repartido
repartía	repartían	había repartido	habían repartido
3 pretérito		**10 pretérito anterior**	
repartí	repartimos	hube repartido	hubimos repartido
repartiste	repartisteis	hubiste repartido	hubisteis repartido
repartió	repartieron	hubo repartido	hubieron repartido
4 futuro		**11 futuro perfecto**	
repartiré	repartiremos	habré repartido	habremos repartido
repartirás	repartiréis	habrás repartido	habréis repartido
repartirá	repartirán	habrá repartido	habrán repartido
5 potencial simple		**12 potencial compuesto**	
repartiría	repartiríamos	habría repartido	habríamos repartido
repartirías	repartiríais	habrías repartido	habríais repartido
repartiría	repartirían	habría repartido	habrían repartido
6 presente de subjuntivo		**13 perfecto de subjuntivo**	
reparta	repartamos	haya repartido	hayamos repartido
repartas	repartáis	hayas repartido	hayáis repartido
reparta	repartan	haya repartido	hayan repartido
7 imperfecto de subjuntivo		**14 pluscuamperfecto de subjuntivo**	
repartiera	repartiéramos	hubiera repartido	hubiéramos repartido
repartieras	repartierais	hubieras repartido	hubierais repartido
repartiera	repartieran	hubiera repartido	hubieran repartido
OR		OR	
repartiese	repartiésemos	hubiese repartido	hubiésemos repartido
repartieses	repartieseis	hubieses repartido	hubieseis repartido
repartiese	repartiesen	hubiese repartido	hubiesen repartido

imperativo	
—	repartamos
reparte; no repartas	repartid; no repartáis
reparta	repartan

repartir un dividendo   to declare/distribute
 a dividend
la repartición, el repartimiento   distribution
See also **partir**.

repartir la diferencia   to split the difference
el reparto   distribution, cast (of actors)
repartible   distributable

Syn.: **distribuir** to distribute (264); **dividir** to divide (346)   Ant.: **acaparar** to hoard (342); **recoger** to collect, to gather

511

repetir (411)

to repeat

Gerundio **repitiendo**   Part. pas. **repetido**
Regular **-ir** verb endings with stem change:
Tenses 1, 3, 6, 7, Imperative, Gerundio

The Seven Simple Tenses		The Seven Compound Tenses	
Singular	**Plural**	**Singular**	**Plural**
1 presente de indicativo		**8 perfecto de indicativo**	
repito	repetimos	he repetido	hemos repetido
repites	repetís	has repetido	habéis repetido
repite	repiten	ha repetido	han repetido
2 imperfecto de indicativo		**9 pluscuamperfecto de indicativo**	
repetía	repetíamos	había repetido	habíamos repetido
repetías	repetíais	habías repetido	habíais repetido
repetía	repetían	había repetido	habían repetido
3 pretérito		**10 pretérito anterior**	
repetí	repetimos	hube repetido	hubimos repetido
repetiste	repetisteis	hubiste repetido	hubisteis repetido
repitió	repitieron	hubo repetido	hubieron repetido
4 futuro		**11 futuro perfecto**	
repetiré	repetiremos	habré repetido	habremos repetido
repetirás	repetiréis	habrás repetido	habréis repetido
repetirá	repetirán	habrá repetido	habrán repetido
5 potencial simple		**12 potencial compuesto**	
repetiría	repetiríamos	habría repetido	habríamos repetido
repetirías	repetiríais	habrías repetido	habríais repetido
repetiría	repetirían	habría repetido	habrían repetido
6 presente de subjuntivo		**13 perfecto de subjuntivo**	
repita	repitamos	haya repetido	hayamos repetido
repitas	repitáis	hayas repetido	hayáis repetido
repita	repitan	haya repetido	hayan repetido
7 imperfecto de subjuntivo		**14 pluscuamperfecto de subjuntivo**	
repitiera	repitiéramos	hubiera repetido	hubiéramos repetido
repitieras	repitierais	hubieras repetido	hubierais repetido
repitiera	repitieran	hubiera repetido	hubieran repetido
OR		OR	
repitiese	repitiésemos	hubiese repetido	hubiésemos repetido
repitieses	repitieseis	hubieses repetido	hubieseis repetido
repitiese	repitiesen	hubiese repetido	hubiesen repetido

imperativo

—	repitamos
repite; no repitas	repetid; no repitáis
repita	repitan

No entendí lo que dijo. Repítalo, por favor.
I didn't understand what you said. Please repeat it.

la repetición repetition	**repetidas veces** over and over again
repetidamente repeatedly	**repetido, repetida** repeated
el repetidor WiFi WiFi repeater	**¡Que se repita!** Encore!

Syn.: **redoblar** to redouble (259); **reiterar** to reiterate, to repeat (72); **reproducir** to reproduce (381)

Part. pas. **resuelto**   Gerundio **resolviendo**
Regular **-er** verb endings with stem change:
Tenses 1, 6, Imperative, Past Participle

resolver (412)

to resolve, to solve (a problem)

The Seven Simple Tenses		The Seven Compound Tenses	
Singular	Plural	Singular	Plural
1 presente de indicativo		**8 perfecto de indicativo**	
resuelvo	resolvemos	he resuelto	hemos resuelto
resuelves	resolvéis	has resuelto	habéis resuelto
resuelve	resuelven	ha resuelto	han resuelto
2 imperfecto de indicativo		**9 pluscuamperfecto de indicativo**	
resolvía	resolvíamos	había resuelto	habíamos resuelto
resolvías	resolvíais	habías resuelto	habíais resuelto
resolvía	resolvían	había resuelto	habían resuelto
3 pretérito		**10 pretérito anterior**	
resolví	resolvimos	hube resuelto	hubimos resuelto
resolviste	resolvisteis	hubiste resuelto	hubisteis resuelto
resolvió	resolvieron	hubo resuelto	hubieron resuelto
4 futuro		**11 futuro perfecto**	
resolveré	resolveremos	habré resuelto	habremos resuelto
resolverás	resolveréis	habrás resuelto	habréis resuelto
resolverá	resolverán	habrá resuelto	habrán resuelto
5 potencial simple		**12 potencial compuesto**	
resolvería	resolveríamos	habría resuelto	habríamos resuelto
resolverías	resolveríais	habrías resuelto	habríais resuelto
resolvería	resolverían	habría resuelto	habrían resuelto
6 presente de subjuntivo		**13 perfecto de subjuntivo**	
resuelva	resolvamos	haya resuelto	hayamos resuelto
resuelvas	resolváis	hayas resuelto	hayáis resuelto
resuelva	resuelvan	haya resuelto	hayan resuelto
7 imperfecto de subjuntivo		**14 pluscuamperfecto de subjuntivo**	
resolviera	resolviéramos	hubiera resuelto	hubiéramos resuelto
resolvieras	resolvierais	hubieras resuelto	hubierais resuelto
resolviera	resolvieran	hubiera resuelto	hubieran resuelto
OR		OR	
resolviese	resolviésemos	hubiese resuelto	hubiésemos resuelto
resolvieses	resolvieseis	hubieses resuelto	hubieseis resuelto
resolviese	resolviesen	hubiese resuelto	hubiesen resuelto

imperativo	
—	resolvamos
resuelve; no resuelvas	resolved; no resolváis
resuelva	resuelvan

resolver un conflicto   to settle a dispute
resolverse   to resolve (oneself)
resolverse a + inf.   to resolve + inf.
una resolución   resolution

una resolución definitiva   final decision
resolutivamente   resolutely
resoluto, resoluta   resolute
resuelto, resuelta   firm, resolute

Syn.: **arreglar** to repair, to fix; **solucionar** to solve, to resolve (355)   Ant.: **complicar** to complicate (76)

R

513

responder (413)
to answer, to reply, to respond

Gerundio **respondiendo**   Part. pas. **respondido**

Regular **-er** verb

The Seven Simple Tenses		The Seven Compound Tenses	
Singular	**Plural**	**Singular**	**Plural**
1 presente de indicativo		**8 perfecto de indicativo**	
respondo	respondemos	he respondido	hemos respondido
respondes	respondéis	has respondido	habéis respondido
responde	responden	ha respondido	han respondido
2 imperfecto de indicativo		**9 pluscuamperfecto de indicativo**	
respondía	respondíamos	había respondido	habíamos respondido
respondías	respondíais	habías respondido	habíais respondido
respondía	respondían	había respondido	habían respondido
3 pretérito		**10 pretérito anterior**	
respondí	respondimos	hube respondido	hubimos respondido
respondiste	respondisteis	hubiste respondido	hubisteis respondido
respondió	respondieron	hubo respondido	hubieron respondido
4 futuro		**11 futuro perfecto**	
responderé	responderemos	habré respondido	habremos respondido
responderás	responderéis	habrás respondido	habréis respondido
responderá	responderán	habrá respondido	habrán respondido
5 potencial simple		**12 potencial compuesto**	
respondería	responderíamos	habría respondido	habríamos respondido
responderías	responderíais	habrías respondido	habríais respondido
respondería	responderían	habría respondido	habrían respondido
6 presente de subjuntivo		**13 perfecto de subjuntivo**	
responda	respondamos	haya respondido	hayamos respondido
respondas	respondáis	hayas respondido	hayáis respondido
responda	respondan	haya respondido	hayan respondido
7 imperfecto de subjuntivo		**14 pluscuamperfecto de subjuntivo**	
respondiera	respondiéramos	hubiera respondido	hubiéramos respondido
respondieras	respondierais	hubieras respondido	hubierais respondido
respondiera	respondieran	hubiera respondido	hubieran respondido
OR		OR	
respondiese	respondiésemos	hubiese respondido	hubiésemos respondido
respondieses	respondieseis	hubieses respondido	hubieseis respondido
respondiese	respondiesen	hubiese respondido	hubiesen respondido

imperativo	
—	respondamos
responde; no respondas	responded; no respondáis
responda	respondan

una respuesta   answer, reply, response
la correspondencia   correspondence
correspondientemente   correspondingly
responsivo, responsiva   responsive

corresponder   to correspond
corresponder a   to reciprocate
responder a la pregunta   to answer the
question, to respond to the question

Syn.: **contestar** to reply; **replicar** to reply (99)   Ant.: **callarse** to be silent; **preguntar** to ask

514

Part. pas. **retirado**   Gerundio **retirando**
Regular **-ar** verb

retirar (414)
to retire, to withdraw

The Seven Simple Tenses

Singular	Plural
1 presente de indicativo	
retiro	retiramos
retiras	retiráis
retira	retiran
2 imperfecto de indicativo	
retiraba	retirábamos
retirabas	retirabais
retiraba	retiraban
3 pretérito	
retiré	retiramos
retiraste	retirasteis
retiró	retiraron
4 futuro	
retiraré	retiraremos
retirarás	retiraréis
retirará	retirarán
5 potencial simple	
retiraría	retiraríamos
retirarías	retiraríais
retiraría	retirarían
6 presente de subjuntivo	
retire	retiremos
retires	retiréis
retire	retiren
7 imperfecto de subjuntivo	
retirara	retiráramos
retiraras	retirarais
retirara	retiraran
OR	
retirase	retirásemos
retirases	retiraseis
retirase	retirasen

The Seven Compound Tenses

Singular	Plural
8 perfecto de indicativo	
he retirado	hemos retirado
has retirado	habéis retirado
ha retirado	han retirado
9 pluscuamperfecto de indicativo	
había retirado	habíamos retirado
habías retirado	habíais retirado
había retirado	habían retirado
10 pretérito anterior	
hube retirado	hubimos retirado
hubiste retirado	hubisteis retirado
hubo retirado	hubieron retirado
11 futuro perfecto	
habré retirado	habremos retirado
habrás retirado	habréis retirado
habrá retirado	habrán retirado
12 potencial compuesto	
habría retirado	habríamos retirado
habrías retirado	habríais retirado
habría retirado	habrían retirado
13 perfecto de subjuntivo	
haya retirado	hayamos retirado
hayas retirado	hayáis retirado
haya retirado	hayan retirado
14 pluscuamperfecto de subjuntivo	
hubiera retirado	hubiéramos retirado
hubieras retirado	hubierais retirado
hubiera retirado	hubieran retirado
OR	
hubiese retirado	hubiésemos retirado
hubieses retirado	hubieseis retirado
hubiese retirado	hubiesen retirado

imperativo

—	retiremos
retira; no retires	retirad; no retiréis
retire	retiren

retirarse   to retire, to draw back
retirarse a dormir   to turn in (go to bed)
el retiro   retirement, withdrawal
El Retiro (El Buen Retiro)   name of a
famous beautiful park in Madrid

la retirada   retirement, retreat
el retiramiento   retirement
pasar al retiro   to go into retirement
retirar dinero (del banco)   to make a
withdrawal (from the bank)

Syn.: **alejarse** to get away (86, 289); **quitarse** to withdraw   Ant.: **avanzar** to advance

retrasar (415)
to delay, to retard, to postpone

The Seven Simple Tenses		The Seven Compound Tenses	
Singular	**Plural**	**Singular**	**Plural**
1 presente de indicativo		**8 perfecto de indicativo**	
retraso	retrasamos	he retrasado	hemos retrasado
retrasas	retrasáis	has retrasado	habéis retrasado
retrasa	retrasan	ha retrasado	han retrasado
2 imperfecto de indicativo		**9 pluscuamperfecto de indicativo**	
retrasaba	retrasábamos	había retrasado	habíamos retrasado
retrasabas	retrasabais	habías retrasado	habíais retrasado
retrasaba	retrasaban	había retrasado	habían retrasado
3 pretérito		**10 pretérito anterior**	
retrasé	retrasamos	hube retrasado	hubimos retrasado
retrasaste	retrasasteis	hubiste retrasado	hubisteis retrasado
retrasó	retrasaron	hubo retrasado	hubieron retrasado
4 futuro		**11 futuro perfecto**	
retrasaré	retrasaremos	habré retrasado	habremos retrasado
retrasarás	retrasaréis	habrás retrasado	habréis retrasado
retrasará	retrasarán	habrá retrasado	habrán retrasado
5 potencial simple		**12 potencial compuesto**	
retrasaría	retrasaríamos	habría retrasado	habríamos retrasado
retrasarías	retrasaríais	habrías retrasado	habríais retrasado
retrasaría	retrasarían	habría retrasado	habrían retrasado
6 presente de subjuntivo		**13 perfecto de subjuntivo**	
retrase	retrasemos	haya retrasado	hayamos retrasado
retrases	retraséis	hayas retrasado	hayáis retrasado
retrase	retrasen	haya retrasado	hayan retrasado
7 imperfecto de subjuntivo		**14 pluscuamperfecto de subjuntivo**	
retrasara	retrasáramos	hubiera retrasado	hubiéramos retrasado
retrasaras	retrasarais	hubieras retrasado	hubierais retrasado
retrasara	retrasaran	hubiera retrasado	hubieran retrasado
OR		OR	
retrasase	retrasásemos	hubiese retrasado	hubiésemos retrasado
retrasases	retrasaseis	hubieses retrasado	hubieseis retrasado
retrasase	retrasasen	hubiese retrasado	hubiesen retrasado

imperativo	
—	retrasemos
retrasa; no retrases	retrasad; no retraséis
retrase	retrasen

retrasarse en + inf.   to be slow in, to be late + pres. part.
el retraso   delay, lag, slowness; **con retraso**   late (behind time)
atrasar   to be slow, slow down (watch, clock); **el atraso**   delay, tardiness; **en atraso**   in arrears
atrás   backward, back; **atrás de**   behind, back of; **días atrás**   days ago; **hacia atrás**
   backwards; **quedarse atrás**   to lag behind

Syn.: **posponer** to postpone (364); **retardar** to retard (199)   Ant.: **adelantar** to go ahead;
avanzar to advance

reunirse (416)

Reflexive verb; regular -**ir** verb endings with spelling change:
u becomes **ú** on stressed syllable in Tenses 1, 6, Imperative

to assemble, to get together, to meet, to gather

The Seven Simple Tenses		The Seven Compound Tenses	
Singular	Plural	Singular	Plural
1 presente de indicativo		**8 perfecto de indicativo**	
me reúno	nos reunimos	me he reunido	nos hemos reunido
te reúnes	os reunís	te has reunido	os habéis reunido
se reúne	se reúnen	se ha reunido	se han reunido
2 imperfecto de indicativo		**9 pluscuamperfecto de indicativo**	
me reunía	nos reuníamos	me había reunido	nos habíamos reunido
te reunías	os reuníais	te habías reunido	os habíais reunido
se reunía	se reunían	se había reunido	se habían reunido
3 pretérito		**10 pretérito anterior**	
me reuní	nos reunimos	me hube reunido	nos hubimos reunido
te reuniste	os reunisteis	te hubiste reunido	os hubisteis reunido
se reunió	se reunieron	se hubo reunido	se hubieron reunido
4 futuro		**11 futuro perfecto**	
me reuniré	nos reuniremos	me habré reunido	nos habremos reunido
te reunirás	os reuniréis	te habrás reunido	os habréis reunido
se reunirá	se reunirán	se habrá reunido	se habrán reunido
5 potencial simple		**12 potencial compuesto**	
me reuniría	nos reuniríamos	me habría reunido	nos habríamos reunido
te reunirías	os reuniríais	te habrías reunido	os habríais reunido
se reuniría	se reunirían	se habría reunido	se habrían reunido
6 presente de subjuntivo		**13 perfecto de subjuntivo**	
me reúna	nos reunamos	me haya reunido	nos hayamos reunido
te reúnas	os reunáis	te hayas reunido	os hayáis reunido
se reúna	se reúnan	se haya reunido	se hayan reunido
7 imperfecto de subjuntivo		**14 pluscuamperfecto de subjuntivo**	
me reuniera	nos reuniéramos	me hubiera reunido	nos hubiéramos reunido
te reunieras	os reunierais	te hubieras reunido	os hubierais reunido
se reuniera	se reunieran	se hubiera reunido	se hubieran reunido
OR		OR	
me reuniese	nos reuniésemos	me hubiese reunido	nos hubiésemos reunido
te reunieses	os reunieseis	te hubieses reunido	os hubieseis reunido
se reuniese	se reuniesen	se hubiese reunido	se hubiesen reunido

R

imperativo	
—	reunámonos
reúnete; no te reúnas	reuníos; no os reunáis
reúnase	reúnanse

reunirse con   to meet with
la reunión   reunion, meeting, gathering
una reunión en masa   mass meeting
See also **unir**.

una reunión plenaria   plenary meeting
la libertad de reunión   free assemblage
una reunión extraordinaria   special meeting

Note: **reunir** (to assemble, reunite) is conjugated in the same way as **reunirse** (except, of course, for the reflexive pronouns) but with a different imperative:

—	**reunamos**
reúne	**reunid**
reúna	**reúnan**

revocar (417)

to revoke, to repeal

Gerundio **revocando**   Part. pas. **revocado**
Regular **-ar** verb endings with
spelling change: **c** becomes **qu** before **e**

The Seven Simple Tenses		The Seven Compound Tenses	
Singular	Plural	Singular	Plural
1 presente de indicativo		**8 perfecto de indicativo**	
revoco	revocamos	he revocado	hemos revocado
revocas	revocáis	has revocado	habéis revocado
revoca	revocan	ha revocado	han revocado
2 imperfecto de indicativo		**9 pluscuamperfecto de indicativo**	
revocaba	revocábamos	había revocado	habíamos revocado
revocabas	revocabais	habías revocado	habíais revocado
revocaba	revocaban	había revocado	habían revocado
3 pretérito		**10 pretérito anterior**	
revoqué	revocamos	hube revocado	hubimos revocado
revocaste	revocasteis	hubiste revocado	hubisteis revocado
revocó	revocaron	hubo revocado	hubieron revocado
4 futuro		**11 futuro perfecto**	
revocaré	revocaremos	habré revocado	habremos revocado
revocarás	revocaréis	habrás revocado	habréis revocado
revocará	revocarán	habrá revocado	habrán revocado
5 potencial simple		**12 potencial compuesto**	
revocaría	revocaríamos	habría revocado	habríamos revocado
revocarías	revocaríais	habrías revocado	habríais revocado
revocaría	revocarían	habría revocado	habrían revocado
6 presente de subjuntivo		**13 perfecto de subjuntivo**	
revoque	revoquemos	haya revocado	hayamos revocado
revoques	revoquéis	hayas revocado	hayáis revocado
revoque	revoquen	haya revocado	hayan revocado
7 imperfecto de subjuntivo		**14 pluscuamperfecto de subjuntivo**	
revocara	revocáramos	hubiera revocado	hubiéramos revocado
revocaras	revocarais	hubieras revocado	hubierais revocado
revocara	revocaran	hubiera revocado	hubieran revocado
OR		OR	
revocase	revocásemos	hubiese revocado	hubiésemos revocado
revocases	revocaseis	hubieses revocado	hubieseis revocado
revocase	revocasen	hubiese revocado	hubiesen revocado

imperativo	
—	revoquemos
revoca; no revoques	revocad; no revoquéis
revoque	revoquen

la revocación revocation
revocable revocable, reversible
revocablemente revocably

irrevocabilidad irrevocability
irrevocable irrevocable, irreversible
irrevocablemente irrevocably

Syn.: **anular** to annul (259); **invalidar** to invalidate (39)   Ant.: **autorizar** to authorize (90);
validar to validate (39)

Part. pas. **revuelto**   Gerundio **revolviendo**

Regular **-er** verb endings with stem change:
Tenses 1, 6, Imperative, Past Participle

revolver (418)

to revolve, to turn around, to turn over, to turn upside down

The Seven Simple Tenses

Singular	Plural
1 presente de indicativo	
revuelvo	revolvemos
revuelves	revolvéis
revuelve	revuelven
2 imperfecto de indicativo	
revolvía	revolvíamos
revolvías	revolvíais
revolvía	revolvían
3 pretérito	
revolví	revolvimos
revolviste	revolvisteis
revolvió	revolvieron
4 futuro	
revolveré	revolveremos
revolverás	revolveréis
revolverá	revolverán
5 potencial simple	
revolvería	revolveríamos
revolverías	revolveríais
revolvería	revolverían
6 presente de subjuntivo	
revuelva	revolvamos
revuelvas	revolváis
revuelva	revuelvan
7 imperfecto de subjuntivo	
revolviera	revolviéramos
revolvieras	revolvierais
revolviera	revolvieran
OR	
revolviese	revolviésemos
revolvieses	revolvieseis
revolviese	revolviesen

The Seven Compound Tenses

Singular	Plural
8 perfecto de indicativo	
he revuelto	hemos revuelto
has revuelto	habéis revuelto
ha revuelto	han revuelto
9 pluscuamperfecto de indicativo	
había revuelto	habíamos revuelto
habías revuelto	habíais revuelto
había revuelto	habían revuelto
10 pretérito anterior	
hube revuelto	hubimos revuelto
hubiste revuelto	hubisteis revuelto
hubo revuelto	hubieron revuelto
11 futuro perfecto	
habré revuelto	habremos revuelto
habrás revuelto	habréis revuelto
habrá revuelto	habrán revuelto
12 potencial compuesto	
habría revuelto	habríamos revuelto
habrías revuelto	habríais revuelto
habría revuelto	habrían revuelto
13 perfecto de subjuntivo	
haya revuelto	hayamos revuelto
hayas revuelto	hayáis revuelto
haya revuelto	hayan revuelto
14 pluscuamperfecto de subjuntivo	
hubiera revuelto	hubiéramos revuelto
hubieras revuelto	hubierais revuelto
hubiera revuelto	hubieran revuelto
OR	
hubiese revuelto	hubiésemos revuelto
hubieses revuelto	hubieseis revuelto
hubiese revuelto	hubiesen revuelto

R

imperativo

—	revolvamos
revuelve; no revuelvas	revolved; no revolváis
revuelva	revuelvan

los huevos revueltos scrambled eggs
la revolución revolution

el revolvimiento revolving, revolution
revueltamente confusedly

For other words and expressions related to this verb, see **devolver** and **volver**.

Syn.: **girar** to turn around, to spin (215); **volverse** to turn oneself around (497, 80)

robar (419)

to rob, to steal

The Seven Simple Tenses		The Seven Compound Tenses	
Singular	**Plural**	**Singular**	**Plural**
1 presente de indicativo		**8 perfecto de indicativo**	
robo	robamos	he robado	hemos robado
robas	robáis	has robado	habéis robado
roba	roban	ha robado	han robado
2 imperfecto de indicativo		**9 pluscuamperfecto de indicativo**	
robaba	robábamos	había robado	habíamos robado
robabas	robabais	habías robado	habíais robado
robaba	robaban	había robado	habían robado
3 pretérito		**10 pretérito anterior**	
robé	robamos	hube robado	hubimos robado
robaste	robasteis	hubiste robado	hubisteis robado
robó	robaron	hubo robado	hubieron robado
4 futuro		**11 futuro perfecto**	
robaré	robaremos	habré robado	habremos robado
robarás	robaréis	habrás robado	habréis robado
robará	robarán	habrá robado	habrán robado
5 potencial simple		**12 potencial compuesto**	
robaría	robaríamos	habría robado	habríamos robado
robarías	robaríais	habrías robado	habríais robado
robaría	robarían	habría robado	habrían robado
6 presente de subjuntivo		**13 perfecto de subjuntivo**	
robe	robemos	haya robado	hayamos robado
robes	robéis	hayas robado	hayáis robado
robe	roben	haya robado	hayan robado
7 imperfecto de subjuntivo		**14 pluscuamperfecto de subjuntivo**	
robara	robáramos	hubiera robado	hubiéramos robado
robaras	robarais	hubieras robado	hubierais robado
robara	robaran	hubiera robado	hubieran robado
OR		OR	
robase	robásemos	hubiese robado	hubiésemos robado
robases	robaseis	hubieses robado	hubieseis robado
robase	robasen	hubiese robado	hubiesen robado

imperativo	
—	robemos
roba; no robes	robad; no robéis
robe	roben

robarle algo a alguien to rob somebody of something	**un robacarteras** pickpocket
robado, robada stolen	**un robacarros** car thief
un robador, una robadora robber, thief	**un antirrobo** theft protection device, burglar alarm
el robo de identidades identity theft	**el robo** robbery, theft

Syn.: **estafar** to swindle, to cheat (259); **quitar** to take away, to steal (37)   Ant.: **devolver** to give back; **reembolsar** to reimburse (2); **restituir** to give back (264)

Regular **-er** verb endings with stem change:
Tenses 1, 3, 6, 7, Imperative, irreg. participles

roer (420)

to nibble, to gnaw

The Seven Simple Tenses

Singular	Plural

1 presente de indicativo

roo *or* roigo *or* royo	roemos
roes	roéis
roe	roen

2 imperfecto de indicativo

roía	roíamos
roías	roíais
roía	roían

3 pretérito

roí	roímos
roíste	roísteis
royó	royeron

4 futuro

roeré	roeremos
roerás	roeréis
roerá	roerán

5 potencial simple

roería	roeríamos
roerías	roeríais
roería	roerían

6 presente de subjuntivo

roa *or* roiga	roamos *or* roigamos
or roya	*or* royamos
roas *or* roigas	roáis *or* roigáis
or royas	*or* royáis
roa *or* roiga	roan *or* roigan
or roya	*or* royan

7 imperfecto de subjuntivo

royera	royéramos
royeras	royerais
royera	royeran
OR	
royese	royésemos
royeses	royeseis
royese	royesen

The Seven Compound Tenses

Singular	Plural

8 perfecto de indicativo

he roído	hemos roído
has roído	habéis roído
ha roído	han roído

9 pluscuamperfecto de indicativo

había roído	habíamos roído
habías roído	habíais roído
había roído	habían roído

10 pretérito anterior

hube roído	hubimos roído
hubiste roído	hubisteis roído
hubo roído	hubieron roído

11 futuro perfecto

habré roído	habremos roído
habrás roído	habréis roído
habrá roído	habrán roído

12 potencial compuesto

habría roído	habríamos roído
habrías roído	habríais roído
habría roído	habrían roído

13 perfecto de subjuntivo

haya roído	hayamos roído
hayas roído	hayáis roído
haya roído	hayan roído

14 pluscuamperfecto de subjuntivo

hubiera roído	hubiéramos roído
hubieras roído	hubierais roído
hubiera roído	hubieran roído
OR	
hubiese roído	hubiésemos roído
hubieses roído	hubieseis roído
hubiese roído	hubiesen roído

imperativo

—	roamos *or* roigamos *or* royamos
roe	roed
roa *or* roiga *or* roya	roan *or* roigan *or* royan

un roedor a rodent	**roerse** to bite
roedor, roedora gnawing	**roerse las uñas** to bite one's nails
la roedura gnawing, mark made by gnawing	

Syn.: **carcomer** to eat away, to gnaw (128); **morder** to bite

R

rogar (421)

to supplicate, to ask, to ask for, to request, to beg, to pray

Gerundio **rogando**   Part. pas. **rogado**

Regular **-ar** verb endings with stem change: Tenses 1, 6, Imperative; spelling change: **g** becomes **gu** before **e**

The Seven Simple Tenses		The Seven Compound Tenses	
Singular	**Plural**	**Singular**	**Plural**
1 presente de indicativo		**8 perfecto de indicativo**	
ruego	rogamos	he rogado	hemos rogado
ruegas	rogáis	has rogado	habéis rogado
ruega	ruegan	ha rogado	han rogado
2 imperfecto de indicativo		**9 pluscuamperfecto de indicativo**	
rogaba	rogábamos	había rogado	habíamos rogado
rogabas	rogabais	habías rogado	habíais rogado
rogaba	rogaban	había rogado	habían rogado
3 pretérito		**10 pretérito anterior**	
rogué	rogamos	hube rogado	hubimos rogado
rogaste	rogasteis	hubiste rogado	hubisteis rogado
rogó	rogaron	hubo rogado	hubieron rogado
4 futuro		**11 futuro perfecto**	
rogaré	rogaremos	habré rogado	habremos rogado
rogarás	rogaréis	habrás rogado	habréis rogado
rogará	rogarán	habrá rogado	habrán rogado
5 potencial simple		**12 potencial compuesto**	
rogaría	rogaríamos	habría rogado	habríamos rogado
rogarías	rogaríais	habrías rogado	habríais rogado
rogaría	rogarían	habría rogado	habrían rogado
6 presente de subjuntivo		**13 perfecto de subjuntivo**	
ruegue	roguemos	haya rogado	hayamos rogado
ruegues	roguéis	hayas rogado	hayáis rogado
ruegue	rueguen	haya rogado	hayan rogado
7 imperfecto de subjuntivo		**14 pluscuamperfecto de subjuntivo**	
rogara	rogáramos	hubiera rogado	hubiéramos rogado
rogaras	rogarais	hubieras rogado	hubierais rogado
rogara	rogaran	hubiera rogado	hubieran rogado
OR		OR	
rogase	rogásemos	hubiese rogado	hubiésemos rogado
rogases	rogaseis	hubieses rogado	hubieseis rogado
rogase	rogasen	hubiese rogado	hubiesen rogado

imperativo	
—	roguemos
ruega; no ruegues	rogad; no roguéis
ruegue	rueguen

A Dios rogando y con el mazo dando.
Put your faith in (Pray to) God and keep your powder dry.

rogativo, rogativa supplicatory
rogar por to plead for

derogar to abolish, to repeal
una prerrogativa prerogative

Syn.: **implorar** to implore (300); **pedir** to ask for, to request; **suplicar** to supplicate (117)
Ant.: **otorgar** to grant (421)

Part. pas. **roto**   Gerundio **rompiendo**
Regular **-er** verb with spelling
change: irregular past participle

romper (422)

to break, to shatter, to tear

The Seven Simple Tenses		The Seven Compound Tenses	
Singular	**Plural**	**Singular**	**Plural**
1 presente de indicativo		**8 perfecto de indicativo**	
rompo	rompemos	he roto	hemos roto
rompes	rompéis	has roto	habéis roto
rompe	rompen	ha roto	han roto
2 imperfecto de indicativo		**9 pluscuamperfecto de indicativo**	
rompía	rompíamos	había roto	habíamos roto
rompías	rompíais	habías roto	habíais roto
rompía	rompían	había roto	habían roto
3 pretérito		**10 pretérito anterior**	
rompí	rompimos	hube roto	hubimos roto
rompiste	rompisteis	hubiste roto	hubisteis roto
rompió	rompieron	hubo roto	hubieron roto
4 futuro		**11 futuro perfecto**	
romperé	romperemos	habré roto	habremos roto
romperás	romperéis	habrás roto	habréis roto
romperá	romperán	habrá roto	habrán roto
5 potencial simple		**12 potencial compuesto**	
rompería	romperíamos	habría roto	habríamos roto
romperías	romperíais	habrías roto	habríais roto
rompería	romperían	habría roto	habrían roto
6 presente de subjuntivo		**13 perfecto de subjuntivo**	
rompa	rompamos	haya roto	hayamos roto
rompas	rompáis	hayas roto	hayáis roto
rompa	rompan	haya roto	hayan roto
7 imperfecto de subjuntivo		**14 pluscuamperfecto de subjuntivo**	
rompiera	rompiéramos	hubiera roto	hubiéramos roto
rompieras	rompierais	hubieras roto	hubierais roto
rompiera	rompieran	hubiera roto	hubieran roto
OR		OR	
rompiese	rompiésemos	hubiese roto	hubiésemos roto
rompieses	rompieseis	hubieses roto	hubieseis roto
rompiese	rompiesen	hubiese roto	hubiesen roto

imperativo	
—	rompamos
rompe; no rompas	romped; no rompáis
rompa	rompan

un rompenueces nutcracker
una rompedura breakage, rupture
romperse la cabeza to rack one's brains
romper con to break relations with
romper a + inf. to start suddenly + inf.
romper a llorar to break into tears

romper las relaciones to break off relations, an engagement
romper el hielo to break the ice;
  el rompehielos icebreaker
romperse la pierna (el brazo) to break a leg (an arm) [on oneself]
roto, rota broken

Ant.: **arreglar** to fix, to repair; **reparar** to repair

Saber

Saber is a very useful irregular verb for you to know. It is used in a great number of idiomatic expressions and everyday situations. Don't confuse **saber** with **conocer** (verb 134).

Generally speaking, **saber** means to know a fact, to know something thoroughly:

> **¿Sabe Ud. qué hora es?**/Do you know what time it is?
> **¿Sabe Ud. la lección?**/Do you know the lesson?

When you use **saber + inf.**, it means *to know how:*

> **¿Sabe Ud. nadar?**/Do you know how to swim?
> **Sí, (yo) sé nadar**/Yes, I know how to swim.

In the preterit tense, **saber** means *to find out:*

> **¿Lo sabe Ud.?**/Do you know it?
> **Sí, lo supe ayer**/Yes, I found it out yesterday.

Sentences using **saber** and related words

Este niño no sabe contar.
This child can't (does not know how to) count.

No sé nada de este asunto.
I don't know anything about this matter.

¿Sabe usted si hay una farmacia por aquí?
Do you know if there is a pharmacy around here?

Proverbs

Saber es poder.
  Knowledge is power.

Más vale saber que haber.
  Knowing is better than having.
  (Knowledge is worth more than possessions/things.)

Words and expressions related to this verb

sabio, sabia wise, learned

un sabidillo, una sabidilla a know-it-all

un sabihondo, una sabihonda a know-it-all

un sabelotodo a know-it-all

la sabiduría knowledge, learning, wisdom

Que yo sepa... As far as I know...

¡Quién sabe! Who knows! Perhaps! Maybe!

la señorita Sabelotodo Miss Know-It-All

el señor Sabelotodo Mr. Know-It-All

sabido, sabida known

el saber knowledge

saber por experiencia to learn from experience

saber algo como el avemaría to know something like the back of one's hand

no saber ni jota to have no idea, to not know at all

sabiamente learnedly, wisely

Ant.: **desconocer** not to know (134); **ignorar** to be ignorant of, not to know

AN ESSENTIAL
55 Verb

saber (423)

to know, to know how

The Seven Simple Tenses		The Seven Compound Tenses	
Singular	Plural	Singular	Plural
1 presente de indicativo		**8 perfecto de indicativo**	
sé	sabemos	he sabido	hemos sabido
sabes	sabéis	has sabido	habéis sabido
sabe	saben	ha sabido	han sabido
2 imperfecto de indicativo		**9 pluscuamperfecto de indicativo**	
sabía	sabíamos	había sabido	habíamos sabido
sabías	sabíais	habías sabido	habíais sabido
sabía	sabían	había sabido	habían sabido
3 pretérito		**10 pretérito anterior**	
supe	supimos	hube sabido	hubimos sabido
supiste	supisteis	hubiste sabido	hubisteis sabido
supo	supieron	hubo sabido	hubieron sabido
4 futuro		**11 futuro perfecto**	
sabré	sabremos	habré sabido	habremos sabido
sabrás	sabréis	habrás sabido	habréis sabido
sabrá	sabrán	habrá sabido	habrán sabido
5 potencial simple		**12 potencial compuesto**	
sabría	sabríamos	habría sabido	habríamos sabido
sabrías	sabríais	habrías sabido	habríais sabido
sabría	sabrían	habría sabido	habrían sabido
6 presente de subjuntivo		**13 perfecto de subjuntivo**	
sepa	sepamos	haya sabido	hayamos sabido
sepas	sepáis	hayas sabido	hayáis sabido
sepa	sepan	haya sabido	hayan sabido
7 imperfecto de subjuntivo		**14 pluscuamperfecto de subjuntivo**	
supiera	supiéramos	hubiera sabido	hubiéramos sabido
supieras	supierais	hubieras sabido	hubierais sabido
supiera	supieran	hubiera sabido	hubieran sabido
OR		OR	
supiese	supiésemos	hubiese sabido	hubiésemos sabido
supieses	supieseis	hubieses sabido	hubieseis sabido
supiese	supiesen	hubiese sabido	hubiesen sabido

imperativo	
—	sepamos
sabe; no sepas	sabed; no sepáis
sepa	sepan

S

AN ESSENTIAL
55 Verb

sacar (424)

to take out, to get

Gerundio **sacando**   Part. pas. **sacado**

Regular **-ar** verb endings with spelling change: **c** becomes **qu** before **e**

The Seven Simple Tenses		The Seven Compound Tenses	
Singular	**Plural**	**Singular**	**Plural**
1 presente de indicativo		**8 perfecto de indicativo**	
saco	sacamos	he sacado	hemos sacado
sacas	sacáis	has sacado	habéis sacado
saca	sacan	ha sacado	han sacado
2 imperfecto de indicativo		**9 pluscuamperfecto de indicativo**	
sacaba	sacábamos	había sacado	habíamos sacado
sacabas	sacabais	habías sacado	habíais sacado
sacaba	sacaban	había sacado	habían sacado
3 pretérito		**10 pretérito anterior**	
saqué	sacamos	hube sacado	hubimos sacado
sacaste	sacasteis	hubiste sacado	hubisteis sacado
sacó	sacaron	hubo sacado	hubieron sacado
4 futuro		**11 futuro perfecto**	
sacaré	sacaremos	habré sacado	habremos sacado
sacarás	sacaréis	habrás sacado	habréis sacado
sacará	sacarán	habrá sacado	habrán sacado
5 potencial simple		**12 potencial compuesto**	
sacaría	sacaríamos	habría sacado	habríamos sacado
sacarías	sacaríais	habrías sacado	habríais sacado
sacaría	sacarían	habría sacado	habrían sacado
6 presente de subjuntivo		**13 perfecto de subjuntivo**	
saque	saquemos	haya sacado	hayamos sacado
saques	saquéis	hayas sacado	hayáis sacado
saque	saquen	haya sacado	hayan sacado
7 imperfecto de subjuntivo		**14 pluscuamperfecto de subjuntivo**	
sacara	sacáramos	hubiera sacado	hubiéramos sacado
sacaras	sacarais	hubieras sacado	hubierais sacado
sacara	sacaran	hubiera sacado	hubieran sacado
OR		OR	
sacase	sacásemos	hubiese sacado	hubiésemos sacado
sacases	sacaseis	hubieses sacado	hubieseis sacado
sacase	sacasen	hubiese sacado	hubiesen sacado

imperativo	
—	saquemos
saca; no saques	sacad; no saquéis
saque	saquen

sacar agua   to draw water
sacar a paseo   to take out for a walk; **ensacar**   to put in a bag, to bag
un saco   bag, sack; **saco de noche**   overnight bag; **un saco de dormir**   sleeping bag
un sacapuntas   pencil sharpener
una saca   withdrawal; **un sacacorchos**   corkscrew

Syn.: **arrancar** to root out; **extraer** to extract, to draw out (477)   Ant.: **meter** to put in (444); **introducir** to introduce

sacudir (425)

to shake, to jerk, to jolt, to hit

The Seven Simple Tenses		The Seven Compound Tenses	
Singular	**Plural**	**Singular**	**Plural**
1 presente de indicativo		**8 perfecto de indicativo**	
sacudo	sacudimos	he sacudido	hemos sacudido
sacudes	sacudís	has sacudido	habéis sacudido
sacude	sacuden	ha sacudido	han sacudido
2 imperfecto de indicativo		**9 pluscuamperfecto de indicativo**	
sacudía	sacudíamos	había sacudido	habíamos sacudido
sacudías	sacudíais	habías sacudido	habíais sacudido
sacudía	sacudían	había sacudido	habían sacudido
3 pretérito		**10 pretérito anterior**	
sacudí	sacudimos	hube sacudido	hubimos sacudido
sacudiste	sacudisteis	hubiste sacudido	hubisteis sacudido
sacudió	sacudieron	hubo sacudido	hubieron sacudido
4 futuro		**11 futuro perfecto**	
sacudiré	sacudiremos	habré sacudido	habremos sacudido
sacudirás	sacudiréis	habrás sacudido	habréis sacudido
sacudirá	sacudirán	habrá sacudido	habrán sacudido
5 potencial simple		**12 potencial compuesto**	
sacudiría	sacudiríamos	habría sacudido	habríamos sacudido
sacudirías	sacudiríais	habrías sacudido	habríais sacudido
sacudiría	sacudirían	habría sacudido	habrían sacudido
6 presente de subjuntivo		**13 perfecto de subjuntivo**	
sacuda	sacudamos	haya sacudido	hayamos sacudido
sacudas	sacudáis	hayas sacudido	hayáis sacudido
sacuda	sacudan	haya sacudido	hayan sacudido
7 imperfecto de subjuntivo		**14 pluscuamperfecto de subjuntivo**	
sacudiera	sacudiéramos	hubiera sacudido	hubiéramos sacudido
sacudieras	sacudierais	hubieras sacudido	hubierais sacudido
sacudiera	sacudieran	hubiera sacudido	hubieran sacudido
OR		OR	
sacudiese	sacudiésemos	hubiese sacudido	hubiésemos sacudido
sacudieses	sacudieseis	hubieses sacudido	hubieseis sacudido
sacudiese	sacudiesen	hubiese sacudido	hubiesen sacudido

imperativo	
—	sacudamos
sacude; no sacudas	sacudid; no sacudáis
sacuda	sacudan

un sacudimiento shaking, jolt, jerk
un sacudión violent jolt
una sacudida jerk, jolt, shake

sacudir el yugo to shake off the yoke
  (to become independent)
a sacudidas in jerks

Syn.: **agitar** to shake up; **batir** to beat (1); **temblar** to shake, to tremble; **zurrar** to wallop, to beat (54)   Ant.: **calmar** to calm (54)

S

Salir

Salir is a very useful irregular verb for you to learn. It is used in a great number of idiomatic expressions and everyday situations.

Be careful not to confuse **salir** and **dejar** (verb 165). Use **salir de** when you mean *to leave* in the sense of *to go out of* (a place):

El alumno salió de la sala de clase.
The pupil left the classroom.

Sentences using **salir** and related words

¿A qué hora sale el tren para San José?
At what time does the train leave for San José?

—**¿Dónde está su madre?**
—**Mi madre salió.**
—Where is your mother?
—My mother went out.

Syn.: **partir** to depart, to leave; **irse** to go away   Ant.: **entrar** to enter; **regresar** to go back; **venir** to come

AN ESSENTIAL
55 Verb

Can't find the verb you're looking for?

Check the back pages of this book for a list of over 2,300 additional verbs!

Irregular verb

The Seven Simple Tenses		The Seven Compound Tenses	
Singular	**Plural**	**Singular**	**Plural**

1 presente de indicativo		8 perfecto de indicativo	
salgo	salimos	he salido	hemos salido
sales	salís	has salido	habéis salido
sale	salen	ha salido	han salido

2 imperfecto de indicativo		9 pluscuamperfecto de indicativo	
salía	salíamos	había salido	habíamos salido
salías	salíais	habías salido	habíais salido
salía	salían	había salido	habían salido

3 pretérito		10 pretérito anterior	
salí	salimos	hube salido	hubimos salido
saliste	salisteis	hubiste salido	hubisteis salido
salió	salieron	hubo salido	hubieron salido

4 futuro		11 futuro perfecto	
saldré	saldremos	habré salido	habremos salido
saldrás	saldréis	habrás salido	habréis salido
saldrá	saldrán	habrá salido	habrán salido

5 potencial simple		12 potencial compuesto	
saldría	saldríamos	habría salido	habríamos salido
saldrías	saldríais	habrías salido	habríais salido
saldría	saldrían	habría salido	habrían salido

6 presente de subjuntivo		13 perfecto de subjuntivo	
salga	salgamos	haya salido	hayamos salido
salgas	salgáis	hayas salido	hayáis salido
salga	salgan	haya salido	hayan salido

7 imperfecto de subjuntivo		14 pluscuamperfecto de subjuntivo	
saliera	saliéramos	hubiera salido	hubiéramos salido
salieras	salierais	hubieras salido	hubierais salido
saliera	salieran	hubiera salido	hubieran salido
OR		OR	
saliese	saliésemos	hubiese salido	hubiésemos salido
salieses	salieseis	hubieses salido	hubieseis salido
saliese	saliesen	hubiese salido	hubiesen salido

imperativo	
—	salgamos
sal; no salgas	salid; no salgáis
salga	salgan

S

AN ESSENTIAL
55 Verb

saltar (427)

to jump, to leap, to hop, to spring, to explode

Gerundio **saltando**   Part. pas. **saltado**

Regular **-ar** verb

The Seven Simple Tenses		The Seven Compound Tenses	
Singular	Plural	Singular	Plural
1 presente de indicativo		**8 perfecto de indicativo**	
salto	saltamos	he saltado	hemos saltado
saltas	saltáis	has saltado	habéis saltado
salta	saltan	ha saltado	han saltado
2 imperfecto de indicativo		**9 pluscuamperfecto de indicativo**	
saltaba	saltábamos	había saltado	habíamos saltado
saltabas	saltabais	habías saltado	habíais saltado
saltaba	saltaban	había saltado	habían saltado
3 pretérito		**10 pretérito anterior**	
salté	saltamos	hube saltado	hubimos saltado
saltaste	saltasteis	hubiste saltado	hubisteis saltado
saltó	saltaron	hubo saltado	hubieron saltado
4 futuro		**11 futuro perfecto**	
saltaré	saltaremos	habré saltado	habremos saltado
saltarás	saltaréis	habrás saltado	habréis saltado
saltará	saltarán	habrá saltado	habrán saltado
5 potencial simple		**12 potencial compuesto**	
saltaría	saltaríamos	habría saltado	habríamos saltado
saltarías	saltaríais	habrías saltado	habríais saltado
saltaría	saltarían	habría saltado	habrían saltado
6 presente de subjuntivo		**13 perfecto de subjuntivo**	
salte	saltemos	haya saltado	hayamos saltado
saltes	saltéis	hayas saltado	hayáis saltado
salte	salten	haya saltado	hayan saltado
7 imperfecto de subjuntivo		**14 pluscuamperfecto de subjuntivo**	
saltara	saltáramos	hubiera saltado	hubiéramos saltado
saltaras	saltarais	hubieras saltado	hubierais saltado
saltara	saltaran	hubiera saltado	hubieran saltado
OR		OR	
saltase	saltásemos	hubiese saltado	hubiésemos saltado
saltases	saltaseis	hubieses saltado	hubieseis saltado
saltase	saltasen	hubiese saltado	hubiesen saltado

imperativo	
—	saltemos
salta; no saltes	saltad; no saltéis
salte	salten

hacer saltar la banca to break the bank (in gambling)	**un salto** jump, leap
saltar de gozo to jump with joy	**un salto de esquí** ski jump
saltar por to jump over	**un salto del ángel** swan dive
el saltimbanqui acrobat	**un salto mortal** somersault
	saltear to sauté, to rob

Syn.: **brincar** to jump, to bounce (430); **estallar** to burst (261); **lanzarse** to throw oneself (286, 289)

saludar (428)

to greet, to salute

The Seven Simple Tenses		The Seven Compound Tenses	
Singular	Plural	Singular	Plural
1 presente de indicativo		**8 perfecto de indicativo**	
saludo	saludamos	he saludado	hemos saludado
saludas	saludáis	has saludado	habéis saludado
saluda	saludan	ha saludado	han saludado
2 imperfecto de indicativo		**9 pluscuamperfecto de indicativo**	
saludaba	saludábamos	había saludado	habíamos saludado
saludabas	saludabais	habías saludado	habíais saludado
saludaba	saludaban	había saludado	habían saludado
3 pretérito		**10 pretérito anterior**	
saludé	saludamos	hube saludado	hubimos saludado
saludaste	saludasteis	hubiste saludado	hubisteis saludado
saludó	saludaron	hubo saludado	hubieron saludado
4 futuro		**11 futuro perfecto**	
saludaré	saludaremos	habré saludado	habremos saludado
saludarás	saludaréis	habrás saludado	habréis saludado
saludará	saludarán	habrá saludado	habrán saludado
5 potencial simple		**12 potencial compuesto**	
saludaría	saludaríamos	habría saludado	habríamos saludado
saludarías	saludaríais	habrías saludado	habríais saludado
saludaría	saludarían	habría saludado	habrían saludado
6 presente de subjuntivo		**13 perfecto de subjuntivo**	
salude	saludemos	haya saludado	hayamos saludado
saludes	saludéis	hayas saludado	hayáis saludado
salude	saluden	haya saludado	hayan saludado
7 imperfecto de subjuntivo		**14 pluscuamperfecto de subjuntivo**	
saludara	saludáramos	hubiera saludado	hubiéramos saludado
saludaras	saludarais	hubieras saludado	hubierais saludado
saludara	saludaran	hubiera saludado	hubieran saludado
OR		OR	
saludase	saludásemos	hubiese saludado	hubiésemos saludado
saludases	saludaseis	hubieses saludado	hubieseis saludado
saludase	saludasen	hubiese saludado	hubiesen saludado

imperativo	
—	saludemos
saluda; no saludes	saludad; no saludéis
salude	saluden

la salutación   greeting, salutation
el saludo   salutation, greeting, salute
el saludo final   closing (of a letter)
saludarse uno a otro   to greet each other
saludable   healthy

la salud   health; **¡A su salud!**   To your health!
estar bien de salud   to be in good health
estar mal de salud   to be in bad health
¡Salud!   Bless you! (to someone who
   sneezes) Also: Cheers!

Syn.: **dar los buenos días** to say good morning

S

satisfacer (429)
to satisfy

Gerundio **satisfaciendo**   Part. pas. **satisfecho**

Irregular verb

The Seven Simple Tenses		The Seven Compound Tenses	
Singular	**Plural**	**Singular**	**Plural**
1 presente de indicativo		**8 perfecto de indicativo**	
satisfago	satisfacemos	he satisfecho	hemos satisfecho
satisfaces	satisfacéis	has satisfecho	habéis satisfecho
satisface	satisfacen	ha satisfecho	han satisfecho
2 imperfecto de indicativo		**9 pluscuamperfecto de indicativo**	
satisfacía	satisfacíamos	había satisfecho	habíamos satisfecho
satisfacías	satisfacíais	habías satisfecho	habíais satisfecho
satisfacía	satisfacían	había satisfecho	habían satisfecho
3 pretérito		**10 pretérito anterior**	
satisfice	satisficimos	hube satisfecho	hubimos satisfecho
satisficiste	satisficisteis	hubiste satisfecho	hubisteis satisfecho
satisfizo	satisficieron	hubo satisfecho	hubieron satisfecho
4 futuro		**11 futuro perfecto**	
satisfaré	satisfaremos	habré satisfecho	habremos satisfecho
satisfarás	satisfaréis	habrás satisfecho	habréis satisfecho
satisfará	satisfarán	habrá satisfecho	habrán satisfecho
5 potencial simple		**12 potencial compuesto**	
satisfaría	satisfaríamos	habría satisfecho	habríamos satisfecho
satisfarías	satisfaríais	habrías satisfecho	habríais satisfecho
satisfaría	satisfarían	habría satisfecho	habrían satisfecho
6 presente de subjuntivo		**13 perfecto de subjuntivo**	
satisfaga	satisfagamos	haya satisfecho	hayamos satisfecho
satisfagas	satisfagáis	hayas satisfecho	hayáis satisfecho
satisfaga	satisfagan	haya satisfecho	hayan satisfecho
7 imperfecto de subjuntivo		**14 pluscuamperfecto de subjuntivo**	
satisficiera	satisficiéramos	hubiera satisfecho	hubiéramos satisfecho
satisficieras	satisficierais	hubieras satisfecho	hubierais satisfecho
satisficiera	satisficieran	hubiera satisfecho	hubieran satisfecho
OR		OR	
satisficiese	satisficiésemos	hubiese satisfecho	hubiésemos satisfecho
satisficieses	satisficieseis	hubieses satisfecho	hubieseis satisfecho
satisficiese	satisficiesen	hubiese satisfecho	hubiesen satisfecho

imperativo

—	satisfagamos
satisfaz (satisface); no satisfagas	satisfaced; no satisfagáis
satisfaga	satisfagan

la satisfacción satisfaction
a satisfacción satisfactorily
a satisfacción de to the satisfaction of
insatisfecho, insatisfecha dissatisfied
insaciable insatiable

satisfecho, satisfecha satisfied
satisfactorio, satisfactoria satisfactory
satisfaciente satisfying
saciar to satisfy, to satiate
la saciedad satiety, satiation

Syn.: **agradar** to please; **cumplir** to fulfill   Ant.: **incumplir** not to fulfill (157)

Part. pas. **secado**   Gerundio **secando**
Regular **-ar** verb endings with spelling
change: **c** becomes **qu** before **e**

secar (430)
to dry, to wipe dry

The Seven Simple Tenses		The Seven Compound Tenses	
Singular	**Plural**	**Singular**	**Plural**
1 presente de indicativo		**8 perfecto de indicativo**	
seco	secamos	he secado	hemos secado
secas	secáis	has secado	habéis secado
seca	secan	ha secado	han secado
2 imperfecto de indicativo		**9 pluscuamperfecto de indicativo**	
secaba	secábamos	había secado	habíamos secado
secabas	secabais	habías secado	habíais secado
secaba	secaban	había secado	habían secado
3 pretérito		**10 pretérito anterior**	
sequé	secamos	hube secado	hubimos secado
secaste	secasteis	hubiste secado	hubisteis secado
secó	secaron	hubo secado	hubieron secado
4 futuro		**11 futuro perfecto**	
secaré	secaremos	habré secado	habremos secado
secarás	secaréis	habrás secado	habréis secado
secará	secarán	habrá secado	habrán secado
5 potencial simple		**12 potencial compuesto**	
secaría	secaríamos	habría secado	habríamos secado
secarías	secaríais	habrías secado	habríais secado
secaría	secarían	habría secado	habrían secado
6 presente de subjuntivo		**13 perfecto de subjuntivo**	
seque	sequemos	haya secado	hayamos secado
seques	sequéis	hayas secado	hayáis secado
seque	sequen	haya secado	hayan secado
7 imperfecto de subjuntivo		**14 pluscuamperfecto de subjuntivo**	
secara	secáramos	hubiera secado	hubiéramos secado
secaras	secarais	hubieras secado	hubierais secado
secara	secaran	hubiera secado	hubieran secado
OR		OR	
secase	secásemos	hubiese secado	hubiésemos secado
secases	secaseis	hubieses secado	hubieseis secado
secase	secasen	hubiese secado	hubiesen secado

imperativo	
—	sequemos
seca; no seques	secad; no sequéis
seque	sequen

seco, seca dry, dried up	**limpiar en seco** to dry-clean
la seca drought	**en seco** high and dry
el secado drying	**¡Seco y volteado!** Bottoms up!
secado al sol sun dried	See also **secarse**.

Syn.: **desecar** to dry (430)   Ant.: **embeber** to soak in, to soak up; **mojar** to wet,
to moisten (165); **humedecer** to dampen, to moisten (344)

S

533

secarse (431)
to dry oneself

Gerundio **secándose** Part. pas. **secado**
Reflexive verb; regular **-ar** verb endings with
spelling change: **c** becomes **qu** before **e**

The Seven Simple Tenses		The Seven Compound Tenses	
Singular	Plural	Singular	Plural
1 presente de indicativo		**8 perfecto de indicativo**	
me seco	nos secamos	me he secado	nos hemos secado
te secas	os secáis	te has secado	os habéis secado
se seca	se secan	se ha secado	se han secado
2 imperfecto de indicativo		**9 pluscuamperfecto de indicativo**	
me secaba	nos secábamos	me había secado	nos habíamos secado
te secabas	os secabais	te habías secado	os habíais secado
se secaba	se secaban	se había secado	se habían secado
3 pretérito		**10 pretérito anterior**	
me sequé	nos secamos	me hube secado	nos hubimos secado
te secaste	os secasteis	te hubiste secado	os hubisteis secado
se secó	se secaron	se hubo secado	se hubieron secado
4 futuro		**11 futuro perfecto**	
me secaré	nos secaremos	me habré secado	nos habremos secado
te secarás	os secaréis	te habrás secado	os habréis secado
se secará	se secarán	se habrá secado	se habrán secado
5 potencial simple		**12 potencial compuesto**	
me secaría	nos secaríamos	me habría secado	nos habríamos secado
te secarías	os secaríais	te habrías secado	os habríais secado
se secaría	se secarían	se habría secado	se habrían secado
6 presente de subjuntivo		**13 perfecto de subjuntivo**	
me seque	nos sequemos	me haya secado	nos hayamos secado
te seques	os sequéis	te hayas secado	os hayáis secado
se seque	se sequen	se haya secado	se hayan secado
7 imperfecto de subjuntivo		**14 pluscuamperfecto de subjuntivo**	
me secara	nos secáramos	me hubiera secado	nos hubiéramos secado
te secaras	os secarais	te hubieras secado	os hubierais secado
se secara	se secaran	se hubiera secado	se hubieran secado
OR		OR	
me secase	nos secásemos	me hubiese secado	nos hubiésemos secado
te secases	os secaseis	te hubieses secado	os hubieseis secado
se secase	se secasen	se hubiese secado	se hubiesen secado

imperativo	
—	sequémonos
sécate; no te seques	secaos; no os sequéis
séquese	séquense

Me duché, me sequé y me vestí. ¡Estoy listo!
I showered, dried myself and got dressed. I'm ready!

la secadora (clothes) dryer
la secadora de cabello hairdryer
secado, secada dried

a secas plainly, simply
el vino seco dry wine
See also **secar**.

Syn.: **desecarse** to dry up (431) Ant.: **mojarse** to get wet; **humedecerse** to get wet (344, 80)

Part. pas. **seguido**   Gerundio **siguiendo**
Regular **-ir** verb endings with stem change:
Tenses 1, 3, 6, 7, Imperative, Gerundio

seguir (432)
to follow, to pursue, to continue

The Seven Simple Tenses		The Seven Compound Tenses	
Singular	Plural	Singular	Plural
1 presente de indicativo		**8 perfecto de indicativo**	
sigo	seguimos	he seguido	hemos seguido
sigues	seguís	has seguido	habéis seguido
sigue	siguen	ha seguido	han seguido
2 imperfecto de indicativo		**9 pluscuamperfecto de indicativo**	
seguía	seguíamos	había seguido	habíamos seguido
seguías	seguíais	habías seguido	habíais seguido
seguía	seguían	había seguido	habían seguido
3 pretérito		**10 pretérito anterior**	
seguí	seguimos	hube seguido	hubimos seguido
seguiste	seguisteis	hubiste seguido	hubisteis seguido
siguió	siguieron	hubo seguido	hubieron seguido
4 futuro		**11 futuro perfecto**	
seguiré	seguiremos	habré seguido	habremos seguido
seguirás	seguiréis	habrás seguido	habréis seguido
seguirá	seguirán	habrá seguido	habrán seguido
5 potencial simple		**12 potencial compuesto**	
seguiría	seguiríamos	habría seguido	habríamos seguido
seguirías	seguiríais	habrías seguido	habríais seguido
seguiría	seguirían	habría seguido	habrían seguido
6 presente de subjuntivo		**13 perfecto de subjuntivo**	
siga	sigamos	haya seguido	hayamos seguido
sigas	sigáis	hayas seguido	hayáis seguido
siga	sigan	haya seguido	hayan seguido
7 imperfecto de subjuntivo		**14 pluscuamperfecto de subjuntivo**	
siguiera	siguiéramos	hubiera seguido	hubiéramos seguido
siguieras	siguierais	hubieras seguido	hubierais seguido
siguiera	siguieran	hubiera seguido	hubieran seguido
OR		OR	
siguiese	siguiésemos	hubiese seguido	hubiésemos seguido
siguieses	siguieseis	hubieses seguido	hubieseis seguido
siguiese	siguiesen	hubiese seguido	hubiesen seguido

imperativo	
—	sigamos
sigue; no sigas	seguid; no sigáis
siga	sigan

según   according to
al día siguiente   on the following day
las frases siguientes   the following sentences
seguir + pres. part.   to keep on + pres. part.;
   Siga leyendo.   Keep on reading.
seguido, seguida   continuous

conseguir   to attain, to get, to obtain
proseguir   to continue, proceed
perseguir   to pursue
seguirle los pasos a uno   to keep one's eye
   on someone
un seguidor, una seguidora   follower

Syn.: **continuar** to continue   Ant.: **parar** to stop

S

señalar (433)

Gerundio **señalando** Part. pas. **señalado**

to signal, to indicate, to point out, to show

Regular **-ar** verb

The Seven Simple Tenses		The Seven Compound Tenses	
Singular	**Plural**	**Singular**	**Plural**
1 presente de indicativo		**8 perfecto de indicativo**	
señalo	señalamos	he señalado	hemos señalado
señalas	señaláis	has señalado	habéis señalado
señala	señalan	ha señalado	han señalado
2 imperfecto de indicativo		**9 pluscuamperfecto de indicativo**	
señalaba	señalábamos	había señalado	habíamos señalado
señalabas	señalabais	habías señalado	habíais señalado
señalaba	señalaban	había señalado	habían señalado
3 pretérito		**10 pretérito anterior**	
señalé	señalamos	hube señalado	hubimos señalado
señalaste	señalasteis	hubiste señalado	hubisteis señalado
señaló	señalaron	hubo señalado	hubieron señalado
4 futuro		**11 futuro perfecto**	
señalaré	señalaremos	habré señalado	habremos señalado
señalarás	señalaréis	habrás señalado	habréis señalado
señalará	señalarán	habrá señalado	habrán señalado
5 potencial simple		**12 potencial compuesto**	
señalaría	señalaríamos	habría señalado	habríamos señalado
señalarías	señalaríais	habrías señalado	habríais señalado
señalaría	señalarían	habría señalado	habrían señalado
6 presente de subjuntivo		**13 perfecto de subjuntivo**	
señale	señalemos	haya señalado	hayamos señalado
señales	señaléis	hayas señalado	hayáis señalado
señale	señalen	haya señalado	hayan señalado
7 imperfecto de subjuntivo		**14 pluscuamperfecto de subjuntivo**	
señalara	señaláramos	hubiera señalado	hubiéramos señalado
señalaras	señalarais	hubieras señalado	hubierais señalado
señalara	señalaran	hubiera señalado	hubieran señalado
OR		OR	
señalase	señalásemos	hubiese señalado	hubiésemos señalado
señalases	señalaseis	hubieses señalado	hubieseis señalado
señalase	señalasen	hubiese señalado	hubiesen señalado

imperativo	
—	señalemos
señala; no señales	señalad; no señaléis
señale	señalen

señalar un día   to set a day
señalar una fecha   to set a date
señalar con el dedo   to point out, to
 indicate (with your finger)
una seña   mark, sign, signal

por señas   by signs
dar señas de   to show signs of
una señal   sign, mark;
 la señal de parada   stop sign

Syn.: **indicar** to point out; **mostrar** to show, to point out   Ant.: **omitir** to omit (30)

Part. pas. **sentado**   Gerundio **sentándose**
Reflexive verb; regular **-ar** verb endings
with stem change: Tenses 1, 6, Imperative

sentarse (434)
to sit down

The Seven Simple Tenses		The Seven Compound Tenses	
Singular	Plural	Singular	Plural
1 presente de indicativo		**8 perfecto de indicativo**	
me siento	nos sentamos	me he sentado	nos hemos sentado
te sientas	os sentáis	te has sentado	os habéis sentado
se sienta	se sientan	se ha sentado	se han sentado
2 imperfecto de indicativo		**9 pluscuamperfecto de indicativo**	
me sentaba	nos sentábamos	me había sentado	nos habíamos sentado
te sentabas	os sentabais	te habías sentado	os habíais sentado
se sentaba	se sentaban	se había sentado	se habían sentado
3 pretérito		**10 pretérito anterior**	
me senté	nos sentamos	me hube sentado	nos hubimos sentado
te sentaste	os sentasteis	te hubiste sentado	os hubisteis sentado
se sentó	se sentaron	se hubo sentado	se hubieron sentado
4 futuro		**11 futuro perfecto**	
me sentaré	nos sentaremos	me habré sentado	nos habremos sentado
te sentarás	os sentaréis	te habrás sentado	os habréis sentado
se sentará	se sentarán	se habrá sentado	se habrán sentado
5 potencial simple		**12 potencial compuesto**	
me sentaría	nos sentaríamos	me habría sentado	nos habríamos sentado
te sentarías	os sentaríais	te habrías sentado	os habríais sentado
se sentaría	se sentarían	se habría sentado	se habrían sentado
6 presente de subjuntivo		**13 perfecto de subjuntivo**	
me siente	nos sentemos	me haya sentado	nos hayamos sentado
te sientes	os sentéis	te hayas sentado	os hayáis sentado
se siente	se sienten	se haya sentado	se hayan sentado
7 imperfecto de subjuntivo		**14 pluscuamperfecto de subjuntivo**	
me sentara	nos sentáramos	me hubiera sentado	nos hubiéramos sentado
te sentaras	os sentarais	te hubieras sentado	os hubierais sentado
se sentara	se sentaran	se hubiera sentado	se hubieran sentado
OR		OR	
me sentase	nos sentásemos	me hubiese sentado	nos hubiésemos sentado
te sentases	os sentaseis	te hubieses sentado	os hubieseis sentado
se sentase	se sentasen	se hubiese sentado	se hubiesen sentado

	imperativo	
—		sentémonos; no nos sentemos
siéntate; no te sientes		sentaos; no os sentéis
siéntese; no se siente		siéntense; no se sienten

un asiento a seat	**una sentada** a sitting; **de una sentada**
sentado, sentada seated	in one sitting
¡Siéntese Ud.! Sit down!	**¡Vamos a sentarnos!** Let's sit down!
sentar, asentar to seat	

Syn.: **asentarse** to sit down, to settle (434); **tomar asiento** to take a seat   Ant.: **levantarse** to get up, to rise

S

Sentir/Sentirse

Sentir and sentirse are an essential pair of -ir verbs for you to learn. They are used in a great number of idiomatic expressions and everyday situations. Pay attention to the stem change in Tenses 1, 3, 6, and 7, as well as in the imperative and present participle (Gerundio).

Sentences using **sentir** and **sentirse**

La semana pasada sentimos un fuerte terremoto.
Last week we felt a powerful earthquake.

El chico sintió la muerte de su perro.
The boy felt very sorry about the death of his dog.

Lo siento mucho.
I regret it very much. I'm very sorry.

¿Cómo se siente Ud.?
How do you feel?

Me siento mal.
I feel sick.

Words and expressions related to these verbs

el sentimiento feeling, sentiment

sentimentalmente sentimentally

el sentir feeling, judgment

el sentido sense, meaning, feeling

los sentidos the senses

una persona sentimental sentimentalist

el sentimentalismo sentimentalism

sentir admiración por alguien to feel admiration for someone

sentir en el alma to feel/regret deeply

sentido, sentida sincere, sensitive

resentirse to feel the effects

resentirse de algo to resent something

sentirse mal to feel bad

---

sentir
Syn.: **arrepentirse de** to regret (436); **emocionarse** to be moved, touched inside (355, 289); **lamentar** to lament (11); **percibir** to perceive

sentirse
Syn.: **sufrir** to suffer

AN ESSENTIAL
55 Verb

Can't remember the Spanish verb you need?

Check the back pages of this book for the English-Spanish verb index!

Part. pas. **sentido**   Gerundio **sintiendo**
Regular **-ir** verb endings with stem change:
Tenses 1, 3, 6, 7, Imperative, Gerundio

sentir (435)

to feel sorry, to regret, to feel

The Seven Simple Tenses		The Seven Compound Tenses	
Singular	**Plural**	**Singular**	**Plural**
1 presente de indicativo		**8 perfecto de indicativo**	
siento	sentimos	he sentido	hemos sentido
sientes	sentís	has sentido	habéis sentido
siente	sienten	ha sentido	han sentido
2 imperfecto de indicativo		**9 pluscuamperfecto de indicativo**	
sentía	sentíamos	había sentido	habíamos sentido
sentías	sentíais	habías sentido	habíais sentido
sentía	sentían	había sentido	habían sentido
3 pretérito		**10 pretérito anterior**	
sentí	sentimos	hube sentido	hubimos sentido
sentiste	sentisteis	hubiste sentido	hubisteis sentido
sintió	sintieron	hubo sentido	hubieron sentido
4 futuro		**11 futuro perfecto**	
sentiré	sentiremos	habré sentido	habremos sentido
sentirás	sentiréis	habrás sentido	habréis sentido
sentirá	sentirán	habrá sentido	habrán sentido
5 potencial simple		**12 potencial compuesto**	
sentiría	sentiríamos	habría sentido	habríamos sentido
sentirías	sentiríais	habrías sentido	habríais sentido
sentiría	sentirían	habría sentido	habrían sentido
6 presente de subjuntivo		**13 perfecto de subjuntivo**	
sienta	sintamos	haya sentido	hayamos sentido
sientas	sintáis	hayas sentido	hayáis sentido
sienta	sientan	haya sentido	hayan sentido
7 imperfecto de subjuntivo		**14 pluscuamperfecto de subjuntivo**	
sintiera	sintiéramos	hubiera sentido	hubiéramos sentido
sintieras	sintierais	hubieras sentido	hubierais sentido
sintiera	sintieran	hubiera sentido	hubieran sentido
OR		OR	
sintiese	sintiésemos	hubiese sentido	hubiésemos sentido
sintieses	sintieseis	hubieses sentido	hubieseis sentido
sintiese	sintiesen	hubiese sentido	hubiesen sentido

imperativo	
—	sintamos
siente; no sientas	sentid; no sintáis
sienta	sientan

S

AN ESSENTIAL
55 Verb

sentirse (436)

to feel (well, ill), to suffer

Gerundio **sintiéndose**   Part. pas. **sentido**

Reflexive verb; regular **-ir** verb endings with stem
change: Tenses 1, 3, 6, 7, Imperative, Gerundio

The Seven Simple Tenses		The Seven Compound Tenses	
Singular	Plural	Singular	Plural
1 presente de indicativo		**8 perfecto de indicativo**	
me siento	nos sentimos	me he sentido	nos hemos sentido
te sientes	os sentís	te has sentido	os habéis sentido
se siente	se sienten	se ha sentido	se han sentido
2 imperfecto de indicativo		**9 pluscuamperfecto de indicativo**	
me sentía	nos sentíamos	me había sentido	nos habíamos sentido
te sentías	os sentíais	te habías sentido	os habíais sentido
se sentía	se sentían	se había sentido	se habían sentido
3 pretérito		**10 pretérito anterior**	
me sentí	nos sentimos	me hube sentido	nos hubimos sentido
te sentiste	os sentisteis	te hubiste sentido	os hubisteis sentido
se sintió	se sintieron	se hubo sentido	se hubieron sentido
4 futuro		**11 futuro perfecto**	
me sentiré	nos sentiremos	me habré sentido	nos habremos sentido
te sentirás	os sentiréis	te habrás sentido	os habréis sentido
se sentirá	se sentirán	se habrá sentido	se habrán sentido
5 potencial simple		**12 potencial compuesto**	
me sentiría	nos sentiríamos	me habría sentido	nos habríamos sentido
te sentirías	os sentiríais	te habrías sentido	os habríais sentido
se sentiría	se sentirían	se habría sentido	se habrían sentido
6 presente de subjuntivo		**13 perfecto de subjuntivo**	
me sienta	nos sintamos	me haya sentido	nos hayamos sentido
te sientas	os sintáis	te hayas sentido	os hayáis sentido
se sienta	se sientan	se haya sentido	se hayan sentido
7 imperfecto de subjuntivo		**14 pluscuamperfecto de subjuntivo**	
me sintiera	nos sintiéramos	me hubiera sentido	nos hubiéramos sentido
te sintieras	os sintierais	te hubieras sentido	os hubierais sentido
se sintiera	se sintieran	se hubiera sentido	se hubieran sentido
OR		OR	
me sintiese	nos sintiésemos	me hubiese sentido	nos hubiésemos sentido
te sintieses	os sintieseis	te hubieses sentido	os hubieseis sentido
se sintiese	se sintiesen	se hubiese sentido	se hubiesen sentido

imperativo	
—	sintámonos
siéntete; no te sientas	sentíos; no os sintáis
siéntase	siéntanse

**AN ESSENTIAL
55 Verb**

separar (437)

to separate, to detach, to sort, to set apart

The Seven Simple Tenses		The Seven Compound Tenses	
Singular	Plural	Singular	Plural
1 presente de indicativo		**8 perfecto de indicativo**	
separo	separamos	he separado	hemos separado
separas	separáis	has separado	habéis separado
separa	separan	ha separado	han separado
2 imperfecto de indicativo		**9 pluscuamperfecto de indicativo**	
separaba	separábamos	había separado	habíamos separado
separabas	separabais	habías separado	habíais separado
separaba	separaban	había separado	habían separado
3 pretérito		**10 pretérito anterior**	
separé	separamos	hube separado	hubimos separado
separaste	separasteis	hubiste separado	hubisteis separado
separó	separaron	hubo separado	hubieron separado
4 futuro		**11 futuro perfecto**	
separaré	separaremos	habré separado	habremos separado
separarás	separaréis	habrás separado	habréis separado
separará	separarán	habrá separado	habrán separado
5 potencial simple		**12 potencial compuesto**	
separaría	separaríamos	habría separado	habríamos separado
separarías	separaríais	habrías separado	habríais separado
separaría	separarían	habría separado	habrían separado
6 presente de subjuntivo		**13 perfecto de subjuntivo**	
separe	separemos	haya separado	hayamos separado
separes	separéis	hayas separado	hayáis separado
separe	separen	haya separado	hayan separado
7 imperfecto de subjuntivo		**14 pluscuamperfecto de subjuntivo**	
separara	separáramos	hubiera separado	hubiéramos separado
separaras	separarais	hubieras separado	hubierais separado
separara	separaran	hubiera separado	hubieran separado
OR		OR	
separase	separásemos	hubiese separado	hubiésemos separado
separases	separaseis	hubieses separado	hubieseis separado
separase	separasen	hubiese separado	hubiesen separado

imperativo

—	separemos
separa; no separes	separad; no separéis
separe	separen

la separación separation
separar un asiento to reserve a seat
por separado separately
una separata offprint (printed separately)

separativo, separativa separative
separado, separada separate, separated
separadamente separately

Syn.: **alejar** to remove, to drive away (165); **apartar** to set aside (11); **distanciar** to
distance (57)   Ant.: **agregar** to gather; **agrupar** to group; **juntar** to join; **unir** to unite

S

Ser

Ser is one of the most important irregular verbs for beginning students. It is used in a vast number of idiomatic expressions and everyday situations. Be careful when you need to choose between **ser** and **estar** (verb 230). You should study the special rules for the use of **estar**. They're listed with that verb.

Sentences using **ser** and related words

¿Qué hora es?
What time is it?

Es la una.
It's one o'clock.

Son las dos.
It's two o'clock.

Será un regalo.
It will be a gift.

Para ser tan viejo, él es muy ágil.
In spite of being so old, he is very nimble.

Soy aficionado al béisbol.
I'm a baseball fan.

Mi profesora de español es amable conmigo.
My Spanish teacher is kind to me.

Te escucho. Soy de todo oídos.
I'm listening to you. I'm all ears.

Este libro es de María.
This book is Mary's.

Proverb

Dime con quién andas y te diré quién eres.
Tell me who your friends are and I will tell you who you are. (Birds of a feather flock together.)

Syn.: **estar vivo(a)** to be alive; **existir** to exist (276); **vivir** to live   Ant.: **fallecer** to die (344); **morir** to die

Words and expressions related to this verb

Debe de ser... It is probably...

Debe ser... It ought to be...

Es de lamentar. It's too bad.

Es de mi agrado. It's to my liking.

Es hora de... It is time to...

Es (una) lástima. It's a pity. It's too bad.

Es que... The fact is...

para ser... in spite of being...

sea lo que sea whatever it may be

ser aburrido to be boring

ser aficionado a to be a fan of

ser amable con to be kind to

ser capaz to be able

ser de to belong to

ser de rigor to be indispensable

ser de ver to be worth seeing

ser digno de to deserve, to be worth

ser listo/lista to be clever

ser todo oídos to be all ears

si no fuera por... if it were not for...

Si yo fuera usted... If I were you...

AN ESSENTIAL
55 Verb

The Seven Simple Tenses		The Seven Compound Tenses	
Singular	**Plural**	**Singular**	**Plural**
1 presente de indicativo		**8 perfecto de indicativo**	
soy	somos	he sido	hemos sido
eres	sois	has sido	habéis sido
es	son	ha sido	han sido
2 imperfecto de indicativo		**9 pluscuamperfecto de indicativo**	
era	éramos	había sido	habíamos sido
eras	erais	habías sido	habíais sido
era	eran	había sido	habían sido
3 pretérito		**10 pretérito anterior**	
fui	fuimos	hube sido	hubimos sido
fuiste	fuisteis	hubiste sido	hubisteis sido
fue	fueron	hubo sido	hubieron sido
4 futuro		**11 futuro perfecto**	
seré	seremos	habré sido	habremos sido
serás	seréis	habrás sido	habréis sido
será	serán	habrá sido	habrán sido
5 potencial simple		**12 potencial compuesto**	
sería	seríamos	habría sido	habríamos sido
serías	seríais	habrías sido	habríais sido
sería	serían	habría sido	habrían sido
6 presente de subjuntivo		**13 perfecto de subjuntivo**	
sea	seamos	haya sido	hayamos sido
seas	seáis	hayas sido	hayáis sido
sea	sean	haya sido	hayan sido
7 imperfecto de subjuntivo		**14 pluscuamperfecto de subjuntivo**	
fuera	fuéramos	hubiera sido	hubiéramos sido
fueras	fuerais	hubieras sido	hubierais sido
fuera	fueran	hubiera sido	hubieran sido
OR		OR	
fuese	fuésemos	hubiese sido	hubiésemos sido
fueses	fueseis	hubieses sido	hubieseis sido
fuese	fuesen	hubiese sido	hubiesen sido

imperativo	
—	seamos
sé; no seas	sed; no seáis
sea	sean

AN ESSENTIAL

55 Verb

S

servir (439)
to serve

Gerundio **sirviendo**   Part. pas. **servido**
Regular **-ir** verb endings with stem change:
Tenses 1, 3, 6, 7, Imperative, Gerundio

The Seven Simple Tenses		The Seven Compound Tenses	
Singular	**Plural**	**Singular**	**Plural**
1 presente de indicativo		**8 perfecto de indicativo**	
sirvo	servimos	he servido	hemos servido
sirves	servís	has servido	habéis servido
sirve	sirven	ha servido	han servido
2 imperfecto de indicativo		**9 pluscuamperfecto de indicativo**	
servía	servíamos	había servido	habíamos servido
servías	servíais	habías servido	habíais servido
servía	servían	había servido	habían servido
3 pretérito		**10 pretérito anterior**	
serví	servimos	hube servido	hubimos servido
serviste	servisteis	hubiste servido	hubisteis servido
sirvió	sirvieron	hubo servido	hubieron servido
4 futuro		**11 futuro perfecto**	
serviré	serviremos	habré servido	habremos servido
servirás	serviréis	habrás servido	habréis servido
servirá	servirán	habrá servido	habrán servido
5 potencial simple		**12 potencial compuesto**	
serviría	serviríamos	habría servido	habríamos servido
servirías	serviríais	habrías servido	habríais servido
serviría	servirían	habría servido	habrían servido
6 presente de subjuntivo		**13 perfecto de subjuntivo**	
sirva	sirvamos	haya servido	hayamos servido
sirvas	sirváis	hayas servido	hayáis servido
sirva	sirvan	haya servido	hayan servido
7 imperfecto de subjuntivo		**14 pluscuamperfecto de subjuntivo**	
sirviera	sirviéramos	hubiera servido	hubiéramos servido
sirvieras	sirvierais	hubieras servido	hubierais servido
sirviera	sirvieran	hubiera servido	hubieran servido
OR		OR	
sirviese	sirviésemos	hubiese servido	hubiésemos servido
sirvieses	sirvieseis	hubieses servido	hubieseis servido
sirviese	sirviesen	hubiese servido	hubiesen servido

imperativo

—	sirvamos
sirve; no sirvas	servid; no sirváis
sirva	sirvan

servidor, servidora   servant, waiter, waitress
el servicio   service
servirse   to serve oneself
¡Sírvase usted!   Help yourself!
el servicio de soporte técnico   technical
support service

Esto no sirve para nada   This serves no
purpose; This is good for nothing.
servir para   to be good for, to be used for
una servilleta   table napkin

Syn.: **atender** to attend to (164); **proveer** to provide, to supply (152)

Part. pas. **significado**   Gerundio **significando**
Regular **-ar** verb endings with spelling
change: **c** becomes **qu** before **e**

significar (440)
to mean, to signify

The Seven Simple Tenses		The Seven Compound Tenses	
Singular	**Plural**	**Singular**	**Plural**
1 presente de indicativo		**8 perfecto de indicativo**	
significo	significamos	he significado	hemos significado
significas	significáis	has significado	habéis significado
significa	significan	ha significado	han significado
2 imperfecto de indicativo		**9 pluscuamperfecto de indicativo**	
significaba	significábamos	había significado	habíamos significado
significabas	significabais	habías significado	habíais significado
significaba	significaban	había significado	habían significado
3 pretérito		**10 pretérito anterior**	
signifiqué	significamos	hube significado	hubimos significado
significaste	significasteis	hubiste significado	hubisteis significado
significó	significaron	hubo significado	hubieron significado
4 futuro		**11 futuro perfecto**	
significaré	significaremos	habré significado	habremos significado
significarás	significaréis	habrás significado	habréis significado
significará	significarán	habrá significado	habrán significado
5 potencial simple		**12 potencial compuesto**	
significaría	significaríamos	habría significado	habríamos significado
significarías	significaríais	habrías significado	habríais significado
significaría	significarían	habría significado	habrían significado
6 presente de subjuntivo		**13 perfecto de subjuntivo**	
signifique	signifiquemos	haya significado	hayamos significado
signifiques	signifiquéis	hayas significado	hayáis significado
signifique	signifiquen	haya significado	hayan significado
7 imperfecto de subjuntivo		**14 pluscuamperfecto de subjuntivo**	
significara	significáramos	hubiera significado	hubiéramos significado
significaras	significarais	hubieras significado	hubierais significado
significara	significaran	hubiera significado	hubieran significado
OR		OR	
significase	significásemos	hubiese significado	hubiésemos significado
significases	significaseis	hubieses significado	hubieseis significado
significase	significasen	hubiese significado	hubiesen significado

imperativo	
—	signifiquemos
significa; no signifiques	significad; no signifiquéis
signifique	signifiquen

¿Qué significa esta palabra?
What does this word mean?

la significación significance, meaning	**significante** significant
significado, significada signified	**significativo, significativa** significative,
el significado meaning	meaningful, significant
el signo sign	**insignificante** insignificant

Syn.: **connotar** to connote, to imply (308); **indicar** to indicate; **querer decir** to mean

S

545

socorrer (441)

to help, to aid, to assist, to succor

Gerundio **socorriendo** Part. pas. **socorrido**

Regular **-er** verb

The Seven Simple Tenses		The Seven Compound Tenses	
Singular	Plural	Singular	Plural
1 presente de indicativo		**8 perfecto de indicativo**	
socorro	socorremos	he socorrido	hemos socorrido
socorres	socorréis	has socorrido	habéis socorrido
socorre	socorren	ha socorrido	han socorrido
2 imperfecto de indicativo		**9 pluscuamperfecto de indicativo**	
socorría	socorríamos	había socorrido	habíamos socorrido
soccorrías	socorríais	habías socorrido	habíais socorrido
socorría	socorrían	había socorrido	habían socorrido
3 pretérito		**10 pretérito anterior**	
socorrí	socorrimos	hube socorrido	hubimos socorrido
socorriste	socorristeis	hubiste socorrido	hubisteis socorrido
socorrió	socorrieron	hubo socorrido	hubieron socorrido
4 futuro		**11 futuro perfecto**	
socorreré	socorreremos	habré socorrido	habremos socorrido
socorrerás	socorreréis	habrás socorrido	habréis socorrido
socorrerá	socorrerán	habrá socorrido	habrán socorrido
5 potencial simple		**12 potencial compuesto**	
socorrería	socorreríamos	habría socorrido	habríamos socorrido
socorrerías	socorreríais	habrías socorrido	habríais socorrido
socorrería	socorrerían	habría socorrido	habrían socorrido
6 presente de subjuntivo		**13 perfecto de subjuntivo**	
socorra	socorramos	haya socorrido	hayamos socorrido
socorras	socorráis	hayas socorrido	hayáis socorrido
socorra	socorran	haya socorrido	hayan socorrido
7 imperfecto de subjuntivo		**14 pluscuamperfecto de subjuntivo**	
socorriera	socorriéramos	hubiera socorrido	hubiéramos socorrido
socorrieras	socorrierais	hubieras socorrido	hubierais socorrido
socorriera	socorrieran	hubiera socorrido	hubieran socorrido
OR		OR	
socorriese	socorriésemos	hubiese socorrido	hubiésemos socorrido
socorrieses	socorrieseis	hubieses socorrido	hubieseis socorrido
socorriese	socorriesen	hubiese socorrido	hubiesen socorrido

imperativo	
—	socorramos
socorre; no socorras	socorred; no socorráis
socorra	socorran

Los socorristas socorren a las personas que necesitan socorro.
Lifeguards help people who need help.

el socorro help; **¡Socorro! ¡Socorro!** Help! Help!
un puesto de socorro first-aid station

el, la socorrista first-aid provider,
lifeguard

Syn.: **acudir** to come to the rescue; **asistir** to assist; **auxiliar** to help (106); **ayudar** to help
Ant.: **abandonar** to abandon (473); **desamparar** to abandon, to forsake (342)

Part. pas. **sofocado**   Gerundio **sofocando**
Regular **-ar** verb endings with spelling
change: **c** becomes **qu** before **e**

sofocar (442)
to choke, to smother,
to suffocate, to stifle

The Seven Simple Tenses

The Seven Compound Tenses

Singular	Plural	Singular	Plural
1 presente de indicativo		**8 perfecto de indicativo**	
sofoco	sofocamos	he sofocado	hemos sofocado
sofocas	sofocáis	has sofocado	habéis sofocado
sofoca	sofocan	ha sofocado	han sofocado
2 imperfecto de indicativo		**9 pluscuamperfecto de indicativo**	
sofocaba	sofocábamos	había sofocado	habíamos sofocado
sofocabas	sofocabais	habías sofocado	habíais sofocado
sofocaba	sofocaban	había sofocado	habían sofocado
3 pretérito		**10 pretérito anterior**	
sofoqué	sofocamos	hube sofocado	hubimos sofocado
sofocaste	sofocasteis	hubiste sofocado	hubisteis sofocado
sofocó	sofocaron	hubo sofocado	hubieron sofocado
4 futuro		**11 futuro perfecto**	
sofocaré	sofocaremos	habré sofocado	habremos sofocado
sofocarás	sofocaréis	habrás sofocado	habréis sofocado
sofocará	sofocarán	habrá sofocado	habrán sofocado
5 potencial simple		**12 potencial compuesto**	
sofocaría	sofocaríamos	habría sofocado	habríamos sofocado
sofocarías	sofocaríais	habrías sofocado	habríais sofocado
sofocaría	sofocarían	habría sofocado	habrían sofocado
6 presente de subjuntivo		**13 perfecto de subjuntivo**	
sofoque	sofoquemos	haya sofocado	hayamos sofocado
sofoques	sofoquéis	hayas sofocado	hayáis sofocado
sofoque	sofoquen	haya sofocado	hayan sofocado
7 imperfecto de subjuntivo		**14 pluscuamperfecto de subjuntivo**	
sofocara	sofocáramos	hubiera sofocado	hubiéramos sofocado
sofocaras	sofocarais	hubieras sofocado	hubierais sofocado
sofocara	sofocaran	hubiera sofocado	hubieran sofocado
OR		OR	
sofocase	sofocásemos	hubiese sofocado	hubiésemos sofocado
sofocases	sofocaseis	hubieses sofocado	hubieseis sofocado
sofocase	sofocasen	hubiese sofocado	hubiesen sofocado

imperativo

—	sofoquemos
sofoca; no sofoques	sofocad; no sofoquéis
sofoque	sofoquen

sofocarse   to get out of breath
sofocarse por   to get excited over
sofocador, sofocadora   stifling, stuffy

la sofocación   suffocation, choking
sofocante   suffocating, stifling
el sofoco   suffocation

Syn.: **ahogar** to drown, to suffocate (341); **asfixiar** to asphyxiate, to suffocate (232)
Ant.: **oxigenarse** to get fresh air (289); **ventilar** to ventilate (71)

S

sollozar (443)
to sob, to whimper

Gerundio **sollozando** Part. pas. **sollozado**
Regular **-ar** verb endings with spelling
change: **z** becomes **c** before **e**

The Seven Simple Tenses		The Seven Compound Tenses	
Singular	**Plural**	**Singular**	**Plural**
1 presente de indicativo		**8 perfecto de indicativo**	
sollozo	sollozamos	he sollozado	hemos sollozado
sollozas	sollozáis	has sollozado	habéis sollozado
solloza	sollozan	ha sollozado	han sollozado
2 imperfecto de indicativo		**9 pluscuamperfecto de indicativo**	
sollozaba	sollozábamos	había sollozado	habíamos sollozado
sollozabas	sollozabais	habías sollozado	habíais sollozado
sollozaba	sollozaban	había sollozado	habían sollozado
3 pretérito		**10 pretérito anterior**	
sollocé	sollozamos	hube sollozado	hubimos sollozado
sollozaste	sollozasteis	hubiste sollozado	hubisteis sollozado
sollozó	sollozaron	hubo sollozado	hubieron sollozado
4 futuro		**11 futuro perfecto**	
sollozaré	sollozaremos	habré sollozado	habremos sollozado
sollozarás	sollozaréis	habrás sollozado	habréis sollozado
sollozará	sollozarán	habrá sollozado	habrán sollozado
5 potencial simple		**12 potencial compuesto**	
sollozaría	sollozaríamos	habría sollozado	habríamos sollozado
sollozarías	sollozaríais	habrías sollozado	habríais sollozado
sollozaría	sollozarían	habría sollozado	habrían sollozado
6 presente de subjuntivo		**13 perfecto de subjuntivo**	
solloce	sollocemos	haya sollozado	hayamos sollozado
solloces	sollocéis	hayas sollozado	hayáis sollozado
solloce	sollocen	haya sollozado	hayan sollozado
7 imperfecto de subjuntivo		**14 pluscuamperfecto de subjuntivo**	
sollozara	sollozáramos	hubiera sollozado	hubiéramos sollozado
sollozaras	sollozarais	hubieras sollozado	hubierais sollozado
sollozara	sollozaran	hubiera sollozado	hubieran sollozado
OR		OR	
sollozase	sollozásemos	hubiese sollozado	hubiésemos sollozado
sollozases	sollozaseis	hubieses sollozado	hubieseis sollozado
sollozase	sollozasen	hubiese sollozado	hubiesen sollozado

imperativo	
—	sollocemos
solloza; no solloces	sollozad; no sollocéis
solloce	sollocen

un sollozo sob   **sollozante** sobbing
estallar en sollozos to burst into sobs

Syn.: **gemir** to grieve, to moan; **llorar** to cry, to weep   Ant.: **alegrarse** to be happy; **reír** to laugh

someter (444)

to subdue, to subject, to surrender, to submit

The Seven Simple Tenses		The Seven Compound Tenses	
Singular	Plural	Singular	Plural
1 presente de indicativo		**8 perfecto de indicativo**	
someto	sometemos	he sometido	hemos sometido
sometes	sometéis	has sometido	habéis sometido
somete	someten	ha sometido	han sometido
2 imperfecto de indicativo		**9 pluscuamperfecto de indicativo**	
sometía	sometíamos	había sometido	habíamos sometido
sometías	sometíais	habías sometido	habíais sometido
sometía	sometían	había sometido	habían sometido
3 pretérito		**10 pretérito anterior**	
sometí	sometimos	hube sometido	hubimos sometido
sometiste	sometisteis	hubiste sometido	hubisteis sometido
sometió	sometieron	hubo sometido	hubieron sometido
4 futuro		**11 futuro perfecto**	
someteré	someteremos	habré sometido	habremos sometido
someterás	someteréis	habrás sometido	habréis sometido
someterá	someterán	habrá sometido	habrán sometido
5 potencial simple		**12 potencial compuesto**	
sometería	someteríamos	habría sometido	habríamos sometido
someterías	someteríais	habrías sometido	habríais sometido
sometería	someterían	habría sometido	habrían sometido
6 presente de subjuntivo		**13 perfecto de subjuntivo**	
someta	sometamos	haya sometido	hayamos sometido
sometas	sometáis	hayas sometido	hayáis sometido
someta	sometan	haya sometido	hayan sometido
7 imperfecto de subjuntivo		**14 pluscuamperfecto de subjuntivo**	
sometiera	sometiéramos	hubiera sometido	hubiéramos sometido
sometieras	sometierais	hubieras sometido	hubierais sometido
sometiera	sometieran	hubiera sometido	hubieran sometido
OR		OR	
sometiese	sometiésemos	hubiese sometido	hubiésemos sometido
sometieses	sometieseis	hubieses sometido	hubieseis sometido
sometiese	sometiesen	hubiese sometido	hubiesen sometido

imperativo	
—	sometamos
somete; no sometas	someted; no sometáis
someta	sometan

someterse a to surrender to, to humble oneself	**someter a votación** to put to a vote
	el sometimiento submission
sometido, sometida submissive, docile	**someter la renuncia** to resign
la sumisión submission	**someter a prueba** to put to the test

Syn.: **soltar** to let go, to release (138); **subyugar** to subjugate (325); **sujetar** to subject (308)
Ant.: **dejar** to allow; **liberar** to liberate (409); **libertar** to release, to free (11)

sonar (445)

to ring, to echo, to resound, to sound

Gerundio **sonando**   Part. pas. **sonado**
Regular **-ar** verb endings with stem
change: Tenses 1, 6, Imperative

The Seven Simple Tenses		The Seven Compound Tenses	
Singular	**Plural**	**Singular**	**Plural**
1 presente de indicativo		**8 perfecto de indicativo**	
sueno	sonamos	he sonado	hemos sonado
suenas	sonáis	has sonado	habéis sonado
suena	suenan	ha sonado	han sonado
2 imperfecto de indicativo		**9 pluscuamperfecto de indicativo**	
sonaba	sonábamos	había sonado	habíamos sonado
sonabas	sonabais	habías sonado	habíais sonado
sonaba	sonaban	había sonado	habían sonado
3 pretérito		**10 pretérito anterior**	
soné	sonamos	hube sonado	hubimos sonado
sonaste	sonasteis	hubiste sonado	hubisteis sonado
sonó	sonaron	hubo sonado	hubieron sonado
4 futuro		**11 futuro perfecto**	
sonaré	sonaremos	habré sonado	habremos sonado
sonarás	sonaréis	habrás sonado	habréis sonado
sonará	sonarán	habrá sonado	habrán sonado
5 potencial simple		**12 potencial compuesto**	
sonaría	sonaríamos	habría sonado	habríamos sonado
sonarías	sonaríais	habrías sonado	habríais sonado
sonaría	sonarían	habría sonado	habrían sonado
6 presente de subjuntivo		**13 perfecto de subjuntivo**	
suene	sonemos	haya sonado	hayamos sonado
suenes	sonéis	hayas sonado	hayáis sonado
suene	suenen	haya sonado	hayan sonado
7 imperfecto de subjuntivo		**14 pluscuamperfecto de subjuntivo**	
sonara	sonáramos	hubiera sonado	hubiéramos sonado
sonaras	sonarais	hubieras sonado	hubierais sonado
sonara	sonaran	hubiera sonado	hubieran sonado
OR		OR	
sonase	sonásemos	hubiese sonado	hubiésemos sonado
sonases	sonaseis	hubieses sonado	hubieseis sonado
sonase	sonasen	hubiese sonado	hubiesen sonado

imperativo	
—	sonemos
suena; no suenes	sonad; no sonéis
suene	suenen

sonar a to seem like	**una sonatina** sonatina
sonarse (las narices) to blow one's nose	**sonar la alarma** to ring the alarm
sonante sonant, sonorous, sounding	**el sonido** sound
el sónar sonar (From acronym for: Sound	**¿Te suena familiar?** Does that sound famil-
Navigation and Ranging)	iar? (Does that ring a bell?)
una sonata sonata	

Syn.: **resonar** to resound, to ring (209)   Ant.: **callar** to silence (261); **silenciar** to silence (57)

550

Part. pas. **soñado**   Gerundio **soñando**

Regular **-ar** verb endings with stem
change: Tenses 1, 6, Imperative

soñar (446)

to dream

The Seven Simple Tenses		The Seven Compound Tenses	
Singular	Plural	Singular	Plural
1 presente de indicativo		**8 perfecto de indicativo**	
sueño	soñamos	he soñado	hemos soñado
sueñas	soñáis	has soñado	habéis soñado
sueña	sueñan	ha soñado	han soñado
2 imperfecto de indicativo		**9 pluscuamperfecto de indicativo**	
soñaba	soñábamos	había soñado	habíamos soñado
soñabas	soñabais	habías soñado	habíais soñado
soñaba	soñaban	había soñado	habían soñado
3 pretérito		**10 pretérito anterior**	
soñé	soñamos	hube soñado	hubimos soñado
soñaste	soñasteis	hubiste soñado	hubisteis soñado
soñó	soñaron	hubo soñado	hubieron soñado
4 futuro		**11 futuro perfecto**	
soñaré	soñaremos	habré soñado	habremos soñado
soñarás	soñaréis	habrás soñado	habréis soñado
soñará	soñarán	habrá soñado	habrán soñado
5 potencial simple		**12 potencial compuesto**	
soñaría	soñaríamos	habría soñado	habríamos soñado
soñarías	soñaríais	habrías soñado	habríais soñado
soñaría	soñarían	habría soñado	habrían soñado
6 presente de subjuntivo		**13 perfecto de subjuntivo**	
sueñe	soñemos	haya soñado	hayamos soñado
sueñes	soñéis	hayas soñado	hayáis soñado
sueñe	sueñen	haya soñado	hayan soñado
7 imperfecto de subjuntivo		**14 pluscuamperfecto de subjuntivo**	
soñara	soñáramos	hubiera soñado	hubiéramos soñado
soñaras	soñarais	hubieras soñado	hubierais soñado
soñara	soñaran	hubiera soñado	hubieran soñado
OR		OR	
soñase	soñásemos	hubiese soñado	hubiésemos soñado
soñases	soñaseis	hubieses soñado	hubieseis soñado
soñase	soñasen	hubiese soñado	hubiesen soñado

imperativo	
—	soñemos
sueña; no sueñes	soñad; no soñéis
sueñe	sueñen

soñar con   to dream of
soñar despierto   to daydream
el soñador, la soñadora   dreamer
el sueño   sleep, dream
el insomnio   insomnia

tener sueño   to be sleepy
un sueño hecho realidad   a dream come true
el sueño pesado   sound sleep
echar un sueño   to take a nap
el sonámbulo (somnámbulo)   sleepwalker

Syn.: **dormir** to sleep; **fantasear** to daydream (206); **ilusionarse** to have illusions (289);
imaginar to imagine (107)   Ant.: **razonar** to reason out (355)

S

sonreír (447)
to smile

Gerundio **sonriendo**   Part. pas. **sonreído**
Regular **-ir** verb endings with stem change:
Tenses 1, 3, 6, 7, Imperative, Gerundio

The Seven Simple Tenses		The Seven Compound Tenses	
Singular	Plural	Singular	Plural
1 presente de indicativo		**8 perfecto de indicativo**	
sonrío	sonreímos	he sonreído	hemos sonreído
sonríes	sonreís	has sonreído	habéis sonreído
sonríe	sonríen	ha sonreído	han sonreído
2 imperfecto de indicativo		**9 pluscuamperfecto de indicativo**	
sonreía	sonreíamos	había sonreído	habíamos sonreído
sonreías	sonreíais	habías sonreído	habíais sonreído
sonreía	sonreían	había sonreído	habían sonreído
3 pretérito		**10 pretérito anterior**	
sonreí	sonreímos	hube sonreído	hubimos sonreído
sonreíste	sonreísteis	hubiste sonreído	hubisteis sonreído
sonrió	sonrieron	hubo sonreído	hubieron sonreído
4 futuro		**11 futuro perfecto**	
sonreiré	sonreiremos	habré sonreído	habremos sonreído
sonreirás	sonreiréis	habrás sonreído	habréis sonreído
sonreirá	sonreirán	habrá sonreído	habrán sonreído
5 potencial simple		**12 potencial compuesto**	
sonreiría	sonreiríamos	habría sonreído	habríamos sonreído
sonreirías	sonreiríais	habrías sonreído	habríais sonreído
sonreiría	sonreirían	habría sonreído	habrían sonreído
6 presente de subjuntivo		**13 perfecto de subjuntivo**	
sonría	sonriamos	haya sonreído	hayamos sonreído
sonrías	sonriáis	hayas sonreído	hayáis sonreído
sonría	sonrían	haya sonreído	hayan sonreído
7 imperfecto de subjuntivo		**14 pluscuamperfecto de subjuntivo**	
sonriera	sonriéramos	hubiera sonreído	hubiéramos sonreído
sonrieras	sonrierais	hubieras sonreído	hubierais sonreído
sonriera	sonrieran	hubiera sonreído	hubieran sonreído
OR		OR	
sonriese	sonriésemos	hubiese sonreído	hubiésemos sonreído
sonrieses	sonrieseis	hubieses sonreído	hubieseis sonreído
sonriese	sonriesen	hubiese sonreído	hubiesen sonreído

imperativo	
—	sonriamos
sonríe; no sonrías	sonreíd; no sonriáis
sonría	sonrían

sonriente smiling; **La Gioconda tiene una sonrisa bonita** The Mona Lisa has a pretty smile.
la sonrisa smile   **no perder la sonrisa** not to lose a smile; keep smiling

For additional words and expressions related to this verb, see **reír** and **reírse**.

Syn.: **dirigir una sonrisa a alguien** to smile at someone   Ant.: **fruncir (501) el ceño** to frown

552

soplar (448)

to blow, to blow out

The Seven Simple Tenses		The Seven Compound Tenses	
Singular	**Plural**	**Singular**	**Plural**
1 presente de indicativo		**8 perfecto de indicativo**	
soplo	soplamos	he soplado	hemos soplado
soplas	sopláis	has soplado	habéis soplado
sopla	soplan	ha soplado	han soplado
2 imperfecto de indicativo		**9 pluscuamperfecto de indicativo**	
soplaba	soplábamos	había soplado	habíamos soplado
soplabas	soplabais	habías soplado	habíais soplado
soplaba	soplaban	había soplado	habían soplado
3 pretérito		**10 pretérito anterior**	
soplé	soplamos	hube soplado	hubimos soplado
soplaste	soplasteis	hubiste soplado	hubisteis soplado
sopló	soplaron	hubo soplado	hubieron soplado
4 futuro		**11 futuro perfecto**	
soplaré	soplaremos	habré soplado	habremos soplado
soplarás	soplaréis	habrás soplado	habréis soplado
soplará	soplarán	habrá soplado	habrán soplado
5 potencial simple		**12 potencial compuesto**	
soplaría	soplaríamos	habría soplado	habríamos soplado
soplarías	soplaríais	habrías soplado	habríais soplado
soplaría	soplarían	habría soplado	habrían soplado
6 presente de subjuntivo		**13 perfecto de subjuntivo**	
sople	soplemos	haya soplado	hayamos soplado
soples	sopléis	hayas soplado	hayáis soplado
sople	soplen	haya soplado	hayan soplado
7 imperfecto de subjuntivo		**14 pluscuamperfecto de subjuntivo**	
soplara	sopláramos	hubiera soplado	hubiéramos soplado
soplaras	soplarais	hubieras soplado	hubierais soplado
soplara	soplaran	hubiera soplado	hubieran soplado
OR		OR	
soplase	soplásemos	hubiese soplado	hubiésemos soplado
soplases	soplaseis	hubieses soplado	hubieseis soplado
soplase	soplasen	hubiese soplado	hubiesen soplado

	imperativo	
—	soplemos	
sopla; no soples	soplad; no sopléis	
sople	soplen	

un soplamocos a punch in the nose	**un soplete atomizador** paint sprayer
una sopladura air hole, blowhole	**un soplo** puff; **en un soplo** in a jiffy
un soplón, una soplona tattletale	**soplar a la policía** to tip off the police
saber de qué lado sopla el viento to know	**soplar la vela** to blow out the candle
which way the wind blows	**un soplador de hojas** leaf blower
el viento sopla the wind blows	

Syn.: **exhalar** to exhale (259); **ventear** to blow (wind) (352)

553

sorprender (449)
to surprise, to astonish

Gerundio **sorprendiendo**   Part. pas. **sorprendido**

Regular **-er** verb

The Seven Simple Tenses		The Seven Compound Tenses	
Singular	**Plural**	**Singular**	**Plural**
1 presente de indicativo		**8 perfecto de indicativo**	
sorprendo	sorprendemos	he sorprendido	hemos sorprendido
sorprendes	sorprendéis	has sorprendido	habéis sorprendido
sorprende	sorprenden	ha sorprendido	han sorprendido
2 imperfecto de indicativo		**9 pluscuamperfecto de indicativo**	
sorprendía	sorprendíamos	había sorprendido	habíamos sorprendido
sorprendías	sorprendíais	habías sorprendido	habíais sorprendido
sorprendía	sorprendían	había sorprendido	habían sorprendido
3 pretérito		**10 pretérito anterior**	
sorprendí	sorprendimos	hube sorprendido	hubimos sorprendido
sorprendiste	sorprendisteis	hubiste sorprendido	hubisteis sorprendido
sorprendió	sorprendieron	hubo sorprendido	hubieron sorprendido
4 futuro		**11 futuro perfecto**	
sorprenderé	sorprenderemos	habré sorprendido	habremos sorprendido
sorprenderás	sorprenderéis	habrás sorprendido	habréis sorprendido
sorprenderá	sorprenderán	habrá sorprendido	habrán sorprendido
5 potencial simple		**12 potencial compuesto**	
sorprendería	sorprenderíamos	habría sorprendido	habríamos sorprendido
sorprenderías	sorprenderíais	habrías sorprendido	habríais sorprendido
sorprendería	sorprenderían	habría sorprendido	habrían sorprendido
6 presente de subjuntivo		**13 perfecto de subjuntivo**	
sorprenda	sorprendamos	haya sorprendido	hayamos sorprendido
sorprendas	sorprendáis	hayas sorprendido	hayáis sorprendido
sorprenda	sorprendan	haya sorprendido	hayan sorprendido
7 imperfecto de subjuntivo		**14 pluscuamperfecto de subjuntivo**	
sorprendiera	sorprendiéramos	hubiera sorprendido	hubiéramos sorprendido
sorprendieras	sorprendierais	hubieras sorprendido	hubierais sorprendido
sorprendiera	sorprendieran	hubiera sorprendido	hubieran sorprendido
OR		OR	
sorprendiese	sorprendiésemos	hubiese sorprendido	hubiésemos sorprendido
sorprendieses	sorprendieseis	hubieses sorprendido	hubieseis sorprendido
sorprendiese	sorprendiesen	hubiese sorprendido	hubiesen sorprendido

imperativo	
—	sorprendamos
sorprende; no sorprendas	sorprended; no sorprendáis
sorprenda	sorprendan

sorprender en el hecho   to catch in the act
una sorpresa   surprise
tomar por sorpresa, coger por sorpresa
   to take by surprise
sorprendentemente   surprisingly

un ataque por sorpresa   surprise attack
¡Vaya sorpresa!   What a surprise!
sorprendente   surprising
sorprenderse   to be surprised, astonished

Syn.: **maravillar** to amaze (261)   Ant.: **adivinar** to guess, to foretell

Regular **-ar** verb

The Seven Simple Tenses		The Seven Compound Tenses	
Singular	Plural	Singular	Plural
1 presente de indicativo		**8 perfecto de indicativo**	
sospecho	sospechamos	he sospechado	hemos sospechado
sospechas	sospecháis	has sospechado	habéis sospechado
sospecha	sospechan	ha sospechado	han sospechado
2 imperfecto de indicativo		**9 pluscuamperfecto de indicativo**	
sospechaba	sospechábamos	había sospechado	habíamos sospechado
sospechabas	sospechabais	habías sospechado	habíais sospechado
sospechaba	sospechaban	había sospechado	habían sospechado
3 pretérito		**10 pretérito anterior**	
sospeché	sospechamos	hube sospechado	hubimos sospechado
sospechaste	sospechasteis	hubiste sospechado	hubisteis sospechado
sospechó	sospecharon	hubo sospechado	hubieron sospechado
4 futuro		**11 futuro perfecto**	
sospecharé	sospecharemos	habré sospechado	habremos sospechado
sospecharás	sospecharéis	habrás sospechado	habréis sospechado
sospechará	sospecharán	habrá sospechado	habrán sospechado
5 potencial simple		**12 potencial compuesto**	
sospecharía	sospecharíamos	habría sospechado	habríamos sospechado
sospecharías	sospecharíais	habrías sospechado	habríais sospechado
sospecharía	sospecharían	habría sospechado	habrían sospechado
6 presente de subjuntivo		**13 perfecto de subjuntivo**	
sospeche	sospechemos	haya sospechado	hayamos sospechado
sospeches	sospechéis	hayas sospechado	hayáis sospechado
sospeche	sospechen	haya sospechado	hayan sospechado
7 imperfecto de subjuntivo		**14 pluscuamperfecto de subjuntivo**	
sospechara	sospecháramos	hubiera sospechado	hubiéramos sospechado
sospecharas	sospecharais	hubieras sospechado	hubierais sospechado
sospechara	sospecharan	hubiera sospechado	hubieran sospechado
OR		OR	
sospechase	sospechásemos	hubiese sospechado	hubiésemos sospechado
sospechases	sospechaseis	hubieses sospechado	hubieseis sospechado
sospechase	sospechasen	hubiese sospechado	hubiesen sospechado

imperativo	
—	sospechemos
sospecha; no sospeches	sospechad; no sospechéis
sospeche	sospechen

sospechar de to suspect   **la sospecha** suspicion, doubt
sospechable suspicious   **sospechoso, sospechosa** suspect

Syn.: **maliciarse** to suspect (289); **pensar** to think; **presumir** to presume (267); **suponer** to suppose   Ant.: **creer** to believe

sostener (451)

to sustain, to support, to maintain, to uphold

Gerundio **sosteniendo**   Part. pas. **sostenido**

Irregular verb

The Seven Simple Tenses		The Seven Compound Tenses	
Singular	**Plural**	**Singular**	**Plural**
1 presente de indicativo		**8 perfecto de indicativo**	
sostengo	sostenemos	he sostenido	hemos sostenido
sostienes	sostenéis	has sostenido	habéis sostenido
sostiene	sostienen	ha sostenido	han sostenido
2 imperfecto de indicativo		**9 pluscuamperfecto de indicativo**	
sostenía	sosteníamos	había sostenido	habíamos sostenido
sostenías	sosteníais	habías sostenido	habíais sostenido
sostenía	sostenían	había sostenido	habían sostenido
3 pretérito		**10 pretérito anterior**	
sostuve	sostuvimos	hube sostenido	hubimos sostenido
sostuviste	sostuvisteis	hubiste sostenido	hubisteis sostenido
sostuvo	sostuvieron	hubo sostenido	hubieron sostenido
4 futuro		**11 futuro perfecto**	
sostendré	sostendremos	habré sostenido	habremos sostenido
sostendrás	sostendréis	habrás sostenido	habréis sostenido
sostendrá	sostendrán	habrá sostenido	habrán sostenido
5 potencial simple		**12 potencial compuesto**	
sostendría	sostendríamos	habría sostenido	habríamos sostenido
sostendrías	sostendríais	habrías sostenido	habríais sostenido
sostendría	sostendrían	habría sostenido	habrían sostenido
6 presente de subjuntivo		**13 perfecto de subjuntivo**	
sostenga	sostengamos	haya sostenido	hayamos sostenido
sostengas	sostengáis	hayas sostenido	hayáis sostenido
sostenga	sostengan	haya sostenido	hayan sostenido
7 imperfecto de subjuntivo		**14 pluscuamperfecto de subjuntivo**	
sostuviera	sostuviéramos	hubiera sostenido	hubiéramos sostenido
sostuvieras	sostuvierais	hubieras sostenido	hubierais sostenido
sostuviera	sostuvieran	hubiera sostenido	hubieran sostenido
OR		OR	
sostuviese	sostuviésemos	hubiese sostenido	hubiésemos sostenido
sostuvieses	sostuvieseis	hubieses sostenido	hubieseis sostenido
sostuviese	sostuviesen	hubiese sostenido	hubiesen sostenido

imperativo	
—	sostengamos
sosten; no sostengas	sostened; no sostengáis
sostenga	sostengan

el sostén, el sostenimiento support, sustenance
sosteniente supporting, sustaining

sostenido, sostenida supported, sustained
el sostenedor, la sostenedora supporter
sostenerse to support or maintain oneself

For other words and expressions related to this verb, see **tener**.

Syn.: **apoyar** to support (453); **mantener** to maintain, to support; **soportar** to support (427)
Ant.: **abandonar** to abandon (473); **dejar** to leave

to go up, to come up, to climb, to rise, to mount,
to get on (a train, bus, etc.), to upload (Internet)

The Seven Simple Tenses		The Seven Compound Tenses	
Singular	**Plural**	**Singular**	**Plural**
1 presente de indicativo		**8 perfecto de indicativo**	
subo	subimos	he subido	hemos subido
subes	subís	has subido	habéis subido
sube	suben	ha subido	han subido
2 imperfecto de indicativo		**9 pluscuamperfecto de indicativo**	
subía	subíamos	había subido	habíamos subido
subías	subíais	habías subido	habíais subido
subía	subían	había subido	habían subido
3 pretérito		**10 pretérito anterior**	
subí	subimos	hube subido	hubimos subido
subiste	subisteis	hubiste subido	hubisteis subido
subió	subieron	hubo subido	hubieron subido
4 futuro		**11 futuro perfecto**	
subiré	subiremos	habré subido	habremos subido
subirás	subiréis	habrás subido	habréis subido
subirá	subirán	habrá subido	habrán subido
5 potencial simple		**12 potencial compuesto**	
subiría	subiríamos	habría subido	habríamos subido
subirías	subiríais	habrías subido	habríais subido
subiría	subirían	habría subido	habrían subido
6 presente de subjuntivo		**13 perfecto de subjuntivo**	
suba	subamos	haya subido	hayamos subido
subas	subáis	hayas subido	hayáis subido
suba	suban	haya subido	hayan subido
7 imperfecto de subjuntivo		**14 pluscuamperfecto de subjuntivo**	
subiera	subiéramos	hubiera subido	hubiéramos subido
subieras	subierais	hubieras subido	hubierais subido
subiera	subieran	hubiera subido	hubieran subido
OR		OR	
subiese	subiésemos	hubiese subido	hubiésemos subido
subieses	subieseis	hubieses subido	hubieseis subido
subiese	subiesen	hubiese subido	hubiesen subido

imperativo	
—	subamos
sube; no subas	subid; no subáis
suba	suban

Subí todas mis fotos a la nube.   I uploaded all my photos to the cloud.

subir a   to get on (a train, etc.)

súbitamente, subitáneamente   all of a
sudden, suddenly

la subida   ascent, increase

súbito, súbita   sudden

subirse a una escalera   to climb a ladder

Han subido los precios.   Prices have gone up.

subir la voz   to raise one's voice

Syn.: **alzar** to lift; **escalar** to climb (259); **montar** to go up, to climb   Ant.: **bajar** to go down, to download (Internet)

S

subrayar (453)

to underline, to underscore, to emphasize

Gerundio **subrayando**   Part. pas. **subrayado**

Regular **-ar** verb

The Seven Simple Tenses		The Seven Compound Tenses	
Singular	**Plural**	**Singular**	**Plural**
1 presente de indicativo		**8 perfecto de indicativo**	
subrayo	subrayamos	he subrayado	hemos subrayado
subrayas	subrayáis	has subrayado	habéis subrayado
subraya	subrayan	ha subrayado	han subrayado
2 imperfecto de indicativo		**9 pluscuamperfecto de indicativo**	
subrayaba	subrayábamos	había subrayado	habíamos subrayado
subrayabas	subrayabais	habías subrayado	habíais subrayado
subrayaba	subrayaban	había subrayado	habían subrayado
3 pretérito		**10 pretérito anterior**	
subrayé	subrayamos	hube subrayado	hubimos subrayado
subrayaste	subrayasteis	hubiste subrayado	hubisteis subrayado
subrayó	subrayaron	hubo subrayado	hubieron subrayado
4 futuro		**11 futuro perfecto**	
subrayaré	subrayaremos	habré subrayado	habremos subrayado
subrayarás	subrayaréis	habrás subrayado	habréis subrayado
subrayará	subrayarán	habrá subrayado	habrán subrayado
5 potencial simple		**12 potencial compuesto**	
subrayaría	subrayaríamos	habría subrayado	habríamos subrayado
subrayarías	subrayaríais	habrías subrayado	habríais subrayado
subrayaría	subrayarían	habría subrayado	habrían subrayado
6 presente de subjuntivo		**13 perfecto de subjuntivo**	
subraye	subrayemos	haya subrayado	hayamos subrayado
subrayes	subrayéis	hayas subrayado	hayáis subrayado
subraye	subrayen	haya subrayado	hayan subrayado
7 imperfecto de subjuntivo		**14 pluscuamperfecto de subjuntivo**	
subrayara	subrayáramos	hubiera subrayado	hubiéramos subrayado
subrayaras	subrayarais	hubieras subrayado	hubierais subrayado
subrayara	subrayaran	hubiera subrayado	hubieran subrayado
OR		OR	
subrayase	subrayásemos	hubiese subrayado	hubiésemos subrayado
subrayases	subrayaseis	hubieses subrayado	hubieseis subrayado
subrayase	subrayasen	hubiese subrayado	hubiesen subrayado

imperativo

—	subrayemos
subraya; no subrayes	subrayad; no subrayéis
subraye	subrayen

subrayado, subrayada   underlined, underlining
rayar   to draw lines, to rule or line paper, to cross out

un rayo de sol   sunbeam; **un rayo lunar**   moonbeam
el papel rayado   lined paper
los rayos X   X-rays

Syn.: **acentuar** to accentuate (141); **destacar** to highlight (424); **llamar la atención sobre** to call attention to

Part. pas. **su(b)scrito**   Gerundio **su(b)scribiendo**   **su(b)scribir** (454)
Regular **-ir** verb; irregular past participle

to subscribe, to agree to, to sign

The Seven Simple Tenses		The Seven Compound Tenses	
Singular	**Plural**	**Singular**	**Plural**
1 presente de indicativo		**8 perfecto de indicativo**	
subscribo	subscribimos	he subscrito	hemos subscrito
subscribes	subscribís	has subscrito	habéis subscrito
subscribe	subscriben	ha subscrito	han subscrito
2 imperfecto de indicativo		**9 pluscuamperfecto de indicativo**	
subscribía	subscribíamos	había subscrito	habíamos subscrito
subscribías	subscribíais	habías subscrito	habíais subscrito
subscribía	subscribían	había subscrito	habían subscrito
3 pretérito		**10 pretérito anterior**	
subscribí	subscribimos	hube subscrito	hubimos subscrito
subscribiste	subscribisteis	hubiste subscrito	hubisteis subscrito
subscribió	subscribieron	hubo subscrito	hubieron subscrito
4 futuro		**11 futuro perfecto**	
subscribiré	subscribiremos	habré subscrito	habremos subscrito
subscribirás	subscribiréis	habrás subscrito	habréis subscrito
subscribirá	subscribirán	habrá subscrito	habrán subscrito
5 potencial simple		**12 potencial compuesto**	
subscribiría	subscribiríamos	habría subscrito	habríamos subscrito
subscribirías	subscribiríais	habrías subscrito	habríais subscrito
subscribiría	subscribirían	habría subscrito	habrían subscrito
6 presente de subjuntivo		**13 perfecto de subjuntivo**	
subscriba	subscribamos	haya subscrito	hayamos subscrito
subscribas	subscribáis	hayas subscrito	hayáis subscrito
subscriba	subscriban	haya subscrito	hayan subscrito
7 imperfecto de subjuntivo		**14 pluscuamperfecto de subjuntivo**	
subscribiera	subscribiéramos	hubiera subscrito	hubiéramos subscrito
subscribieras	subscribierais	hubieras subscrito	hubierais subscrito
subscribiera	subscribieran	hubiera subscrito	hubieran subscrito
OR		OR	
subscribiese	subscribiésemos	hubiese subscrito	hubiésemos subscrito
subscribieses	subscribieseis	hubieses subscrito	hubieseis subscrito
subscribiese	subscribiesen	hubiese subscrito	hubiesen subscrito

imperativo		
—		subscribamos
subscribe; no subscribas		subscribid; no subscribáis
subscriba		subscriban

---

subscribirse a   to subscribe to
  (a magazine, etc.)
la subscripción   subscription

subscrito, subscrita   subscribed, signed
subscriptor, subscriptora   subscriber
See also **describir** and **escribir**.

Note: In popular speech, the letter **b** in **sub** in this verb is not pronounced. It is correct to use the verb as **suscribir**. This is a variant spelling that is often preferred.

Syn.: **abonarse** to subscribe (171); **firmar** to sign; **signar** to sign (114)

sufrir (455)
to suffer, to endure, to bear, to undergo

Gerundio **sufriendo**   Part. pas. **sufrido**
Regular **-ir** verb

The Seven Simple Tenses		The Seven Compound Tenses	
Singular	Plural	Singular	Plural
1 presente de indicativo		**8 perfecto de indicativo**	
sufro	sufrimos	he sufrido	hemos sufrido
sufres	sufrís	has sufrido	habéis sufrido
sufre	sufren	ha sufrido	han sufrido
2 imperfecto de indicativo		**9 pluscuamperfecto de indicativo**	
sufría	sufríamos	había sufrido	habíamos sufrido
sufrías	sufríais	habías sufrido	habíais sufrido
sufría	sufrían	había sufrido	habían sufrido
3 pretérito		**10 pretérito anterior**	
sufrí	sufrimos	hube sufrido	hubimos sufrido
sufriste	sufristeis	hubiste sufrido	hubisteis sufrido
sufrió	sufrieron	hubo sufrido	hubieron sufrido
4 futuro		**11 futuro perfecto**	
sufriré	sufriremos	habré sufrido	habremos sufrido
sufrirás	sufriréis	habrás sufrido	habréis sufrido
sufrirá	sufrirán	habrá sufrido	habrán sufrido
5 potencial simple		**12 potencial compuesto**	
sufriría	sufriríamos	habría sufrido	habríamos sufrido
sufrirías	sufriríais	habrías sufrido	habríais sufrido
sufriría	sufrirían	habría sufrido	habrían sufrido
6 presente de subjuntivo		**13 perfecto de subjuntivo**	
sufra	suframos	haya sufrido	hayamos sufrido
sufras	sufráis	hayas sufrido	hayáis sufrido
sufra	sufran	haya sufrido	hayan sufrido
7 imperfecto de subjuntivo		**14 pluscuamperfecto de subjuntivo**	
sufriera	sufriéramos	hubiera sufrido	hubiéramos sufrido
sufrieras	sufrierais	hubieras sufrido	hubierais sufrido
sufriera	sufrieran	hubiera sufrido	hubieran sufrido
OR		OR	
sufriese	sufriésemos	hubiese sufrido	hubiésemos sufrido
sufrieses	sufrieseis	hubieses sufrido	hubieseis sufrido
sufriese	sufriesen	hubiese sufrido	hubiesen sufrido

imperativo	
—	suframos
sufre; no sufras	sufrid; no sufráis
sufra	sufran

el sufrimiento suffering	**sufrir una multa** to be given a fine
sufrible sufferable	**sufrir un accidente** to have an accident
insufrible insufferable	**sufrir una pérdida** to suffer a loss
sufridor, sufridora suffering	

Syn.: **aguantar** to bear, to endure (54); **padecer** to suffer, to endure (333)   Ant.: **disfrutar** to enjoy; **gozar** to enjoy

Part. pas. **sugerido**   Gerundio **sugiriendo**

Regular **-ir** verb endings with stem change:
Tenses 1, 3, 6, 7, Imperative, Gerundio

sugerir (456)

to hint, to insinuate, to suggest

The Seven Simple Tenses		The Seven Compound Tenses	
Singular	**Plural**	**Singular**	**Plural**
1 presente de indicativo		**8 perfecto de indicativo**	
sugiero	sugerimos	he sugerido	hemos sugerido
sugieres	sugerís	has sugerido	habéis sugerido
sugiere	sugieren	ha sugerido	han sugerido
2 imperfecto de indicativo		**9 pluscuamperfecto de indicativo**	
sugería	sugeríamos	había sugerido	habíamos sugerido
sugerías	sugeríais	habías sugerido	habíais sugerido
sugería	sugerían	había sugerido	habían sugerido
3 pretérito		**10 pretérito anterior**	
sugerí	sugerimos	hube sugerido	hubimos sugerido
sugeriste	sugeristeis	hubiste sugerido	hubisteis sugerido
sugirió	sugirieron	hubo sugerido	hubieron sugerido
4 futuro		**11 futuro perfecto**	
sugeriré	sugeriremos	habré sugerido	habremos sugerido
sugerirás	sugeriréis	habrás sugerido	habréis sugerido
sugerirá	sugerirán	habrá sugerido	habrán sugerido
5 potencial simple		**12 potencial compuesto**	
sugeriría	sugeriríamos	habría sugerido	habríamos sugerido
sugerirías	sugeriríais	habrías sugerido	habríais sugerido
sugeriría	sugerirían	habría sugerido	habrían sugerido
6 presente de subjuntivo		**13 perfecto de subjuntivo**	
sugiera	sugiramos	haya sugerido	hayamos sugerido
sugieras	sugiráis	hayas sugerido	hayáis sugerido
sugiera	sugieran	haya sugerido	hayan sugerido
7 imperfecto de subjuntivo		**14 pluscuamperfecto de subjuntivo**	
sugiriera	sugiriéramos	hubiera sugerido	hubiéramos sugerido
sugirieras	sugirierais	hubieras sugerido	hubierais sugerido
sugiriera	sugirieran	hubiera sugerido	hubieran sugerido
OR		OR	
sugiriese	sugiriésemos	hubiese sugerido	hubiésemos sugerido
sugirieses	sugirieseis	hubieses sugerido	hubieseis sugerido
sugiriese	sugiriesen	hubiese sugerido	hubiesen sugerido

imperativo	
—	sugiramos
sugiere; no sugieras	sugerid; no sugiráis
sugiera	sugieran

Sugiero que procedas con precaución.
I suggest that you proceed with caution.

una sugestión, una sugerencia suggestion
sugestionable easily influenced
sugerir + subj. to suggest that

sugestivo, sugestiva suggestive
sugerente suggestive

Syn.: **aconsejar** to advise, to counsel; **insinuar** to insinuate, to hint (141)

S

561

sumergir (457)

*to submerge, to plunge,
to immerse, to sink*

Gerundio **sumergiendo**   Part. pas. **sumergido**
Regular **-ir** verb endings with spelling
change: **g** becomes **j** before **a** or **o**

The Seven Simple Tenses		The Seven Compound Tenses	
Singular	**Plural**	**Singular**	**Plural**
1 presente de indicativo		**8 perfecto de indicativo**	
sumerjo	sumergimos	he sumergido	hemos sumergido
sumerges	sumergís	has sumergido	habéis sumergido
sumerge	sumergen	ha sumergido	han sumergido
2 imperfecto de indicativo		**9 pluscuamperfecto de indicativo**	
sumergía	sumergíamos	había sumergido	habíamos sumergido
sumergías	sumergíais	habías sumergido	habíais sumergido
sumergía	sumergían	había sumergido	habían sumergido
3 pretérito		**10 pretérito anterior**	
sumergí	sumergimos	hube sumergido	hubimos sumergido
sumergiste	sumergisteis	hubiste sumergido	hubisteis sumergido
sumergió	sumergieron	hubo sumergido	hubieron sumergido
4 futuro		**11 futuro perfecto**	
sumergiré	sumergiremos	habré sumergido	habremos sumergido
sumergirás	sumergiréis	habrás sumergido	habréis sumergido
sumergirá	sumergirán	habrá sumergido	habrán sumergido
5 potencial simple		**12 potencial compuesto**	
sumergiría	sumergiríamos	habría sumergido	habríamos sumergido
sumergirías	sumergiríais	habrías sumergido	habríais sumergido
sumergiría	sumergirían	habría sumergido	habrían sumergido
6 presente de subjuntivo		**13 perfecto de subjuntivo**	
sumerja	sumerjamos	haya sumergido	hayamos sumergido
sumerjas	sumerjáis	hayas sumergido	hayáis sumergido
sumerja	sumerjan	haya sumergido	hayan sumergido
7 imperfecto de subjuntivo		**14 pluscuamperfecto de subjuntivo**	
sumergiera	sumergiéramos	hubiera sumergido	hubiéramos sumergido
sumergieras	sumergierais	hubieras sumergido	hubierais sumergido
sumergiera	sumergieran	hubiera sumergido	hubieran sumergido
OR		OR	
sumergiese	sumergiésemos	hubiese sumergido	hubiésemos sumergido
sumergieses	sumergieseis	hubieses sumergido	hubieseis sumergido
sumergiese	sumergiesen	hubiese sumergido	hubiesen sumergido

imperativo	
—	sumerjamos
sumerge; no sumerjas	sumergid; no sumerjáis
sumerja	sumerjan

el sumergimiento submersion, sinking
el sumergible submersible; **el submarino**
  submarine

la sumersión submersion
emerger to emerge

Syn.: **hundir** to sink (60); **sumir** to submerge, to sink (459); **zambullir** to dive, to plunge (97)
Ant.: **emerger** to emerge (123); **flotar** to float (308)

suponer (458)

to suppose, to assume

The Seven Simple Tenses		The Seven Compound Tenses	
Singular	Plural	Singular	Plural
1 presente de indicativo		**8 perfecto de indicativo**	
supongo	suponemos	he supuesto	hemos supuesto
supones	suponéis	has supuesto	habéis supuesto
supone	suponen	ha supuesto	han supuesto
2 imperfecto de indicativo		**9 pluscuamperfecto de indicativo**	
suponía	suponíamos	había supuesto	habíamos supuesto
suponías	suponíais	habías supuesto	habíais supuesto
suponía	suponían	había supuesto	habían supuesto
3 pretérito		**10 pretérito anterior**	
supuse	supusimos	hube supuesto	hubimos supuesto
supusiste	supusisteis	hubiste supuesto	hubisteis supuesto
supuso	supusieron	hubo supuesto	hubieron supuesto
4 futuro		**11 futuro perfecto**	
supondré	supondremos	habré supuesto	habremos supuesto
supondrás	supondréis	habrás supuesto	habréis supuesto
supondrá	supondrán	habrá supuesto	habrán supuesto
5 potencial simple		**12 potencial compuesto**	
supondría	supondríamos	habría supuesto	habríamos supuesto
supondrías	supondríais	habrías supuesto	habríais supuesto
supondría	supondrían	habría supuesto	habrían supuesto
6 presente de subjuntivo		**13 perfecto de subjuntivo**	
suponga	supongamos	haya supuesto	hayamos supuesto
supongas	supongáis	hayas supuesto	hayáis supuesto
suponga	supongan	haya supuesto	hayan supuesto
7 imperfecto de subjuntivo		**14 pluscuamperfecto de subjuntivo**	
supusiera	supusiéramos	hubiera supuesto	hubiéramos supuesto
supusieras	supusierais	hubieras supuesto	hubierais supuesto
supusiera	supusieran	hubiera supuesto	hubieran supuesto
OR		OR	
supusiese	supusiésemos	hubiese supuesto	hubiésemos supuesto
supusieses	supusieseis	hubieses supuesto	hubieseis supuesto
supusiese	supusiesen	hubiese supuesto	hubiesen supuesto

imperativo

—	supongamos
supón; no supongas	suponed; no supongáis
suponga	supongan

un suponer, una suposición supposition   **proponer** to propose
poner to put   **por supuesto** of course

For additional words and expressions related to this verb, see **poner, ponerse,** and **componer**.

Syn.: **conjeturar** to conjecture, to speculate (284); **presuponer** to presuppose (458); **sospechar** to suspect   Ant.: **confirmar** to confirm (243)

suprimir (459) Gerundio suprimiendo   Part. pas. suprimido (supreso, *as an adj.*)

to suppress, to abolish, to cancel (in mathematics),
to eliminate, to delete

Regular -ir verb

The Seven Simple Tenses		The Seven Compound Tenses	
Singular	Plural	Singular	Plural
1 presente de indicativo		**8 perfecto de indicativo**	
suprimo	suprimios	he suprimido	hemos suprimido
suprimes	suprimís	has suprimido	habéis suprimido
suprime	suprimen	ha suprimido	han suprimido
2 imperfecto de indicativo		**9 pluscuamperfecto de indicativo**	
suprimía	suprimíamos	había suprimido	habíamos suprimido
suprimías	suprimíais	habías suprimido	habíais suprimido
suprimía	suprimían	había suprimido	habían suprimido
3 pretérito		**10 pretérito anterior**	
suprimí	suprimimos	hube suprimido	hubimos suprimido
suprimiste	suprimisteis	hubiste suprimido	hubisteis suprimido
suprimió	suprimieron	hubo suprimido	hubieron suprimido
4 futuro		**11 futuro perfecto**	
suprimiré	suprimiremos	habré suprimido	habremos suprimido
suprimirás	suprimiréis	habrás suprimido	habréis suprimido
suprimirá	suprimirán	habrá suprimido	habrán suprimido
5 potencial simple		**12 potencial compuesto**	
suprimiría	suprimiríamos	habría suprimido	habríamos suprimido
suprimirías	suprimiríais	habrías suprimido	habríais suprimido
suprimiría	suprimirían	habría suprimido	habrían suprimido
6 presente de subjuntivo		**13 perfecto de subjuntivo**	
suprima	suprimamos	haya suprimido	hayamos suprimido
suprimas	suprimáis	hayas suprimido	hayáis suprimido
suprima	supriman	haya suprimido	hayan suprimido
7 imperfecto de subjuntivo		**14 pluscuamperfecto de subjuntivo**	
suprimiera	suprimiéramos	hubiera suprimido	hubiéramos suprimido
suprimieras	suprimierais	hubieras suprimido	hubierais suprimido
suprimiera	suprimieran	hubiera suprimido	hubieran suprimido
OR		OR	
suprimiese	suprimiésemos	hubiese suprimido	hubiésemos suprimido
suprimieses	suprimieseis	hubieses suprimido	hubieseis suprimido
suprimiese	suprimiesen	hubiese suprimido	hubiesen suprimido

imperativo	
—	suprimamos
suprime; no suprimas	suprimid; no suprimáis
suprima	supriman

Por error, Marco suprimió todos los ficheros en su computadora.
By mistake, Mark deleted all the files in his computer.

la supresión suppression		**suprimible** suppressible
suprimido, suprimida suppressed		**supreso, supresa** suppressed

Syn.: **abolir** to abolish (Def. and Imp.); **borrar** to erase; **eliminar** to eliminate (107)
Ant.: **añadir** to add

Regular **-ir** verb endings with spelling change: **g** becomes **j** before **a** or **o**

surgir (460)

to surge, to spout up, to spurt up, to spring up, to arise, to appear, to emerge, to loom up

The Seven Simple Tenses		The Seven Compound Tenses	
Singular	Plural	Singular	Plural
1 presente de indicativo		**8 perfecto de indicativo**	
surjo	surgimos	he surgido	hemos surgido
surges	surgís	has surgido	habéis surgido
surge	surgen	ha surgido	han surgido
2 imperfecto de indicativo		**9 pluscuamperfecto de indicativo**	
surgía	surgíamos	había surgido	habíamos surgido
surgías	surgíais	habías surgido	habíais surgido
surgía	surgían	había surgido	habían surgido
3 pretérito		**10 pretérito anterior**	
surgí	surgimos	hube surgido	hubimos surgido
surgiste	surgisteis	hubiste surgido	hubisteis surgido
surgió	surgieron	hubo surgido	hubieron surgido
4 futuro		**11 futuro perfecto**	
surgiré	surgiremos	habré surgido	habremos surgido
surgirás	surgiréis	habrás surgido	habréis surgido
surgirá	surgirán	habrá surgido	habrán surgido
5 potencial simple		**12 potencial compuesto**	
surgiría	surgiríamos	habría surgido	habríamos surgido
surgirías	surgiríais	habrías surgido	habríais surgido
surgiría	surgirían	habría surgido	habrían surgido
6 presente de subjuntivo		**13 perfecto de subjuntivo**	
surja	surjamos	haya surgido	hayamos surgido
surjas	surjáis	hayas surgido	hayáis surgido
surja	surjan	haya surgido	hayan surgido
7 imperfecto de subjuntivo		**14 pluscuamperfecto de subjuntivo**	
surgiera	surgiéramos	hubiera surgido	hubiéramos surgido
surgieras	surgierais	hubieras surgido	hubierais surgido
surgiera	surgieran	hubiera surgido	hubieran surgido
OR		OR	
surgiese	surgiésemos	hubiese surgido	hubiésemos surgido
surgieses	surgieseis	hubieses surgido	hubieseis surgido
surgiese	surgiesen	hubiese surgido	hubiesen surgido

imperativo	
—	surjamos
surge; no surjas	surgid; no surjáis
surja	surjan

surgente   surging, salient
resurgir   to reappear
Este muchacho es muy grande; surge entre los otros muchachos.   This boy is very big; he towers over the other boys.

surgir   also has the meaning of *to anchor* (nautical);   **el surgidor, la surgidora** person who anchors
el resurgimiento   reappearance, recovery

Syn.: **aparecer** to appear; **brotar** to bud, to sprout (308); **emerger** to emerge (123)
Ant.: **ocultarse** to hide oneself

suspirar (461)
to sigh

The Seven Simple Tenses		The Seven Compound Tenses	
Singular	Plural	Singular	Plural
1 presente de indicativo		**8 perfecto de indicativo**	
suspiro	suspiramos	he suspirado	hemos suspirado
suspiras	suspiráis	has suspirado	habéis suspirado
suspira	suspiran	ha suspirado	han suspirado
2 imperfecto de indicativo		**9 pluscuamperfecto de indicativo**	
suspiraba	suspirábamos	había suspirado	habíamos suspirado
suspirabas	suspirabais	habías suspirado	habíais suspirado
suspiraba	suspiraban	había suspirado	habían suspirado
3 pretérito		**10 pretérito anterior**	
suspiré	suspiramos	hube suspirado	hubimos suspirado
suspiraste	suspirasteis	hubiste suspirado	hubisteis suspirado
suspiró	suspiraron	hubo suspirado	hubieron suspirado
4 futuro		**11 futuro perfecto**	
suspiraré	suspiraremos	habré suspirado	habremos suspirado
suspirarás	suspiraréis	habrás suspirado	habréis suspirado
suspirará	suspirarán	habrá suspirado	habrán suspirado
5 potencial simple		**12 potencial compuesto**	
suspiraría	suspiraríamos	habría suspirado	habríamos suspirado
suspirarías	suspiraríais	habrías suspirado	habríais suspirado
suspiraría	suspirarían	habría suspirado	habrían suspirado
6 presente de subjuntivo		**13 perfecto de subjuntivo**	
suspire	suspiremos	haya suspirado	hayamos suspirado
suspires	suspiréis	hayas suspirado	hayáis suspirado
suspire	suspiren	haya suspirado	hayan suspirado
7 imperfecto de subjuntivo		**14 pluscuamperfecto de subjuntivo**	
suspirara	suspiráramos	hubiera suspirado	hubiéramos suspirado
suspiraras	suspirarais	hubieras suspirado	hubierais suspirado
suspirara	suspiraran	hubiera suspirado	hubieran suspirado
OR		OR	
suspirase	suspirásemos	hubiese suspirado	hubiésemos suspirado
suspirases	suspiraseis	hubieses suspirado	hubieseis suspirado
suspirase	suspirasen	hubiese suspirado	hubiesen suspirado

imperativo	
—	suspiremos
suspira; no suspires	suspirad; no suspiréis
suspire	suspiren

suspirar por to long for	**el espíritu** spirit
el suspiro sigh, breath; **exhalar el último**	**exasperar** to exasperate
suspiro to breathe one's last breath	**inspirar** to inspire, to inhale
	la inspiración inspiration

Syn.: **espirar** to exhale (409)

Part. pas. **tañido**   Gerundio **tañendo**
Regular **-er** endings in all tenses except
Tenses 3 and 7; irregular Gerundio

tañer (462)

to pluck, to play (a stringed musical instrument)

The Seven Simple Tenses

Singular	Plural
1 presente de indicativo	
taño	tañemos
tañes	tañéis
tañe	tañen
2 imperfecto de indicativo	
tañía	tañíamos
tañías	tañíais
tañía	tañían
3 pretérito	
tañí	tañimos
tañiste	tañisteis
tañó	tañeron
4 futuro	
tañeré	tañeremos
tañerás	tañeréis
tañerá	tañerán
5 potencial simple	
tañería	tañeríamos
tañerías	tañeríais
tañería	tañerían
6 presente de subjuntivo	
taña	tañamos
tañas	tañáis
taña	tañan
7 imperfecto de subjuntivo	
tañera	tañéramos
tañeras	tañerais
tañera	tañeran
OR	
tañese	tañésemos
tañeses	tañeseis
tañese	tañesen

The Seven Compound Tenses

Singular	Plural
8 perfecto de indicativo	
he tañido	hemos tañido
has tañido	habéis tañido
ha tañido	han tañido
9 pluscuamperfecto de indicativo	
había tañido	habíamos tañido
habías tañido	habíais tañido
había tañido	habían tañido
10 pretérito anterior	
hube tañido	hubimos tañido
hubiste tañido	hubisteis tañido
hubo tañido	hubieron tañido
11 futuro perfecto	
habré tañido	habremos tañido
habrás tañido	habréis tañido
habrá tañido	habrán tañido
12 potencial compuesto	
habría tañido	habríamos tañido
habrías tañido	habríais tañido
habría tañido	habrían tañido
13 perfecto de subjuntivo	
haya tañido	hayamos tañido
hayas tañido	hayáis tañido
haya tañido	hayan tañido
14 pluscuamperfecto de subjuntivo	
hubiera tañido	hubiéramos tañido
hubieras tañido	hubierais tañido
hubiera tañido	hubieran tañido
OR	
hubiese tañido	hubiésemos tañido
hubieses tañido	hubieseis tañido
hubiese tañido	hubiesen tañido

imperativo

—	tañamos
tañe; no tañas	tañed; no tañáis
taña	tañan

el tañido   sound, tone; twang of a stringed musical instrument
el tañimiento   plucking, strumming of a stringed musical instrument

Syn.: **tocar** to play (music or a musical instrument)

T

567

telefonear (463)

to telephone, to phone

Gerundio **telefoneando**   Part. pas. **telefoneado**

Regular **-ar** verb

The Seven Simple Tenses

Singular	Plural
1 presente de indicativo	
telefoneo	telefoneamos
telefoneas	telefoneáis
telefonea	telefonean
2 imperfecto de indicativo	
telefoneaba	telefoneábamos
telefoneabas	telefoneabais
telefoneaba	telefoneaban
3 pretérito	
telefoneé	telefoneamos
telefoneaste	telefoneasteis
telefoneó	telefonearon
4 futuro	
telefonearé	telefonearemos
telefonearás	telefonearéis
telefoneará	telefonearán
5 potencial simple	
telefonearía	telefonearíamos
telefonearías	telefonearíais
telefonearía	telefonearían
6 presente de subjuntivo	
telefonee	telefoneemos
telefonees	telefoneéis
telefonee	telefoneen
7 imperfecto de subjuntivo	
telefoneara	telefoneáramos
telefonearas	telefonearais
telefoneara	telefonearan
OR	
telefonease	telefoneásemos
telefoneases	telefoneaseis
telefonease	telefoneasen

The Seven Compound Tenses

Singular	Plural
8 perfecto de indicativo	
he telefoneado	hemos telefoneado
has telefoneado	habéis telefoneado
ha telefoneado	han telefoneado
9 pluscuamperfecto de indicativo	
había telefoneado	habíamos telefoneado
habías telefoneado	habíais telefoneado
había telefoneado	habían telefoneado
10 pretérito anterior	
hube telefoneado	hubimos telefoneado
hubiste telefoneado	hubisteis telefoneado
hubo telefoneado	hubieron telefoneado
11 futuro perfecto	
habré telefoneado	habremos telefoneado
habrás telefoneado	habréis telefoneado
habrá telefoneado	habrán telefoneado
12 potencial compuesto	
habría telefoneado	habríamos telefoneado
habrías telefoneado	habríais telefoneado
habría telefoneado	habrían telefoneado
13 perfecto de subjuntivo	
haya telefoneado	hayamos telefoneado
hayas telefoneado	hayáis telefoneado
haya telefoneado	hayan telefoneado
14 pluscuamperfecto de subjuntivo	
hubiera telefoneado	hubiéramos telefoneado
hubieras telefoneado	hubierais telefoneado
hubiera telefoneado	hubieran telefoneado
OR	
hubiese telefoneado	hubiésemos telefoneado
hubieses telefoneado	hubieseis telefoneado
hubiese telefoneado	hubiesen telefoneado

---

imperativo

—	telefoneemos
telefonea; no telefonees	telefonead; no telefoneéis
telefonee	telefoneen

---

el teléfono   telephone
telefónico, telefónica   telephonic
marcar el número de teléfono   to dial
  a telephone number
¡diga!   hello! (when answering a phone)

la guía telefónica   telephone book, directory
el número de teléfono   telephone number
por teléfono   by telephone
un teléfono celular   cell phone; **un teléfono
  inteligente**   smartphone

Syn.: **llamar por teléfono** to telephone, to call; **descolgar** to pick up (phone receiver)
Ant.: **colgar el teléfono** to hang up the phone

The Seven Simple Tenses		The Seven Compound Tenses	
Singular	**Plural**	**Singular**	**Plural**
1 presente de indicativo		**8 perfecto de indicativo**	
televiso	televisamos	he televisado	hemos televisado
televisas	televisáis	has televisado	habéis televisado
televisa	televisan	ha televisado	han televisado
2 imperfecto de indicativo		**9 pluscuamperfecto de indicativo**	
televisaba	televisábamos	había televisado	habíamos televisado
televisabas	televisabais	habías televisado	habíais televisado
televisaba	televisaban	había televisado	habían televisado
3 pretérito		**10 pretérito anterior**	
televisé	televisamos	hube televisado	hubimos televisado
televisaste	televisasteis	hubiste televisado	hubisteis televisado
televisó	televisaron	hubo televisado	hubieron televisado
4 futuro		**11 futuro perfecto**	
televisaré	televisaremos	habré televisado	habremos televisado
televisarás	televisaréis	habrás televisado	habréis televisado
televisará	televisarán	habrá televisado	habrán televisado
5 potencial simple		**12 potencial compuesto**	
televisaría	televisaríamos	habría televisado	habríamos televisado
televisarías	televisaríais	habrías televisado	habríais televisado
televisaría	televisarían	habría televisado	habrían televisado
6 presente de subjuntivo		**13 perfecto de subjuntivo**	
televise	televisemos	haya televisado	hayamos televisado
televises	televiséis	hayas televisado	hayáis televisado
televise	televisen	haya televisado	hayan televisado
7 imperfecto de subjuntivo		**14 pluscuamperfecto de subjuntivo**	
televisara	televisáramos	hubiera televisado	hubiéramos televisado
televisaras	televisarais	hubieras televisado	hubierais televisado
televisara	televisaran	hubiera televisado	hubieran televisado
OR		OR	
televisase	televisásemos	hubiese televisado	hubiésemos televisado
televisases	televisaseis	hubieses televisado	hubieseis televisado
televisase	televisasen	hubiese televisado	hubiesen televisado

imperativo

—	televisemos
televisa; no televises	televisad; no televiséis
televise	televisen

El debate será televisado por satélite.
The debate will be televised by satellite.

la televisión television
la televisión por cable   cable TV
la televisión por satélite   satellite TV
el, la televidente   TV viewer

la televisión de alta definición   high-definition TV
el televisor   TV set
una entrevista televisada   a televised interview

Syn.: **transmitir** to broadcast (30)   Ant.: **mirar la televisión, ver la televisión** to watch TV

569

temblar (465)

to tremble, to quake, to quiver,
to shake, to shiver

Gerundio **temblando**   Part. pas. **temblado**
Regular **-ar** verb endings with stem
change: Tenses 1, 6, Imperative

The Seven Simple Tenses		The Seven Compound Tenses	
Singular	Plural	Singular	Plural
1 presente de indicativo		**8 perfecto de indicativo**	
tiemblo	temblamos	he temblado	hemos temblado
tiemblas	tembláis	has temblado	habéis temblado
tiembla	tiemblan	ha temblado	han temblado
2 imperfecto de indicativo		**9 pluscuamperfecto de indicativo**	
temblaba	temblábamos	había temblado	habíamos temblado
temblabas	temblabais	habías temblado	habíais temblado
temblaba	temblaban	había temblado	habían temblado
3 pretérito		**10 pretérito anterior**	
temblé	temblamos	hube temblado	hubimos temblado
temblaste	temblasteis	hubiste temblado	hubisteis temblado
tembló	temblaron	hubo temblado	hubieron temblado
4 futuro		**11 futuro perfecto**	
temblaré	temblaremos	habré temblado	habremos temblado
temblarás	temblaréis	habrás temblado	habréis temblado
temblará	temblarán	habrá temblado	habrán temblado
5 potencial simple		**12 potencial compuesto**	
temblaría	temblaríamos	habría temblado	habríamos temblado
temblarías	temblaríais	habrías temblado	habríais temblado
temblaría	temblarían	habría temblado	habrían temblado
6 presente de subjuntivo		**13 perfecto de subjuntivo**	
tiemble	temblemos	haya temblado	hayamos temblado
tiembles	tembléis	hayas temblado	hayáis temblado
tiemble	tiemblen	haya temblado	hayan temblado
7 imperfecto de subjuntivo		**14 pluscuamperfecto de subjuntivo**	
temblara	tembláramos	hubiera temblado	hubiéramos temblado
temblaras	temblarais	hubieras temblado	hubierais temblado
temblara	temblaran	hubiera temblado	hubieran temblado
OR		OR	
temblase	temblásemos	hubiese temblado	hubiésemos temblado
temblases	temblaseis	hubieses temblado	hubieseis temblado
temblase	temblasen	hubiese temblado	hubiesen temblado

imperativo

—	temblemos
tiembla; no tiembles	temblad; no tembléis
tiemble	tiemblen

temblante   trembling, shaking
el temblor   tremor, shaking; **temblón, temblona**   trembling
un temblor de tierra   earthquake; **un temblor de voz**   quivering of one's voice

Syn.: **sacudir** to shake; **tiritar** to shiver (308); **vibrar** to vibrate (259);   Ant.: **calmarse** to calm (oneself) down (289)

temer (466)

to fear, to dread

The Seven Simple Tenses		The Seven Compound Tenses	
Singular	Plural	Singular	Plural

1 presente de indicativo

		8 perfecto de indicativo	
temo	tememos	he temido	hemos temido
temes	teméis	has temido	habéis temido
teme	temen	ha temido	han temido

2 imperfecto de indicativo

		9 pluscuamperfecto de indicativo	
temía	temíamos	había temido	habíamos temido
temías	temíais	habías temido	habíais temido
temía	temían	había temido	habían temido

3 pretérito

		10 pretérito anterior	
temí	temimos	hube temido	hubimos temido
temiste	temisteis	hubiste temido	hubisteis temido
temió	temieron	hubo temido	hubieron temido

4 futuro

		11 futuro perfecto	
temeré	temeremos	habré temido	habremos temido
temerás	temeréis	habrás temido	habréis temido
temerá	temerán	habrá temido	habrán temido

5 potencial simple

		12 potencial compuesto	
temería	temeríamos	habría temido	habríamos temido
temerías	temeríais	habrías temido	habríais temido
temería	temerían	habría temido	habrían temido

6 presente de subjuntivo

		13 perfecto de subjuntivo	
tema	temamos	haya temido	hayamos temido
temas	temáis	hayas temido	hayáis temido
tema	teman	haya temido	hayan temido

7 imperfecto de subjuntivo

		14 pluscuamperfecto de subjuntivo	
temiera	temiéramos	hubiera temido	hubiéramos temido
temieras	temierais	hubieras temido	hubierais temido
temiera	temieran	hubiera temido	hubieran temido
OR		OR	
temiese	temiésemos	hubiese temido	hubiésemos temido
temieses	temieseis	hubieses temido	hubieseis temido
temiese	temiesen	hubiese temido	hubiesen temido

imperativo

—	temamos
teme; no temas	temed; no temáis
tema	teman

temer + inf.   to fear + inf.
temer por   to fear for
temedor, temedora   afraid, fearing
intimidar   to intimidate
el temor   fear

la temeridad   temerity, daring
temeroso, temerosa   fearful
sin temor a nada   without fearing anything
tímido, tímida   shy

Syn.: **dudar** to doubt; **preocuparse** to be worried; **tener miedo de** to be afraid of
Ant.: **despreocuparse** to stop worrying (372)

tender (467)

to extend, to offer, to stretch, to spread out, to hang out (washing)

Gerundio **tendiendo**   Part. pas. **tendido**

Regular **-er** verb endings with stem change: Tenses 1, 6, Imperative

The Seven Simple Tenses		The Seven Compound Tenses	
Singular	Plural	Singular	Plural
1 presente de indicativo		**8 perfecto de indicativo**	
tiendo	tendemos	he tendido	hemos tendido
tiendes	tendéis	has tendido	habéis tendido
tiende	tienden	ha tendido	han tendido
2 imperfecto de indicativo		**9 pluscuamperfecto de indicativo**	
tendía	tendíamos	había tendido	habíamos tendido
tendías	tendíais	habías tendido	habíais tendido
tendía	tendían	había tendido	habían tendido
3 pretérito		**10 pretérito anterior**	
tendí	tendimos	hube tendido	hubimos tendido
tendiste	tendisteis	hubiste tendido	hubisteis tendido
tendió	tendieron	hubo tendido	hubieron tendido
4 futuro		**11 futuro perfecto**	
tenderé	tenderemos	habré tendido	habremos tendido
tenderás	tenderéis	habrás tendido	habréis tendido
tenderá	tenderán	habrá tendido	habrán tendido
5 potencial simple		**12 potencial compuesto**	
tendería	tenderíamos	habría tendido	habríamos tendido
tenderías	tenderíais	habrías tendido	habríais tendido
tendería	tenderían	habría tendido	habrían tendido
6 presente de subjuntivo		**13 perfecto de subjuntivo**	
tienda	tendamos	haya tendido	hayamos tendido
tiendas	tendáis	hayas tendido	hayáis tendido
tienda	tiendan	haya tendido	hayan tendido
7 imperfecto de subjuntivo		**14 pluscuamperfecto de subjuntivo**	
tendiera	tendiéramos	hubiera tendido	hubiéramos tendido
tendieras	tendierais	hubieras tendido	hubierais tendido
tendiera	tendieran	hubiera tendido	hubieran tendido
OR		OR	
tendiese	tendiésemos	hubiese tendido	hubiésemos tendido
tendieses	tendieseis	hubieses tendido	hubieseis tendido
tendiese	tendiesen	hubiese tendido	hubiesen tendido

imperativo	
—	tendamos
tiende; no tiendas	tended; no tendáis
tienda	tiendan

tender a + inf.   to tend + inf.
un tendero, una tendera   shopkeeper
un tenderete   booth, stand (for selling merchandise)
pretender   to claim, to seek

una tienda   shop, store; **tienda de pacotilla** junk store; **tienda de campaña**   tent
una tienda de ultramarinos   grocery store
una tendencia   trend

Syn.: **estirar** to stretch, to extend (409); **extender** to extend (354); **suspender** to suspend, to hang (91);   Ant.: **retirar** to withdraw

Tener

Tener is one of the most important irregular verbs for beginning students. It is used in a great number of idiomatic expressions and everyday situations. Pay special attention to the stem changes!

Sentences using **tener** and related words

Tengo un dolor de muelas.
I have a toothache.

¿Tiene algo más barato?
Do you have something cheaper?

Aquí tiene usted nuestros pasaportes.
Here are our passports.

¿Tengo que trasbordar?
Do I have to transfer? (bus, train, etc.)

¡Tengo mucha hambre!
I'm very hungry!

Tenemos que salir.
We have to go out.

Aquí tiene el dinero.
Here is the money.

¿Cuántos años tienes?
How old are you?

Tengo diez y seis (*or* dieciséis) años.
I am sixteen years old.

—¿Qué tienes? ¿Qué tiene Ud.?
—What's the matter? What's the matter with you?

—No tengo nada.
—There's nothing wrong. There's nothing the matter with me.

Tengo ganas de tomar un helado.
I feel like having an ice cream.

Tengo mucho gusto en conocerle.
I am very glad to meet you.

Tenga la bondad de cerrar la puerta.
Please close the door.

El accidente tuvo lugar anoche.
The accident took place last night.

Tengo que estudiar.
I have to study.

Usted tiene razón.
You are right.

Proverbs

Anda despacio que tengo prisa.
Make haste slowly. (Easy does it.)

Aquellos son ricos, que tienen amigos.
Those who have friends are rich.

El que más tiene más quiere.
The more one has, the more one wants.

AN ESSENTIAL
55 Verb

Words and expressions related to this verb

tener algo que hacer to have something to do

tener algo en la punta de la lengua to have something on the tip of one's tongue

tener apetito to have an appetite

tener cuidado to be careful

tener prisa to be in a hurry

tener hambre to be hungry

tener sed to be thirsty

tener frío to be (feel) cold (persons)

tener calor to be (feel) warm (persons)

tener dolor de cabeza to have a headache

tener dolor de estómago to have a stomachache

tener en cuenta to take into account

tener éxito to be successful
Syn.: suceder to succeed (Def. and Imp.; see note on p. 630)

tener ganas de + inf. to feel like + pres. part.

tener gusto en + inf. to be glad + inf.

tener la bondad de please, please be good enough to...

tener la culpa de algo to take the blame for something, to be to blame for something

tener lugar to take place

tener más paciencia que Job to have the patience of Job

tener miedo de to be afraid of

tener mucha sed to be (feel) very thirsty (persons)

tener mucho que hacer to have a lot to do

tener por to consider as

tener que + inf. to have + inf.

tener que ver con to have to do with

tener razón to be right

tener sueño to be (feel) sleepy

tener suerte to be lucky

tener vergüenza de to be ashamed of

tener visita to have company

tenerse en pie to stand

retener to retain

Syn.: poseer to possess, to own
Ant.: liberar to liberate (409); libertar to liberate, to free (11); soltar to let go (138)

AN ESSENTIAL

55 Verb

Can't find the verb you're looking for?

Check the back pages of this book for a list of over 2,300 additional verbs!

Part. pas. **tenido**   Gerundio **teniendo**
Irregular verb

tener (468)
to have, to hold

The Seven Simple Tenses		The Seven Compound Tenses	
Singular	Plural	Singular	Plural
1 presente de indicativo		**8 perfecto de indicativo**	
tengo	tenemos	he tenido	hemos tenido
tienes	tenéis	has tenido	habéis tenido
tiene	tienen	ha tenido	han tenido
2 imperfecto de indicativo		**9 pluscuamperfecto de indicativo**	
tenía	teníamos	había tenido	habíamos tenido
tenías	teníais	habías tenido	habíais tenido
tenía	tenían	había tenido	habían tenido
3 pretérito		**10 pretérito anterior**	
tuve	tuvimos	hube tenido	hubimos tenido
tuviste	tuvisteis	hubiste tenido	hubisteis tenido
tuvo	tuvieron	hubo tenido	hubieron tenido
4 futuro		**11 futuro perfecto**	
tendré	tendremos	habré tenido	habremos tenido
tendrás	tendréis	habrás tenido	habréis tenido
tendrá	tendrán	habrá tenido	habrán tenido
5 potencial simple		**12 potencial compuesto**	
tendría	tendríamos	habría tenido	habríamos tenido
tendrías	tendríais	habrías tenido	habríais tenido
tendría	tendrían	habría tenido	habrían tenido
6 presente de subjuntivo		**13 perfecto de subjuntivo**	
tenga	tengamos	haya tenido	hayamos tenido
tengas	tengáis	hayas tenido	hayáis tenido
tenga	tengan	haya tenido	hayan tenido
7 imperfecto de subjuntivo		**14 pluscuamperfecto de subjuntivo**	
tuviera	tuviéramos	hubiera tenido	hubiéramos tenido
tuvieras	tuvierais	hubieras tenido	hubierais tenido
tuviera	tuvieran	hubiera tenido	hubieran tenido
OR		OR	
tuviese	tuviésemos	hubiese tenido	hubiésemos tenido
tuvieses	tuvieseis	hubieses tenido	hubieseis tenido
tuviese	tuviesen	hubiese tenido	hubiesen tenido

imperativo	
—	tengamos
ten; no tengas	tened; no tengáis
tenga	tengan

T

AN ESSENTIAL
55 Verb

575

tentar (469)

to examine by touch, to feel with the fingers, to attempt, to try, to tempt

Gerundio **tentando**   Part. pas. **tentado**
Regular **-ar** verb endings with stem change: Tenses 1, 6, Imperative

The Seven Simple Tenses		The Seven Compound Tenses	
Singular	Plural	Singular	Plural
1 presente de indicativo		**8 perfecto de indicativo**	
tiento	tentamos	he tentado	hemos tentado
tientas	tentáis	has tentado	habéis tentado
tienta	tientan	ha tentado	han tentado
2 imperfecto de indicativo		**9 pluscuamperfecto de indicativo**	
tentaba	tentábamos	había tentado	habíamos tentado
tentabas	tentabais	habías tentado	habíais tentado
tentaba	tentaban	había tentado	habían tentado
3 pretérito		**10 pretérito anterior**	
tenté	tenamos	hube tentado	hubimos tentado
tentaste	tentasteis	hubiste tentado	hubisteis tentado
tentó	tentaron	hubo tentado	hubieron tentado
4 futuro		**11 futuro perfecto**	
tentaré	tentaremos	habré tentado	habremos tentado
tentarás	tentaréis	habrás tentado	habréis tentado
tentará	tentarán	habrá tentado	habrán tentado
5 potencial simple		**12 potencial compuesto**	
tentaría	tentaríamos	habría tentado	habríamos tentado
tentarías	tentaríais	habrías tentado	habríais tentado
tentaría	tentarían	habría tentado	habrían tentado
6 presente de subjuntivo		**13 perfecto de subjuntivo**	
tiente	tentemos	haya tentado	hayamos tentado
tientes	tentéis	hayas tentado	hayáis tentado
tiente	tienten	haya tentado	hayan tentado
7 imperfecto de subjuntivo		**14 pluscuamperfecto de subjuntivo**	
tentara	tentáramos	hubiera tentado	hubiéramos tentado
tentaras	tentarais	hubieras tentado	hubierais tentado
tentara	tentaran	hubiera tentado	hubieran tentado
OR		OR	
tentase	tentásemos	hubiese tentado	hubiésemos tentado
tentases	tentaseis	hubieses tentado	hubieseis tentado
tentase	tentasen	hubiese tentado	hubiesen tentado

imperativo	
—	tentemos
tienta; no tientes	tentad; no tentéis
tiente	tienten

tentar a uno a + inf.   to tempt somebody + inf.
tentar al diablo   to tempt the devil (to look for trouble)
el Tentador   the Devil; **un tentador**   tempter; **una tentadora**   temptress
la tentación   temptation; **una tentativa**   attempt

Syn.: **palpar** to feel, to touch (332); **tocar** to touch; **emprender** to undertake (63)
Ant.: **evitar** to avoid (254)

terminar (470)

to end, to terminate, to finish

The Seven Simple Tenses		The Seven Compound Tenses	
Singular	**Plural**	**Singular**	**Plural**
1 presente de indicativo		**8 perfecto de indicativo**	
termino	terminamos	he terminado	hemos terminado
terminas	termináis	has terminado	habéis terminado
termina	terminan	ha terminado	han terminado
2 imperfecto de indicativo		**9 pluscuamperfecto de indicativo**	
terminaba	terminábamos	había terminado	habíamos terminado
terminabas	terminabais	habías terminado	habíais terminado
terminaba	terminaban	había terminado	habían terminado
3 pretérito		**10 pretérito anterior**	
terminé	terminamos	hube terminado	hubimos terminado
terminaste	terminasteis	hubiste terminado	hubisteis terminado
terminó	terminaron	hubo terminado	hubieron terminado
4 futuro		**11 futuro perfecto**	
terminaré	terminaremos	habré terminado	habremos terminado
terminarás	terminaréis	habrás terminado	habréis terminado
terminará	terminarán	habrá terminado	habrán terminado
5 potencial simple		**12 potencial compuesto**	
terminaría	terminaríamos	habría terminado	habríamos terminado
terminarías	terminaríais	habrías terminado	habríais terminado
terminaría	terminarían	habría terminado	habrían terminado
6 presente de subjuntivo		**13 perfecto de subjuntivo**	
termine	terminemos	haya terminado	hayamos terminado
termines	terminéis	hayas terminado	hayáis terminado
termine	terminen	haya terminado	hayan terminado
7 imperfecto de subjuntivo		**14 pluscuamperfecto de subjuntivo**	
terminara	termináramos	hubiera terminado	hubiéramos terminado
terminaras	terminarais	hubieras terminado	hubierais terminado
terminara	terminaran	hubiera terminado	hubieran terminado
OR		OR	
terminase	terminásemos	hubiese terminado	hubiésemos terminado
terminases	terminaseis	hubieses terminado	hubieseis terminado
terminase	terminasen	hubiese terminado	hubiesen terminado

imperativo	
—	terminemos
termina; no termines	terminad; no terminéis
termine	terminen

la terminación   termination, ending, completion
el término   end, ending; term
en otros términos   in other terms, in other words
determinar   to determine
llevar a término   to complete

estar en buenos términos con   to be on good terms with
la terminal aérea   air terminal
el terminal   terminal (electrical or computer)

Syn.: **acabar** to end, to finish; **concluir** to conclude (268); **poner fin a** to put a stop to
Ant.: **comenzar** to begin; **empezar** to start; **principiar** to begin

tirar (471)

to pull, to draw, to pitch (a ball), to
shoot (a gun), to throw, to fling, to print (typography)

Gerundio **tirando**   Part. pas. **tirado**
Regular **-ar** verb

The Seven Simple Tenses		The Seven Compound Tenses	
Singular	**Plural**	**Singular**	**Plural**
1 presente de indicativo		**8 perfecto de indicativo**	
tiro	tiramos	he tirado	hemos tirado
tiras	tiráis	has tirado	habéis tirado
tira	tiran	ha tirado	han tirado
2 imperfecto de indicativo		**9 pluscuamperfecto de indicativo**	
tiraba	tirábamos	había tirado	habíamos tirado
tirabas	tirabais	habías tirado	habíais tirado
tiraba	tiraban	había tirado	habían tirado
3 pretérito		**10 pretérito anterior**	
tiré	tiramos	hube tirado	hubimos tirado
tiraste	tirasteis	hubiste tirado	hubisteis tirado
tiró	tiraron	hubo tirado	hubieron tirado
4 futuro		**11 futuro perfecto**	
tiraré	tiraremos	habré tirado	habremos tirado
tirarás	tiraréis	habrás tirado	habréis tirado
tirará	tirarán	habrá tirado	habrán tirado
5 potencial simple		**12 potencial compuesto**	
tiraría	tiraríamos	habría tirado	habríamos tirado
tirarías	tiraríais	habrías tirado	habríais tirado
tiraría	tirarían	habría tirado	habrían tirado
6 presente de subjuntivo		**13 perfecto de subjuntivo**	
tire	tiremos	haya tirado	hayamos tirado
tires	tiréis	hayas tirado	hayáis tirado
tire	tiren	haya tirado	hayan tirado
7 imperfecto de subjuntivo		**14 pluscuamperfecto de subjuntivo**	
tirara	tiráramos	hubiera tirado	hubiéramos tirado
tiraras	tirarais	hubieras tirado	hubierais tirado
tirara	tiraran	hubiera tirado	hubieran tirado
OR		OR	
tirase	tirásemos	hubiese tirado	hubiésemos tirado
tirases	tiraseis	hubieses tirado	hubieseis tirado
tirase	tirasen	hubiese tirado	hubiesen tirado

imperativo	
—	tiremos
tira; no tires	tirad; no tiréis
tire	tiren

tirar a   to shoot at
tirar una línea   to draw a line
a tiro   within reach; **a tiro de piedra**   within
a stone's throw; **ni a tiros**   not for love nor
money; **al tiro**   right away

tirar la toalla   to throw in the towel
tirarse al agua   to jump in the water
el tirador, la tiradora   marksman/woman,
shooter

Syn.: **arrojar** to throw; **botar** to fling; **echar** to throw; **lanzar** to throw

Part. pas. **tocado**   Gerundio **tocando**
Regular **-ar** verb endings with spelling change: **c** becomes **qu** before **e**

tocar (472)

to play (music or a musical instrument), to touch

The Seven Simple Tenses		The Seven Compound Tenses	
Singular	**Plural**	**Singular**	**Plural**
1 presente de indicativo		**8 perfecto de indicativo**	
toco	tocamos	he tocado	hemos tocado
tocas	tocáis	has tocado	habéis tocado
toca	tocan	ha tocado	han tocado
2 imperfecto de indicativo		**9 pluscuamperfecto de indicativo**	
tocaba	tocábamos	había tocado	habíamos tocado
tocabas	tocabais	habías tocado	habíais tocado
tocaba	tocaban	había tocado	habían tocado
3 pretérito		**10 pretérito anterior**	
toqué	tocamos	hube tocado	hubimos tocado
tocaste	tocasteis	hubiste tocado	hubisteis tocado
tocó	tocaron	hubo tocado	hubieron tocado
4 futuro		**11 futuro perfecto**	
tocaré	tocaremos	habré tocado	habremos tocado
tocarás	tocaréis	habrás tocado	habréis tocado
tocará	tocarán	habrá tocado	habrán tocado
5 potencial simple		**12 potencial compuesto**	
tocaría	tocaríamos	habría tocado	habríamos tocado
tocarías	tocaríais	habrías tocado	habríais tocado
tocaría	tocarían	habría tocado	habrían tocado
6 presente de subjuntivo		**13 perfecto de subjuntivo**	
toque	toquemos	haya tocado	hayamos tocado
toques	toquéis	hayas tocado	hayáis tocado
toque	toquen	haya tocado	hayan tocado
7 imperfecto de subjuntivo		**14 pluscuamperfecto de subjuntivo**	
tocara	tocáramos	hubiera tocado	hubiéramos tocado
tocaras	tocarais	hubieras tocado	hubierais tocado
tocara	tocaran	hubiera tocado	hubieran tocado
OR		OR	
tocase	tocásemos	hubiese tocado	hubiésemos tocado
tocases	tocaseis	hubieses tocado	hubieseis tocado
tocase	tocasen	hubiese tocado	hubiesen tocado

imperativo	
—	toquemos
toca; no toques	tocad; no toquéis
toque	toquen

¿**Sabe Ud. tocar el piano?**   Do you know how to play the piano?
Sí, yo sé tocar el piano.   Yes, I know how to play the piano.
tocar a la puerta   to knock on the door
Alguien toca a la puerta/Someone is knocking on (at) the door.
Don't confuse **tocar** with **jugar** (verb 282), which also means *to play*.

el tocadiscos   record player
tocar a uno   to be someone's turn; **Le toca a Juan.**   It's John's turn.

Syn.: **interpretar** to perform (music) (376); **palpar** to feel, to touch; **tañer** to play (an instrument); **tentar** to examine by touch

Tomar

Tomar is an essential verb for beginning students of Spanish. It is useful in numerous idiomatic expressions and everyday situations.

Sentences using **tomar** and related words

¿A qué hora toma Ud. el desayuno?
At what time do you have breakfast?

Tomo el desayuno a las siete y media.
I have breakfast at seven thirty.

¿Qué toma Ud. en el desayuno?
What do you have for breakfast?

**Mi amigo tomó el tren esta mañana
a las siete.**
My friend took the train this morning
at seven o'clock.

¡Toma!
Here!

Tome, aquí tiene el dinero que le debo.
Here you are, here's the money I owe you.

Words and expressions related to this verb

tomar el tren to catch/take the train

tomar el sol to take a sunbath

tomar asiento to take a seat

tomar en cuenta to consider

tomar parte en to take part in

tomar por to take for

tomar el pelo a uno to pull someone's
leg (**el pelo**/hair)

una tomadura de pelo a joke

una toma de sangre blood sample

tomar prestado to borrow

tomar una decisión to make a decision

tomar nota to take note (of)

tomar en serio to take seriously

tomar (una bebida) to have a
drink   Syn.: **beber** to drink

tomar el almuerzo to have
lunch   Syn.: **almorzar** to have lunch

Syn.: **agarrar** to grasp; **comer** to eat   Ant.: **dar** to give; **liberar** to liberate (409); **libertar** to liberate, to free (11); **soltar** to let go (138)

AN ESSENTIAL
55 Verb

Can't find the verb you're looking for?

**Check the back pages of this book for a
list of over 2,300 additional verbs!**

Part. pas. **tomado**   Gerundio **tomando**

Regular **-ar** verb

tomar (473)

to take, to have (something to eat or drink)

The Seven Simple Tenses		The Seven Compound Tenses	
Singular	Plural	Singular	Plural
1 presente de indicativo		**8 perfecto de indicativo**	
tomo	tomamos	he tomado	hemos tomado
tomas	tomáis	has tomado	habéis tomado
toma	toman	ha tomado	han tomado
2 imperfecto de indicativo		**9 pluscuamperfecto de indicativo**	
tomaba	tomábamos	había tomado	habíamos tomado
tomabas	tomabais	habías tomado	habíais tomado
tomaba	tomaban	había tomado	habían tomado
3 pretérito		**10 pretérito anterior**	
tomé	tomamos	hube tomado	hubimos tomado
tomaste	tomasteis	hubiste tomado	hubisteis tomado
tomó	tomaron	hubo tomado	hubieron tomado
4 futuro		**11 futuro perfecto**	
tomaré	tomaremos	habré tomado	habremos tomado
tomarás	tomaréis	habrás tomado	habréis tomado
tomará	tomarán	habrá tomado	habrán tomado
5 potencial simple		**12 potencial compuesto**	
tomaría	tomaríamos	habría tomado	habríamos tomado
tomarías	tomaríais	habrías tomado	habríais tomado
tomaría	tomarían	habría tomado	habrían tomado
6 presente de subjuntivo		**13 perfecto de subjuntivo**	
tome	tomemos	haya tomado	hayamos tomado
tomes	toméis	hayas tomado	hayáis tomado
tome	tomen	haya tomado	hayan tomado
7 imperfecto de subjuntivo		**14 pluscuamperfecto de subjuntivo**	
tomara	tomáramos	hubiera tomado	hubiéramos tomado
tomaras	tomarais	hubieras tomado	hubierais tomado
tomara	tomaran	hubiera tomado	hubieran tomado
OR		OR	
tomase	tomásemos	hubiese tomado	hubiésemos tomado
tomases	tomaseis	hubieses tomado	hubieseis tomado
tomase	tomasen	hubiese tomado	hubiesen tomado

imperativo	
—	tomemos
toma; no tomes	tomad; no toméis
tome	tomen

T

AN ESSENTIAL

55 Verb

tostar (474)

to toast, to tan, to roast (coffee)

Gerundio **tostando**   Part. pas. **tostado**
Regular **-ar** verb endings with stem
change: Tenses 1, 6, Imperative

The Seven Simple Tenses		The Seven Compound Tenses	
Singular	Plural	Singular	Plural
1 presente de indicativo		**8 perfecto de indicativo**	
tuesto	tostamos	he tostado	hemos tostado
tuestas	tostáis	has tostado	habéis tostado
tuesta	tuestan	ha tostado	han tostado
2 imperfecto de indicativo		**9 pluscuamperfecto de indicativo**	
tostaba	tostábamos	había tostado	habíamos tostado
tostabas	tostabais	habías tostado	habíais tostado
tostaba	tostaban	había tostado	habían tostado
3 pretérito		**10 pretérito anterior**	
tosté	tostamos	hube tostado	hubimos tostado
tostaste	tostasteis	hubiste tostado	hubisteis tostado
tostó	tostaron	hubo tostado	hubieron tostado
4 futuro		**11 futuro perfecto**	
tostaré	tostaremos	habré tostado	habremos tostado
tostarás	tostaréis	habrás tostado	habréis tostado
tostará	tostarán	habrá tostado	habrán tostado
5 potencial simple		**12 potencial compuesto**	
tostaría	tostaríamos	habría tostado	habríamos tostado
tostarías	tostaríais	habrías tostado	habríais tostado
tostaría	tostarían	habría tostado	habrían tostado
6 presente de subjuntivo		**13 perfecto de subjuntivo**	
tueste	tostemos	haya tostado	hayamos tostado
tuestes	tostéis	hayas tostado	hayáis tostado
tueste	tuesten	haya tostado	hayan tostado
7 imperfecto de subjuntivo		**14 pluscuamperfecto de subjuntivo**	
tostara	tostáramos	hubiera tostado	hubiéramos tostado
tostaras	tostarais	hubieras tostado	hubierais tostado
tostara	tostaran	hubiera tostado	hubieran tostado
OR		OR	
tostase	tostásemos	hubiese tostado	hubiésemos tostado
tostases	tostaseis	hubieses tostado	hubieseis tostado
tostase	tostasen	hubiese tostado	hubiesen tostado

imperativo	
—	tostemos
tuesta; no tuestes	tostad; no tostéis
tueste	tuesten

un tostador   toaster, toasting machine
el pan tostado   toast, toasted bread;
  una tostada   piece of toast
el tostón   crouton; **dar el tostón a uno**
  to get on someone's nerves

el tostadero de café   coffee roaster
dar la tostada a uno   to cheat someone
tostarse   to tan, to be toasted, roasted

Syn.: **broncear** to tan; **dorar** to brown (32)   Ant.: **palidecer** to turn pale (344)

trabajar (475)
to work, to labor

The Seven Simple Tenses		The Seven Compound Tenses	
Singular	Plural	Singular	Plural

1 presente de indicativo		8 perfecto de indicativo	
trabajo	trabajamos	he trabajado	hemos trabajado
trabajas	trabajáis	has trabajado	habéis trabajado
trabaja	trabajan	ha trabajado	han trabajado

2 imperfecto de indicativo		9 pluscuamperfecto de indicativo	
trabajaba	trabajábamos	había trabajado	habíamos trabajado
trabajabas	trabajabais	habías trabajado	habíais trabajado
trabajaba	trabajaban	había trabajado	habían trabajado

3 pretérito		10 pretérito anterior	
trabajé	trabajamos	hube trabajado	hubimos trabajado
trabajaste	trabajasteis	hubiste trabajado	hubisteis trabajado
trabajó	trabajaron	hubo trabajado	hubieron trabajado

4 futuro		11 futuro perfecto	
trabajaré	trabajaremos	habré trabajado	habremos trabajado
trabajarás	trabajaréis	habrás trabajado	habréis trabajado
trabajará	trabajarán	habrá trabajado	habrán trabajado

5 potencial simple		12 potencial compuesto	
trabajaría	trabajaríamos	habría trabajado	habríamos trabajado
trabajarías	trabajaríais	habrías trabajado	habríais trabajado
trabajaría	trabajarían	habría trabajado	habrían trabajado

6 presente de subjuntivo		13 perfecto de subjuntivo	
trabaje	trabajemos	haya trabajado	hayamos trabajado
trabajes	trabajéis	hayas trabajado	hayáis trabajado
trabaje	trabajen	haya trabajado	hayan trabajado

7 imperfecto de subjuntivo		14 pluscuamperfecto de subjuntivo	
trabajara	trabajáramos	hubiera trabajado	hubiéramos trabajado
trabajaras	trabajarais	hubieras trabajado	hubierais trabajado
trabajara	trabajaran	hubiera trabajado	hubieran trabajado
OR		OR	
trabajase	trabajásemos	hubiese trabajado	hubiésemos trabajado
trabajases	trabajaseis	hubieses trabajado	hubieseis trabajado
trabajase	trabajasen	hubiese trabajado	hubiesen trabajado

imperativo	
—	trabajemos
trabaja; no trabajes	trabajad; no trabajéis
trabaje	trabajen

el trabajo work
el trabajador, la trabajadora worker
trabajar de manos to do manual work
el trabajo de media jornada part-time employment

trabajar en + inf. to strive + inf.
tener trabajo que hacer to have work to do
trabajar a tiempo parcial to work part-time
los trabajos forzados hard labor, forced labor

Syn.: **ganar la vida, el pan** to earn a living; **laborar** to work, to till (409); **marchar** to run (machine)   Ant.: **gandulear** to loaf, to idle (206); **holgar** to rest, to be idle (125)

T

traducir (476)
to translate

Gerundio **traduciendo**   Part. pas. **traducido**
Irregular in Tenses 3 and 7, regular -**ir** endings in all others; spelling change: **c** becomes **zc** before **a** or **o**

The Seven Simple Tenses		The Seven Compound Tenses	
Singular	Plural	Singular	Plural
1 presente de indicativo		**8 perfecto de indicativo**	
traduzco	traducimos	he traducido	hemos traducido
traduces	traducís	has traducido	habéis traducido
traduce	traducen	ha traducido	han traducido
2 imperfecto de indicativo		**9 pluscuamperfecto de indicativo**	
traducía	traducíamos	había traducido	habíamos traducido
traducías	traducíais	habías traducido	habíais traducido
traducía	traducían	había traducido	habían traducido
3 pretérito		**10 pretérito anterior**	
traduje	tradujimos	hube traducido	hubimos traducido
tradujiste	tradujisteis	hubiste traducido	hubisteis traducido
tradujo	tradujeron	hubo traducido	hubieron traducido
4 futuro		**11 futuro perfecto**	
traduciré	traduciremos	habré traducido	habremos traducido
traducirás	traduciréis	habrás traducido	habréis traducido
traducirá	traducirán	habrá traducido	habrán traducido
5 potencial simple		**12 potencial compuesto**	
traduciría	traduciríamos	habría traducido	habríamos traducido
traducirías	traduciríais	habrías traducido	habríais traducido
traduciría	traducirían	habría traducido	habrían traducido
6 presente de subjuntivo		**13 perfecto de subjuntivo**	
traduzca	traduzcamos	haya traducido	hayamos traducido
traduzcas	traduzcáis	hayas traducido	hayáis traducido
traduzca	traduzcan	haya traducido	hayan traducido
7 imperfecto de subjuntivo		**14 pluscuamperfecto de subjuntivo**	
tradujera	tradujéramos	hubiera traducido	hubiéramos traducido
tradujeras	tradujerais	hubieras traducido	hubierais traducido
tradujera	tradujeran	hubiera traducido	hubieran traducido
OR		OR	
tradujese	tradujésemos	hubiese traducido	hubiésemos traducido
tradujeses	tradujeseis	hubieses traducido	hubieseis traducido
tradujese	tradujesen	hubiese traducido	hubiesen traducido

imperativo

—	traduzcamos
traduce; no traduzcas	traducid; no traduzcáis
traduzca	traduzcan

la traducción translation
traducible translatable
traductor, traductora translator
traducir del inglés al español to translate
  from English to Spanish

traducir del español al inglés to translate
  from Spanish to English
una traducción fiel a faithful translation
intraducible untranslatable
una aplicación de traducción a translation app

Syn.: **descifrar** to decipher, to decode, to make out the meaning (409); **interpretar** to interpret (376)

Traer

Traer is a very useful irregular verb for beginning students. It is used in a great number of idiomatic expressions and everyday situations. Pay special attention to the stem changes!

Sentences using **traer**

Tráigame una silla, por favor.
Bring me a chair, please.

¿Qué te trae por aquí?
What brings you here?

¿Quién trajo el pastel?
Who brought the cake?

Yo lo traje.
I brought it.

Words and expressions related to this verb

el traje costume, dress, suit

el traje de baño bathing suit

el traje de novia wedding dress

el traje hecho ready-made suit

el traje a la medida tailor-made suit

¡trae! ¡traiga! Give it here! Give it to me!

traer y llevar to spread rumors

contraer to contract

traer entre manos to have in mind

traer a la mente to bring to mind

trajear to clothe

traer buena suerte to bring good luck

traer mala suerte to bring bad luck

traer cola to bring trouble

traerse bien/mal to dress nicely/poorly

Syn.: **acercar** to bring near; **aportar** to bring (11); **aproximar** to bring close, to move near (107)

Can't find the verb you're looking for?

Check the back pages of this book for a list of over 2,300 additional verbs!

AN ESSENTIAL
55 Verb

traer (477)
to bring, to carry, to wear

The Seven Simple Tenses		The Seven Compound Tenses	
Singular	**Plural**	**Singular**	**Plural**
1 presente de indicativo		**8 perfecto de indicativo**	
traigo	traemos	he traído	hemos traído
traes	traéis	has traído	habéis traído
trae	traen	ha traído	han traído
2 imperfecto de indicativo		**9 pluscuamperfecto de indicativo**	
traía	traíamos	había traído	habíamos traído
traías	traíais	habías traído	habíais traído
traía	traían	había traído	habían traído
3 pretérito		**10 pretérito anterior**	
traje	trajimos	hube traído	hubimos traído
trajiste	trajisteis	hubiste traído	hubisteis traído
trajo	trajeron	hubo traído	hubieron traído
4 futuro		**11 futuro perfecto**	
traeré	traeremos	habré traído	habremos traído
traerás	traeréis	habrás traído	habréis traído
traerá	traerán	habrá traído	habrán traído
5 potencial simple		**12 potencial compuesto**	
traería	traeríamos	habría traído	habríamos traído
traerías	traeríais	habrías traído	habríais traído
traería	traerían	habría traído	habrían traído
6 presente de subjuntivo		**13 perfecto de subjuntivo**	
traiga	traigamos	haya traído	hayamos traído
traigas	traigáis	hayas traído	hayáis traído
traiga	traigan	haya traído	hayan traído
7 imperfecto de subjuntivo		**14 pluscuamperfecto de subjuntivo**	
trajera	trajéramos	hubiera traído	hubiéramos traído
trajeras	trajerais	hubieras traído	hubierais traído
trajera	trajeran	hubiera traído	hubieran traído
OR		OR	
trajese	trajésemos	hubiese traído	hubiésemos traído
trajeses	trajeseis	hubieses traído	hubieseis traído
trajese	trajesen	hubiese traído	hubiesen traído

imperativo	
—	traigamos
trae; no traigas	traed; no traigáis
traiga	traigan

AN ESSENTIAL
55 Verb

tratar (478)

Regular **-ar** verb

to try, to treat a subject

The Seven Simple Tenses		The Seven Compound Tenses	
Singular	**Plural**	**Singular**	**Plural**
1 presente de indicativo		**8 perfecto de indicativo**	
trato	tratamos	he tratado	hemos tratado
tratas	tratáis	has tratado	habéis tratado
trata	tratan	ha tratado	han tratado
2 imperfecto de indicativo		**9 pluscuamperfecto de indicativo**	
trataba	tratábamos	había tratado	habíamos tratado
tratabas	tratabais	habías tratado	habíais tratado
trataba	trataban	había tratado	habían tratado
3 pretérito		**10 pretérito anterior**	
traté	tratamos	hube tratado	hubimos tratado
trataste	tratasteis	hubiste tratado	hubisteis tratado
trató	trataron	hubo tratado	hubieron tratado
4 futuro		**11 futuro perfecto**	
trataré	trataremos	habré tratado	habremos tratado
tratarás	trataréis	habrás tratado	habréis tratado
tratará	tratarán	habrá tratado	habrán tratado
5 potencial simple		**12 potencial compuesto**	
trataría	trataríamos	habría tratado	habríamos tratado
tratarías	trataríais	habrías tratado	habríais tratado
trataría	tratarían	habría tratado	habrían tratado
6 presente de subjuntivo		**13 perfecto de subjuntivo**	
trate	tratemos	haya tratado	hayamos tratado
trates	tratéis	hayas tratado	hayáis tratado
trate	traten	haya tratado	hayan tratado
7 imperfecto de subjuntivo		**14 pluscuamperfecto de subjuntivo**	
tratara	tratáramos	hubiera tratado	hubiéramos tratado
trataras	tratarais	hubieras tratado	hubierais tratado
tratara	trataran	hubiera tratado	hubieran tratado
OR		OR	
tratase	tratásemos	hubiese tratado	hubiésemos tratado
tratases	trataseis	hubieses tratado	hubieseis tratado
tratase	tratasen	hubiese tratado	hubiesen tratado

imperativo	
—	tratemos
trata; no trates	tratad; no tratéis
trate	traten

tratar de + inf.   to try + inf.
tratar con   to deal with
el trato   agreement; treatment
tratable   amiable, friendly, treatable

tratarse con   to have to do with
un tratado   treatise; treaty
¡Trato hecho!   It's a deal!
el tratamiento de textos   word processing

Syn.: **discutir** to discuss; **estudiar** to study; **examinar** to examine (107); **hablar de** to talk about

tropezar (479)

to stumble, to blunder

Gerundio **tropezando**   Part. pas. **tropezado**
Regular **-ar** verb endings with stem change: Tenses 1, 6, Imperative; spelling change: **z** becomes **c** before **e**

The Seven Simple Tenses

Singular	Plural
1 presente de indicativo	
tropiezo	tropezamos
tropiezas	tropezáis
tropieza	tropiezan
2 imperfecto de indicativo	
tropezaba	tropezábamos
tropezabas	tropezabais
tropezaba	tropezaban
3 pretérito	
tropecé	tropezamos
tropezaste	tropezasteis
tropezó	tropezaron
4 futuro	
tropezaré	tropezaremos
tropezarás	tropezaréis
tropezará	tropezarán
5 potencial simple	
tropezaría	tropezaríamos
tropezarías	tropezaríais
tropezaría	tropezarían
6 presente de subjuntivo	
tropiece	tropecemos
tropieces	tropecéis
tropiece	tropiecen
7 imperfecto de subjuntivo	
tropezara	tropezáramos
tropezaras	tropezarais
tropezara	tropezaran
OR	
tropezase	tropezásemos
tropezases	tropezaseis
tropezase	tropezasen

The Seven Compound Tenses

Singular	Plural
8 perfecto de indicativo	
he tropezado	hemos tropezado
has tropezado	habéis tropezado
ha tropezado	han tropezado
9 pluscuamperfecto de indicativo	
había tropezado	habíamos tropezado
habías tropezado	habíais tropezado
había tropezado	habían tropezado
10 pretérito anterior	
hube tropezado	hubimos tropezado
hubiste tropezado	hubisteis tropezado
hubo tropezado	hubieron tropezado
11 futuro perfecto	
habré tropezado	habremos tropezado
habrás tropezado	habréis tropezado
habrá tropezado	habrán tropezado
12 potencial compuesto	
habría tropezado	habríamos tropezado
habrías tropezado	habríais tropezado
habría tropezado	habrían tropezado
13 perfecto de subjuntivo	
haya tropezado	hayamos tropezado
hayas tropezado	hayáis tropezado
haya tropezado	hayan tropezado
14 pluscuamperfecto de subjuntivo	
hubiera tropezado	hubiéramos tropezado
hubieras tropezado	hubierais tropezado
hubiera tropezado	hubieran tropezado
OR	
hubiese tropezado	hubiésemos tropezado
hubieses tropezado	hubieseis tropezado
hubiese tropezado	hubiesen tropezado

imperativo

—	tropecemos
tropieza; no tropieces	tropezad; no tropecéis
tropiece	tropiecen

tropezar con alguien   to run across someone, to meet someone unexpectedly
la tropezadura   stumbling
el tropezador, la tropezadora   tripper, stumbler
dar un tropezón   to trip, to stumble

Syn.: **chocar** to collide, to crash (424); **equivocarse** to make a mistake; **trompicar** to trip, to stumble (424)

Regular **-ir** verb

The Seven Simple Tenses		The Seven Compound Tenses	
Singular	Plural	Singular	Plural
1 presente de indicativo		**8 perfecto de indicativo**	
uno	unimos	he unido	hemos unido
unes	unís	has unido	habéis unido
une	unen	ha unido	han unido
2 imperfecto de indicativo		**9 pluscuamperfecto de indicativo**	
unía	uníamos	había unido	habíamos unido
unías	uníais	habías unido	habíais unido
unía	unían	había unido	habían unido
3 pretérito		**10 pretérito anterior**	
uní	unimos	hube unido	hubimos unido
uniste	unisteis	hubiste unido	hubisteis unido
unió	unieron	hubo unido	hubieron unido
4 futuro		**11 futuro perfecto**	
uniré	uniremos	habré unido	habremos unido
unirás	uniréis	habrás unido	habréis unido
unirá	unirán	habrá unido	habrán unido
5 potencial simple		**12 potencial compuesto**	
uniría	uniríamos	habría unido	habríamos unido
unirías	uniríais	habrías unido	habríais unido
uniría	unirían	habría unido	habrían unido
6 presente de subjuntivo		**13 perfecto de subjuntivo**	
una	unamos	haya unido	hayamos unido
unas	unáis	hayas unido	hayáis unido
una	unan	haya unido	hayan unido
7 imperfecto de subjuntivo		**14 pluscuamperfecto de subjuntivo**	
uniera	uniéramos	hubiera unido	hubiéramos unido
unieras	unierais	hubieras unido	hubierais unido
uniera	unieran	hubiera unido	hubieran unido
OR		OR	
uniese	uniésemos	hubiese unido	hubiésemos unido
unieses	unieseis	hubieses unido	hubieseis unido
uniese	uniesen	hubiese unido	hubiesen unido

	imperativo	
—	unamos	
une; no unas	unid; no unáis	
una	unan	

U

unido, unida   united
los Estados Unidos   the United States
la unión   union, agreement, harmony

unirse   to be united; to get married
La unión hace la fuerza.   There is strength in unity.
(la Organización de) las Naciones Unidas (ONU)
    the United Nations (UN)

For other words and expressions related to this verb, see **reunirse.**

Syn.: **juntar** to join; **vincular** to relate, to connect (71)   Ant.: **desunir** to separate, to disunite (480); **separar** to separate

usar (481)

to use, to employ, to wear

Gerundio **usando** Part. pas. **usado**
Regular **-ar** verb

The Seven Simple Tenses		The Seven Compound Tenses	
Singular	Plural	Singular	Plural
1 presente de indicativo		**8 perfecto de indicativo**	
uso	usamos	he usado	hemos usado
usas	usáis	has usado	habéis usado
usa	usan	ha usado	han usado
2 imperfecto de indicativo		**9 pluscuamperfecto de indicativo**	
usaba	usábamos	había usado	habíamos usado
usabas	usabais	habías usado	habíais usado
usaba	usaban	había usado	habían usado
3 pretérito		**10 pretérito anterior**	
usé	usamos	hube usado	hubimos usado
usaste	usasteis	hubiste usado	hubisteis usado
usó	usaron	hubo usado	hubieron usado
4 futuro		**11 futuro perfecto**	
usaré	usaremos	habré usado	habremos usado
usarás	usaréis	habrás usado	habréis usado
usará	usarán	habrá usado	habrán usado
5 potencial simple		**12 potencial compuesto**	
usaría	usaríamos	habría usado	habríamos usado
usarías	usaríais	habrías usado	habríais usado
usaría	usarían	habría usado	habrían usado
6 presente de subjuntivo		**13 perfecto de subjuntivo**	
use	usemos	haya usado	hayamos usado
uses	uséis	hayas usado	hayáis usado
use	usen	haya usado	hayan usado
7 imperfecto de subjuntivo		**14 pluscuamperfecto de subjuntivo**	
usara	usáramos	hubiera usado	hubiéramos usado
usaras	usarais	hubieras usado	hubierais usado
usara	usaran	hubiera usado	hubieran usado
OR		OR	
usase	usásemos	hubiese usado	hubiésemos usado
usases	usaseis	hubieses usado	hubieseis usado
usase	usasen	hubiese usado	hubiesen usado

imperativo	
—	usemos
usa; no uses	usad; no uséis
use	usen

¿Usa usted guantes? Do you wear gloves?
el uso use, usage
usado, usada used

en buen uso in good condition
en uso in use, in service
usar + inf. to be used + inf.

Syn.: **aprovechar** to use; **emplear** to use; **hacer uso de** to make use of; **llevar** to wear; **utilizar** to utilize   Ant.: **desusar** to disuse (481); **desusarse** to be no longer in use (481, 292)

590

Part. pas. **utilizado**   Gerundio **utilizando**
Regular **-ar** verb endings with spelling
change: **z** becomes **c** before **e**

utilizar (482)
to utilize

The Seven Simple Tenses		The Seven Compound Tenses	
Singular	**Plural**	**Singular**	**Plural**
1 presente de indicativo		**8 perfecto de indicativo**	
utilizo	utilizamos	he utilizado	hemos utilizado
utilizas	utilizáis	has utilizado	habéis utilizado
utiliza	utilizan	ha utilizado	han utilizado
2 imperfecto de indicativo		**9 pluscuamperfecto de indicativo**	
utilizaba	utilizábamos	había utilizado	habíamos utilizado
utilizabas	utilizabais	habías utilizado	habíais utilizado
utilizaba	utilizaban	había utilizado	habían utilizado
3 pretérito		**10 pretérito anterior**	
utilicé	utilizamos	hube utilizado	hubimos utilizado
utilizaste	utilizasteis	hubiste utilizado	hubisteis utilizado
utilizó	utilizaron	hubo utilizado	hubieron utilizado
4 futuro		**11 futuro perfecto**	
utilizaré	utilizaremos	habré utilizado	habremos utilizado
utilizarás	utilizaréis	habrás utilizado	habréis utilizado
utilizará	utilizarán	habrá utilizado	habrán utilizado
5 potencial simple		**12 potencial compuesto**	
utilizaría	utilizaríamos	habría utilizado	habríamos utilizado
utilizarías	utilizaríais	habrías utilizado	habríais utilizado
utilizaría	utilizarían	habría utilizado	habrían utilizado
6 presente de subjuntivo		**13 perfecto de subjuntivo**	
utilice	utilicemos	haya utilizado	hayamos utilizado
utilices	utilicéis	hayas utilizado	hayáis utilizado
utilice	utilicen	haya utilizado	hayan utilizado
7 imperfecto de subjuntivo		**14 pluscuamperfecto de subjuntivo**	
utilizara	utilizáramos	hubiera utilizado	hubiéramos utilizado
utilizaras	utilizarais	hubieras utilizado	hubierais utilizado
utilizara	utilizaran	hubiera utilizado	hubieran utilizado
OR		OR	
utilizase	utilizásemos	hubiese utilizado	hubiésemos utilizado
utilizases	utilizaseis	hubieses utilizado	hubieseis utilizado
utilizase	utilizasen	hubiese utilizado	hubiesen utilizado

U

imperativo	
—	utilicemos
utiliza; no utilices	utilizad; no utilicéis
utilice	utilicen

la utilización utilization
utilizable usable, available
útil useful
el útil tool

la utilidad utility, usefulness
la utilidad pública public utility
ser útil to serve, to be useful
el programa de utilidad utility program

Syn.: **aprovechar** to use; **emplear** to use; **hacer uso de** to make use of; **usar** to use

vaciar (483)
to empty, to drain

Gerundio **vaciando** Part. pas. **vaciado**
Regular **-ar** verb endings with spelling change: **i** becomes
í on stressed syllable (see Tenses 1, 6, Imperative)

The Seven Simple Tenses		The Seven Compound Tenses	
Singular	**Plural**	**Singular**	**Plural**
1 presente de indicativo		**8 perfecto de indicativo**	
vacío	vaciamos	he vaciado	hemos vaciado
vacías	vaciáis	has vaciado	habéis vaciado
vacía	vacían	ha vaciado	han vaciado
2 imperfecto de indicativo		**9 pluscuamperfecto de indicativo**	
vaciaba	vaciábamos	había vaciado	habíamos vaciado
vaciabas	vaciabais	habías vaciado	habíais vaciado
vaciaba	vaciaban	había vaciado	habían vaciado
3 pretérito		**10 pretérito anterior**	
vacié	vaciamos	hube vaciado	hubimos vaciado
vaciaste	vaciasteis	hubiste vaciado	hubisteis vaciado
vació	vaciaron	hubo vaciado	hubieron vaciado
4 futuro		**11 futuro perfecto**	
vaciaré	vaciaremos	habré vaciado	habremos vaciado
vaciarás	vaciaréis	habrás vaciado	habréis vaciado
vaciará	vaciarán	habrá vaciado	habrán vaciado
5 potencial simple		**12 potencial compuesto**	
vaciaría	vaciaríamos	habría vaciado	habríamos vaciado
vaciarías	vaciaríais	habrías vaciado	habríais vaciado
vaciaría	vaciarían	habría vaciado	habrían vaciado
6 presente de subjuntivo		**13 perfecto de subjuntivo**	
vacíe	vaciemos	haya vaciado	hayamos vaciado
vacíes	vaciéis	hayas vaciado	hayáis vaciado
vacíe	vacíen	haya vaciado	hayan vaciado
7 imperfecto de subjuntivo		**14 pluscuamperfecto de subjuntivo**	
vaciara	vaciáramos	hubiera vaciado	hubiéramos vaciado
vaciaras	vaciarais	hubieras vaciado	hubierais vaciado
vaciara	vaciaran	hubiera vaciado	hubieran vaciado
OR		OR	
vaciase	vaciásemos	hubiese vaciado	hubiésemos vaciado
vaciases	vaciaseis	hubieses vaciado	hubieseis vaciado
vaciase	vaciasen	hubiese vaciado	hubiesen vaciado

imperativo

—	vaciemos
vacía; no vacíes	vaciad; no vaciéis
vacíe	vacíen

el vacío void; vacancy
un vacío de aire air pocket (aviation)
vacío, vacía empty
vacuo, vacua empty

la vacuidad vacuity
la vaciedad emptiness
vaciarse to become empty

Syn.: **desalojar** to move out, to vacate (165); **descargar** to unload (111); **desocupar** to vacate (332); **evacuar** to evacuate (206)   Ant.: **llenar** to fill; **rellenar** to refill, to stuff

The Seven Simple Tenses		The Seven Compound Tenses	
Singular	**Plural**	**Singular**	**Plural**
1 presente de indicativo		**8 perfecto de indicativo**	
valgo	valemos	he valido	hemos valido
vales	valéis	has valido	habéis valido
vale	valen	ha valido	han valido
2 imperfecto de indicativo		**9 pluscuamperfecto de indicativo**	
valía	valíamos	había valido	habíamos valido
valías	valíais	habías valido	habíais valido
valía	valían	había valido	habían valido
3 pretérito		**10 pretérito anterior**	
valí	valimos	hube valido	hubimos valido
valiste	valisteis	hubiste valido	hubisteis valido
valió	valieron	hubo valido	hubieron valido
4 futuro		**11 futuro perfecto**	
valdré	valdremos	habré valido	habremos valido
valdrás	valdréis	habrás valido	habréis valido
valdrá	valdrán	habrá valido	habrán valido
5 potencial simple		**12 potencial compuesto**	
valdría	valdríamos	habría valido	habríamos valido
valdrías	valdríais	habrías valido	habríais valido
valdría	valdrían	habría valido	habrían valido
6 presente de subjuntivo		**13 perfecto de subjuntivo**	
valga	valgamos	haya valido	hayamos valido
valgas	valgáis	hayas valido	hayáis valido
valga	valgan	haya valido	hayan valido
7 imperfecto de subjuntivo		**14 pluscuamperfecto de subjuntivo**	
valiera	valiéramos	hubiera valido	hubiéramos valido
valieras	valierais	hubieras valido	hubierais valido
valiera	valieran	hubiera valido	hubieran valido
OR		OR	
valiese	valiésemos	hubiese valido	hubiésemos valido
valieses	valieseis	hubieses valido	hubieseis valido
valiese	valiesen	hubiese valido	hubiesen valido

imperativo	
—	valgamos
val *or* vale; no valgas	valed; no valgáis
valga	valgan

Más vale pájaro en mano que ciento volando.   A bird in the hand is worth two in the bush.
Más vale tarde que nunca.   Better late than never.
No vale la pena.   It's not worth the trouble.
el valor   value, price, valor   **valorar**   to appraise, to increase the value
el valor facial   face value (currency, stamps)   **valeroso**   courageous
la valía   value, worth

Syn.: **costar** to cost (Def. and Imp.); **equivaler** to equal (484); **sumar** to add up (54)

velar (485)

to stay awake, to guard, to watch over, to conceal

Gerundio **velando**   Part. pas. **velado**
Regular **-ar** verb

The Seven Simple Tenses		The Seven Compound Tenses	
Singular	Plural	Singular	Plural
1 presente de indicativo		**8 perfecto de indicativo**	
velo	velamos	he velado	hemos velado
velas	veláis	has velado	habéis velado
vela	velan	ha velado	han velado
2 imperfecto de indicativo		**9 pluscuamperfecto de indicativo**	
velaba	velábamos	había velado	habíamos velado
velabas	velabais	habías velado	habíais velado
velaba	velaban	había velado	habían velado
3 pretérito		**10 pretérito anterior**	
velé	velamos	hube velado	hubimos velado
velaste	velasteis	hubiste velado	hubisteis velado
veló	velaron	hubo velado	hubieron velado
4 futuro		**11 futuro perfecto**	
velaré	velaremos	habré velado	habremos velado
velarás	velaréis	habrás velado	habréis velado
velará	velarán	habrá velado	habrán velado
5 potencial simple		**12 potencial compuesto**	
velaría	velaríamos	habría velado	habríamos velado
velarías	velaríais	habrías velado	habríais velado
velaría	velarían	habría velado	habrían velado
6 presente de subjuntivo		**13 perfecto de subjuntivo**	
vele	velemos	haya velado	hayamos velado
veles	veléis	hayas velado	hayáis velado
vele	velen	haya velado	hayan velado
7 imperfecto de subjuntivo		**14 pluscuamperfecto de subjuntivo**	
velara	veláramos	hubiera velado	hubiéramos velado
velaras	velarais	hubieras velado	hubierais velado
velara	velaran	hubiera velado	hubieran velado
OR		OR	
velase	velásemos	hubiese velado	hubiésemos velado
velases	velaseis	hubieses velado	hubieseis velado
velase	velasen	hubiese velado	hubiesen velado

	imperativo	
—	velemos
vela; no veles	velad; no veléis
vele	velen

un velador watchman, night guard; candlestick; nightstand
la vela vigil; candle; **en vela** without sleeping; **quedarse en velas** to stay up (during the night)

velar a to watch over (someone);
un velatorio wake
pasar la noche en vela to toss and turn all night [or] to spend a sleepless night

Syn.: **guardar** to guard, to keep; **proteger** to protect; **vigilar** to keep guard
Ant.: **dormir** to sleep

Part. pas. **vencido**   Gerundio **venciendo**
Regular **-er** verb endings with spelling change:
c becomes **z** before **a** or **o**

vencer (486)

to conquer, to overcome, to defeat

The Seven Simple Tenses		The Seven Compound Tenses	
Singular	**Plural**	**Singular**	**Plural**
1 presente de indicativo		**8 perfecto de indicativo**	
venzo	vencemos	he vencido	hemos vencido
vences	vencéis	has vencido	habéis vencido
vence	vencen	ha vencido	han vencido
2 imperfecto de indicativo		**9 pluscuamperfecto de indicativo**	
vencía	vencíamos	había vencido	habíamos vencido
vencías	vencíais	habías vencido	habíais vencido
vencía	vencían	había vencido	habían vencido
3 pretérito		**10 pretérito anterior**	
vencí	vencimos	hube vencido	hubimos vencido
venciste	vencisteis	hubiste vencido	hubisteis vencido
venció	vencieron	hubo vencido	hubieron vencido
4 futuro		**11 futuro perfecto**	
venceré	venceremos	habré vencido	habremos vencido
vencerás	venceréis	habrás vencido	habréis vencido
vencerá	vencerán	habrá vencido	habrán vencido
5 potencial simple		**12 potencial compuesto**	
vencería	venceríamos	habría vencido	habríamos vencido
vencerías	venceríais	habrías vencido	habríais vencido
vencería	vencerían	habría vencido	habrían vencido
6 presente de subjuntivo		**13 perfecto de subjuntivo**	
venza	venzamos	haya vencido	hayamos vencido
venzas	venzáis	hayas vencido	hayáis vencido
venza	venzan	haya vencido	hayan vencido
7 imperfecto de subjuntivo		**14 pluscuamperfecto de subjuntivo**	
venciera	venciéramos	hubiera vencido	hubiéramos vencido
vencieras	vencierais	hubieras vencido	hubierais vencido
venciera	vencieran	hubiera vencido	hubieran vencido
OR		OR	
venciese	venciésemos	hubiese vencido	hubiésemos vencido
vencieses	vencieseis	hubieses vencido	hubieseis vencido
venciese	venciesen	hubiese vencido	hubiesen vencido

imperativo	
—	venzamos
vence; no venzas	venced; no venzáis
venza	venzan

el vencedor, la vencedora victor, winner		**darse por vencido** to give in	
vencible conquerable		**vencerse** to control oneself	
invencible invincible		**la invencibilidad** invincibility	

See also **convencer**.

Syn.: **conquistar** to conquer, to win (250); **ganar** to win; **prevalecer** to prevail (344); **prevaler** to prevail (484); **sobrepasar** to surpass (2); **triunfar** to triumph (54)
Ant.: **fallar** to fail (261); **perder** to lose

V

vender (487)

to sell

The Seven Simple Tenses		The Seven Compound Tenses	
Singular	**Plural**	**Singular**	**Plural**
1 presente de indicativo		**8 perfecto de indicativo**	
vendo	vendemos	he vendido	hemos vendido
vendes	vendéis	has vendido	habéis vendido
vende	venden	ha vendido	han vendido
2 imperfecto de indicativo		**9 pluscuamperfecto de indicativo**	
vendía	vendíamos	había vendido	habíamos vendido
vendías	vendíais	habías vendido	habíais vendido
vendía	vendían	había vendido	habían vendido
3 pretérito		**10 pretérito anterior**	
vendí	vendimos	hube vendido	hubimos vendido
vendiste	vendisteis	hubiste vendido	hubisteis vendido
vendió	vendieron	hubo vendido	hubieron vendido
4 futuro		**11 futuro perfecto**	
venderé	venderemos	habré vendido	habremos vendido
venderás	venderéis	habrás vendido	habréis vendido
venderá	venderán	habrá vendido	habrán vendido
5 potencial simple		**12 potencial compuesto**	
vendería	venderíamos	habría vendido	habríamos vendido
venderías	venderíais	habrías vendido	habríais vendido
vendería	venderían	habría vendido	habrían vendido
6 presente de subjuntivo		**13 perfecto de subjuntivo**	
venda	vendamos	haya vendido	hayamos vendido
vendas	vendáis	hayas vendido	hayáis vendido
venda	vendan	haya vendido	hayan vendido
7 imperfecto de subjuntivo		**14 pluscuamperfecto de subjuntivo**	
vendiera	vendiéramos	hubiera vendido	hubiéramos vendido
vendieras	vendierais	hubieras vendido	hubierais vendido
vendiera	vendieran	hubiera vendido	hubieran vendido
OR		OR	
vendiese	vendiésemos	hubiese vendido	hubiésemos vendido
vendieses	vendieseis	hubieses vendido	hubieseis vendido
vendiese	vendiesen	hubiese vendido	hubiesen vendido

imperativo	
—	vendamos
vende; no vendas	vended; no vendáis
venda	vendan

el vendedor, la vendedora   seller, sales person
la venta   sale
el precio de venta   selling price
Aquí se venden libros.   Books are sold here.

vender a comisión   to sell on commission
vender al contado   to sell for cash
revender   to resell
estar en venta   to be on sale

Syn.: **comerciar** to trade, to do business (57)   Ant.: **adquirir** to acquire; **comprar** to buy

Venir

Venir is a very important irregular verb for beginning students. It is used in a great number of idiomatic expressions and everyday situations. Pay special attention to the stem changes!

Sentences using **venir**

La semana que viene voy a hacer un viaje.
Next week, I'm going to take a trip.

La señora González y su marido vienen de Venezuela.
Mrs. González and her husband come from (are from) Venezuela.

Prefiero quedarme en casa porque viene una tormenta.
I'd rather stay home because a storm is coming.

Words and expressions related to this verb

la venida arrival, coming

la semana que viene next week

el mes que viene next month

el porvenir the future

en lo porvenir in the future

venidero, venidera future

Venga lo que venga. Come what may.

Viene a ser lo mismo. It amounts to the same thing.

venir a las manos to come to blows

venir a buscar to come for, to get

venir a la mente to come to mind

venir a la cabeza to come to mind

venir a ser lo mismo to amount to the same thing

venir al mundo to be born, to come into the world

venir como anillo al dedo to be just right, to be fitting (**el anillo** = ring, **el dedo** = finger), to fit like a glove

bienvenido, bienvenida welcome

dar la bienvenida a to welcome

¡Bienvenido! ¡Bienvenida! Welcome!

venirse to come, to come back

Caution: Venir and **venirse** can have sexual connotations, especially in Cuba, the Dominican Republic, Mexico, and Puerto Rico.

Syn.: **llegar** to arrive; **acercarse** to approach   Ant.: **alejarse de** to get away from (289); **ir** to go; **irse** to go away; **marcharse** to go away

---

Can't find the verb you're looking for?

Check the back pages of this book for a list of over 2,300 additional verbs!

AN ESSENTIAL
55 Verb

venir (488)

to come

The Seven Simple Tenses		The Seven Compound Tenses	
Singular	**Plural**	**Singular**	**Plural**
1 presente de indicativo		**8 perfecto de indicativo**	
vengo	venimos	he venido	hemos venido
vienes	venís	has venido	habéis venido
viene	vienen	ha venido	han venido
2 imperfecto de indicativo		**9 pluscuamperfecto de indicativo**	
venía	veníamos	había venido	habíamos venido
venías	veníais	habías venido	habíais venido
venía	venían	había venido	habían venido
3 pretérito		**10 pretérito anterior**	
vine	vinimos	hube venido	hubimos venido
viniste	vinisteis	hubiste venido	hubisteis venido
vino	vinieron	hubo venido	hubieron venido
4 futuro		**11 futuro perfecto**	
vendré	vendremos	habré venido	habremos venido
vendrás	vendréis	habrás venido	habréis venido
vendrá	vendrán	habrá venido	habrán venido
5 potencial simple		**12 potencial compuesto**	
vendría	vendríamos	habría venido	habríamos venido
vendrías	vendríais	habrías venido	habríais venido
vendría	vendrían	habría venido	habrían venido
6 presente de subjuntivo		**13 perfecto de subjuntivo**	
venga	vengamos	haya venido	hayamos venido
vengas	vengáis	hayas venido	hayáis venido
venga	vengan	haya venido	hayan venido
7 imperfecto de subjuntivo		**14 pluscuamperfecto de subjuntivo**	
viniera	viniéramos	hubiera venido	hubiéramos venido
vinieras	vinierais	hubieras venido	hubierais venido
viniera	vinieran	hubiera venido	hubieran venido
OR		OR	
viniese	viniésemos	hubiese venido	hubiésemos venido
vinieses	vinieseis	hubieses venido	hubieseis venido
viniese	viniesen	hubiese venido	hubiesen venido

imperativo	
—	vengamos
ven; no vengas	venid; no vengáis
venga	vengan

AN ESSENTIAL
55 Verb

Ver

Ver is a very useful irregular verb for beginning students. It is used in a vast number of idiomatic expressions and everyday situations. Pay special attention to the stem changes!

Sentences using **ver**

Hay que verlo para creerlo.
You have to see it to believe it.

Está por ver.
It remains to be seen.

¿Vio Ud. el pájaro en el árbol?
Did you see the bird in the tree?

Proverbs

Ver es creer.
  Seeing is believing.

De decir a hacer hay mucho que ver.
  There is a great difference (much to see) between saying and doing.

Hasta que no lo veas, no lo creas.
  Don't believe it until you see it.

Words and expressions related to this verb

la vista sight, seeing, view, vision

visto, vista in view of

a vista de pájaro a bird's eye view

vivir para ver to live and learn

a mi ver in my opinion

¡Ya se ve! Of course! Certainly!

¡A ver! Let's see!

¡Vamos a ver! Let's see!

no tener nada que ver con to have nothing to do with

la visión vision

visible visible

la visibilidad visibility

un vistazo a glance

echar un vistazo a to take a look at

verse las caras to deal with it (have it out) face to face

Syn.: **mirar** to look, to watch; **notar** to note, to notice (308); **observar** to observe; **percibir** to perceive   Ant.: **ignorar** not to know

AN ESSENTIAL
55 Verb

The Seven Simple Tenses		The Seven Compound Tenses	
Singular	**Plural**	**Singular**	**Plural**
1 presente de indicativo		**8 perfecto de indicativo**	
veo	vemos	he visto	hemos visto
ves	veis	has visto	habéis visto
ve	ven	ha visto	han visto
2 imperfecto de indicativo		**9 pluscuamperfecto de indicativo**	
veía	veíamos	había visto	habíamos visto
veías	veíais	habías visto	habíais visto
veía	veían	había visto	habían visto
3 pretérito		**10 pretérito anterior**	
vi	vimos	hube visto	hubimos visto
viste	visteis	hubiste visto	hubisteis visto
vio	vieron	hubo visto	hubieron visto
4 futuro		**11 futuro perfecto**	
veré	veremos	habré visto	habremos visto
verás	veréis	habrás visto	habréis visto
verá	verán	habrá visto	habrán visto
5 potencial simple		**12 potencial compuesto**	
vería	veríamos	habría visto	habríamos visto
verías	veríais	habrías visto	habríais visto
vería	verían	habría visto	habrían visto
6 presente de subjuntivo		**13 perfecto de subjuntivo**	
vea	veamos	haya visto	hayamos visto
veas	veáis	hayas visto	hayáis visto
vea	vean	haya visto	hayan visto
7 imperfecto de subjuntivo		**14 pluscuamperfecto de subjuntivo**	
viera	viéramos	hubiera visto	hubiéramos visto
vieras	vierais	hubieras visto	hubierais visto
viera	vieran	hubiera visto	hubieran visto
OR		OR	
viese	viésemos	hubiese visto	hubiésemos visto
vieses	vieseis	hubieses visto	hubieseis visto
viese	viesen	hubiese visto	hubiesen visto

	imperativo	
—	veamos
ve; no veas	ved; no veáis
vea	vean

AN ESSENTIAL
55 Verb

Part. pas. **verificado**   Gerundio **verificando**
Regular **-ar** endings with spelling change:
c becomes **qu** before **e**

verificar (490)
to verify, to check

The Seven Simple Tenses		The Seven Compound Tenses	
Singular	**Plural**	**Singular**	**Plural**
1 presente de indicativo		**8 perfecto de indicativo**	
verifico	verificamos	he verificado	hemos verificado
verificas	verificáis	has verificado	habéis verificado
verifica	verifican	ha verificado	han verificado
2 inperfecto de indicativo		**9 pluscuamperfecto de indicativo**	
verificaba	verificábamos	había verificado	habíamos verificado
verificabas	verificabais	habías verificado	habíais verificado
verificaba	verificaban	había verificado	habían verificado
3 pretérito		**10 pretérito anterior**	
verifiqué	verificamos	hube verificado	hubimos verificado
verificaste	verificasteis	hubiste verificado	hubisteis verificado
verificó	verificaron	hubo verificado	hubieron verificado
4 futuro		**11 futuro perfecto**	
verificaré	verificaremos	habré verificado	habremos verificado
verificarás	verificaréis	habrás verificado	habréis verificado
verificará	verificarán	habrá verificado	habrán verificado
5 potencial simple		**12 potencial compuesto**	
verificaría	verificaríamos	habría verificado	habríamos verificado
verificarías	verificaríais	habrías verificado	habríais verificado
verificaría	verificarían	habría verificado	habrían verificado
6 presente de subjuntivo		**13 perfecto de subjuntivo**	
verifique	verifiquemos	haya verificado	hayamos verificado
verifiques	verifiquéis	hayas verificado	hayáis verificado
verifique	verifiquen	haya verificado	hayan verificado
7 imperfecto de subjuntivo		**14 pluscuamperfecto de subjuntivo**	
verificara	verificáramos	hubiera verificado	hubiéramos verificado
verificaras	verificarais	hubieras verificado	hubierais verificado
verificara	verificaran	hubiera verificado	hubieran verificado
OR		OR	
verificase	verificásemos	hubiese verificado	hubiésemos verificado
verificases	verificaseis	hubieses verificado	hubieseis verificado
verificase	verificasen	hubiese verificado	hubiesen verificado

imperativo

—	verifiquemos
verifica; no verifiques	verificad; no verifiquéis
verifique	verifiquen

la verificación verification, checking
el verificador, la verificadora inspector

verificador, verificadora verifying
verificarse to come true, take place

Syn.: **asegurarse** to make sure (72, 64); **comprobar** to check, to verify (378); **confirmar** to confirm (243)   Ant.: **desmentir** to disprove, to prove false (312)

vestirse (491)

to dress oneself,
to get dressed

Gerundio **vistiéndose**   Part. pas. **vestido**

Reflexive verb; regular **-ir** verb endings with stem
change: Tenses 1, 3, 6, 7, Imperative, Gerundio

The Seven Simple Tenses		The Seven Compound Tenses	
Singular	Plural	Singular	Plural
1 presente de indicativo		**8 perfecto de indicativo**	
me visto	nos vestimos	me he vestido	nos hemos vestido
te vistes	os vestís	te has vestido	os habéis vestido
se viste	se visten	se ha vestido	se han vestido
2 imperfecto de indicativo		**9 pluscuamperfecto de indicativo**	
me vestía	nos vestíamos	me había vestido	nos habíamos vestido
te vestías	os vestíais	te habías vestido	os habíais vestido
se vestía	se vestían	se había vestido	se habían vestido
3 pretérito		**10 pretérito anterior**	
me vestí	nos vestimos	me hube vestido	nos hubimos vestido
te vestiste	os vestisteis	te hubiste vestido	os hubisteis vestido
se vistió	se vistieron	se hubo vestido	se hubieron vestido
4 futuro		**11 futuro perfecto**	
me vestiré	nos vestiremos	me habré vestido	nos habremos vestido
te vestirás	os vestiréis	te habrás vestido	os habréis vestido
se vestirá	se vestirán	se habrá vestido	se habrán vestido
5 potencial simple		**12 potencial compuesto**	
me vestiría	nos vestiríamos	me habría vestido	nos habríamos vestido
te vestirías	os vestiríais	te habrías vestido	os habríais vestido
se vestiría	se vestirían	se habría vestido	se habrían vestido
6 presente de subjuntivo		**13 perfecto de subjuntivo**	
me vista	nos vistamos	me haya vestido	nos hayamos vestido
te vistas	os vistáis	te hayas vestido	os hayáis vestido
se vista	se vistan	se haya vestido	se hayan vestido
7 imperfecto de subjuntivo		**14 pluscuamperfecto de subjuntivo**	
me vistiera	nos vistiéramos	me hubiera vestido	nos hubiéramos vestido
te vistieras	os vistierais	te hubieras vestido	os hubierais vestido
se vistiera	se vistieran	se hubiera vestido	se hubieran vestido
OR		OR	
me vistiese	nos vistiésemos	me hubiese vestido	nos hubiésemos vestido
te vistieses	os vistieseis	te hubieses vestido	os hubieseis vestido
se vistiese	se vistiesen	se hubiese vestido	se hubiesen vestido

	imperativo	
—	vistámonos; no nos vistamos	
vístete; no te vistas	vestíos; no os vistáis	
vístase; no se vista	vístanse; no se vistan	

vestir to clothe, to dress
el vestido clothing, clothes, dress
los vestidos usados secondhand clothing
bien vestido well-dressed

vestir de uniforme to dress in uniform
vestir/vestirse de blanco to dress in white
el vestuario wardrobe; cloakroom
la vestimenta clothes, garments

Syn.: **llevar** to wear; **ponerse** to put on clothing   Ant.: **desnudarse** to undress oneself (289);
desvestirse to get undressed; **quitarse** to take off clothing

viajar (492)

The Seven Simple Tenses		The Seven Compound Tenses	
Singular	**Plural**	**Singular**	**Plural**
1 presente de indicativo		**8 perfecto de indicativo**	
viajo	viajamos	he viajado	hemos viajado
viajas	viajáis	has viajado	habéis viajado
viaja	viajan	ha viajado	han viajado
2 imperfecto de indicativo		**9 pluscuamperfecto de indicativo**	
viajaba	viajábamos	había viajado	habíamos viajado
viajabas	viajabais	habías viajado	habíais viajado
viajaba	viajaban	había viajado	habían viajado
3 pretérito		**10 pretérito anterior**	
viajé	viajamos	hube viajado	hubimos viajado
viajaste	viajasteis	hubiste viajado	hubisteis viajado
viajó	viajaron	hubo viajado	hubieron viajado
4 futuro		**11 futuro perfecto**	
viajaré	viajaremos	habré viajado	habremos viajado
viajarás	viajaréis	habrás viajado	habréis viajado
viajará	viajarán	habrá viajado	habrán viajado
5 potencial simple		**12 potencial compuesto**	
viajaría	viajaríamos	habría viajado	habríamos viajado
viajarías	viajaríais	habrías viajado	habríais viajado
viajaría	viajarían	habría viajado	habrían viajado
6 presente de subjuntivo		**13 perfecto de subjuntivo**	
viaje	viajemos	haya viajado	hayamos viajado
viajes	viajéis	hayas viajado	hayáis viajado
viaje	viajen	haya viajado	hayan viajado
7 imperfecto de subjuntivo		**14 pluscuamperfecto de subjuntivo**	
viajara	viajáramos	hubiera viajado	hubiéramos viajado
viajaras	viajarais	hubieras viajado	hubierais viajado
viajara	viajaran	hubiera viajado	hubieran viajado
OR		OR	
viajase	viajásemos	hubiese viajado	hubiésemos viajado
viajases	viajaseis	hubieses viajado	hubieseis viajado
viajase	viajasen	hubiese viajado	hubiesen viajado

imperativo	
—	viajemos
viaja; no viajes	viajad; no viajéis
viaje	viajen

el viaje trip		**¡Buen viaje!** Have a good trip!	
hacer un viaje to take a trip		**un viaje de negocios** business trip	
un viaje de ida y vuelta round trip		**un viaje redondo** round trip	
el viajero, la viajera traveler		**los viajes espaciales** space travel	
el viaje de novios honeymoon		**el viaje de recreo** pleasure trip	

Syn.: **explorar** to explore (32); **navegar** to navigate, to sail; **peregrinar** to go on a journey, a pilgrimage; **hacer un viaje** to take a trip (260)   Ant.: **permanecer** to remain, to stay (344); **quedarse** to remain

V

vigilar (493)

to watch (over), to keep guard, to look out for

Gerundio **vigilando**   Part. pas. **vigilado**

Regular **-ar** verb

The Seven Simple Tenses		The Seven Compound Tenses	
Singular	Plural	Singular	Plural
1 presente de indicativo		**8 perfecto de indicativo**	
vigilo	vigilamos	he vigilado	hemos vigilado
vigilas	vigiláis	has vigilado	habéis vigilado
vigila	vigilan	ha vigilado	han vigilado
2 imperfecto de indicativo		**9 pluscuamperfecto de indicativo**	
vigilaba	vigilábamos	había vigilado	habíamos vigilado
vigilabas	vigilabais	habías vigilado	habíais vigilado
vigilaba	vigilaban	había vigilado	habían vigilado
3 pretérito		**10 pretérito anterior**	
vigilé	vigilamos	hube vigilado	hubimos vigilado
vigilaste	vigilasteis	hubiste vigilado	hubisteis vigilado
vigiló	vigilaron	hubo vigilado	hubieron vigilado
4 futuro		**11 futuro perfecto**	
vigilaré	vigilaremos	habré vigilado	habremos vigilado
vigilarás	vigilaréis	habrás vigilado	habréis vigilado
vigilará	vigilarán	habrá vigilado	habrán vigilado
5 potencial simple		**12 potencial compuesto**	
vigilaría	vigilaríamos	habría vigilado	habríamos vigilado
vigilarías	vigilaríais	habrías vigilado	habríais vigilado
vigilaría	vigilarían	habría vigilado	habrían vigilado
6 presente de subjuntivo		**13 perfecto de subjuntivo**	
vigile	vigilemos	haya vigilado	hayamos vigilado
vigiles	vigiléis	hayas vigilado	hayáis vigilado
vigile	vigilen	haya vigilado	hayan vigilado
7 imperfecto de subjuntivo		**14 pluscuamperfecto de subjuntivo**	
vigilara	vigiláramos	hubiera vigilado	hubiéramos vigilado
vigilaras	vigilarais	hubieras vigilado	hubierais vigilado
vigilara	vigilaran	hubiera vigilado	hubieran vigilado
OR		OR	
vigilase	vigilásemos	hubiese vigilado	hubiésemos vigilado
vigilases	vigilaseis	hubieses vigilado	hubieseis vigilado
vigilase	vigilasen	hubiese vigilado	hubiesen vigilado

imperativo	
—	vigilemos
vigila; no vigiles	vigilad; no vigiléis
vigile	vigilen

vigilar de cerca   to keep a close watch on
el, la vigilante   vigilante; *adj.* vigilant, wakeful
la vigilancia   vigilance, watchfulness, surveillance
vigilantemente   vigilantly

vigilar sobre *or* **por**   to watch over
comer de vigilia   to abstain from meat
el/la vigilante de noche   night watchman, watchwoman

Syn.: **cuidar de** to care for, to look after (156, 324); **custodiar** to guard (232); **guardar** to guard; **velar** to guard   Ant.: **descuidar** to neglect, to forget (156, 324)

visitar (494)

to visit

The Seven Simple Tenses		The Seven Compound Tenses	
Singular	**Plural**	**Singular**	**Plural**
1 presente de indicativo		**8 perfecto de indicativo**	
visito	visitamos	he visitado	hemos visitado
visitas	visitáis	has visitado	habéis visitado
visita	visitan	ha visitado	han visitado
2 imperfecto de indicativo		**9 pluscuamperfecto de indicativo**	
visitaba	visitábamos	había visitado	habíamos visitado
visitabas	visitabais	habías visitado	habíais visitado
visitaba	visitaban	había visitado	habían visitado
3 pretérito		**10 pretérito anterior**	
visité	visitamos	hube visitado	hubimos visitado
visitaste	visitasteis	hubiste visitado	hubisteis visitado
visitó	visitaron	hubo visitado	hubieron visitado
4 futuro		**11 futuro perfecto**	
visitaré	visitaremos	habré visitado	habremos visitado
visitarás	visitaréis	habrás visitado	habréis visitado
visitará	visitarán	habrá visitado	habrán visitado
5 potencial simple		**12 potencial compuesto**	
visitaría	visitaríamos	habría visitado	habríamos visitado
visitarías	visitaríais	habrías visitado	habríais visitado
visitaría	visitarían	habría visitado	habrían visitado
6 presente de subjuntivo		**13 perfecto de subjuntivo**	
visite	visitemos	haya visitado	hayamos visitado
visites	visitéis	hayas visitado	hayáis visitado
visite	visiten	haya visitado	hayan visitado
7 imperfecto de subjuntivo		**14 pluscuamperfecto de subjuntivo**	
visitara	visitáramos	hubiera visitado	hubiéramos visitado
visitaras	visitarais	hubieras visitado	hubierais visitado
visitara	visitaran	hubiera visitado	hubieran visitado
OR		OR	
visitase	visitásemos	hubiese visitado	hubiésemos visitado
visitases	visitaseis	hubieses visitado	hubieseis visitado
visitase	visitasen	hubiese visitado	hubiesen visitado

	imperativo	
—	visitemos
visita; no visites	visitad; no visitéis
visite	visiten

una visita visit	**una visitación** visitation
el/la visitante visitor	**pagar la visita** to return a visit
visitarse to visit one another	**tener visita** to have company
hacer una visita to pay a call, a visit	**una visita acompañada** guided tour

Syn.: **hacer una visita** to pay a call, a visit   Ant.: **tener visita** to have company

605

Vivir

Vivir is a very useful regular -ir verb for beginning students. It is used in a vast number of idiomatic expressions and everyday situations.

Sentences using vivir

Vivimos en esta casa desde hace veinte años.
We have been living in this house for twenty years.

Tenemos con que vivir.
We have enough to live on.

¿Cuánto tiempo hace que Uds. viven aquí?
How long have you been living here?

Proverb

Comer para vivir y no vivir para comer.
One should eat to live and not live to eat.

Words and expressions related to this verb

vivo, viva living

en vivo live (broadcast)

sin vida lifeless

vivir de to live on

la vida life

en vida living, alive

estar en vida to be alive

ganarse la vida to earn one's living

una lengua viva a living language

vivir del aire to live on thin air

vivir para ver to live and learn (live to see)

vivir a oscuras to live in ignorance

revivir to revive

vivir bien to live well

¿Quién vive? Who goes there?

¡Viva la reina! Long live the queen!

¡Viva el rey! Long live the king!

¡La vida es así! That's life!

Syn.: **existir** to exist (276); **habitar** to live, to reside; **residir** to reside, to live (60); **ser** to be
Ant.: **morir** to die

AN ESSENTIAL
55 Verb

Can't find the verb you're looking for?

Check the back pages of this book for a list of over 2,300 additional verbs!

The Seven Simple Tenses		The Seven Compound Tenses	
Singular	Plural	Singular	Plural
1 presente de indicativo		**8 perfecto de indicativo**	
vivo	vivimos	he vivido	hemos vivido
vives	vivís	has vivido	habéis vivido
vive	viven	ha vivido	han vivido
2 imperfecto de indicativo		**9 pluscuamperfecto de indicativo**	
vivía	vivíamos	había vivido	habíamos vivido
vivías	vivíais	habías vivido	habíais vivido
vivía	vivían	había vivido	habían vivido
3 pretérito		**10 pretérito anterior**	
viví	vivimos	hube vivido	hubimos vivido
viviste	vivisteis	hubiste vivido	hubisteis vivido
vivió	vivieron	hubo vivido	hubieron vivido
4 futuro		**11 futuro perfecto**	
viviré	viviremos	habré vivido	habremos vivido
vivirás	viviréis	habrás vivido	habréis vivido
vivirá	vivirán	habrá vivido	habrán vivido
5 potencial simple		**12 potencial compuesto**	
viviría	viviríamos	habría vivido	habríamos vivido
vivirías	viviríais	habrías vivido	habríais vivido
viviría	vivirían	habría vivido	habrían vivido
6 presente de subjuntivo		**13 perfecto de subjuntivo**	
viva	vivamos	haya vivido	hayamos vivido
vivas	viváis	hayas vivido	hayáis vivido
viva	vivan	haya vivido	hayan vivido
7 imperfecto de subjuntivo		**14 pluscuamperfecto de subjuntivo**	
viviera	viviéramos	hubiera vivido	hubiéramos vivido
vivieras	vivierais	hubieras vivido	hubierais vivido
viviera	vivieran	hubiera vivido	hubieran vivido
OR		OR	
viviese	viviésemos	hubiese vivido	hubiésemos vivido
vivieses	vivieseis	hubieses vivido	hubieseis vivido
viviese	viviesen	hubiese vivido	hubiesen vivido

imperativo

—	vivamos
vive; no vivas	vivid; no viváis
viva	vivan

V

AN ESSENTIAL
55 Verb

volar (496)

to fly, to blow up

Gerundio **volando**   Part. pas. **volado**
Regular **-ar** verb endings with stem
change: Tenses 1, 6, Imperative

The Seven Simple Tenses		The Seven Compound Tenses	
Singular	Plural	Singular	Plural
1 presente de indicativo		**8 perfecto de indicativo**	
vuelo	volamos	he volado	hemos volado
vuelas	voláis	has volado	habéis volado
vuela	vuelan	ha volado	han volado
2 imperfecto de indicativo		**9 pluscuamperfecto de indicativo**	
volaba	volábamos	había volado	habíamos volado
volabas	volabais	habías volado	habíais volado
volaba	volaban	había volado	habían volado
3 pretérito		**10 pretérito anterior**	
volé	volamos	hube volado	hubimos volado
volaste	volasteis	hubiste volado	hubisteis volado
voló	volaron	hubo volado	hubieron volado
4 futuro		**11 futuro perfecto**	
volaré	volaremos	habré volado	habremos volado
volarás	volaréis	habrás volado	habréis volado
volará	volarán	habrá volado	habrán volado
5 potencial simple		**12 potencial compuesto**	
volaría	volaríamos	habría volado	habríamos volado
volarías	volaríais	habrías volado	habríais volado
volaría	volarían	habría volado	habrían volado
6 presente de subjuntivo		**13 perfecto de subjuntivo**	
vuele	volemos	haya volado	hayamos volado
vueles	voléis	hayas volado	hayáis volado
vuele	vuelen	haya volado	hayan volado
7 imperfecto de subjuntivo		**14 pluscuamperfecto de subjuntivo**	
volara	voláramos	hubiera volado	hubiéramos volado
volaras	volarais	hubieras volado	hubierais volado
volara	volaran	hubiera volado	hubieran volado
OR		OR	
volase	volásemos	hubiese volado	hubiésemos volado
volases	volaseis	hubieses volado	hubieseis volado
volase	volasen	hubiese volado	hubiesen volado

imperativo	
—	volemos
vuela; no vueles	volad; no voléis
vuele	vuelen

el vuelo   flight
Más vale pájaro en mano que ciento volando.
 A bird in the hand is worth two in the
 bush.
Las horas vuelan   The hours go flying by.

¡Como vuela el tiempo!   How time flies!
volear   to volley (a ball); **el voleo, la volea**
 volley
el volante   steering wheel, shuttlecock
volarse   to run off, to disappear, to fly away

Syn.: **pilotar, pilotear** to pilot (54); **planear** to glide (206); **trasvolar** to fly over, to fly across
(496)   Ant.: **aterrizar** to land (47)

Volver

Volver is a very useful **-er** verb for beginning students. It is used in a vast number of idiomatic expressions and everyday situations. Be careful to make the stem change in Tenses 1 and 6, as well as the imperative and past participle.

Sentences using **volver**

¿A qué hora vuelve Ud. a casa?
At what time are you going back home?

¿Cuándo podré volver?
When may I return?

Vuelve la página, por favor.
Turn the page, please.

Words and expressions related to this verb

volver en sí to regain consciousness, to come to

volver sobre sus pasos to retrace one's steps

volver atrás to turn back

una vuelta a turn, revolution, turning

dar una vuelta to take a stroll

volverse triste to become sad

un revólver revolver, pistol

revolver to revolve, shake (up), to turn around

volver con las manos vacías to return empty-handed

volverse to turn (oneself) around

volverse loco to go mad

devolver un artículo to return an article

devolver to return, go back

envolver to wrap, to involve, to surround

envolverse to become involved

Syn.: **devolver** to return (an object); **regresar** to go back, to return; **restituir** to refund, to give back (264)   Ant.: **ir** to go

---

Can't remember the Spanish verb you need?

Check the back pages of this book for the English-Spanish verb index!

AN ESSENTIAL
55 Verb

volver (497)

to return, to go back

Gerundio **volviendo**   Part. pas. **vuelto**
Regular **-er** verb endings with stem change:
Tenses 1, 6, Imperative, Past Participle

The Seven Simple Tenses		The Seven Compound Tenses	
Singular	**Plural**	**Singular**	**Plural**
1 presente de indicativo		**8 perfecto de indicativo**	
vuelvo	volvemos	he vuelto	hemos vuelto
vuelves	volvéis	has vuelto	habéis vuelto
vuelve	vuelven	ha vuelto	han vuelto
2 imperfecto de indicativo		**9 pluscuamperfecto de indicativo**	
volvía	volvíamos	había vuelto	habíamos vuelto
volvías	volvíais	habías vuelto	habíais vuelto
volvía	volvían	había vuelto	habían vuelto
3 pretérito		**10 pretérito anterior**	
volví	volvimos	hube vuelto	hubimos vuelto
volviste	volvisteis	hubiste vuelto	hubisteis vuelto
volvió	volvieron	hubo vuelto	hubieron vuelto
4 futuro		**11 futuro perfecto**	
volveré	volveremos	habré vuelto	habremos vuelto
volverás	volveréis	habrás vuelto	habréis vuelto
volverá	volverán	habrá vuelto	habrán vuelto
5 potencial simple		**12 potencial compuesto**	
volvería	volveríamos	habría vuelto	habríamos vuelto
volverías	volveríais	habrías vuelto	habríais vuelto
volvería	volverían	habría vuelto	habrían vuelto
6 presente de subjuntivo		**13 perfecto de subjuntivo**	
vuelva	volvamos	haya vuelto	hayamos vuelto
vuelvas	volváis	hayas vuelto	hayáis vuelto
vuelva	vuelvan	haya vuelto	hayan vuelto
7 imperfecto de subjuntivo		**14 pluscuamperfecto de subjuntivo**	
volviera	volviéramos	hubiera vuelto	hubiéramos vuelto
volvieras	volvierais	hubieras vuelto	hubierais vuelto
volviera	volvieran	hubiera vuelto	hubieran vuelto
OR		OR	
volviese	volviésemos	hubiese vuelto	hubiésemos vuelto
volvieses	volvieseis	hubieses vuelto	hubieseis vuelto
volviese	volviesen	hubiese vuelto	hubiesen vuelto

imperativo	
—	volvamos
vuelve; no vuelvas	volved; no volváis
vuelva	vuelvan

**AN ESSENTIAL
55 Verb**

votar (498)
to vote, to vow

The Seven Simple Tenses		The Seven Compound Tenses	
Singular	Plural	Singular	Plural
1 presente de indicativo		**8 perfecto de indicativo**	
voto	votamos	he votado	hemos votado
votas	votáis	has votado	habéis votado
vota	votan	ha votado	han votado
2 imperfecto de indicativo		**9 pluscuamperfecto de indicativo**	
votaba	votábamos	había votado	habíamos votado
votabas	votabais	habías votado	habíais votado
votaba	votaban	había votado	habían votado
3 pretérito		**10 pretérito anterior**	
voté	votamos	hube votado	hubimos votado
votaste	votasteis	hubiste votado	hubisteis votado
votó	votaron	hubo votado	hubieron votado
4 futuro		**11 futuro perfecto**	
votaré	votaremos	habré votado	habremos votado
votarás	votaréis	habrás votado	habréis votado
votará	votarán	habrá votado	habrán votado
5 potencial simple		**12 potencial compuesto**	
votaría	votaríamos	habría votado	habríamos votado
votarías	votaríais	habrías votado	habríais votado
votaría	votarían	habría votado	habrían votado
6 presente de subjuntivo		**13 perfecto de subjuntivo**	
vote	votemos	haya votado	hayamos votado
votes	votéis	hayas votado	hayáis votado
vote	voten	haya votado	hayan votado
7 imperfecto de subjuntivo		**14 pluscuamperfecto de subjuntivo**	
votara	votáramos	hubiera votado	hubiéramos votado
votaras	votarais	hubieras votado	hubierais votado
votara	votaran	hubiera votado	hubieran votado
OR		OR	
votase	votásemos	hubiese votado	hubiésemos votado
votases	votaseis	hubieses votado	hubieseis votado
votase	votasen	hubiese votado	hubiesen votado

imperativo	
—	votemos
vota; no votes	votad; no votéis
vote	voten

votar en pro   to vote for; **votar en contra**
  to vote against
el votador, la votadora   voter
el voto   vote, vow
  voto de confianza   vote of confidence;
echar votos   to curse, to swear

la votación   voting; **la votación a mano
  alzada**   voting by show of hands
la votación secreta   secret ballot
el derecho al voto, el derecho de voto   right to
  vote

Syn.: **elegir** to elect, to choose   Ant.: **abstenerse** to abstain

611

yacer (499)

to lie down, to be lying down, to lie in a grave

Gerundio **yaciendo**   Part. pas. **yacido**
Regular **-er** verb endings; spelling change (see Tenses 1, 6, and Imperative)

The Seven Simple Tenses

Singular	Plural
1 presente de indicativo	
yazco *or* yazgo *or* yago	yacemos
yaces	yacéis
yace	yacen
2 imperfecto de indicativo	
yacía	yacíamos
yacías	yacíais
yacía	yacían
3 pretérito	
yací	yacimos
yaciste	yacisteis
yació	yacieron
4 futuro	
yaceré	yaceremos
yacerás	yaceréis
yacerá	yacerán
5 potencial simple	
yacería	yaceríamos
yacerías	yaceríais
yacería	yacerían
6 presente de subjuntivo	
yazca *or* yazga *or* yaga	yazcamos *or* yazgamos *or* yagamos
yazcas *or* yazgas *or* yagas	yazcáis *or* yazgáis *or* yagáis
yazca *or* yazga *or* yaga	yazcan *or* yazgan *or* yagan
7 imperfecto de subjuntivo	
yaciera	yaciéramos
yacieras	yacierais
yaciera	yacieran
OR	
yaciese	yaciésemos
yacieses	yacieseis
yaciese	yaciesen

The Seven Compound Tenses

Singular	Plural
8 perfecto de indicativo	
he yacido	hemos yacido
has yacido	habéis yacido
ha yacido	han yacido
9 pluscuamperfecto de indicativo	
había yacido	habíamos yacido
habías yacido	habíais yacido
había yacido	habían yacido
10 pretérito anterior	
hube yacido	hubimos yacido
hubiste yacido	hubisteis yacido
hubo yacido	hubieron yacido
11 futuro perfecto	
habré yacido	habremos yacido
habrás yacido	habréis yacido
habrá yacido	habrán yacido
12 potencial compuesto	
habría yacido	habríamos yacido
habrías yacido	habríais yacido
habría yacido	habrían yacido
13 perfecto de subjuntivo	
haya yacido	hayamos yacido
hayas yacido	hayáis yacido
haya yacido	hayan yacido
14 pluscuamperfecto de subjuntivo	
hubiera yacido	hubiéramos yacido
hubieras yacido	hubierais yacido
hubiera yacido	hubieran yacido
OR	
hubiese yacido	hubiésemos yacido
hubieses yacido	hubieseis yacido
hubiese yacido	hubiesen yacido

imperativo

—	yazcamos *or* yazgamos *or* yagamos
yaz *or* yace; no yazcas	yaced; no yazcáis
yazca *or* yazga *or* yaga	yazcan *or* yazgan *or* yagan

la yacija bed, couch; grave, tomb
el yacimiento mineral deposit
Aquí yace don Juan Here lies Don Juan.

una estatua yacente statue lying in state (usually on a catafalque)

Syn.: **acostarse** to lie down; **reposar** to rest, to lie, to be buried (2)
Ant.: **levantarse** to get up

zumbar (500)
to buzz, to hum, to flutter around

The Seven Simple Tenses		The Seven Compound Tenses	
Singular	**Plural**	**Singular**	**Plural**
1 presente de indicativo		**8 perfecto de indicativo**	
zumbo	zumbamos	he zumbado	hemos zumbado
zumbas	zumbáis	has zumbado	habéis zumbado
zumba	zumban	ha zumbado	han zumbado
2 imperfecto de indicativo		**9 pluscuamperfecto de indicativo**	
zumbaba	zumbábamos	había zumbado	habíamos zumbado
zumbabas	zumbabais	habías zumbado	habíais zumbado
zumbaba	zumbaban	había zumbado	habían zumbado
3 pretérito		**10 pretérito anterior**	
zumbé	zumbamos	hube zumbado	hubimos zumbado
zumbaste	zumbasteis	hubiste zumbado	hubisteis zumbado
zumbó	zumbaron	hubo zumbado	hubieron zumbado
4 futuro		**11 futuro perfecto**	
zumbaré	zumbaremos	habré zumbado	habremos zumbado
zumbarás	zumbaréis	habrás zumbado	habréis zumbado
zumbará	zumbarán	habrá zumbado	habrán zumbado
5 potencial simple		**12 potencial compuesto**	
zumbaría	zumbaríamos	habría zumbado	habríamos zumbado
zumbarías	zumbaríais	habrías zumbado	habríais zumbado
zumbaría	zumbarían	habría zumbado	habrían zumbado
6 presente de subjuntivo		**13 perfecto de subjuntivo**	
zumbe	zumbemos	haya zumbado	hayamos zumbado
zumbes	zumbéis	hayas zumbado	hayáis zumbado
zumbe	zumben	haya zumbado	hayan zumbado
7 imperfecto de subjuntivo		**14 pluscuamperfecto de subjuntivo**	
zumbara	zumbáramos	hubiera zumbado	hubiéramos zumbado
zumbaras	zumbarais	hubieras zumbado	hubierais zumbado
zumbara	zumbaran	hubiera zumbado	hubieran zumbado
OR		OR	
zumbase	zumbásemos	hubiese zumbado	hubiésemos zumbado
zumbases	zumbaseis	hubieses zumbado	hubieseis zumbado
zumbase	zumbasen	hubiese zumbado	hubiesen zumbado

imperativo	
—	zumbemos
zumba; no zumbes	zumbad; no zumbéis
zumbe	zumben

Me zumban los cincuenta años.   I am close to fifty years old.
zumbarse de   to make fun of
zumbar una bofetada   to give a hard slap

Bala que zumba no mata.   A bullet that buzzes doesn't kill.
un zumbo, un zumbido   buzz, hum
un zumbador   buzzer

Syn.: **bordonear** to buzz, to hum (175)

613

zurcir (501)

to darn, to mend

Gerundio **zurciendo**   Part. pas. **zurcido**

Regular **-ir** verb endings with spelling change: **c** becomes **z** before **a** or **o**

The Seven Simple Tenses		The Seven Compound Tenses	
Singular	**Plural**	**Singular**	**Plural**
1 presente de indicativo		**8 perfecto de indicativo**	
zurzo	zurcimos	he zurcido	hemos zurcido
zurces	zurcís	has zurcido	habéis zurcido
zurce	zurcen	ha zurcido	han zurcido
2 imperfecto de indicativo		**9 pluscuamperfecto de indicativo**	
zurcía	zurcíamos	había zurcido	habíamos zurcido
zurcías	zurcíais	habías zurcido	habíais zurcido
zurcía	zurcían	había zurcido	habían zurcido
3 pretérito		**10 pretérito anterior**	
zurcí	zurcimos	hube zurcido	hubimos zurcido
zurciste	zurcisteis	hubiste zurcido	hubisteis zurcido
zurció	zurcieron	hubo zurcido	hubieron zurcido
4 futuro		**11 futuro perfecto**	
zurciré	zurciremos	habré zurcido	habremos zurcido
zurcirás	zurciréis	habrás zurcido	habréis zurcido
zurcirá	zurcirán	habrá zurcido	habrán zurcido
5 potencial simple		**12 potencial compuesto**	
zurciría	zurciríamos	habría zurcido	habríamos zurcido
zurcirías	zurciríais	habrías zurcido	habríais zurcido
zurciría	zurcirían	habría zurcido	habrían zurcido
6 presente de subjuntivo		**13 perfecto de subjuntivo**	
zurza	zurzamos	haya zurcido	hayamos zurcido
zurzas	zurzáis	hayas zurcido	hayáis zurcido
zurza	zurzan	haya zurcido	hayan zurcido
7 imperfecto de subjuntivo		**14 pluscuamperfecto de subjuntivo**	
zurciera	zurciéramos	hubiera zurcido	hubiéramos zurcido
zurcieras	zurcierais	hubieras zurcido	hubierais zurcido
zurciera	zurcieran	hubiera zurcido	hubieran zurcido
OR		OR	
zurciese	zurciésemos	hubiese zurcido	hubiésemos zurcido
zurcieses	zurcieseis	hubieses zurcido	hubieseis zurcido
zurciese	zurciesen	hubiese zurcido	hubiesen zurcido

imperativo	
—	zurzamos
zurce; no zurzas	zurcid; no zurzáis
zurza	zurzan

Tuve que zurcir mis calcetines porque los había rasgado.
I had to mend my socks because I had torn them.

la zurcidura darning, mending
zurcido, zurcida darned, mended

un huevo de zurcir darning ball (egg)
la aguja de zurcir darning needle

Syn.: **coser** to mend, to sew (128); **remendar** to mend (352); **reparar** to mend
Ant.: **romper** to tear

Appendices

Part. pas. **abolido** Gerundio **aboliendo**
Regular **-ir** verb endings

abolir
to abolish

The Seven Simple Tenses		The Seven Compound Tenses	
Singular	**Plural**	**Singular**	**Plural**
1 presente de indicativo		**8 perfecto de indicativo**	
—	abolimos	he abolido	hemos abolido
—	abolís	has abolido	habéis abolido
—	—	ha abolido	han abolido
2 imperfecto de indicativo		**9 pluscuamperfecto de indicativo**	
abolía	abolíamos	había abolido	habíamos abolido
abolías	abolíais	habías abolido	habíais abolido
abolía	abolían	había abolido	habían abolido
3 pretérito		**10 pretérito anterior**	
abolí	abolimos	hube abolido	hubimos abolido
aboliste	abolisteis	hubiste abolido	hubisteis abolido
abolió	abolieron	hubo abolido	hubieron abolido
4 futuro		**11 futuro perfecto**	
aboliré	aboliremos	habré abolido	habremos abolido
abolirás	aboliréis	habrás abolido	habréis abolido
abolirá	abolirán	habrá abolido	habrán abolido
5 potencial simple		**12 potencial compuesto**	
aboliría	aboliríamos	habría abolido	habríamos abolido
abolirías	aboliríais	habrías abolido	habríais abolido
aboliría	abolirían	habría abolido	habrían abolido
6 presente de subjuntivo		**13 perfecto de subjuntivo**	
Not in use		haya abolido	hayamos abolido
		hayas abolido	hayáis abolido
7 imperfecto de subjuntivo		haya abolido	hayan abolido
aboliera	aboliéramos	**14 pluscuamperfecto de subjuntivo**	
abolieras	abolierais	hubiera abolido	hubiéramos abolido
aboliera	abolieran	hubieras abolido	hubierais abolido
OR		hubiera abolido	hubieran abolido
aboliese	aboliésemos	OR	
abolieses	abolieseis	hubiese abolido	hubiésemos abolido
aboliese	aboliesen	hubieses abolido	hubieseis abolido
		hubiese abolido	hubiesen abolido

imperativo	
—	—
—	abolid
—	—

Abolir is a defective verb.

Al firmar la Proclamación de Emancipación, Abraham Lincoln abolió la esclavitud en los Estados Unidos. When he signed the Emancipation Proclamation, Abraham Lincoln abolished slavery in the United States.

Syn.: **prohibir** to prohibit   Ant.: **instituir** to institute (264)

bastar

to be enough, to be sufficient, to suffice

Gerundio **bastando**   Part. pas. **bastado**

Regular **-ar** verb

The Seven Simple Tenses		The Seven Compound Tenses	
Singular	Plural	Singular	Plural
1 presente de indicativo		**8 perfecto de indicativo**	
basta	bastan	ha bastado	han bastado
2 imperfecto de indicativo		**9 pluscuamperfecto de indicativo**	
bastaba	bastaban	había bastado	habían bastado
3 pretérito		**10 pretérito anterior**	
bastó	bastaron	hubo bastado	hubieron bastado
4 futuro		**11 futuro perfecto**	
bastará	bastarán	habré bastado	habrán bastado
5 potencial simple		**12 potencial compuesto**	
bastaría	bastarían	habría bastado	habrían bastado
6 presente de subjuntivo		**13 perfecto de subjuntivo**	
que baste	que basten	haya bastado	hayan bastado
7 imperfecto de subjuntivo		**14 pluscuamperfecto de subjuntivo**	
que bastara	que bastaran	hubiera bastado	hubieran bastado
OR		OR	
que bastase	que bastasen	hubiese bastado	hubiesen bastado

imperativo	
¡Que baste!	¡Que basten!

¡Basta!   Enough! That will do!

This is an impersonal verb and it is used mainly in the third person singular and plural.
It is a regular **ar** verb and can be conjugated in all the persons. Use **gastar** (250) as a model
for this verb.

Syn.: **ser suficiente** to be sufficient

618   **Defective and Impersonal Verbs**

Part. pas. **costado**   Gerundio **costando**
Regular **-ar** verb endings with stem
change: Tenses 1, 6, Imperative

costar
to cost

The Seven Simple Tenses		The Seven Compound Tenses	
Singular	**Plural**	**Singular**	**Plural**
1 presente de indicativo		**8 perfecto de indicativo**	
cuesta	cuestan	ha costado	han costado
2 imperfecto de indicativo		**9 pluscuamperfecto de indicativo**	
costaba	costaban	había costado	habían costado
3 pretérito		**10 pretérito anterior**	
costó	costaron	hubo costado	hubieron costado
4 futuro		**11 futuro perfecto**	
costará	costarán	habrá costado	habrán costado
5 potencial simple		**12 potencial compuesto**	
costaría	costarían	habría costado	habrían costado
6 presente de subjuntivo		**13 perfecto de subjuntivo**	
que cueste	que cuesten	que haya costado	que hayan costado
7 imperfecto de subjuntivo		**14 pluscuamperfecto de subjuntivo**	
que costara	que costaran	que hubiera costado	que hubieran costado
OR		OR	
que costase	que costasen	que hubiese costado	que hubiesen costado

imperativo

¡Que cueste!   ¡Que cuesten!

—**¿Cuánto cuesta este libro?**   —How much does this book cost?
—**Cuesta diez euros.**   —It costs ten euros.

costoso, costosa   costly, expensive
el costo   price, cost
el costo de la vida   the cost of living
costear   to finance
Cuesta + inf.   It is difficult to . . .

Cuesta creerlo.   It's difficult to believe it.
costar un ojo de la cara   to be very expensive
(to cost an arm and a leg)
cueste lo que cueste   at any cost

Syn.: **valer** to be worth, to cost

embaír

to trick, to deceive

Gerundio **embayendo**   Part. pas. **embaído**
Irregular verb

The Seven Simple Tenses		The Seven Compound Tenses	
Singular	**Plural**	**Singular**	**Plural**
1 presente de indicativo		**8 perfecto de indicativo**	
—	embaímos	he embaído	hemos embaído
—	embaís	has embaído	habéis embaído
—	—	ha embaído	han embaído
2 imperfecto de indicativo		**9 pluscuamperfecto de indicativo**	
embaía	embaíamos	había embaído	habíamos embaído
embaías	embaíais	habías embaído	habíais embaído
embaía	embaían	había embaído	habían embaído
3 pretérito		**10 pretérito anterior**	
embaí	embaímos	hube embaído	hubimos embaído
embaíste	embaísteis	hubiste embaído	hubisteis embaído
embayó	embayeron	hubo embaído	hubieron embaído
4 futuro		**11 futuro perfecto**	
embairé	embairemos	habré embaído	habremos embaído
embairás	embairéis	habrás embaído	habréis embaído
embairá	embairán	habrá embaído	habrán embaído
5 potencial simple		**12 potencial compuesto**	
embairía	embairíamos	habría embaído	habríamos embaído
embairías	embairíais	habrías embaído	habríais embaído
embairía	embairían	habría embaído	habrían embaído
7 imperfecto de subjuntivo		**13 perfecto de subjuntivo**	
embayera	embayéramos	haya embaído	hayamos embaído
embayeras	embayerais	hayas embaído	hayáis embaído
embayera	embayeran	haya embaído	hayan embaído
OR		**14 pluscuamperfecto de subjuntivo**	
embayese	embayésemos	hubiera embaído	hubiéramos embaído
embayeses	embayeseis	hubieras embaído	hubierais embaído
embayese	embayesen	hubiera embaído	hubieran embaído
		OR	
		hubiese embaído	hubiésemos embaído
		hubieses embaído	hubieseis embaído
		hubiese embaído	hubiesen embaído

imperativo	
—	—
—	embaíd
—	—

Embaír is a defective verb. It is used only in the tenses and persons given above.

Syn.: **engañar** to deceive (213); **mentir** to lie

encantar

to delight, to love, to bewitch

The Seven Simple Tenses		The Seven Compound Tenses	
Singular	**Plural**	**Singular**	**Plural**
1 presente de indicativo		**8 perfecto de indicativo**	
encanta	encantan	ha encantado	han encantado
2 imperfecto de indicativo		**9 pluscuamperfecto de indicativo**	
encantaba	encantaban	había encantado	habían encantado
3 pretérito		**10 pretérito anterior**	
encantó	encantaron	hubo encantado	hubieron encantado
4 futuro		**11 futuro perfecto**	
encantará	encantarán	habrá encantado	habrán encantado
5 potencial simple		**12 potencial compuesto**	
encantaría	encantarían	habría encantado	habrían encantado
6 presente de subjuntivo		**13 perfecto de subjuntivo**	
encante	encanten	haya encantado	hayan encantado
7 imperfecto de subjuntivo		**14 pluscuamperfecto de subjuntivo**	
encantara	encantaran	hubiera encantado	hubieran encantado
OR		OR	
encantase	encantasen	hubiese encantado	hubiesen encantado

imperativo

Singular
¡Que me encante!   ¡Que nos encante!
¡Que te encante!   ¡Que os encante!
¡Que le encante!   ¡Que les encante!

Plural
¡Que me encanten!   ¡Que nos encanten!
¡Que te encanten!   ¡Que os encanten!
¡Que le encanten!   ¡Que les encanten!

encantado, encantada   delighted, enchanted
encantador, encantadora   delightful
¡Encantado! or **¡Encantada!**   Pleased/delighted to meet you!
Estoy encantado/a de conocerle.   I'm pleased to meet you.
Me encanta ir a caballo.   I love to go horseback riding. (Horseback riding is delightful to me.)
Nos encantan los chocolates.   We love chocolates. (Chocolates are delightful to us.)

This verb is commonly used in the third person singular or plural, as in the above examples.
See also **gustar** (the next verb in this section), which is used in a similar way.

Syn.: **agradar** to be pleasing; **atraer** to allure, to charm
Ant.: **desagradar** to be unpleasant; **desencantar** to disenchant (109)

Gustar

Gustar is an essential regular **-ar** verb for beginning students of Spanish. It is used in many everyday expressions and situations. Please note that this verb is commonly used in the third person singular or plural, as in the examples below.

(a) Essentially, the verb **gustar** means *to be pleasing to...*

(b) In English, we say, for example, *I like ice cream.* In Spanish, we say **Me gusta el helado**; that is to say, "Ice cream is pleasing to me (Literally: To me, ice cream is pleasing)."

(c) In English, the thing that you like is the direct object. In Spanish, the thing that you like is the subject. Also, in Spanish, the person who likes the thing is the indirect object: to me, to you, etc. For example: "**A Roberto le gusta el helado**/Robert likes ice cream (Literally: To Robert, ice cream is pleasing to him)."

(d) In Spanish, therefore, the verb **gustar** is used in the third person, either in the singular or plural, when you talk about something that you like—something that is pleasing to you. Therefore, the verb form must agree with the subject; if the thing that is liked is singular, the verb is third person singular: **Me gusta el café**/I like coffee. If the thing that is liked is plural, the verb **gustar** is third person plural: "**Me gustan el café y la leche**/I like coffee and milk (Literally: Coffee and milk are pleasing to me)."

(e) When you mention the person or the persons who like something, you must use the preposition **a** in front of the person. You must also use the indirect object pronoun that is associated with the person: **A los muchachos y a las muchachas les gusta jugar**/Boys and girls like to play. (Literally: To boys and girls, to play is pleasing to them.)

Sentences using **gustar** and related words

Me gusta el café. I like coffee.

Me gusta leer. I like to read.

Te gusta leer. You (*familiar*) like to read.

Me gustan la leche y el café. I like milk and coffee.

A María le gustan los dulces. Mary likes candy.

A José y a Elena les gustan los deportes. Joseph and Helen like sports.

Nos gustan mucho las películas policíacas. We like detective movies very much.

Me gustaría un pastel. I would like a pastry.

A Felipe le gusta el helado. Philip likes ice cream.

A las chicas les gustó la película. The girls liked the movie.

Nos gustó el cuento. We liked the story.

A mi amigo le gustaron los chocolates. My friend liked the chocolates.

Words and expressions related to this verb

el gusto taste, pleasure, liking

gustoso, gustosa tasty, pleasing

dar gusto to please

tener gusto en to be glad to

Syn.: **agradar** to be pleasing; **placer** to please   Ant.: **desagradar** to be unpleasant; **disgustar** to displease, to annoy (250)

AN ESSENTIAL
55 Verb

gustar
to be pleasing (to), to like

The Seven Simple Tenses		The Seven Compound Tenses	
Singular	**Plural**	**Singular**	**Plural**
1 presente de indicativo		**8 perfecto de indicativo**	
gusta	gustan	ha gustado	han gustado
2 imperfecto de indicativo		**9 pluscuamperfecto de indicativo**	
gustaba	gustaban	había gustado	habían gustado
3 pretérito		**10 pretérito anterior**	
gustó	gustaron	hubo gustado	hubieron gustado
4 futuro		**11 futuro perfecto**	
gustará	gustarán	habrá gustado	habrán gustado
5 potencial simple		**12 potencial compuesto**	
gustaría	gustarían	habría gustado	habrían gustado
6 presente de subjuntivo		**13 perfecto de subjuntivo**	
que guste	que gusten	que haya gustado	que hayan gustado
7 imperfecto de subjuntivo		**14 pluscuamperfecto de subjuntivo**	
que gustara	que gustaran	que hubiera gustado	que hubieran gustado
OR		OR	
que gustase	que gustasen	que hubiese gustado	que hubiesen gustado

imperativo	
¡Que guste!	¡Que gusten!

**AN ESSENTIAL
55 Verb**

helar
to freeze

Regular **-ar** verb endings with stem
change: Tenses 1, 6; Imperative

The Seven Simple Tenses		The Seven Compound Tenses	
Singular	**Plural**	**Singular**	**Plural**
1 presente de indicativo		**8 perfecto de indicativo**	
hiela		ha helado	
OR			
está helando			
2 imperfecto de indicativo		**9 pluscuamperfecto de indicativo**	
helaba		había helado	
OR			
estaba helando			
3 pretérito		**10 pretérito anterior**	
heló		hubo helado	
4 futuro		**11 futuro perfecto**	
helará		habrá helado	
5 potencial simple		**12 potencial compuesto**	
helaría		habría helado	
6 presente de subjuntivo		**13 perfecto de subjuntivo**	
hiele		haya helado	
7 imperfecto de subjuntivo		**14 pluscuamperfecto de subjuntivo**	
helara		hubiera helado	
OR		OR	
helase		hubiese helado	

imperativo
¡Que hiele! (Let it freeze!)

la helada   frost (**helada blanca**/hoarfrost)   la heladora   ice cream machine
el hielo   ice   el heladero, la heladera   ice cream vendor
el helado   ice cream; sherbet (**el sorbete**)   romper el hielo   to break the ice
la heladería   ice cream shop   el rompehielos   icebreaker

This verb is presented here in the third person singular referring to the weather. It can be
used as a personal verb in the three persons of the singular and plural. The verb is then conjugated like a regular **-ar** type verb. Remember that when the vowel **e** in the stem is stressed,
it changes to **ie**, as in the verb **pensar** among the 501 verbs in the main listing of this book.

Syn.: **congelar** to freeze (259); **refrigerar** to cool, to refrigerate (409)   Ant.: **calentar** to heat up

Regular **-ar** verb

importar
to matter, to be important

The Seven Simple Tenses		The Seven Compound Tenses	
Singular	**Plural**	**Singular**	**Plural**
1 presente de indicativo		**8 perfecto de indicativo**	
importa	importan	ha importado	han importado
2 imperfecto de indicativo		**9 pluscuamperfecto de indicativo**	
importaba	importaban	había importado	habían importado
3 pretérito		**10 pretérito anterior**	
importó	importaron	hubo importado	hubieron importado
4 futuro		**11 futuro perfecto**	
importará	importarán	habrá importado	habrán importado
5 potencial simple		**12 potencial compuesto**	
importaría	importarían	habría importado	habrían importado
6 presente de subjuntivo		**13 perfecto de subjuntivo**	
que importe	que importen	que haya importado	que hayan importado
7 imperfecto de subjuntivo		**14 pluscuamperfecto de subjuntivo**	
que importara	que importaran	que hubiera importado	que hubieran importado
OR		OR	
que importase	que importasen	que hubiese importado	que hubiesen importado

imperativo

¡Que importe!   ¡Que importen!

No importa.   It does not matter.
Eso no importa.   That does not matter.
No me importaría.   It wouldn't matter to me.
la importancia   importance
importante   important

dar importancia a   to value
de gran importancia   of great importance
darse importancia   to be pretentious
¿Qué importa?   What difference does it
  make?

This verb can be conjugated regularly in all the persons but it is used most commonly as an impersonal verb in the third person. When used to mean "to import," **importar** is conjugated like **cortar**.   Ant.: **exportar** to export (109)

Syn.: **ser importante** to be important

llover

to rain

Regular **-er** verb endings with stem
change: Tenses 1, 6; Imperative

The Seven Simple Tenses		The Seven Compound Tenses	
Singular	Plural	Singular	Plural
1 presente de indicativo llueve OR está lloviendo		**8 perfecto de indicativo** ha llovido	
2 imperfecto de indicativo llovía OR estaba lloviendo		**9 pluscuamperfecto de indicativo** había llovido	
3 pretérito llovió		**10 pretérito anterior** hubo llovido	
4 futuro lloverá		**11 futuro perfecto** habrá llovido	
5 potencial simple llovería		**12 potencial compuesto** habría llovido	
6 presente de subjuntivo llueva		**13 perfecto de subjuntivo** haya llovido	
7 imperfecto de subjuntivo lloviera OR lloviese		**14 pluscuamperfecto de subjuntivo** hubiera llovido OR hubiese llovido	

imperativo
¡Que llueva!   Let it rain!

---

la lluvia   rain
lluvioso, lluviosa   rainy
llover a cántaros   to rain in torrents
llueva o no   rain or shine

la llovizna   drizzle
llover chuzos   to rain canes (cats and dogs)
tiempo lluvioso   rainy weather

Syn.: **lloviznar** to drizzle (288)

Part. pas. **nevado**   Gerundio **nevando**
Regular **-ar** verb endings with stem
change: Tenses 1, 6; Imperative

nevar
to snow

The Seven Simple Tenses	The Seven Compound Tenses
Singular **Plural**	**Singular** **Plural**
1 presente de indicativo nieva OR está nevando	**8 perfecto de indicativo** ha nevado
2 imperfecto de indicativo nevaba OR estaba nevando	**9 pluscuamperfecto de indicativo** había nevado
3 pretérito nevó	**10 pretérito anterior** hubo nevado
4 futuro nevará	**11 futuro perfecto** habrá nevado
5 potencial simple nevaría	**12 potencial compuesto** habría nevado
6 presente de subjuntivo nieve	**13 perfecto de subjuntivo** haya nevado
7 imperfecto de subjuntivo nevara OR nevase	**14 pluscuamperfecto de subjuntivo** hubiera nevado OR hubiese nevado

imperativo

¡Que nieve!   Let it snow!

la nieve snow
  Me gusta la nieve. I like snow.
nevado, nevada snowy, snow covered
la nevada snowfall; the state of
  Nevada, U.S.A.
¿Hay mucha nieve aquí en el invierno?
  Is there much snow here in winter?

Está nevando. It's snowing.
la nevera refrigerator
un copo de nieve snowflake
una bola de nieve snowball

Syn.: **neviscar** to snow lightly (424)

ocurrir

to occur, to happen

Gerundio **ocurriendo** Part. pas. **ocurrido**

Regular **-ir** verb

The Seven Simple Tenses		The Seven Compound Tenses	
Singular	Plural	Singular	Plural
1 presente de indicativo		**8 perfecto de indicativo**	
ocurre	ocurren	ha ocurrido	han ocurrido
2 imperfecto de indicativo		**9 pluscuamperfecto de indicativo**	
ocurría	ocurrían	había ocurrido	habían ocurrido
3 pretérito		**10 pretérito anterior**	
ocurrió	ocurrieron	hubo ocurrido	hubieron ocurrido
4 futuro		**11 futuro perfecto**	
ocurrirá	ocurrirán	habrá ocurrido	habrán ocurrido
5 potencial simple		**12 potencial compuesto**	
ocurriría	ocurrirían	habría ocurrido	habrían ocurrido
6 presente de subjuntivo		**13 perfecto de subjuntivo**	
ocurra	ocurran	haya ocurrido	hayan ocurrido
7 imperfecto de subjuntivo		**14 pluscuamperfecto de subjuntivo**	
ocurriera	ocurrieran	hubiera ocurrido	hubieran ocurrido
OR		OR	
ocurriese	ocurriesen	hubiese ocurrido	hubiesen ocurrido

imperativo	
¡Que ocurra!	¡Que ocurran!
Let it occur!	Let them occur!

ocurrente occurring; funny, witty, humorous
la ocurrencia occurrence, happening, event; witticism

¿Qué ocurrió? What happened?

This verb is generally used in the third person singular and plural.

Syn.: **pasar** to happen; **sobrevenir** to supervene, to occur later (488); **suceder** to happen (Def. and Imp.)

Part. pas. **solido**   Gerundio **soliendo**
Regular **-er** verb endings with stem
change: Tenses 1 and 6

soler

to be accustomed to, to be in the
habit of, to have the custom of

The Seven Simple Tenses		The Seven Compound Tenses	
Singular	**Plural**	**Singular**	**Plural**
1 presente de indicativo		**8 perfecto de indicativo**	
suelo	solemos	he solido	hemos solido
sueles	soléis	has solido	habéis solido
suele	suelen	ha solido	han solido
2 imperfecto de indicativo		**9 pluscuamperfecto de indicativo**	
solía	solíamos	había solido	habíamos solido
solías	solíais	habías solido	habíais solido
solía	solían	había solido	habían solido
3 pretérito		**10 pretérito anterior**	
solí	solimos	hube solido	hubimos solido
soliste	solisteis	hubiste solido	hubisteis solido
solió	solieron	hubo solido	hubieron solido
4 futuro		**11 futuro perfecto**	
[not in use]		[not in use]	
5 potencial simple		**12 potencial compuesto**	
[not in use]		[not in use]	
6 presente de subjuntivo		**13 perfecto de subjuntivo**	
suela	solamos	haya solido	hayamos solido
suelas	soláis	hayas solido	hayáis solido
suela	suelan	haya solido	hayan solido
7 imperfecto de subjuntivo		**14 pluscuamperfecto de subjuntivo**	
soliera	soliéramos	hubiera solido	hubiéramos solido
solieras	solierais	hubieras solido	hubierais solido
soliera	solieran	hubiera solido	hubieran solido
OR		OR	
soliese	soliésemos	hubiese solido	hubiésemos solido
solieses	solieseis	hubieses solido	hubieseis solido
soliese	soliesen	hubiese solido	hubiesen solido

imperativo
[not in use]

This verb is defective and it is used primarily in the five simple tenses given above. When used, it is followed by an infinitive.

Suelo tomar un vaso de leche tibia antes de acostarme.   I usually have (I am in the habit of having) a glass of warm milk before going to bed.

Syn.: **acostumbrar** to be accustomed, to be in the habit of

suceder
to happen

The Seven Simple Tenses		The Seven Compound Tenses	
Singular	Plural	Singular	Plural
1 presente de indicativo		**8 perfecto de indicativo**	
sucede	suceden	ha sucedido	han sucedido
2 imperfecto de indicativo		**9 pluscuamperfecto de indicativo**	
sucedía	sucedían	había sucedido	habían sucedido
3 pretérito		**10 pretérito anterior**	
sucedió	sucedieron	hubo sucedido	hubieron sucedido
4 futuro		**11 futuro perfecto**	
sucederá	sucederán	habrá sucedido	habrán sucedido
5 potencial simple		**12 potencial compuesto**	
sucedería	sucederían	habría sucedido	habrían sucedido
6 presente de subjuntivo		**13 perfecto de subjuntivo**	
suceda	sucedan	haya sucedido	hayan sucedido
7 imperfecto de subjuntivo		**14 pluscuamperfecto de subjuntivo**	
sucediera	sucedieran	hubiera sucedido	hubieran sucedido
OR		OR	
sucediese	sucediesen	hubiese sucedido	hubiesen sucedido

imperativo	
¡Que suceda!	¡Que sucedan!
Let it happen!	Let them happen!

suceder a   to succeed to (a high position, etc.)   **un sucedido**   event, happening
suceder con   to happen to   **sucediente**   succeeding, following

Suceda lo que sucediere.   Come what may.
The verb form **sucediere** is the future subjunctive. For the formation and use of the future subjunctive, see pages 29–30.

Note: The verb **suceder** is usually used impersonally. However, if you wish to use it to mean *to succeed,* conjugate it like **deber**. To express *to succeed (to be successful in something),* many people use **tener éxito**. See **tener**.

Syn.: **ocurrir** to occur, to happen (Def. and Imp.); **pasar** to happen; **sobrevenir** to supervene, to occur later (488)

Index of Common Irregular Spanish Verb Forms Identified by Infinitives

The purpose of this index is to help you identify those verb forms that cannot be readily identified because they are irregular in some way. For example, if you come across the verb form *fui* (which is very common) in your Spanish readings, this index will tell you that *fui* is a form of *ir* or *ser*. Then you look up *ir* and *ser* in this book and you will find that verb form on the page where all the forms of *ir* and *ser* are given.

Verb forms whose first three or four letters are the same as the infinitive have not been included because they can easily be identified by referring to the alphabetical listing of the 501 verbs in this book.

After you find the verb of an irregular verb form, if it is not given among the 501 verbs, consult the list of Over 2,300 Spanish Verbs Conjugated Like Model Verbs, which begins on page 661.

A
abierto **abrir**
acierto, *etc.* **acertar**
acuerdo, *etc.* **acordar**
acuesto, *etc.* **acostarse**
alce, *etc.* **alzar**
andes **andar**
anduve, *etc.* **andar**
apruebo, *etc.* **aprobar**
ase, *etc.* **asir**
asgo, *etc.* **asir**
ataque, *etc.* **atacar**
ate, *etc.* **atar**

C
cabré, *etc.* **caber**
caí, *etc.* **caer**
caía, *etc.* **caer**
caigo, *etc.* **caer**
calce, *etc.* **calzar**
caliento, *etc.* **calentar**
cayera, *etc.* **caer**
cierro, *etc.* **cerrar**
cojo, *etc.* **coger**
colija, *etc.* **colegir**
consigo, *etc.* **conseguir**
cuece, *etc.* **cocer**
cuelgo, *etc.* **colgar**
cuento, *etc.* **contar**
cuesta, *etc.* **costar (Def. and Imp.)**

cuezo, *etc.* **cocer**
cupe, *etc.* **caber**
cupiera, *etc.* **caber**

D
da, *etc.* **dar**
dad **dar**
das **dar**
dé **dar**
demos **dar**
den **dar**
des **dar**
di, *etc.* **dar, decir**
dice, *etc.* **decir**
diciendo **decir**
dicho **decir**
diera, *etc.* **dar**
diese, *etc.* **dar**
digo, *etc.* **decir**
dije, *etc.* **decir**
dimos, *etc.* **dar**
dio **dar**
diré, *etc.* **decir**
diría, *etc.* **decir**
diste **dar**
doy **dar**
duelo, *etc.* **doler**
duermo, *etc.* **dormir**
durmamos **dormir**
durmiendo **dormir**

E

eliges, *etc.* **elegir**
eligiendo **elegir**
eligiera, *etc.* **elegir**
elijo, *etc.* **elegir**
era, *etc.* **ser**
eres **ser**
es **ser**
estoy **estar**
estuve, *etc.* **estar**
exija, *etc.* **exigir**

F

fíe, *etc.* **fiar**
finja, *etc.* **fingir**
fío, *etc.* **fiar**
friego, *etc.* **fregar**
friendo **freír**
friera, *etc.* **freír**
frío, *etc.* **freír**
frito **freír**
fue, *etc.* **ir, ser**
fuera, *etc.* **ir, ser**
fuese, *etc.* **ir, ser**
fui, *etc.* **ir, ser**

G

gima, *etc.* **gemir**
gimiendo **gemir**
gimiera, *etc.* **gemir**
gimiese, *etc.* **gemir**
gimo, *etc.* **gemir**
goce, *etc.* **gozar**
gocé **gozar**

H

ha **haber**
había, *etc.* **haber**
habré, *etc.* **haber**
haga, *etc.* **hacer**
hago, *etc.* **hacer**
han **haber**
haría, *etc.* **hacer**
has **haber**
haya, *etc.* **haber**
haz **hacer**
he **haber**
hecho **hacer**
hemos **haber**
hice, *etc.* **hacer**

hiciera, *etc.* **hacer**
hiciese, *etc.* **hacer**
hiela **helar (Def. and Imp.)**
hiele **helar (Def. and Imp.)**
hiera, *etc.* **herir**
hiero, *etc.* **herir**
hiramos **herir**
hiriendo **herir**
hiriera, *etc.* **herir**
hiriese, *etc.* **herir**
hizo **hacer**
hube, *etc.* **haber**
hubiera, *etc.* **haber**
hubiese, *etc.* **haber**
huela, *etc.* **oler**
huelo, *etc.* **oler**
huya, *etc.* **huir**
huyendo **huir**
huyera, *etc.* **huir**
huyese, *etc.* **huir**
huyo, *etc.* **huir**

I

iba, *etc.* **ir**
id **ir**
ido **ir**
idos **irse**
irgo, *etc.* **erguir**
irguiendo **erguir**
irguiera, *etc.* **erguir**
irguiese, *etc.* **erguir**

J

juego, *etc.* **jugar**
juegue, *etc.* **jugar**

L

lea, *etc.* **leer**
leído **leer**
leo, *etc.* **leer**
leyendo **leer**
leyera, *etc.* **leer**
leyese, *etc.* **leer**
llueva **llover (Def. and Imp.)**
llueve **llover (Def. and Imp.)**

M

mida, *etc.* **medir**
midiendo **medir**
midiera, *etc.* **medir**

midiese, *etc.* **medir**
mido, *etc.* **medir**
mienta, *etc.* **mentir**
miento, *etc.* **mentir**
mintiendo **mentir**
mintiera, *etc.* **mentir**
mintiese, *etc.* **mentir**
muerda, *etc.* **morder**
muerdo, *etc.* **morder**
muero, *etc.* **morir**
muerto **morir**
muestre, *etc.* **mostrar**
muestro, *etc.* **mostrar**
mueva, *etc.* **mover**
muevo, *etc.* **mover**
muramos **morir**
muriendo **morir**
muriera, *etc.* **morir**
muriese, *etc.* **morir**

N
nazca, *etc.* **nacer**
nazco **nacer**
niego, *etc.* **negar**
niegue, *etc.* **negar**
nieva **nevar (Def. and Imp.)**
nieve **nevar (Def. and Imp.)**

O
oíd **oír**
oiga, *etc.* **oír**
oigo, *etc.* **oír**
oliendo **oler**
oliera, *etc.* **oler**
oliese, *etc.* **oler**
oye, *etc.* **oír**
oyendo **oír**
oyera, *etc.* **oír**
oyese, *etc.* **oír**

P
pida, *etc.* **pedir**
pidamos **pedir**
pidiendo **pedir**
pidiera, *etc.* **pedir**
pidiese, *etc.* **pedir**
pido, *etc.* **pedir**
pienso, *etc.* **pensar**
pierda, *etc.* **perder**
pierdo, *etc.* **perder**

plegue **placer**
plugo **placer**
pluguiera **placer**
pluguieron **placer**
pluguiese **placer**
ponga, *etc.* **poner**
pongámonos **ponerse**
ponte **ponerse**
pruebe, *etc.* **probar**
pruebo, *etc.* **probar**
pude, *etc.* **poder**
pudiendo **poder**
pudiera, *etc.* **poder**
pudiese, *etc.* **poder**
puedo, *etc.* **poder**
puesto **poner**
puse, *etc.* **poner**
pusiera, *etc.* **poner**
pusiese, *etc.* **poner**

Q
quepo, *etc.* **caber**
quiebro **quebrar**
quiero, *etc.* **querer**
quise, *etc.* **querer**
quisiera, *etc.* **querer**
quisiese, *etc.* **querer**

R
raí, *etc.* **raer**
raía, *etc.* **raer**
raiga, *etc.* **raer**
raigo, *etc.* **raer**
rayendo **raer**
rayera, *etc.* **raer**
rayese, *etc.* **raer**
ría, *etc.* **reír**
riamos **reír**
riego, *etc.* **regar**
riendo **reír**
riera, *etc.* **reír**
riese, *etc.* **reír**
riña, *etc.* **reñir**
riñendo **reñir**
riñera, *etc.* **reñir**
riñese, *etc.* **reñir**
riño, *etc.* **reñir**
río, *etc.* **reír**
roto **romper**

ruego, *etc.* **rogar**
ruegue, *etc.* **rogar**

S

sal, salgo, *etc.* **salir**
saque, *etc.* **sacar**
sé **saber, ser**
sea, *etc.* **ser**
sed **ser**
sepa, *etc.* **saber**
seque, *etc.* **secar**
sido **ser**
siendo **ser**
siento, *etc.* **sentar, sentir**
sigo, *etc.* **seguir**
siguiendo **seguir**
siguiera, *etc.* **seguir**
siguiese, *etc.* **seguir**
sintiendo **sentir**
sintiera, *etc.* **sentir**
sintiese, *etc.* **sentir**
sintió **sentir**
sirviendo **servir**
sirvo, *etc.* **servir**
sois **ser**
somos **ser**
son **ser**
soy **ser**
suela, *etc.* **soler (Def. and Imp.)**
suelo, *etc.* **soler (Def. and Imp.)**
suelto, *etc.* **soltar**
sueno, *etc.* **sonar**
sueño, *etc.* **soñar**
supe, *etc.* **saber**
supiera, *etc.* **saber**
supiese, *etc.* **saber**
surja, *etc.* **surgir**

T

ten, tengo **tener**
tiemblo, *etc.* **temblar**
tiendo, *etc.* **tender**
tienes, *etc.* **tener**
tiento, *etc.* **tentar**
toque, *etc.* **tocar**
traigo, *etc.* **traer**
traje, *etc.* **traer**
tuesto, *etc.* **tostar**
tuve, *etc.* **tener**

U

uno, *etc.* **unir**

V

va **ir**
vais **ir**
val, valgo, *etc.* **valer**
vámonos **irse**
vamos **ir**
van **ir**
vas **ir**
vaya, *etc.* **ir**
ve **ir, ver**
vea, *etc.* **ver**
ved **ver**
ven **venir, ver**
vendré, *etc.* **venir**
venga, vengo **venir**
veo, *etc.* **ver**
ves **ver**
vete **irse**
vi **ver**
viendo **ver**
viene, *etc.* **venir**
viera, *etc.* **ver**
viese, *etc.* **ver**
vimos, *etc.* **ver**
vine, *etc.* **venir**
vio **ver**
viste **ver, vestir**
vistiendo **vestir**
vistiéndose **vestirse**
vistiese **vestirse**
visto **ver, vestir**
voy **ir**
vuelo, *etc.* **volar**
vuelto **volver**
vuelvo, *etc.* **volver**

Y

yaz **yacer**
yazco, *etc.* **yacer**
yendo **ir**
yergo, *etc.* **erguir**
yerro, *etc.* **errar**

English-Spanish Verb Index

The purpose of this index is to give you instant access to the Spanish verb for the English verb you have in mind to use. This saves you time if you do not have a standard English-Spanish dictionary handy.

When you find the Spanish verb you need, look up the form of the model verb that has a similar conjugation (*e.g.*, to alarm is **alarmar**, which is conjugated like verb 54, which is **amar**). If there is no verb number listed (*e.g.*, **abrir**), that means that the Spanish verb is one of the 501 model verbs. If you see "Def. and Imp." instead of a verb number, look in the list of defective and impersonal verbs. It's right after the main verb listing.

The preposition *to* in front of the English verb has been omitted.

A

abandon **abandonar** (473)

abandon **desamparar** (342); **desertar** (11)

abdicate **abdicar** (99)

abduct **abducir** (132)

abhor **aborrecer** (344)

abjure **abjurar** (284)

abnegate **abnegar** (327)

abolish **abolir** (Def. and Imp.)

abominate **abominar** (107)

abound **abundar** (39)

abrogate **abrogar** (421)

absolve **absolver**

absorb **absorber** (128)

abstain **abstenerse**

abstract **abstraer** (477)

abuse **abusar** (25); **maltratar** (478)

accede **acceder** (128)

accelerate **apresurar** (64, 72); **acelerar**

accentuate **acentuar** (141)

accept **aceptar**

acclaim **aclamar**

acclimatize **aclimatar** (308)

accommodate **acomodar** (259)

accompany **acompañar**

accost **abordar** (54)

accumulate **acaudalar** (259); **acumular** (85); **amontonar** (107); **cumular** (259)

accuse **acusar**; **culpar** (332); **inculpar** (332)

ache **doler**

(Note: Numbers in parentheses are **verb numbers**.)

achieve **lograr** (29)

acquire **adquirir**

acquit **absolver**; **exculpar** (332)

act **actuar** (141)

act foolishly **disparatar** (308); **tontear** (206)

activate **activar** (288)

adapt **adaptar** (11)

adapt oneself **amoldarse** (39, 289)

add **adicionar** (54); **añadir**

add up **sumar** (54)

adhere **adherir** (435)

adjudge **adjudicar** (424)

adjust **ajustar** (259); **arreglar**

administrate **administrar** (215)

admire **admirar**

admit **admitir**

adopt **adoptar**

adore **adorar**

adorn **adornar** (54); **ornamentar** (11); **ornar** (249)

adulate **adular** (259)

advance **adelantar**; **anticipar** (332); **avanzar**

advise **aconsejar**; **asesorar** (409); **avisar** (340)

advise against **desaconsejar** (18)

affect **afectar** (11)

affirm **afirmar** (243)

afflict **afligir** (188)

Africanize **africanizar** (339)

age **envejecer** (344)

aggravate **agravar**; **exacerbar** (9)

agitate **agitar**

agree **acceder** (128); **asentir** (370); **concertar** (352); **concurrir** (495); **acordarse**

agree (upon) **acordar**

agree to **pactar** (11); **transigir con** (188)

aid **ayudar**

aim **apuntar** (11)

alarm **alarmar** (54)

alert **alertar** (11)

alienate **alienar** (249)

alike, to look **semejarse** (289)

alleviate **aliviar** (232); **mitigar** (341)

allow **consentir** (435); **dejar**

alter **alterar** (409)

alternate **alternar** (107)

amass (a fortune) **amasar** (2)

amaze **asombrar** (113); **maravillar** (261); **pasmar** (54)

ambush **emboscar** (424)

amend **enmendar** (352)

Americanize **americanizar** (339)

amplify **amplificar** (117)

amuse **divertir** (370, 194); **entretener** (468); **recrear** (175); **recrearse** (289)

amuse oneself **entretenerse** (77)

analyze **analizar** (90)

anger **enfadar** (210)

anglicize **anglicanizar** (339)

animate **animar** (54)
annihilate **aniquilar** (259)
annotate **anotar** (54)
announce **anunciar**
annoy **aburrir; apestar**
(11); **chinchar** (259);
enojar (86, 212); **fastidiar**
(232); **jacarear** (206);
molestar (250)
annul **abrogar** (421);
anular (259)
anoint **ungir** (188)
answer **contestar**
antedate **retrotraer** (477)
anticipate **anticipar** (332)
apologize **disculparse;**
excusarse (112)
appear **aparecer**
appear slowly (as through
an opening) **asomar** (473)
appease **aplacar** (424)
applaud **aclamar; aplaudir**
apply **aplicar** (99)
apply ointment **untar** (371)
apply oneself **aplicarse**
(424, 289)
appoint **nombrar** (113)
apportion **asignar** (114)
appraise **preciar** (62)
appreciate **apreciar**
apprehend **aprehender** (63)
approach **aproximar**
(107); **aproximarse** (289);
acercarse; abordar (54)
appropriate **apropiarse** (195)
appropriate money **apropiar**
(106)
approve **aprobar**
Arabize **arabizar** (339)
argue **argüir** (264);
disputar (11)
arm **armar** (54)
armor **blindar** (39)
around, to turn oneself
volverse (497, 80)
arouse **alborotar** (11); **avivar**
(9); **azuzar** (339); **inflamar**
(54); **suscitar** (308)
arrange **acomodar**
(259); **disponer** (364);
puntualizar (339)
arrange hierarchically
jerarquizar (339)

arrest **arrestar** (250)
arrive **advenir** (488);
arribar (9); **llegar**
articulate **articular**
ascribe **adscribir** (224)
ask **preguntar**
ask for **pedir; rogar;**
solicitar (121)
asleep, (to fall) **dormirse**
(197, 289)
asphyxiate **asfixiar** (232)
assassinate **asesinar** (107)
assault **asaltar** (427);
atracar (424)
assemble **juntarse** (283,
289); **reunirse; reunir** (see
note, verb 416)
assent **asentir** (370)
assert **afirmar** (243);
aseverar (409)
assess **calificar** (117)
assign **adscribir** (224);
asignar (114)
assist **acorrer** (148); **asistir**
associate **asociarse** (232, 289)
assume **aparentar** (11);
asumir (267)
assure **asegurar**
astonish **asombrar** (113);
pasmar (54)
astound **pasmar** (54)
attack **acometer** (444);
asaltar (427); **atacar**
attain **lograr** (29);
conseguir
attempt **atentar** (11);
intentar (11)
attend **asistir**
attend to **atender** (164)
attest **atestiguar** (83)
attract **atraer**
attribute **adscribir** (224);
atribuir (264)
auction **subastar** (54)
augment **acrecer** (151);
aumentar (317);
incrementar (11)
augur **augurar** (409)
authorize **autorizar** (90)
avenge **vengar** (421)
avoid **eludir** (60); **esquivar**
(259); **evadir** (60); **evitar**
(254); **rehuir** (264)

award **adjudicar** (424)
aware, to become
apercibirse de (353, 289)

B

back down **claudicar** (424)
bag **ensacar** (424)
bake **hornear** (206)
balance **abalanzar** (81);
equilibrar (259)
balance, rock, vacillate
balancear (175)
bandage **vendar** (54)
banish **desterrar** (352)
baptize **bautizar; cristianar**
(249)
bark **ladrar** (54)
barter **chamar** (54)
base **basar** (2)
bathe **bañar** (88)
bathe oneself **bañarse**
batter **magullar** (261)
battle **batallar** (261)
be **estar; ser**
be a question of **tratarse de**
(289, 478)
be able **poder**
be absent **ausentarse**
(11, 289)
be accustomed **acostumbrar**
be accustomed **soler** (Def.
and Imp.)
be accustomed to **soler**
(Def. and Imp.)
be anguished **acongojarse**
(86, 289)
be ashamed **avergonzarse**
(82, 289)
be astonished at **asombrarse**
de (409, 289)
be based on **basar** (2)
be bled **sangrarse** (215, 289)
be bored **aburrirse**
be born **nacer**
be called **llamarse**
be characterized
caracterizarse (339, 289)
be clear **constar** (109)
be contented **contentarse**
(11, 289)
be delayed **retrasar** (2)
be delighted with **encantar**
(Def. and Imp.)

be delinquent **delinquir**
be delirious **delirar** (409)
be disdainful **desdeñarse** (88)
be displeased **disgustarse** (250, 289)
be enough **bastar** (Def. and Imp.)
be frightened, scared **asustarse**
be hindered **embarazarse** (339, 289)
be ignorant of **ignorar**
be important **importar** (Def. and Imp.)
be in danger **peligrar** (259)
be in discord **desacordar** (19)
be in fashion **estilarse** (289)
be in need of **carecer de** (333)
be in the habit of **soler** (Def. and Imp.)
be incumbent upon **incumbir** (353)
be interested in **interesarse**
be lacking **faltar**
be left **quedar** (199)
be left over **sobrar** (409)
be mischievous **travesear** (175)
be mistaken **aberrar** (54); **equivocarse**
be moved **emocionarse** (355, 289)
be negligent **descuidarse** (153)
be obstinate, stubborn **obstinarse** (289)
be overloaded with **cargarse de** (111, 112)
be pleasing (to) **gustar** (Def. and Imp.)
be plentiful **abundar** (39)
be proud **enorgullecerse** (344, 80)
be reborn **renacer** (323)
be rejuvenated **rejuvenecerse** (344, 80)
be seasick **marearse** (175, 289)
be shipwrecked **naufragar** (341); **zozobrar** (259)

be silent **callarse**
be startled **sobresaltarse** (427, 289)
be titled, called **titularse** (289)
be understood **entenderse** (214, 80)
be unpleasant **desagradar** (39)
be upset **afligirse** (188, 8)
be urgent **urgir** (188)
be vaccinated **vacunarse** (114, 289)
be worth **valer**
bear **aguantar** (54)
beat **batir** (1); **machar** (306); **pegar**
beat again **rebatir** (1)
beautify **embellecer** (344)
become **devenir** (488)
become a member **asociarse** (232, 289)
become a widow, widower **enviudar** (39)
become accustomed to **acostumbrarse** (22, 289); **habituarse** (141, 289)
become affiliated **afiliarse** (232, 289)
become angry **enfadarse**; **enojarse**
become aware of **apercibirse de** (353, 289)
become conceited **infatuarse** (141, 289)
become damaged **dañarse** (88)
become empty **vaciarse** (483, 289)
become exhausted **agotarse** (38, 289)
become famous **afamarse** (112)
become flattened **chafarse** (289)
become fond **apegarse** (341, 289)
become fond of **aficionarse a** (294); **encariñarse** (213, 289)
become forgetful **desacordarse** (20)
become frightened **acobardarse** (39, 289)

become independent **independizarse** (339, 289)
become involved **envolverse** (219, 80); **implicarse** (424, 289)
become night **oscurecer** (344)
become pregnant **embarazarse** (339, 289)
become rich **enriquecerse** (344, 80)
become sad **entristecerse** (345)
become sunburned **tostarse** (289, 474)
become tired **cansarse**
become vacant **vacar** (424)
become void **caducar** (424)
beg **mendigar** (341); **rogar**
begin **empezar**; **entablar** (259); **iniciar** (383); **principiar**; **comenzar**
begin again **recomenzar** (127)
behave **actuar** (141); **comportarse** (11, 289); **portarse** (11, 289); **conducirse** (132, 289)
behave childishly **niñear** (206)
belch **eructar** (54)
believe **creer**
bellow **rugir** (188)
bend **doblegar** (341)
bend on your knees **arrodillarse** (261, 289)
benefit **beneficiar** (232)
bequeath **dotar** (11); **legar** (341)
besiege **sitiar** (232)
bet **apostar** (474)
betray **traicionar** (107)
bewilder **atolondrar** (409)
bifurcate **bifurcarse** (424, 289)
bill **facturar** (409)
bind **aligar** (421); **atar** (308); **encuadernar** (107); **liar** (256); **trabar** (54); **trincar** (117)
bite **morder**
blame **culpar** (332)
blame oneself **culparse** (189)

(Note: Numbers in parentheses are **verb numbers**.)

blaspheme **blasfemar** (247)

blaze **llamear** (206)

bleach **blanquear** (206)

bleed **desangrar** (409);
sangrar (215)

bless **bendecir**

blind **cegar** (327);
obcecar (99)

blink **parpadear** (206);
pestañear (206)

block **atascar** (424);
bloquear (206);
obstaculizar (339);
obstruir (264)

blog **bloguear** (206)

bloom **florecer** (344)

blot **manchar** (306)

blow **soplar**

blow (one's nose) **sonarse**
(las narices) (445, 289)

blow (wind) **ventar** (352)

blow up **inflar** (259); **volar**

blunt **despuntar** (11)

blush **enrojecerse** (344, 80);
ruborizarse (339, 289);
sonrojarse (86, 289);
sonrosarse (2, 289)

board **abordar** (54)

boast **alardear** (54);
farolear (54); **jactarse** (48)

boast of **ufanarse de** (88)

boil **hervir** (370); **bullir**

bombard **bombardear** (206)

boo **abuchear** (175)

boot up (computer)
arrancar

border on **bordear** (175);
limitar (308)

bore **aburrir**

bother **estorbar** (9);
importunar (107);
incomodar (39); **molestar**
(250); **molestarse** (292)

bottle **embotellar** (261)

bounce **brincar** (430)

box **boxear** (206)

boycott **boicotear** (206)

brag **alardear** (54); **farolear**
(54); **jactarse** (48)

brag about oneself
preciarse (289)

braid **trenzar** (81)

brake **frenar** (107)

branch out **ramificarse**
(424, 289)

brawl **bregar** (341)

bread **empanar** (107)

break **destrozar** (339);
estropear (175); **fracturar**
(409); **infringir** (188);
quebrantar (109); **quebrar**
(352); **romper**

break into pieces **cachar**
(200)

break off **tranzar** (81)

break up **fraccionar** (355);
deshacerse (177, 80)

breakfast **desayunarse**

breast-feed **lactar** (11)

breathe **alentar** (352);
respirar (227)

breathe in **aspirar** (29)

breathe out **espirar** (409)

bribe **sobornar** (107)

brick **ladrillar** (261)

bring **aportar** (11); **traer**

bring back **retraer** (477)

bring close **aproximar** (107)

bring forward **anticipar**
(332)

bring in **involucrar** (259)

bring near **acercar**;
arrimar (54)

bring to a close **clausurar**
(409)

bring up **educar** (424)

bring up (rear) **criar**

bring up to date **actualizar**
(339)

broadcast **transmitir** (30)

bronze **broncear**

bruise **machucar** (424);
magullar (261)

brush **cepillar**; **gratar** (249)

brush oneself **cepillarse**
(115, 289)

bubble **burbujear** (54)

bud **brotar** (308)

build **construir**; **edificar**
(424); **erigir** (188)

bungle **embarullar** (261)

burden **gravar** (249)

burls, to remove **desborrar**
(93)

burn **abrasar**; **arder** (63);
quemar

burn again **requemar** (389)

burp **eructar** (54)

burst **estallar** (261);
reventar (352)

burst out laughing
carcajear (54)

bury **enterrar** (116);
sepultar (427); **soterrar**
(352)

button up **abotonarse** (355,
289); **abrochar** (259)

buy **comprar**

buy a subscription
abonar (54)

buy up **acaparar** (342)

buzz **bordonear** (175);
zumbar

C

cage **enjaular** (259)

calculate **calcular** (259);
computar (279)

calibrate **calibrar** (259)

call **llamar**

call upon **invocar** (424)

calm **apaciguar** (83);
aplacar (424); **calmar**
(54); **pacificar** (424);
quietar (308)

calm (oneself) down
calmarse (54, 289)

calm down **acallar** (261);
aquietar (11); **sosegar**
(327); **tranquilizarse** (339,
289)

calm oneself **quietarse**
(289)

camouflage **camuflar** (259);
enmascarar (215)

camp **acampar** (332)

cancel **cancelar** (54);
rescindir (60)

cancel a meeting
desconvocar (146)

cancel an exchange
descambiar (106)

capitulate **capitular** (259)

captain **capitanear** (175)

captivate **cautivar** (288)

capture **captar** (54);
capturar (409); **cautivar**
(288)

care for **cuidar** (324)

caress **acariciar** (57)
carry **llevar**
carry off **arrebatar** (308)
carve **cincelar** (259);
  esculpir (157); **labrar**
  (409); **tajar** (86); **tallar**
  (261)
cash **cobrar** (259)
cast **fundir** (60)
cast a spell on **encantar**
  (Def. and Imp.)
castrate **capar** (332);
  castrar (54)
catalog **catalogar** (341)
catch **atrapar** (332);
  prender (63)
catch a cold **acatarrarse**
  (409, 289); **constiparse**
  (332, 289); **enfriarse**
  (256, 289); **resfriarse**
  (256, 289)
catch a glimpse **entrever**
  (489)
cause **acarrear** (206);
  causar (481); **ocasionar**
  (355); **suscitar** (308)
cease **cesar** (235)
cede **ceder** (413)
celebrate **solemnizar** (339);
  celebrar
celebrate (mass) **oficiar** (57)
cement **cementar** (95)
censure **censurar** (72)
center **centrar** (259)
centralize **centralizar** (339)
certify **certificar**
chain up **encadenar** (338)
challenge **desafiar** (256);
  retar (254)
change **cambiar**; **alterar**
  (409); **modificar** (424);
  mudar (199); **permutar**
  (308)
change residence
  trasladarse (289)
char **carbonizar** (339)
characterize **caracterizar**
charge **cobrar** (259)
charm **encantar** (Def.
  and Imp.)
chase **cazar** (81)
chase away **zapear** (206)
chastise **castigar** (341)

chat **dialogar** (341);
  charlar; **platicar**
chat (Internet) **chatear**
  (175)
chatter **charlar** (259);
  garlar (259)
cheat **estafar** (259); **timar**
  (231); **truhanear** (206)
check **comprobar** (378);
  revisar (2)
check, verify **chequear**
  (175)
check in **registrarse** (289)
cheer on **jalear** (206)
cheer up **reconfortar** (11)
chew **mascar** (99); **masticar**
  (99); **ronchar** (225)
chill **enfriar** (218)
chisel **cincelar** (259)
choose **escoger**; **optar** (11);
  seleccionar (355)
christen **cristianar** (249)
circulate **circular** (71)
circumscribe **circunscribir**
  (224)
cite **citar**
civilize **civilizar** (90)
claim **pretender** (63)
clamp **abrazar**
clap hands **palmear** (206);
  aplaudir
clarify **aclarar** (409);
  clarificar (117); **esclarecer**
  (344)
classify **acopiar** (106);
  calificar (117); **clasificar**
  (117)
clean **limpiar**
clean oneself **limpiarse**
cleanse **lustrar** (215)
clear **desembarazar** (339);
  despejar (86)
clear up **escampar** (332)
climb **escalar** (259); **trepar**
  (332)
clip **tundir** (346)
clog **atorar** (409)
close **cerrar**; **obturar** (284)
close halfway **entrecerrar**
  (116)
clothe **arropar** (332); **envestir**
  (349, 491); **vestir** (491)
cloud **nublar** (259)

cloudy, to become **nublarse**
  (259, 289)
clown around **monear** (206)
coagulate **coagular** (259);
  cuajar (86)
coexist **coexistir** (495)
coincide **coincidir** (60)
collaborate **colaborar** (409)
collate **compaginar** (107)
collect **acopiar** (106);
  coleccionar (107); **colegir**;
  recoger; **recolectar** (11)
collect (money) **colectar**
  (11)
collide **chocar** (424)
color **colorar** (32); **colorear**
  (175)
comb one's hair **peinarse**
combat **combatir** (1)
combine **combinar** (107);
  fusionar (107)
come **advenir** (488); **venir**
come apart **separarse** (289,
  437)
come back **venirse** (488,
  275)
come from **provenir** (488)
come in **ingresar** (2)
come to the rescue **acudir**
comfort **confortar**
  (11); **desahogar** (341);
  reconfortar (11)
command **capitanear** (175);
  comandar (109); **mandar**
  (259)
commemorate **conmemorar**
  (409); **solemnizar** (339)
commence **comenzar**
commend **encomendar**
  (352)
comment **comentar** (109);
  glosar (2)
commit **cometer** (91)
commit perjury **perjurar**
  (284)
commit suicide **suicidarse**
  (39, 289)
communicate **comunicar**
  (234)
compare **comparar** (342);
  contraponer (364);
  equiparar (342)
compensate **compensar** (2)

(Note: Numbers in parentheses are **verb numbers**.)

compete **competir** (411)

compile **compilar** (259);
  recopilar (259)

complain **quejarse**

complain about **dolerse**
  (196, 289)

complete **acabar**; **completar**
  (308)

complicate **complicar** (76)

compliment **obsequiar**
  (228)

compose **componer**

compress **comprimir** (267)

compute **computar** (279)

computerize **informatizar**
  (339)

conceal **esconder** (413);
  ocultar (11)

conceal oneself **ocultarse**

concede **conceder** (413)

conceive **concebir** (349);
  ingeniar (232)

concentrate **concentrar**
  (215)

conclude **concluir** (268)

concur **concurrir** (495)

condemn **condenar** (114);
  justiciar (57)

conduct **conducir**

confer **conferir** (400)

confess **confesar**

confide **fiar**

confine **confinar** (107)

confirm **confirmar** (243)

confiscate **confiscar** (99);
  secuestrar (409)

conform **amoldarse** (39,
  289); **conformar** (244)

confront **afrontar** (109);
  confrontar (11); **enfrentar**
  (11)

confuse **confundir** (60);
  desorientar (11); **embrollar**
  (261)

congeal **congelar** (259)

congest **congestionar** (107)

congratulate **congratular**
  (259); **cumplimentar** (11);
  felicitar

conjecture **conjeturar** (284)

conjugate **conjugar** (297)

connect **acoplar** (259);
  conectar (11); **enchufar**

(54); **ensamblar** (259);
  vincular (71)

connote **connotar** (308)

conquer **conquistar** (250);
  vencer

consecrate **consagrar** (259)

consent **consentir** (435)

conserve **conservar** (9);
  conservarse (289)

consider **considerar** (227);
  creerse (152, 102)

consist of **consistir** (495)

console **confortar** (11);
  consolar (138)

consolidate **cimentar** (352);
  consolidar (39)

conspire **conspirar** (314)

constitute **constituir**

construct **construir**;
  edificar (424); **erigir** (188)

consult **asesorar** (409);
  consultar (308)

consume **apurar** (67, 72);
  consumir (267); **ingerir**
  (435); **devorar** (409)

contain **contener**

contaminate **contaminar**
  (107)

contemplate **contemplar**
  (259)

contend **alegar** (341)

continue **continuar**; **durar**
  (409); **proseguir** (432)

contract **contraer** (477);
  contratar (478)

contradict **contradecir (past
  part. contradicho)** (302);
  contrariar (256)

contrast **contraponer** (364);
  contrastar (250)

contribute **aportar** (11);
  colaborar (409); **contribuir**

control **controlar** (259)

control oneself **poseerse**
  (366, 365)

convalesce **convalecer** (333)

convene **convenir**

converge **confluir** (271)

converse **conversar** (340);
  departir (346); **dialogar**
  (341)

convert **convertir**

convince **convencer**

convoke **convocar**

cook **cocer** (321, 486);
  cocinar; **guisar** (25)

cool **enfriar** (218)

cool with a fan **abanar**
  (249)

cooperate **cooperar** (409)

coordinate **coordinar** (107)

copy **calcar** (424); **copiar**
  (106)

correct **enmendar** (352);
  corregir

correspond **corresponder**
  (413)

corrupt **corromper** (422);
  pervertir (435)

cost **costar** (Def. and Imp.);
  valer

cough **toser** (91)

counsel **aconsejar**

count **contar**

counteract **contrarrestar**
  (250)

counterbalance **contrapesar**
  (2)

couple **acoplar** (259)

cover **cobijar** (54); **tapar**
  (332); **cubrir**

cover (distance) **recorrer**
  (148)

cover up **disimular** (71)

crack **hender** (164);
  tronchar (54)

cram **embutir** (60)

cram down food **embocar**
  (424)

crash **aplastar** (250);
  chocar (424); **estrellarse**
  (104)

crave for **apetecer** (59)

crawl **gatear** (175)

crease **arrugar** (341);
  chafar (259)

create **crear**

cripple **tullecer** (333); **tullir**
  (97)

criticize **criticar** (117)

crop (hair) **trasquilar** (259)

cross **travesar** (79);
  atravesar; **cruzar**

cross oneself **signarse** (289)

cross out **rayar** (453);
  tachar (200)

crouch **agacharse** (225, 289)
crowd **aglomerarse** (409, 289)
crown **coronar** (107)
crown with laurels **laurear** (175)
crumple (clothes) **chafar** (259)
crunch **chascar** (99); **ronchar** (225)
crush **abrumar, brumar** (247)
crush **golpear** (175); **machacar** (424); **machar** (306); **machucar** (424); **majar** (86); **triturar** (72)
cry **lagrimar** (231); **llorar** (231)
cry out **clamar** (15); **vocear** (206)
cultivate **cultivar** (288)
cure **curar** (72); **sanar** (54)
curl **rizar** (339)
curl up **acurrucarse** (424, 289)
curse **blasfemar** (247); **imprecar** (424); **maldecir** (247)
cut **cortar; recortar** (149); **segar** (327); **tallar** (261)
cut around **retajar** (86)
cut into pieces **trocear** (206)
cut into **decentar** (352)
cut off **capar** (332)
cut short **truncar** (424)

D

damage **averiar** (256); **damnificar** (424); **dañar** (109); **deteriorar** (409); **lesionar** (355); **maleficiar** (383); **perjudicar** (424)
dampen **humedecer** (344)
dance **bailar; danzar** (81)
dare **atreverse; desafiar** (256); **osar**
darken **ensombrecer** (344); **obscurecer** (333)
darn **zurcir**
date (a letter, an account) **datar** (308)
daydream **fantasear** (206)
daze **aturdir** (60)
dazzle **deslumbrar** (259); **ofuscar** (99); **relumbrar** (51)

deactivate **desactivar** (259)
deaden **amortiguar** (83)
deafen **ensordecer** (344)
deal **traficar** (424)
debate **cuestionar** (473); **debatir** (407)
decant **trasegar** (327)
decay **desmejorarse** (310, 64)
deceive **engañar** (213); **mistificar** (424)
deceive oneself **engañarse** (213, 88)
decide **decidir**
decipher **descifrar** (409)
declaim **declamar** (54)
declare **alegar** (341); **declarar**
declare oneself **declararse** (162, 343)
decline **declinar** (107); **desmedrar** (259); **desmejorarse** (310, 64)
decorate **decorar** (32); **ornar** (249)
decree **decretar** (308)
dedicate **dedicar** (424)
deduce **deducir** (132)
deduct **deducir** (132)
deepen **ahondar** (41)
defame **difamar** (54); **infamar** (54); **oprobiar** (232)
defeat **derrotar** (308); **vencer**
defend **amparar** (409); **defender**
defer **aplazar** (339); **deferir** (370); **diferir** (370)
define **definir** (346)
deform **afear** (54); **deformar** (244)
defraud **defraudar** (39)
defrost **descongelar** (259)
defy **afrontar** (109)
degrade **degradar** (39)
dehumanize **deshumanizar** (339)
dehydrate **deshidratar** (308)
delay **atrasar** (2); **demorar** (409); **dilatar** (308); **retrasar**
delayed, to be **retrasarse** (64, 415)

delegate **delegar** (341); **legar** (341)
deliberate **deliberar** (409)
delight **encantar** (Def. and Imp.)
delineate **delinear** (175)
deliver **entregar**
delve into **cavar** (9)
demand **demandar** (199)
demarcate **demarcar** (424)
demolish **arrasar** (2); **demoler** (321); **derrumbar** (54)
demonstrate **demostrar**
denigrate **denigrar** (409)
denominate **denominar** (107)
denote **denotar** (11)
denounce **delatar** (308); **denunciar**
deny **denegar** (327); **negar**
deny oneself **abnegarse** (289, 327)
depart **partir**
depend **depender**
depend on **atenerse**
depict **figurar** (72)
depilate **depilar** (259)
deplore **deplorar** (32)
depopulate **despoblar** (209)
deport **deportar** (11)
depose **destronar** (355)
deposit **depositar** (259)
deposit (money) **ingresar** (2)
depreciate **depreciar** (383); **desvalorar** (409); **desvalorizar** (47)
depress **agobiar** (232); **deprimir** (267)
deprive **privar** (288)
deprive oneself **privarse** (289)
derive **derivar** (259)
derogate **derogar** (421)
descend **bajar; descender** (354)
describe **describir**
desert **desertar** (11)
deserve **merecer**
design **dibujar; diseñar** (213)
designate **designar** (114)

(Note: Numbers in parentheses are **verb numbers**.)

desire **desear**
desist **desistir** (495)
despise **despreciar** (57);
  vilipendiar (232)
destine **destinar** (107)
destroy **arruinar** (107);
  destruir
detach **despegar**
detail **detallar** (261)
detain **arrestar** (54);
  detener
deteriorate **empeorarse**
  (409, 289)
determine **determinar** (470)
detest **aborrecer** (344);
  detestar (250)
dethrone **destronar** (355)
detonate **detonar** (355)
detoxify **desintoxicar** (424)
devaluate **devaluar** (141)
devalue **desvalorar** (409);
  desvalorizar (47); **devaluar**
  (141)
develop **desarrollar** (261)
deviate **desviar** (218)
devote oneself **consagrarse**
  (289); **dedicarse**
devour **devorar** (409)
diagnose **diagnosticar** (424)
diaper **empañar** (213)
dictate **dictar** (11)
die **fallecer** (344); **finar**
  (107); **morir**
differ **desconvenir** (144);
  diferenciarse (195); **diferir**
  (370); **discrepar** (332);
  disentir (435)
differentiate **diferenciar**
  (57)
dig **zahondar** (336)
dig a ditch **zanjar** (86)
digest **digerir** (370)
digress **divagar** (341)
dilate **dilatar** (308)
dilute **aguar** (83); **diluir**
  (271); **jetar** (308)
dim **amortiguar** (83)
diminish **disminuir** (271);
  minimizar (339); **minorar**
  (409)
dine **cenar**
direct **adiestrar** (32);
  dirigir

dirty **ensuciar** (383)
dirty, to get **ensuciarse**
  (195)
disable **inhabilitar** (308);
  tullecer (333); **tullir** (97)
disagree **desconvenir** (144);
  discrepar (332); **divergir**
  (188)
disappear **desaparecer** (59)
disarm **desarmar** (54)
disarrange **desordenar** (338)
disarticulate **desarticular**
  (71)
disassemble **desensamblar**
  (259)
disbelieve **descreer** (152)
discard **descartar** (11)
discern **divisar** (2)
discharge **despedir** (349,
  178)
discipline **disciplinar** (107)
disclose **revelar** (259)
disconcert **desconcertar**
  (352)
disconnect **desconectar**
  (259); **desenchufar** (259)
discontinue **descontinuar**
  (141); **discontinuar** (141)
discount **descontar** (138)
discourage **desanimar**
  (54); **descorazonar** (355);
  desesperar (227)
discourse **discursar** (25)
discover **atinar** (107);
  descubrir
discredit **desacreditar** (308);
  desvalorar (409)
discriminate **discriminar**
  (107)
discuss **discutir**
disdain **desdeñar** (213)
disembark **desembarcar**
  (424)
disenchant **desencantar**
  (109)
disfigure **desfigurar** (409)
disgrace **deshonrar** (409)
dishearten **descorazonar**
  (355)
dishonor **deshonrar** (409)
disillusion **desengañar**
  (213); **desilusionar** (355)
disinfect **desinfectar** (259)

disinherit **desheredar** (262)
disintegrate **desintegrar**
  (409); **desagregar** (42)
dismantle **desmantelar**
  (259); **desmontar** (11)
dismiss **despedir** (349, 178);
  destituir (271)
dismount **desmontar** (11)
disobey **desobedecer** (328)
disorganize **desorganizar**
  (339)
dispense **dispensar**
disperse **dispersar** (2)
display **visualizar** (339)
displease **disgustar** (250)
dispose **disponer** (364)
dispossess **desposeer** (152)
disprove **desmentir** (312)
disqualify **descalificar** (117)
disrobe **desarropar** (332)
dissemble **disimular** (71)
disseminate **diseminar** (107)
dissent **disentir** (435)
dissipate **disipar** (332)
dissociate **disociar** (232)
dissolve **derretir** (349);
  diluir (271); **disolver** (321);
  jetar (308)
dissuade **disuadir** (346)
distance **distanciar** (57)
distill **destilar** (259)
distinguish **diferenciar** (57);
  distinguir
distort **tergiversar** (2)
distract **distraer** (477);
  divertir (370, 194)
distress **afligir** (188);
  atormentar (11)
distribute **distribuir** (264);
  repartir
disturb **descomponer** (364);
  disturbar (9); **molestar**
  (250); **perturbar** (9);
  turbar (9)
disunite **desunir** (480)
dive **zambullir** (97)
diverge **divergir** (188)
diversify **diversificar** (424)
divert **desviar** (218)
divide **compartir** (346);
  dividir (346)
divide into syllables
  silabear (175)

divine **adivinar**
divulge **divulgar** (341)
do **hacer**
document **documentar** (11)
domesticate **domesticar** (424)
dominate **dominar** (107)
donate **donar** (355)
dot **jalonar** (355); **puntar** (494); **puntear** (206)
doubt **dudar**
download (Internet) **bajar**; **descargar** (111); **telecargar** (111)
doze **dormitar** (308)
drag **arrastrar** (215)
drain **vaciar**
dramatize **dramatizar** (339)
draw **diseñar** (213); **figurar** (72); **trazar** (81)
draw back **retirarse** (414, 64)
draw lines, sketch **linear** (175)
draw near **acercarse**; **aproximarse** (289)
dream **soñar**
drench **calar** (259); **empapar** (342)
dress oneself **vestirse**
dress up **acicalarse** (259, 289)
dribble (sports) **driblar** (259)
drift **derivar** (259)
drink **beber**
drink a toast **brindar** (54)
drip **gotear** (206)
drive **impulsar** (2); **manejar** (86)
drive away **alejar** (165)
drive or chase away **ahuyentar** (11)
drive out **expulsar** (2)
drizzle **lloviznar** (288)
drown **ahogar** (341); **ahogarse** (289, 421)
drug **drogar** (341)
drum **tamborear** (175)
dry **desecar** (430); **secar**
dry oneself **secarse**
dry up **desecarse** (430, 289)
dub **doblar** (259)

duplicate **multicopiar** (232)
duplicate, copy **duplicar** (424)
dye **teñir** (408); **tintar** (254)

E

earn **ganar**
ease **aliviar** (232); **desahogar** (341)
eat **comer**; **jamar** (54)
eat away **carcomer** (128)
eclipse **ensombrecer** (344)
economize **ahorrar**
economize on **economizar** (339)
edit **redactar** (215)
educate **educar** (424)
effect **efectuar** (141)
elaborate **elaborar** (93)
elapse (time) **transcurrir** (495)
elbow **codear** (54)
elect **elegir**
electrify **electrificar** (424); **electrizar** (339)
elevate **elevar** (259); **remontar** (317)
eliminate **eliminar** (107)
elucidate **elucidar** (39)
elude **eludir** (60)
emanate **emanar** (107)
emancipate **emancipar** (332)
embark **embarcar** (99)
embellish **aderezar** (339); **embellecer** (344)
embrace **abrazar**
embroil **embrollar** (261)
emerge **emerger** (123)
emigrate **emigrar** (273)
emit **emitir** (346)
emphasize **enfatizar** (339)
employ **emplear**
empower **agilitar** (11); **apoderar** (61, 113)
empty **vaciar**; become empty **vaciarse** (483, 289)
emulate **emular** (259)
enamor **enamorar** (54)
enclose **cercar** (12); **encerrar**
encode **cifrar** (259)

encounter **encontrar**
encourage **alentar** (352); **esforzar** (49); **jalear** (206)
encrust **incrustar** (250)
end **acabar**
endeavor **empeñarse** (213, 289); **procurar** (72)
endorse **endosar** (2)
endow **dotar** (11)
endure **aguantar** (54); **padecer** (333); **soportar** (427)
enervate **enervar** (9)
engrave **grabar** (249)
enjoy **disfrutar**; **gozar**
enjoy onself **divertirse**; **gozarse** (253, 289)
enlarge **agrandar**; **amplificar** (117)
enlighten **alumbrar**; **ilustrar** (215)
enlist **alistarse** (11, 289); **enrolar** (259)
ennoble **ennoblecer** (344)
enrage **ensañar** (213)
enroll **alistarse** (11, 289); **inscribirse**; **matricularse** (98); (transitive) **inscribir**
entangle **enredar** (39)
enter **entrar**; **ingresar** (2)
entertain **agruparse** (289); **divertir** (370, 194); **entretener** (468); **recrear** (175)
entertain oneself **recrearse** (289)
enthuse **apasionar** (107)
entitle **titular** (71)
entrust **cometer** (91); **confiar** (240)
enumerate **enumerar** (409)
enunciate **enunciar**
envy **envidiar** (232)
equal **equivaler** (484); **igualar** (259)
equalize **igualar** (259)
equip **equipar** (332); **guarnecer** (344); **habilitar** (308)
eradicate **erradicar** (424)
erase **borrar**; **obliterar** (227)
erect **erigir** (188)

(Note: Numbers in parentheses are **verb numbers**.)

err **aberrar** (54); **errar**

escape **escapar** (332)

escape from **zafarse de** (54, 289)

establish **arraigar** (341); **establecer**; **fundar** (39); **instaurar** (409)

estimate **estimar**

eulogize **elogiar** (232)

evacuate **evacuar** (206)

evade **esquivar** (259); **evadir** (60); **burlar** (259)

evaluate **evaluar** (141)

evaporate **evaporar** (409)

evoke **evocar** (424)

evolve **evolucionar** (107)

exacerbate **exacerbar** (9)

exaggerate **decantar** (109); **exagerar** (259)

exalt **ensalzar** (339); **sublimar** (54)

examine **examinar** (107)

exasperate **exasperar** (227)

exceed **sobrepasar** (2)

exchange **cambiar**; **chamar** (54); **intercambiar** (106); **permutar** (308); **trocar** (19, 424)

excite **apasionar** (107); **excitar** (254)

exclaim **exclamar** (54)

exclude **excluir** (268)

exculpate **exculpar** (332)

excuse **disculpar** (332); **dispensar** (2); **excusar** (25)

execute **ejecutar**; **justiciar** (57)

exemplify **ejemplificar** (424)

exercise **ejercer**; **ejercitar** (308)

exhale **espirar** (409); **exhalar** (259)

exhaust **agotar**; **apurar** (67, 72)

exhausted, to become **agotarse** (38, 289)

exhibit **exhibir** (353)

exhort **exhortar** (149)

exhume **desenterrar** (352)

exile **desterrar** (352)

exist **existir** (276)

expand **dilatar** (308)

expect **aguardar**; **esperar**

expedite **acelerar** (409); **expedir** (349)

expel **expulsar** (2)

experience **experimentar** (11)

expire (a right, passport) **caducar** (424)

explain **aclarar**; **clarar** (16); **elucidar** (39); **explicar**; **ilustrar** (215)

explode **detonar** (355); **estallar** (261); **reventar** (352)

explore **explorar** (32)

export **exportar** (109)

expose **exponer** (364)

expound **plantear** (206)

express **expresar**

extend **ampliar** (256); **estirar** (409); **extender** (354); **tender**

extinguish **apagar**; **extinguir** (193)

extirpate **extirpar** (332)

extract **extraer** (477)

eye **ojear** (175)

F

fabricate **fabricar**

face **afrontar** (109); **enfrentar** (11)

facilitate **facilitar** (238)

fail **fallar** (261)

fail an exam **reprobar** (378)

fail to fulfill **incumplir** (157)

faint **desmayarse** (453, 289)

fall **caer**

fall again **recaer** (101)

fall down **caerse**

fall in love **enamorarse de** (289)

fall short of **desdecir** (368)

falsify **falsear** (206); **falsificar** (424)

familiarize **familiarizar** (339)

familiarize oneself with **familiarizarse** (339, 289)

fan **abanicar** (117)

fascinate **embelesar** (2); **fascinar** (107); **ilusionar** (248)

fast **ayunar** (171, 249)

fasten **abrochar** (259); **afianzar** (286); **amarrar** (409); **fijar** (54, 241)

fasten with a band **zunchar** (306)

fatigue, tire **fatigar** (421)

fatten **engordar** (54)

favor **favorecer** (344)

fear **maliciar** (383); **temer**

feast **festejar**

feed **alimentar** (291); **nutrir** (346)

feel **palpar** (332); **sentir**

feel (well, ill) **sentirse**

feel dizzy **marearse** (175, 289)

feel nauseated, sick **nausear** (206)

feel the effects **resentirse** (435, 8)

feign **aparentar** (11); **fingir**

fell, cut down **talar** (54)

fence in **cercar** (12); **vallar** (261)

fence with wire **alambrar** (51)

ferment **fermentar** (11)

fertilize **fecundar** (39); **fertilizar** (339)

fight **batallar** (261); **bregar** (341); **combatir** (1); **guerrear** (175); **luchar**; **pelear** (206); **pugnar** (54)

fight bulls **lidiar** (232)

fight combat **lidiar** (232)

file **archivar** (259); **limar** (231)

file a legal complaint **querellarse** (261, 289)

fill **colmar** (54); **llenar**; **obturar** (284)

film **filmar** (54)

filter **colar** (474); **filtrar** (259); **trascolar** (474)

finance **costear** (175); **financiar** (57)

find **atinar** (107); **hallar**; **localizar** (81)

find out about **enterarse de** (289)

fine **multar** (11)

finish **acabar**; **finalizar** (339)

finish off **ultimar** (107)
fire **despedir** (349, 178);
  disparar (409)
fish **pescar** (99)
fit **ajustar** (259); **encajar**
  (259)
fit into **caber**
fix **fijar** (54, 241)
flame **llamear** (206)
flatten **acamar** (54);
  aplanar (107); **arrasar** (2)
flatter **adular** (259);
  halagar (341); **lisonjear**
  (206)
flaunt **ostentar** (11)
flavor **aderezar** (339);
  adobar (259); **sazonar**
  (355)
flee **fugarse** (341, 289); **huir**
fling **echar**
flirt **coquetear** (175)
flirt with **timarse con** (289)
float **flotar** (308)
flood **inundar** (39)
flow **afluir** (264); **fluir**
  (271); **manar** (107)
flow (river) **desembocar**
  (424)
fluctuate **fluctuar** (141)
fly **volar**
fly again **revolar** (496)
fly away **volarse** (496, 289)
fly over, across **trasvolar**
  (496)
focus **centrar** (259);
  enfocar (424)
fold **doblar** (259); **doblegar**
  (341); **plegar** (402)
follow **seguir**
follow up **proseguir** (432)
foment **fomentar** (11)
forbid **vedar** (54)
force **forzar** (49)
forecast **pronosticar** (424)
forego **abnegar** (327)
foresee **prever** (489)
foreshadow **prefigurar**
  (284)
foretell **adivinar**; **hadar**
  (324); **ominar** (107);
  pronosticar (424);
  vaticinar (470)
forge **forjar** (86)

forget **olvidar**
fork **bifurcarse** (424, 289)
form **formar**
form a group **agruparse**
  (289)
formalize **formalizar** (339)
formulate **formular** (71)
fortify **fortalecer** (344)
found **fundar** (39)
fracture **fracturar** (409)
fragment **fragmentar** (11)
free **liberar** (409); **libertar**
  (11)
freeze **congelar** (259); **helar**
  (Def. and Imp.)
frequent **frecuentar** (11)
fret **apurarse**
frighten **aterrorizar** (339);
  espantar (109)
frightened, to be **espantarse**
  (292)
frustrate **frustrar** (215)
fry **freír**
fry lightly **sofreír** (404)
fulfill **colmar** (54); **cumplir**
fulfill, to fail to **incumplir**
  (157)
fumigate **fumigar** (341)
function **funcionar**
furnish **amueblar**
  (259); **habilitar** (308);
  suministrar (215)

G

gag, muzzle **amordazar** (81)
gage **calibrar** (259)
Gallicize **afrancesar** (2)
gallop **galopar** (54)
galvanize **galvanizar** (339)
gather **acopiar** (106);
  agregar; **amontonar** (107);
  recoger; **colegir**
gather around **aglomerarse**
  (409, 289)
gather together **juntarse**
  (283, 289)
generalize **generalizar** (339)
generate **generar** (215)
germinate **germinar** (107)
gesticulate **gesticular** (259)
gesture **gesticular** (259)
get a doctorate **doctorarse**
  (409, 289)

get along well with
  simpatizar con (339)
get away from **alejarse de**
  (86, 289)
get burned **asurarse** (112)
get cold **enfriarse** (256, 289)
get cozy **acurrucarse**
  (424, 289)
get dark **atardecer** (344)
  (3rd person only);
  oscurecer (344)
get dirty **ensuciarse** (195)
get divorced **divorciarse**
get engaged or married
  desposarse (2, 289)
get excited, enthusiastic
  entusiasmarse (54, 289)
get fresh air **oxigenarse**
  (289)
get into debt **endeudarse**
  (39, 289)
get late **atardecer** (344) (3rd
  person only)
get married **casarse**
get ready **alistarse** (11,
  289); **disponerse** (365)
get revenge **vengarse**
  (341, 289)
get sick, ill **enfermarse**
get soaked **empaparse** (189)
get thin **adelgazar** (339)
get tipsy **alumbrarse**
get tired **fatigarse**
  (421, 289)
get up **levantarse**
get up early **madrugar** (341)
get used to **acostumbrarse**
  (22, 289)
get wet **humedecerse** (344,
  80); **mojarse**
get worse **desmejorarse**
  (310, 64)
gild **dorar** (32)
give **dar**; **donar** (355)
give a little more **yapar**
  (332)
give as a present, gift
  regalar
give asylum **asilar** (259)
give back **restituir** (264)
give birth **parir** (495)
give up **capitular** (259);
  claudicar (424)

(Note: Numbers in parentheses are **verb numbers**.)

glide **planear** (206)
glitter **destellar** (261)
glorify **ensalzar** (339);
   exaltar (11); **glorificar**
   (424)
gloss **glosar** (2)
glow **arder** (63);
   resplandecer (344)
gnaw **carcomer** (128);
   remorder (318); **tascar**
   (99)
go **ir**
go away **irse**; **marcharse**
go backwards **recular** (71)
go beyond the limits
   translimitar (254)
go crazy **enloquecerse** (344,
   80)
go down **abajar, bajar** (86)
go forward **adelantarse**
go in the direction of
   rumbar a (54)
go on a pilgrimage, journey
   peregrinar (107)
go round **tornear** (206)
go round, turn **versar** (25)
go through **atravesar** (352);
   pasar
go to bed **acostarse**
go toward **dirigirse a**
   (188, 8)
go up **subir**
go without **abnegarse**
   (289, 327)
gobble down **zampar** (332)
gobble up **soplarse** (289,
   448)
gossip **chismear** (206)
govern **gobernar**; **regir**
   (203)
grab **asir**
graduate **graduarse** (141,
   289); **egresar** (403)
graduate in **licenciarse**
   (57, 289)
grant; **conferir** (400);
   impartir (495); **otorgar**
   (421)
grasp **agarrar**; **asir**; **coger**
   (Spain; see note in **coger**);
   empuñar (213); **prender**
   (63)
gratify **contentar** (109)

gravitate **gravitar** (254)
graze **rasar** (2)
grease **engrasar** (2)
grieve **afligirse** (188, 8);
   apurarse; **gemir**
grimace **gesticular** (259)
grind **moler** (321); **triturar**
   (72)
grip **apretar** (352)
group **agrupar**
grow **crecer**
grow tired **aburrirse**
growl **refunfuñar** (213)
grumble **gruñir**; **refunfuñar**
   (213)
guarantee **avalar** (259);
   garantizar (339)
guard **guardar** (259)
guess **adivinar**
guide **guiar**
guide by remote control
   teleguiar (256)
gurgle **gorgotear** (206);
   gorjear (206)

H

hail **granizar** (339)
half-hear **entreoír** (334)
halt **atajar** (86)
hammer **golpetear** (175);
   macear (175); **martillar**
   (261)
handcuff **esposar** (340)
hang **pender** (63);
   suspender (91); **ahorcar**
   (117)
hang (up) **colgar**
hang tapestry **tapizar** (339)
happen **acaecer** (344) (3rd
   person only); **acontecer**
   (344) (3rd person only);
   ocurrir (Def. and Imp.);
   suceder (Def. and Imp.);
   supervenir (488)
harass **acosar** (2)
harm **damnificar** (424);
   herir; **maleficiar** (383);
   perjudicar (424); **vulnerar**
   (227)
harvest **recolectar** (11)
hate **detestar** (250)
hate **odiar** (232)
haul **halar** (259)

have **tener**
have (auxiliary verb) **haber**
have a snack, refreshment
   merendar (352)
have an accident, be hurt or
   injured **accidentar** (11)
have fanciful ideas
   quimerizar (81)
have illusions **ilusionarse**
   (289)
head **encabezar** (339)
heal **cicatrizar** (339); **sanar**
   (54)
health, to lose one's
   desmejorarse (310, 64)
hear **oír**
heat (up) **calentar**
heave **alzar**
help **acorrer** (148); **auxiliar**
   (106); **ayudar**; **socorrer**
hibernate **hibernar** (54)
hiccup **jipar** (332)
hide **encubrir** (495);
   esconder (413);
   ocultar (11)
hide oneself **esconderse**
   (413, 80); **ocultarse**
hierarchize **jerarquizar**
   (339)
hinder **desayudar** (84);
   estorbar (9)
hire **acomodar** (259);
   arrendar (352)
hispanicize **hispanizar** (339)
hit **golpear** (175)
hit twice (a ball) **retacar**
   (76)
hoard **acaparar** (342)
hoist **izar** (339)
hold (of), to take **asirse**
   (73, 64)
hold up **saltear** (206)
homogenize **homogeneizar**
   (81)
honor **honrar** (32); **laurear**
   (175)
hook up **interconectar** (11)
hope **esperar**
hospitalize **hospitalizar** (81)
howl **ulular** (259)
hug **abrazar**
hum **bordonear**; (175);
   cantalear (54)

humiliate **humillar** (261); **mortificar** (424)

hunt **cazar** (81)

hurl oneself **abalanzarse** (81)

hurry **acelerar; apresurar** (64, 72); **apresurarse; tener prisa** (see **tener**)

hurt **lastimar** (231); **llagar** (298); **doler; herir**

hush **acallar** (261)

hydrate **hidratar** (308)

hypnotize **hipnotizar** (339)

I

idealize **idealizar** (339)

identify **identificar** (117)

idle **cantonear** (54); **gandulear** (206); **haraganear** (206); **vaguear** (206)

idolize **idolatrar** (259)

ignite **enardecer** (344)

ignore **arrinconar** (107); **desoír** (334)

illuminate **alumbrar; iluminar** (107)

illustrate **ejemplificar** (424); **ilustrar** (215)

imagine **figurarse** (72, 289); **imaginar** (107)

imbibe **embeber**

imbue **imbuir** (264)

imitate **imitar** (254)

immerse **inmergir** (188)

immigrate **inmigrar**

immobilize **inmovilizar** (339)

immolate **inmolar** (259)

immunize **inmunizar** (339)

impede **embargar** (341); **impedir; obstar** (215)

impel **impulsar** (2)

implicate **implicar** (424)

implore **implorar** (300); **interpelar** (259); **suplicar** (117)

importune **importunar** (107)

impose **imponer** (364)

imprecate **imprecar** (424)

impregnate **impregnar** (107)

impress **impresionar** (107)

imprint **imprimir**

imprison **encarcelar** (259); **recluir** (271)

improve **mejorar**

improvise **improvisar** (2)

impugn **impugnar** (107)

impute **imputar** (308)

inaugurate **inaugurar** (409)

incapacitate **inhabilitar** (308)

incite **alborotar** (11); **azuzar** (339); **encender; incitar** (279); **quillotrar** (259)

incline **inclinar** (107); **ladear** (206)

include **ensolver** (497); **incluir**

inconvenience **desacomodar** (39); **incomodar** (39)

incorporate **incorporar** (409)

increase **acrecentar** (352); **acrecer** (151); **agrandar; aumentar** (317); **engrandecer** (344); **engrosar** (138); **incrementar** (11); **multiplicar** (424)

increase in value **valorar** (32); **valorear** (206)

increase production **bonificar** (117)

inculcate **inculcar** (424)

incur **incurrir** (495)

indemnify **indemnizar** (339)

indent **dentar** (352)

indicate **indicar**

indispose **indisponer** (364)

individualize **individualizar** (339)

induce **inducir**

induce a liking for **aficionar** (338)

indulge oneself **regalarse** (401, 289)

industrialize **industrializar** (339)

infect **infectar** (11)

infer **inferir** (400)

infiltrate **infiltrar** (215)

inflame **inflamar** (54)

inflate **hinchar** (306); **inflar** (259)

inflict **infligir** (188)

influence **influenciar** (383); **influir**

inform **avisar** (340); **enterar** (215); **informar** (244); **noticiar** (383); **notificar** (117)

inform oneself **informarse**

infringe **infringir** (188)

infuriate **enfurecer** (344); **ensañar** (213); **indignar** (107)

ingest **ingerir** (435)

inhabit **habitar**

inhale **aspirar** (29); **inhalar** (259)

inherit **heredar**

inhibit **cohibir** (382); **inhibir** (353)

initial **rubricar** (424)

initiate **iniciar** (383)

inject **inyectar** (11)

injure **agraviar** (54); **damnificar** (424); **dañar** (109); **injuriar** (232); **llagar** (298); **maleficiar** (383)

innovate **innovar** (259)

inoculate **inocular** (71)

inquire **inquirir** (33)

inscribe **inscribir**

insert **insertar** (11)

insinuate **insinuar** (141)

insist **insistir**

inspect **inspeccionar** (355)

inspire **alentar** (352); **inspirar** (29)

install **instalar** (259)

instigate **instigar** (341)

institute **instituir** (264)

instruct **adiestrar** (32); **instruir** (271)

insult **denigrar** (409); **injuriar** (232); **insultar** (11); **ofender** (63)

insult each other **trabarse de palabras** (289)

integrate **integrar** (259)

intellectualize **intelectualizar** (339)

intend to **pretender** (63)

intensify **intensificar** (424)

intercalate **intercalar** (259)

(Note: Numbers in parentheses are **verb numbers**.)

intercede **interceder** (63)

intercept **atajar** (86); **interceptar** (11)

interchange **intercambiar** (106)

interconnect **interconectar** (11)

interfere **entrometerse** (444, 80); **interferir** (435)

interlace **entrelazar** (339)

intermingle **entremezclar** (259)

intern **internar** (107)

interpose **interponer** (364)

interpret **deletrear** (206); **interpretar** (376); **trujamanear** (206)

interrogate **interrogar** (297)

interrupt **atajar** (86); **interrumpir** (452)

intertwine **entrelazar** (339)

intervene **intervenir** (488)

interview **entrevistar** (494)

intimidate **intimidar** (199)

intoxicate **intoxicar** (424)

intrigue **intrigar** (341)

introduce **involucrar** (259); **introducir**

intuit **intuir** (271)

inundate **inundar** (39)

invade **invadir** (60)

invalidate **invalidar** (39)

invent **ingeniar** (232); **inventar** (279)

invert **invertir** (370)

invest (as a title) **investir** (349)

invest money **invertir** (370)

investigate **averiguar**; **curiosear** (175); **investigar** (421)

invite **convidar** (39); **invitar**

invoice **facturar** (409)

invoke **invocar** (424)

involve **involucrar** (259)

iron **planchar** (225)

irradiate **irradiar** (232)

irrigate **irrigar** (341); **sorregar** (327)

irritate **chinchar** (259); **enfadar** (210); **enojar** (86, 212); **irritar** (279)

isolate **aislar** (218)

Italianize **italianizar** (339)

J

jest **bufonearse** (348)

join **acoplar** (259); **afiliarse** (232, 289); **anudar** (39); **ensamblar** (259); **juntar**; **trabar** (54)

join (a group) **incorporarse** (409, 289)

joke **bromear** (206); **bufonearse** (348)

journey **transitar** (254)

joust **justar** (11)

judge **enjuiciar** (57); **juzgar**; **sentenciar** (57)

jump **brincar** (430); **saltar**; **botar**

justify **justificar** (117)

juxtapose **yuxtaponer** (364)

K

keep **guardar** (259)

keep awake **desvelar** (259)

keep away from **apartarse** (11, 289)

keep silent **silenciarse** (195)

kick **patalear** (206); **patear** (206)

kick (a ball) **pelotear** (175)

kidnap **secuestrar** (409); **raptar** (11)

kill **matar**

kill off **rematar** (308)

kiss **besar** (235)

knead **amasar** (2); **sobar** (54)

kneel down **hincarse** (424, 289)

knife **acuchillar**

knit **tricotar** (254)

knit (eyebrows) **fruncir** (501)

knock down **abatir**; **revolcar** (19, 424); **tumbar** (9); **varear** (175)

knock over **hacer caer**

know **conocer**; **saber**

L

label **rotular** (71)

lacerate **lacerar** (409)

lack **carecer de** (333)

laicize **laicizar** (339)

lament **lamentar** (11)

laminate **laminar** (107)

lance **alanzar** (286); **lancear** (175)

land **aterrizar** (47)

last **durar** (409)

last a long time **perdurar** (215)

late, to be **retrasarse** (64, 415)

late, to stay up **trasnochar** (54)

lather **enjabonar** (355); **jabonar** (473)

laugh **reír**; **reírse**

launch **botar**; **lanzar**

lay aside **deponer** (364)

lay the foundation **cimentar** (352)

lay waste **yermar** (54)

lead **conducir**; **encabezar** (339)

leaf through **hojear** (175)

lean **ladear** (206)

lean on/upon **reclinarse en/ sobre** (289)

lean out **asomarse** (112)

learn **aprender**; **instruirse** (271, 289)

lease **arrendar** (352)

leave **partir**; **salir**

left, to be **quedar** (199)

legalize **legalizar** (339)

legislate **legislar** (259)

legitimize **legitimar** (54)

lend **prestar**

lengthen **alargar** (421)

lessen **achicar** (424); **apocar** (99)

let go **largar** (341); **soltar** (209)

level **aplanar** (107); **arrasar** (2); **nivelar** (259)

liberate **emancipar** (332); **independizar** (339); **liberar** (409); **libertar** (11)

lick **lamer** (91)

lie **mentir**

lie down **acostarse**; **yacer**

life, to give **vivificar** (117)

lift **alzar**; **levantar**

light up **esclarecer** (344)

like **gustar** (Def. and Imp.)

limit **limitar** (308)
line up **enfilar** (259)
liquefy **licuar** (141);
  liquidar (39)
liquidate **liquidar** (39)
list **alistar** (119); **catalogar**
  (341)
listen (to) **escuchar**
litigate **litigar** (341)
live **vivir**
live badly, in bad conditions
  malvivir (495)
live together **cohabitar**
  (258); **convivir** (495)
load **cargar**
loaf **cantonear** (54);
  gandulear (206);
  haraganear; **vaguear** (206)
loathe **repugnar** (107)
localize **localizar** (81)
locate **localizar** (81); **situar**
  (141); **ubicar** (424)
located, to be **ubicarse**
  (424, 289)
lock **candar** (109)
lodge **alojar** (86); **hospedar**
  (39)
long for **anhelar** (259);
  apetecer (59)
look **mirar**
look after **atender** (164);
  cuidar (324)
look alike **semejarse** (289)
look at oneself, each other
  mirarse
look at over again **remirar**
  (314)
look for **buscar**
loosen **aflojar** (86); **zafar**
  (54)
lose **perder**
lose hope **desesperarse**
  (227, 289)
lose interest **desinteresarse**
  (277)
lose one's appetite
  desganarse (289)
lose one's patience
  impacientarse (11, 289)
lose the habit of
  desacostumbrarse (259, 289)
lose weight **adelgazar** (339);
  enflaquecer (344)

love **amar**; **encantar** (Def.
  and Imp.)
lower **bajar**; **rebajar** (86)
lubricate **lubricar** (469)
lunch **almorzar**

M

macerate **macerar** (409)
magnetize **magnetizar** (339)
magnify **magnificar** (424)
maintain **mantener**
make **hacer**
make a bad marriage
  malcasarse (112)
make a pact **pactar** (11)
make a speech **discursar**
  (25); **perorar** (409)
make a will, testament
  testar (54)
make agile **agilitar** (11)
make an appointment **citar**
make an effort **esforzarse**
  (49, 289)
make angry **despechar**
  (225)
make bitter **amargar** (341)
make breathless **desalentar**
  (103)
make cheaper **abaratar**
  (308)
make cheese **quesear** (175)
make clear **clarar** (16);
  aclarecer (229)
make deeper **ahondar** (41)
make even **nivelar** (259)
make eyes at **galantear**
  (175)
make famous **afamar** (54)
make frequent use of **trillar**
  (259)
make known **divulgar** (341)
make legal **formalizar** (339)
make old **envejecer** (344)
make one's debut **debutar**
  (308)
make ready **aprestar** (376)
make sad **entristecer** (344)
make someone crazy **alocar**
  (472)
make sour **agriar** (54)
make sure **asegurarse**
  (72, 64)
make ugly **afear** (54)

make uneven **desnivelar**
  (259)
make uniform **uniformar**
  (244)
make untidy **desaliñar**
  (213); **desarreglar** (259)
make up (one's face)
  pintarse
make use of **aprovechar**;
  utilizarse (289, 482)
make worse **empeorar** (409)
makeup, to remove one's
  desmaquillarse (289)
maltreat **maltratar** (478)
man (crew) **tripular** (259)
manage **gestionar** (355);
  manejar; **regir** (203)
manifest **manifestar** (352)
manipulate **manipular** (71)
manufacture **confeccionar**
  (107); **manufacturar**
  (284)
marinate **adobar** (259)
mark **jalonar** (355); **marcar**
mark again **remarcar** (305)
mark with an accent
  acentuar (141)
mark with buoys **abalizar**
  (339)
married, to get **casarse**;
  unirse (480, 275)
martyr **martirizar** (339)
marvel at **maravillarse**
  (261, 289)
mash **majar** (86)
mask **enmascarar** (215)
massage **sobar** (54)
match **emparejar** (86);
  equiparar (342); **parear**
  (175)
materialize **materializar**
  (339)
matter **importar** (Def. and
  Imp.)
mature **madurar** (409)
maul **machucar** (424)
measure **acompasar** (347);
  medir
meddle **entrometerse**
  (444, 80)
mediate **mediar** (232);
  meditar (254)
medicate **medicar** (117)

(Note: Numbers in parentheses are **verb numbers**.)

meeting, to cancel
desconvocar (146)

melt **derretir** (349); **fundir**
(60)

mend **coser** (128);
remendar (352); **zurcir**

mention **mencionar**; **mentar**
(352)

merge **fusionar** (107)

merit **merecer**

message **mensajear** (206);
textear (206)

metamorphose
metamorfosear (175)

methodize **metodizar** (339)

migrate **trashumar** (54);
migrar (273); **emigrar**
(273)

mine **minar** (107)

mislead **descaminar** (107);
despistar (250)

misplace **descolocar** (126)

mistake **equivocar** (220)

mistrust **desconfiar** (256)

misunderstand **malentender**
(214)

mitigate **mitigar** (341)

mix **amasar** (2); **mezclar**
(259)

mix together **barajar** (86)

mix up **embarullar** (261);
triscar (99)

mobilize **movilizar** (339)

mock **chufar** (259);
escarnecer (344)

model **modelar** (259)

moderate **moderar** (409)

modernize **actualizar** (339);
modernizar (339)

modify **modificar** (424)

modulate **modular** (71)

moisten **humedecer** (344);
mojar (165)

monkey around **monear**
(206)

moon, to land on **alunizar**
(339)

moralize **moralizar** (339)

mortgage **hipotecar** (424)

mortify **macerar** (409);
mortificar (424)

motivate **motivar** (9)

motorize **motorizar** (339)

mount **montar**

move **abalar** (54);
conmover (321); **mover**;
mudarse

move ahead **adelantarse** (54)

move near **arrimarse** (54,
289)

move out **desalojar** (165)

move to new land
trashumar (54)

mow **segar** (327)

muddle **embarullar** (261)

muffle **amortiguar** (83);
ensordecer (344);
silenciar (57)

multiply **multiplicar** (424)

mumble **chistar**

mummify **momificar** (424)

murder **asesinar** (107)

murmur **murmurar** (72);
susurrar (54)

mutilate **mutilar** (71)

mutter **murmurar** (72)

muzzle **amordazar** (81)

N

nail **clavar** (54)

name **llamar**; **nombrar**
(113)

narrate **narrar** (215);
relatar (308)

narrow **estrachar** (200)

nationalize **nacionalizar**
(90)

naturalize **naturalizar** (90)

nauseate **asquear** (206)

navigate **navegar**

need **faltar**; **necesitar**

neglect **descuidar** (39)

negotiate **gestionar** (355);
negociar (383); **tramitar**
(254)

nibble **roer**; **tascar** (99);
mordisquear (206)

night, to spend the
trasnochar (54); to stay
overnight **pernoctar** (291)

nod one's head when sleepy
cabecear (54)

normalize **normalizar** (339)

not know **desconocer** (134)

not recognize **desconocer**
(134)

note **notar** (308)

notice **acatar** (11); **guipar**
(54)

notify **noticiar** (383);
notificar (117)

nourish **alimentar** (291);
nutrir (346)

nudge **codear** (54)

number **numerar** (227)

nurse **lactar** (11); **mamar**
(54)

O

obey **obedecer**; **acatar** (11)

object **objetar** (308)

objectify **objetivar** (9)

oblige **obligar** (341)

obliterate **obliterar** (227)

observe **observar**

obsess **obsesionar** (355)

obstruct **atascar** (424);
atorar (409); **bloquear**
(206); **estorbar** (9);
obstaculizar (339); **obstar**
(215); **obstruir** (264)

obtain **obtener**

occasion **ocasionar** (355)

occlude **ocluir** (271)

occupy **ocupar**

occur **acontecer** (344) (3rd
person only); **ocurrir**
(Def. and Imp.)

offend **agraviar** (54);
injuriar (232); **lastimar**
(231); **ofender** (63)

offense, to take **molestarse**
(292); **ofenderse** (63, 80)

offer **brindar** (54); **ofertar**
(149); **ofrecer**

officiate **oficiar** (57)

oil **engrasar** (2); **aceitar**
(95)

omit **omitir** (30)

open **abrir**; **destapar** (332)

open halfway **entreabrir**
(495)

operate **operar** (227)

operate (vehicle) **manejar**

operate by remote control
teledirigir (188)

opine **opinar** (107)

oppose **contrariar** (256);
oponer

oppress **agobiar** (232);
  brumar, abrumar (247);
  oprimir (267)
opt **optar** (11)
optimize **optimar** (54)
orchestrate **instrumentar**
  (11); **orquestar** (250)
ordained, to be **ordenarse**
  (338, 108)
order **mandar** (259)
organize **estructurar** (284);
  metodizar (339); **organizar**
orient **orientar** (11)
originate **originar** (107)
oscillate **oscilar** (71)
outrage **ultrajar** (86)
overcome **acometer** (444)
overdraw **sobregirar** (215)
overexcite **sobreexcitar**
  (308)
overexpose **sobreexponer**
  (364)
overflow **desbordar** (39);
  reverter (354)
overload **sobrecargar** (111)
overshadow **ensombrecer**
  (344)
overthrow **abatir; derribar;**
  destronar (355); **tumbar** (9)
overturn **volcar** (424, 496)
overwhelm **abrumar,**
  brumar (247); **agobiar**
  (232); **aplastar** (250)
owe **deber; adeudar** (199)
oxidize **oxidar** (39)

P

pacify **acallar** (261);
  apaciguar (83); **pacificar**
  (424)
pack **embalar** (259);
  empacar (424);
  empaquetar (308)
paginate **paginar** (107)
paint **pintar**
paint a portrait **retratar**
  (478)
pair **parear** (175)
pair off **emparejar** (86)
palatalize **palatalizar** (339)
palliate **paliar** (232)
palpitate **palpitar** (254)
pamper **mimar** (314)

pant **jadear** (206)
parade **desfilar** (259)
paralyze **paralizar** (339)
paraphrase **parafrasear**
  (175)
pardon **disculpar** (332);
  perdonar
park **aparcar** (424);
  parquear (206)
park (a vehicle) **estacionar**
  (355)
parody **parodiar** (232)
participate **participar** (332)
particularize **particularizar**
  (339)
pass (by) **pasar**
patent **patentar** (11)
patrol **patrullar** (261);
  rondar (215)
pause **pausar** (25)
pay **desembolsar** (2); **pagar**
pay a debt **saldar** (54)
pay homage to **homenajear**
  (175)
pay off **amortizar** (339)
pay tribute **tributar** (215)
pedal **pedalear** (206)
peel **pelar** (259)
penalize **penalizar** (339)
penetrate **penetrar** (215)
pension **pensionar** (107)
perceive **percibir**
percolate **trascolarse**
  (289, 474)
perfect **afinar** (107);
  perfeccionar (355)
perforate **perforar** (409)
perform (a duty)
  desempeñar
perfume **perfumar** (247)
periphrase **perifrasear** (175)
perish **perecer** (344)
permit **dejar; permitir**
perpetrate a crime
  perpetrar (409)
perpetuate **perpetuar** (141)
persevere **perseverar** (409)
persist **empeñarse** (213,
  289); **persistir** (74)
personalize **personalizar**
  (339)
personify **personalizar**
  (339); **personificar** (424)

perspire **sudar** (54);
  transpirar (314)
persuade **persuadir** (346)
pertain **pertenecer**
pervert **pervertir** (435)
pest **acosar** (2)
pester **fastidiar** (232)
photocopy **fotocopiar** (106)
photograph **fotografiar** (464)
pierce **picar** (424);
  traspasar (347)
pile up **amontonar** (107);
  hacinar (107)
pillage **saquear** (206)
pilot **pilotar** (54); **pilotear**
  (54); **tripular** (259)
place in front **anteponer**
  (364)
plague **plagar** (341)
plait **trenzar** (81)
plan **planear** (206);
  planificar (424)
plant **plantar** (109)
plate (with silver or gold)
  chapar (332)
play (game, sport) **jugar**
play (music) **tocar**
play piano **teclear** (206)
play the lead in
  protagonizar (339)
please **agradar; complacer**
  (361); **contentar** (109);
  placer
pleat **plegar** (402)
plot **conspirar** (314);
  intrigar (341); **tramar**
  (54); **urdir** (346)
plow **arar** (54); **laborar**
  (409); **surcar** (424)
pluck **tañer; puntear** (206)
plug **obturar** (284); **taponar**
  (355)
plug in **enchufar** (54)
plunge **zambullir** (97)
plunge into water **zapuzar**
  (81)
pluralize **pluralizar** (339)
pocket **embolsar** (2)
pocket a ball in billiards
  trucar (424)
point **apuntar** (11)
point out **mencionar;**
  mostrar

(Note: Numbers in parentheses are **verb numbers**.)

poison **atosigar** (341);
envenenar (107); **intoxicar** (424)

polemicize **polemizar** (339)

polish **alisar** (2); **bruñir** (255); **limar** (231); **lustrar** (215); **pulimentar** (109); **pulir**; **sutilizar** (339)

polish again **repulir** (386)

politicize **politizar** (339)

ponder **cavilar** (259)

pontificate **pontificar** (424)

popularize **popularizar** (339); **vulgarizar** (339)

populate **poblar** (474)

pose **posar** (481)

possess **poseer**

postpone **aplazar** (339); **diferir** (370); **posponer** (364)

postulate **postular** (71)

pound **golpetear** (175); **macear** (175); **machacar** (424)

pour **verter** (354)

practice **ejercitar** (308); **practicar**

praise **alabar** (259); **exaltar** (11); **glorificar** (424); **loar** (259)

prattle **charlar** (259); **garlar** (259)

pray **orar** (32); **rezar** (53)

preach **predicar**; **sermonear** (175)

precede **preceder** (63)

precipitate **precipitar** (254)

predestine **predestinar** (107)

predetermine **predeterminar** (107)

predict **augurar** (409); **ominar** (107); **predecir**; **pronosticar** (424); **vaticinar** (470)

predispose **predisponer** (364)

predominate **predominar** (107)

prefabricate **prefabricar** (424)

prefer **preferir**

prefigure **prefigurar** (284)

preheat **precalentar** (103)

prejudge **prejuzgar** (341)

premeditate **premeditar** (308)

prepare **aparar** (342); **aprestar** (376); **preparar**

prepare onself **prepararse**

presage **presagiar** (232)

prescribe **prescribir** (224)

present **presentar**

preserve **conservar** (9); **preservar** (288)

preside over **presidir** (60)

press **oprimir** (267); **prensar** (2)

pressure **presionar** (355)

presume **presumir** (267)

presuppose **presuponer** (364)

pretend **aparentar** (11); **simular** (71)

prevail **prevaler** (484)

prevail, take root **prevalecer** (344)

price **cotizar** (339)

print **estampar** (332)

probe **sondar** (39); **sondear** (206)

proceed **proceder** (413)

proclaim **proclamar**

produce **generar** (215); **producir**

profane **profanar** (107)

profess **profesar** (403)

program **programar** (54)

progress **adelantar**; **progresar** (235)

prohibit **prohibir**; **vedar** (54)

project **proyectar** (11)

proliferate **proliferar** (409)

prolong **prolongar** (341)

promise **prometer** (444)

promote **promover** (321)

promulgate **promulgar** (341)

pronounce **pronunciar**

propagate **propagar** (341)

propel **impulsar** (2)

propose **proponer** (364)

proscribe **proscribir** (224)

prosecute **procesar** (403)

prosper **prosperar** (227)

prostrate **postrar** (149)

protect **abrigar** (297); **amparar** (409); **escudar** (39); **guarecer** (344); **proteger**

protest **protestar** (308)

protrude **descollar** (138)

prove **constatar** (308)

provide **deparar** (342); **proporcionar** (107); **proveer** (152)

provide for needs **subvenir** (488)

provoke **provocar** (99); **suscitar** (308)

prowl **rondar** (215)

publish **editar** (254); **publicar** (99)

pull **arrastrar** (215); **jalar** (259); **tirar**

pull out **desfijar** (54, 241)

pulse **pulsar** (25)

pulverize **pulverizar** (339)

punctuate **puntuar** (141)

puncture **picar** (424); **pinchar** (306); **punchar** (306)

punish **castigar** (341); **sancionar** (107)

purge **purgar** (341)

purify **apurar** (67, 72); **purificar** (424)

purse (lips) **fruncir** (501)

pursue **acosar** (2); **perseguir** (432)

push **empujar** (86)

put **colocar**; **poner**

put a seal or stamp on **timbrar** (22)

put at a disadvantage **desfavorecer** (344)

put away **arrinconar** (107)

put back **remeter** (444); **reponer** (364)

put before **preponer** (364)

put down **posar** (481)

put in charge **encargar** (111)

put in order **ordenar**

put into **meter** (444)

put on (clothing) **ponerse**

put on makeup **maquillarse** (289)

put on weight **engordar** (54)
put out of order **desajustar** (250)
put to bed **acostar** (21, 209)
putrefy **pudrir**

Q

quarrel **camorrear** (54)
quiet **acallar** (261); **aquietar** (11); **quietar** (308); **sedar** (54); **sosegar** (327)

R

radiate **radiar** (232)
raffle **sortear** (206)
rage **rabiar** (106)
rain **llover** (Def. and Imp.)
raise **erguir**; **realzar** (339); **remontar** (317)
raise prices **encarecer** (344)
rake **rastrillar** (261)
ramify **ramificarse** (424, 289)
ransom **rescatar** (308)
ratify **ratificar** (424)
ration **racionar** (107)
rationalize **racionalizar** (339)
raze **arrasar** (2); **rasar** (2)
reach **alcanzar**; **arribar** (9)
react **reaccionar** (355)
reactivate **reactivar** (259)
read **leer**
ready, to get **disponerse** (365)
reaffirm **reafirmar** (243)
realize **acatar** (11); **realizar**
reanimate **reanimar** (107)
reappear **reaparecer** (59)
rear **educar** (424)
rearm **rearmar** (54)
reason **argüir** (264)
reason (out) **razonar** (355)
reassume **reasumir** (495)
reassure **reasegurar** (72)
rebel **rebelarse** (259, 289)
rebound **rebotar** (308)
rebroadcast **retransmitir** (30)
rebuild **reconstruir** (264)
recapitulate **recapitular** (71)
receive **recibir**
receive hospitably **acoger** (123)

recite **recitar** (254)
reclaim **reclamar** (15)
recline **reclinar** (107)
recognize **reconocer**
recoil **recular** (71)
recommend **recomendar**
recompense **gratificar** (424); **recompensar** (2)
reconcile **avenir** (488); **reconciliar** (232); **reconciliarse** (232, 289)
reconsider **repensar** (352)
reconstitute **reconstituir** (271)
reconstruct **reconstruir** (264)
recover **curarse** (64); **recobrar** (259); **recuperar** (227); **recuperarse** (64); **reponerse** (364, 80)
recriminate **recriminar** (107)
recruit **reclutar** (308)
rectify **rectificar** (424)
recuperate **recuperar** (227)
recycle **reciclar** (259); **recircular** (71)
redo **rehacer** (260)
redouble **redoblar** (259)
reduce **abreviar** (232); **achicar** (424); **acortar** (11); **apocar** (99); **empequeñecer** (229); **ensolver** (497); **limitar** (308); **reducir**
reduce prices **abaratar** (308)
reduce swelling **deshinchar** (306); **desinflamar** (54)
reduplicate **reduplicar** (424)
reelect **reelegir** (203)
refer **referir**
refine **afinar** (107); **refinar** (107); **sutilizar** (339)
reflect **reflejar** (86); **reflexionar** (107)
reform **reformar** (244)
refresh **refrescar** (424)
refrigerate **refrigerar** (409)
refund **restituir** (264)
refuse **denegar** (327); **rehusar** (481)
refute **impugnar** (107)

regenerate **regenerar** (409)
register **matricular** (71); **registrar** (215); **registrarse** (289)
regress **regresar**
regret **arrepentirse de** (436); **lastimarse**
regulate **regular** (259)
reheat **recalentar** (103)
reign **reinar** (107)
reimburse **reembolsar** (2); **reintegrar** (259)
reinforce **reforzar** (49)
reinstall **reinstalar** (259)
reintroduce **reintroducir** (278)
reiterate **reiterar** (72)
reject **desechar** (200); **rechazar** (81)
rejoice **alegrarse**
relate **relacionar** (355); **relatar** (308); **vincular** (71)
relaunch **relanzar** (286)
relax **relajarse** (86, 289); **esparcirse** (226, 275)
release **largar** (341); **liberar** (409); **libertar** (11); **soltar** (138)
relegate **relegar** (341)
relish **paladear** (206)
reload **recargar** (111)
rely on **atenerse**
remain **permanecer** (344); **quedarse**; **restar** (376)
remeasure **remedir** (309)
remedy **remediar** (232)
remember **acordarse**; **recordar**; **rememorar** (32)
remember incorrectly **trascordarse** (20)
remit **remitir**
remove **apartar** (11); **remover** (321); **substraer** (477)
remove hair **depilar** (259)
remunerate **remunerar** (409)
rend **desgarrar** (215)
renege **renegar** (327)
renew **renovar** (209)
renounce **abjurar** (284); **renunciar** (383)
renovate **renovar** (209)

(Note: Numbers in parentheses are **verb numbers**.)

rent **alquilar**; **arrendar** (352); **rentar** (11)

reorganize **reorganizar** (339)

repaint **repintar** (358)

repair **reparar**

repay **retribuir** (264)

repeat **repetir**

repel **rechazar** (81); **repeler** (91); **relanzar** (286)

repent for **arrepentirse de** (436)

replace **reemplazar** (339)

replant **replantar** (109)

reply **replicar** (99)

reprehend **vituperar** (409)

represent **representar** (375)

repress **represar** (376); **reprimir** (267)

reprimand **amonestar** (11); **reconvenir** (488); **zaherir** (263)

reprint **reeditar** (254)

reproach **reprochar** (200); **reprocharse** (200, 289); **zaherir** (263)

reproduce **reproducir** (381)

reprove **reprobar** (378)

repudiate **repudiar** (232)

repulse **repeler** (91); **repulsar** (2)

repute **reputar** (308)

request **postular** (71)

require **exigir**; **requerir** (370)

reread **releer** (290)

rescind **rescindir** (60)

rescue **librar** (259); **rescatar** (308); **salvar** (288)

resell **revender** (487)

resemble **semejar** (86)

resemble each other **parecerse**

reserve **reservar** (288)

reside **morar** (409); **residir** (60)

resign **dimitir** (407)

resign oneself **resignarse** (107, 289)

resist **resistir** (74)

resolve **resolver**; **solucionar** (355); **solventar** (308)

resort to **recurrir** (495)

resound **resonar** (209)

respect **respetar** (54)

respect the law **acatar** (11)

respire **respirar** (227)

respond **responder**

rest **descansar**; **holgar** (125); **reposar** (2)

restore **restaurar** (259)

restrain **cohibir** (382)

restrain oneself **repararse** (409, 289)

result **resultar** (427)

resume **reasumir** (495)

resurge **resurgir** (460)

resuscitate **resucitar** (254)

retain **retener** (468)

retard **atrasar** (2); **retardar** (199); **retrasar**

rethink **repensar** (352)

retie **reatar** (308)

retire **jubilar** (259); **retirar**; **retirarse** (414, 64)

retouch **retocar** (472)

retransmit **retransmitir** (30)

return **devolver**; **volver**

return someone's greeting **resaludar** (428)

reunify **reunificar** (424)

reunite **reunir** (see note, verb 416)

revalue **revalorar** (409); **revalorizar** (339)

reveal **revelar** (259)

reverberate **reverberar** (409)

revere **venerar** (409)

revert **revertir** (34)

review **repasar** (347); **rever** (489); **revisar** (2)

revise **enmendar** (352); **rever** (489); **revisar** (2)

revive **reanimar** (107); **revivir** (495)

revoke **abrogar** (421); **revocar**

revolt **rebelarse** (259, 289)

revolutionize **revolucionar** (355)

revolve **revolver**

reward **gratificar** (424); **premiar** (232); **recompensar** (2)

rhyme **rimar** (54)

ridicule **burlarse**; **escarnecer** (344); **ridiculizar** (339)

rinse **enjuagar** (297)

rip **rasgar** (341)

ripen **madurar** (409)

ripple **ondear** (206)

risk **arriesgar** (341); **aventurarse** (48)

rival **emular** (259); **rivalizar** (339)

roam **vagabundear** (463); **vagar** (341)

roar **rugir** (188)

roast **asar** (2)

rob **hurtar** (11); **robar**; **saltear** (206)

roll **liar** (256); **rodar** (474); **rular** (71)

roll up **enrollar** (261)

roll up sleeve, pants **remangar** (341)

root up **arrancar**

rot **pudrir**; **pudrirse** (385, 275)

rotate **rotar** (308)

round off **redondear** (206)

row **bogar** (421); **remar** (54)

rub **frotar** (498); **gratar** (249)

rub together **transfregar** (327)

ruin **arruinar** (107); **desbaratar** (109); **destrozar** (339); **hundir** (60); **malear** (206)

rule **regir** (203)

ruminate **rumiar** (62)

run **correr**

run (street) **desembocar** (424)

run away **fugarse** (341, 289)

run to someone's aide **acorrer** (148)

rush **apresurarse**

rush about **trajinar** (107)

rust **oxidar** (39)

S

sabotage **sabotear** (206)

sack **saquear** (206)

sacrifice **sacrificar** (117)

sad, to become **entristecerse** (345)

sadden **apenar** (107)

saddle **ensillar** (261)

said, to be **contarse** (138, 289)

sail **navegar**; **zarpar** (332)

salivate **salivar** (288)

salt **salar** (71)

salute **saludar**

sample **catar** (308)

sanctify **santificar** (117)

sanction **sancionar** (107)

satirize **satirizar** (339)

satisfy **satisfacer**; **hartar** (149)

saturate **saturar** (284); **impregnar** (107)

sauté **sofreír** (404)

save **ahorrar**; **librar** (259); **salvar** (288)

savor **paladear** (206); **saborear** (206)

saw **serrar** (116)

say **decir**

say good-bye to **despedirse**

say stupid things **gansear** (175)

scare **espantar** (109)

scare away **zapear** (206)

scatter **esparcir**

scheme **intrigar** (341); **urdir** (346)

scold **regañar** (213); **reñir**

scorch **chamuscar** (99)

score goals **golear** (206)

scrape **raspar** (332); **raer**; **rozar** (81)

scratch **arañar** (213); **rascar** (99); **rozar** (81)

scream **chillar** (259)

screech **ulular** (259)

scribble **emborronar** (54); **garabatear** (463)

scrub **fregar**

scrutinize **escudriñar** (213)

sculpt **esculpir** (157)

seal **sellar** (261)

search carefully **rebuscar** (99)

season **aderezar** (339); **adobar** (259); **aliñar** (213); **condimentar** (11);

salpimentar (352); **sazonar** (355)

seat **asentar** (352)

second **secundar** (39)

secularize **secularizar** (339)

secure **sujetar** (308)

seduce **seducir** (381)

see **ver**

seek **buscar**

seem **parecer**

segment **segmentar** (11)

segregate **segregar** (421)

seize **agarrar**; **asir**; **coger** (Spain; see note in **coger**); **empuñar** (213); **prender** (63)

select **seleccionar** (355)

sell **vender**

send **despachar** (225); **enviar**

send over and over again **remandar** (259)

sense **intuir** (271); **olerse** (335, 185)

sentence someone **sentenciar** (57)

separate **desunir** (480); **separar**; **separarse** (289, 437)

serve **servir**

serve in the army **militar** (308)

set aside **apartar** (11)

set down **asentar** (352)

set on fire **abrasar**; **incendiar** (106); **inflamar** (54)

settle **asentarse** (434); **saldar** (54)

sew **coser** (128)

shake **abalar** (54); **menear** (206); **retemblar** (352); **sacudir**

shake about **zarandar** (41); **zarandear** (206)

shame **avergonzar**

share **compartir** (346)

sharpen **afilar** (259)

shatter **estrellar** (261)

shave **afeitar** (35, 258)

shave (one's beard) **rasurarse** (292)

shave oneself **afeitarse**

shear **trasquilar** (259); **tundir** (346)

shelter **abrigar** (297); **albergar** (341); **cobijar** (54)

shield **blindar** (39); **escudar** (39)

shine **brillar** (259); **lucir** (495) (before **a** or **o**, **c** becomes **zc** in Tenses 1, 6 and imperative); **relucir** (495) (before **a** or **o**, **c** becomes **zc** in Tenses 1, 6 and imperative); **resplandecer** (344)

shiver **tiritar** (308)

shock **escandalizar** (339)

shoe **calzar**

shoe a horse **herrar** (116)

shoot **disparar** (409); **fusilar** (259)

shoot at **abalear** (206)

shop online **comprar en línea** (see **comprar**)

shoplift **ladronear** (206)

shorten **abreviar** (232); **achicar** (424); **acortar** (11)

shout **gritar**; **rugir** (188); **vocear** (206); **vociferar** (227)

shovel **palear** (206)

show **manifestar** (352); **mostrar**

show off **alardear** (54); **farolear** (54); **garbear** (175); **ostentar** (11)

show oneself **mostrarse** (64)

shower oneself **ducharse**

shriek **chillar** (259)

shuffle **barajar** (86)

shut **clausurar** (409)

sift **tamizar** (339)

sigh **suspirar**

sign **signar** (114); **firmar**

sign on **enrolar** (259)

signal **señalar**

signify **significar**

silence **acallar** (261); **callar** (261); **enmudecer** (229); **silenciar** (57)

silent, to keep **silenciarse** (195)

(Note: Numbers in parentheses are **verb numbers**.)

simplify **simplificar** (117)
simulate **simular** (71)
sin **pecar** (424)
sing **cantar**
sing in tune **entonar** (355)
sing softly **cantalear** (54);
  canturrear (175)
sing to sleep **arrullar** (261)
singe **chamuscar** (99)
single out **singularizar** (339)
sink **sumir** (459)
sink in **hincar** (424)
sip **sorber** (91)
sit down **asentarse** (434);
  sentarse
situate **situar** (141); **ubicar**
  (424)
situated, to be **ubicarse**
  (424, 289)
skate **patinar** (107)
sketch **trazar** (81)
ski **esquiar**
skid **patinar** (107)
skim **hojear** (175)
skip **brincar** (430)
slacken **aflojar** (86)
slander **calumniar** (232);
  difamar (54); **infamar** (54)
slap **cachetear** (206);
  sopapear (206)
slap in the face **abofetear**
  (54); **acachetear** (54)
slash **acuchillar**
sleep **dormir**
sleepy, to get **adormecer**
  (229, 289)
slice **tajar** (86); **tronzar** (81)
slice (meat) **trinchar** (54)
slide **patinar** (107)
slither **serpentear** (206)
slow down **retardar** (199)
smash **destrozar** (339);
  estrellar (261); **quebrar**
  (352); **trincar** (117)
smell **apestar** (11); **oler**;
  olfatear (206)
smile **sonreír**
smoke **humear** (175); **fumar**
smooth **alisar** (2); **aplanar**
  (107); **limar** (231);
  suavizar (339)
snatch **arrebatar** (308)
sneeze **estornudar** (39)

sniff **olfatear** (206); **ventar**
  (352)
snitch **sisar** (9)
snooze **dormitar** (308)
snore **roncar** (424)
snow **nevar** (Def. and Imp.)
snow heavily **ventiscar**
  (424)
snow lightly **neviscar** (424)
soak **empapar** (342);
  remojar (239)
soak in **embeber** (91)
soaked, to get **empaparse**
  (189)
soap **enjabonar** (355);
  jabonar (473)
sob **sollozar**
soften **ablandar** (41);
  ablandecer (344); **endulzar**
  (339); **suavizar** (339)
soil **ensuciar** (383)
solder **soldar** (209)
sol-fa **solfear** (175)
solicit **solicitar** (121)
solve **solucionar** (355);
  solventar (308)
soothe **apaciguar** (83);
  aplacar (424); **sedar** (54)
sound **sonar**; **sondar** (39);
  sondear (206)
sow **sembrar** (352)
spank **zurrar** (54)
spark **chispear** (175)
sparkle **chispear** (175);
  destellar (261)
speak **hablar**
spear **lancear** (175)
specialize **especializarse**
  (339, 289)
specify **particularizar** (339);
  precisar (2)
speculate **conjeturar** (284)
speed **acelerar**
speed up **acelerar** (409)
spell **deletrear** (206)
spend **desembolsar** (2)
spend (money) **gastar**
spend (time) **pasar**
spend the summer **veranear**
  (463)
spew **gormar** (244)
spill **derramar** (259)
spin **girar** (215)

spit **escupir** (346)
splash **salpicar** (424)
split **hender** (164);
  tronchar (54)
spoil **desbaratar** (109);
  desmejorar (310);
  deteriorar (409); **estropear**
  (175); **malear** (206);
  mimar (314)
spot **manchar** (306)
spray **rociar** (62)
spread **diseminar** (107);
  propagar (341)
spread (a disease,
  enthusiasm, hate)
  contagiar (232)
spread out **esparcirse** (226,
  275)
sprinkle **rociar** (62)
sprout **brotar** (308)
spruce up **acicalarse** (259,
  289)
spy on **acechar** (200);
  espiar (256)
squander **derrochar** (225);
  devorar (409); **despilfarrar**
  (46); **disipar** (332);
  malgastar (250)
squeeze **oprimir** (267)
stagger **tambalear** (206);
  titubear (175)
stain **ensuciar** (383);
  manchar (306); **tacar**
  (472); **teñir** (408)
stain with blood
  ensangrentar (352)
stake out **jalonar** (355)
stammer **balbucear**;
  balbucir (386);
  tartamudear (206)
stamp **estampar** (332)
stand out **destacar** (424);
  sobresalir (426)
standardize **tipificar** (424);
  uniformar (244)
stare at **ojear** (175)
start **comenzar**; **empezar**;
  emprender (63); **entablar**
  (259)
startle **sobresaltar**
  (427)
starve **hambrear** (206)
state **alegar** (341)

stay **permanecer** (344); **quedarse**

stay awake **velar**

steal **hurtar** (11); **quitar** (37)

steam **humear** (175)

stereotype **estereotipar** (332)

stick on **adherir** (435)

stick to **aferrarse** (352, 289)

stigmatize **estigmatizar** (339)

stimulate **estimular** (259)

sting (hurt) **escocer** (321, 486)

stink **apestar** (11); **heder** (354)

stir up **alborotar** (11); **azuzar** (339); **fomentar** (11)

stock **surtir** (346)

stone **apedrear** (206)

stoop **agacharse** (225, 289)

stop **cesar** (235); **desistir** (495)

stop (oneself) **detenerse**; **pararse**

stop (someone or something) **parar**

stop worrying **despreocuparse** (372)

store **almacenar** (114)

straighten **aliñar** (213)

strain **colar** (474); **trascolar** (474)

strangle **estrangular** (259)

strengthen **esforzar** (49)

stretch **estirar** (409)

stretch oneself **desperezarse**; **estirarse** (64)

stride along **trancar** (424)

strike **golpear** (175)

strive **afanarse** (289); **empeñarse** (213, 289)

stroll **flanear** (175)

structure **estructurar** (284)

struggle **luchar**; **pujar** (54)

study **estudiar**

stuff **embutir** (60); **rellenar**

stuff with drugs, medicines **jarapotear** (206); **resaltar** (427)

stumble **tropezar**; **trompicar** (424)

stun **atontar** (11); **aturdir** (60)

stutter **tartamudear** (206)

subject **sujetar** (308)

subjugate **subyugar** (325)

sublet **subarrendar** (352)

submerge **sumergir**; **sumir** (459)

submit **someter**

subordinate **subordinar** (338)

subscribe **subscribir**; **suscribir** (see **subscribir**); **suscribir** (454)

subscribe oneself **abonarse** (54, 289)

subsidize **subvencionar** (311)

subsist **subsistir** (74)

substitute **substituir** (264); **sustituir** (271)

subtract **quitar** (37); **restar** (376); **substraer** (477); **sustraer** (477)

subvert **subvertir** (263)

succeed in **acertar**

succumb to **sucumbir a** (394)

suck **chupar**; **succionar** (248)

suffer **padecer** (333); **sufrir**

suffer from a complex **acomplejarse** (86, 289)

suffice **bastar** (Def. and Imp.)

suffocate **ahogar** (341); **asfixiar** (232); **sofocar**

suggest **sugerir**

summarize **resumir** (480)

superimpose **sobreponer** (364)

superpose **superponer** (364)

supervene **sobrevenir** (488)

supervise **supervisar** (25)

supplant **suplantar** (109)

supplicate **suplicar** (117)

supply **deparar** (342); **proporcionar** (107); **proveer** (152); **suministrar** (215); **surtir** (346)

support **apoyar** (453); **soportar** (427)

suppose **suponer**

suppress **suprimir**

surf (Internet) *slang* **surfear** (206)

surge **surgir**

surpass **sobrepasar** (2); **superar** (54)

surprise **extrañar** (213); **sorprender**

surrender **capitular** (259); **entregarse** (216, 289); **rendir** (349)

surrender to **someterse a** (444, 80)

surround **rodear** (206)

surround oneself with **rodearse de** (206, 289)

survive **sobrevivir** (495)

suspect **maliciar** (383); **sospechar**; **olerse** (335, 185)

suspend **suspender** (91)

sustain **sostener**

swallow **tragar** (421)

swallow soft food without chewing **papar** (332)

swear **jurar**

sweat **sudar** (54); **transpirar** (314)

sweep **barrer**

sweeten **endulzar** (339)

swell **engrosar** (138); **hinchar** (306)

swim **nadar**

swindle **estafar** (259); **timar** (231)

swirl (snow) **ventiscar** (424)

symbolize **simbolizar** (339)

synchronize **sincronizar** (339)

systematize **metodizar** (339); **sistematizar** (339)

T

tabulate **tabular** (259)

take (food) **tomar**

take a long time **tardar** (199)

take a walk **pasearse**

take advantage **aprovecharse**

take apart **desasir** (73)

take away **quitar** (37)

(Note: Numbers in parentheses are **verb numbers**.)

take care of **custodiar** (232)
take care of oneself
cuidarse
take courses **cursar** (2)
take hold of **aferrarse** (352,
289); **asirse** (73, 64)
take in **ingerir** (435)
take notice **fijarse**
take off (airplane) **despegar**
take off (clothing) **quitarse**
take off one's makeup
desmaquillarse (289)
take off shoes **descalzar**
(339)
take on **asumir** (267)
take out **sacar**
take place **supervenir** (488)
take possession **apropiarse**
(195)
take possession of
adueñarse (213, 289)
take power, possession
apoderarse
take refuge **asilar** (259);
refugiarse (232, 289)
take root **arraigar** (341)
talk **hablar**
talk foolishly **disparatar**
(308)
talk nonsense **necear** (206)
tally **tarjar** (86)
tame **domesticar** (424)
tan **broncear**
tangle **enredar** (39)
tap one's feet **zapatear**
(463)
taste **catar** (308); **paladear**
(206); **saborear** (206)
tauten **tensar** (172)
teach **enseñar**; **instruir** (271)
tear **lacerar** (409); **rasgar**
(341); **desgarrar** (215)
tear off **desgajar** (54)
tear to shreds **trizar** (81)
tear to pieces **despedazar**
(339)
tease **embromar** (54)
teethe **dentar** (352)
telegraph **telegrafiar** (240)
telephone **telefonear**
televise **televisar**
tell **contar**
tense (to) **tensar** (172)

tense up, tighten **crispar**
(332)
terminate **terminar**
terrify **aterrorizar** (339)
test **ensayar** (54)
test, try **probar**
testify **testificar** (117);
declarar
text message (to) **mensajear**
(206); **enviar un mensaje de
texto**; **escribir un mensaje
de texto** (see enviar and
escribir)
text (to) **textear** (206)
thank **agradecer**
thaw **descongelar** (259)
theorize **teorizar** (339)
think **pensar**
think over **recapacitar**
(308)
think up **idear** (175)
threaten **amenazar** (339)
throw **arrojar**; **disparar**
(409); **echar**; **lanzar**
throw (away) **botar**
throw back, repel **relanzar**
(286)
throw oneself **lanzarse**
(286, 289)
thunder **tronar** (474)
tidy **aliñar** (213)
tie **aligar** (421); **amarrar**
(409); **atar** (308); **empatar**
(308); **liar** (256)
tie knots **anudar** (39)
tie together **anudar** (39);
enlazar (339)
tighten **estrachar** (200)
tile **tejar** (86)
till **laborar** (409)
tilt **ladear** (206)
tint **colorear** (175); **tintar**
(254)
tire **cansar** (172)
tired, to get **fatigarse** (421,
289)
title **titular** (71)
toast **tostar**
toast again **retostar** (474)
tolerate **tolerar** (227)
tone up **tonificar** (117)
torture **atormentar** (11);
torturar (72)

totter **titubear** (175)
touch **palpar** (332); **tocar**
tow **remolcar** (424)
trace **trazar** (81)
trade **comerciar** (57)
traffic **traficar** (424)
train **adiestrar** (32);
capacitar (308); **ejercitar**
(308); **entrenar** (107)
trample **pisar**; **pisotear**
(175)
trample down **atropellar**
(261)
tranquilize **tranquilizar**
(339)
transact **tramitar** (254)
transcend **trascender** (354)
transcribe **transcribir** (224)
transfer **transferir** (370);
transponer (364);
trasladar (215)
transform **transformar**
(244)
transgress **infringir** (188)
translate **traducir**
translate over again
retraducir (476)
transmigrate **transmigrar**
(273)
transmit **transmitir** (30)
transplant **trasplantar** (11)
transport **acarrear** (206);
transportar (427)
travel **transitar** (254);
viajar
tread on **pisar**
treat attentively **agasajar**
(86)
tremble **retemblar** (352);
temblar
trick **burlar** (259); **embaír**
(Def. and Imp.); **mistificar**
(424); **truhanear** (206)
trill **trinar** (107)
trim **orillar** (261); **recortar**
(149)
trip **trompicar** (424)
triple **triplicar** (424)
triplicate **triplicar** (424)
triumph **triunfar** (54)
trivialize **trivializar** (154)
trot **trotar** (478)
trump **fallar** (261)

truncate **truncar** (424)
trust **confiar** (240); **fiar**
try **ensayar** (54); **intentar**
(11); **tentar; tratar**
try on (clothes) **probarse**
tune **sintonizar** (339)
tune (instrument) **afinar**
(107)
tunnel through **minar** (107)
turn **tornar** (288)
turn around **girar** (215)
turn oneself around
volverse (497, 80)
turn cowardly **acobardarse**
(39, 289)
turn on (TV, radio) **poner**
turn over **volcar** (424, 496);
voltear (206)
turn pale **palidecer** (344)
turn pink **sonrosarse** (2, 289)
turn red **enrojecerse** (344,
80)
turn upside down **invertir**
(370); **trastornar** (54)
tweet (Internet) **tuitear**
(206)
twist **retorcer; tergiversar**
(2); **torcer** (321, 486)
type **teclear** (206)
typify **tipificar** (424)
tyrannize **tiranizar** (339)

U

ululate **ulular** (259)
unbalance **desequilibrar**
(259)
uncork **descorchar** (306);
destapar (332)
uncover **desabrigar** (341)
underestimate **desapreciar**
(62); **subestimar** (231)
underline **subrayar**
understand **comprender;**
entender
understand each other
entenderse (214, 80)
undertake **acometer** (444);
emprender (63)
undo **desasir** (73); **deshacer**
undress **desarropar** (332);
desnudar (324)
undress oneself **desnudarse**
(289); **desvestirse**

undulate **ondear** (206);
ondular (71); **undular** (71)
unearth **desenterrar** (352)
unfold **desplegar** (327)
ungrateful, to be
desagradecer (40)
unhook **descolgar** (125)
unify **unificar** (117)
unite **unir**
united, to be **unirse**
(480, 275)
unlearn **desaprender** (63)
unload **descargar** (111)
unpack **desembalar** (259)
unpack, unwrap
descmpacar (424)
unpleasant, to be
desagradar (39)
unplug **desenchufar** (259)
unroll **desenrollar** (261)
unscrew **destornillar** (261)
untie **desenlazar** (339);
zafar (54)
unwind **desenrollar** (261)
unwrap **desenvolver** (497)
upholster **tapizar** (339)
upload (Internet) **subir**
uproot **desarraigar** (341)
upset **indisponer** (364);
turbar (9)
urbanize **urbanizar** (339)
urge **urgir** (188)
urge press **instar** (11)
use, to no longer be in
desusarse (481, 292)
use **utilizarse** (289, 482);
emplear; usar
use the **tú** form with each
other **tutearse** (206, 289)
use the **tú** form with
someone **tutear** (206)
use up **consumir** (267)
usurp **usurpar** (332)
utilize **utilizar**
utter **proferir** (370)

V

vacate **desalojar** (165);
desalquilar (50);
desocupar (332)
vaccinate **vacunar** (114)
vacillate **vacilar** (115)
validate **validar** (39)

value **valorar** (32);
valorear (206); **valorizar**
(339)
vaporize **evaporizar** (339);
vaporizar (339)
vary **variar** (483)
vaticinate **vaticinar** (470)
venerate **venerar** (409)
ventilate **ventilar** (71)
venture **arriesgar** (341);
aventurarse (48)
verify **comprobar** (378);
constatar (308); **verificar;**
averiguar
versify **versificar** (117)
vibrate **vibrar** (259)
vilify **vilipendiar** (232)
vindicate **vindicar** (424)
violate **violar** (259)
visa, examine and endorse
visar (25)
visit **visitar**
visualize **visualizar** (339)
vocalize **vocalizar** (81)
vociferate **vociferar** (227)
voice (phonetics) **sonorizar**
(339)
volley **volear** (175)
vomit **gormar** (244);
vomitar (254)
vote **votar**
vulgarize **vulgarizar** (339)

W

wag **colear** (54)
wager **apostar** (474)
wait (for) **esperar**
wait for **aguardar**
wake (oneself) up
despertarse
wake up (someone)
despertar (352, 181)
walk **andar; caminar;**
marchar
wall up, in **tapiar** (232)
wallop **zurrar** (54)
wallow **revolcarse** (21,
19, 424)
waltz **valsar** (25)
wander **divagar** (341);
vagar (341); **errar**
want **desear; querer**
war **guerrear** (175)

(Note: Numbers in parentheses are **verb numbers**.)

warble **gorjear** (206);
  trinar (107)
warm up **acalorar** (409);
  calentar
warn **advertir; alertar** (11);
  avisar (340); **prevenir** (488)
wash **enjabonar** (355); **lavar**
wash again **relavar** (288)
wash oneself again
  relavarse (289)
wash onself **lavarse**
waste **derrochar** (225);
  desperdiciar (57); **gastar;**
  malgastar (250)
watch **acechar** (200)
watch (over) **vigilar**
watch over **velar**
water **regar**
water (eyes) **lagrimear** (206)
weaken **desfallecer** (344)
wear **llevar; traer**
wear away **desgastar** (250)
wear out **deteriorar** (409)
weave **tejer** (91)
weep **lagrimar** (231);
  lagrimear (206); **llorar**
weigh **pesar** (25); **sopesar** (2)
weigh again **repesar** (25)
weigh anchor **zarpar** (332)
weigh down **sobrecargar**
  (111)
welcome **acoger** (123)
weld **soldar** (209)

westernize **occidentalizar**
  (339)
wet **mojar** (165)
wet, to get **humedecerse**
  (344, 80)
whimper **lloriquear** (206)
whine **lloriquear** (206)
whip **fustigar** (341)
whirl up in the air
  revolotear (206)
whisper **chuchear** (206);
  rechistar (250); **susurrar**
  (54)
whistle **chiflar** (259); **silbar**
  (9)
whiten **blanquear** (206)
widen **ampliar** (256)
wiggle **menear** (206)
win **ganar**
wind **serpentear** (206)
wink **guiñar** (213);
  parpadear (206);
  pestañear (206)
winter **invernar** (352)
wipe out **aniquilar** (259)
wish **desear; querer**
withdraw from **apartarse**
  (11, 289)
wobble **bambolear** (206)
wolf down **soplarse** (289, 448)
work **laborar** (409);
  labrar (409); **obrar** (113);
  trabajar

work hard **afanarse** (289)
worry **apurarse; inquietar**
  (308); **inquietarse** (292);
  preocuparse; remorder
  (318); **turbar** (9)
worry excessively **torturarse**
  (289)
worsen **empeorarse** (409,
  289)
wound **herir; lesionar**
  (355); **llagar** (298)
wound by gunshot **abalear**
  (206)
wound with words **zaherir**
  (263)
wrap up **envolver**
wreck **desbaratar** (109)
wring out **exprimir** (267)
wrinkle **arrugar** (341)
write **escribir**
write off **amortizar** (339)
wrong **agraviar** (54)

X

x-ray **radiografiar** (256)

Y

yawn **bostezar**
yearn **anhelar** (259)
yield **ceder** (413)
yoke **uncir** (501)

Over 2,300 Spanish Verbs Conjugated Like Model Verbs

The number after each verb is the **verb number** (*not* the **page number**) of a model verb that is shown fully conjugated. At times there are two **verb numbers**; for example, **sonarse** (to blow one's nose) is conjugated like **sonar** (verb 445) because the **o** in the stem changes to **ue** and it is like **lavarse** (verb 289), which is a reflexive **-ar** type verb, as is **sonarse**. Don't forget to use the reflexive pronouns with reflexive verbs. Consult the entry **reflexive pronoun and reflexive verb** in the section on definitions of basic grammatical terms with examples beginning on page 32. If you see "Def. and Imp." instead of a verb number, look in the list of defective and impersonal verbs. It's right after the main verb listing.

Note: The English definitions are a guide to the most common meanings. In some cases we have also included a preposition when it is likely that you will use it along with the verb. There are obviously many more definitions for the verbs in this list. Think of the definitions as a way to make sure that you're looking up the right word!

A

abajar, bajar to go down (86)

abalanzar to balance (81)

abalanzarse to hurl oneself (81, 289)

abalar to move, shake (54)

abalear to shoot at, to wound or kill by gunshot (206)

abalizar to mark with buoys (339)

abanar to cool with a fan (249)

abandonar to abandon (473)

abanicar to fan (117)

abaratar to make cheaper, reduce prices (308)

abdicar to abdicate (99)

abducir to abduct (132)

aberrar to err, be mistaken (54)

abjurar to abjure, renounce (284)

ablandar to soften (41)

ablandecer to soften (344)

abnegar to abnegate, forego (327)

abnegarse to go without, deny oneself (289, 327)

abofetear to slap in the face (54)

abominar to abominate (107)

abonar to buy a subscription (54)

abonarse to subscribe oneself (54, 289)

abordar to board, to accost, to approach (54)

aborrecer to abhor, detest (344)

abotonarse to button up (355, 289)

abreviar to reduce, shorten (232)

abrigar to shelter, protect (297)

abrochar to button up, fasten (259)

abrogar to abrogate, revoke, annul (421)

abrumar, brumar to crush, oppress, overwhelm (247)

absorber to absorb (128)

abstraer to abstract (477)

abuchear to boo (175)

abundar to abound, be plentiful (39)

abusar to abuse (25)

acachetear to slap in the face (54)

acaecer to happen (344) (3rd person only)

acallar to silence, quiet, hush, pacify, calm down (261)

acalorar to warm up (409)

acamar to flatten (54)

acampar to camp (332)

acaparar to buy up, hoard (342)

acariciar to caress (57)

acarrear to transport, cause (206)

acatar to obey, respect the law, notice, realize (11)

acatarrarse to catch a cold (409, 289)

acaudalar to accumulate (259)

acceder to accede, agree (128)

accidentar to have an accident, be hurt or injured (11)

(Note: Numbers in parentheses are **verb numbers**.)

acechar to watch, spy on (200)

aceitar to oil (95)

acelerar to speed up, expedite (409)

acentuar to accentuate, mark with an accent (141)

achicar to reduce, lessen, shorten (424)

acicalarse to dress up, spruce up (259, 289)

aclarar to clarify, explain (409)

aclarecer to make clear (229)

aclimatar to acclimatize (308)

acobardarse to become frightened, turn cowardly (39, 289)

acoger to receive hospitably, welcome (123)

acometer to attack, undertake, overcome (444)

acomodar to accommodate, arrange, hire (259)

acompasar to measure (347)

acomplejarse to suffer from a complex (86, 289)

acongojarse to be anguished (86, 289)

aconsejarse to seek advice (18, 289)

acontecer to happen, occur (344) (3rd person only)

acopiar to classify, collect, gather (106)

acoplar to connect, join, couple (259)

acorrer to run to someone's aide, help, assist (148)

acortar to shorten, reduce (11)

acosar to harass, pursue, pest (2)

acostar to put to bed (21, 209)

acostumbrarse to become accustomed, get used to (22, 289)

acrecentar to increase (352)

acrecer to augment, increase (151)

activar to activate (288)

actualizar to modernize, bring up to date (339)

actuar to act, behave (141)

acumular to accumulate (85)

acurrucarse to curl up, get cozy (424, 289)

adaptar to adapt (11)

adelgazar to lose weight, get thin (339)

aderezar to season, flavor, embellish (339)

adeudar to owe (199)

adherir to adhere, stick on (435)

adicionar to add (54)

adiestrar to train, instruct, direct (32)

adjudicar to award, adjudge (424)

administrar to administrate (215)

adobar to season, flavor, marinate (259)

adormecerse to get sleepy (229, 289)

adornar to adorn (54)

adscribir to ascribe, assign, attribute (224)

adueñarse to take possession of (213, 289)

adular to adulate, flatter (259)

advenir to arrive, come (488)

afamar to make famous (54)

afamarse to become famous (112)

afanarse to work hard, strive (259, 289)

afear to deform, make ugly (54)

afectar to affect (11)

afeitar to shave (35, 258)

aferrarse to take hold of, stick to (352, 289)

afianzar to fasten (286)

aficionar to induce a liking for (338)

aficionarse a to become fond of (294)

afilar to sharpen (259)

afiliarse to join, become affiliated (232, 289)

afinar to tune (instrument), perfect, refine (107)

afirmar to affirm, assert (243)

afligir to afflict, distress (188)

afligirse to grieve, be upset (188, 8)

aflojar to loosen, slacken, let go (86)

afluir to flow (264)

afrancesar to Gallicize (2)

africanizar to Africanize (339)

afrontar to confront, face, defy (109)

agacharse to stoop, crouch (225, 289)

agasajar to treat attentively (86)

agilitar to make agile, empower, facilitate (11)

aglomerarse to crowd, gather around (409, 289)

agobiar to overwhelm, oppress, depress (232)

agotarse to become exhausted (38, 289)

agraviar to wrong, injure, offend (54)

agriar to make sour (54)

agruparse to form a group, entertain (289)

aguantar to bear, endure (54)

aguar to dilute (83)

ahogar to drown, suffocate (341)

ahogarse to drown (289, 421)

ahondar to deepen, make deeper (41)

ahorcar to hang (117)

ahuyentar to drive or chase away (11)

aislar to isolate (218)

ajustar to adjust, fit (259)

alabar to praise (259)

alambrar to fence with wire (51)

alanzar to lance (286)

alardear to boast, brag, show off (54)

alargar to lengthen (421)

alarmar to alarm (54)

albergar to shelter (341)

alborotar to stir up, arouse, incite (11)

alegar to contend, state, declare (341)

alejar to remove, drive away (165)

alejarse de to get away from (289)

alentar to breathe; encourage, inspire (352)

alertar to alert, warn (11)

alienar to alienate (249)

aligar to bind, tie (421)

alimentar to feed, nourish (291)

aliñar to straighten, tidy, season (213)

alisar to smooth, polish (2)

alistar to put on a list, to enroll (119)

alistarse to enroll, enlist, get ready (292)

aliviar to alleviate, ease (232)

almacenar to store (114)

alocar to make someone crazy (472)

alojar to lodge, give accommodation to (86)

alterar to alter, change (409)

alternar to alternate (107)

alunizar to land on the moon (339)

amargar to make bitter (341)

amarrar to fasten, tie (409)

amasar to knead, mix, amass (a fortune) (2)

amenazar to threaten (339)

americanizar to Americanize (339)

amoldarse to adapt oneself, conform (289)

amonestar to reprimand (11)

amontonar to pile up, gather, accumulate (107)

amordazar to muzzle, gag (81)

amortiguar to muffle, deaden, dim (83)

amortizar to write off, pay off (339)

amparar to protect, defend (409)

ampliar to widen, extend (256)

amplificar to amplify, enlarge (117)

amueblar to furnish (259)

analizar to analyze (90)

anglicanizar to anglicize (339)

anhelar to long for, yearn (259)

animar to animate (54)

aniquilar to annihilate, wipe out (259)

anotar to annotate, write notes about (54)

anteponer to place in front, place before (364)

anticipar to anticipate, bring forward, advance (332)

anudar to tie knots, tie together, join (39)

anular to annul (259)

apaciguar to pacify, calm, soothe (83)

aparar to prepare (342)

aparcar to park (424)

aparentar to feign, pretend, assume (11)

apartar to remove, set aside (11)

apartarse to keep away from, withdraw from (11, 289)

apasionar to excite, enthuse (107)

apedrear to stone, attack (206)

apegarse to become fond, become attached to (341, 289)

apenar to sadden (107)

apercibirse de to become aware of (353, 289)

apestar to stink, smell, annoy (11)

apetecer to crave for, long for (59)

aplacar to appease, calm, soothe (424)

aplanar to flatten, smooth, level (107)

aplastar to crash, overwhelm (250)

aplazar to postpone, defer (339)

aplicar to apply (99)

aplicarse to apply oneself (424, 289)

apocar to lessen, reduce (99)

apoderar to empower (61, 113)

aportar to bring, contribute, furnish (11)

apostar to bet, wager (474)

apoyar to support (453)

aprehender to apprehend (63)

aprestar to make ready, prepare (376)

apresurar to accelerate, hurry (64, 72)

apretar to grip, press (352)

apropiar to appropriate money, adapt (106)

apropiarse to appropriate, take possession (195)

aproximar to approach, bring close or move near (107)

aproximarse to draw near, approach (107, 289)

apuntar to aim, point (11)

apurar to purify, exhaust, consume (67, 72)

aquietar to calm down, to quiet (11)

arabizar to Arabize (339)

arañar to scratch (213)

arar to plow (54)

archivar to file (259)

arder to burn, glow (63)

argüir to argue, reason (264)

armar to arm (54)

arraigar to take root, establish (341)

arrasar to level, flatten, demolish, raze (2)

(Note: Numbers in parentheses are **verb numbers**.)

arrastrar to pull, drag, drag down (215)

arrebatar to snatch, carry off (308)

arrendar to lease, let, rent, hire (352)

arrepentirse de to repent for, regret (436)

arrestar to arrest, detain (250)

arribar to arrive, reach (9)

arriesgar to risk, venture (341)

arrimar to bring, draw near (54)

arrimarse to bring close or move near (54, 289)

arrinconar to corner, put away, ignore (107)

arrodillarse to bend on one's knees (104)

arropar to clothe, wrap up (332)

arrugar to wrinkle, crease (341)

arruinar to ruin, destroy (107)

arrullar to lull or sing to sleep (261)

asaltar to assault, attack (427)

asar to roast (2)

asegurarse to make sure (72, 64)

asentar to seat, set down (352)

asentarse to sit down, settle (434)

asentir to assent, agree (370)

asesinar to assassinate, murder (107)

asesorar to advise, consult (409)

aseverar to assert (409)

asfixiar to asphyxiate, suffocate (232)

asignar to assign, apportion, give (114)

asilar to give or grant asylum, take refuge (259)

asirse (73, 275) to take hold of

asociarse to associate, become a member (232, 289)

asomar to appear slowly (as through an opening) (473)

asomarse to lean out, look out (as out of a window) (112)

asombrar to amaze, astonish (113)

asombrarse de to be astonished, surprised at (409, 289)

aspirar to breathe in, inhale (29)

asquear to nauseate (206)

asumir to assume, take on (267)

asurarse to get burned (112)

atajar to intercept, halt, interrupt (86)

atar to bind, tie (308)

atardecer to get late, dark (344) (3rd person only)

atascar to obstruct, block (424)

atender to look after, attend to, pay attention (164)

atentar to attempt (11)

aterrizar to land (47)

aterrorizar to terrify, frighten (339)

atestiguar to attest (83)

atinar to find, discover, hit upon (107)

atolondrar to bewilder (409)

atontar to stun, confuse (11)

atorar to obstruct, clog, stop up (409)

atormentar to torture, trouble, distress (11)

atosigar to poison (341)

atracar to hold up, assault (424)

atrapar to catch (332)

atrasar to retard, delay, slow down (415)

atravesar to cross, cross over, go through (352)

atribuir to attribute (264)

atropellar to trample down, run over, knock down (261)

aturdir to daze, stun, bewilder, confuse (60)

augurar to augur, predict (409)

aumentar to augment, increase (317)

ausentarse to be absent, absent oneself (11, 289)

autorizar to authorize (90)

auxiliar to help (106)

avalar to guarantee, be the guarantor of (259)

avenir to reconcile (488)

aventurarse to venture, risk (48)

avergonzarse to be ashamed (82, 289)

averiar to damage, spoil, break (256)

avisar to advise, inform, warn, notify (340)

avivar to spur on, brighten, arouse (9)

ayunar to fast, go without food (171, 249)

azuzar to stir up, arouse, incite (339)

B

balancear to balance, rock, vacillate (175)

balbucir to stammer (386)

bambolear to wobble (206)

bañar to bathe (88)

barajar to shuffle, mix together, quarrel (86)

basar to base, support, be based, rely on (2)

bastar to be enough, be sufficient, suffice (Def. and Imp.)

batallar to fight, battle, struggle (261)

batir to beat, whip (1)

beneficiar to benefit, sell at a discount (232)

besar to kiss (235)

bifurcarse to bifurcate, fork, branch (424, 289)

blanquear to whiten, bleach (206)

blasfemar to blaspheme, curse (247)

blindar to armor, shield (39)

bloguear to blog (206)

bloquear to blockade, block, obstruct (206)

bogar to row (421)

boicotear to boycott (206)

bombardear to bombard, bomb (206)

bonificar to increase production (117)

bordear to border on (175)

bordonear to buzz, hum (175)

boxear to box (206)

bregar to fight, brawl (341)

brillar to shine (259)

brincar to bounce, jump, skip (430)

brindar to offer, invite, drink a toast (54)

bromear to joke, jest (206)

brotar to bud, sprout, break out (308)

brumar, abrumar to crush, oppress, overwhelm (247)

bruñir to polish, burnish (255)

bufonearse to jest, joke (348)

burbujear to bubble (54)

burlar to evade, trick (259)

C

cabecear to nod one's head when sleepy (54)

cachar to break into pieces (200) (Caution: In Peru, this verb may have sexual connotations.)

cachetear to slap (206)

caducar to become void, expire (a right, passport) (424)

calar to drench, soak (259)

calcar to trace, copy (424)

calcular to calculate (259)

calibrar to calibrate, gage, measure (259)

(Note: Numbers in parentheses are **verb numbers**.)

calificar to assess, rate, classify (117)

callar to silence (261)

calmar to calm (54)

calmarse to calm (oneself) down (289)

calumniar to slander (232)

camorrear to quarrel (54)

camuflar to camouflage (259)

cancelar to cancel, strike out (54)

candar to lock (109)

cansar to tire (172)

cantalear to hum, sing softly (54)

cantonear to idle, loaf, wander about (54)

canturrear to sing softly (175)

capacitar to train, equip, train oneself, be competent (308)

capar to castrate, cut off (332)

capitanear to command, captain (175)

capitular to capitulate, surrender, give up (259)

captar to capture, win trust (54)

capturar to capture, apprehend (409)

caracterizarse to be characterized or distinguished (339, 289)

carbonizar to char (339)

carcajear to burst out laughing (54)

carcomer to eat away, gnaw (128)

carecer de to be in need of, to lack (333)

cargarse de to be overloaded with (111, 112)

castigar to chastise, punish (341)

castrar to castrate, to dry a wound (54)

catalogar to catalog, list (341)

catar to sample, taste (308)

causar to cause (481)

cautivar to capture, captivate, charm (288)

cavar to dig, delve into (9)

cavilar to ponder (259)

cazar to hunt, chase (81)

ceder to cede, yield (413)

cegar to blind, block up, to grow blind (327)

cementar to cement (95)

censurar to censure (72)

centralizar to centralize (339)

centrar to center, focus (259)

cepillarse to brush oneself (115, 104)

cercar to fence in, enclose (12)

cesar to cease, stop (235)

chafar to crease, crumple (clothes) (259)

chafarse to become flattened (289)

chamar to barter, exchange (54)

chamuscar to singe, scorch (99)

chapar to cover, plate with silver or gold (332)

charlar to chatter, prattle (259)

chascar to crunch (99)

chatear to chat (Internet) (175)

chequear to check, verify (175)

chiflar to whistle, blow a whistle (259)

chillar to scream, shriek (259)

chinchar to annoy, irritate (259)

chismear to gossip (206)

chispear to spark, sparkle (175)

chocar to collide, crash (424)

chuchear to whisper (206)

chufar to mock (259)

cicatrizar to heal (339)

cifrar to encode (259)

cimentar to consolidate, lay the foundation (352)

cincelar to chisel, carve (259)

circular to circulate, move (71)

circunscribir to circumscribe (224)

civilizar to civilize, become civilized (90)

clamar to cry out, to beseech, wail (15)

clarar to make clear, explain (16)

clarificar to clarify (117)

clasificar to classify (117)

claudicar to give up, back down (424)

clausurar to bring to a close, shut (409)

clavar to nail (54)

coagular to coagulate (259)

cobijar to cover, shelter (54)

cobrar to cash, charge (259)

cocer to cook (321, 486)

codear to elbow, nudge (54)

coexistir to coexist (495)

cohabitar to live together (258)

cohibir to inhibit, restrain (382)

coincidir to coincide, agree (60)

colaborar to collaborate, contribute (409)

colar to filter, strain (474)

colear to wag, move (54)

coleccionar to collect (107)

colectar to collect (money) (11)

colmar to fill, to fulfill (54)

colorar to color, give color to (32)

colorear to color, tint (175)

comandar to command (109)

combatir to combat, fight (1)

combinar to combine (107)

comentar to comment (109)

comerciar to trade, deal, do business (57)

cometer to commit, entrust (91)

compaginar to arrange in order, collate (107)

comparar to compare (342)

compartir to divide, share (346)

compensar to compensate, indemnify (2)

competir to compete, contest (411)

compilar to compile (259)

complacer to please (361)

completar to complete (308)

complicar to complicate (76)

comportarse to behave (11, 289)

comprimir to compress (267)

comprobar to check, verify (378)

computar to compute, calculate (279)

comunicar to communicate (234)

concebir to conceive, imagine (349)

conceder to concede (413)

concentrar to concentrate (215)

concertar to arrange, agree (352)

concluir to conclude (268)

concurrir to agree, attend, concur (495)

condenar to condemn (114)

condimentar to season (11)

conducirse to behave (132, 289)

conectar to connect (11)

confeccionar to manufacture (107)

conferir to confer, grant (400)

confiar to trust, entrust (240)

confinar to confine, border (107)

confirmar to confirm (243)

confiscar to confiscate (99)

confluir to converge (271)

conformar to conform (244)

confortar to comfort, console, cheer (11)

confrontar to confront (11)

confundir to confuse, perplex (60)

congelar to congeal, freeze (259)

congestionar to congest (107)

congratular to congratulate, rejoice (259)

conjeturar to speculate, conjecture (284)

conjugar to conjugate (297)

conmemorar to commemorate, celebrate (409)

conmover to move, touch (321)

conmoverse to be moved, affected (321, 289)

connotar to connote, imply (308)

conquistar to conquer, win (250)

consagrar to consecrate, devote (259)

consagrarse to devote oneself (289)

consentir to consent, allow (435)

conservar to conserve, preserve, keep (9)

conservarse to conserve (289)

considerar to consider (227)

consistir to consist of, be composed of (495)

consolar to console (138)

consolidar to consolidate (39)

conspirar to conspire, plot (314)

constar to be clear, consistent (109)

constatar to prove, verify (308)

constiparse to catch a cold (332, 289)

consultar to consult (308)

consumir to consume, use up (267)

contagiar to give or spread (a disease, enthusiasm, hate) (232)

contaminar to contaminate, pollute, corrupt (107)

contarse to be said (138, 289)

contemplar to contemplate, meditate (259)

contentar to gratify, please (109)

contentarse to be contented (292)

contradecir (past part. contradicho) to contradict (302)

contraer to contract, shorten, catch (477)

contrapesar to counterbalance (2)

contraponer to compare, contrast (364)

contrariar to oppose, go against, contradict (256)

contrarrestar to counteract, block, stop (250)

contrastar to contrast (250)

contratar to contract, engage, hire (478)

controlar to control (259)

convalecer to convalesce (333)

conversar to converse (340)

convidar to invite (39)

convivir to live together (495)

cooperar to cooperate (409)

coordinar to coordinate (107)

copiar to copy (106)

coquetear to flirt (175)

coronar to crown, queen (107)

corresponder to correspond (413)

corromper to corrupt (422)

coser to sew, mend (128)

costar to cost (Def. and Imp.)

costear to finance, pay for (175)

cotizar to quote, price (339)

creerse to consider, believe (152, 102)

crispar to tense up (332)

cristianar to christen, baptize (249)

criticar to criticize (117)

cuajar to coagulate, congeal, curdle (86)

cuestionar to debate, discuss (473)

cuidar to care for, look after (156, 324)

culpar to blame, accuse (332)

culparse to blame oneself (189)

cultivar to cultivate, grow (288)

cumplimentar to congratulate (11)

cumular to accumulate (259)

curar to cure (72)

curarse to recover (64)

curiosear to pry, investigate, snoop (175)

cursar to study, take courses (2)

custodiar to guard, take care of (232)

D

damnificar to damage, harm, injure (424)

dañar to damage, injure (109)

dañarse to become damaged, injured (88)

danzar to dance (81)

datar to date (a letter, an account) (308)

debatir to debate (407)

debutar to make one's debut, open (a play) (308)

decantar to exaggerate, pour off (109)

decentar to cut into, begin cutting (352)

declamar to declaim, recite (54)

declinar to decline, get weak (107)

decorar to decorate (32)

decretar to decree, resolve (308)

dedicar to dedicate (424)

deducir to deduce, infer, deduct (132)

deferir to defer, delegate (370)

definir to define (346)

deformar to deform (244)

defraudar to deceive, deprive, defraud (39)

degradar to demote, degrade, reduce in rank (39)

delatar to denounce, accuse (308)

delegar to delegate (341)

deletrear to spell, interpret (206)

deliberar to deliberate, ponder, confer (409)

delinear to draw, delineate, design (175)

delirar to be delirious, talk nonsense (409)

demandar to demand, petition, sue (259)

demarcar to demarcate, delimit (424)

demoler to demolish, pull down (321)

demorar to delay (409)

denegar to deny, refuse (327)

denigrar to denigrate, disparage, insult (409)

denominar to denominate, name (107)

denotar to denote (11)

dentar to teethe, provide with teeth; indent (352)

deparar to provide, supply (342)

departir to converse (346)

depilar to depilate, remove hair (259)

deplorar to deplore (32)

deponer to lay aside, put aside (364)

deportar to deport, exile (11)

depositar to deposit, place, put (259)

depreciar to depreciate (383)

(Note: Numbers in parentheses are **verb numbers**.)

deprimir to depress (267)

derivar to incline, drift, derive (259)

derogar to derogate, abolish, repeal (421)

derramar to spill (259)

derretir to melt, dissolve (349)

derrochar to squander, waste (225)

derrotar to defeat (308)

derrumbar to demolish (54)

desabrigar to uncover, undress, deprive of protection (341)

desacomodar to inconvenience, bother (39)

desaconsejar to advise against (18)

desacordar to be in discord (19)

desacordarse to become forgetful (20)

desacostumbrarse to lose the habit of, to break oneself of the habit of (259, 289)

desacreditar to discredit, disgrace (308)

desactivar to deactivate (259)

desafiar to challenge, dare, oppose (256)

desagradar to be unpleasant (39)

desagradecer to be ungrateful (40)

desagregar to disintegrate (43)

desahogar to comfort, ease (341)

desajustar to put out of order, disarrange (250)

desalentar to make breathless, put out of breath (103)

desaliñar to make untidy, crease (213)

desalojar to move out, vacate (165)

desalquilar to vacate, stop renting (50)

desamparar to abandon, forsake (342)

desangrar to bleed, bleed dry, drain, empty (409)

desanimar to discourage (54)

desaparecer to disappear (59)

desapreciar to underestimate (62)

desaprender to unlearn (63)

desarmar to disarm, take apart (54)

desarraigar to uproot, extirpate, expel (341)

desarreglar to make untidy, disarrange (259)

desarrollar to develop (261)

desarropar to undress, disrobe (332)

desarticular to disarticulate (71)

desasir to undo, take apart (73)

desayudar to hinder, impede (84)

desbaratar to ruin, wreck, spoil 109)

desbordar to overflow (39)

desborrar to remove burls from cloth (93)

descalificar to disqualify (117)

descalzar to take off shoes (339)

descambiar to cancel an exchange (106)

descaminar to mislead, lead astray (107)

descargar to unload; to download (Internet) (111)

descartar to discard, put aside (11)

descender to descend, go down (354)

descifrar to decipher, decode, make out (409)

descolgar to unhook, take down from a hanging position (125)

descollar to protrude, stand out (138)

descolocar to misplace (126)

descomponer to disarrange, disrupt, disturb (364)

desconcertar to disconcert, upset (352)

desconectar to disconnect, switch off (259)

desconfiar to distrust, mistrust (256)

descongelar to thaw, defrost, unfreeze (259)

desconocer to not know, not recognize, to be unaware of (134)

descontar to discount, deduct, disregard (138)

descontinuar to discontinue, cease, suspend (141)

desconvenir to disagree (144)

desconvocar to cancel a meeting (146)

descorazonar to discourage, dishearten (355)

descorchar to uncork (306)

descreer to disbelieve (152)

descuidar to neglect, forget (156, 324)

descuidarse to be negligent, careless (156)

desdecir to fall short of, not live up to (368)

desdeñar to disdain, scorn (213)

desdeñarse to be disdainful (88)

desecar to dry (430)

desecarse to dry up (431)

desechar to reject (200)

desembalar to unpack (259)

desembarazar to clear, get rid of obstacles (339)

desembarcar to disembark, unload (424)

desembocar to flow (river), run (street) (424)

desembolsar to pay, disburse, spend (2)

desempacar to unpack, unwrap (424)

desencantar to disenchant (109)

desenchufar to unplug, disconnect (259)

desengañar to disillusion (213)

desenlazar to unfasten, untie, unravel (lit.) (339)

desenrollar to unroll, unwind (261)

desensamblar to disassemble (259)

desenterrar to exhume, unearth (352)

desenvolver to unwrap (497)

desequilibrar to throw off balance, unbalance (259)

desertar to desert, abandon (11)

desesperar to discourage, exasperate (227)

desesperarse to become or get desperate, lose hope (227, 289)

desfallecer to weaken, faint (344)

desfavorecer to put at a disadvantage, not to flatter or suit (344)

desfigurar to disfigure (409)

desfijar to pull out, unfix (54, 241)

desfilar to parade (259)

desflorar to deflower (300)

desgajar to rip off, tear off (54)

desganarse to lose one's appetite (289)

desgarrar to rend, tear (215)

desgastar to wear away (250)

deshacerse to break up (177, 80)

desheredar to disinherit (262)

deshidratar to dehydrate (308)

deshinchar to reduce swelling (306)

deshonrar to dishonor, disgrace (409)

deshumanizar to dehumanize (339)

designar to designate (114)

desilusionar to disillusion (355)

desinfectar to disinfect (259)

desinflamar to reduce swelling or inflammation (54)

desintegrar to disintegrate, break up, split (409)

desinteresarse to lose interest (277)

desintoxicar to detoxify (424)

desistir to desist, stop, give up (276)

deslumbrar to dazzle, blind, overwhelm (259)

desmantelar to dismantle (259)

desmaquillarse to take off one's makeup (289)

desmayarse to faint, swoon (453, 289)

desmedrar to decline, deteriorate (259)

desmejorar to spoil (310)

desmejorarse to decay, decline, get worse, lose one's health (310, 289)

desmentir to disprove, prove false (312)

desmontar to dismount, dismantle (11)

desnivelar to make uneven, tilt (259)

desnudar to undress, strip (324)

desnudarse to undress oneself (289)

desobedecer to disobey (328)

desocupar to vacate (332)

desoír to ignore, not listen (334)

desordenar to disarrange (338)

desorganizar to disorganize (339)

desorientar to confuse, mislead (11)

despachar to complete, see to, send (225)

despechar to vex, make angry or resentful (225)

despedazar to break, tear to pieces (339)

despedir to dismiss, fire, discharge (349, 178)

despejar to clear, clear up (weather) (86)

desperdiciar to waste, squander (57)

despertar to wake up (someone) (352, 181)

despilfarrar to squander (46)

despistar to lead astray, mislead (250)

desplegar to unfold, spread out, unfurl (327)

despoblar to depopulate, lay waste, clear (209)

desposarse to get engaged or married (2, 289)

desposeer to dispossess (366)

despreciar to despise, scorn, snub (57)

despreocuparse to stop worrying, forget, neglect (372)

despuntar to blunt (11)

destacar to highlight, stand out (424)

destapar to uncork, open, uncover (332)

destellar to flash, sparkle, glitter (261)

desterrar to banish, exile (352)

destilar to distill, exude, filter (259)

destinar to destine, intend, send, earmark (107)

destituir to dismiss, discharge, deprive (271)

destornillar to unscrew (261)

destronar to dethrone, overthrow, depose (355)

destrozar to break, tear, smash, ruin (339)

desunir to separate, disunite (480)

desusarse to no longer be in use (481, 292)

desvalorar to devalue, depreciate, discredit (409)

(Note: Numbers in parentheses are **verb numbers**.)

desvalorizar to depreciate, devalue (47)

desvelar to keep awake (259)

desvestirse to undress oneself (491)

desviar to divert, deviate (218)

detallar to detail, specify, sell retail (261)

deteriorar to damage, spoil, wear out (409)

determinar to determine, set, decide (470)

detestar to detest (250)

detonar to detonate, explode (355)

devaluar to devaluate, devalue (141)

devastar to devastate (250)

devenir to happen, come about, become (488)

devorar to devour, consume, squander (409)

diagnosticar to diagnose (424)

dialogar to converse, chat (341)

dictar to dictate (11)

difamar to defame, slander (54)

diferenciar to differentiate, distinguish, differ (57)

diferenciarse to differ (195)

diferir to differ, defer, postpone, delay (370)

digerir to digest (370)

dilatar to dilate, expand, delay, spread (308)

diluir to dilute, dissolve, weaken (271)

dimitir to resign (407)

dirigirse a to go to, toward (188, 8)

disciplinar to discipline, teach (107)

discontinuar to discontinue, cease (141)

discrepar to differ, disagree (332)

discriminar to distinguish, discriminate (107)

disculpar to excuse, pardon (332)

discursar to discourse, make a speech (25)

diseminar to disseminate, spread (107)

diseñar to design, draw (213)

disentir to dissent, differ (435)

disgustar to annoy, displease (250)

disgustarse to be displeased, annoyed (250, 289)

disimular to cover up, dissemble, pretend (71)

disipar to dissipate, squander, dispel (332)

disminuir to diminish (271)

disociar to dissociate (232)

disolver to dissolve (321)

disparar to fire, shoot, throw (409)

disparatar to talk or act foolishly (308)

dispersar to disperse (2)

disponer to lay out, arrange, dispose (364)

disponerse to get ready (365)

disputar to argue (11)

distanciar to distance (57)

distraer to distract (477)

distribuir to distribute (264)

disturbar to disturb (9)

disuadir to dissuade (346)

divagar to digress, wander (341)

divergir to diverge, disagree, differ (188)

diversificar to diversify (424)

divertir to amuse, distract, entertain (370, 194)

dividir to divide (346)

divisar to discern, make out (2)

divulgar to divulge, make known (341)

doblar to fold, turn, dub (259)

doblegar to fold, bend (341)

doctorarse to get a doctorate (409, 289)

doctrinar to teach (107)

documentar to document (11)

dolerse to complain about (196, 289)

domesticar to domesticate, tame, subdue (424)

dominar to dominate (107)

donar to donate, give (355)

dorar to gild, cover with gold, to brown (32)

dormirse to fall asleep (197, 289)

dormitar to doze, snooze (308)

dotar to endow, bequeath, give a dowry (11)

dramatizar to dramatize (339)

driblar to dribble (sports) (259)

drogar to drug (341)

duplicar to duplicate, copy (424)

durar to last, continue (409)

E

economizar to economize on (339)

edificar to build, construct, erect (424)

editar to publish (254)

educar to educate, instruct, rear, bring up (424)

efectuar to effect, carry out (141)

egresar to graduate (403)

ejemplificar to exemplify, illustrate (424)

ejercitar to exercise, practice, train (308)

elaborar to elaborate; manufacture (93)

electrificar to electrify (424)

electrizar to electrify (339)

elevar to elevate, ennoble (259)

eliminar to eliminate (107)

elogiar to eulogize, praise (232)

elucidar to elucidate, explain (39)

eludir to elude, avoid (60)

emanar to emanate, flow (107)

emancipar to emancipate, liberate (332)

embalar to pack (259)

embarazarse to be hindered, become pregnant (339, 289)

embarcar to embark, go on board (99)

embargar to impede, hamper (341)

embarullar to muddle, mix up, bungle (261)

embeber to soak in, soak up, suck in, imbibe (91)

embelesar to fascinate, enthrall (2)

embellecer to beautify, embellish (344)

embocar to cram down food, gulp down (424)

embolsar to pocket (2)

emborronar to scribble (54)

emboscar to ambush (424)

embotellar to bottle, jam (261)

embrollar to confuse, embroil (261)

embromar to tease, banter at (54)

embutir to stuff, cram (60)

emerger to emerge (123)

emigrar to emigrate, to migrate (273)

emitir to emit, send forth (346)

emocionarse to be moved, be touched inside (355, 289)

empacar to pack (424)

empanar to bread (107)

empañar to diaper, swaddle (213)

empapar to drench, soak (342)

empaparse to get soaked (189)

empaquetar to pack, wrap (308)

emparejar to match, pair off (86)

empatar to tie, be equal (308)

empeñarse to strive, endeavor, persist (213, 289)

empeorar to make worse, become worse (409)

empeorarse to worsen, deteriorate (409, 289)

empequeñecer to reduce (229)

emprender to undertake, start (63)

empujar to push (86)

empuñar to grasp, seize (213)

emular to emulate, rival (259)

enamorar to enamor, inspire love (54)

enamorarse de to fall in love (289)

enardecer to ignite, set aflame (344)

encabezar to head, lead (339)

encadenar to chain up (338)

encajar to fit (259)

encantar to charm, cast a spell on, love, be delighted with (Def. and Imp.)

encarcelar to imprison (259)

encarecer to raise prices (344)

encargar to put in charge, entrust (111)

encariñarse to become fond of (213, 289)

enchufar to connect, plug in (54)

encomendar to commend, entrust (352)

encuadernar to bind (107)

encubrir to hide, conceal (495)

endeudarse to get into debt (39, 289)

endosar to endorse (2)

endulzar to sweeten, soften (339)

enervar to enervate, weaken (9)

enfadar to anger, irritate (210)

enfatizar to emphasize (339)

enfilar to line up, put in a line (259)

enflaquecer to lose weight, slim down (344)

enfocar to focus (424)

enfrentar to confront, face (11)

enfriar to cool, chill (218)

enfriarse to get cold, catch a cold (256, 289)

enfurecer to make furious, infuriate (344)

engañar to deceive (213)

engañarse to deceive oneself, be mistaken (213, 88)

engordar to fatten, grow fat, put on weight (54)

engrandecer to increase, enhance, exaggerate (344)

engrasar to grease, oil (2)

engrosar to increase, swell (138)

enjabonar to soap, wash, lather (355)

enjaular to cage, imprison (259)

enjuagar to rinse (297)

enjuiciar to judge (57)

enlazar to tie together, connect (3)

enloquecerse to go crazy or mad, become enchanted with (344, 80)

enmascarar to mask, camouflage (215)

enmendar to amend, revise, correct (352)

enmudecer to silence (229)

ennoblecer to ennoble (344)

enojar to annoy, irritate (86, 212)

enorgullecerse to be proud (344, 80)

enredar to tangle, entangle, confuse (39)

enriquecerse to become rich, prosper (344, 80)

enrojecerse to blush, turn red (344, 80)

(Note: Numbers in parentheses are **verb numbers**.)

enrolar to sign on, enlist (259)

enrollar to wind, roll up (261)

ensacar to bag (424)

ensalzar to exalt, glorify (339)

ensamblar to connect, join (259)

ensañar to infuriate, enrage (213)

ensangrentar to stain with blood, shed blood (352)

ensayar to test, try, rehearse (54)

ensillar to saddle (261)

ensolver to include, reduce, condense (497)

ensombrecer to darken, overshadow, eclipse (344)

ensordecer to deafen, muffle (344)

ensuciar to dirty, soil, stain (383)

ensuciarse to get dirty (195)

entablar to begin, start (259)

entenderse to understand each other, be understood (214, 80)

enterar to inform (215)

enterarse de to find out about (289)

enterrar to bury, inter; forget (116)

entonar to sing in tune, harmonize (355)

entreabrir to open halfway, ajar (495)

entrecerrar to close halfway, ajar (116)

entregarse to surrender, give in (216, 289)

entrelazar to intertwine, interlace (339)

entremezclar to intermingle (259)

entrenar to train (107)

entreoír to half-hear, hear vaguely (334)

entretener to entertain, amuse (468)

entretenerse to amuse oneself (77)

entrever to catch a glimpse (489)

entrevistar to interview (494)

entristecer to make sad (344)

entristecerse to become sad (345)

entrometerse to meddle, interfere (444, 80)

entusiasmarse to get excited, enthusiastic (54, 289)

enumerar to enumerate (409)

envejecer to age, make old (344)

envenenar to poison (107)

envestir to clothe (349, 491)

envidiar to envy (232)

enviudar to become a widow, widower (39)

envolverse to become involved (219, 80)

equilibrar to balance (259)

equipar to equip (332)

equiparar to compare, match, make equal (342)

equivaler to equal (484)

equivocar to mistake (117, 220)

erradicar to eradicate, uproot (424)

erigir to erect, build, construct (188)

eructar to belch, burp (54)

esbozar to sketch (81)

escalar to climb (259)

escampar to clear up (332)

escandalizar to shock (339)

escapar to escape (332)

escarnecer to ridicule, mock (344)

esclarecer to light up, clarify (344)

escocer to sting, hurt (321, 486)

esconder to conceal, hide (413)

esconderse to hide oneself (413, 80)

escudar to shield, protect (39)

escudriñar to scrutinize, examine (213)

esculpir to sculpt, carve, engrave (157)

escupir to spit (346)

esforzar to strengthen, encourage (49)

esforzarse to make an effort (49, 289)

espantar to frighten, scare (109)

espantarse to be frightened (292)

esparcirse to spread out, relax (226, 275)

especializarse to specialize (339, 289)

espiar to spy on (256)

espirar to breathe out, exhale (409)

esposar to handcuff (340)

esquivar to avoid, evade (259)

estacionar to station, park (a vehicle) (355)

estafar to swindle, cheat (259)

estallar to burst, explode, break out (261)

estampar to print, stamp, emboss, engrave (332)

estereotipar to stereotype (332)

estigmatizar to stigmatize, brand (339)

estilarse to be in fashion, in use (289)

estimular to stimulate, encourage (259)

estirar to stretch, extend (409)

estirarse to stretch oneself (64)

estorbar to obstruct, hinder, bother (9)

estornudar to sneeze (39)

estrachar to narrow, tighten (200)

estrangular to strangle (259)

estrellar to smash, shatter (261)

estrellarse to crash (104)

estropear to break,
spoil (175)
estructurar to structure,
organize (284)
evacuar to evacuate (206)
evadir to evade, avoid (60)
evaluar to evaluate,
assess (141)
evaporar to evaporate,
disappear (409)
evaporizar to vaporize
(339)
evitar to avoid (254)
evocar to evoke, recall
(424)
evolucionar to evolve (107)
exacerbar to exacerbate,
aggravate (9)
exagerar to exaggerate
(259)
exaltar to glorify, extol,
praise (11)
examinar to examine (107)
exasperar to exasperate
(227)
excitar to excite, stimulate
(254)
exclamar to exclaim (54)
excluir to exclude (268)
exculpar to exculpate,
acquit (332)
excusar to excuse (25)
excusarse to apologize
(112)
exhalar to exhale (259)
exhibir to exhibit, display
(353)
exhortar to exhort (149)
existir to exist (276)
expedir to expedite (349)
experimentar to experience
(11)
explorar to explore (32)
exponer to expose (364)
exportar to export (109)
exprimir to squeeze, wring
out (267)
expulsar to expel, drive
out (2)
extender to extend (354)
extinguir to extinguish
(193)
extirpar to extirpate (332)

extraer to extract, draw
out (477)
extrañar to surprise (213)

F

facilitar to facilitate (238)
facturar to invoice, bill
(409)
fallar to trump, fail (261)
fallecer to die (344)
falsear to falsify,
misrepresent (206)
falsificar to falsify, forge
(424)
familiarizar to familiarize
(339)
familiarizarse to familiarize
oneself with (339, 289)
fantasear to daydream (206)
farolear to boast, brag,
show off (54)
fascinar to fascinate (107)
fastidiar to annoy, pester
(232)
fatigar to fatigue, tire (421)
fatigarse to get tired
(421, 289)
favorecer to favor, improve
the appearance of (344)
fecundar to fertilize (39)
fermentar to ferment (11)
fertilizar to fertilize (339)
figurar to depict, draw,
represent (72)
figurarse to imagine
(72, 289)
fijar to fix, fasten (54, 241)
filmar to film, shoot (54)
filtrar to filter (259)
finalizar to finish, conclude
(339)
financiar to finance (57)
finar to die (107)
flanear to stroll (175)
florecer to bloom (344)
flotar to float (308)
fluctuar to fluctuate, rise
and fall (141)
fluir to flow (271)
fomentar to foment, stir up,
promote (11)
forjar to forge, form, make,
invent (86)

formalizar to formalize,
make legal (339)
formular to formulate (71)
fortalecer to fortify (344)
forzar to force (49)
fotocopiar to photocopy
(106)
fotografiar to photograph
(240)
fraccionar to break up
(355)
fracturar to fracture, break,
rupture (409)
fragmentar to fragment (11)
frecuentar to frequent (11)
frenar to brake (107)
frotar to rub (498)
fruncir to knit (eyebrows);
to purse (lips) (501)
frustrar to frustrate (215)
fugarse to flee, run away
(341, 289)
fumigar to fumigate (341)
fundar to found, establish,
build (39)
fundir to melt, cast, join, go
out (bulb) (60)
fusilar to shoot (259)
fusionar to combine, merge
(107)
fustigar to whip (341)

G

galantear to woo, make
eyes at (175)
galopar to gallop (54)
galvanizar to galvanize
(339)
gandulear to idle, loaf
(206)
gansear to say, do stupid
things (175)
garabatear to scribble (463)
garantizar to guarantee
(339)
garbear to show off (175)
garlar to chatter, prattle
(259)
gatear to crawl (175)
generalizar to generalize
(339)
generar to generate,
produce (215)

(Note: Numbers in parentheses are **verb numbers**.)

germinar to germinate (107)

gesticular to gesture, grimace, gesticulate (259)

gestionar to negotiate, manage (355)

girar to turn around, spin (215)

glorificar to glorify, praise (424)

glosar to gloss, comment on (2)

golear to score goals (206)

golpear to crush, hit, strike (175)

golpetear to pound, hammer (175)

gorgotear to gurgle, bubble (206)

gorjear to warble, gurgle (206)

gormar to vomit, spew (244)

gotear to drip (206)

gozarse to enjoy oneself (253, 289)

grabar to engrave (249)

graduarse to graduate (141, 289)

granizar to hail (339)

gratar to brush, rub (249)

gratificar to recompense, reward (424)

gravar to burden (249)

gravitar to gravitate (254)

guardar to keep, guard, save (259)

guarecer to protect (344)

guarnecer to equip (344)

guerrear to war, fight (175)

guiñar to wink (213)

guipar to notice, see (54)

guisar to cook (25)

gustar to be pleasing (to), to like (Def. and Imp.)

H

habilitar to qualify, furnish, equip (308)

habituarse to become accustomed to (141, 289)

hacinar to pile up, stack (107)

hadar to foretell (324)

halagar to flatter (341)

halar to haul, tow (259)

hambrear to starve (206)

haraganear to idle, loaf (206)

hartar to satisfy (149)

hay (See **haber**) (verb 257)

heder to stink (354)

helar to freeze (Def. and Imp.)

hender to split, crack (164)

herrar to shoe a horse (116)

hervir to boil (370)

hibernar to hibernate (54)

hidratar to hydrate (308)

hincar to sink, drive in (424)

hincarse to kneel down, sink (424, 289)

hinchar to swell, inflate, blow up (306)

hipnotizar to hypnotize (339)

hipotecar to mortgage (424)

hispanizar to hispanicize (339)

hojear to skim, leaf through (175)

holgar to rest, be idle (125)

homenajear to pay homage to (175)

homogeneizar to homogenize (81)

honrar to honor (32)

hornear to bake (206)

hospedar to lodge, put up (39)

hospitalizar to hospitalize (81)

humear to smoke, steam (175)

humedecer to dampen, moisten (344)

humedecerse to get damp, to moisten (344, 80)

humillar to humiliate, humble (261)

hundir to sink, ruin (60)

hurtar to rob, steal (11)

I

idealizar to idealize (339)

idear to think up, invent (175)

identificar to identify (117)

idolatrar to idolize (259)

igualar to equal, equalize, even out (259)

iluminar to illuminate (107)

ilusionar to fascinate (248)

ilusionarse to have illusions (289)

ilustrar to illustrate; enlighten, explain (215)

imaginar to imagine (107)

imbuir to imbue (264)

imitar to imitate (254)

impacientarse to lose one's patience (11, 289)

impartir to grant, concede (495)

implicar to implicate (424)

implicarse to become involved (424, 289)

implorar to implore (300)

imponer to impose (364)

importar to matter, be important (Def. and Imp.)

importunar to bother, importune (107)

imprecar to curse, imprecate (424)

impregnar to impregnate, saturate (107)

impresionar to impress (107)

improvisar to improvise (2)

impugnar to refute, impugn, contest (107)

impulsar to drive, impel, to propel (2)

imputar to charge with, impute (308)

inaugurar to inaugurate, open (409)

incendiar to set on fire (106)

incitar to incite (279)

inclinar to incline, tilt (107)

incomodar to bother, inconvenience (39)

incorporar to incorporate, help someone sit up (in bed) (409)

incorporarse to join (a group), sit up (in bed) (409, 289)

incrementar to increase, augment (11)

incrustar to encrust, inlay (250)

inculcar to inculcate (424)

inculpar to excuse (332)

incumbir to be incumbent upon, be the duty, obligation of (353)

incumplir to fail to fulfill (157)

incurrir to incur, commit (495)

indemnizar to indemnify, compensate (339)

independizar to liberate, emancipate (339)

independizarse to become independent (339, 289)

indignar to infuriate, anger (107)

indisponer to upset, indispose (364)

individualizar to individualize, make personal (339)

industrializar to industrialize (339)

infamar to defame, slander, discredit (54)

infatuarse to become conceited (141, 289)

infectar to infect (11)

inferir to infer (400)

infiltrar to infiltrate (215)

inflamar to set on fire, inflame, arouse (54)

inflar to inflate, blow up (259)

infligir to inflict (188)

influenciar to influence (383)

informar to inform (244)

informatizar to computerize (339)

infringir to infringe, transgress, break (188)

ingeniar to invent, conceive, think up (232)

ingerir to ingest, take in, consume (435)

ingresar to come in, enter, enroll, register; deposit (money) (2)

inhabilitar to disable, incapacitate, disqualify (308)

inhalar to inhale (259)

inhibir to inhibit (353)

iniciar to initiate, begin (383)

injuriar to offend, insult, injure (232)

inmergir to immerse (188)

inmolar to immolate, sacrifice (259)

inmovilizar to immobilize, paralyze (339)

inmunizar to immunize (339)

innovar to innovate (259)

inocular to inoculate (71)

inquietar to disturb, worry, trouble (308)

inquietarse to worry (292)

inquirir to inquire, investigate (33)

insertar to insert, include (11)

insinuar to insinuate, hint (141)

inspeccionar to inspect, examine (355)

inspirar to inspire (29)

instalar to install, fit out, settle (259)

instar to urge, press (11)

instaurar to establish, set up (409)

instigar to instigate, stir up (341)

instituir to institute, found (264)

instruir to instruct, teach (271)

instruirse to learn (271, 289)

instrumentar to orchestrate (11)

insubordinar to stir up (107)

insultar to insult (11)

integrar to integrate, compose, make up (259)

intelectualizar to intellectualize (339)

intensificar to intensify (424)

intentar to try, attempt (11)

intercalar to insert, intercalate (259)

intercambiar to interchange, exchange (106)

interceder to intercede (63)

interceptar to intercept (11)

interconectar to interconnect, hook up (11)

interferir to interfere (435)

internar to intern, commit (107)

interpelar to appeal, implore (259)

interponer to interpose (364)

interpretar to interpret, perform (music) (376)

interrogar to interrogate, question (297)

interrumpir to interrupt, block (452)

intervenir to intervene, interfere, participate (488)

intimidar to intimidate (199)

intoxicar to poison, intoxicate (424)

intrigar to intrigue, plot, scheme (341)

intuir to intuit, sense (271)

inundar to flood, inundate (39)

invadir to invade, trespass (60)

invalidar to invalidate (39)

inventar to invent (279)

invernar to winter (352)

invertir to invert, turn upside down; invest money (370)

investigar to investigate (421)

investir to invest (as a title), endow (349)

invocar to appeal, call upon, invoke (424)

involucrar to involve, introduce, bring in (259)

inyectar to inject (11)

irradiar to irradiate (232)

irrigar to irrigate (341)

irritar to irritate (279)

(Note: Numbers in parentheses are **verb numbers**.)

italianizar to Italianize (339)

izar to hoist (339)

J

jabonar to soap, lather (473)

jacarear to annoy; to roam the streets at night making merry (206)

jactarse to boast, brag (48)

jadear to pant (206)

jalar to pull (259)

jalear to encourage, cheer on (206)

jalonar to mark, stake out, dot (355)

jamar to eat (54)

jarapotear to stuff with drugs, medicines (206)

jerarquizar to arrange hierarchically, to hierarchize (339)

jetar to dilute, dissolve (308)

jipar to hiccup (332)

jubilar to retire (259)

juntarse to assemble, gather together (283, 289)

justar to joust, tilt (11)

justiciar to condemn, execute (57)

justificar to justify (117)

L

laborar to work, till, plow (409)

labrar to work, carve, bring about (409)

lacerar to lacerate, tear, damage (409)

lactar to nurse, breast-feed (11)

ladear to lean, tilt, incline (206)

ladrar to bark (54)

ladrillar to brick (261)

ladronear to shoplift (206)

lagrimar to cry, weep, shed tears (231)

lagrimear to water (eyes), weep (206)

laicizar to laicize (339)

lamentar to lament (11)

lamer to lick (91)

laminar to laminate (107)

lancear to spear, lance (175)

lanzarse to throw oneself (286, 289)

largar to let go, release, loosen, give (341)

lastimar to hurt, offend (231)

laurear to crown with laurels, honor (175)

legalizar to legalize (339)

legar to delegate, bequeath (341)

legislar to legislate (259)

legitimar to legitimize (54)

lesionar to damage, wound (355)

liar to tie, bind, roll (256)

liberar to liberate, free, release (409)

libertar to liberate, free, release (11)

librar to save, rescue, release (259)

licenciarse to graduate in (57, 289)

licuar to liquefy (141)

lidiar to fight, combat, fight bulls (232)

limar to file, polish, smooth (231)

limitar to limit, reduce, border on (308)

linear to draw lines, sketch (175)

liquidar to liquefy, liquidate, sell off (39)

lisonjear to flatter (206)

litigar to litigate, dispute (341)

llagar to injure, hurt, wound (298)

llamear to blaze, flame (206)

lloriquear to whimper, whine (206)

llover to rain (Def. and Imp.)

lloviznar to drizzle (288)

loar to praise (259)

localizar to localize, locate, find (81)

lograr to achieve, attain, get (29)

lubricar to lubricate (469)

lucir to shine (495) (before a or o, c becomes zc in Tenses 1, 6 and imperative)

lustrar to polish, cleanse (215)

M

macear to hammer, pound (175)

macerar to macerate, mortify (409)

machacar to pound, crush (424)

machar to beat, crush (306)

machucar to crush, bruise, maul (424)

madrugar to get up early (341)

madurar to mature, ripen (409)

magnetizar to magnetize, hypnotize (339)

magnificar to magnify (424)

magullar to batter, bruise (261)

majar to crush, mash (86)

malcasarse to make a bad marriage (112)

malear to ruin, spoil (206)

maleficiar to damage, harm, injure (383)

malentender to misunderstand (214)

malgastar to squander, waste (250)

maliciarse to fear, suspect (195)

maltratar to maltreat, abuse (478)

malvivir to live badly, in bad conditions (495)

mamar to suck, nurse (54)

manar to flow, run, spring (107)

manchar to spot, stain, blot (306)

mandar to command, order, send (259)

manifestar to demonstrate, show, manifest (352)

manipular to manipulate (71)

manufacturar to manufacture (284)

maquillarse to put on makeup (289)

maravillar to amaze (261)

maravillarse to marvel at, be amazed (261, 289)

marearse to feel dizzy, be seasick (175, 289)

martillar to hammer (261)

martirizar to martyr, torture (339)

mascar to chew, masticate (99)

masticar to chew, masticate (99)

materializar to materialize (339)

matricular to register, get registered (71)

matricularse to enroll (oneself) (98)

mediar to mediate, intercede (232)

medicar to medicate (117)

meditar to meditate (254)

mendigar to beg (341)

menear to move, shake, wiggle (206)

mensajear to message, to text (206)

mentar to mention, name (352)

merendar to have a snack, refreshment (352)

metamorfosear to metamorphose, change (175)

meter to put in, into (444)

metodizar to organize, systematize, methodize (339)

mezclar to mix (259)

migrar to migrate (273)

militar to serve in the army (308)

mimar to pamper, spoil, indulge (314)

minar to mine, bore, tunnel through, undermine (107)

minimizar to reduce, lessen, diminish (339)

minorar to diminish, lessen, reduce (409)

mistificar to falsify, trick, deceive (424)

mitigar to mitigate, allay, alleviate (341)

modelar to model, pattern, shape (259)

moderar to moderate, control (409)

modernizar to modernize (339)

modificar to modify, change (424)

modular to modulate (71)

mojar to wet, moisten (165)

moler to grind, crush, mill (321)

molestar to bother, annoy (250)

molestarse to bother, take offense (292)

momificar to mummify (424)

monear to clown (monkey) around (206)

moralizar to moralize (339)

morar to reside, dwell (409)

mordisquear to nibble (206)

mortificar to mortify, humiliate, wound, hurt (424)

mostrarse to show oneself (64, 320)

motivar to motivate (9)

motorizar to motorize (339)

movilizar to mobilize (339)

mudar to change (199)

multar to fine (11)

multicopiar to duplicate (232)

multiplicar to multiply, increase (424)

murmurar to murmur, mutter (72)

mutilar to mutilate (71)

N

nacionalizar to nationalize, naturalize (90)

narrar to narrate (215)

naturalizar to naturalize (90)

naufragar to sink, be wrecked, shipwrecked (341)

nausear to feel nauseated, sick (206)

necear to talk nonsense (206)

negociar to negotiate (383)

nevar to snow (Def. and Imp.)

neviscar to snow lightly (424)

niñear to behave childishly (206)

nivelar to level, make even (259)

nombrar to name, appoint (113)

normalizar to normalize, restore to normal (339)

notar to note, notice (308)

noticiar to inform, notify (383)

notificar to notify, inform (117)

nublar to cloud, mar (259)

nublarse to become cloudy (259, 289)

numerar to number (227)

nutrir to feed, nourish (346)

O

obcecar to blind (99)

objetar to object (308)

objetivar to objectify (9)

obligar to oblige, compel (341)

obliterar to obliterate, erase (227)

obrar to build, work (113)

obscurecer to darken (333)

obsequiar to entertain, compliment, give (228)

obsesionar to obsess (355)

obstaculizar to hinder, obstruct, block (339)

obstar to obstruct, impede, hinder (215)

obstinarse to be obstinate, stubborn (289)

obstruir to obstruct, to block (264)

(Note: Numbers in parentheses are **verb numbers**.)

obturar to plug, close, fill (284)

ocasionar to occasion, cause, jeopardize (355)

occidentalizar to westernize (339)

ocluir to occlude, shut (271)

ocultar to hide, conceal (11)

ocurrir to occur, happen (Def. and Imp.)

odiar to hate (232)

ofender to offend, insult (63)

ofenderse to take offense (63, 80)

ofertar to offer (149)

oficiar to officiate, celebrate (mass) (57)

ofuscar to dazzle, confuse (99)

ojear to eye, stare at (175)

olerse to sense, suspect (335, 185)

olfatear to smell, sniff (206)

ominar to predict, foretell, forecast (107)

omitir to omit (30)

ondear to undulate, wave, ripple (206)

ondular to undulate, wind (71)

operar to operate (227)

opinar to opine, think, have an opinion (107)

oprimir to oppress, press, squeeze (267)

oprobiar to defame, revile, disgrace (232)

optar to opt, choose (11)

optimar to optimize (54)

optimizar to optimize (81)

orar to pray (32)

ordenarse to be ordained (338, 108)

orientar to orient, guide, direct, position (11)

originar to originate, give rise to, cause (107)

orillar to edge, trim, go around, settle (261)

ornamentar to ornament, adorn (11)

ornar to adorn, decorate (249)

orquestar to orchestrate (250)

oscilar to oscillate, swing (71)

oscurecer to get dark, become night (344)

ostentar to show, show off, flaunt (11)

otorgar to grant, concede, consent (421)

oxidar to oxidize, rust (39)

oxigenarse to get fresh air (289)

P

pacificar to pacify, calm (424)

pactar to agree to, come to an agreement, make a pact (11)

padecer to suffer, endure (333)

paginar to paginate (107)

palabrear to chat (175)

paladear to savor, taste, relish (206)

palatalizar to palatalize (339)

palear to shovel (206)

paliar to palliate (232)

palidecer to turn pale (344)

palmear to clap hands (206)

palpar to feel, touch (332)

palpitar to palpitate, beat, throb (254)

papar to swallow soft food without chewing (332)

parafrasear to paraphrase (175)

paralizar to paralyze (339)

parear to pair, match (175)

parir to give birth (495)

parodiar to parody (232)

parpadear to blink, wink (206)

parquear to park (206)

participar to participate (332)

particularizar to specify, particularize (339)

pasmar to leave flabbergasted, astound, astonish, amaze (54)

patalear to kick (206)

patear to kick (206)

patentar to patent (11)

patinar to skate, skid, slide (107)

patrullar to patrol (261)

pausar to pause (25)

pecar to sin (424)

pedalear to pedal (206)

pelar to peel (259)

pelear to fight (206)

peligrar to be in danger, be threatened (259)

pelotear to kick (a ball); audit (175)

penalizar to penalize (339)

pender to hang (63)

penetrar to penetrate (215)

pensionar to pension (107)

perdurar to last a long time (215)

perecer to perish (344)

peregrinar to go on a pilgrimage, journey (107)

perfeccionar to perfect, improve, brush up (knowledge) (355)

perforar to perforate, pierce (409)

perfumar to perfume (247)

perifrasear to periphrase (175)

perjudicar to damage, harm (424)

perjurar to commit perjury (284)

permanecer to remain, stay (344)

permutar to exchange, change, swap (308)

pernoctar to stay overnight (291)

perorar to make or deliver a speech (409)

perpetrar to perpetrate a crime (409)

perpetuar to perpetuate (141)

perseguir to pursue (432)

perseverar to persevere, continue (409)

persistir to persist (74)

personalizar to personalize, personify, embody (339)
personificar to personify (424)
persuadir to persuade (346)
perturbar to disturb, upset, become upset (9)
pervertir to pervert, corrupt (435)
pesar to weigh (25)
pescar to fish (99)
pestañear to wink, blink (206)
picar to prick, puncture, pierce (424)
pilotar to pilot (54)
pilotear to pilot (54)
pinchar to puncture (306)
pisotear to trample (175)
plagar to infest, plague (341)
planchar to iron (225)
planear to plan, design, glide (206)
planificar to plan (424)
plantar to plant (109)
plantear to expound, set forth, state (206)
plegar to fold, pleat (402)
pluralizar to pluralize, use the plural (339)
poblar to populate (474)
podrir see **pudrir** to putrefy (verb 385)
polemizar to polemicize, argue (339)
politizar to politicize (339)
pontificar to pontificate (424)
popularizar to popularize (339)
portarse to behave (11, 289)
posar to pose, put, lay down (481)
poseerse to control oneself (366, 365)
posponer to postpone (364)
postrar to prostrate (149)
postular to postulate, request, demand, be a candidate for (71)
precalentar to preheat (103)

preceder to precede (63)
preciar to appraise, value (62)
preciarse to brag about oneself (289)
precipitar to precipitate (254)
precisar to specify (2)
predestinar to predestine (107)
predeterminar to predetermine (107)
predisponer to predispose (364)
predominar to predominate (107)
prefabricar to prefabricate (236)
prefigurar to foreshadow, prefigure (284)
prejuzgar to prejudge (341)
premeditar to premeditate (308)
premiar to reward, give award, a prize (232)
prender to seize, grasp, catch (63)
prensar to press (2)
preponer to put before (364)
presagiar to presage, portend, forebode (232)
prescribir to prescribe (224)
preservar to preserve (288)
presidir to preside over, chair (60)
presionar to pressure, push (355)
presumir to presume, be presumptuous (267)
presuponer to presuppose (458)
pretender to seek, try for, want, intend to, claim (63)
prevalecer to prevail, take root (344)
prevaler to prevail (484)
prevenir to warn (488)
prever to foresee (489)
privar to deprive (288)
privarse to deprive oneself (289)
proceder to proceed (413)

procesar to prosecute (403)
procurar to endeavor, try, strive for (72)
profanar to profane, desecrate (107)
proferir to utter, say (370)
profesar to profess (403)
programar to program (54)
progresar to progress (403)
proliferar to proliferate (409)
prolongar to prolong (341)
prometer to promise (444)
promover to promote, cause (321)
promulgar to promulgate, announce (341)
pronosticar to forecast, foretell, predict (424)
propagar to propagate, spread (341)
proponer to propose (364)
proporcionar to furnish, supply, provide (107)
proscribir to proscribe, banish (224)
proseguir to continue, follow up, proceed (432)
prosperar to prosper (227)
protagonizar to play the lead in, star (339)
protestar to protest (140)
proveer to provide, supply (152)
provenir to originate, come from (488)
provocar to provoke (99)
proyectar to project, plan, throw (11)
publicar to publish, issue, make public (99)
pudrirse to rot (385, 275)
pugnar to fight (54)
pujar to struggle (54)
pulimentar to polish (109)
pulsar to pulse, throb (25)
pulverizar to pulverize, shatter (339)
punchar to pierce, puncture (306)
puntar to dot (494)
puntear to pluck (string), to dot (206)

(Note: Numbers in parentheses are **verb numbers**.)

puntualizar to arrange, fix, settle (339)
puntuar to punctuate, mark, grade (141)
purgar to purge, clean, purify (341)
purificar to purify, cleanse (424)

Q

quebrantar to break (109)
quebrar to break, smash (352)
quedar to remain, be left (199)
querellarse to file a legal complaint, bring suit against (261, 289)
quesear to make cheese (175)
quietar to quiet, calm (308)
quietarse to calm oneself (289)
quillotrar to incite, excite (259)
quimerizar to have fanciful ideas (81)
quitar to take away, steal, subtract (37)

R

rabiar to rage (106)
racionalizar to rationalize (339)
racionar to ration (107)
radiar to radiate (232)
radiografiar to x-ray (256)
ramificarse to ramify, branch out (424, 289)
raptar to kidnap (11)
rasar to graze, skim, raze (2)
rascar to scratch, itch (99)
rasgar to rip, tear (341)
raspar to scrape (332)
rastrillar to rake (261)
rasurarse to shave (one's beard) (292)
ratificar to ratify (424)
rayar to rule, underline, cross, strike out (453)
razonar to reason (out) (355)

reaccionar to react (355)
reactivar to reactivate (259)
reafirmar to reaffirm, reassert (243)
realzar to raise, highlight, enhance (339)
reanimar to reanimate, revive (107)
reaparecer to reappear (59)
rearmar to rearm (54)
reasegurar to reassure, reinsure (72)
reasumir to resume, reassume (495)
reatar to tie again, retie (308)
rebajar to lower, reduce, bring down (86)
rebatir to knock down again, beat again (1)
rebelarse to rebel, revolt (259, 289)
rebotar to bounce, rebound (308)
rebuscar to search carefully, search into (99)
recaer to fall again, back, relapse (101)
recalentar to reheat, warm up, warm over (103)
recapacitar to think over, consider (308)
recapitular to recapitulate (71)
recargar to reload, overload (111)
rechazar to reject, repel (81)
rechistar to whisper (250)
reciclar to recycle (259)
recircular to recycle, distribute (71)
recitar to recite (254)
reclamar to reclaim, claim, demand, protest (15)
reclinar to recline, lean (107)
reclinarse en/sobre to lean on/upon (289)
recluir to shut, lock in (away), imprison (271)
reclutar to recruit (308)
recobrar to recover, regain, get back (259)

recolectar to harvest, collect (11)
recompensar to reward, recompense (2)
reconciliar to reconcile (232)
reconciliarse to reconcile (195)
reconfortar to comfort, cheer up (11)
reconstituir to reconstitute (271)
reconstruir to rebuild, reconstruct (264)
reconvenir to reprimand, rebuke (488)
recopilar to compile (259)
recorrer to go, travel, cover (distance) (148)
recortar to cut, trim (149)
recrear to amuse, entertain (175)
recrearse to amuse, entertain oneself (289)
recriminar to recriminate (107)
rectificar to rectify, right a wrong, correct (424)
recular to recoil, go backwards (71)
recuperar to recuperate, recover, retrieve (227)
recuperarse to recover (64)
recurrir to turn to, appeal to, resort to (495)
redactar to edit (215)
redoblar to intensify, redouble (259)
redondear to round off (206)
reduplicar to intensify, redouble, reduplicate (424)
reeditar to reprint, publish again (254)
reelegir to reelect, elect again (203)
reembolsar to reimburse, repay (2)
reemplazar to replace (339)
refinar to refine (107)
reflejar to reflect (86)
reflexionar to reflect (107)

reformar to reform, alter, revise (244)

reforzar to reinforce, strengthen (49)

refrescar to refresh, cool, revive, brush up (424)

refrigerar to cool, refrigerate, refresh (409)

refugiarse to take refuge, shelter (232, 289)

refunfuñar to grumble, growl (213)

regalarse to indulge oneself (401, 289)

regañar to scold (213)

regenerar to regenerate (409)

regir to govern, rule, manage (203)

registrar to register, record, examine (215)

registrarse to register, check in (289)

regular to regulate (259)

rehacer to do over, redo (260)

rehuir to avoid, shun (264)

rehusar to refuse (481)

reinar to reign, rule (107)

reinstalar to reinstate, reinstall (259)

reintegrar to reimburse, refund (259)

reintroducir to reintroduce (278)

reiterar to reiterate, repeat (72)

rejuvenecerse to be rejuvenated (344, 80)

relacionar to relate (355)

relajarse to relax (86, 289)

relanzar to throw back, repel, relaunch (286)

relatar to relate, narrate (308)

relavar to wash again (288)

relavarse to wash oneself again (289)

releer to reread, read again (290)

relegar to relegate (341)

relucir to shine, glitter, gleam (495) (before **a** or **o**,

c becomes **zc** in Tenses 1, 6 and imperative)

relumbrar to dazzle, sparkle (51)

remandar to send over and over again (259)

remangar to turn, roll up sleeve, pants (341)

remar to row (54)

remarcar to mark again (305)

rematar to kill off, terminate, finish off (308)

remediar to remedy (232)

remedir to remeasure (309)

rememorar to remember (32)

remendar to mend (352)

remeter to put back (444)

remirar to look at over again (314)

remojar to soak (239)

remolcar to tow (424)

remontar to elevate, raise; frighten away (317)

remorder to worry, gnaw (318)

remover to remove, take away; move (321)

remunerar to remunerate, pay (409)

renacer to be born again, be reborn (323)

rendir to defeat, surrender (349)

renegar to renege, deny; abhor (327)

renovar to renew, renovate (209)

rentar to yield, produce, rent (11)

renunciar to renounce (383)

reorganizar to reorganize (339)

repararse to restrain oneself (409, 289)

repasar to review, go over again (347)

repeler to repulse, repel, throw out (91)

repensar to rethink, reconsider (352)

repesar to weigh again (25)

repintar to repaint (358)

replantar to replant (109)

replicar to retort, reply (99)

reponer to put back (364)

reponerse to recover, get over (364, 80)

reposar to rest, lie, be buried (2)

represar to repress, hold back (376)

representar to represent (375)

reprimir to repress (267)

reprobar to reprove, fail in an exam (378)

reprochar to reproach (200)

reprocharse to reproach (200, 289)

reproducir to reproduce (381)

repudiar to repudiate (232)

repugnar to loathe, detest, disgust (107)

repulir to polish again (386)

repulsar to repulse, reject (2)

reputar to deem, consider, repute (308)

requemar to burn again, overcook (389)

requerir to require (370)

resaltar to stand out, highlight (427)

resaludar to return someone's greeting (428)

rescatar to ransom, rescue (308)

rescindir to cancel, rescind, annul (60)

resentirse to feel the effects (435, 8)

reservar to reserve (288)

resfriarse to catch a cold (256, 289)

residir to reside, live (60)

resignarse to resign oneself (107, 289)

resistir to resist (74)

resonar to resound, ring (209)

respetar to respect (54)

respirar to breathe, respire (227)

(Note: Numbers in parentheses are **verb numbers**.)

resplandecer to shine, blaze, glow (344)

restar to remain, subtract (376)

restaurar to restore (259)

restituir to refund, give back (264)

resucitar to resuscitate, bring back to life (254)

resultar to result (427)

resumir to summarize, sum up (480)

resurgir to resurge, spring up again (460)

retacar to hit twice (a ball) (76)

retajar to cut around (86)

retar to challenge (254)

retardar to retard, slow down (199)

retemblar to shake, tremble (352)

retener to retain (468)

retirarse to retire, draw back, to move back (414, 64)

retocar to touch up, retouch (472)

retorcer to twist (321, 486)

retostar to toast again (474)

retraducir to translate over again (476)

retraer to bring again, bring back (477)

retransmitir to retransmit, rebroadcast (30)

retrasarse to be delayed, late (64, 415)

retratar to paint a portrait, portray (478)

retribuir to repay, reward (264)

retrotraer to antedate, date back (477)

reunificar to reunify (424)

reunir to assemble, reunite (see note, verb 416)

revalorar to revalue (409)

revalorizar to revalue (339)

revelar to reveal, disclose (259)

revender to resell (487)

reventar to burst, explode (352)

rever to review, revise (489)

reverberar to reverberate, be reflected (409)

reverter to overflow (354)

revertir to revert (34)

revisar to revise, check, review (2)

revivir to revive (495)

revolar to fly again (496)

revolcar to knock down (19, 424)

revolcarse to wallow, roll about (21, 19, 424)

revolotear to whirl up in the air (206)

revolucionar to revolutionize (355)

rezar to pray (53)

ridiculizar to ridicule (339)

rimar to rhyme (54)

rivalizar to rival (339)

rizar to curl (339)

rociar to spray, sprinkle (62)

rodar to roll (474)

rodear to surround (206)

rodearse de to surround oneself with (206, 289)

roncar to snore (424)

ronchar to crunch, chew (225)

rondar to patrol, prowl (215)

rotar to rotate (308)

rotular to label (71)

rozar to scrape, scratch, rub (81)

ruborizarse to blush (339, 289)

rubricar to initial, sign and seal (424)

rugir to roar, bellow, shout (188)

rular to roll (71)

rumbar a to go in the direction of (54)

rumiar to ruminate, meditate (62)

S

saborear to savor, taste, relish (206)

sabotear to sabotage (206)

sacrificar to sacrifice (117)

salar to salt, season with salt (71)

saldar to settle, pay a debt (54)

salivar to salivate (288)

salpicar to splash (424)

salpimentar to season (352)

saltear to hold up, rob, to sauté (206)

salvar to save, rescue (288)

sanar to cure, heal (54)

sancionar to sanction, authorize; punish (107)

sangrar to bleed (215)

sangrarse to be bled (215, 289)

santificar to sanctify (117)

saquear to pillage, loot, sack (206)

satirizar to satirize (339)

saturar to saturate (284)

sazonar to season, flavor (355)

secuestrar to confiscate, kidnap, hijack (409)

secularizar to secularize (339)

secundar to second, support (39)

sedar to soothe, quiet (54)

seducir to seduce (381)

segar to cut, mow (327)

segmentar to segment (11)

segregar to segregate (421)

seleccionar to select, choose (355)

sellar to seal, stamp (261)

sembrar to sow (352)

semejar to resemble (86)

semejarse to look alike (289)

sentenciar to sentence someone; judge (57)

separarse to separate, come apart (289, 437)

sepultar to bury (427)

sermonear to preach, lecture (175)

serpentear to slither, wind (206)

serrar to saw (116)

signar to sign (114)

signarse to cross oneself (289)

silabear to pronounce syllable by syllable, divide into syllables (175)

silbar to whistle (9)

silenciar to muffle, silence (57)

silenciarse to keep silent (195)

simbolizar to symbolize (339)

simpatizar con to get along well with (339)

simplificar to simplify (117)

simular to simulate, feign, pretend (71)

sincronizar to synchronize (339)

singularizar to single out, distinguish (339)

sintonizar to tune (339)

sisar to snitch (9)

sistematizar to systematize (339)

sitiar to besiege (232)

situar to situate, place, locate (141)

sobar to knead, massage, rub, slap (54)

sobornar to bribe (107)

sobrar to have, be left over (409)

sobrecargar to overload, weigh down (111)

sobreexcitar to overexcite (308)

sobreexponer to overexpose (364)

sobregirar to overdraw (215)

sobrepasar to surpass, exceed (2)

sobreponer to superimpose (364)

sobresalir to stand out, excel (426)

sobresaltar to attack, startle (427)

sobresaltarse to be startled (427, 289)

sobrevenir to supervene, occur later (488)

sobrevivir to survive (495)

sofreír to sauté, fry lightly (404)

soldar to solder, weld (209)

solemnizar to celebrate, commemorate (339)

soler to be accustomed to, be in the habit of, have the custom of (Def. and Imp.)

solfear to sol-fa (175)

solicitar to ask for, solicit (121)

soltar to let go, release (209)

solucionar to solve, resolve (355)

solventar to solve, resolve (308)

someterse a to surrender to (444, 80)

sonarse (las narices) to blow (one's nose) (445, 289)

sondar to sound, investigate, probe (39)

sondear to sound, to probe (206)

sonorizar to voice (phonetics) (339)

sonrojarse to blush (86, 289)

sonrosarse to blush, turn pink (2, 289)

sopapear to slap (206)

sopesar to weigh, examine (2)

soplarse to gobble up, wolf down (289, 448)

soportar to support, endure, put up with (427)

sorber to sip (91)

sorregar to irrigate (327)

sortear to raffle; avoid, dodge (206)

sosegar to quiet, calm down (327)

soterrar to bury; hide (352)

suavizar to smooth, soften (339)

subarrendar to sublet, sublease (352)

subastar to auction (54)

subestimar to underestimate (231)

sublimar to exalt (54)

subordinar to subordinate (338)

subscribir to subscribe (454)

subsistir to subsist (74)

substituir to substitute (264)

substraer to subtract, take away, remove (477)

subvencionar to subsidize (311)

subvenir to provide for needs (488)

subvertir to subvert, disturb (263)

subyugar to subjugate, captivate (325)

succionar to suck (248)

suceder to happen (Def. and Imp.)

sucumbir a to succumb to (394)

sudar to sweat, perspire (54)

suicidarse to commit suicide (39, 289)

sujetar to secure, fasten; subdue, subject (308)

sumar to add, add up (54)

suministrar to furnish, provide, supply (215)

sumir to sink, submerge (459)

superar to surpass, exceed (54)

superponer to superpose (364)

supervenir to happen, take place (488)

supervisar to supervise (25)

suplantar to supplant, take the place of (109)

suplicar to supplicate, entreat, implore (117)

surcar to plow (424)

surfear to surf (Internet) *slang* (206)

surtir to supply, stock, provide (346)

suscitar to provoke, cause, arouse (308)

suscribir to subscribe (454)

suspender to suspend, hang (91)

sustituir to substitute (271)

(Note: Numbers in parentheses are **verb numbers**.)

sustraer to subtract, take away (477)

susurrar to murmur, whisper (54)

sutilizar to file, refine, polish, taper (339)

T

tabular to tabulate (259)

tacar to mark, stain (472)

tachar to cross out, strike out, eliminate (200)

tajar to slice, carve, chop (86)

talar to fell, cut down (54)

tallar to carve, engrave, cut (261)

tambalear to stagger (206)

tamborear to drum, beat, pitter-patter (rain) (175)

tamizar to sift (339)

tapar to cover (332)

tapiar to wall up, wall in (232)

tapizar to upholster, hang tapestry (339)

taponar to plug, stop up (355)

tardar to take a long time (199)

tarjar to tally (86)

tartamudear to stammer, stutter (206)

tascar to gnaw, nibble (99)

teclear play piano, type; to run one's fingers over piano or typewriter keys (206)

tejar to tile (86)

tejer to weave (91)

telecargar to download (Internet) (111)

teledirigir to operate by remote control (188)

telegrafiar to telegraph (240)

teleguiar to guide by remote control (256)

teñir to dye, stain (408)

tensar to tauten, tense (172)

teorizar to theorize (339)

tergiversar to distort, twist, misrepresent (2)

testar to make a will, testament (54)

testificar to testify, bear witness (117)

textear to text (206)

timar to cheat, swindle (231)

timarse con to flirt with (289)

timbrar to put a seal or stamp on (22)

tintar to tint, dye (254)

tipificar to standardize, typify (424)

tiranizar to tyrannize (339)

tiritar to shiver (308)

titubear to stagger, totter, hesitate (175)

titular to title, entitle (71)

titularse to be titled, called (289)

tolerar to tolerate (227)

tonificar to tone up (117)

tontear to act foolishly (206)

torcer to twist (321, 486)

tornar to turn (288)

tornear to go round (206)

torturar to torture (72)

torturarse to worry excessively (289)

toser to cough (91)

tostarse to become sunburned, to tan (289, 474)

trabar to bind, join, lock (54)

trabarse de palabras to insult each other (289)

traficar to deal, trade, traffic (424)

tragar to swallow (421)

traicionar to betray (107)

trajinar to rush about (107)

tramar to plot (54)

tramitar to negotiate, transact (254)

trancar to stride along (424)

tranquilizar to tranquilize (339)

tranquilizarse to calm down (339, 289)

transcribir to transcribe (224)

transcurrir to pass, elapse (time) (495)

transferir to transfer (370)

transformar to transform (244)

transfregar to rub together (327)

transigir con to agree to (188)

transitar to journey, travel (254)

translimitar to go beyond the limits (254)

transmigrar to transmigrate (273)

transmitir to transmit, broadcast (30)

transpirar to perspire, sweat (314)

transponer to transfer (364)

transportar to transport (427)

tranzar to break off, cut off; braid (81)

trascender to transcend (354)

trascolar to filter, strain (474)

trascolarse to percolate (289, 474)

trascordarse to remember incorrectly, forget (20)

trasegar to decant (327)

trasferir to transfer (370)

trashumar to migrate, move to new land (54)

trasladar to transfer, move (215)

trasladarse to move, change residence (289)

trasnochar to spend the night, stay up late (54)

traspasar to pierce (347)

trasplantar to transplant (11)

trasquilar to shear, clip, crop (hair) (259)

trastornar to turn upside down, upset, disturb (54)

trasvolar to fly over, fly across (496)

tratarse de to be a question of (289, 478)

travesar to cross, cross over, go through (79)

travesear to be mischievous (175)

trazar to trace, draw, sketch (81)

trenzar to braid, plait (81)

trepar to climb, mount (332)

tributar to pay tribute (215)

tricotar to knit (254)

trillar to make frequent use of (259)

trinar to trill, warble (107)

trincar to bind, smash (117)

trinchar to slice (meat) (54)

triplicar to triplicate, triple (424)

tripular to man, pilot (259)

triscar to mix up (99)

triturar to crush, grind (72)

triunfar to triumph (54)

trivializar to trivialize (154)

trizar to tear to shreds (81)

trocar to exchange (19, 424)

trocear to cut into pieces (206)

trompicar to trip, stumble (424)

tronar to thunder (474)

tronchar to crack, split (54)

tronzar to slice (81)

trotar to trot (478)

trucar to pocket a ball in billiards (424)

truhanear to cheat, trick (206)

trujamanear to interpret (206)

truncar to truncate, cut short, down (424)

tuitear to tweet (Internet) (206)

tullecer to cripple, disable (333)

tullir to cripple, disable (97)

tumbar to knock down, knock over, overthrow (9)

tundir to clip, shear; beat, thrash (346)

turbar to disturb, upset, worry (9)

tutear to use the **tú** form with someone (206)

tutearse to use the **tú** form with each other (206, 289)

U

ubicar to locate, situate, place (424)

ubicarse to be located, situated (424, 289)

ufanarse de to boast of (88)

ultimar to finish off (107)

ultrajar to outrage (86)

ulular to ululate, howl, screech, hoot (259)

uncir to yoke (501)

undular to undulate (71)

ungir to anoint (188)

unificar to unify (117)

uniformar to make uniform, standardize (244)

unirse to be united, get married (480, 275)

untar to apply ointment, spread butter on (371)

urbanizar to urbanize, develop, educate (339)

urdir to scheme, plot (346)

urgir to urge, be urgent (188)

usurpar to usurp, encroach (332)

utilizarse to use, make use of (289, 482)

V

vacar to become vacant (424)

vaciarse to become empty (483, 289)

vacilar to vacillate (115)

vacunar to vaccinate (114)

vacunarse to be vaccinated (114, 289)

vagabundear to roam, idle, loaf (463)

vagar to roam, wander (341)

vaguear to idle, loaf (206)

validar to validate (39)

vallar to fence in, barricade (261)

valorar to value, increase in value (32)

valorear to value, increase in value (206)

valorizar to value (339)

valsar to waltz (25)

vaporizar to vaporize (339)

varear to knock, beat down (175)

variar to vary (483)

vaticinar to vaticinate, prophesy, predict, foretell (470)

vedar to prohibit, forbid (54)

vendar to bandage (54)

venerar to venerate, revere (409)

vengar to avenge (421)

vengarse to get revenge (341, 289)

venirse to come back (488, 275)

ventar to sniff, scent; blow (wind) (352)

ventilar to ventilate (71)

ventiscar to snow heavily, blow (blizzard), swirl (snow) (424)

veranear to spend the summer (463)

versar to go round, turn (25)

versificar to versify, write verses (117)

verter to pour (354)

vestir to clothe (349, 491)

vibrar to vibrate (259)

vilipendiar to vilify, despise (232)

vincular to relate, connect (71)

vindicar to vindicate (424)

violar to violate, rape (259)

visar to visa, examine and endorse (25)

visualizar to visualize, display (339)

vituperar to reprehend, applaud (409)

vivificar to give life (117)

vocalizar to vocalize (81)

vocear to shout, cry out (206)

vociferar to vociferate, shout (227)

(Note: Numbers in parentheses are **verb numbers**.)

volarse to fly away (496, 289)
volcar to overturn, turn over, tilt (424, 496)
volear to volley (175)
voltear to turn over, roll over (206)
volverse to turn oneself around (497, 80)
vomitar to vomit (254)
vulgarizar to popularize, vulgarize (339)
vulnerar to harm (227)

Y

yapar to give a little more, add a tip (332)
yermar to strip, lay waste (54)

yuxtaponer to juxtapose (364)

Z

zafar to loosen, untie (54)
zafarse de to escape from, get out of (54, 289)
zaherir to wound with words, reproach, reprimand (263)
zahondar to dig (336)
zambullir to dive, plunge (97)
zampar to stuff, cram food down one's throat, gobble down (332)
zanjar to dig a ditch (86)
zapatear to tap one's feet (463)

zapear to chase away, scare away (206)
zapuzar to plunge into water (81)
zarandar to shake about (41)
zarandear to shake about (206)
zarpar to weigh anchor, sail (332)
zozobrar to be shipwrecked, capsize (259)
zunchar to fasten with a band (306)
zurrar to spank, wallop, beat (54)

Online Audio Track Titles

Track 1: Introduction
Track 2: Subject Pronouns
Track 3: Present Indicative
Track 4: Imperfect Indicative
Track 5: Preterit
Track 6: Future
Track 7: Conditional
Track 8: Present Subjunctive
Track 9: Imperfect Subjunctive
Track 10: *Haber* (to have, helping verb)
Track 11: Past Participle
Track 12: Present Perfect Indicative
Track 13: Imperative Mood
Track 14: Present Participle

Track 15: Progressive Forms
Track 16: Infinitive
Track 17: *Ser* (to be)
Track 18: *Estar* (to be)
Track 19: *Cantar* (to sing)
Track 20: *Aprender* (to learn)
Track 21: *Recibir* (to receive)
Track 22: *Llamar* (to call)
Track 23: *Decir* (to say, tell)
Track 24: *Hacer* (to make)
Track 25: *Ir* (to go)
Track 26: *Poder* (to be able, can)
Track 27: *Tener* (to have)
Track 28: *Gustar* (to be pleasing, to like)

ONLINE BONUS CONTENT

To access the online bonus content, including sentence completion
exercises, dialogue exercises, word completion exercises,
and more, go to online.barronsbooks.com